桥梁施工技术与安全

陈从春　主编
袁帅华　陈晓冬　参编

中国建筑工业出版社

图书在版编目（CIP）数据

桥梁施工技术与安全/陈从春主编. —北京：中国建
筑工业出版社，2012.8 （2025.1重印）
ISBN 978-7-112-14529-4

Ⅰ．①桥… Ⅱ．①陈… Ⅲ．①桥梁施工-安全技
术 Ⅳ．①U445

中国版本图书馆 CIP 数据核字（2012）第 167005 号

责任编辑：石枫华　王　磊
责任设计：张　虹
责任校对：陈晶晶　赵　颖

桥梁施工技术与安全

陈从春　主编

袁帅华　陈晓冬　参编

*

中国建筑工业出版社出版、发行（北京西郊百万庄）

各地新华书店、建筑书店经销

霸州市顺浩图文科技发展有限公司制版

北京凌奇印刷有限责任公司印刷

*

开本：787×1092毫米　1/16　印张：22¼　字数：540千字
2012年11月第一版　2025年1月第三次印刷
定价：**58.00**元
ISBN 978-7-112-14529-4
（22599）

前　言

我国的建筑行业随着国民经济建设的不断发展和城市化进程的加快有了迅猛的发展，成为国民经济重要的支柱产业。但由于建设管理水平、施工水平及技术水平参差不齐，使得建筑业的伤亡事故一直高居各行业的前列，仅次于交通和采矿业，是高危险行业之一。

为适应高素质、强能力的工程应用型人才培养的需要，为促进建筑企业的项目经理、安全员及有关人员学习、执行现行标准，提高施工现场的安全管理水平，减少施工现场安全事故的发生，编者以现行标准为基础，依据安全方面的法律、法规的相关要求，组织编写了本套系列教材。

本书在编写过程中首次将安全技术和桥梁施工技术放在一起编写，并力图将安全理念贯穿其中。本书另外一个特点是按照施工顺序和施工方法来介绍桥梁施工，便于读者更好地理解和掌握施工技术，用于实际工程中。本书力求反映当前桥梁施工的最新技术，并帮助读者解决施工生产中出现的安全问题，有较强的指导性和实用性。本书为大学本科教材，也可作为参考书和工具书，供工程技术人员使用。

全书共有 11 章内容，即绪论、桥梁施工的常用设备、桥梁施工测量、桥梁基础施工、桥梁墩台施工、混凝土桥上部结构施工、钢桥上部结构施工、塔与索结构施工、桥面及附属工程施工、桥梁施工安全的危险源辨识与控制、桥梁施工安全与防护等方面的内容。其中第 1、2、3 章、第 6 章第 1、2、3、4、6、7、8 节、第 7 章第 1、3、5 节、第 10、11章由陈从春编写，第 4、5 章由陈晓冬编写，第 6 章第 5 节、第 7 章第 2、4 节、第 8、9章由袁帅华编写，胡志坚副教授也参加了部分书稿的编写工作。全书由陈从春组稿，对各章略有增删，并为各章配了习题。

本书在编写过程中得到了中国建筑工业出版社的有关领导和编辑同志们的热心指导，并得到了上海市教委"土木工程本科教育高地建设项目"的大力支持。本书在编写过程中参考了大量文献，引用了有关专家、同行的研究成果，在此一并表示衷心感谢。

限于编写者水平和经验，书中难免有疏漏和不妥之处，敬请广大读者批评指正。

编者

2012 年 5 月

目　　录

第1章 绪 论

1.1 概 述

桥梁是供车辆及行人跨越障碍（河流、海湾、湖泊、山谷或建筑等）的人工构筑物，是线路上的关键节点，是交通网络的重要组成部分。桥梁的建设一般要经过规划、工程可行性论证、勘察、设计和施工等几个阶段。其中桥梁施工的内容，就是把一定的建桥材料用机械设备及人力按设计图纸的规格，安装或砌筑成跨越建筑群、交通干线、街道、江河等障碍的构筑物，这是一种实现桥梁设计思想和设计意图的过程。

桥梁施工是一门综合性、技术性很强的课题，其涉及面极为广泛。主要包括：施工方法选择，进行必要的施工演算，施工机具设备选择或设计制作，水、电、动力、生活设施的计划及安排，生产过程及安全管理等。

桥梁施工技术是指桥梁的建造方法，核心内容是施工方案的选择和技术方案的顺利实施。施工人员必须根据桥梁设计构思工期、造价、施工队伍的素质、设备、机具和施工现场的具体条件等多种因素，认真仔细地进行方案比较，从中选取最佳的技术方案。同时，必须在模板、混凝土供应、施工机具、吊装等方面采取相应的技术措施，以保证施工技术方案的实施。

桥梁工程由许多单项工程和单位工程组成。单项工程又称工程项目，这是具有独立的设计文件，竣工后可独立发挥作用或效益的工程。单位工程是单项工程的组成部分，一般是指不能独立发挥作用或效益的工程，例如一个桥墩，一个基础，一片梁等。单位工程又由许多分部工程组成，例如一个墩可划分为基础、墩身、帽梁等分部工程，分部工程又可由若干分项工程组成，如基础工程又可分开挖、支护、垫层、混凝土灌注等。

确定单位工程中各分部、分项工程施工的先后次序，也即施工顺序，是桥梁施工技术的重要内容。确定施工顺序时要考虑工艺顺序和组织关系。工艺顺序是客观规律的反应，无法改变；组织关系是人为的制约的关系，可以调整优化。因此，确定施工顺序时，在保证工程质量和施工安全的前提下，力求做到充分、合理利用空间，争取时间，实现缩短工期，降低成本，提高施工的经济效益。

确定施工顺序时，需要考虑以下因素。

施工工艺的要求。各施工过程之间客观上存在着一定的工艺顺序关系，它随着结构构造、施工方法与施工机械的不同而不同。确定施工顺序时，不能违背而必须遵循这种关系。

施工方法和施工机械的要求。施工顺序与采用的施工方法和施工机械协调一致。例如连续梁施工，满堂支架施工法、顶推法、悬臂施工法，在施工顺序方面就有很大的差异，这种差异不仅表现在梁体预制、预应力钢束布置及张拉顺序等方面，而且施工设备也差别很大。

施工组织的要求。有时施工顺序有可能有几种方案，应从施工组织的角度进行分析、比较，选择最经济合理、有利于施工和开展工作的方案。

施工质量要求。安排施工顺序时，要以能确保工程质量为前提。当影响工程质量时，要重新安排或采取必要的技术措施，技术措施的改变也就带来施工改变。

水文地质条件要求。桥址处河床水位和流速对基础施工顺序影响较大，甚至影响梁体的安装方法，比如水浅或无水时，适合支架施工法，水深要考虑悬臂施工法等。在南方，应当考虑雨季的特点；在北方，应当考虑冬季的施工特点。

安全技术的要求。合理的施工顺序，必须使各施工过程的衔接不致引起安全事故。

桥梁施工的过程包含了桥梁施工技术的实施和桥梁施工组织管理。桥梁施工技术直接影响桥梁建筑的质量；优秀的桥梁设计必须要有高水平的桥梁施工技术来完成，同时桥梁设计阶段必须充分考虑桥梁的施工方法，这样才能保证设计意图能顺利实施。施工组织管理是根据场地条件、施工工艺，对人员、资金、材料、设备、工期，进行合理分配，科学的管理，其中管理的安全问题，尤为突出。在施工管理组织的全过程中，应自始至终充分贯彻安全细节问题。

1.2 桥梁施工技术的发展概况

现代桥梁的施工技术，是在原始施工方法的基础上，与同时代的技术水平相结合，逐步发展、提高、演变而来的。我国古代桥梁建设的辉煌成就，是世界建桥史的杰出代表。根据史料记载，在距今三千年的周文王时，我国就已在宽阔的渭河上架过大型浮桥。在秦汉时期，我国已广泛修建石梁桥；而后的隋唐时期，石拱桥的建造技术已相当成熟，并逐渐传到日本。在古代优秀的桥梁中，有几座叹为观止的经典之作，凝聚了中华民族的非凡智慧。建于隋朝大业年间（公元 605 年）的赵州桥，该桥采用纵向并列砌筑，将大拱圈纵分为 28 圈，每圈由 43 块拱石组成，这样每块拱石重在 1t 左右，用石灰浆砌筑。为了提高拱圈的承载力和整体性，在拱石表面凿有斜纹，在拱石的纵向间安放一对腰铁（铁箍），在主拱跨中拱背上设置 5 根铁拉杆，并在拱顶石砌筑时采用刹尖方法使拱石挤压紧密。科学的设计以及精湛的施工使得该桥跨越 1500 多年保存完好。建于宋朝的福建泉州的洛阳桥（公元 1053 年），长达 800m，共 47 孔，位于海口江面上。此桥以磐石遍铺桥位江底，是近代筏形基础的开端，并且独具匠心地用养殖海生牡蛎的方法胶固桥基使成整体，此亦是世界上绝无仅有的造桥方法。建于宋朝的福建漳州虎渡桥（公元 1240 年），总长 335m，石梁重达 200t，古代工匠利用潮水的涨落来浮运架设，足见我国古代建桥技术的高超。其他有代表性的古代桥梁还有宋代的广济桥（公元 1169 年，广东潮州）、卢沟桥（公元 1192 年，北京），清代玉带桥（公元 1750 年，北京）、十七孔桥（公元 1795 年，北京）（图 1-1～图 1-4）。

欧洲的建桥技术在工业革命以后才逐渐赶上并超越我国。19 世纪中后期，钢材的出现并在桥梁结构和施工中的大量使用，使得桥梁建设技术突飞猛进。特别是在铁路桥梁上应用较多，比较有代表性的是跨径 250m 的尼亚加拉瀑布（Niagara Falls）悬索桥、最大跨度为 159m 的圣路易斯（St. Louis）管状钢拱桥，以及主跨为 518.2m 的苏格兰福斯海

图 1-1　河北赵州桥

图 1-2　泉州洛阳桥

图 1-3　漳州虎渡桥

图 1-4　潮州广济桥

湾钢悬臂桁架桥（1889 年）（图 1-5）。

图 1-5　英国福斯海湾桥

图 1-6　美国金门桥

20 世纪早期，美国公路桥梁发展迅速，主跨为 236m 的连续钢桁梁桥诞生，1931 年又在新泽西建成了 503.5m 的基凡库（kill-van-kull）钢拱桥。

钢悬索桥在欧洲出现后，后在美国得到快速发展。1931 年美国在纽约建成主跨 1067m 的华盛顿桥，1937 年建成主跨为 1280m 的金门大桥（图 1-6）。20 世纪 60 年代，悬索桥的发展达到了顶峰。美国于 19 世纪 70 年代发明了"空中纺线法（AS 法）"来施工悬索桥主缆，促进了悬索桥的发展。现代悬索桥中，多采用工厂预制的平行钢丝束，其架设方法（PWS法）极大地方便了主缆的施工。

19世纪末期，钢筋混凝土材料的兴起，促进了钢筋混凝土梁式桥和拱桥的发展，大量的钢筋混凝土简支梁桥和带挂孔悬臂梁桥得以修建；而钢筋混凝土以其突出的受压性能，使得拱桥跨度出现了飞跃；这段时期，钢筋混凝土拱桥无论跨越能力、结构体系和主拱截面形式均有很大的发展。法国于1930年建成的三孔186m普卢加斯泰斯桥（Plougastel bridge）和瑞典于1940年建造跨径264m的桑独桥，均达到了很高的技术水平。早期拱桥的施工主要采用支架施工法，但也就是在20世纪30年代，欧洲率先采用钢筋混凝土拱肋悬拼施工法获得成功，这种被称为"米兰法"的无支架施工法，为大跨度拱桥注入了活力。

20世纪30年代兴起的预应力混凝土，充分发挥了高强钢材和混凝土各自的材料特性，使得各种桥型迅速发展，同时很多新的施工方法相继出现，如悬臂施工、顶推施工、逐孔施工、转体施工等，这使得桥梁发展进入一个新的时期。

20世纪50年代中期，悬臂施工的方法从钢桥施工引入到预应力混凝土桥施工以后，摆脱了建造预应力混凝土梁桥只能采用预制装配和在支架上现浇施工的单一局面，促进了预应力混凝土桥梁结构的发展，相继有预应力混凝土T形刚构桥、连续梁桥、斜拉桥等结构如雨后春笋般地在各地出现，从而使预应力混凝土桥大量应用。

20世纪50年代末期，由钢桥的拖拉施工法发展到了顶推施工法，并且首先在奥地利的阿格尔桥上成功采用。此后，顶推法由于施工安全、设备简单等优点，发展迅速，从而推动了连续梁桥的应用，目前连续梁桥的连续长度已超过千米。

也是在20世纪50年代，由德国首先修建了钢斜拉桥，60年代后，预应力混凝土斜拉桥开始大量修建，同一时期，逐孔施工法、转体施工法在桥梁中得到应用。

20世纪90年代以来，世界各国的桥梁建设突飞猛进，其中尤以我国为代表的新兴经济体发展最为迅速。这更多体现在施工难度大的大跨深水基础桥梁。在已建成的桥梁中，悬索桥跨径已达1991m［日本明石海峡（Akashi-kaikyo）大桥，1998年］，斜拉桥已达1088m（中国苏通大桥，2007年），混凝土拱桥已达420m（中国万县长江大桥，1997年），钢拱桥已达552m（中国重庆朝天门长江大桥，2008年），预应力混凝土连续刚构桥已达301m（挪威Stolmasundet大桥，1998年），预应力混凝土与钢混合连续梁桥已达320m（中国重庆石坂坡长江大桥复线桥，2005年）。这一些大型桥梁工程的完成，表明桥梁技术日臻完善，建桥技术到了一个新的高度（图1-7～图1-10）。

图1-7　日本明石海峡大桥

图1-8　中国苏通长江大桥

图1-9 中国朝天门大桥

图1-10 中国万县长江大桥

随着人类开发面向海洋，跨海的桥梁建设越来越多。深水基础和超重梁体架设面向新的挑战。沙特阿拉伯在1986年修建巴林水道桥（Bahrain causeway，总长约12.5km）采用架运一体式浮吊架设了1800t的梁体。在1998年葡萄牙的第二塔格斯桥（Second Tauges）的引桥上采用了自制的双体浮吊进行安装，共计安装150孔、平面尺寸为80m×16m的预应力混凝土箱梁，每孔重2400t（吊重为2750t）；在1999年完成的丹麦和瑞典联合建设的长达16km的厄勒松（Oresund）海峡桥，采用高度整体预制吊装，140m跨度公铁两用钢桁梁重8700t，浮吊一次吊运安装。

不远的将来，规划的跨海大桥工程逐步都将成为现实。未来桥梁建设将更注重新技术、新工艺、新材料、新设备等方面的广泛应用，更加工厂化、机械化、智能化的安全施工是发展方向。相应地，桥梁建造技术发展将会更加完善，也将在施工方法和施工工艺上不断创新，推动桥梁结构无论是跨径还是总体性能进一步发展。

1.3 桥梁施工的方法

1.3.1 桥梁基础施工

目前桥梁通常采用的基础有扩大基础、桩基础、管柱基础、沉井基础、连续墙基础等。

1. 扩大基础和明挖基础施工

扩大基础和明挖基础均属于直接基础，是将墩台传递来的荷载通过基础底板直接传递给地基的基础形式，用于地质情况较好地区。扩大基础施工的顺序是开挖基坑，对基底进行处理（当地基的承载力不满足设计要求时，需对地基进行加固），然后石砌或立模、绑扎钢筋、浇筑混凝土。其中，开挖基坑是施工中的一项主要工作，而在开挖过程中，必须解决挡土与渗水的问题。

当土质较硬时，对基坑的坑壁可不进行支护，仅按一定坡度进行开挖。在采用土、石围堰或土质疏松的情况下，一般应对开挖后的基坑坑壁进行支护加固，以防止坑壁坍塌。支护的方法有挡板支护加固、混凝土及喷射混凝土加固等。

扩大基础施工的难易程度与地下水处理的难易有关。当地下水位高于基础的设计底面标高时，施工时则须采取止水措施，如钢板桩或考虑采用集水坑水泵排水、深井排水及井点法等使地下水位降低至开挖面以下，以使开挖工作能在干燥的状态下进行。还可采用化学灌浆及帷幕法（冻结法、硅化法、水泥灌浆法和沥青灌浆法等）进行止水或排水。但扩大基础的各种施工方法都有各自特有的制约条件，因此在选择时应特别注意。

2. 桩基础

桩基础是目前采用的最为广泛的基础形式。当地基浅层土质较差，持力土层埋藏较深，需要采用深基础才能满足结构物对地基承载力、变形和稳定要求时，可用桩基础。基桩按材料分类有木桩、钢筋混凝土桩、预应力混凝土桩和钢桩。按制作方法分为预制桩和灌注桩。按施工方法分为锤击沉桩、振动沉桩、静力压桩、射水沉桩和钻孔灌注桩等，前四种统称为沉入桩。地质条件、设计荷载、施工设备、场地影响、工期限制等是桩基选择需要考虑的因素。

沉入桩施工前应做好收集、整理工程地质钻探、打桩资料，确定打桩方法、试桩等工作。桩基础轴线的定位点应设置在不受沉桩影响处，施工过程中如发现地质情况与勘测报告有出入时，应进行补充钻探。

灌注桩是现场采用钻孔机械（或人工）将地层钻挖成预定直径和深度的孔后，将绑扎好的钢筋骨架放入孔内，然后在孔内灌入流动的混凝土而形成桩基。灌注桩的关键是成孔，主要有人工成孔和机械成孔。人工成孔即挖孔，适合深度不大的桩基；机械成孔应用最广泛，主要有冲击法、冲抓法和旋转法，根据土质情况确定成孔方式。桩基成孔及混凝土灌注过程中应防止塌孔。水下混凝土多采用垂直导管法灌注，灌注的过程中应避免断桩。

3. 管柱基础施工

管柱基础因其施工的方法和工艺相对来说较复杂，所需的机械设备也较多，一般的桥梁极少采用这种形式的基础，仅当桥址处的水文地区条件十分复杂，常用的基础施工方法不能奏效时，方采用这种基础形式。因此，对于大型的深水或海中基础，特别是深水岩面不平、流速大的地方采用管柱基础是比较适宜的。

管柱施工时可以根据条件决定是否设置防水围堰。管柱基础的施工一般包括管柱预制、围笼拼装浮运和下沉定位、下沉管柱，在管柱底基岩钻孔，在管柱内安放钢筋笼并灌注水下混凝土等内容。管柱有钢筋混凝土、预应力混凝土和钢管三种。其下沉与前述的沉入桩类似，大多采用振动法并辅以射水、吸泥等措施。管柱的下沉必须要有导向装置，浅水时可用导向架，深水时则用整体围笼。

4. 沉井基础施工

沉井基础是一种断面和刚度均比桩要大得多的筒状结构，一般由刃脚、井壁、隔墙、封底混凝土、井孔顶盖板等组成。施工时在现场重复交替进行加长和挖除井内土方，使之沉落到预定的地基上。在岸滩或浅水中建造沉井时，可采用就地浇筑法施工；在深水中建造时，则可采用浮式沉井，先将其浮到运至预定位置，再进行下沉施工。按材料、形状和用途不同，可将沉井分成很多种类型，但各种沉井基础有如下的共同特点：沉井基础的适宜下沉深度一般为 $10 \sim 40m$；沉井基础的抗水平力作用能力及竖直支承力均较大，整体性强，稳定性好，刚度大，变形较小。

沉井基础施工的难点在于沉井的下沉，主要是通过从井孔内除土，清除刃脚正面阻力及沉井内壁摩阻力后，依靠其自重下沉。沉井下沉的方法可分为排水开挖下沉和不排水开挖下沉，但其基本施工方法应为不排水开挖下沉，只有在稳定的土层中，而且渗水量不大时，才采用排水开挖法下沉。另外还有压重、高压射水、炮震（必要时），降低井内水位减少浮力以增加沉井自重，还可采用泥浆润滑套或空气幕等一些沉井下沉的辅助施工方法。

5. 地下连续墙

地下连续墙是用膨润土泥浆护壁，在设计位置开挖一条狭长端圆的深槽，然后将钢筋骨架放入槽内，并灌注水下混凝土，从而在地下形成连续墙体的一种基础形式。地下连续墙可以作为挡土围幕墙，减小对邻近建筑物影响的结构，以及承受竖直荷载等。

地下连续墙的施工工艺包括准备开挖的地下深槽、用专用机械开挖、安放接头管、吊放钢筋笼、下灌注导管并灌注混凝土、拔出接头管和单元墙段完成等几部分。

1.3.2 桥梁墩台施工

1. 承台

位于旱地、浅水河中采用土石筑岛施工桩基础的桥梁，其承台的施工方法与扩大基础的施工方法相类似，可采取明挖基坑、简易围堰后开挖基坑等方法进行施工。

对深水中的承台，施工方法通常有：钢板桩围堰、钢管桩围堰、双壁钢围堰及套箱围堰等，无论何种围堰，其目的都是为了阻水，保证承台的施工时无水。钢板桩围堰和钢管桩围堰实际是同一类型的围堰形式，只不过所用材料不同；双壁钢围堰通常是将桩基和承台的施工一并考虑，在桩顶设钻孔平台，桩基施工结束后拆除平台，在堰内进行承台施工；套箱现多采用钢材制作，分有底和无底两种类型，根据受力情况不同又可设计成单壁或双壁结构。

2. 墩（台）施工

墩（台）身的施工方法根据其结构形式的不同而不同。对于石砌墩（台）身，其施工工艺比较简单，但须严格控制砌石工程的质量。对结构形式较简单、高度不大的钢筋混凝土墩（台）身，通常采取传统的方法，立模现浇施工。但对高墩及斜拉桥、悬索桥的索塔，则有较多的可供选择的方法，而施工方法的多样化主要反映在模板结构形式的不同。近年来，滑升模板、爬升模板和翻升模板等在高墩及索塔上应用较多，其共同的特点是：将墩身分成为若干节段，从下至上逐段进行施工。

采用滑升模板（简称滑模）施工，对结构物外形尺寸的控制较准确，施工进度平衡、安全，机械化程度较高，但因多采用液压装置实现滑升，故成本较高，所需的机具设备也较多；爬升模板（简称爬模）一般要在模板外侧设置爬架，因此这种模板相对而言需耗用较多的材料，且需设专门用于提升的起吊设备。高墩的施工，应根据现场的实际情况，进行综合比较后方可选择适宜的施工方案。

1.3.3 桥梁上部结构施工方法

在圬工结构和钢筋混凝土为主的时代，现场浇筑是主要的施工方法。由于桥梁类型增加与跨径增大，构件生产的预制化、结构设计方法的进步、机械设备的发展，由此而引起施工方法的进步和发展，形成了多种多样的施土方法。下面将介绍桥梁上部结构的施工方法，并概括各种方法的施工特点。

1. 支架浇筑法

就地支架浇筑法是在桥位处搭设支架，在支架上浇筑桥体混凝土，达到强度后拆除模板、支架。就地浇筑施工无需预制场地，而且不需要大型起吊、运输设备，梁体的主筋可不中断，桥梁整体性好。它的缺点主要是工期长，施工质量不容易控制；对预应力混凝土梁由于混凝土的收缩、徐变引起的应力损失比较大；施工中的支架、模板耗用量大，施工费用高；支架影响通航和交通，施工期间可能受到洪水、漂流物、车辆的威胁（图1-11）。

2. 预制安装法

在预制工厂或在运输方便的桥址附近设置预制场进行梁的预制工作，然后采用一定的架设方法进行安装。

预制构件安装的方法很多，有汽车吊、龙门吊、架桥机、扒杆吊、缆索吊等，各需不同的安装设备，可根据施工的实际情况合理选择（图1-12）。

图1-11 支架整体现浇施工

图1-12 预制安装法施工

预制安装法施工的主要特点：

（1）由于是工厂生产制作，构件质量好、有利于确保构件的质量和尺寸精度，并尽可能多地采用机械化施工；

（2）上下部结构可以平行作业，因而可缩短现场工期；

（3）能有效利用劳动力，并由此而降低了工程造价；

（4）由于施工速度快，可适用于紧急施工工程；

（5）将构件预制后由于要存放一段时间，因此在安装时已有徐变引起的变形。

3. 悬臂施工法

悬臂施工法是从桥墩开始，两侧对称进行现浇梁段或将预制节段对称进行拼装；前者称悬臂浇筑施工，后者为悬臂拼装施工。悬臂浇筑施工（图1-13）利用挂篮作为承重结构来浇筑混凝土，达到一定强度后张拉预应力钢筋，移动挂篮施工下一个节段，直至合拢。悬臂拼装施工则是将预制块件拼装后张拉预应力直至合拢。

悬臂施工的主要特点：

（1）桥梁在施工过程中产生负弯矩，桥墩也要承受由施工而产生的弯矩，目前应用桥型比较广，如连续梁桥、连续钢构桥、拱桥和斜拉桥等；

（2）非墩梁固接的预应力混凝土梁桥，采用悬臂施工时应采取措施，使墩、梁临时固结，因而在施工过程中有结构体系的转换；

（3）采用悬臂施工的机具设备种类很多，就挂篮而言，也有桁架式、斜拉式等多种形式，可根据实际情况选用；

（4）悬臂浇筑施工简便，结构整体性好，施工中可不断调整位置，常在跨径大于60m

的桥梁上选用。悬臂拼装法施工速度快，桥梁上、下部结构可平行作业，但施工精度要求比较高；

（5）悬臂施工法可不用或少用支架，施工不影响通航或桥下交通。

4. 转体施工法

转体施工是将桥梁构件先在桥位处岸边（或路边及适当位置）进行预制，待混凝土达到设计强度后旋转构件就位的施工方法（图 1-14）。转体施工期间内力基本不变，它的支座位置就是施工时的旋转支承和旋转抽，桥梁合龙后，按设计要求改变支承情况。转体施工分为平转和竖转两种施工法，根据平衡类型又可分为有平衡重和无平衡重两种。其主要特点有：

（1）可以利用地形，方便预制构件；

（2）施工期间不断航，不影响桥下交通，并可在跨越通车线路上进行桥梁施工；

（3）施工设备少，装置简单，容易制作并便于掌握；

（4）节省木材，节省施工用料。采用转体施工与缆索无支架施工比较，可节省木材80％，节省施工用钢60％；

（5）减少高空作业，施工工序简单，施工迅速。当主要结构先期合拢后，为后续施工带来方便；

（6）转体施工适合于单跨、双跨、三跨桥梁，且无论深水、峡谷还是平原区以及城市桥梁均可采用；

（7）大跨径桥梁采用转体施工将会取得较好的技术经济效益，转体重量轻型化、多种工艺综合利用，是大跨及特大跨桥施工有力的竞争方案。

图 1-13　悬臂施工法　　　　　　　　图 1-14　转体施工法

5. 顶推施工法

顶推施工是在沿桥纵轴方向的台后设置预制场地，分节段浇筑梁体，并用纵向预应力筋将预制节段与施工完成的梁体连成整体，然后通过水平千斤顶施力，将梁体向前顶推出预制场地；之后继续在预制场进行下一节段梁的预制，循环操作直至施工完成（图 1-15）。顶推法最早是 1959 年在奥地利的阿格尔桥上使用，其有如下特点：

（1）桥梁节段固定在一个场地预制，便于施工管理改善施工条件，避免高空作业，同时，模板、设备可多次周转使用。在正常情况下，节段的预制周期为 7～10d；

（2）主梁分段预制，连续作业，结构整体性好。由于不需要大型起重设备，所以施工节段的长度一般可取用 10~20m；

（3）顶推法可以使用简单的设备建造长大桥梁，施工费用低，施工平稳，噪声小；可在高桥墩上采用，也可在曲率相同的弯桥和坡桥上使用；

（4）顶推施工时，梁的受力状态变化很大，施工阶段梁的受力状态与营运时期的受力状态差别较大，因此在梁截面设计和布索时要同时满足施工与营运的要求，由此造成用钢量较高。在施工时也可采取加设临时墩、设置前导梁和其他措施，用以减小施工内力；

（5）顶推法宜在等截面梁上使用，当桥梁跨径过大时，选用等截面梁会造成材料用量的不经济，也增加施工难度，因此以中等跨径的桥梁为宜，桥梁的总长也以 500m 以下为宜。

图 1-15　顶推施工法

图 1-16　移动模架逐孔施工法

6. 移动模架逐孔施工法

逐孔施工是中等跨径预应力混凝土连续梁中的一种施工方法，它使用一套设备从桥梁的一端逐孔施工，直到对岸（图 1-16）。可分为移动模架逐孔拼装法和移动模架逐孔现浇法。

采用移动模架逐孔施工的主要特点有：

（1）移动模架法不需设置地面支架，不影响通航和桥下交通，施工安全、可靠；

（2）有良好的施工环境，保证施工质量，一套模架可多次周转使用，具有在预制场生产的优点；

（3）机械化、自动化程度高，节省劳力，降低劳动强度，上下部结构可以平行作业，缩短工期；

（4）通常每一施工梁段的长度取用一孔梁长，接头位置一般可选在桥梁受力较小的部位；

（5）移动模架设备投资大，施工准备和操作都较复杂；

（6）移动模架逐孔施工宜在桥梁跨径小于 50m 的多跨长桥上使用。

7. 浮吊与提升法施工

这是一种采用竖向运动施工就位的方法。提升施工是在未来安置结构物以下的地面上预制该结构并把它提升就位，适合于整孔架设和节段式块件拼装。浮运施工是将桥梁在岸上预制，通过大型浮船移运至桥位，利用船的上下起落安装就位的方法。浮运的架设方法常选取整体结构，可重达数千吨，所以采用浮运法要有一系列的大型浮运设备（图1-17、图1-18）。

在长三角地区相当多的系杆拱桥采用浮吊整体架设拱肋施工，具有一定的优势。

图 1-17 浮运提升法

图 1-18 浮吊架设法

8. 劲性骨架法

劲性骨架法是以钢骨架作为拱圈或梁体的承重部分，采用现浇混凝土包裹骨架，最后形成钢筋混凝土结构（图1-19、图1-20）。这种埋入式骨架法在国外称为"米兰拱"。"米兰拱"可采用型钢或钢管等材料制作。

图 1-19 万县长江大桥劲性骨架施工

图 1-20 瓯江三桥劲性骨架施工

此外对于钢结构还有横移施工法、拖拉法等。

1.4 桥梁施工的安全问题

桥梁、特别是大跨度桥梁在施工过程中，由于结构尚未形成，整体刚度比较差，是其全寿命过程安全性能最为脆弱的阶段，一些结构形式如拱桥在施工过程中比较容易发生恶性安全事故。

桥梁建筑施工具有施工技术复杂、生产流动性大、露天及高处作业多、作业危险性较高等特点。这些特点导致桥梁施工管理中安全问题突出，管理的难度也较大。避免事故发生、保证桥梁施工安全是贯穿于整个施工过程的指导思想。桥梁施工安全包含两方面的内

11

容，即施工质量的安全和人身健康安全。

施工事故是指在施工过程中发生的意外的、突然的、而且后果有害（造成人身伤害或财产损失）的事件。同其他类型的事故一样，施工事故也具有因果性、偶然性和必然性、潜伏性、规律性、复杂性这五个基本特性。

近些年国内桥梁施工事故频发，造成人员伤亡和财产损失的恶性事故，应引起足够的警惕。

1.4.1 桥梁施工事故发生的特点

桥梁施工与一般的安全事故相比，具有其自身的特点，在研究桥梁施工安全事故的具体原因之前，明确这些特点对更好地分析事故原因起着至关重要的作用。

（1）严重性：桥梁施工过程中发生安全事故，其影响往往较大，重大安全事故往往会导致群死群伤或巨大财产损失。因此，对桥梁施工安全事故隐患决不能掉以轻心。

（2）复杂性：桥梁施工工序的复杂性特点，决定了影响桥梁工程安全生产的因素很多，即使是同一类安全事故，其发生原因可能多种多样。这样，对安全事故进行分析时，就增加了判断其性质、原因（直接原因、间接原因、主要原因）等的复杂性。

（3）可变性：许多桥梁施工中出现的安全事故隐患并非静止的，而是有可能随着时间而不断地发展、恶化的。因此，在分析与处理工程安全事故隐患时，要重视安全事故隐患的可变性，应及时采取有效措施，进行纠正、消除，杜绝其发展恶化为安全事故。

（4）多发性：桥梁施工中的安全事故，往往在施工中某工序或作业活动中发生。因此，对多发性安全事故，应注意吸取教训，总结经验，采用有效预防措施，加强事前预控、事中控制和事后总结。

1.4.2 桥梁施工安全工程内容

直观地讲，安全即免受伤害或损害；而人员或财产遭受损失的可能性，则称为危险。安全科学技术是指技术应用过程中的可能危险的产生、控制以及消除的系统理论、方法与技术。它是随着人类生产生活活动的发展而发展起来的，目的是应对自然灾害、人为灾难给人类所带来的物质损失以及人身伤害。

安全科学的最终目的是将应用技术所产生的任何损害后果控制在绝对最低的限度内，或者至少使其保持在可容许的限度内。即，保障人的安全，避免财产损失，保护环境，以系统为对象进行预测研究。

桥梁施工安全工程是以桥梁施工过程中可能发生的各种类型的事故为研究对象，研究建筑工程中各类事故现象的发生、发展的条件和规律以及其预防、控制的原理和方法，是建筑施工安全工程的一个分支。

桥梁安全事故可分为系统性事故和偶然性事故两大类。系统性事故是指设计、施工方案不完善或者施工、监理、监督各方都没有落实安全生产责任而造成的事故，这类事故一旦发生后果严重，容易引发群死群伤的严重后果，如支架倒塌、模板失稳、基坑坍塌等；偶然性事故是指事故的发生与受害人的自身行为或精神相关联的事故等，如高处坠落、触电等，此类事故影响一般相对较小，大多仅限于行为人本身。从安全风险的角度来看，事故预防工作的首要任务是防止系统性事故发生，即不出现原则性危险事故，其次是现场安全防护和作业人员安全操作及自我保护意识，控制减少偶然性事故发生。

桥梁施工安全工程重点研究内容是以系统工程的原理，对工程施工中的危险因素加以识别、分析和评价，在施工管理中进行决策和控制。

安全分析就是使用系统工程的原理和方法，辨别、分析系统中存在的危险因素，并根据实际需要对其进行定性、定量描述的技术方法。安全评价是通过分析、了解和掌握系统存在的危险因素，通过评价掌握系统事故风险的大小，并与预定的安全指标相比较，如果超出指标，则应对系统的主要危险因素采取控制措施，使其降至该标准之下。目前建筑施工企业安全评价是按照《施工企业安全生产评价标准》（JGJ/T 77—2010）对建筑工程进行安全评价。

安全决策和控制是从建筑工程系统的完整性、相关性、有序性出发，对建筑工程系统全面、全过程的安全管理，实现对安全目标的控制。强有力的管理手段和方法，是保证安全分析和评价发挥作用的保证。

1.4.3 桥梁施工安全的重要性

从 20 世纪 90 年代初开始，我国交通事业迅猛发展，公路、铁路大量的建设，在这些项目的作业过程中，特别是近些年的桥梁施工中，事故接连不断，不仅直接影响工程进度，造成经济损失和人员伤亡，也带来不良的社会影响，需要引起足够的重视。然而事故发生是有其因果规律的，是可防可控的。现有的桥梁工程项目安全管理往往只是针对施工现场某些特定危险源及有害因素进行管理，具有片面性，要从根本上扭转这种被动管理模式，需要高度重视安全问题，不仅需要从技术层面、企业层面来考虑问题，还需要把桥梁的安全生产管理作为一个系统，通过综合安全评价，对施工现场安全状况进行量化，判定事故发生的可能性，不断提高风险意识，科学地进行事故环境风险评估，在各个关键环节上采取有效措施，辨识出系统的危险源、有害因素，从而切断危险源，把事故消灭在萌芽之中，将工程事故降低到最低水平，从而实现工程项目的本质安全。

第2章 桥梁施工的常用设备

2.1 概　述

现代桥梁施工广泛使用各种设备和机具，以加快施工进度，适应复杂的施工条件，确保工程质量。对于桥梁结构而言，施工设备和机具的优劣往往决定了桥梁施工技术的先进与否。先进的施工技术必须要有先进的施工机械配合才能相得益彰。所以，桥梁结构体系及施工技术的发展，也要求各种施工设备和机具不断地更新和改造，以适应其发展的需要。

在现代桥梁的施工中，施工方法和施工设备已经密不可分，实际上，相当一部分桥梁，由于水文、地质、通航等条件的限制，确定施工方法时，相配套的机械设备通常是主要考虑的因素之一。因此，施工设备和机具已经成为桥梁施工技术中的一个重要组成部分。

着眼于桥梁结构整个施工进程，根据使用目的不同，桥梁施工设备和机具大致可以分成：

(1) 各种常备式结构，例如万能杆件、贝雷梁等；

(2) 测量设备，例如经纬仪、测距仪等；

(3) 基础施工设备，例如打桩机、钻孔机械、挖土机械等；

(4) 混凝土施工设备，例如拌合机、输送泵、振捣设备等；

(5) 预应力施工设备，例如各类张拉千斤顶、锚夹具等；

(6) 运输安装设备，例如汽车吊、履带吊、浮吊、缆索吊等；

(7) 专用施工设备，例如移动模架、架桥机等。

桥梁施工设备的使用应根据具体的施工对象、工期、劳力及施工单位现有设备的情况，考虑对现场条件的适应性，以及整个工程的经济效益，经由施工组织设计而合理地加以选用和安排。

桥梁施工实践证明，施工设备选用正确与否，也是保证桥梁施工安全的一个重要条件。许多重大事故的发生，常常同施工设备陈旧或使用不当有关。一个优秀的桥梁工程师应该对各类施工设备有比较充分的了解。

2.2 桥涵施工常备式结构

桥梁施工常备式结构主要有万能杆件、贝雷梁、脚手架、钢板桩等。

2.2.1 万能杆件

万能杆件是用角钢制成的可拼成节间距为 2m×2m 的桁架杆件；因其通用性强，弦杆、腹杆及连接板等均为标准件，具有装拆、运输方便、利用率高等特点，可以拼装成格架、墩架、塔架、龙门架等形式，还可以作为墩台、索塔施工脚手架等。

1. 万能杆件的构件分类

第一类为杆件：杆件在拼装时组成桁架的弦杆、腹杆、斜撑；

第二类为连接板：各种规格的连接板可将弦杆、腹杆、斜撑等连接成需要的各种形状；

第三类为缀板：缀板可将断面形式为四肢或两肢角钢组成的各种弦杆、腹杆等在其节间中点做一个加强连接点，使组合断面的整体性更好。

万能杆件的类型有铁道部门生产的甲型（M 型）和乙型（N 型），西安筑路机械厂生产的乙型（或西乙型）三种。其中西乙型万能杆件（表 2-1）共有大小 24 种构件。用万能杆件组拼桁架（图 2-1）时，按高度 2m、4m、6m 的模数组拼。其腹杆形式：当高度为 2m 时，为三角形；当高度为 4m 时，为菱形；当高度为 6m 时，为多斜杆形。

2. 西乙型杆件规格尺寸及质量

西乙型杆件规格、尺寸、质量 表 2-1

编号	名称	规格(mm)	单位质量(kg)	附注
1	长弦杆	∠100×100×12×3994	71.49	
2	短弦杆	∠100×100×12×1994	35.69	
3	斜杆	∠100×100×12×2350	42.07	
4	立杆	∠75×75×8×1770	15.98	
5	斜撑	∠75×75×8×2478	22.38	
6	连接角钢	∠90×90×10×580	8.20	用于 1 或 2
7	支承角钢	∠100×100×12×494	8.84	用于 1 或 2
7A	支承靴角钢	∠100×100×12×594	10.63	用于 1 或 2
8	节点板	□250×280×10	9.42	1、2 与 4、5 相连
11	节点板	□860×552×10, $A=33.89cm^2$	35.88	1、2 与 3、4 相连
13	节点板	□580×552×10, $A=2492cm^2$	19.56	1、2 与 4、16 相连
15	弦杆填塞板	□8×480×10	3.01	用于 1 或 2
16	长立杆	∠75×75×8×3770	34.04	
17	节点板	□626×350×10, $A=2005cm^2$	15.74	4、16 与 4、5 相连
18	节点板	305×314×10, $A=606cm^2$	4.76	4、16 与 4、5 水平相连
19	缀板	□210×180×10	2.97	用于 1 或 2
20	缀板	□170×160×10	2.14	用于 3、4、5、16
21A	支承靴		24.01	
22	节点板	□580×392×10	17.85	1、2 与 4、5 相连
22A	节点板	□580×566×10	25.77	1、2 与 4、5 相连
23	节点板	540×262×10, $A=1334cm^2$	10.47	1、2 与 4、5 相连
24	普通螺栓	$\phi22×(40、50、60)$		
25	普通螺栓	$\phi27×(40、50、60、70、80)$		
28	大节点板	□860×886×10, $A=7042cm^2$	73.84	1、2 与 3、4 相连

注：1. 各种杆件除 19、20 用 A₃ 钢制作外，其余均用 16 锰钢制作；

2. 表中 A 为节点板面积。

N 型万能杆件的 3 为∠100×75×10×2350（mm）；9 为连接角钢∠75×75×8×630（mm）；10 为横撑角钢∠75×75×8×5770（mm）；25 的螺栓直径为 φ28，其他各种节点板与支承靴尺寸稍有差异。

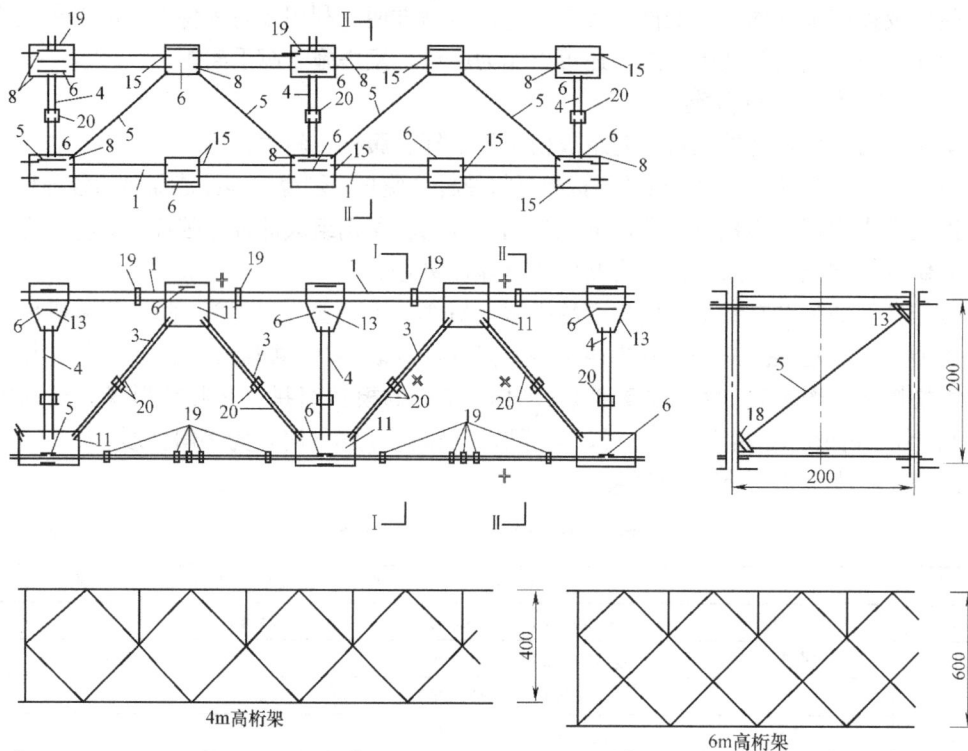

图 2-1　万能杆件组拼桁架示意图

3. 拼装示例

图 2-2 所示是一个使用万能杆件拼装成的架桥机示例，主要有导梁、行走系统、起吊系统三部分组成，可架设 20m 跨径的预制梁。导梁由万能杆件组拼，上下弦杆采用 N1 号杆件，斜撑采用 N5 号杆件。图 2-3、图 2-4 分别是万能杆件拼装成的塔架和浮吊。

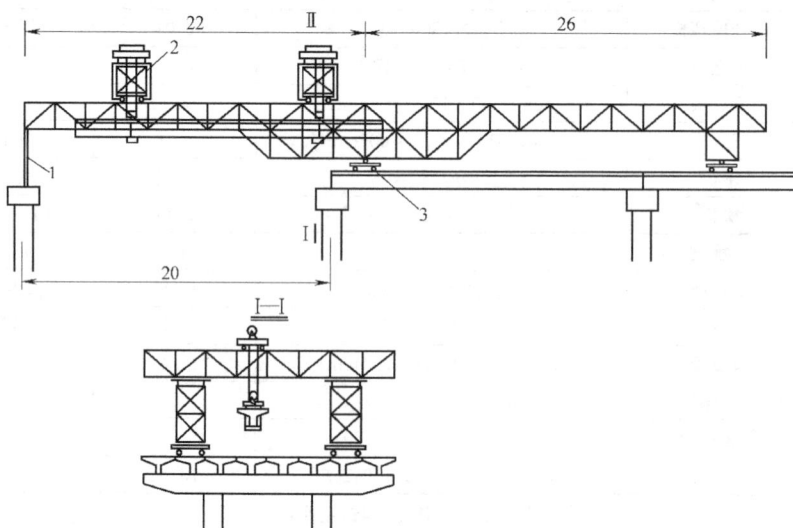

图 2-2　万能杆件拼装成的架桥机（m）

1—前支脚；2—起吊行车；3—行车平车

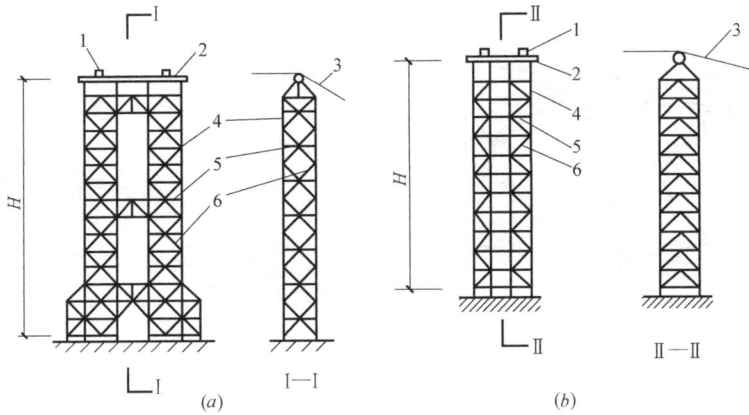

图 2-3 万能杆件拼装成的塔架

1—索鞍；2—帽梁；3—主索；4—立柱；5—水平索；6—斜撑

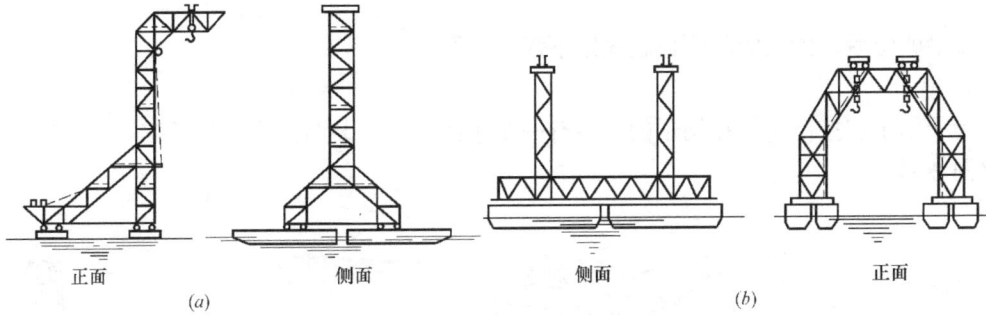

图 2-4 万能杆件拼装成的浮吊

2.2.2 贝雷梁

贝雷梁是一种由桁架拼装而成的钢桁架结构，构件基本高度为 1.5m，如图 2-5 所示。贝雷梁的主要构件由桁架、加强弦杆、横梁、桁架销、螺栓、支撑构件等组成。

1. 桁架

桁架由上下弦杆、竖杆及斜杆焊接而成。弦杆上焊有多块带圆孔的钢板，其中弦杆螺栓孔用于拼装双层或加强梁，拼接时只需将螺栓插入孔内，即可将双层桁架或加强弦杆连接起来。支撑架孔用来安装支撑架，以加固上下节桁架；风构孔用来连接抗风拉杆；端竖杆上的支撑架孔用来安装支撑架、斜撑和联板；横梁夹具孔用来安装横梁夹具。在下弦杆上设有 4 块横梁垫板，垫板上有栓钉，用来固定横梁位置。

2. 加强弦杆

加强弦杆质量 80kg，弦杆的一端为阳头，另一端为阴头；其中部支撑架孔和弦杆螺栓孔。设置加强弦杆的目的在于提高梁的抗弯能力，充分发挥桁架腹杆的抗剪作用（图 2-6）。

3. 横梁

横梁中间 4 个卡子用来固定纵梁位置，两端设短柱以连接斜撑。安装横梁时，将栓钉孔套入桁架下弦杆横梁垫板上的栓钉，使模梁在桁架上就位。栓钉孔的间距与桁架间距

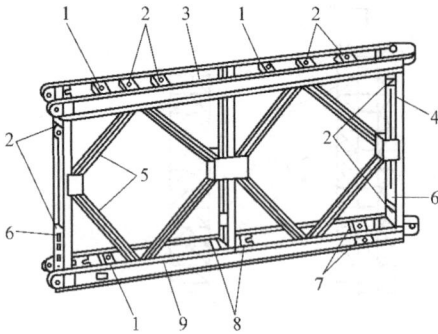

图 2-5　桁架

1—弦杆螺栓孔；2—支撑架孔；3—上弦杆；4—竖杆；

5—斜撑；6—横梁夹具孔；7—风构孔；

8—横梁垫板梁；9—下弦杆

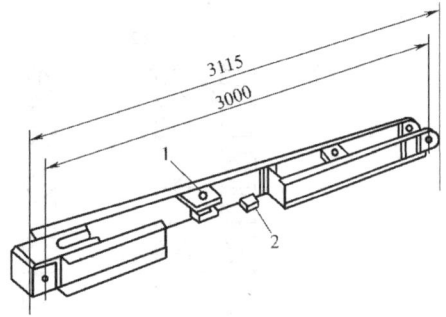

图 2-6　加强弦杆

1—支撑架孔；2—弦杆螺栓孔

相同。

横梁就位后，桁架的间距也就固定下来了（图 2-7）。

4. 销子

销子用于连接桁架。在销子的一端有一个小圆孔，安装时插入保险插销，防止销子脱落（图 2-8）。

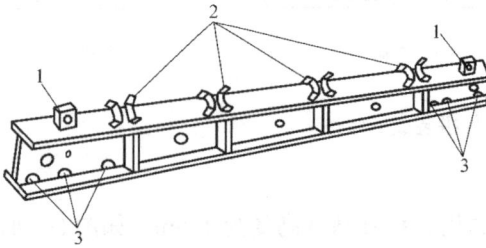

图 2-7　横梁

1—短柱；2—卡子；3—栓钉孔

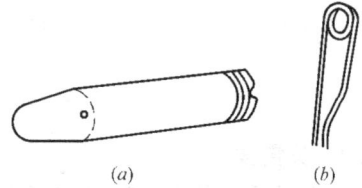

图 2-8　销子

(a) 销子；(b) 保险插销

5. 支撑架

支撑架质量 21kg，用撑架螺栓连接于第一排与第二排桁架之间，使之连成整体（图 2-9）。

6. 桁架螺栓和弦杆螺栓

桁架螺栓质量 3kg，用来连接上、下层桁架，使用时将螺栓自下而上插入双层桁架的螺栓孔内，然后用螺母拧紧。弦杆螺栓质量 2kg，用来连接桁架和加强弦杆，其形状与桁架螺栓完全相同，仅长度短 7cm（图 2-10）。

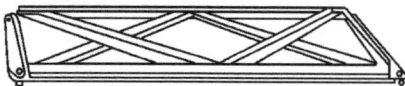

图 2-9　支撑架

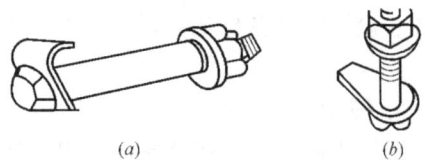

图 2-10　桁架螺栓和弦杆螺栓

(a) 桁架螺栓；(b) 弦杆螺栓

贝雷桁架的组合形式计有 10 种，如图 2-11 所示。各种组合的桥梁习惯以先"排"后"层"称呼之。

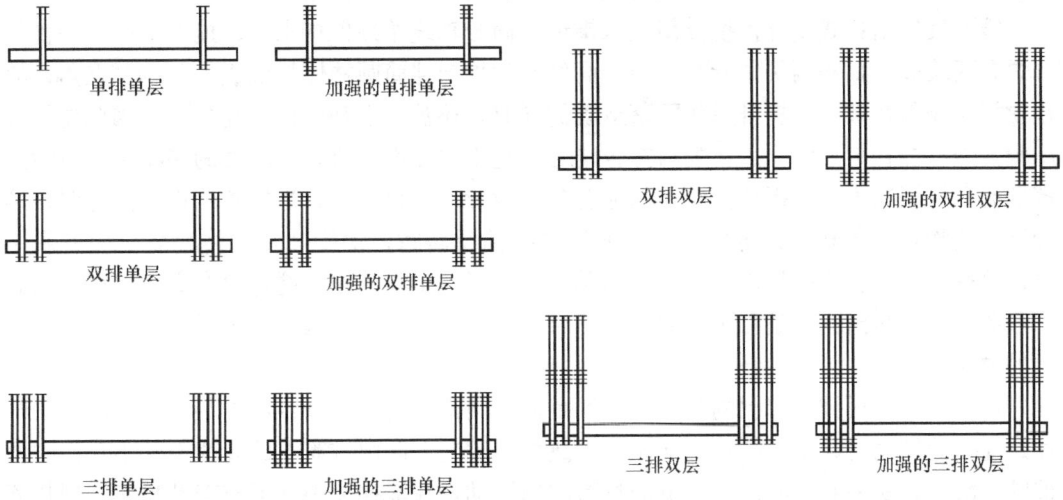

单排单层	加强的单排单层	
		双排双层 加强的双排双层
双排单层	加强的双排单层	
三排单层	加强的三排单层	三排双层　加强的三排双层

图 2-11　贝雷梁各种桁架组合

2.3　混凝土施工设备

混凝土施工设备主要包括拌合设备、运输设备、振捣设备等。

2.3.1　混凝土拌合设备

混凝土拌合设备是将水泥、粗细骨料、水和外加剂等拌制成混凝土的施工机械。主要由动力、传动、搅拌、配水、进出料等系统组成。按工作性质可分为周期式（间歇式）和连续式两类。按搅拌原理分为自落式和强制式两种形式。

自落式搅拌机理：它是将物料提升到一定高度后，利用重力的作用，自由落下，由于各物料颗粒下落的高度、时间、速度、落点和滚动距离不同。从而使物料颗粒相互穿插、渗透、扩散，最后达到分散均匀的目的，由于物料的分散过程主要是利用重力作用，故又称重力扩散机理，自落式混凝土搅拌机就是根据这种机理设计的。

强制式搅拌机理：它是利用运动着的叶片强迫物料颗粒分别从各个方向（环向、径向和竖向）产生运动，使各物料颗粒运动的方向、速度不同，相互之间产生剪切滑移以致相互穿插、扩散，从而使各物料均匀混合。由于物料的扩散过程主要是利用物料颗粒相互间的剪切滑移作用，故又称剪切扩散机理。强制式混凝土搅拌机就是根据这种机理设计而成的。

1. 混凝土搅拌机

普通混凝土搅拌机一般由搅拌筒、上料装置、卸料装置、传动装置和供水系统等组成。普通混凝土搅拌机根据其设计时使用的搅拌机理，可分为自落式搅拌机和强制式搅拌机两大类。其主要区别是：搅拌叶片和搅拌筒之间没有相对运动的为自落式搅拌机，有相对运动的便为强制式搅拌机。

（1）自落式搅拌机

自落式搅拌机按搅拌筒的形状和卸料方式的不同，可分为鼓筒式、锥形翻转出料式和锥形倾翻出料式三种类型，其中鼓筒式已逐步被淘汰，较少使用。

锥形反转出料式搅拌机搅拌筒呈双锥形，筒身轴线始终保持水平，搅拌筒内的圆柱部分焊有两块高叶片和两块低叶片。由于高低叶片均与拌筒圆柱体母线成 40°～45°夹角，故在搅拌时物料在被叶片提升后作下落运动的同时，还被迫沿轴向作往复窜动。因此搅拌作用较强烈，能在较短时间内将物料拌合均匀。它不但能搅拌流动性较大的混凝土，也能搅拌低流动性混凝土。在搅拌筒的出料端有一对螺旋形出料叶片，当搅拌筒正转搅拌时，螺旋叶片把物料推向筒中央协助搅拌。而当搅拌筒反转时，螺旋叶片则将混凝土提升和卸出，故称反转出料式搅拌机。它构造简单、重量轻、出料干净、搅拌效率高，但搅拌筒利用系数低，反转出料时是在负载的情况下启动，功率消耗大，因此一般只适用于中、小容量的搅拌机。

锥形倾翻出料式搅拌机的搅拌筒由两个截头圆锥组成。两圆锥筒内装有向内倾斜的叶片。搅拌筒转动时，由于叶片内向倾斜，故物料被左右两圆锥筒上的叶片提升不甚高时便被叶片滑下，从左右两叶片上滑下的物料相向运动，在搅拌筒中部形成交叉料流。搅拌筒每转一周，物料的搅拌可循环多次。因此，这种搅拌机搅拌效率高，可以搅拌流动性和非流动性混凝土。由于物料在搅拌筒内提升的高度不大，所以，叶片不致撞坏，可以制成大容量的搅拌机，搅拌含有大粒径的混凝土，它卸料时是依靠使搅拌筒倾倒的装置，使搅拌筒倾倒，将料卸出。

（2）强制式搅拌机

强制式搅拌机是利用旋转的叶片迫使物料产生剪切、推压、翻滚和抛出等多种动作，从而达到拌合均匀的目的。与自落式搅拌机相比，其搅拌作用强烈，拌合时间短，拌合效率高。特别适合拌合干硬性混凝土、高强混凝土和轻骨料混凝土。强制式搅拌机按其构造特征可分为立轴式和卧轴式两种类型。

立轴式强制式搅拌机的搅拌筒是一个水平放置的圆盘，搅拌叶片绕立轴旋转，强迫搅拌盘内的物料颗粒作多方向运动，形成复杂的交叉料流，将物料搅拌均匀，这类搅拌机按旋转盘和叶片的旋转方式不同可分为涡浆式和行星式，涡浆式的搅拌盘固定，叶片绕盘中心的立轴旋转。行星式又分为定盘式和转盘式，定盘式是搅拌盘固定，搅拌叶片除绕位于盘中心的主立轴旋转外，还绕它本身的立轴旋转。转盘式则是搅拌盘绕盘中心旋转，而搅拌叶片立轴的位置固定，叶片的旋转方向与搅拌盘的旋转方向或者同向，或者相反。

卧轴式强制式搅拌机的搅拌机理与立轴式相似。但其搅拌筒容积利用系数高，因而在同等容积下，其搅拌筒直径与立轴式相比可设计的较小，因此，搅拌叶片的回转线速度可降低，叶片的使用寿命可延长，能耗可减少，故其经济技术指标优于立轴式强制式搅拌机。

卧轴式强制式搅拌机可分为单卧轴式和双卧轴式，单卧轴式的水平搅拌轴通过搅拌筒中心，轴上装有螺旋搅拌叶片。工作时，叶片迫使物料作强烈的对流运动，使物料在短时间内搅拌均匀。双卧轴式搅拌机有两个相连的圆槽形搅拌筒，两根水平搅拌轴相互作反向旋转。两轴上的叶片搅拌作用半径是相互交叉的，叶片与轴中心线形成一定的角度。故当叶片转动，它不仅使物料在两个搅拌筒内轮番地作圆周运动，上下翻滚，而且使他们沿轴向做往返窜动，前后推压，因而能使物料快速搅拌均匀。

不同类型的搅拌机都有其最适用的范围，在选用搅拌机时应综合考虑所拌制的混凝土的品种、数量、坍落度、骨料最大粒径、混凝土运输方法等各种因素，认真作出评估和选择，否则混凝土质量不易保证，搅拌机的使用寿命也会受到影响。

2. 混凝土搅拌站

搅拌站（楼）其特点是制备混凝土的全过程是机械化或自动化，生产量大，搅拌效率高、质量稳定、成本低，劳动强度减轻。

搅拌站（楼）主要由物料供给系统、称量系统、搅拌主机和控制系统这四大部分组成。

（1）物料供给系统

物料供给系统指组合成混凝土的砂子、石、水泥、水等几种物料的堆积和提升系统。砂和石料的提升，一般是以悬臂拉铲为主，另有少部分采用装载机上料，配以皮带输送机输送的方式。水泥则以压缩空气吹入散装的水泥筒仓，辅之以螺旋机和水泥秤供料。搅拌用水一般用水泵实现压力供水。

（2）称量系统

砂石一般采用累积计量，水泥单独称量，搅拌用水一般采用定量水表计量。

（3）控制系统

一般有两种方式，一是开关电路，继电器程序控制；另一种是采用运算放大器电路，增加了配合比设定，落实调整容量变换等功能。近几年，微机控制技术开始应用于控制系统，从而提高了控制系统的可靠性。

（4）主机系统

搅拌主机的选择，决定了搅拌站（楼）的生产率。常用的主机有锥形反转出料式（JZ）、主轴涡浆式（JW）和双卧强制式（JS）这三种形式。

混凝土拌合物在搅拌站中制备成预拌（商品）混凝土能提高混凝土的质量和取得较好的经济效益。预拌（商品）混凝土是今后的发展方向，目前国内发展很快，相当多的大中城市已有相当的规模和水平。

2.3.2 混凝土的运输设备

混凝土的运输应分为地面运输、垂直运输和楼面运输三种情况。混凝土如采用商品混凝土且运输距离较远时，混凝土地面运输多用混凝土搅拌运输车；如来自工地搅拌站，则多用载重1t的小型机动翻斗车，近距离也用双轮手推车，有时还用皮带运输机和窄轨翻斗车。混凝土垂直运输，我国多采用塔式起重机、混凝土泵、快速提升斗和井架。用塔式起重机时，混凝土多放在吊斗中，这样可直接进行浇筑。混凝土桥面运输，我国以双轮推车为主，也有用机动灵活的小型机动翻斗车，如用混凝土泵则用布料机布料。

1. 井架式升降机运输

井架式升降机俗称井架，是目前施工现场使用较普遍的混凝土垂直运输设备，它由塔架、动力卷扬系统和料斗或平台等组成。井架式升降机具有构造简单、装拆方便、提升与下降速度快等特点，且输送能力较强。塔架的接高除可利用其他起重设备外，也可利用特制的自升装置随着建筑物的升高而自行接高。

2. 塔式起重机运输

塔式起重机既能完成混凝土的垂直运输又能完成一定的水平运输。在其工作幅度范围内能直接将混凝土从装料点吊升到浇筑点送入模板内，中间不需转运，是一种灵活而有效的运输混凝土的方法，在现浇混凝土工程中得到广泛应用。

3. 混凝土搅拌运输车运输

现场施工用混凝土正逐步向以商品混凝土方式供应的方向发展，从商品混凝土搅拌站将混凝土运送至各施工现场的距离相应增加，如用传统的运输方式，混凝土在运输过程中将发生较严重的离析，混凝土搅拌运输车就是为适应这种新的生产方式的一种混凝土地面运输的专用机械。混凝土搅拌运输车是将混凝土搅拌筒斜放在汽车底盘上的专门用于搅拌、运输的混凝土车辆，是长距离运输混凝土的有效工具，它兼有载送和搅拌混凝土的双重功能。搅拌运输车在混凝土搅拌站装入混凝土后，由于搅拌筒内有两条螺旋状叶片，在运输过程中搅拌筒可慢速转动进行拌合，以防止混凝土离析，运至浇筑地点，搅拌筒反转即可卸出混凝土。混凝土搅拌运输车既可以运送拌合好的混凝土拌合料，也可以将混凝土干料装入搅拌筒内，在运输途中加水搅拌，以减少长途运输引起的混凝土坍落度损失（图 2-12）。

4. 混凝土泵运输

混凝土在输送管内用泵压送混凝土称泵送混凝土。泵送混凝土是指当混凝

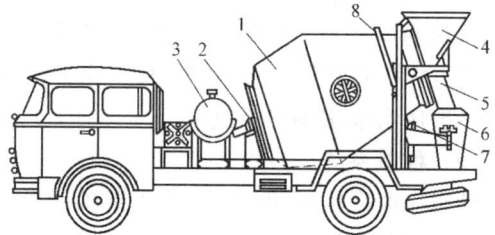

图 2-12 混凝土搅拌运输车示意图
1—搅拌桶；2—轴承座；3—水箱；4—进料斗；
5—卸料斗；6—引料槽；7—托轮；8—滚道

土从搅拌运输车中卸入混凝土泵的料斗中后，利用泵的压力将混凝土通过管道直接输送到浇筑地点的一种运输混凝土的方法，混凝土可同时完成水平运输和垂直运输工作。这种方法具有输送能力大、速度快、效率高、节省人力、连续工作等特点。它已成为施工现场运输混凝土的一种重要方法，在高层、超高层建筑、立交桥、水塔、烟囱、隧道和各种大型混凝土结构工程的施工中得到了越来越广泛的应用。目前大功率的混凝土泵最大水平运距可达 1520m，最大垂直输送高度已达 432m。

泵送混凝土的设备主要由混凝土泵、输送管道和布料装置构成。混凝土泵有活塞泵、气压泵和挤压泵等几种类型，而以活塞泵应用较多。活塞泵又根据其构造原理不同分为机械式和液压式两种，常用液压式，液压式活塞泵又分为油压式和水压式两种，以油压式居多。目前常用液压活塞泵基本上是液压双缸式。

按泵体能否移动，混凝土泵还可分为固定式和移动式，固定式混凝土泵使用时需用其他车辆将其拖至现场，它具有输送能力大，输送高度高等特点，适用于高层建筑的混凝土工程施工。移动式混凝土泵车是将混凝土泵安装在汽车底盘上，根据需要可随时开至施工地点进行作业。此种泵车一般附带装有全回转三段折叠臂架式布料杆，它既可以利用工地配置的管道输送到较远较高的浇筑地点，也可利用随车的布料杆在其回转的范围内进行浇筑。移动式混凝土泵车的输送能力一般为 80m³/h，当水平输送距离为 520m 和垂直输送高度为 110m 时，输送能力一般为 30m³/h。

混凝土输送管是泵送混凝土作业中的重要配套部件，有直管、弯管、锥形管和软管等。前三种输送管一般用耐磨锰钢无缝钢管制成，管径有 80、100、125、150、180、

200mm 等数种，而常用的是 100、125、150mm 三种。直管的标准长度有 4.0、3.0、2.0、1.0、0.5m 等数种，以 4m 管为主管。弯管的角度有 15°、30°、45°、60°、90°五种，以适应管道改变方向的需要。当不同管径的输送管需要连接时，这种锥形管兼用过渡，其长度一般为 1m。在管道的出口处大都接有软管，以便在不移动钢管的情况下扩大布料范围。

混凝土泵的供料必须是连续的，且输送量很大，因此在浇筑地点应设置布料装置以便将输送来的混凝土进行摊铺或直接浇筑入模，从而减轻繁重的体力劳动，充分发挥混凝土泵的使用效率。布料装置由可回转、可伸缩的臂架和输送管组成，常称之为布料杆。按照支承结构的不同，布料杆可分为独立式和汽车式两大类。

2.3.3 混凝土振捣设备

混凝土浇筑入模后，内部还存在着很多空隙。混凝土的捣实就是使浇入模内的混凝土完成成型与密实过程，保证混凝土构件外形正确，表面平整，混凝土的强度和其他性能符合设计要求。

混凝土的捣实方法有人工捣实和机械捣实两种。人工捣实是利用捣棍、插钎等用人力对混凝土进行夯插等来使混凝土成型密实的一种方法。它不但劳动强度大，且混凝土的密实性较差，只能用于缺少机械和工程量不大的情况下。

机械捣实采用混凝土振动器。振动器是利用激振装置产生振动，使混凝土在浇筑时振捣密实的机械，由动力、传动、激振等装置和机体组成。按作用位置分为内部、外部和底部三种类型。按工作方式分为插入式振动器、附着式振动器和平板式振动器，底部振捣包括振动台或用几台附着式振动器组成可移动的底部振动器（图 2-13、图 2-14）。

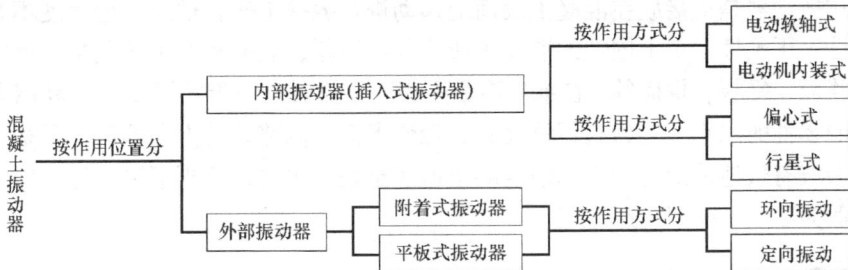

图 2-13 混凝土振动器分类

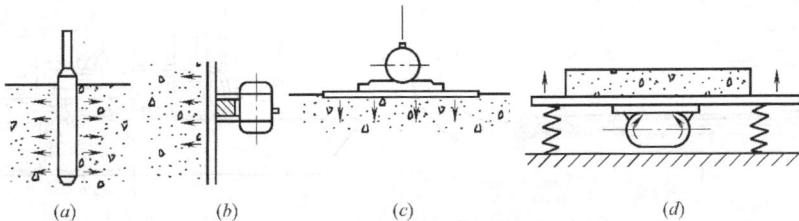

图 2-14 混凝土振动器工作示意图

（a）插入式振动器；（b）附着式振动器；（c）平板式振动器（表面振动器）；（d）混凝土振动台

1. 插入式振动器

插入式振动器主要由振动棒、软轴和电动机三部分组成。振动棒工作部分长约

500mm，直径 35～50mm，内部装有振动子，电机开动后，振动子的振动使整个棒体产生高频微幅的振动。振动棒和混凝土接触时，便将振动能量传递给混凝土，使其很快密实成型。一般只需 20～30s 的时间，即可把棒体周围 10 倍于棒体直径范围内的混凝土振捣密实。插入式振动器主要用于振动各种垂直方向尺寸较大的混凝土体，如桥梁墩台、基础、柱、梁、坝体、桩及预制构件等。

按振动棒激振原理的不同，插入式振动器可分为偏心式和行星式两种。偏心式的激振原理是利用安装在振动棒中心具有偏心质量的转轴，在做高速旋转时所产生的离心力通过轴承传递给振动棒壳体，从而使振动棒产生振动。行星式振动器是振动棒内部安有一带滚锥的转轴，转轴在电机的带动下，滚锥沿轨道公转从而使棒体产生振动，与偏心式振动器比较，具有振动效果好、机械磨损少等优点，因而得到普遍的应用。

使用插入式振动器时，要使振动棒自然地垂直沉入混凝土中。为使上下层混凝土结合成整体，振动棒应插入下一层混凝土中 50mm。振动棒不能插入太深，最好应使棒的尾部留露 1/4～1/3，软轴部分不要插入混凝土中。振捣时，应将棒上下抽动，以保证上下部分的混凝土振捣均匀。振动棒应避免碰撞钢筋、模板、芯管、吊环和预埋件等。

振动棒各插点的间距应均匀，不要忽远忽近。插点间距一般不要超过振动棒有效作用半径的 1.5 倍，振动棒与模板的距离不应大于其有效作用半径的 0.5 倍。各插点的布置方式有行列式与交错式两种，其中交错式重叠、搭接较多，能更好地防止漏振，保证混凝土的密实性。振动棒在各插点的振动时间，以见到混凝土表面基本平坦，泛出水泥浆，混凝土不再显著下沉，无气泡排出为止（图 2-15）。

2. 平板式振动器

平板式振动器是直接放在混凝土表面上移动进行振捣工作，适用于坍落度不太大的塑性、半塑性、干硬性、半干硬性的混凝土或浇筑层不厚、表面较宽敞的混凝土捣固，如水泥混凝土路面、平板、拱面等。在水平混凝土表面振捣时，平板式振动器是利用电动机振子所产生的惯性的水平力，为自行移动式，操作者需控制移动的方向即可。平板与混凝土接触，使振波有效地传给混凝土，使混凝土振实至表面出浆，不再下沉，每一位置连续振动时间一般为 20～40s（图 2-16）。

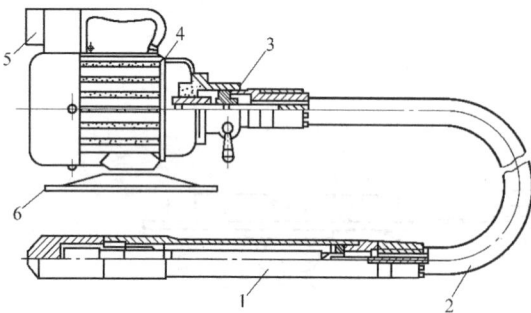

图 2-15　电动软轴行星插入式振动器
1—振动棒；2—软轴；3—防逆装置；4—电动机；
5—电器开关；6—电机支座

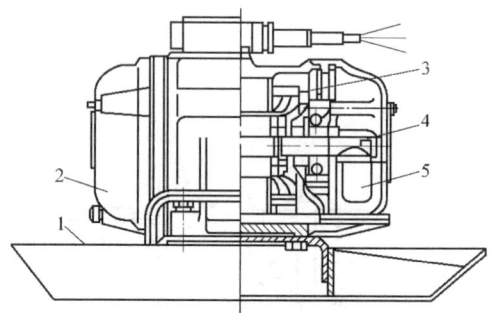

图 2-16　平板式振动器
1—底板；2—外壳；3—定子；
4—转子轴；5—偏心块

3. 附着式振动器

附着式振动器是利用螺栓或夹钳等将它固定在模板上，通过模板来将振动能量传递给混凝土，达到使混凝土密实的目的。其适用于振捣截面较小而钢筋较密的柱、梁及墙等构件。

附着式振动器在电动机两侧伸出的悬臂轴上安装有偏心块，故当电动机回转时，偏心块便产生振动力，并通过轴承基座传给模板。由于模板要传递振动，故模板应有足够的刚度。

附着式振动器的振动效果与模板的重量、刚度、面积以及混凝土构件的厚度有关。故所选用的振动器的性能参数必须与这些因素相适应，否则将达不到捣实的效果，影响混凝土构件的质量。在一个构件上如需安装几台附着式振动器时，它们的振动频率必须一致。若安装在构件两侧，其相对应的位置必须错开，使振捣均匀。

4. 振动台

振动台为一个支承在弹性支座上的工作平台，平台下设有振动机构；混凝土振动台是由电动机、同步器、振动平台、固定框架、支承弹簧及偏振子等组成。工作时，振动机构作上下方向的定向振动。振动台具有生产效率高、振捣效果好的优点，主要用于混凝土制品厂预制件的振捣。

混凝土振动台，需承受强力振动而使混凝土振实成型，应安装在牢固的基础上。混凝土构件厚度小于 200mm 时，可将混凝土一次装满振捣，如厚度大于 200mm 时，则需分层浇筑；振捣时间应根据实际情况决定，一般以混凝土表面呈水平，不再冒气泡，表面出现浮浆时为止。

2.4 预应力张拉及锚固设备

预应力张拉设备主要由千斤顶、高压油泵及压力表三部分组成，而锚固设备主要包括锚具和夹具。在预应力混凝土桥梁施工中，预应力施加工艺可分为先张法、后张法和电热法。不同的预应力张拉工艺对应着多种张拉设备，而各种张拉设备又有多种形式。张拉及锚固设备的选用，应根据预应力钢筋的种类、张拉工艺和产品技术性能来选择，张拉设备与锚固设备应配套使用，这点在后张法施工中尤其重要。预应力锚具和张拉设备的配套选用可参考表 2-2。

预应力筋、锚具及张拉设备的配套选用表　　　　　　　　　表 2-2

预应力筋品种	锚具形式			张拉设备（千斤顶）
	固定端		张拉端	
	安装在结构之内	安装在结构之外		
钢绞线及钢绞线束	夹片锚具 挤压锚具	压花锚具 挤压锚具	夹片锚具	穿心式
钢丝束	夹片锚具 墩头锚具 挤压锚具	挤压锚具 墩头锚具	夹片锚具	穿心式
			墩头锚具	拉杆式
			锥塞锚具	锥锚式、拉杆式
精扎螺纹钢	螺母锚具		螺母锚具	拉杆式

2.4.1 预应力千斤顶

在预应力混凝土结构施工中，用来对预应力钢筋施加张拉力的主要设备，分为机械式、液压式和电热式三种。常用的是液压式，由千斤顶、高压油泵及其输油管等部分组成。千斤顶按其作用形式可分为：单作用（拉伸）、双作用（张拉、顶锚）和三作用（张拉、顶锚、退楔）三种。按结构特点又可分为：拉杆式（YL 型）、穿心式（YC 型）；锥锚式（YZ 型）和台座式（YT 型）四类。

1. 拉杆式千斤顶

拉杆式千斤顶是一种单作用千斤顶，由主油缸体、主缸活塞、回油缸、回油活塞、连接器、传力架、活塞拉杆等组成。

拉杆式千斤顶用于螺杆锚具、锥形锚具、墩头锚具等。常用型号为 YL-60 型，另外还生产 YL-400 型和 YL-500 型，其张拉力分别为 4000kN 和 5000kN，主要用于张拉力较大的钢筋张拉。

张拉预应力筋时，首先和连接器与预应力的螺栓端杆相连接。A 油嘴进油，B 油嘴回油，此时，油缸和撑脚顶住拉构件端部。继续 A 油嘴进油时，活塞拉杆左移张拉预应力筋。当预应力筋张拉到设计张拉力后，拧紧螺栓端杆锚具的螺母，张拉工作结束。张拉力大小则由设置在高压油泵上的压力表控制（图 2-17）。

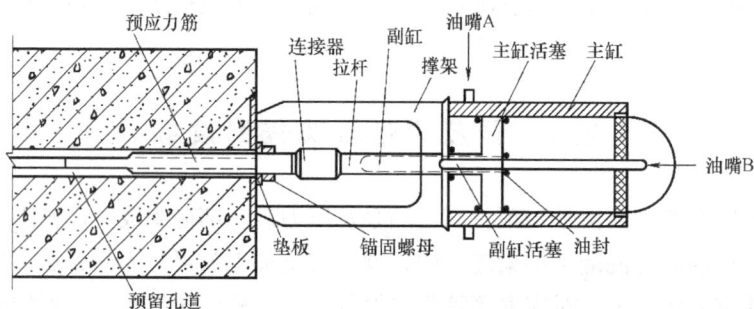

图 2-17 拉杆式千斤顶构造示意图

2. 穿心式千斤顶

穿心式千斤顶是双作用千斤顶，由张拉油缸、顶压油缸（即张拉活塞）、顶压活塞、回程弹簧等组成，如图 2-18 所示。穿心式千斤顶的结构特点是沿其轴线有一穿心孔道，预应力筋穿入后由尾部的工具锚锚固。穿心式千斤顶是由一个双作用张拉活塞和一个单作用顶压油缸活塞组合而成，空心的张拉活塞同时又是顶压缸的缸体，其工作过程分张拉、

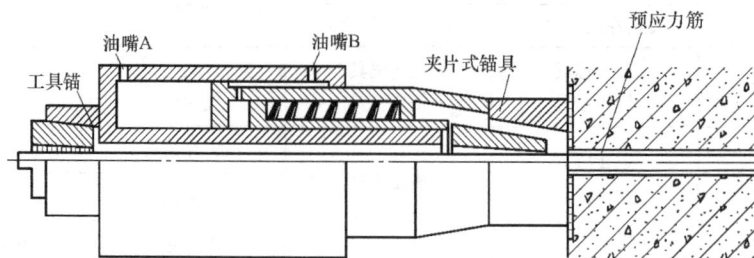

图 2-18 YC60 型穿心式千斤顶

顶压和回程三个步骤。这种千斤顶的适应性强，适用于张拉带夹片锚具的钢筋束或钢绞线束。配上撑脚、拉杆等也可作为拉杆式千斤顶使用。因此，它是我国目前最常用的预应力筋张拉的千斤顶之一。大跨度结构、长钢丝束等引伸量大时，用穿心式千斤顶为宜。系列产品有 YC-20D 型、YC-60 型和 YC-120 型千斤顶。

3. 锥锚式千斤顶

锥锚式千斤顶是一种具有张拉、顶压与退楔的三作用的千斤顶，由主缸、副缸、退楔块、锥形卡环、退楔翼片、楔块等组成，如图 2-19 所示。系列产品有 YZ-38 型、YZ-60 型和 YZ-85 型千斤顶。这种千斤顶专门用于张拉带锥形锚具的钢丝束。

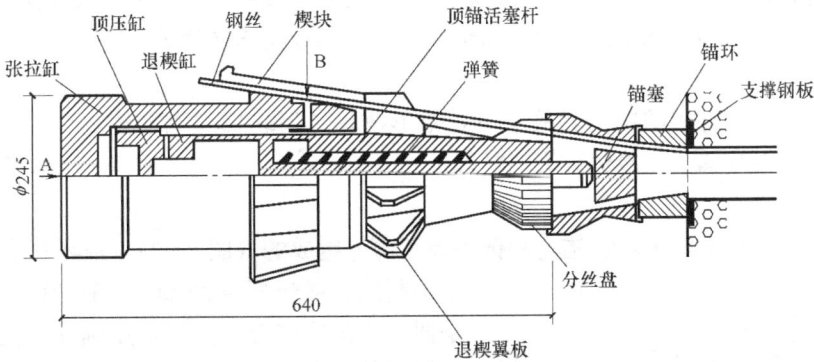

图 2-19　锥锚式三作用千斤顶张拉装置

A、B—油嘴

锥锚式千斤顶的工作原理是当张拉油缸进油时，张拉缸被压移，使固定在其上的钢筋被张拉。张拉钢筋后，改由顶压油缸进油，随即由副缸活塞将锚塞顶入锚圈中。张拉缸、顶压缸同时回油，则在弹簧力的作用下复位。

4. 台座式千斤顶

台座式预应力千斤顶（YT 型），即普通油压千斤顶，在制作先张法预应力混凝土构件时与台座、横梁等配合，可张拉粗钢筋、成组钢丝或钢绞线；在制作后张法构件时，普通油压千斤顶与张拉架配合，可张拉粗钢筋。

台座式预应力千斤顶是铺设地下电缆、上下水管道而需完成穿越顶管工程的设备，也可用于预应力钢筋混凝土结构施工中。

2.4.2　油泵与油表

油泵是预应力张拉设备的重要组成部分，是实施张拉的动力源，它与张拉千斤顶配合，构成液压系统回路，操作油泵供给千斤顶高压油，并控制千斤顶动作，实现张拉预应力筋的目的。一般由高压油泵、油箱、控制阀、溢流阀、压力表、液压管路、支撑件、电动机等构成油泵车的主体，而泵体与电动机连接在油箱（车体）内，车体下放安装 4 个轮子（其中两只为万向轮），就构成了油泵车。

高压油泵是向液压千斤顶各个油缸供油，使其活塞按照一定速度伸出或回缩的主要设备。油泵的额定压力应等于或大于千斤顶的额定压力。

高压油泵分手动和电动两类，目前常使用的有：ZB4-500 型、ZB10/320～4/800 型、ZB0.8-500 型、ZB0.6-630 型等几种，其额定压力为 40～80MPa。

用千斤顶张拉预应力钢筋时，张拉力的大小是通过油泵上的油压表的读数来控制的。油压表的读数表示千斤顶张拉活塞单位面积的压力。为保证预应力筋张拉应力的准确性，应定期校验千斤顶，确定张拉力与油表读数的关系，其校验期一般不超过 6 个月。校验后的千斤顶与油压表必须配套使用。

2.4.3　预应力锚固设备

预应力锚固体系通常包括：锚具、夹具、连接器及锚下支承系统等。

锚具和夹具是预应力结构构件中锚固与夹持预应力钢筋的的装置，他们是预应力锚固体系中的关键部件，是保证预应力结构施工安全、结构可靠的关键技术设备，是将预应力永久地传给结构构件的装置。连接器是预应力钢筋的连接装置，可将多段预应力筋连接成一条完整的长束；锚下支承系统包括锚垫板、螺旋筋或钢筋网片等，起局部承压和抗劈裂的作用。

在桥梁结构中常用的锚夹具品种有：锥形锚具、精轧螺纹钢筋锚具、钢丝束镦头锚具、钢绞线束夹片锚具、冷铸镦头锚具等。

1. 锥形锚具

钢质锥形锚具是由锚环、锚塞和锚垫板三部分组成的（图 2-20）。锚环及锚塞采用 45 号钢制造，锚垫板采用 Q235 钢。它的工作原理是通过张拉预应力钢丝，顶压锚塞，把钢丝楔紧在锚环与锚塞之间，借助摩阻力传递张拉力，同时，利用钢丝的回缩力带动锚塞向锚环内滑进，使钢丝进一步楔紧。

钢质锥形锚具的尺寸较小，便于分散布置。缺点是钢丝回缩量较大，所引起的应力损失也大，并且无法重复张拉和接长。此类锚具现在桥梁结构中已运用不多。

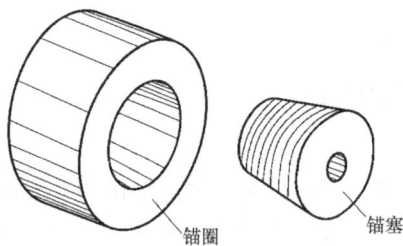

锚圈　　锚塞

图 2-20　锥形锚具构造图

国外同类型的弗莱西奈（Freyssinet）后张预应力锚固体系，已由锚固钢丝发展为锚固钢绞线。

2. 螺母锚具（轧丝锚具）

螺母锚具是一种支承式锚具，主要用于精轧螺纹钢筋和冷轧螺纹钢筋锚固，当用于后者时称为轧丝锚具。

冷轧螺纹钢筋是在 RRB400 级圆钢筋端部滚压出螺纹而外套螺母来锚固；精轧螺纹钢筋则整根都轧有规则的非完整的外螺纹，因此可在整根钢筋的任意截断位置拧上连接器进行接长或在两端拧上螺母进行锚固，这种锚固体系具有连接与锚固简单、安全可靠、施工方便等优点，并避免了高强钢筋焊接难的问题。

螺母锚具由螺母和垫板组成。螺母分为平面螺母和锥形螺母两种，垫板也相应地有平面垫板和锥形垫板。锥形螺母可通过锥体与锥形垫板的锥孔配合，便于预应力筋正确对中和螺母上开缝，其作用是增强螺母对预应力筋的夹持能力。螺母锚具主要用于直径为 25mm、32mm 的精轧和冷轧螺纹钢筋的张拉锚固，与其相配套的千斤顶为拉杆式千斤顶（图 2-21）。

国外同类型的锚具有迪维达克（DYWIDAG）体系。

3. 镦头锚具

镦头锚是利用钢丝的镦粗头来锚固预应力钢丝的一种支承式锚具。这种锚具的加工简单、张拉方便、锚固可靠，但对钢丝的下料长度要求严格，人工也较费。

钢丝束镦头锚分有张拉端锚具、固定端锚具和联结器。

（1）张拉端锚具

张拉端镦头锚具按照其构造不同可分为锚杯型、锚环型和锚板型三种锚具。

锚杯型镦头锚具由锚杯与螺母组成。锚孔布置在锚杯的底部，灌浆孔或排气孔设在杯底的中部。张拉前，锚杯缩在预留孔道内，张拉时，利用工具式拉杆拧在锚杯的内螺纹上，将钢丝束拉出来用螺母固定。锚杯型锚具的构造如图 2-22 (a) 所示。

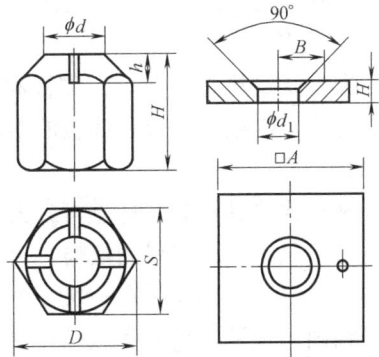

YGM 锚具及 YGD 垫板外形尺寸（单位：mm）

锚具型号	S	D	H	h	ϕd
YGM-25	50	57.7	60	13	35
YGM-32	65	75	72	16	45

垫板型号	□$A \times A$	H	ϕd_1
YGD-25	120	24	35
YGD-32	140	24	45

图 2-21　螺母锚具与垫板构造图

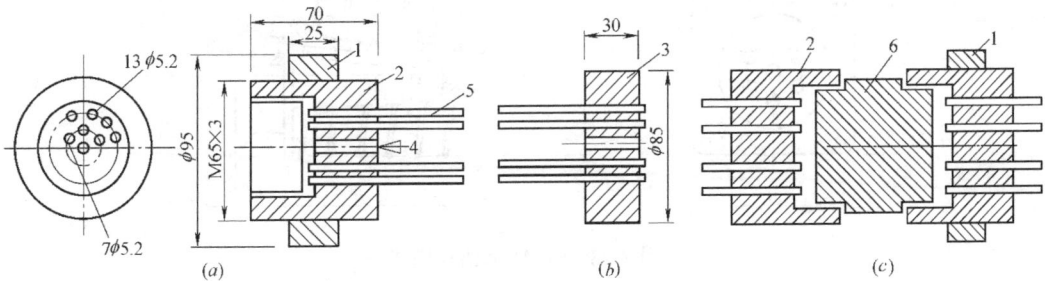

图 2-22　钢丝束墩头锚具（尺寸单位：mm）

(a) 张拉端锚环与螺母；(b) 固定端锚板

1—螺母；2—锚杯；3—锚板；4—排气孔；5—钢丝；6—连杆

锚环型镦头锚具由锚环与螺母组成。这种锚具与锚杯型锚具不同之处是锚孔布置在锚环上，且内螺纹穿通，以便孔道灌浆，主要用于张拉小吨位钢丝束。

锚板型镦头锚具由带外螺纹的锚板和半圆环垫片组成。张拉前，锚板位于构件端头。张拉时，利用工具式连接头拧在锚板的外螺纹上，将钢丝束拉出来用半圆环垫片固定。这种锚具多用于短束。

（2）固定端锚具

固定端镦头锚具有镦头锚板、带锚芯的镦头锚板和半粘结锚具三种类型。其中镦头锚板最简单、最常用。镦头锚板锚具的构造如图 2-22 (b) 所示。

带锚芯的镦头锚板又称活动锚板。其将锚板分为锚芯与螺母两部分，以便镦头穿束。

半粘结锚具是埋在混凝土中部分靠粘结、部分靠锚板的锚具。

（3）连接器

钢丝束的接长，可采用连接器。连接器是一个带内螺纹的套筒或带外螺纹的连杆。连接器的构造如图 2-22 (c) 所示。

国外同类型的锚具是 BBRV 后张预应力锚固体系。

4. 夹片锚具

夹片式锚具是由夹片、锚板和锚垫板等部分组成的锚具；每副夹片由两片或三片合围，构成一副锚塞，放在锚板的锥形的孔洞内，夹住预应力筋，通过楔块作用的原理将其锚固。

夹片式锚具根据其特点可分为群锚、扁锚和环锚等，主要锚固钢绞线；还有一种 JM 锚也可以归为夹片式锚的范畴，可锚固钢丝束和钢绞线。

（1）群锚。群锚是在一块多个锚孔的锚板上，每孔装一副夹片，夹紧一根钢绞线楔进锚板锚固。这种锚具的优点是任何一根钢绞线失效，都不会引起整束锚固失效，并且每束钢绞线的根数不受限制。这种锚具可广泛用于体内及体外预应力结构，在动载和低频疲劳荷载下都可使用，也无需考虑有无粘结、有无地震力。

国内常用的有 XM、QM、OVM、YM 等品牌。国外同类型的有 VSL 锚固体系。

OVM 型锚具构造如图 2-23 所示。

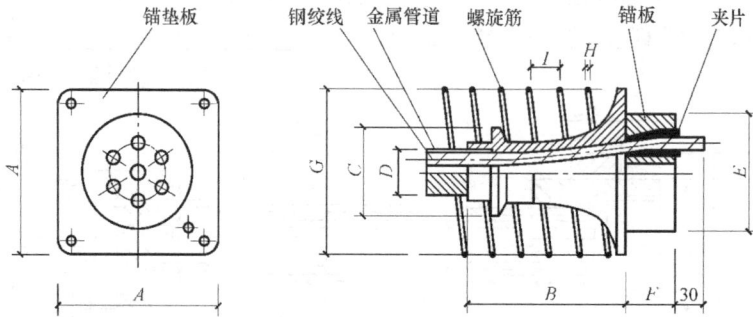

图 2-23　OVM 型锚具构造

（2）扁锚。扁锚由扁锚头、扁型垫板、扁型喇叭管及扁型管道等组成，构造如图 2-24 所示。其优点：张拉槽口扁小，可减小混凝土板厚尺寸，可单根分束张拉，施工方便。这种锚具特别适用于空心板、低高度箱梁以及桥面等中的预应力筋张拉。

（3）环锚。环锚是适合于环向预应力结构的锚具，用于曲线形箱梁、压力隧洞、大型污水处理池等。

（4）JM 锚。JM 型锚具由锚环和楔块（夹片）组成。楔块的两个侧面设有带齿的半圆槽，每个楔块卡在两根钢绞线之间，这些楔块与钢绞线共同形成组合式锚塞，将钢绞线束楔紧。JM 锚具构造如图 2-25 所示。其优点是钢绞线相互靠近，构件端部不扩孔。缺点是如果有一个楔块损坏会导致整束钢绞线的锚固失败。JM 型锚具在桥梁工程中应用不多。

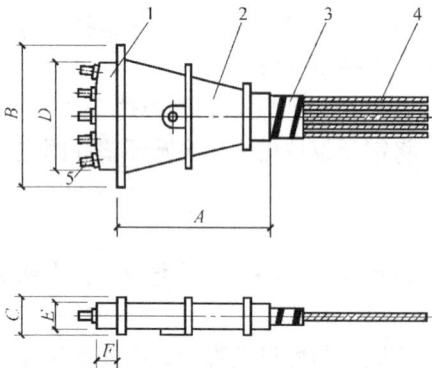

图 2-24　扁锚构造图
1—扁锚板；2—扁型垫板与喇叭管；3—扁型
波纹管；4—钢绞线；5—夹片

5. 冷铸镦头锚具

冷铸镦头锚具的构造措施是锚具筒体中的内锥形段灌注有环氧铁砂，当钢丝受力时，借助于楔形原理，对钢丝产生夹紧力；钢丝穿过锚固板后在尾部镦头，形成抵抗拉力的第二道防线；前端延长筒灌注弹性模量较低的环氧岩粉，并用尼龙环控制钢丝的位置。此构造形式具有可靠的静载锚固能力和抗疲劳性能的特点。筒体上有梯形内螺纹，便于张拉杆连接。

冷铸镦头锚具的构造如图 2-26 所示。

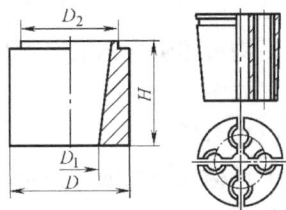

图 2-25　JM 锚具构造图

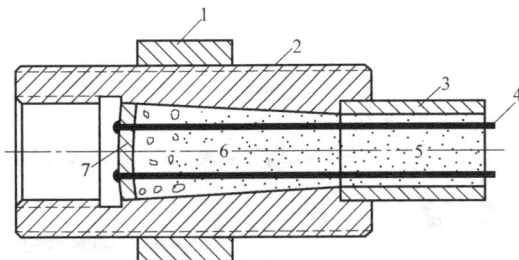

图 2-26　冷铸镦头锚具构造简图

1—螺母；2—筒体；3—延长筒；4—钢丝；5—环氧岩粉；6—环氧铁砂；7—镦头锚板

这种锚具主要用于锚固平行钢丝束，其最大张拉力可达到 1 万 kN，适用于斜拉桥的斜拉索、悬索桥的主缆或各类桥的吊杆等应力变化幅度较大钢束锚固。

2.5　桥梁施工的主要起重机具设备

2.5.1　起重机械主要零件

1. 钢丝绳

钢丝绳具有耐磨、抗拉力强、挠性好、弹性大、能承受冲击荷载、运行时无噪声、破断前有断裂预兆、便于检查预防、防潮性能较好、寿命较长等优点，故可作为索桥、斜拉桥的主要抗拉构件，同时并广泛用于起重吊装作业。

钢丝绳一般是由几股钢丝子绳和一根绳心拧成。绳心用防腐、防锈润滑油浸透过的有机纤维心或软钢丝心组成，而每股钢丝子绳是由许多根直径为 0.4～3.0mm，强度为 1400～2000MPa 高强钢丝组成。如 6×19＋1 钢丝绳即表示为 6 股每股 19 丝加一个纤维绳心组成。

2. 吊具

吊具有吊索、吊钩和卡环三种类型。

（1）吊索

吊索又称千斤顶，或绳套，或栓绑绳，主要用于物件捆绑，并连接于起重吊钩或吊环上，或用于固定滑车、绞车等。如图 2-27 所示，吊索根据用法可分为封闭式和开口式两种。

（2）吊钩

吊钩可用碳素钢锻造而成或钢板铆接而成（或称极钩），按其形式可分为单吊钩和双吊钩，如图 2-28 所示。

（3）卡环

卡环称为卸扣或开口销环，是由环圈和销轴组成，主要用于连接钢丝绳与吊钩，以及用千斤顶捆绑物件固定绳套。卡环构造如图 2-29 所示。

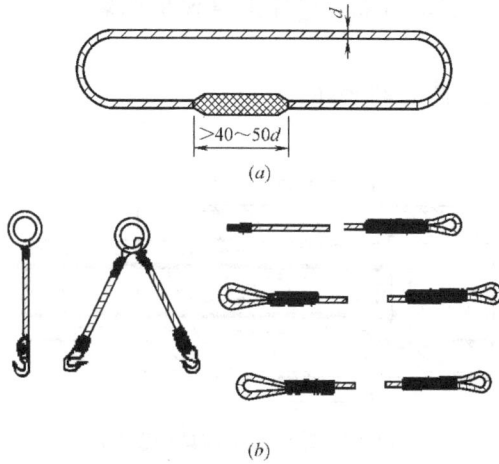

图 2-27　千斤绳
（a）封闭式；（b）开口式

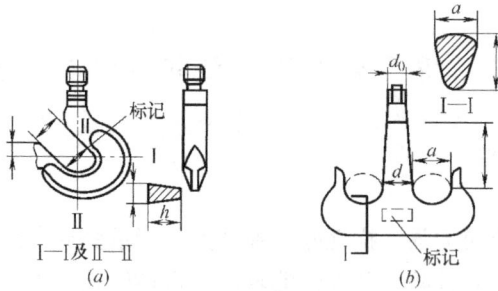

图 2-28　吊钩示意图
（a）单吊钩；（b）双吊钩

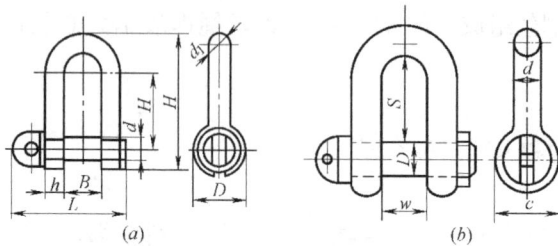

图 2-29　卡环（卸扣）示意图
（a）通用直型；（b）大吨位 D 形

3. 链滑车

链滑车又称手拉葫芦或神仙葫芦（图 2-30）。当提升重物时，可顺时针方向牵引链轮，牵引上升时，由于制动装置作用，所提升的重物不会自动下落；当下落重物时，可逆时针方向牵引链轮。

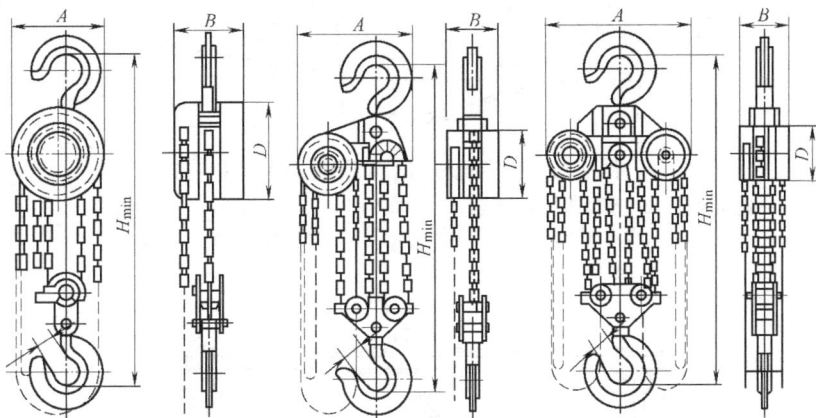

图 2-30 WA 型链滑车简图

2.5.2 起重机具

1. 扒杆

扒杆是一种简单的起重吊装工具，一般都由施工单位根据工程的需要自行设计和加工制作。扒杆可以用来升降重物、移动和架设桥梁等。常用的扒杆种类有独脚扒杆、人字扒杆、摇臂扒杆和悬臂扒杆。扒杆与一些简易机械配套，可组成各种轻型起吊机。在一些机械无法进场的地方，扒杆具有独特的优势（图 2-31、图 2-32）。

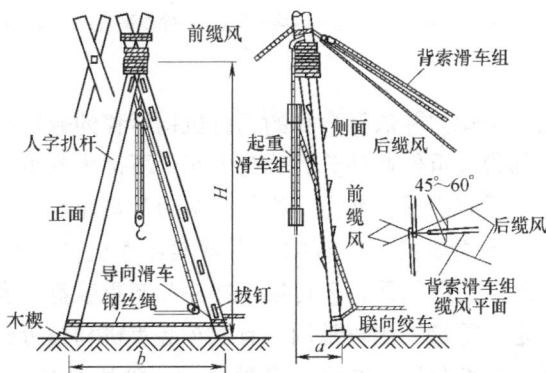

图 2-31 人字扒杆构造

2. 龙门架（龙门吊机）

龙门架是一种最常用的垂直起吊设备。在龙门架顶横梁上设行车时，可横向运输重物、构件；在龙门架两腿下缘设有滚轮并置于铁轨上时，可供在轨道上纵向运输；如在两腿下设能转向的滚轮时，则可进行任何方向的水平运输。龙门架通常设于构件预制场吊移构件，或设在桥墩顶或桥墩旁以安装大梁构件。常用的龙门架种类有拐脚龙门架（图 2-33）和装配式钢桥桁节（贝雷）拼制的龙门架（图 2-34）。

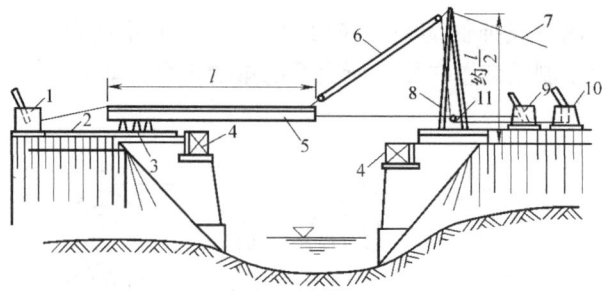

图 2-32　人字扒杆与千斤顶架梁示意图

1—制动绞车；2—滑道木；3—滚轴；4—临时木垛；5—预制梁；6—吊鱼滑车组；
7—缆风绳；8—人字扒杆；9—牵引绞车；10—吊鱼绞车；11—转向滑车

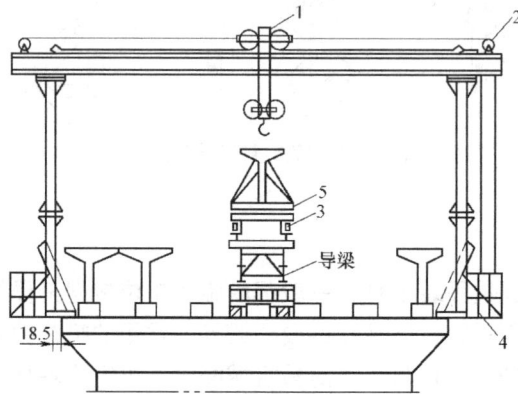

图 2-33　拐角龙门架

1—行车；2—导向滑车；3—运梁平车；4—操作平台；5—转向架

3. 自行式起重机

自行式起重机是指自带动力并依靠自身的运行机构运移的臂架型起重机。自行式起重机分上下两大部分：上部为起重作业部分，称为上车；下部为支承底盘，称为下车。动力装置采用内燃机，传动方式有机械、液力—机械、电力和液压等几种。自行式起重机具有起升、变幅、回转和行走等主要机构，有的还有臂架伸缩机构。臂架有桁架式和箱形两种。有的自行式起重机除采用吊钩外，还可换用抓斗和起重吸盘。表征其起重能力的主要参数是最小幅度时的额定起重量。比较常用的有汽车起重机和履带起重机。

汽车起重机，起重作业部分安装在汽车底盘上，一般利用汽车原有的发动机作动力，大型汽车起重机常采用两台发动机，分别驱动各个工作机构和行走机构。汽车起重机大多有两个司机室，分别操纵上车和下车。汽车起重机（图 2-35）装有外伸支腿，以提高其工作时的稳定性。汽车起重机的行驶速度在 50km/h 以上，它可迅速转移到较远的作业场地，但一般不能吊重行驶，行驶性能必须符合公路法则的要求。桁架式臂架的汽车起重机的最大额定起吊重量已达 1200t，液压传动伸缩臂架式的可达 500t。主桁架臂加副臂的最大长度已达 200m，伸缩臂的最大长度达 50 多 m。

履带起重机，行走装置为履带式的臂架起重机，最大起吊重量可达 3200t（图 2-36）。

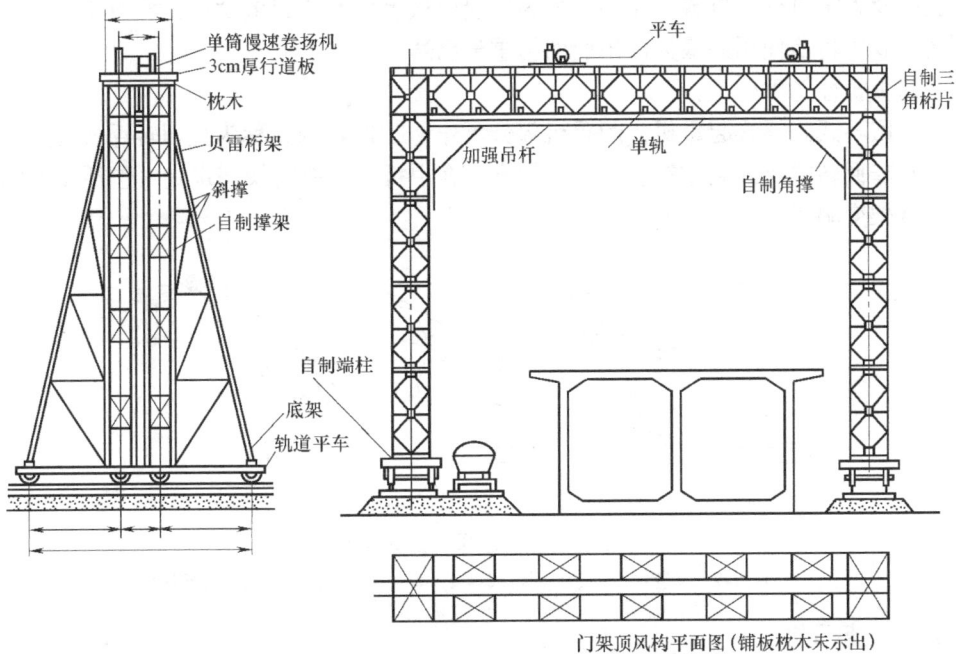

图 2-34 利用贝雷桁架拼制的龙门架

它的特点是：（1）履带的着地压强低，可在松软、泥泞和崎岖不平的场地行走。（2）稳定性好，不需装设外伸支腿，一般情况下可短距离吊重行走。有的履带起重机可利用底架下方的液压伸缩装置扩大起重作业时两侧履带的间距。（3）行走速度低，一般为 1～4km/h；行走时履带可能损坏地面，转移作业场地时必须用平板车装运。

图 2-35 500t 和 200t 的汽车起重机联合作业

图 2-36 起吊重量为 3200t 的履带起重机

4. 浮式起重机

浮式起重机也称为浮吊，在可通航河流上建桥，浮吊船是重要的工作船。简易的浮吊可用驳船及人字扒杆等拼成，小型浮吊为轮船甲板上设置的起重设备，大型浮吊要特别设计制造。我国目前使用的最大浮吊船的起重量已达 7500t。

按起重机性能可分为：

（1）回转式式浮式起重机。起重机部分可作 360°回转的，称为全回转浮式起重机。

（2）非回转式浮式起重机。一般臂架支承在甲板上，有臂架固定式（包括非工作性变幅）及臂架变幅式（图 2-37）。

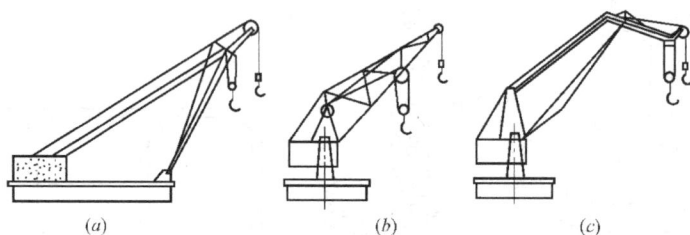

图 2-37　浮式起重机的基本形式

（a）非回转式动臂浮吊；（b）回转式单臂架浮吊；（c）回转式组合臂架浮吊

5. 缆索起重机

缆索起重机适用于高差较大的垂直吊装和架空纵向运输，吊运量从几吨至几十吨，纵向运距从几十米至几百米。

缆索起重机是由主索、天线滑车、起重索、牵引索、起重及牵引绞车、主索地锚、塔架、风缆、主索平衡滑轮、电动卷扬机、手摇绞车、链滑车及各种滑轮等部件组成。在吊装拱桥时，缆索吊装系统除了上述各部件外，还有扣索、扣索排架、扣索地锚、扣索绞车等部件。其布置方式如图 2-38 所示。

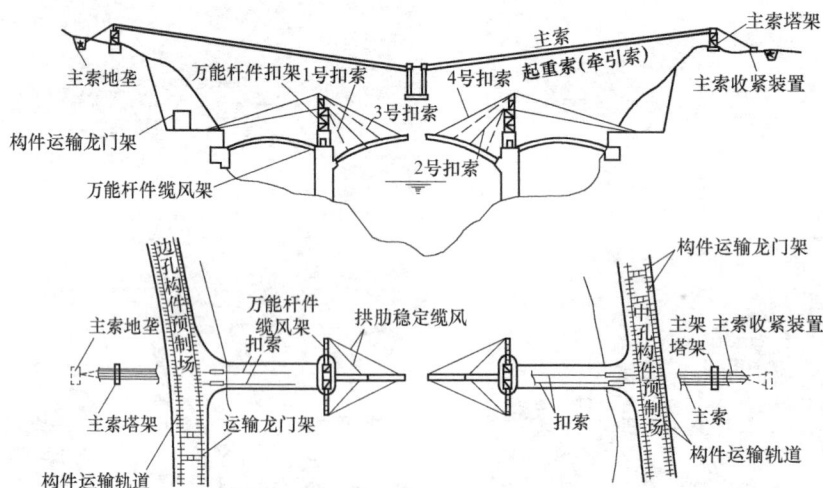

图 2-38　缆索吊机布置示意

（1）主索

主索亦称为承重索或运输天线。它支承在两侧塔架的索鞍上，两端锚固于地锚，吊运构件的行车支承于主索上。主索的断面根据起吊重量、设计垂度、索塔距离（主索跨度）

等因素进行计算选用。

主索一般采用事先架好的工作索来安装。缆索的安装垂度应等于设计值，若小于设计值，则地锚、索塔、主索等重要部件会超载或严重超载，这是十分危险的。相反，若缆索安装垂度大于设计值，则会引起工作垂度过大，构件吊运上、下坡的坡度过大影响构件安装工作的顺利进行。

（2）起重索

起重索套绕于天线滑车，作起吊重物之用（即垂直运输）。索的一端与绞车滚筒相连，另一端固定于对岸塔架后面的地锚上。则当行车在主索上沿桥跨往复运行时，可保持行车与吊钩间的起重索长度不随行车的移动而改变（图2-39）。

（3）牵引索

牵引索是为拉动行车沿桥跨方向在主索上移动（即水平运输）而设置的索。牵引索既可分别连接在两台卷扬机上，也可合拴在一台双滚筒卷扬机上，便于操作。

（4）结索

用于悬挂分索器，使主索、起重索、牵引索不致相互干扰。它仅承受分索器重量及自重。

（5）扣索

当拱箱（肋）分段吊装时，为了暂时固定分段拱箱（肋）所用的钢丝索称为扣索。扣索的一端系在拱箱（肋）接头附近的扣环上，另一端可扣固在墩台（墩扣）、通缆天线（天扣）或通过扣索排架扣固在地锚上（塔扣）。为了便于调整扣索的长度，可设置手摇绞车及张紧索（图2-40）。

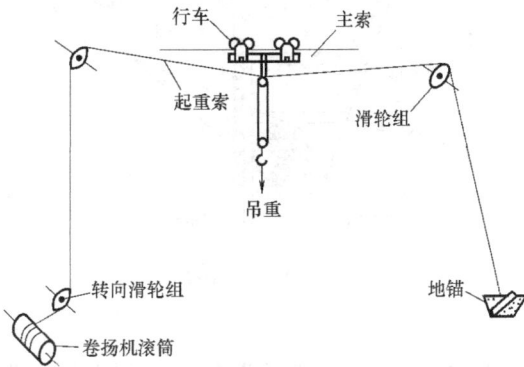

图 2-39　起重索

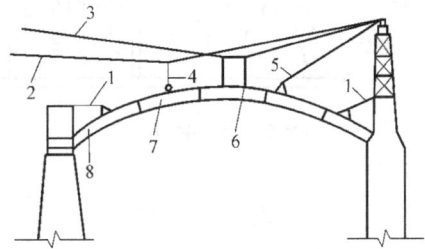

图 2-40　扣索形式
1—墩扣；2—扣索天线；3—主索天线；4—天扣；
5—塔扣；6—顶段；7—中段；8—端段

（6）缆风索

缆风索亦称浪风索，它用于稳定塔架（包括索架和墩上排架）、调整和固定预制构件的位置。

（7）横移索

若缆索吊装系统只设置一道主索，则预制构件需要通过横移索来实现横向移动就位。

（8）塔架及索鞍

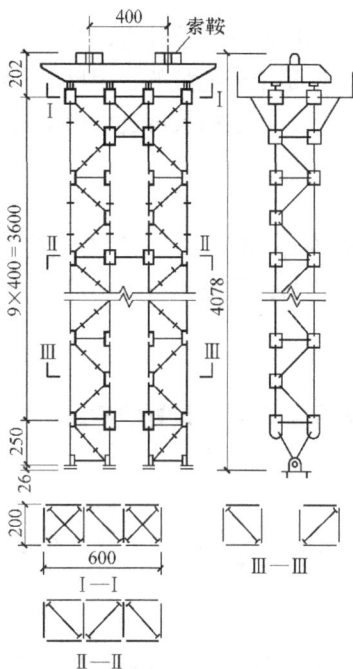

图 2-41 钢塔架

塔架是用来提高主索的临空高度及支承各种受力钢索的结构物。它主要由塔身、塔顶、塔底和索鞍等几部分组成。塔架的形式多种多样，按材料可分为木塔架和钢塔架两类。

塔架的高度由主索的垂度、塔架底面同吊物需越过的障碍物最高点之间的高差以及主索的临空高度来决定（图 2-41）。

塔架顶部应设置索鞍（图 2-42），以供放置主索、起重索、扣索等。索鞍可以减少钢丝绳与塔架的摩阻力，使塔架承受较小的水平力，并减小钢丝绳的磨损。

（9）地锚

地锚亦称地垄或锚碇，用于锚固主索、扣索、起重索及绞车等。地锚的可靠性对缆索吊装的安全有决定性影响，设计与施工都必须高度重视。按照承载能力的大小及地形、地质条件的不同，地锚的形式和构造可以是多种多样的，如桩立垄、有挡卧垄、混凝土地垄等，有时还可利用桥梁墩、台作锚碇。图 2-43 为地锚的一种形式——木地垄。

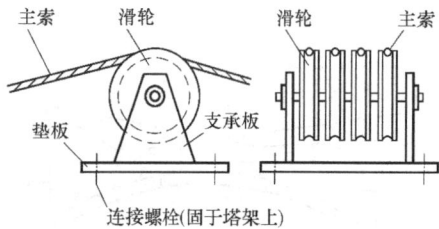

图 2-42 索鞍

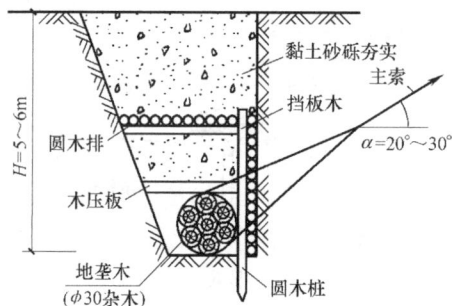

图 2-43 木地垄

（10）其他配套设备

其他配套设备有在主索上行驶的行车（俗称跑马滑车）、起重滑车组、电动卷扬机、手摇绞车、各种捯链、法兰螺栓、钢丝卡子（钢丝轧头）、千斤绳等。

2.6 桥梁架设设备

2.6.1 架桥机

目前在我国使用的架桥机类型很多，其构造和性能也各不相同，最常用的有单梁式架桥机、双梁式架桥机和联合架桥机等类型。

1. 双梁式架桥机

双梁式架桥机（图 2-44）主要有导梁、台车、机臂、前端门架与前支柱、后端门架

38

与后支柱、吊梁桁车及发电室等几部分组成。

架桥机的特点：

（1）架桥机吊梁行车可直接由运梁平车上起吊梁，不需换装。

（2）架梁时，因吊梁行车可横向移动，因此，每片梁均能一次就位，而不需要人工在墩台上移梁。

（3）机臂能作水平转动，可在 250m 半径的曲线线路上架桥。

（4）架桥机最大高度为 5.976m，最大宽度（不包括人行道）为 3.82m，因此，可在隧道口和隧道内架桥。

（5）机臂前后两端均能架梁，架桥机不需转向。

此外，双梁式架桥机还自带发电设备，结构简单、操作方便，便于养护维修，适用于山区和地形复杂的铁路铺轨和架桥工作。

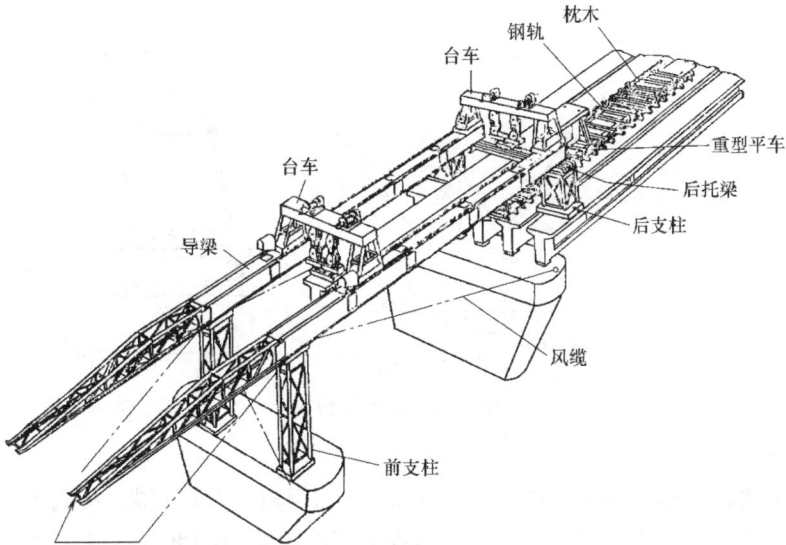

图 2-44　双梁式架桥机

2. 联合架桥机

该类型架桥机主要由龙门吊机、导梁和蝴蝶架组成（图 2-45）。龙门架用工字形钢梁架设，在架上安放两台吊车，架的接头处和上、下缘用钢板加固，主柱为拐脚式，横梁的标高由两根预制梁的叠高加上平板车的高度和起吊设备的高度决定。蝴蝶架是专供托运龙门吊机在轨道上移走的支架，它形如蝴蝶，用角钢拼成，其上设有供升降用的千斤顶。导梁用钢桁梁拼成，以横向框架连接，其上铺钢轨供运梁行走。

架梁时，先设导梁和轨道，用绞车将导梁拖移就位后，把蝴蝶架用平板小车推上轨道，将龙门吊机托运至墩上，再用千斤顶将吊机降落在墩顶，并用螺栓固定在墩的支承垫块上，用平车将梁运到两墩之间，由吊机起吊、横移、下落就位。待全跨梁就位后，铺设轨道，用蝴蝶架把吊机移至下一跨架梁。

2.6.2　挂篮设备

挂篮是一个能沿着轨道行走的活动脚手架，悬挂在已经张拉锚固的箱梁梁段上，悬臂浇筑时箱梁梁段的模板安装、钢筋绑扎、管道安装、混凝土浇筑、预应力张拉、压浆等工

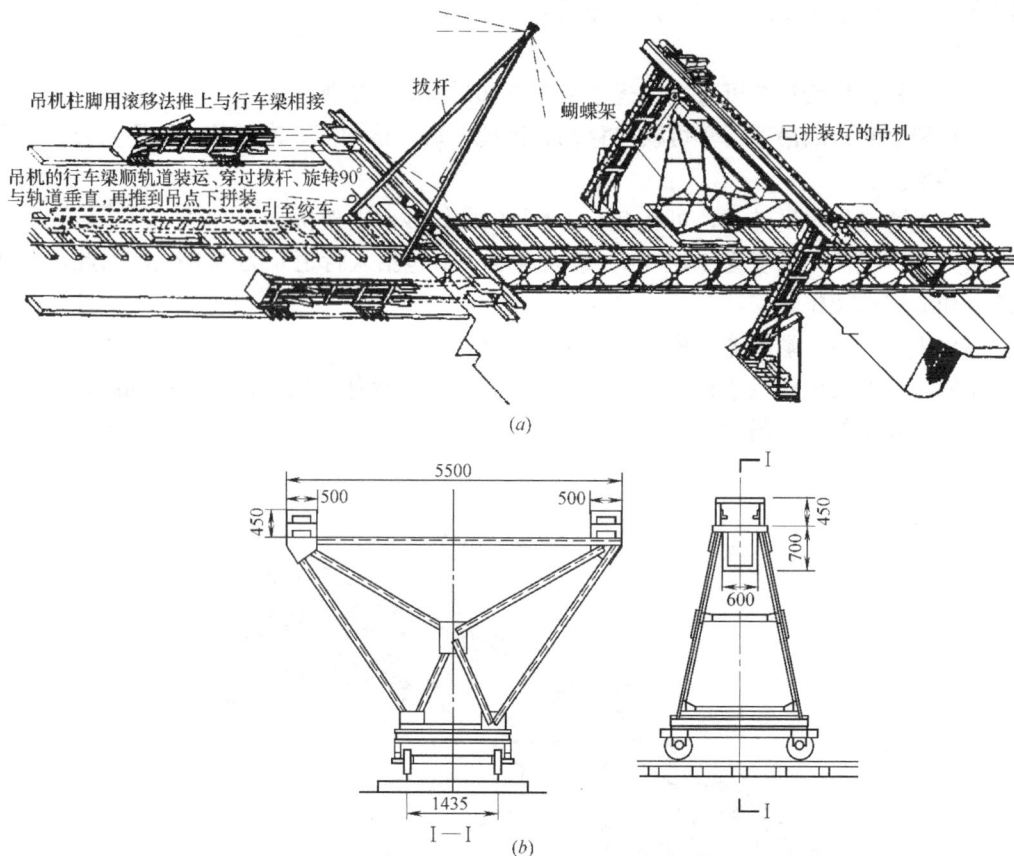

吊机柱脚用滚移法推上与行车梁相接

拔杆

蝴蝶架

已拼装好的吊机

吊机的行车梁顺轨道装运、穿过拔杆、旋转90°与轨道垂直、再推到吊点下拼装
引至绞车

(a)

(b)

图 2-45　联合架桥机

(a) 架桥机；(b) 蝴蝶架

作均在挂篮上进行。当一个梁段的施工程序完成后，挂篮解除后锚，移向下一梁段施工。所以挂篮既是空间的施工设备，又是预应力筋未张拉前梁段的承重结构。

随着施工技术的不断改进，挂篮已由过去的压重平衡式发展成现在通用的自锚平衡式。自锚式施工挂篮结构的形式主要有桁梁挂篮、斜拉式挂篮、组合斜拉式挂篮以及牵索式挂篮等，其中前三种称为后支点挂篮，而牵索式挂篮称为前支点挂篮。后支点挂篮多用于梁式桥，前支点挂篮多用于斜拉桥。

挂篮的承重比（挂篮自重与承重量比值）是衡量挂篮的主要技术指标之一。承重比大不仅本身多用钢材，增加施工难度，也需要梁体中多配预应力。

1. 桁梁式挂篮

桁梁式挂篮可分为平行桁架式、弓弦式、菱形式等多种形式，如图 2-46 所示；其基本构造由底模板（1）、悬吊系统（2，3，4）、承重结构（5）、行走系统（6）、平衡重（7）、锚固系统（8）、工作平台（9）等部分组成。其主要作用为：

（1）挂篮承重结构是挂篮主要受力构件，可以采用万能杆件或贝雷梁拼装钢桁架，也可采用钢板梁或大号型钢作为承重结构。承重结构还可按设计置于梁段之上或桥面以下。

（2）悬吊系统的作用是将底模板、张拉工作平台的自重及其施工荷重传递到承重结构上，悬吊系统可采用钻有销孔的扁钢或两端有螺纹的圆钢组成。

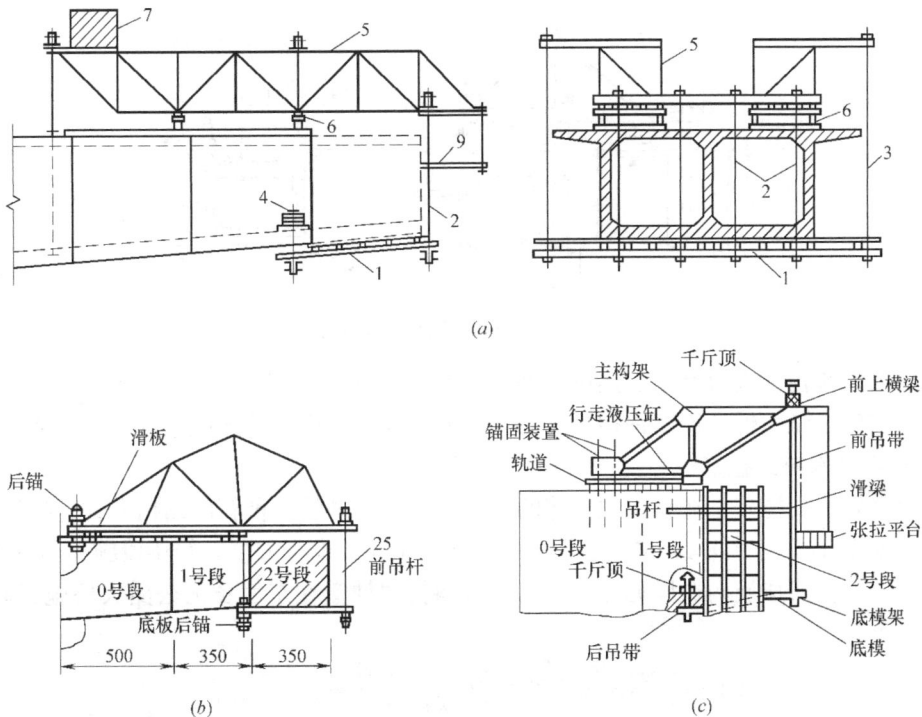

图 2-46 常用桁架式挂篮类型图（cm）

(a) 平行桁架式挂篮；(b) 弓弦式挂篮；(c) 菱形挂篮

（3）设置锚固系统装置及平衡重目的是防止挂篮在行走状态及浇筑混凝土梁段时倾覆失稳。在挂篮行走状态时解除锚固系统，依靠平衡重作用防止行走时挂篮失稳。在进行挂篮施工稳定检算时，稳定系数不应小于 1.5。

目前的挂篮有取消平衡重的趋势，而仅放松部分锚固来平衡行走时的重量。

（4）挂篮整体纵移采用电动卷扬机牵引，在挂篮与梁体间设有滑道。目前现场常采用上滑道覆一层不锈钢薄板，下滑道采用槽钢，槽钢内放聚四氟乙烯板，行走方便、安全，稳定性较好。

（5）工作平台设于挂篮承重结构的前端，是用于张拉预应力束、压浆等操作用的脚手架。

（6）底模板供立模板、绑扎钢筋、浇筑混凝土、养生等工序用。

平行桁架挂篮承重比为 0.8～2.0，早期用于 160m 的三门峡黄河公路大桥施工；弓弦式挂篮承重比为 0.35～0.5，曾用于 270m 跨的虎门大桥辅航道连续刚构桥施工；菱形式挂篮承重比为 0.35～0.8，曾用于 80m 的赣江大桥施工。

2. 斜拉式挂篮

斜拉式挂篮也称为三角挂篮，是在梁式挂篮的基础上研制的一种轻型挂篮，但这种挂篮的承重比仍可达 0.8～1.2。

斜拉式挂篮承重结构采用纵梁、立柱、前后斜拉杆组成，杆件少，结构简单，受力明确，承重结构轻巧。其他构造系统与梁式挂篮相似。

斜拉式挂篮构造如图 2-47 所示。

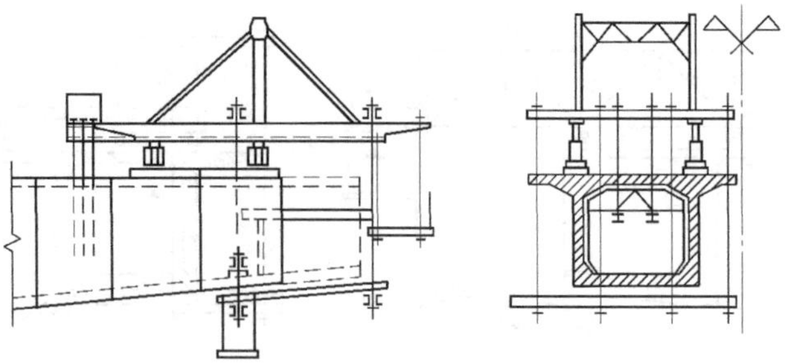

图 2-47 斜拉式挂篮结构简图

国内大跨径预应力混凝土连续梁桥如云南六库怒江大桥、上海奉浦大桥，以及 T 形钢构如重庆长江大桥，连续钢构如黄石长江大桥等均采用斜拉式挂篮进行悬臂浇筑施工。

3. 组合斜拉式挂篮

组合斜拉式挂篮是在斜拉式挂篮的基础上加以改进的一种新的结构形式。挂篮自重更轻，其承重比不大于 0.4，最大变形量不大于 20mm，走行方便，箱梁段施工周期更短。

组合斜拉式挂篮构造详见图 2-48。组合斜拉式挂篮在东明黄河公路大桥施工时采用，

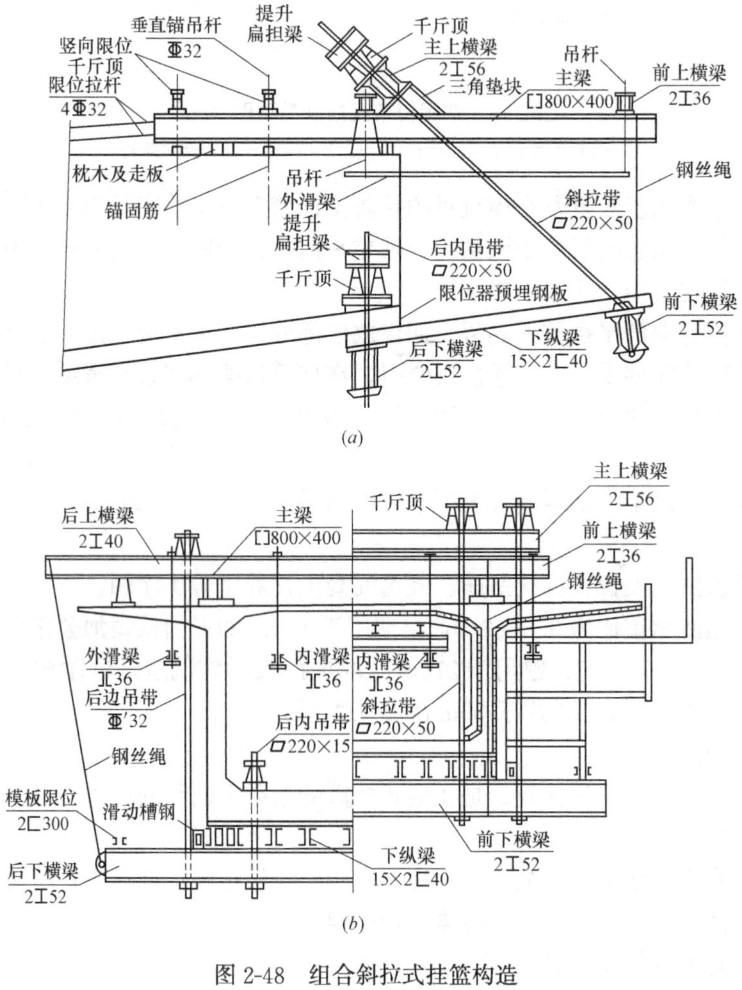

(a)

(b)

图 2-48 组合斜拉式挂篮构造

承重按 2000kN 荷载设计。组合斜拉式挂篮的构造如下：

（1）承重结构

承重结构由主梁、主上横梁、前上横梁和后上横梁组成一体，承受和传递斜拉带及内、外滑梁的荷重。主梁后部有水平和竖向限位器，其功能除固定挂篮位置外，还起传递施工荷载的作用。挂篮行走时竖向限位器换成压轮，以控制挂篮行走时的稳定性。

主上横梁的功能是将斜拉带的拉力传给主梁。

前上横梁用以支撑和固定模板，并将力传给主梁。

后上横梁的功能是在挂篮行走时通过两端钢丝绳吊起底部的下后横梁，使主梁与挂篮下部同步移动，从而使组合斜拉式挂篮一步到位。

（2）悬吊系统

悬吊系统包括斜拉带、下后锚带、内外滑梁吊带。

斜拉带是挂篮的主要受力构件之一，它将底篮及侧模上受的力传递给主梁。斜拉带也是控制挂篮高程的主要构件，即通过上端千斤顶进行微调，达到模板定位的目的。因此，斜拉带除应有足够的承载力外，还要有足够的刚度。在较宽的箱梁上，为减小下横梁的变形，宜在腹板外侧再增加两根斜拉带。

下后锚带一般有两个，功用是固定底篮并将后横梁受的力传递到已浇完混凝土的梁段上，并通过带上的销孔来调节长度以适应底板厚度的变化，上端用千斤顶支承，以便保证新旧梁段平顺。

内、外滑梁吊带用于支承模板，并将所受的力传递给主梁。

（3）模板系统

模板系统包括底篮、侧模、内模和底模。

底篮由前后下横梁和若干纵梁组成，施工荷载通过底篮、斜拉带和下后吊带将施工荷载传给已浇段。上、下横梁间通过钢丝绳相连，以保证移动挂篮及侧模与主梁同步移动。

外侧模系用型钢杆件组成框架，内置模板。内模采用组拼式模板。当内滑梁和托架移位后，根据箱梁变截面高度再组拼新内模。

（4）限位与锚固系统

该系统由水平与竖向两组限位锚固装置组成。

水平限位器又分设上、下限位锚固装置。上水平限位器系通过主梁尾端的数根精轧螺纹粗钢筋与预埋锚板锚固，主要是限制主梁在斜拉带受力时前移。下水平限位器系通过已浇梁段底板预埋钢板与挂篮上的限位板锚固组成，主要是防止底篮在斜拉带受力时向后移动。

竖向限位器是为防止主梁在承重和行走时失稳而设。在挂篮主梁后半部利用竖向预应力钢筋（或预埋件）设置 2～3 个垂直限位装置，施工时通过千斤顶压紧，行走时将千斤顶压板换成压轮，即可达到行走限位的目的。下后吊带也是底篮的竖向限位器。

4. 牵索式挂篮

牵索式挂篮主要运用于斜拉桥的悬臂浇筑施工，它将斜拉桥的斜拉索作为牵索与挂篮相连，形成牵索传力系统，将部分施工荷载通过斜拉索直接传递至斜拉桥的主塔而达到减少挂篮重量的目的，因而又称为前支点挂篮。

武汉长江二桥节段浇筑长 8m，设计了长度仅 12m 的"短平台复合型牵索挂篮"，其挂篮的构造主要由挂篮平台、三角架和伺服系统（牵引系统、悬吊系统、走行系统、锚固系统、水平支承系统、微调定位系统）三大部分构成（图2-49）。所谓复合型，是指现浇梁段的重力由牵索系统与三角架共同承担。

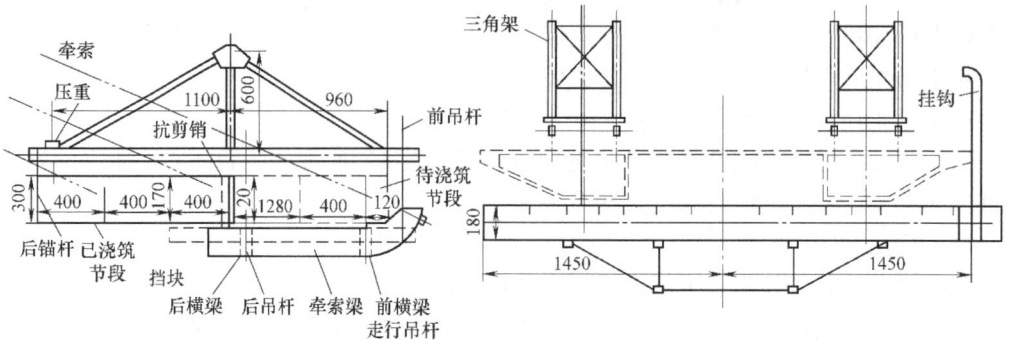

图 2-49 武汉长江二桥牵索式挂篮

挂篮平台是牵索式挂篮的主体，它由前横梁、后横梁、牵索纵梁、吊杆纵梁、普通纵梁、安全尾梁、水平桁架和纵梁平面连接组成。前、后横梁为箱形截面的刚性主梁，并用平弦式加劲桁架加劲成为组合结构。

三角架的结构体系是刚性的下弦梁用三角式朾梁加劲后的组合结构。

牵索系统是将施工中作为牵索使用的永久性斜拉索与挂篮连接起来，构成牵索传力系统。

另外，本牵索式挂篮分两次走行，牵索与挂篮平台间采用弧面承压锚座的连接，模板整体隔离和前移；采用双层挂篮平台结构及一篮多用等的设计构思，都有鲜明的特色。

本牵索式挂篮的施工荷载传递途径设计为：通过挂篮平台前、后吊杆，将部分荷载传给三角架，再由设于三角架立柱下的前支承座和三角架后端的锚板，直接传给已成主梁的不同横梁上；荷载的另一部分，则由牵索直接传给塔墩；牵索下端的水平力，由牵索纵梁前端传至挂篮平台底层的水平桁杆，再通过抗剪柱传给已成主梁。整个传力途径简捷清楚。直接作用于混凝土主梁上的强大集中力，均布置在抗弯能力大的横架上，避免了该力落于主梁顶板上而带来的麻烦。

思 考 题

1. 桥梁施工中常用的设备有哪些？
2. 简述各类起重机具的适用特点。
3. 简述常用千斤顶的类型和原理。
4. 简述常用锚夹具的类型和原理。
5. 挂篮设备有哪些种类？

第3章 桥梁施工测量

桥梁施工测量的主要任务是精确地测定墩台中心位置、桥轴线测量以及对构造物各细部构造的定位和放样。对大型桥梁来讲，首先必须建立平面控制网、高程系统及测量桥位中线（桥轴线）的长度，以确保桥梁走向、跨距、高程等符合规范和设计要求。施工测量是整个施工进程和每一道施工工序中的首要工作。

3.1 桥梁施工控制网的建立

桥梁施工控制网建立的主要目的是进行桥梁各部位的施工放样及变形监测。桥梁施工控制网是桥梁施工的基准，其质量直接影响到工程的整体质量。

目前，桥梁施工控制网的建立方法主要有两种：即三角测量和 GPS 测量。三角测量和 GPS 测量等级的确定应符合《公路桥涵施工技术规范》（JTG/T F50—2011）的规定。传统三角测量的等级要求见表 3-1 所列。

平面控制测量等级   表 3-1

等级	桥位控制测量
二等三角	>5000m 的特大桥
三等三角	2000～5000m 的特大桥
四等三角	1000～2000m 的特大桥
一级小三角	500～1000m 的特大桥
二级小三角	<500m 的大、中桥

布设桥梁三角网时应注意以下几点：

（1）三角点之间视野应开阔，通视要良好；

（2）三角点不应位于可能被淹没及土壤松软地区；

（3）三角网图形要简单，三角点基础应具有足够的强度；

（4）桥轴线应为三角网的一条边，并与基线的一端相连，以确保桥轴线的精度；

（5）为了校核起见，应至少布设两条基线，基线长度应为桥轴线长度的 0.7～0.8 倍。

考虑上述几点要求，控制网的常用图形有图 3-1 所示的几种。

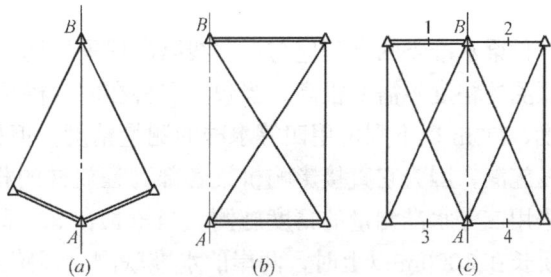

图 3-1 常用三角网图形

图 3-1 （a） 较为简单，适用于一般桥梁施工放样；图 3-1 （b） 是在桥轴线两侧各布设一个大地四边形，适用于大桥的施工放样。考虑近岸处桥墩的交汇，也可在图 3-1 （c） 中增设 1、2、3、4 各插点。

一般而言，施工控制网的精度可根据跨越结构架设的误差（与桥型、桥长、桥垮有关的因素）、桥墩放样的容许误差来确定。根据不同的三角测量等级，控制网的测角和测边精度有异，现行《公路桥涵施工技术规范》（JTG/T F50—2011）要求见表 3-2 所列。

三角测量的技术要求　　　　　　　　　　　　　　　　表 3-2

等级	平均边长 （km）	测角中误差(″)	起始边边长相对中误差	最弱边边长相对中误差	测回数			三角形最大闭合差(″)
					DJ$_1$	DJ$_2$	DJ$_6$	
二等	3.0	±1.0	≤1/250000	≤1/120000	12	—	—	±3.5
三等	2.0	±1.8	≤1/150000	≤1/70000	6	9	—	±7.0
四等	1.0	±2.5	≤1/100000	≤1/40000	4	6	—	±9.0
一级小三角	0.5	±5.0	≤1/40000	≤1/20000	—	3	4	±15.0
二级小三角	0.3	±10.0	≤1/20000	≤1/10000	—	1	3	±30.0

为了确保桥轴线长度的精度，有时需要建立的三角网与国家的控制点进行联测。为了与线路的坐标取得统一，也需要与线路上的国家平面控制点进行联测。

3.2　桥梁施工的高程测量

在桥梁施工阶段，除了建立平面控制，尚需建立高程控制。一般在河流两岸分别布设若干个水准基点，作为施工阶段高程放样以及桥梁营运阶段沉陷观测的依据。因此，在布设水准基点时，点的密度及高程控制的精度，均应考虑这两方面的要求。布设水准点可由国家水准点引入，经复测后使用。

为了施工方便起见，在基点的基础上设立若干施工水准点。基点是永久性的，它既要满足施工要求，又要满足变形观测时永久使用要求。施工水准点只用于施工阶段，要尽量靠近施工地点。

无论是基点还是施工水准点，均要选在地基稳固、使用方便且不易破坏的地方，根据地形条件、使用期限和精度要求，可分别埋设混凝土标石、钢管标石、管柱标石或钻孔标石。

桥梁水准点的高程应与道路线路高程采用同一系统，因而要与线路水准点进行联测，但联测的精度不需要很高。当包括引桥在内的桥长在 500m 以上时，可用三等水准测量的精度，500m 以下则可用四等水准的测量精度。但桥梁本身的施工水准网则需要以较高的精度施测，因为它直接影响桥梁各部高程放样的相对精度。所以当桥长在 300m 以上时，即采用二等水准测量的精度施测。当桥长在 300m 以下时，即采用三等水准测量的精度。当桥长在 1000m 以上时，两岸的水准联测（即跨河水准测量）即需采用一等水准测量的精度。

跨河水准测量路线，应选在桥址附近且河面最窄处。为了避免折光影响，水准视线不宜跨过沙滩及施工区密集的地方。观测时间及气候条件，应选在物镜成像最稳定的时刻。

为了提高精度，水面宽超过 300m 时，应采用双线过河，且应组成闭合环。桥梁的施工水准网要以较高的精度施测，因为它直接影响桥梁各部高程放样的相对精度。

水准测量等级的确定应符合下列要求：2000m 以上的特大桥一般为三等，1000～2000m 的特大桥为四等，1000m 以下的桥梁为五等。

3.3 桥梁中线及墩台定位、放样

桥位中线（桥轴线）及其长度是用来作为设计预测设墩台位置的依据，测定桥位中线的目的，是控制中线的长度和方向，从而确保墩台位置的正确。因此保证桥轴线测量的必要精度是十分重要的。

一般而言，对于干涸或水浅河中的中小跨直线桥，可采用直接丈量法标定桥轴线方向并定出墩台的中心位置，有条件时也可以使用全钻仪直接确定；跨越江河的大桥或特大桥，因河宽水深须采用三角网测算桥梁轴线，并利用三角控制网按前方交会法进行桥梁墩台放样。

桥梁中线确定以后，最主要的工作是准确地定出桥梁墩、台的中心位置和它的纵横轴线。这些工作称为墩台定位。直线桥梁墩台定位所依据的原始资料为桥轴线控制桩的里程和墩、台中心的设计里程，根据里程可算出它们之间的距离，按照这些距离即可定出墩、台中心的位置。曲线桥所依据的原始资料，除了控制桩及墩、台中心的里程外，尚有桥梁偏角、偏距及墩距。

墩、台定位的方法，视河宽、水深及墩位情况而异，如果墩位在干涸或浅水河床上，可用直接定位法；如墩位处于水深流急部位时，则用角度交会法。

3.3.1 直线桥梁的墩、台定位

位于直线上的桥梁，由于线路中线是直的，梁也是直的，故梁的中线与线路中线完全吻合，这样直线桥梁的墩、台中心都位于桥轴线的方向上。根据桥轴线控制桩及各墩、台中心的里程，即可求得其间的距离。墩位的测设，根据条件可采用直接丈量法、光电测距法或交会法。

1. 直接丈量法

当桥墩位于干涸的河道上，且水面较窄，用钢尺可以丈量时，可采用这种方法。丈量前钢尺要检定，丈量方法与测定桥轴线相同。不同的只是此处是测设已知长度，所以应根据地形情况将已知长度（水平长度）化为设置的斜距，还应把尺长和温度改正考虑进去。

2. 光电测距法

只要墩台中心处能安置反光镜，且经纬仪和反光镜之间能通视，则用此法是迅速方便的。但测设时应根据当时测出的气压、温度和测设距离，通过气象改正，得出测设的显示斜距。

在测设出斜距并根据垂直角折算为平距后，与应有的（即设计的）平距进行比较，看两者是否相等。根据其差值前后移动反光镜，直至两者相符，则反光镜处即为要测设的墩位。

3. 交会法

当沿桥轴线直接丈量有困难或不能保证测设精度、也没有条件采用光电测距时，可采

用角度交会法测设桥墩中心位置。交会法也称三角网法，首先在岸边测定两条基线，基线的设置、丈量方法及精度应符合相关的规定。

采用角度交会法测设桥墩中心的方法如图 3-2 所示。控制点的坐标为已知，桥墩中心为设计坐标，由设计文件直接提供或通过计算得知。故可以计算出用于测设的角度。采用交会法设置桥梁墩台中心时，应至少选择三个以上方向交会。

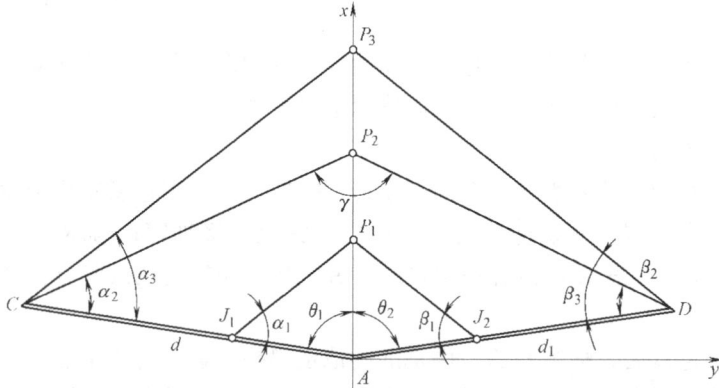

图 3-2　用交会法测设桥墩中心

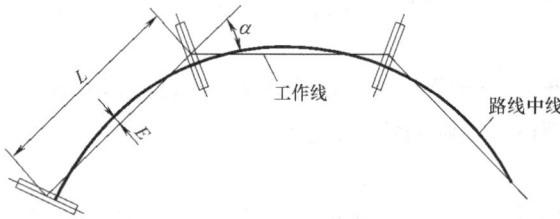

图 3-3　桥梁工作线

3.3.2　曲线桥的墩台定位

在整个路线上，处于各种平曲线上桥梁并不少见，曲线桥由于桥梁设计方法不同而更复杂些。曲线桥的上部结构一般有连续弯梁桥和简支直梁等形式，但下部一般都是利用墩、台中心构成折线而形成弯桥。将各跨墩台中线连接起来，成为与路线中线基本相符的折线，这条折线称为桥梁的工作线，如图 3-3 所示。墩、台中心就位于这条折线转折角点上。测设曲线墩、台中心，就是测设这些折点的位置。

曲线桥梁墩台中心放样的方法主要有偏角法、支距法、坐标法、交会法和综合法。

1. 偏角法

如图 3-4 所示，在桥梁设计中，梁中心线的两端并不位于路线中线上，而是向外侧移动了一段距离 E，这段距离称为偏距，墩台中心距离为 L。定位时自桥梁一端的后台开始，按顺序逐个墩台量取墩台中心距离 L 和偏角 α，最后闭合至另一台

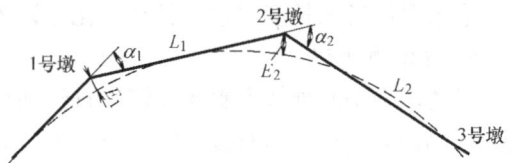

图 3-4　偏角法测定墩台位置

后的控制点上。其角度偏差应不大于 $\pm 10'' \sqrt{n}$（n 为跨数），距离偏差不大于 $1/5000$。

2. 坐标法

沿桥中线附近布设一组导线，根据各墩、台中心的理论坐标与邻近的导线点坐标差（应为同一坐标系），求出导线点与墩台中心连线的方位和距离。置镜该导线点拨角测距，

48

即可定出墩、台中心（图 3-5），并可用偏角法进行复核。

3. 交会法

位于水中的曲线桥墩台中心，可采用交会法测定，交会方法同直线桥。

3.3.3 桥梁墩、台的纵、横轴线测设

在设定出墩、台中心位置后，尚需测设墩、台的纵横轴线，作为以后放样墩、台细部的依据。所谓墩、台的纵轴

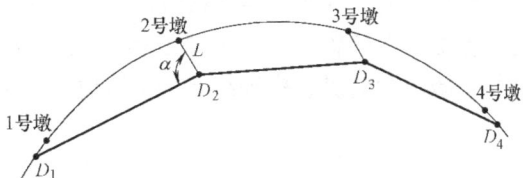

图 3-5　坐标法测定墩台位置

线，是指过墩、台中心，垂直于路线方向的轴线；墩、台的横轴线，是指过墩、台中心与路线方向相一致的轴线。

1. 直线桥梁墩、台的纵、横轴线测设

在直线桥上，墩、台的横轴线与桥轴线相重合，且各墩、台一致，因而就利用桥轴线两端的控制桩来标志横轴线的方向，一般不再另行测设。墩台的纵轴线与横轴线垂直，在测设纵轴线时，在墩、台中心点上安置经纬仪，以桥轴线方向为准测设角，即为墩台纵轴线方向。由于在施工过程中经常需要恢复墩、台的纵、横轴线的位置，因此需要用标志将其准确标定在地面上。这些标志桩称为护桩，如图 3-6 所示。

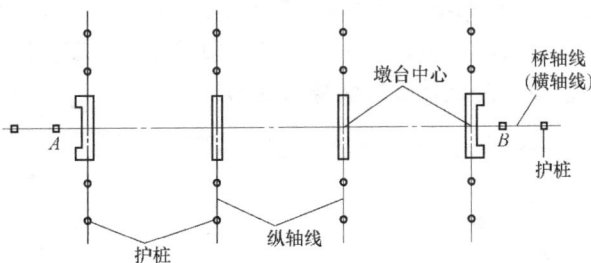

图 3-6　用护桩标定墩台的纵横轴线

为了消除仪器轴系误差的影响，应该用盘左、盘右测设两次，而取其平均位置。在设出的轴线方向上，应于桥轴线两侧各设置 2～3 个护桩。这样在个别护桩丢失、损坏后也能及时恢复，并在墩、台施工到一定高度影响到两侧护桩的通视时，也能利用同一侧的护桩恢复轴线。护桩的位置应选在离开施工场地一定距离，通视良好，地质稳定的地方。标志视具体情况可采用木桩、水泥包桩或混凝土桩。

位于水中的桥墩，由于不能安置仪器，也不能设护桩，可在初步定出的墩位处筑岛或建围堰，然后用交会或其他方法精确测设墩位并设置轴线。

如果是在深水大河上修建桥墩，一般采用沉井、围囹管柱基础，此时往往采用前方交会进行定位。在沉井、围囹落入河床之前，要不断地进行观测，以确保沉井、围囹位于设计位置上。当采用光电测距仪进行测设时，也可采用极坐标法进行定位。

2. 曲线桥梁墩、台的纵、横轴线测设

在曲线桥上，墩、台的纵轴线位于相邻墩、台工作线偏角的分角线上，而横轴线与纵轴线垂直，如图 3-7 所示。

测设时，将仪器安置在墩、台的中心点上，自相邻的墩、台中心方向测设 1/2

（180°－α）角（α 为该墩、台的工作线偏角），即得纵轴线方向。自纵轴线方向测设 90°角即得横轴线方向。在每一条轴线方向上，在墩、台两侧同样应各设 2～3 个护桩。由于曲线桥上各墩、台的轴线护桩容易发生混淆，应在护桩上标明墩台的编号，以防施工时用错。如果墩、台的纵、横轴线有一条恰位于水中，无法设护桩，也可只设置一条。

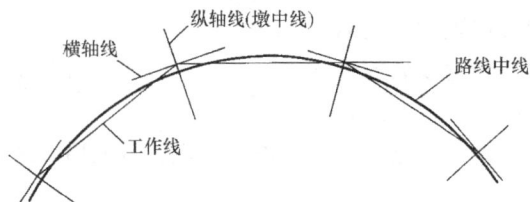

图 3-7　曲线墩台的纵、横轴线

3.4　桥梁细部施工放样

3.4.1　明挖基础的施工放样

在基础开挖前，应先在地面上标出墩、台中心及其纵横轴线，并在纵横中心线分别钉 8 个护桩，如图 3-8 所示。根据轴线及其基坑的长和宽就可放出基坑的边线。当基坑开挖到设计标高以后，应进行清底平整，并用素混凝土做好垫层，在垫层上再放出场台中心及其纵横轴线作为安装模板、浇筑基础及墩身的依据。

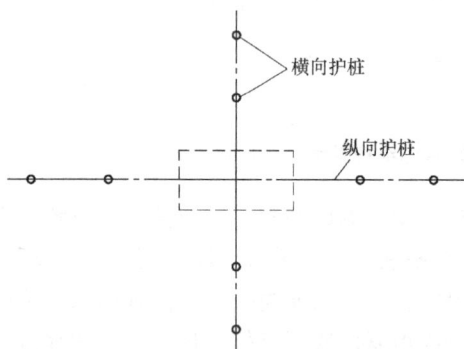

图 3-8　墩台轴线及基坑放样图

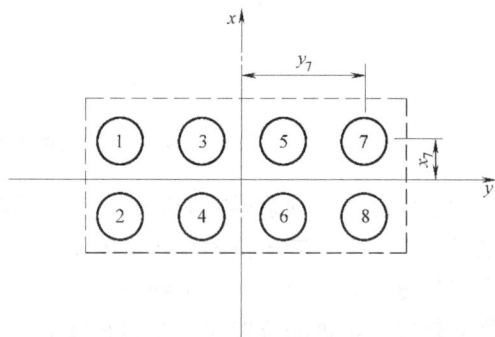

图 3-9　桩位放样图

3.4.2　桩基础的施工放样

在墩基础的中心及纵横轴线已经测设完成的情况下，可以纵横轴线为坐标轴，根据设计提供的桩与墩中心的相对位置，用支距法放出各桩中心位置，对于旱地比较方便，如图3-9 所示；水中桩位或沉井位置的施工放样，可借助水中平台、围囹或围堰等结构，来测定桩或沉井的位置。放出的桩位、沉井位置，经复测后方可进行基础施工。

3.4.3　桥梁墩台的细部放样

承台、墩身和台身的细部放样，也是以其纵横轴线作为依据，在立模板的外面预先画出它的中心线，然后在纵横轴线的护桩上架设经纬仪，照准该轴线方向上的另一护桩，根据这一方向校正模板的位置，直至模板中线位于视线的方向上。

在施工过程中，经常要利用护桩恢复墩、台的纵横轴线，即在墩、台身一侧的护桩上架设经纬仪，照准另一侧的护桩。但墩身筑高后，视线被阻，就无法进行，此时，可在墩身尚未阻挡视线以前，将轴线方向用油漆标记在已成的墩身上，以后恢复轴线时可在护桩上架设仪器，照准这个标志即可。

如果桥墩位于水中，无法标示出桥墩的纵横轴线时，可用光电测距仪或交会法恢复墩中心的位置。对于空心墩，墩身中心可用自动垂准仪从基础的中心点上直接向上投影确定。

桥墩混凝土灌注至墩帽顶部时，在墩的纵横轴线及墩的中心处，应埋设中心标志，在纵轴线的两侧的上下游埋设两个水准点，并测定出中心标志的坐标和水准点的高程，如图3-10所示。这些标志不但作为安置支承垫石及架梁的依据，同时也可供以后变形观测之用。

墩台各部分的高程，是通过施工水准点将高程传递到墩、台身或围堰上的临时水准

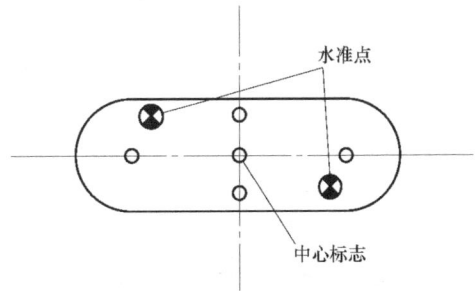

图 3-10　在墩顶埋设中心及水准点标志

点，然后由临时水准点用钢尺向上或向下量取所需的距离以设放出所需的高程。但墩、台顶的最后施工阶段，如墩帽的顶部、墩顶的水准点、垫石的高程等则采用水准仪施测。

3.4.4　梁体施工时的测量工作

梁体施工是桥梁主体结构施工的最后一道工序。桥梁上部结构较为复杂，要求对墩台方向、距离和高程以较高的精度测定。由于各种桥梁结构不同，使得施工时的控制测量方法也各异。

（1）对大跨度钢桁架或连续梁采用悬臂或半悬臂安装架设的桥梁，在拼装架设前，应在梁顶部和底部的中点作出标志。架梁时用以测量梁体中心线与桥梁中心线的偏差值。在梁的拼装开始后，应通过不断的测量，保证梁体在正确的平面位置上。高程控制一般以大节点挠度和整跨拱度为主要控制。对需要在中跨合拢的桥梁，合拢前的控制重点应放在两端悬臂的相对位置上。

（2）对于预制安装的箱梁、板梁、T梁等，测量的主要工作在于平面位置的控制上。在架设前，应在梁顶部和底部的中点作出标志，架梁时用以测量梁体中心线与支座中心线的偏差值。在梁体安装基本到位后，应通过不断的微调保证梁体在正确的平面位置上。

（3）对于支架现浇的梁体结构，测量的主要工作在于高程的控制上。对于支架预压前后的高程应进行连续测量，以测得弹性变形，消除塑性变形；同时应根据设计保留一定的预拱度。在梁体现浇的过程中，应对支架的变形进行跟踪测量，如果变形过大，则应暂停施工，并采用相应的措施。

（4）对于悬臂施工的梁体结构，测量的主要工作在于高程的控制上。对于挂篮预加荷载前后的高程应进行测量，测得弹性变形，消除塑性变形；同时在不同节段的浇筑前，结合已浇筑的节段的高程和施工参数，进行立模标高预测，使合拢前两端悬臂的相对位置满足要求。

思 考 题

1. 桥梁施工控制网如何建立？
2. 桥梁施工高程如何测量？
3. 桥梁施工中线如何定位？
4. 桥梁墩台如何放样？
5. 梁体施工时的测量工作有哪些要注意？

第4章 桥梁基础施工

桥梁基础通常可分为浅基础和深基础两大类。所谓浅基础和深基础在深度上没有严格的界限，但施工方法却有明显的差异。浅基础往往采用敞坑开挖的方式施工，因而也称为明挖基础。为了提高地基承载力，一般将基础分层设置，逐层扩大，因而也称为扩大基础。深基础的施工，往往需要特殊的施工方法和专用的机具设备。如沉井基础，即是一种采用沉井作为施工时的挡土、防水围堰结构物等一整套施工方法的基础形式。桩基础和管柱基础施工，则需要打桩或钻孔设备等。

4.1 明挖基础施工

4.1.1 一般基坑开挖

基坑开挖是个临时性工程，安全储备相对小些。但不同地区有不同的地质条件，多种复杂因素交互影响，也应当引起高度重视。

基坑开挖造价较高，但是属于临时性工程，一般不愿投入较多资金，在软土和地下水位较高的地区开挖基坑，如果方法选择不合理，很容易产生土体滑移、基坑失稳、桩体变位、坑底隆起，支撑结构严重漏水和漏土，对周边建筑物、地下设施及管线的安全会造成很大的威胁。在基坑开挖中，挡土、支护、防水、降水、挖土等都是紧密联系的环节，其中的某一环节失效将会导致整个工程的失败，处理困难，造成的经济损失往往会十分严重。

1. 基坑开挖准备工作

基坑开挖与自然条件较为密切，施工中必须全面考虑气象、工程地质及水文地质条件，充分了解工程周围环境与基坑开挖的关系。在确保基坑及周围环境安全的前提下，合理地满足施工的易操作性和工期要求，准确地选用支护结构。根据工程的特点，选择合理的施工方案，充分吸取当地施工技术和工程成功经验及失败的教训，做到安全可靠、经济合理、便利施工、缩短工期的要求。

(1) 了解工程地质及水文地质资料

一般在施工前都要先掌握工程地质报告，对基坑所处的位置，相应地查找地层构造、土层的分类、土的参数、地层描述地质剖面图以及勘探点地质柱状图。地质勘探深度，一般在软土地层中要达到开挖深度的2～3倍。工作包括水文地质调查、地下障碍物的勘探调查。

(2) 工程周围环境调查

基坑的开挖带来地层的地下水位下降和水平价移会对周围建筑物、构筑物、道路管线及地下设施带来影响，因此在基坑支护结构、支撑及开挖施工时，必须对周围环境进行周密调查，采取措施，将基坑施工对周围环境的影响限制在允许范围内。为此，需要调查如下内容：

1）基坑周围邻近建筑的状况；

2）周围管线及地下构筑物设施状态；

3）周围道路状况；

4）邻近地区对地面沉降很敏感的建筑设施资料和要求；

5）地下障碍。

（3）掌握工程的施工条件

基坑的现场施工条件也是确定基坑施工方案重要的依据，主要有以下几个方面：

1）根据施工现场所处地段的交通、行政、商业及特殊情况，了解是否允许在整个施工期间进行全封闭施工或阶段性封闭施工。如工地处于交通要道处等，政府部门给予场地的封闭时间是有限的、阶段性的，则在基坑开挖时必须采取具体措施，以满足交通要求。

2）了解所处地段是否对基坑围护结构及开挖支撑施工的噪声和振动有限制，以决定是否采用锤击式打入或振动式打入进行围护桩施工和支撑拆除。

3）了解施工地段是否有场地可供钢筋加工制作、施工设备停放、施工车辆进出和土方材料堆放。如场地不能满足，则必须选择土方外运和其他场地。

4）了解当地的常规施工方法、施工设备、施工技术，在安全可靠经济合理的前提下，因地制宜地确定施工方案，使施工方法适应当地的情况。

2. 无支护加固坑壁的基坑开挖

随土质状况和基坑深度不同，坑壁不加固的基坑，可采用垂直开挖和放坡开挖两种方法施工。允许垂直开挖的坑壁条件为：土质湿度正常，结构均匀。对松软土质，基坑深度不超过 0.75m，中等密实（锹挖）的不超过 1.25m，密实（镐挖）的不超过 2.00m。如为良好的石质，其深度可根据地层的倾斜角度及稳定情况决定。

（1）垂直坑壁基坑如图 4-1（a）所示。

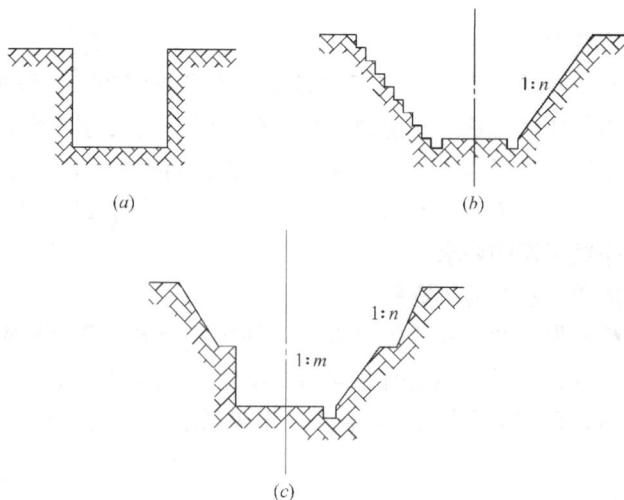

图 4-1　坑壁形式示意图

（a）垂直坑壁；（b）斜坡和阶梯形坑壁；（c）变坡度坑壁

对于天然湿度接近最佳含水量，构造均匀，不致发生坍滑、移动、松散或不均匀下沉的基土，基坑可采取垂直坑壁的形式。不同土类状态的垂直坑壁基坑容许深度见表 4-1 所列。

（2）斜坡和阶梯形坑壁基坑如图 4-1（b）所示。

天然土层上放坡开挖的基坑，如其深度在 5m 以内，施工期较短，无地下水，且土的湿度正常、结构均匀，则坑壁坡度可参考表 4-2 选用。

无支护加固的垂直坑壁基坑容许深度　　　　表 4-1

土　　类	容许深度（m）
密实、中密的砂类土和砾类土（充填物为砂类土）	1.00
硬塑、软塑的低液限粉土、低液限黏土	1.25
硬塑、软塑的高液限黏土、高液限黏质土夹砂砾土	1.50
坚硬的高液限黏土	2.00

放坡开挖坑壁坡度　　　　表 4-2

坑壁土	坑壁坡度		
	基坑顶缘无载重	基坑顶缘有静载	基坑顶缘有动载
砂土类	1：1	1：1.25	1：1.5
碎石类土	1：0.75	1：1	1：1.25
黏性土、粉土	1：0.33	1：0.5	1：0.75
极软岩、软岩	1：0.25	1：0.33	1：0.67
较软岩	1：0	1：0.1	1：0.25
极硬岩、硬岩	1：0	1：0	1：0

基坑深度大于 5m 时，可将坑壁坡度适当放缓，或加平台。如土的湿度会引起坑壁坍塌，则坑壁坡度应采用该湿度下的天然坡度。

基坑开挖可采用人工或机械施工。基坑开挖时，坑顶四周地面应做成反坡，在距坑顶缘相当距离处应有截水沟，以防雨水浸入基坑。基坑弃土堆至坑缘距离，不宜小于基坑的深度。

（3）变坡度坑壁基坑如图 4-1（c）所示。

开挖穿过不同土层时，坑壁边坡可按各层土质采用不同坡度。当下层土质为密实黏质土或岩石时，下层可采用垂直坑壁。在坑壁坡度变换处可视需要设至少 0.5m 宽的平台。

施工注意事项：

1）基坑开挖前应先做好地面排水，在基坑顶缘四周应向外设排水坡，并在适当距离设截水沟，且应防止水沟渗水，以免影响坑壁稳定。

2）坑缘边应留有护道，静载（弃土及材料堆放）距坑缘不小于 0.5m，动载（机械及机车通道）距坑缘不小于 1.0m；在垂直坑壁坑缘边处护道应适当增宽，堆置弃土的高度不得超过 1.5m。

3）施工时应注意观察坑缘顶地面有无裂缝，坑壁有无松散塌落现象，以确保安全施工。

4）基坑施工不可延续时间过长，自基坑开挖至基础完成，应抓紧连续不断施工。

5）如用机械开挖基坑，挖至坑底时应保留不小于 300mm 的厚度，待基础浇砌圬工前，再用人工挖至基底标高。

6）相邻基坑深浅不等时，一般按先深后浅的顺序施工。

（4）坑壁加固的基坑开挖

当基坑较深、土方数量较大，或基坑放坡开挖受场地限制，或基坑地质松软、含水量较大、坡度不易保持时，可采用基坑开挖后护壁加固的方法施工。护壁加固方式可采用挡板支撑护壁、喷射混凝土护壁和混凝土围圈护壁等。

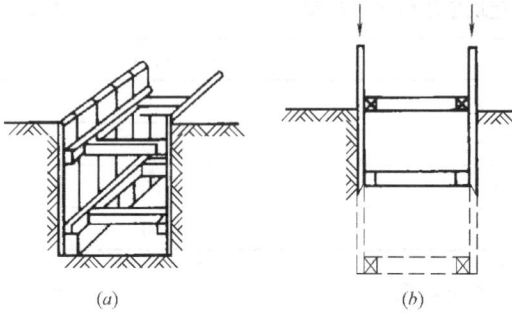

1）挡板支撑护壁

挡板支撑的形式有：竖挡板式坑壁支撑，如图 4-2 所示；横挡板式坑壁支撑，如图 4-3 所示；框架式支撑，如图 4-4 所示。对于大面积基坑无法安装横撑时，可采用锚桩式、斜撑式或锚杆式支撑，如图 4-5 所示。

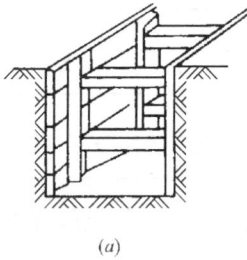

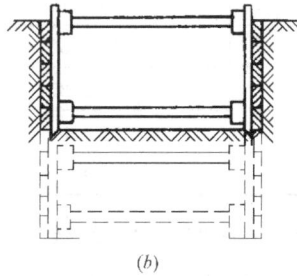

图 4-2　竖挡板式支撑
（a）一次完成；（b）分段完成

图 4-3　横挡板式支撑
（a）一次完成；（b）分段完成

2）喷射混凝土护壁

喷射混凝土护壁的施工特点是：在基坑开挖限界内，先向下挖土一段，随即用混凝土喷射机喷射一层含速凝剂的混凝土（速凝剂掺入量可为水泥用量的 3%～4%），以保护坑壁。然后向下逐段挖深喷护。每段一般为0.5～1.0m 左右，视土质情况而定。

喷射混凝土护壁适用于稳定性较好、渗水量小的基坑。喷护基坑的直径在 10m 左右，

图 4-4　框架式支撑
（a）人字形支撑；（b）八字形支撑

挖深一般不超过10m。砂土类、黏土类、粉土及碎石土的地质均可使用。喷射混凝土的厚度，随地质情况和有无渗水而不同，可取 3～5cm（碎石类土、无渗水）至 10～15cm（砂类土、无渗水）。

对于有少量渗水的基坑，混凝土应适当加厚 3cm 左右。喷层厚度可按静水压力计算内力，设坑壁为圆形，截面均匀受力计算强度。

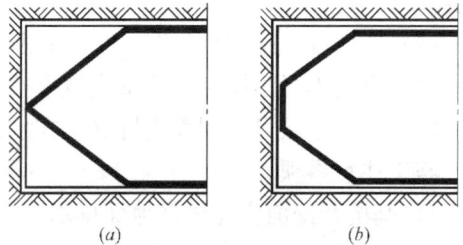

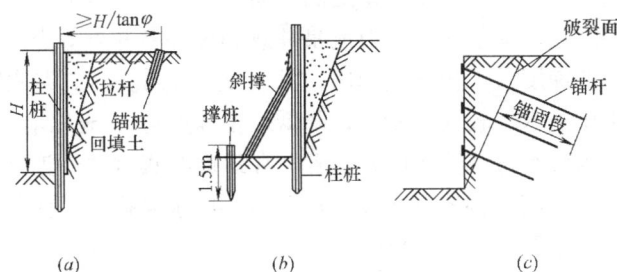

图 4-5　大面积基坑支撑

(a) 锚桩式；(b) 斜撑式；(c) 锚杆式

采用喷射混凝土护壁的基坑，无论基础外形如何，均应采用圆形，以改善坑壁受力状态。不过如地质稳定，挖深在 5m 以内时，也可按基础的外形开挖。混凝土护壁的坡度，根据土质情况与渗水量大小，可采用 1：(0.07～0.10)。

基坑井口应做防护，防止土层坍塌、地表水或杂物落入井内。

3) 现浇混凝土围圈护壁

现浇混凝土围圈护壁，是在基坑垂直开挖的断面上自上而下逐段开挖立模、浇筑混凝土，直至坑底。分层高度以垂直开挖面不坍塌为原则，顶层高度宜为 2.0m，以下每层高 1.0～1.5m。顶层应一次整体浇筑，以下各层分段开挖浇筑。上下层混凝土纵向接缝应相互错开。

混凝土围圈的开挖面应均匀分布，对称开挖和及时浇筑，无支护的总长度不得超过周长的一半。围圈混凝土的壁厚和拆模强度，应满足承受土压力的要求。一般壁厚 8～15cm；混凝土强度等级应不低于 C15，并应掺早强剂；24h 后方可拆模。混凝土围圈护壁，除流砂及呈流塑状态的黏性土外，可用于各类土的开挖防护。

4.1.2　基坑排水

明挖基坑施工中一般应采用排降水措施，保持基坑底不被水淹。基坑排水多采用汇水井排水和井点法降水。在条件适宜的情况下，也可采用改沟、渡槽和冻结法。

1. 汇水井排水法

汇水井排水的要点是：在基坑内基础范围外挖汇水井（集水坑）和边沟（排水沟），使流进坑内的水沿边沟流入汇水井。然后，用水泵抽水，将水面降至坑底以下，如图 4-6 所示。

汇水井排水法设备简单，费用低。但当地基为粉砂、细砂等透水性较小且黏聚力也较小的土层时，在排水过程中，水在土中的渗流，有可能导致涌砂现象的发生，从而使地基破坏、坑壁下陷和坍塌。这时，宜改为水下施工或井点法降水。

2. 井点法降水

井点法降水适用于粉砂、细砂、地下水位

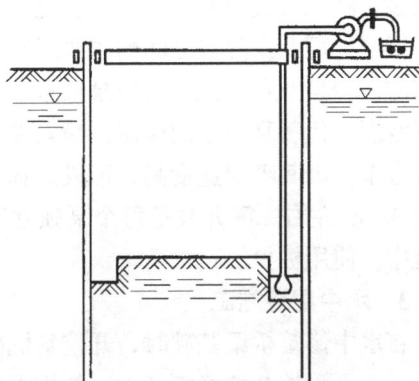

图 4-6　汇水井排水法

较高、有承压水、挖基较深、坑壁不易稳定的土质基坑。在无砂的黏质土中不宜使用。井点降水法主要有轻型井点、喷射井点、射流泵井点和深井泵井点等类型，可根据土的渗透系数、要求降低水位的深度及工程特点选用，见表 4-3 所列。前二类适用于黏砂土及各类砂土。深井泵则适用于透水性较大的砂土，降低水位深度达 15m 以上。

在基坑周围，打入带有过滤管头的井点管，在地面与集水总管连接起来，通到抽水系统。用真空泵造成的真空度，将地下水吸入水箱，再用水泵排出，使基坑底下的地下水位暂时降低。井点降水的布置如图 4-7 所示。

各种井点降水法的适用范围　　　　　　　　　　　　表 4-3

序号	井点法类型	土层渗透系数(m/d)	降低水位深度(m)
1	轻型井点法	0.1～80	3～9
2	喷射井点法	0.1～50	8～20
3	射流泵井点法	0.1～50	<10
4	电渗井点法	<0.1	5～6
5	管井井点法	20～200	3～5
6	深井泵法	10～80	>15

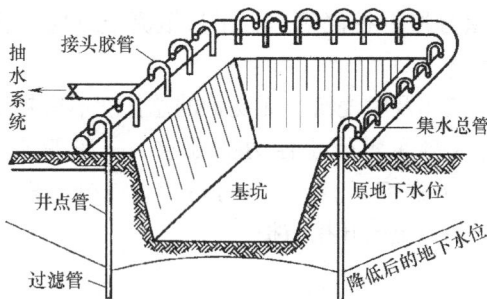

图 4-7　轻型井点降水法

施工时安装井点管，应先造孔（钻孔或冲孔）后下管，不得将井点管硬打入土内。滤管底应低于基底以下 1.5m。井点管常用间距 1.0～1.6m，沿基坑四周布置。管的长度一般为 8m。一套抽水系统设备所连接的集水总管长度约为 80～100m，可连接 70～80 根井点管。如基坑周边超过上述范围，则需设置两个或多个抽水点。当抽水时，地下水流向滤管，使地下水位降至坑底以下，既保证旱地工作条件，又消除基坑底下地基土发生"涌砂"的可能。但井点降水法用的施工机具较多，施工布置较复杂，在桥涵施工中多用于城市内挖基。

不同类型井点降水之间的主要区别，在于降水设备中的抽水部分，其抽水过程基本是相同的。轻型井点，是用真空泵抽水。射流泵井点则是使用离心泵的水流通过射流器形成的真空度，代替真空泵的作用。喷射井点的工作原理与射流泵相似，用多级离心泵代替一般离心泵。因其喷射速度高，形成的真空度较大，降低深度较深，可达 15～20m，井距可采用 3.0m 左右。深井泵是每个泵独立工作，泵与泵的间距可采用 5～10m，在敞坑桥涵基坑中，使用极少。

4.1.3　水中围堰施工

在水中修筑桥梁基础时，开挖基坑前需在基坑周围先修筑一道防水围堰，把围堰内的水排干，再深挖基坑修筑基础。如排水较困难，也可在围堰内进行水下挖土，挖至预定标高后先灌注水下封底混凝土，再将水抽干，然后继续修筑基础。在围堰内不但可以修筑浅基础，也可以修筑桩基础等。

在水中修筑的围堰种类很多，有土围堰、串（麻）袋围堰、板桩围堰、钢套箱围堰、双壁钢围堰和地下连续墙围堰等。各种围堰都应符合以下要求：

① 围堰顶面标高应高出施工期间可能出现的最高水位 0.5m 以上，有风浪时应适当加高；

② 修筑围堰将压缩河道断面，使流速增大引起冲刷，或堵塞河道影响通航，因此要求河道断面压缩一般不超过流水断面积的 30％。对两边河岸河堤或下游建筑物有可能造成危害时，必须征得有关单位同意并采取有效防护措施。

③ 围堰内的尺寸应满足基础施工要求，具有适当工作曲积，基坑边缘至堰脚距离一般不小于 1m。

④ 围堰结构应能承受施工期间产生的土压力、水压力以及其他可能发生的荷载，满足强度和稳定的要求。围堰应具有良好的防渗性能。

1. 土围堰和草袋围堰

在水深较浅（2m 以内）、流速缓慢、河床渗水较小的河流中修筑基础可采用土围堰或草袋围堰。

土围堰用黏性土填筑，无黏性土时，也可用砂土类填筑，但需加宽堰身以加大渗流长度，砂土颗粒越大堰身越要加厚。围堰断面应根据使用土质条件、渗水程度及水压力作用下的稳定性确定。若堰外流速较大时可在外侧用草袋柴排防护。

此外，还可以用竹笼片石围堰和木笼片石围堰做水中围堰，其结构由内外两层装片石的竹（木）笼中间填黏性土心墙组成。黏性土心墙厚度不应小于 2m；为避免片石笼对基坑顶部压力过大，并为必要时变更基坑边坡留有余地，片石笼围堰内侧一般应距基坑顶缘 3m 以上。

2. 板桩围堰

常用的板桩围堰有钢板桩围堰和钢筋混凝土板桩围堰两种。

(1) 钢板桩围堰

当水较深时，可采用钢板桩围堰。钢板桩围堰一般适用于河床为砂土、碎石土和半干硬性黏土的情况，并可嵌入风化岩层。一般河床水深在 4～8m，且为较软岩层时最为适用。堰深一般在 20m 以内。

1) 结构形式

钢板桩横截面的形状有 4 类：平形（直形）、Z 形、槽形及工字形，其中槽形截面适用于承受较大的压力、土压力的围堰，施工方便，是国内应用较多的形式。

钢板桩围堰的结构如图 4-8 所示，由定位桩、导梁及钢板桩组成。定位桩可用木桩或钢筋混凝土管桩。导梁一般多用型钢组成。

钢板桩围堰的平面形状有圆形、矩形和圆端形，施工中结合具体情况选用。在桥梁工程深基础施工中，多用圆形，其受力均衡，支撑体系简单，但占河道面积大；浅基础多用矩形围堰，其占河道面积小，但受水流冲击力大。

2) 围堰施工

钢板桩围堰施工的基本程序是：施工准备，导框安装，插打与合拢，抽水堵漏及拔桩整理等。

在施工准备过程中，应进行钢板桩的检查、分类、编号，钢板桩接长和锁口涂油等工

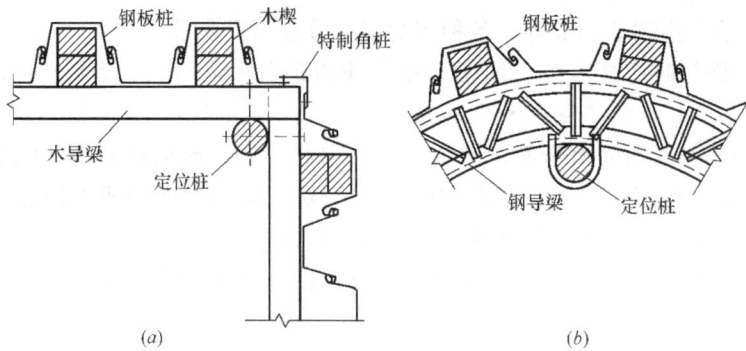

图 4-8　钢板桩围堰的结构

(a) 矩形钢板桩围堰；(b) 圆形钢板桩围堰

作。钢板桩两侧锁口，应用一块同型号长度 2～3m 的短桩做通过测试，若锁口通不过或存在桩身弯曲、扭转、死弯等缺陷，均须加以修整。

当起吊设备条件许可时，可将 2～3 块钢板桩拼成一组组合桩。组拼时应用油灰和棉絮捻塞拼接缝，以加强防渗。

钢板桩的插打顺序宜由上游分两侧插打向下游的方式合拢。钢板桩可用锤击、振动或辅以射流等方式下沉。锤击时应使用桩帽。若采用振动方式，振动打桩机是目前打钢板桩较好的机具之一，既能打桩又能拔桩，操作简便。

钢板桩插打完毕，即可抽水开挖。如围堰设计有支撑，应先撑再抽水，并检查各节点是否顶紧，以防止因抽水而出现事故。抽水速度不宜过快，应随时观察围堰的变化情况，及时处理。

钢板桩拔除前，应先将围堰内的支撑从上而下陆续拆除，并灌水使内外水压平衡，解除板桩间的挤压力，并与水下混凝土脱离。拔桩可用拔桩机、千斤顶等设备。也可用墩身作扒杆拔桩。当拔桩有困难时，可以水下切割。

(2) 钢筋混凝土板桩围堰

钢筋混凝土板桩围堰适用于深水或深基坑，流速较大的砂类土、黏性土和碎石土河床。除用于挡土防水外，大多用它作为基础结构的一部分，很少有拔出重复利用的。

1) 结构形式

板桩一般为矩形断面。宽度 50～60cm，厚度 10～30cm，一侧为凹形榫口，另一侧为凸形榫口。板桩有空心和实心两种。空心可减轻桩自重，减轻打桩难度，还可利用空心孔道射水加快下沉。

钢筋混凝土板桩桩尖刃脚的倾斜度，视土质松密情况而定，一般为 1∶2.5～1∶1.5。如土中含有漂卵石等，在刃脚处应加焊钢板，或增设加强钢筋。

2) 围堰施工

钢筋混凝土板桩多采用工地预制的方式，板桩制成后应仿照钢板桩进行锁口通过检查。其他的施工程序和方法，与钢板桩围堰施工类同。

3. 钢套箱围堰

钢套箱围堰适用于流速较小、覆盖层较薄、透水性较强的砂砾或岩石深水河床，埋置在不深的水中基础，也可用做修建桩基承台。

（1）结构形式

钢套箱围堰是利用角钢、工字钢或槽钢等刚性杆件与钢板连接而成的整体无底钢围堰。可制成整体式或装配式。

为拼接、拆卸、吊装的方便，钢套箱每节约为 2.5m，一般采用 3～5mm 薄钢板制成长约 2.5～4m，宽 1.0～1.5m 的钢模板。模板四周采用角钢焊接作为骨架，模板间设 5～8mm 防水橡胶垫圈，用 $\phi22$ 螺栓连接成型。根据侧压力情况安装设计所需要的纵横支撑，一般支撑间距不大于 2.5m。

（2）围堰施工

1）就位下沉

套箱可在墩台位置处以脚手架或浮船搭设的平台上起吊下沉就位。下沉套箱前，应清除河床表面障碍物。随着套箱的下沉，逐步清除河床土层，直到设计标高。当套箱位于岩层上时，应整平基层。若岩面倾斜，则应根据潜水探测的资料，将套箱底部做成与岩面相同的倾斜度，以增加套箱的稳定性，并减少渗漏。

2）清基封底

套箱下沉就位后，先由潜水工将套箱脚与岩面间空隙部分的泥砂软层清除干净，然后在套箱脚堆码一圈砂袋，作为封堵砂浆的内膜。由潜水工将 1：1 水泥砂浆轻轻倒入套箱壁脚底与砂袋之间，防止清基时砂砾涌入套箱内。

清基可采用吹砂吸泥或静水挖抓泥砂的方式，进行水下挖基。经检验合格即可灌注水下混凝土封底，最后抽干套箱内存水，浇筑墩台。

4. 双壁钢围堰

双壁钢围堰适用于大型河流中的深基础，能承受较大的水压，保证基础全年施工安全渡洪。特别是河床覆盖层较薄（0～2m），下卧层为密实的大漂石或基岩，不能采用钢板桩围堰，或因工程需要堰内不宜设支撑时，双壁钢围堰的优势更显突出。

（1）结构形式

双壁钢围堰是由竖直角钢加劲的内外钢壳及数层环形水平桁架焊成的密不漏水的圆形或矩形整体围堰，如图 4-9 所示。空壁厚 1.2～1.4m，空壁内设有若干个竖向隔板舱，彼此互不连通，以便在其下沉或落底时，按序向各舱内灌水或灌混凝土。

（2）围堰施工

1）制作拼装

围堰的大小和总高度应根据工程需要而定。例如武汉长江大桥主塔的双壁钢围堰直径 28.4m，总高 48.5m，总重 800t。围堰的分节高度、分块大小，应结合工地运输、起吊等设备能力综合考虑。对一般大中型围堰，若墩位处水流条件允许，可在墩位处拼装船上组拼，整体吊装上下对接，每节高度一般不超过 5m，总重不大于 100t。对特大型围堰，一般分节分块组拼接高下沉。

2）浮运就位

底节下水浮运宜选择气候和水位的有利时机进行。事先应探明有足够的吃水深度，并无水下障碍，且底节顶面应露出水面不小于 1.0m。

底节拖运至墩位后，起吊并抽掉拼装船。就位后向围堰壁内各舱对称均匀加水，使底

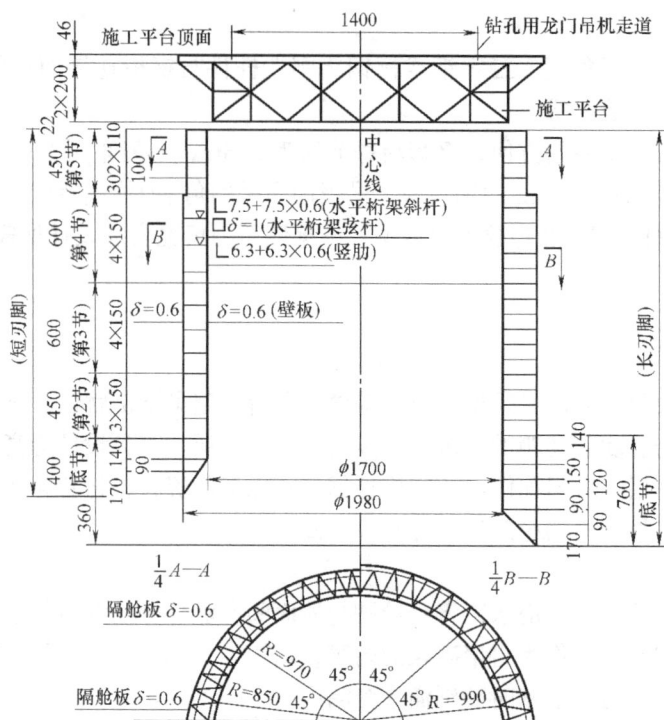

图 4-9　双壁钢围堰

节平稳下沉。此后，随接高加水下沉，直到各节全部拼接完毕。

3）清基封底

围堰着床后，首先在其四周外侧堆砌一圈土袋，在刃脚内侧灌注水下混凝土堵漏，其方法与钢套箱基本相似。然后用多台吸泥机，按基底方格网坐标划分的区域逐块清挖。清基经潜水员检验合格后，方可进行封底或浇筑基础混凝土。

4）围堰拆除

河床覆盖层较薄（0～2m），围堰嵌入河床较浅者，仅依靠各仓注水及深水抓斗、吸泥机等工程措施即可保证围堰下沉入床。此时，可将各隔舱内的水抽干，围堰便可依靠自身浮力，克服入土部分周壁所受摩擦阻力自行浮起。为了减小混凝土与围堰内壁的摩阻力，在浇筑刃脚堵漏混凝土或利用围堰内壁做模板浇筑封底或基础混凝土时，可在围堰内壁挂置一层高度大于混凝土厚度的帆布类织物。必要时可用水下烧割将钢壳上部拆除。切割位置应在最低水位以下一定深度。残余部分应不至影响最低水位的通航要求。

4.1.4　基底检验处理及基础砌筑

基坑已挖至基底设计高程，或已按设计要求加固并处理完毕后，须经过基底检验，方可进行基础坬工施工。为使基底检验及时，以免因等候检验使基底暴露时间过长而风化变质，施工负责人应提前通知检验人员，安排检验。

1. 检验内容

（1）检查基坑的平面位置、坑底尺寸、高程是否符合设计要求，偏差值是否在现行有关规定允许范围以内。

（2）检查基坑底面土质及其均匀性和稳定性，坑壁坡面是否平顺稳定，有无排水措施，容许承载力能否满足设计要求。

（3）检查挖基和地基加固、处理过程中的有关施工记录和试验等资料。

（4）检验基底地基经加固、处理后的效果是否达到设计要求。

2. 检验方法

（1）小桥和涵洞基底的地基检验

1）一般采用直观或触探器确认土质与设计要求符合时，即可浇砌基础。

2）经过直观或触探，对土质有疑问时，应取土样做土的物理力学性能试验。如进行颗粒分析，天然密度、天然含水量、天然孔隙比、液限、塑限、相对密度、可塑性、压缩性和抗剪强度的试验等，以鉴定土的容许承载力；或钻探 2～4m 以上，检查下卧层土质。

3）对地基沉降有严格要求，属于下列不良土质情况时，宜进行载荷试验。

① 风化颇重的岩层；

② 松散砂类土的相对密实度 $D_r \leqslant 0.33$；

③ 黏质土的天然孔隙比超过下列限度时：黏土质砂（SC）$e_0 > 0.7$，低液限黏土（CL）$e_0 > 1$，高液限黏土（CH）$e_0 > 1.1$；

④ 含有大量有机物的杂填土或砂土、黏土；

⑤ 含有大块杂质（尤其是多量碎砖瓦等）的杂填土。

4）对经过加固处理后的地基，应根据不同加固方法的质量要求采用相应的检验方法；包括量测加固范围、桩位偏差和桩体垂直度偏差；用环刀法取样或灌砂法测定压实度或干密度；用静力触探或动力触探检验加固处理后的效果。

（2）大、中桥和填土高在 12m 以上涵洞基底的地基检验

1）一般由检验人员用直观、触探、挖试坑或钻探（钻探至少 4m）试验等方法确定土质容许承载力，确认符合设计要求后，方可进行基础施工。

2）在地质特别复杂或在设计文件中有特殊要求必须做载荷试验时，才做载荷试验；必要时还应做土工试验以与载荷试验核对。

3）在特殊地基上已经加固处理又经触探和密实度检验后，尚有疑问时，则应再做载荷试验。确认符合设计要求后，才能进行基础圬工的施工。

（3）检验注意事项

1）地基经检验后需要进行较大的加固处理时，应由施工单位邀请建设单位及设计单位共同研究确定。加固处理完毕，应再经检验合格后，方可进行基础施工。

2）桥涵地基检验，除了平面位置、尺寸和地基变形观测外，检验方法主要有：静力触探、动力触探、标准贯入试验；土压力、孔隙水压力及土位移测试；载荷试验、旁（横）压试验。采用排水固结法加固的地基有时还需做十字板剪切试验。无论何种测试方法，都有一定的局限性，故宜采用多种方法进行综合评价；现场测试要辅以取样做室内土工试验；如加固设计已规定有检验项目和检验方法的，按设计规定办理。

3）为了有较好的可比性，加固前后两次的测试项目应力求对应，最好由同一组织、用同一仪器按同一标准进行。

4）检验后应按规定格式填写"地基检验表"，由参加检验人员会签，作为竣工验收原

始资料。

3. 基底处理

基底检验合格后，应立即进行基底处理。

（1）岩层基底

对于未风化的岩层，应先将岩面清除干净。倾斜岩层的岩面应凿平或凿成台阶。对于风化岩层，应将风化岩石按基础尺寸凿除已风化的表面岩层。砌筑基础时，应边砌边回填封闭。

（2）碎石类或砂类土层基底

承重面应修理平整。砌筑基础时，应先铺一层水泥砂浆，以保证砌材与基底面间密贴接触。

（3）黏性土层基底

基底整修时，应在天然状态下铲平，不得用回填土夯平，以保天然地基的原有结构。必要时可向基底夯入 10cm 以上厚度的碎石，其顶面不得高于基底设计高程。

（4）泉眼

泉眼可用堵塞或排引的方法处理，不得使基础被水浸泡。

4. 基础砌筑

混凝土与砌体基础应在基底无水的状态下施工。不允许水泥砂浆或混凝土在砌（浇）筑时被水冲洗淹没。基础可在以下三种情况下砌筑：干地基上砌筑圬工、排水砌筑圬工和混凝土封底再排水砌筑圬工。

（1）干地基上砌筑圬工

当基坑无渗漏、坑内无积水、基坑为非黏土或干土时，应先将基底洒水湿润；如地基为过湿的土基，应铺设一层厚 10～30cm 碎石垫层，夯实后再铺水泥砂浆一层，然后再砌筑基础。

圬工砌筑时，各工作层竖缝应相互错开不得贯通，浆砌块石的竖缝错开距离不应小于 8cm。

（2）排水砌筑圬工

如基坑基本无渗漏，仅有雨水存积，则可沿基坑底四周基础范围以外挖排水沟，将坑内积水排出后再砌筑基础。如基坑有渗漏，则应沿基坑底四周基础范围以外挖水坑，然后用水泵排出坑外。

水泥砂浆和混凝土只有终凝以后才允许浸水，冰冻地区更应在达到设计强度以后才允许浸水。

（3）水下混凝土封底再排水砌筑圬工

水下灌注混凝土，一般只有在排水困难时采用。当坑壁有较好防水设施（如钢板桩护壁等），但基坑渗漏严重时，可采用水下灌注混凝土封底方法。待封底混凝土达到强度要求后排水，清除封底混凝土面浮浆，冲洗干净后再砌筑基础圬工。

水下封底混凝土应在基础底面以下。封底只能起封闭渗水的作用，封底混凝土只作为地基，而不能作为基础。因此，不得侵占基础厚度。水下封底混凝土层的最小厚度由以下条件控制：当围堰作业已封底并抽干水后，板桩同封底混凝土组成一个浮筒，该浮筒的自重应能保证不被浮起；同时，封底混凝土作为周边简支的板，在基底面上水压力作用下，不致因向上挠曲而折裂。封底混凝土的最小厚度一般为 2.0m 左右。

5. 水下混凝土的灌注

当今桥梁基础水下混凝土灌注施工中，广泛采用的是直升导管法。如图 4-10 所示。钢导管内壁光滑圆顺，内径一致，直径可采用 20～30cm。混凝土经导管输送至坑底，并迅速将导管下端埋没。随后混凝土不断地输送到被埋没的导管下端，从而迫使先前输送到但尚未凝结的混凝土，向上和向四周推移。随着基底混凝土的上升，导管亦缓慢地向上提升，直至达到要求的封底厚度时，停止灌入混凝土，并拔出导管。当封底面积较大时，宜用多根导管同时或逐根灌注，按先低处后高处、先周围后中部次序并保持大致相同的标高进行，以保证使混凝土充满基底全部范围。导管的有效作用半径，因混凝土的坍落度大小和导管下口超压力大小而异。当超压力为 0.1～0.25MPa 时，导管作用半径将为 3.0～4.0m。

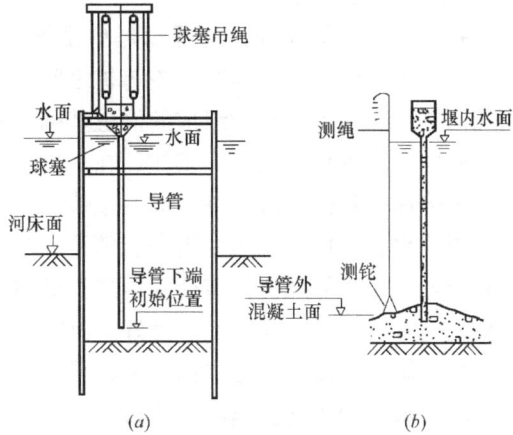

图 4-10　直升导管法灌注水下混凝土

在正常情况下，所灌注的水下混凝土，仅其表面与水接触，其他部分的灌注状态与空气中灌注无异，从而保证了水下混凝土的质量。至于与水接触的表层混凝土，可在排干水而外露时予以凿除。

采用导管法灌注水下混凝土，应注意以下几个问题：

(1) 导管应试拼装，球塞应经试验通过。施工时严格按试拼的位置安装。导管试拼后，应封闭两端，充水加压，检查导管有无漏水现象。导管各节的长度不宜过大（一般为 1.0～2.0m），连接应可靠而又便于装拆，以保证拆卸时，中断灌注时间最短。

(2) 为使混凝土有良好的流动性，粗骨料粒径以 2～3cm 为宜。混凝土坍落度应采用 18～20cm，一般倾向于用大一些。水泥用量比空气中同等级的混凝土增加 20%。

(3) 必须保证灌注工作的连续性，在任何情况下不得使灌注工作中断。在灌注过程中，应经常测量混凝土表面的标高，正确掌握导管的提升量。导管下端务必埋入混凝土内，埋入深度一般不应小于 1.0m，并不宜大于 3.0m。

(4) 水下混凝土的流动半径，主要由混凝土的质量、水头的大小、灌注面积的大小、基底有无障碍物以及混凝土拌合机的生产能力等因素决定。通常，流动半径在 3～4m 范围内，就能够保证封底混凝土的表面不会有较大的高差，并具有可靠的防水性，只要处理得当，可以保证封底混凝土的防水性能。

4.2　桩基础施工

4.2.1　概述

当地基浅层土质不良，采用浅基础无法满足建筑物对地基强度、变形和稳定性的要求

65

时，往往要采用深基础。

桩基础是一种历史悠久而应用广泛的深基础形式。近年来，随着工程建设和施工技术的发展，桩的类型和成桩工艺、桩的承载力与桩体结构完整性的检测等各方面均有较大的发展或提高，使桩与桩基础的应用更为广泛，更具有生命力。

1．桩基础的特点

桩基础可以是单根桩，也可以是单排桩或多排桩。对于双（多）柱式桥墩单排桩基础，当桩外露在地面上较高时，桩与桩之间用横系梁相联，可以加强各桩的横向联系。多数情况下桩基础是由多根桩组成的群桩基础，基桩可全部或部分埋入地基土中。群桩基础中所有桩的顶部由承台联成一整体，在承台上再修筑墩身或台身及上部结构。承台的作用是将外力传递给各桩并将各桩连成一整体共同承受外荷载。桩基的作用在于穿过软弱的压缩性土层或水，使桩底坐落在更密实的地基持力层上。各桩所承受的荷载由桩通过桩侧土的摩阻力及桩端土的抵抗力将荷载传递到桩周土及持力层中。

桩基础具有承载力高、稳定性好、沉降量小而均匀的特点，且在深基础中相对来说耗用材料少、施工简便，在深水河道中，采用桩基可避免（或减少）水下工程，简化施工设备和技术要求，加快施工速度并改善工作条件。近代在桩基础的类型、沉桩机具和施工工艺以及桩基础理论等方面都有了很大发展。采用桩基不仅便于机械化施工和工厂化生产，而且能以不同类型的桩基础适应不同的水文地质条件、荷载性质和上部结构特征，因此，桩基础具有较好的适应性。

2．桩基础的适用条件

在下列情况下可采用桩基础：

（1）荷载较大，地基上部土层软弱，适宜的地基持力层位置较深，采用浅地基或人工地基在技术上、经济上不合理时；

（2）河床冲刷较大，河道不稳定或冲刷深度不易计算正确，位于基础或结构物下面的土层有可能被侵蚀、冲刷，采用浅基础不能保证基础安全时；

（3）当地基计算沉降过大或建筑物对不均匀沉降敏感时，采用桩基础穿过松软（高压缩性）土层，将荷载传到较坚实（低压缩性）土层，可减少建筑物沉降并使沉降较均匀；

（4）当建筑物承受较大的水平荷载，需要减少建筑物的水平位移和倾斜时；

（5）当施工水位或地下水位较高，采用其他深基础施工不便或经济上不合理时；

（6）在地震区采用桩基础可增加建筑物抗震能力，消除或减轻地震对建筑物的危害。

以上情况也可以采用其他形式的深基础，但桩基础耗材少、施工快速简便，往往是优先考虑的深基础方案。

当上层软弱土层很厚，桩底不能达到坚实土层时，此时桩长较大、桩基础稳定性稍差、沉降量也较大，或者当覆盖层很薄，桩的入土深度不能满足稳定性要求时，则不宜采用桩基础。设计时应综合分析上部结构特征、使用要求、场地水文地质条件、施工环境及技术力量等，经多方面比较，以确定适宜的基础方案。

3．桩与桩基础的分类

为满足建筑物的要求，适应地基特点，随着科学技术的发展，在工程实践中已形成了各种类型的桩基础，它们在本身构造上和桩土相互作用性能上具有各自的特点。了解桩和桩基础的分类，目的是掌握其特点以便设计和施工时更好地发挥桩基础的特长。

下面按承台位置、沉入土中的施工方法、桩土相互作用特点及桩身材料等分类进行介绍。

（1）桩基础按承台位置分类

桩基础按承台位置可分为高桩承台基础和低桩承台基础（简称高桩、低桩承台）。

高桩承台的承台底面位于地面（或冲刷线）以上，低桩承台的承台底面位于地面（或冲刷线）以下。高桩承台的结构特点是基桩部分桩身沉入土中，部分桩身外露在地面以上（称为桩的自由长度），而低桩承台则基桩全部沉入土中（桩的自由长度为零）。

高桩承台出于承台位置较高或设在施工水位以上，可减少墩台的坍工数量，避免或减少水下作业，施工较为方便。然而，由于承台及桩基露出地面的一段自由长度周围无土来共同承受水平外力，基桩的受力情况较为不利，桩身内力和位移都比同样是水平外力作用下的低桩承台要大，其稳定性也比低桩承台差。

近年来由于大直径钻（挖）孔灌注桩的采用，桩的刚度、强度都比较大，因而高桩承台在桥梁基础工程中已得到广泛采用。

（2）桩基础按施工方法分类

桩基的施工方法不同，不仅在于采用的机具设备和工艺过程的不同，而且将影响桩与桩周土接触边界处的状态，也影响桩土间的共同作用性能。桩按施工方法的分类较多，但其基本形式可分为沉桩（预制桩）和灌注桩。

1）沉桩（预制桩）

沉桩可按设计要求在地面良好条件下制作（长桩可在桩端设置钢板、法兰盘等接桩构造，分节制作），桩体质量高，可大量工厂化生产，加速施工进度。

预制桩有如下特点：

① 不易穿透较厚的砂土等硬夹层（除非采用预钻孔、射水等辅助沉桩措施），只能进入砂、砾、硬黏土、强风化岩层等坚实持力层不大的深度。

② 沉桩方法一般采用锤击，由此产生的振动、噪声污染必须加以考虑。

③ 沉桩过程中产生挤土效应，特别是在饱和软黏性土地区沉桩可能导致周围建筑物、道路、管线等的损失。

④ 一般来说预制桩的施工质量较稳定。

⑤ 预制桩打入松散的粉土、砂砾层中，由于桩周和桩端土受到挤密、使桩侧表面法向应力提高，桩侧摩阻力和桩端阻力也相应提高。

⑥ 由于桩的贯入能力受多种因素制约，因而常常出现因桩打不到设计标高而截桩，造成浪费。

⑦ 预制桩由于承受运输、起吊、打击应力，需要配置较多钢筋，混凝土强度等级也要相应提高，因此其造价往往高于灌注桩。

2）灌注桩

灌注桩是在现场地基中钻挖桩孔，然后在孔内放入钢筋骨架，再灌注桩身混凝土而成的桩。灌注桩在成孔过程中需采取相应的措施和方法来保证孔壁稳定和提高桩体质量。针对不同类型的地基土可选择适当的钻具设备和施工方法。

各类灌注桩有如下共同的优点：

① 施工过程中无大的噪声和振动（沉管灌注桩除外）。

② 可根据土层分布情况任意变化桩长；根据同一建筑物的荷载分布与土层情况采用不同桩径；对于承受侧向荷载的桩，可设计成有利于提高横向承载力的异型桩，还可设计成变截面桩，即在受弯矩较大的上部采用较大的断面。

③ 可穿过各种软、硬夹层，将桩端置于坚实土层和嵌入基岩，还可扩大桩底以充分发挥桩身强度和持力层的承载力。

④ 桩身钢筋可根据荷载性质、荷载沿深度的传递特征以及土层的变化配置，无需像预制桩那样配置起吊、运输和打击应力筋，配筋率远低于预制桩。

3）管柱基础

大跨径桥梁的深水基础，或在岩面起伏不平的河床上的基础，可采用振动下沉施工方法建造管柱基础。它是将预制的大直径（直径 1～5m 左右）钢筋混凝土或预应力钢筋混凝土或钢管柱（实质上是一种巨型的管桩，每节长度根据施工条件决定，一般采用 4m、8m 或 10m，接头用法兰盘和螺栓连接），用大型的振动沉桩锤沿导向结构将其振动下沉到基岩（一般以高压射水和吸泥机配合帮助下沉），然后在管柱内钻岩成孔，下放钢筋笼骨架，灌注混凝土，将管柱与岩盘牢固连接。管桩基础施工可以在深水及各种覆盖层条件下进行，不受季节限制，但施工需要有振动沉桩锤、凿岩机、起重设备等大型机具，动力要求也高，所以在一般桥梁施工中较少采用。

（3）桩基础按桩土相互作用特点的分类

建筑物荷载通过桩基础传递给地基，其中垂直荷载一般由桩底土层抵抗力和桩侧与土产生的摩阻力来支承。由于地基土的分层和其物理力学性质不同，桩的尺寸和设置在土中方法的不同，都会影响桩的受力状态。

1）摩擦桩

桩穿过并支承在各种压缩性土层中，在竖向荷载作用下基桩所发挥的承载力以侧摩阻力为主时，统称为摩擦桩。以下几种情况均可视为摩擦桩：

① 当桩端无坚实持力层且不扩底时；

② 当桩的长径比很大，即使桩端置于坚实持力层上，由于桩身直接压缩量过大，传递到桩端的荷载较小时；

③ 当预制桩沉桩过程由于桩距小、桩数多、沉桩速度快，使已沉入桩上涌，桩端阻力明显降低时。

2）端承桩或柱桩

桩穿过较松软土层，桩底支承在坚实土层（砂、砾石、卵石、坚硬老黏土等）或岩层中，且桩的长径比不太大时，在竖向荷载作用下，基桩所发挥的承载力以桩底土层的抵抗力为主时，称为端承桩或柱桩。柱桩是专指桩底支承在基岩上的桩，此时因桩的沉降甚微，认为桩侧摩阻力可忽略不计，全部垂直荷载由桩底岩层抵抗力承受。

（4）桩基础按桩身材料分类

1）钢桩

钢桩可根据荷载特征制作成各种有利于提高承载力的断面，且其抗冲击性能好、接头易于处理、运输方便、施工质量稳定，还可根据弯矩沿桩身的变化情况局部加强其断面的刚度和强度。钢桩的最大缺点是造价高和存在锈蚀问题。

2）钢筋混凝土桩

钢筋混凝土桩的配筋率较低（一般为 0.3%～1.0%），而混凝土取材方便、价格便宜、耐久性好。钢筋混凝土桩既可预制又可现浇（灌注桩），还可采用预制与现浇组合，适用于各种地层，成桩直径和长度可变范围大。因此，桩基工程的绝大部分是钢筋混凝土桩，桩基工程的主要研究对象和主要发展方向也是钢筋混凝土桩。

4.2.2 沉入桩基础

沉入桩是通过汽锤、柴油锤或振动打桩机等方法将各种预先制好的桩沉入或打入地基中所需深度的一种基础形式。沉入桩主要为预制的钢筋混凝土桩和预应力混凝土桩。断面形式常用方桩和管桩。

1. 混凝土桩的预制

制作普通钢筋混凝土桩和预应力混凝土桩所用技术标准应按《公路桥涵施工技术规范》（JTJ/T F50—2011）采用。

（1）普通钢筋混凝土方桩

普通钢筋混凝土方桩可以就地灌注预制。通常当桩长在 10m 以内时横断面为 0.30m×0.30m，桩身混凝土强度等级不低于 C25，桩身配筋应按制造、运输、施工和使用各阶段的内力要求配筋。主筋直径一般为 19～25mm；箍筋直径为 6～8mm，间距为 100～200mm（在两端处一般减少 50mm）。由于桩尖穿过土层时直接受到正面阻力，应在桩尖处把所有的主筋弯在一起并焊在一根芯棒上。桩头直接受到锤击，故在桩顶处需设方格网片三层以增加桩头强度。钢筋保护层厚度不小于 35mm。桩内需预埋直径为 20～25mm 的钢筋吊环用于预制桩起吊与堆放，吊点位置一般应按各支点处最大负弯矩与支点间桩身最大正弯矩相等的条件计算确定，较多采用两个支点。较长的桩也可用 3～4 个支点。堆放场地应靠近沉桩现场，场地平整坚实，并备有防水措施，以免场地出现湿陷或不均匀沉陷。堆放支点位置与吊点相同，堆放层数不宜超过 4 层。

当预制桩长度不足时，需要接桩。常用的接桩方法有：法兰盘连接、钢板连接及硫磺砂浆锚接连接。

同一根桩的混凝土配合比不能随意改变，浇筑顺序宜出桩顶开始向桩尖连续浇筑，中间不得停顿，并用振捣器严密振实。混凝土浇筑完 1～2h 后，应覆盖并洒水养护。

钢筋混凝土方桩缺陷的限制按下列规定：

1）桩身裂缝：

横向裂缝宽度不得大于 0.2mm，深度不得大于 10mm；多边形桩裂缝长度不得大于其内切圆直径的 1/2，方桩不得超过边长的 1/2；横向裂缝每米不得超过 5 道；纵向裂纹不允许存在。

2）桩端附近混凝土不得有蜂窝、掉角及露筋。

3）用小锤轻敲桩身，如声音沙哑，应当凿开检查，小洞者可用同级水泥砂浆补修，大洞及断裂者不得使用。

（2）预应力混凝土管桩的制作

混凝土管桩现一般均采用预应力混凝土管桩，国内已有定型生产，直径一般为 400mm 和 550mm，管壁厚 80～100mm，每节长 8～10m 不等。预应力混凝土管桩的预制，一般由工厂用离心旋转法制作。采用混凝土的强度等级一般为 C45。

预制钢筋混凝土桩和预应力混凝土桩的制作要求见表 4-4 所列。

预制钢筋混凝土桩和预应力混凝土桩的允许偏差 表 4-4

项 目		允许偏差(mm)
混凝土强度		符合设计要求
长度		±50
横截面	横截面边长	±5
	空心桩直径	±5
	空心中心对桩中心	±5
桩尖对桩纵轴线		±10
桩轴线的弯曲矢高		桩长的 0.1% 且≤20
桩顶面与桩纵轴线的倾斜偏差		1% 桩径或边长,且不大于 3
接桩的接头平面与桩轴平面垂直度		0.5%

(3) 预制桩的吊运和堆放

1) 吊运

预制混凝土桩吊运时,桩身强度应符合设计要求,一般要达到设计混凝土强度的 70% 后方可起吊,达到 100% 后方可运输。如需提前吊运时,应根据吊点布置位置,经验算合格后才起吊。预制混凝土桩吊点一般不设吊环,起吊前应标出吊点位置,用钢丝绳捆绑。捆绑处应加麻布、木块衬垫保护,以防损坏桩的表面和棱角。吊点的位置偏离不应超过设计位置 20mm。吊桩时要使各吊点同时受力,徐徐起落,避免振动损坏桩身。使用起重机或浮吊起吊时,吊绳与纵轴线夹角不小于 45°。

桩搬运时,可采用平板拖车或前后托架拖车。搬运时,其支承点应与吊点位置相一致,偏差不得大于 20mm。若支承点位置相差较大时,应检验桩的应力。运输时应捆扎牢固,使各支点同时受力。

2) 堆放

堆放桩的场地应靠近沉桩地点。场地应平整坚实,做好必要的防水措施,防止湿陷和不均匀沉陷。

不同类型和尺寸的桩应考虑使用先后,分别堆放。堆放支点位置与吊点相同,偏差不得超过 20mm。当桩需长期堆放时,为避免桩身挠曲,可采用多点支垫。各支点垫木应均匀放置,各垫木顶面应在相同的水平面上。多层堆放时,各层垫木应位于同一垂直面上。混凝土管桩堆放层数:对于直径 400mm 的管桩,最高可堆放 6 层,直径 550mm 的管桩不宜超过 4 层。

2. 沉入桩的施工

沉入桩的施工方法主要有:锤击沉桩、振动沉桩、射水沉桩、静力压桩以及沉管灌注桩等。不同的施工方法所使用的沉桩设备也相异,需要根据实际施工条件和现场情况选用。

(1) 锤击沉桩

锤击沉桩一般适用于中密砂类土、黏性土。由于锤击沉桩依靠桩锤的冲击能量将桩打入土中,因此一般桩径不能太大(不大于 0.8m),入土深度不大于 50m,否则对沉桩设备要求太高。沉桩设备应根据土质、工程量、桩的种类、规格、尺寸、施工期限、现场水电供应等条件选择。

锤击沉桩的主要设备有桩锤、桩架、桩帽及送桩等。

1）桩锤

桩锤可分为坠锤、单动汽锤、双动汽锤、柴油锤、振动锤和液压锤等。各种锤型适用范围参考表见表 4-5 所列。

各种锤型适用范围参考表 表 4-5

序号	锤型	适用范围	优缺点
1	坠锤	适用于沉木桩和断面较小的混凝土桩；重型及特重型龙门锤适用于沉钢筋混凝土桩；对于一般黏性土、砂土、含有少量砾石土均可使用	设备简单，使用方便，冲击力大，能随意调整落距，但锤击速度慢（每分钟约 6~20 次），效率低
2	单动汽锤	适用于沉各种桩；适宜沉管灌注桩	结构简单，冲程短，对桩头和设备不易破坏，沉桩速度及冲击力较坠锤大，效率较高
3	双动汽锤	适用于沉各种桩；可用于沉斜桩；使用压缩空气时可用于水下沉桩，并可用于拔桩；可吊锤沉桩	冲击次数多，工作效率高，可不用桩架沉桩，在水中沉桩时，可不用送桩。冲击部分质量占总质量比例小，一次冲击能比单动汽锤小，当冲击重型桩时有时就不能满足。另外，设备笨重移动不方便
4	柴油锤	杆式锤适宜沉小型桩、钢板桩；筒式锤适宜沉混凝土桩、钢管桩等；不适宜在过软或过硬土中沉桩；用于浮船中沉桩较为有利	附有桩架动力等设备，机架轻，移动方便，沉桩快，燃料消耗少，也可以打斜桩，是使用最广的一种，但振动大、噪声大
5	振动锤	适宜沉各种桩和沉管灌注桩；适用于松散砂土、粉质黏土、黄土和软土；在卵石夹砂及紧密黏土中效果较差	沉桩速度快，适用面宽，施工操作简易、安全、能辅助拔桩
6	液压锤	适用于沉重型的混凝土桩、钢桩；适用于黏性土、砂土含少量砾石土等	锤重量大，冲击次数多，工作效率高，其冲程可根据不同土用人工调整，在一定条件下，可保证锤对桩的锤击力控制，噪声小，且不会污染空气

2）桩架

桩架是沉桩的主要设备，其主要作用是装吊锤、吊桩、插桩、吊插射水管和桩在下沉过程中的导向。桩架的组成主要有：

① 导杆和导向架——控制锤的运动方向；

② 起吊装置——滑轮绞车或其他起重设备；

③ 撑架——由各种杆件拼成，以支撑导杆和起吊装置；

④ 底盘——用以承托以上各部件，或支承移动装置。

桩架可用木料和钢料做成，分为：轨道式桩架、液压步履式桩架、悬臂履带式桩架和三点支承履带式桩架等，工程中常用的是钢制轨道式桩架（图 4-11）。

3）桩帽

打桩时，要在锤与桩之间设置桩帽 [图 4-12（a）]。它既要起缓冲而保护桩顶的作用，又要保持沉桩效率。因此，在桩帽上方（锤与桩帽接触一方）填塞硬质缓冲材料，如橡木、树脂、硬桦木、合成橡胶等，厚约 150~250mm，在桩帽下方（桩帽与桩接触一方）应垫以软质缓冲材料，如麻饼（麻编织物）、草垫、废轮胎等，统称为桩垫。桩垫的厚度和软硬是否恰当，将直接影响沉桩效率。

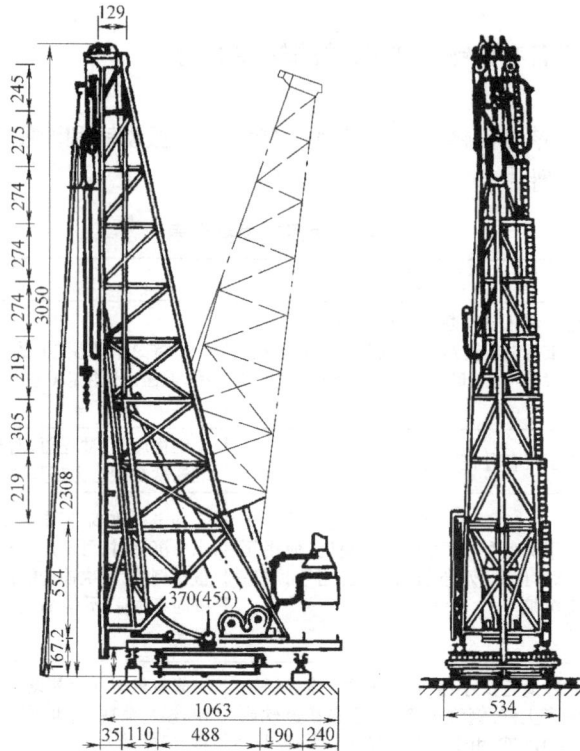

图 4-11　钢制轨道式桩架

4）送桩

遇到以下情况，需用送桩：当桩顶设计标高在导杆以下，此时送桩长度应为桩锤可能达到最低标高与预计桩顶沉入标高之差，再加上适当的富余量；当采用管桩内射水沉桩时，为了插入射水管，需用侧面开有槽口（宽 0.3m，高 1~2m）的送桩，如图 4-12（c）

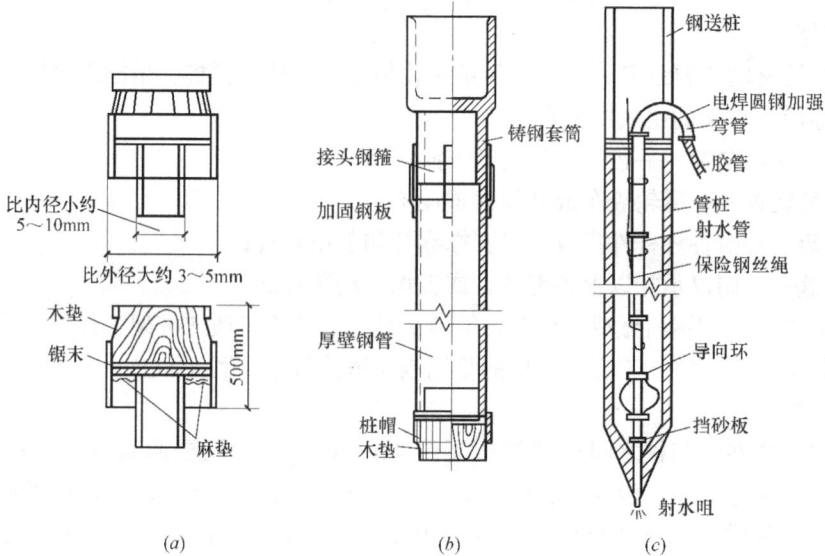

图 4-12　桩帽、送桩及射水沉桩

（a）桩帽；（b）送桩；（c）射水沉桩

所示。送桩通常用钢板焊成的钢送桩，如图 4-12 (b) 所示。

(2) 振动沉桩

振动锤可用于下沉重型的混凝土桩和大直径的钢管柱。一般在砂土中效果最佳。在软塑黏性土或饱和的砂类土层中，当桩的入土深度不超过 15m 时，仅用振动锤即可下沉。在饱和的砂土中，下沉直径 55cm 的混凝土管桩，要配合强烈的射水，可以下沉至 25m。

振动射水下沉钢筋混凝土管柱的一般施工方法是：初期可单靠自重和射水下沉；当下沉缓慢或停止时，可用振动，并同时射水；随后振动和射水交替进行，即振动持续一段时间后桩下沉速度由大变小时，如每分钟下沉小于 5cm，或桩顶冒水，则应停止振动，改用射水，射水适当时间后，再进行振动下沉。要特别注意合理地控制振动持续时间，不得过短，也不得过长，振动持续时间过短，则土的结构未能破坏，过长，则容易损坏电动机及磨损振动锤部件，一般不宜超过 10～15min。

当桩底土层中含有大量卵石或碎石，或软岩土层时，如采用高压射水振动沉桩难以下沉时，可将锥形桩尖改为开口桩靴，并在桩内用吸泥机配合吸泥，甚为有效。这时，水压强度应能破坏岩层的完整性，并能冲毁胶结物质。吸泥机的能力应能吸出用射水不能冲碎的较大石块。

一个基础内的桩全部下沉完毕后，为了避免先下沉桩的周围土壤被邻近的沉桩射水所破坏，影响承载力，应将全部基桩再进行一次干振，使达到合格要求。

(3) 静力压桩

静力压桩系以压桩机的自重，克服沉桩过程中的阻力，将桩沉入土中。静力压桩的终压承载力，在间歇适当时间后将增大。经验表明，压桩力仅相当于极限承载力的 20%～30%。压入桩的极限承载力与锤击桩施工不相上下。静力压桩仅适用于可塑状态黏性土，而不适用于坚硬状态的黏土和中密以上的砂土。

(4) 沉管灌注桩

沉管灌注桩是将底部套有钢筋混凝土桩尖或装有活瓣桩尖的钢管，用锤击或振动下沉到要求的深度后，在管内安放钢筋笼，灌注混凝土后，拔出钢管形成。沉管时，桩管内不允许进入水和泥浆。若有进入，应灌入 1.5m 左右的封底混凝土后，方可再开始沉桩，直至达到要求深度。当用长桩管沉短桩时，混凝土应一次灌足；沉长桩时，可分次灌注，但必须保证管内有约 2.0m 高的混凝土。

开始拔管时，测得混凝土确已流出桩管后，才可继续拔管。拔管的速度应严格控制。在一次土层内拔管速度宜为 1.5～2.0m/min。一次拔管不宜过高，应以第一次拔管高度控制在能容纳第二次灌入的混凝土量为限。

(5) 沉桩允许误差

竖直桩的垂直度偏差不得大于 1%。斜桩的倾斜度偏差不得大于倾角（桩轴线与竖直线的夹角）正切值的 15%。

3. 试桩试验

沉桩工程在正式开工前应先进行试桩。试桩试验均应按照现行的《公路桥涵施工技术规范》(JTG/T F50—2011) 相关规定执行，试桩采用冲击试验及静压试验，设计有要求时再做静拔试验和静推试验。

(1) 试桩目的

选择合理的施工方法和机具设备；

根据桩的设计承载力，确定桩的入土深度；

核实最终贯入度是否符合设计要求；

选定射水沉桩的射水设备及射水参数（如水压、水量等）；

确定射水沉桩最后锤击的深度；

验证锤击沉桩动力公式在该工程地质条件下的准确程度；

确定沉桩桩尖形式和正确的接桩方法；

查明沉桩土质是否有假极限和吸入现象，决定是否需要复打和复打前休息期限；

确定施工时停止沉桩的控制标准；

静推试验确定桩的容许水平承载力及桩顶位移和转角，并推求地基土水平抗力系数的比例系数 m 值；

如系钢管桩试桩，尚需测出钢管桩的回弹量，控制柴油锤的贯入度，用动力公式推算桩的承载力；

试桩所使用的设备和施工方法应与实际沉桩相同，并做出详细的记录。

（2）试桩数量

冲击试验的桩数，一般不少于桩总数的 2%。

静压试验的桩数，按设计规定处理，一般可按下列规定：

在相同地质情况下，按桩总数的 1% 计，并不得少于 2 根；位于深水处的试桩，根据具体情况，由有关部门研究决定。

（3）冲击试验

工艺试验和冲击试验的目的，主要是：

1）选定桩锤、桩垫及其参数；

2）选定射水设备及射水参数；

3）检验桩沉入土中的深度能否满足设计要求；

4）查明有无"假极限"或"吸入"观象，确定基桩是否需要复打，以及复打前应该"休息"的天数；

5）确定沉桩工艺和停止沉桩的控制标准。包括射水沉桩时最后停水干打的深度、最后贯入度及动力公式的选择等。

工艺试验和冲击试验的试桩数量以能达到上述目的为原则，具体数量视试验情况而定。如果在类似土层有成功的施工经验也可以不做，但一般均对静压试验的试桩进行冲击试验以利对比。

按沉桩工艺，将符合设计基桩的桩沉入试桩位置，当设计要求以桩尖标高控制时，沉到设计桩尖标高时停止下沉，当设计要求以单桩承载力控制时，则在沉到以设计单桩承载力按动力公式计算的最后贯入度时停止下沉。

沉桩过程中，如用坠锤或单打汽锤沉桩，应记录每下沉 1m 的锤击数和全桩的总锤击数。记录最后 1m 左右每下沉 10cm 的锤击数，最后再加打 5 锤，记录桩的下沉量，算出每击的平均值，作为最后贯入度，其单位以毫米计。如用柴油锤、复打汽锤或振动锤沉桩，则记录每下沉 1m 的锤击时间和全桩的总锤击时间；在剩余 1m 左右，记录每下沉 10cm 的锤击时间，以最后 10cm 的锤击时间折算每分钟的平均下沉量，作为最后贯入度，其单位也以毫米计。

沉桩过程中，如果下沉困难，锤击次数过多，或桩头破损，桩身断裂，或者桩的入土深度偏离设计计算值 1m 以上，以及发生桩位走动、桩身偏斜、桩身转动、桩锤回跳等不正常现象，均应及时分析，研究措施，改善沉桩设备或沉桩工艺后继续试验，至沉桩正常为止。

试桩沉毕后，使桩"休息"一段时间；然后用沉桩时停打的同一设备、同一冲击动能和近似的桩垫状态对校进行复打，以查明有无"假极限"或"吸入"现象，确定需要休息的时间，确定停止沉桩的控制标准。

"假极限"是桩在饱和的细、中、粗砂中连续锤击下沉时，使流动的砂变得密实地夹紧在桩的周围，妨碍土中水分沿桩上升，在桩尖下形成水压很大的"水垫"，使桩产生暂时的极大贯入阻力。在休息一定时间后阻力就降低。"吸入"是桩在黏性土中连续锤击时，由于土的渗透系数小，桩周围水不能渗透扩散，而沿着桩身向上挤出。在桩周围形成润滑套，使桩周围的摩擦力大为减少，在休息一定时间后，桩周围水消失，桩周土摩擦力恢复增大。射水沉桩由于射水的冲刷，减少了桩周土的摩擦力。桩的上浮、下沉均会影响土对桩的阻力。因此上述的几种情况，在休息一定时间后均须进行复打，以确定桩的实际承载力。

休息时间按土质不同而异，可由试验或按规定确定。

（4）静压试验

静压试验通常用来确定单桩承载力和荷载与位移的关系，以及校核动力公式的准确程度。一般采用慢速维持荷载法，若设计无特殊要求时，用单循环加载试验。静压试验应在冲击试验后立即进行。

加载仪器一般采用油压千斤顶。千斤顶的反力装置可根据现场的实际条件选用下列三种形式之一：

1）锚桩承载梁反力装置：锚桩承载梁反力装置能提供的反力，应不小于预估最大试验荷载的 1.3～1.5 倍。锚桩一般采用 4 根，如入土较浅或土质松软时可增至 6 根。锚桩与试桩的中心间距，当试桩直径（或边长）≤800mm 时，可为试桩直径的 5 倍；当试桩直径≥800mm 时，上述距离不得小于 4m。

2）压重平台反力装置：利用平台上压重作为对桩静压试验的反力装置。压重不得小于预估最大试验荷载的 1.2 倍，压重应在试验开始前一次加上。试桩中心至压重平台支承边缘的距离与上述试桩中心至锚桩中心距离要求相同。

3）锚桩压重联合反力装置：当试桩最大加载量超过锚桩的抗拔能力时，可在承载梁上放置或悬挂一定重物，由锚桩和重物共同承受千斤顶反力。

对于位移的测量，测量仪表必须精确，一般使用 1/20mm 光学仪器或力学仪表，如水平仪、挠度仪、偏移仪等。支撑仪表的基准架应有足够的刚度和稳定性。基准梁的一端在其支承上可以自由移动，不受温度影响引起上拱或下挠。基准桩应埋入地基表面以下一定深度，不受气候条件的影响。基准桩中心与试桩、锚桩中心之间的距离宜符合表 4-6 规定。

加载要点：加载重心应与试桩轴线相一致。加载时应分级进行，使荷载传递均匀，无冲击。加载过程中，不使荷载超过每级的规定值。每级加载量为预估最大荷载的 1/15～

1/10。当桩的下端进入巨粒土、粗粒土以及坚硬的黏质土中时，第一级可以按 2 倍的分级荷载加载。对施工检验性试验，预估最大荷载一般可采用设计荷载的 2 倍。每级加载完毕后，每隔 15min 观测一次，累计 1h 后，每隔 30min 观测一次，若桩端下为巨粒土、砂类土、坚硬的黏质土，最后 30min 内下沉量不大于 0.1mm 时，或者桩端下为半坚硬和细粒土，最后 1h 内下沉量不大于 0.1mm 时即可认为稳定。

基准桩中心至试桩、锚桩中心的距离 表 4-6

反力系统	基准桩与试桩	基准桩与锚桩
锚桩承载梁反力装置	≥4d	≥4d
压重平台反力装置	≥2.0m	≥2.0m

通常，加载终止及极限荷载取值是有如下规定：总位移量大于或等于 40mm，本级荷载的下沉量大于或等于前一级荷载的下沉量的 5 倍时，加载即可终止，取此终止时荷载小一级的荷载为权限荷载；总位移量大于或等于 40mm，本级荷载加上后 24h 未达稳定，加载即可终止，取此终止时荷载小一级的荷载为权限荷载；巨粒土、密实砂类土以及坚硬的黏质土中，总下沉量小于 40mm，但荷载已大于或等于设计荷载乘以设计规定的安全系数，加载即可终止，取此时荷载为权限荷载。施工过程中的检验性试验，一般加载应继续到桩的 2 倍设计荷载为止。

采用静压试验得到的极限荷载除以设计规定的安全系数后，即作为单桩容许承载力。若结构上要求限制桩顶沉降值的基桩，可在静压试验曲线中，按设计要求的允许沉降值（应适当考虑长期荷载效应）取其对应的荷载作为单桩抗压容许承载力。

（5）静拔试验

静拔试验是在个别桩基中设计承受拉力时，用以确定单桩抗拔容许承载力。一般可按复打规定的"休息"时间以后进行。静拔试验也可以在静压试验后进行。

加载装置可采用油压千斤顶，其反力装置一般采用两根锚桩和承载梁组成，试桩和承载梁用拉杆连接，将千斤顶置于两根锚杆之上，顶推承载梁，引起试桩上拔。试桩与锚桩间中心距离可按静压试验中的方法相同确定。加载一般采用慢速维持荷载法进行。施加的静拔力必须作用于桩的中轴线。加载应均匀、无冲击。每级加载量不大于预计最大荷载的 1/15～1/10。

位移观测同静压试验。当位移量≤0.1mm/h 时，即可认为稳定。勘测设计阶段，总位移量≥25mm，加载即可终止。施工阶段，加载不应大于设计容许抗拔荷载。所有试验观测数据应用于绘制与静压试验同类的曲线。

（6）静推试验

静推试验主要是确定桩的水平承载力、桩侧地基土水平抗力系数的比例系数。对于承受反复水平荷载的基桩，采用多循环加卸载方法；对于承受长期水平荷载的基桩，采用单循环加载方法。

加载装置一般采用两根单桩通过千斤顶相互顶推加载，或在两根锚桩间平放一根横梁，用千斤顶向试桩加载，有条件时可利用墩台或专设反力座以千斤顶向试桩加载。在千斤顶与试桩接触处宜安设一球形铰座，保证千斤顶作用力能水平通过桩身轴线。加载反力结构的承载能力就为预估最大试验荷载的 1.3～1.5 倍。反力结构与试桩之间的净距按设计要求确定。固定百分表的基桩宜设在桩侧面靠位移的反方向，与试桩净距不小于试桩的直径。

1) 多循环加卸载试验法。加载分级可按预计最大试验荷载的 1/15～1/10，一般可采用 5～10kN，过软的土可采用 2kN 级差。各级荷载加载后，保持 4min 后测读水平位移，然后卸载至零，2min 后测试残余水平位移，完成一个加载程序，如此循环 5 次，完成一级荷载的试验观测。加载时间应尽量短，测量时间应严格准确，试验不得中途停歇。当桩顶水平位移超过 20～30mm（软土取 40mm）或桩身已经断裂或桩侧地表有明显裂纹或隆起时，即可终止加载。最后由试验记录绘制水平荷载-时间-桩顶位移关系曲线、水平荷载-位移梯度关系曲线等，并按照规范规定确定出临界荷载、极限荷载及水平抗推容许承载力。

2) 单循环加载试验方法。加载分级及加载后测读时间间隔与多循环加卸载试验方法相同，如位移量≤0.05mm/h 即可认为稳定。勘测设计阶段的试验，水平力作用点位移量≥50mm，加载即可终止；施工检验性试验，加载不应超过设计的容许荷载。

4. 深水施工

在水中沉桩时，一般可采用围堰、套箱等方法进行。若水很深，则可采用吊箱或打桩船进行。

(1) 钢板桩围堰法

若施工期水深在 3～4m 以下，则可搭设便桥或脚手架平台。然后把桩架移到平台上打围堰钢板桩。打好钢板桩装好支撑后，即可在水中挖土，然后下沉基桩。沉完全部基桩后，进行水下混凝土封底，浇筑承台混凝土。

若施工期水深较深，不宜采用便桥或脚手架时，可先在铁驳上拼装围囹，运至墩位后，再用起重机吊入水中，并用定位桩固定位置。这时可利于围囹定位，并做导向架、施打钢板桩和堰内沉桩。

钢板桩围堰法是水中修筑基础最常用的一种方法。当围堰很高，且需抽出的水很深时，可采用双层钢围堰施工。

(2) 钢吊箱围堰法

当承台底面距河床面较高，承台以下为较厚的软弱土层，且水深流急时，可采用吊箱围堰修建桩基。吊箱是悬吊在水中定位桩上的有底套箱。在沉桩时可用作导向定位。沉桩完成后，在吊箱内灌注水下混凝土封底，浇筑承台混凝土。使用吊箱围堰的潜水工作量小，防水效果好，施工方便。其缺点是结构较复杂，成本较高。

(3) 打桩船法

在深水中，可将桩架安装在驳船上进行沉桩，也可使用专用打桩船施工。

目前国内使用的打桩船型号多种，可依据其技术规格选用。

进口打桩船 YKC-70 号（日本），其桩架可沉前俯后仰 30°以上的斜桩；允许桩重不大于 40t；最高的桩架达 52m，一次可下沉超过 40m 的长桩。

(4) 套箱式模板修筑承台

当承台底面位于河床面以上时，可用套箱式模板建筑承台。主要有驳船起吊套箱式模板施工承台和用脚手架起吊套箱式模板施工承台两种。用驳船起吊套箱式模板进行承台施工时，沉桩完毕后，在承台底面处，由潜水工在桩上搭设一个平面尺寸比承台稍大的钢木平台。把岸上预制的钢筋混凝土套箱模板吊运沉放到钢木平台上。然后在套箱模板内灌注50cm厚的水下混凝土封底。待其凝固后，抽水、扎筋、浇筑承台混凝土。当用脚手架起吊套箱式模板的承台施工时，在承台两侧搭设脚手架，并在其上拼装套箱模板。然后，将其沉放固定在桩上的水平支架上。在支架上由潜水工安放预制的钢筋混凝土板作为承台底模。防水处理后，灌注80cm厚水下混凝土封底。最后浇筑承台混凝土。

4.2.3 钻（挖）孔桩基础

目前在桥梁基础工程领域中，钻（挖）孔灌注桩基础已占据了重要地位，并向大直径、多样化（变截面桩、空心桩、变截面空心桩）方向发展。钻孔工艺水平不断提高，特别是引进了许多国外先进的大功率全液压钻孔机械，同时国内钻机也进行研制改进，基本上满足了基础施工的需要。

1. 钻（挖）孔灌注桩的施工工艺流程

钻（挖）孔灌注桩的施工有很多工序，因成孔方法不同和现场情况各异，施工工艺流程也不完全相同。所以在施工前，要安排好施工计划，编制具体的工艺流程图，作为安排各工序施工操作和进度的依据。

当同时进行几根桩或几个墩台施工时，要注意它们之间的密切配合，避免相互干扰和冲突，并尽可能地做到均衡使用机具和劳动力。从一根桩或一个墩台完成施工转到下一根桩或下一个墩台时，既要抓好新钻孔的工作，也要做好已成桩或墩台的养护和质量检查工作。

2. 钻孔前准备工作

钻孔的准备工作主要有桩位测量放样、整理场地、布设施工便道、设置供电、供水系统、制作和埋设护筒、制作钻架（钻机未配备钻架时）、泥浆备料、调制、沉淀、出渣和准备钻孔机具等，此外尚应编制施工组织计划。

（1）场地准备

钻孔场地的平面尺寸应按桩基设计的平面尺寸、钻机数量和钻机底座平面尺寸、钻机移位要求、施工方法以及其他配合施工机具设施布置等情况决定。

施工场地或工作平台的高度应考虑施工期间可能出现的高水位或潮水位，并比其高出0.5～1.0m。

施工场地应按以下不同情况进行整理：

1）场地为旱地时，应平整场地，清除杂物，换除软土，夯打密实钻机底座且不宜直接置于不坚实的填土上，以免产生不均匀沉陷。

2）场地为陡坡时，可用枕木或木挑架搭设坚固稳定的工作平台。

3）场地为浅水时，宜采用筑岛方法。当水不深、流速不大时，根据技术经济比较，采取截流或临时改河方案有利时，也可改水中钻孔为旱地钻孔方案。

4）场地为深水时，可搭设水上工作平台，工作平台可用木桩、钢筋混凝土桩作基桩，顶面纵横梁、支撑架可用木料、型钢或其他材料造成。平台应能支撑钻孔机械、护筒加压、钻孔操作以及灌注水下凝土时可能发生的重量，要有足够的刚度，保持稳定，并考虑洪水季节能使钻机顺利进入和撤出场地。

5）场地为深水且水流平稳时，钻孔的钻机可设在船上，但必须锚固稳定，以免造成偏位、斜孔或其他事故。

（2）埋设护筒

护筒设在固定桩位，可引导钻头（锥）钻进方向，并隔离地面水以免其流入井孔，保护孔口不坍塌，并保证孔内水位（泥浆）高出地下水或施工水位一定高度，形成静水压力（水头），以保护孔壁免于坍塌等。

1）一般要求

① 用钢板或钢筋混凝土制成的埋设护筒，应坚实不漏水；护筒入土深时，宜以压重、振动、锤击或辅以筒内除土等方法沉入。

② 护筒内径应比桩径稍大；当护筒长度在2～6m范围时，有钻杆导向的正、反循环回转钻护筒内径比桩径宜大200～300mm；无钻杆导向的正反潜水电钻和冲抓、冲击锥护筒内径比桩径宜大300～400mm；深水处的护筒内径至少应比桩径大400mm。

③ 护筒顶端高度

A. 当采用反循环回转方法（包括反循环潜水电钻）钻孔时，护筒顶端应高出地下水位2.0m以上，使护筒内水头产生20kPa以上的静水压力。

B. 采用正循环回转方法（包括正循环潜水电钻）钻孔时，护筒顶端的泥浆溢出口底边，当地质良好、不易坍孔时，宜高出地下水位1.0～1.5m以上；当地质不良、容易坍孔时，应高出地下水位1.5～2.0m以上。

C. 采用其他方法钻孔时，护筒顶端宜高出地下水位1.5～2.0m。

D. 当护筒处于旱地时，除满足上述A.至B.项要求外，还应高出地面0.3m。

④ 护筒的埋置深度

A. 旱地或浅水处，对于黏质土不小于1.0～1.5m，对于砂类土应将护筒周围0.5～1.0m范围内的土挖除，夯填黏质土至护筒底0.5m以下。

B. 冰冻地区应埋入冻层以下0.5m。

C. 深水及河床软土、淤泥层较厚处应尽可能深入到不透水层黏质土内1.5m；河床下无黏质土层时，应沉入到大砾石、卵石层内0.5～1.0m；河床为软土、淤泥、砂类土时，护筒底埋置深度要能防止护筒内水头降低（如桥位处于潮水区或河流水位上涨时）产生的涌砂（即流砂）现象，从而使护筒倾陷。经计算其具体埋置深度的安全系数应大于2。

D. 有冲刷影响的河床，应埋入局部冲刷线以下不小于1.0～1.5m。

2）护筒的埋设和沉入

护筒埋设工作是钻（挖）孔灌注桩施工的开始，护筒平面位置与竖直度准确与否，护筒周围和护筒底脚是否紧密、不透水等，对成孔和成桩的质量都有重大影响。埋设时，护筒中心轴线应对正测量标定的桩位中心，其偏差不得大于50mm，并应严格保持护筒的竖直位置。

（3）泥浆制备

普通泥浆是黏土和水的拌合物。在钻孔时，由于泥浆相对密度大于水的相对密度，故护筒内同样高的水头，泥浆的静水压力比水大。由于静水压力的作用，泥浆可作用在井孔壁形成一层泥皮，阻隔孔外渗流，保护孔壁免于坍落。

此外，泥浆还起悬浮钻渣的作用，使钻入正常进行。

调制泥浆时，先将土加水浸透，然后用搅拌机或人工拌制，按不同地层情况严格控制泥浆浓度。为了回收泥浆原料和减少环境污染，应设置泥浆循环净化系统。泥浆的性能要求，见表 4-7 所列。

泥浆性能指标要求表　　　　　　　　　　　　　表 4-7

钻孔方法	地层情况	泥浆性能指标							
		相对密度	黏度(Pa·s)	含砂率(%)	胶体率(%)	失水率(mL/30min)	泥皮厚(mm/30min)	静切力(Pa)	酸碱度 pH
正循环	一般地层	1.05~1.20	16~22	4~8	≥96	≤25	≤2	1.0~2.5	8~10
	易坍地层	1.20~1.45	19~28	4~8	≥96	≤15	≤2	3.0~5.0	8~10
反循环	一般地层	1.02~1.06	16~20	≤4	≥95	≤20	≤3	1.0~2.5	8~10
	易坍地层	1.06~1.10	18~28	≤4	≥95	≤20	≤3	1.0~2.5	8~10
	卵石土	1.10~1.15	20~35	≤4	≥95	≤20	≤3	1.0~2.5	8~10
推钻冲抓	一般地层	1.10~1.20	18~24	≤4	≥95	≤20	≤3	1.0~2.5	8~11
冲击	易坍地层	1.20~1.40	22~30	≤4	≥95	≤20	≤3	3.0~5.0	8~11

（4）钻架

钻架是钻孔的工作梁混凝土支撑架。除有些配有专用钻架的钻机外，还有一些正反循环回转钻、冲击锥、冲抓锥、潜水钻等，都须另行配置钻架。通常钻架还兼作吊装钢筋骨架、灌注基桩混凝土支撑架用。

钻架应能承受钻具和其他辅助设备的重量，同时要稳定性好，具有一定的刚度，在钻进或其他操作时，不产生移动和摇晃。它的高度应根据钻具长度和钢筋骨架节段长度决定。一般为 8~16m；盘底的长度根据高度和稳定性决定。钻架主要受力构件的断面尺寸根据施工中出现的最大负载计算决定，安全系数不宜小于 3。

3. 成孔施工工艺

在桥梁工程中应用较多的灌注桩的成孔方法主要有钻孔灌注桩和挖孔灌注桩两种。

（1）钻孔方法和原理

根据井孔中土（钻渣）的取出方法不同，钻孔的方法和原理可分以下几种：

1）螺旋钻孔

螺旋钻成孔多属于作业法，无需任何护壁措施。成孔方法和原理随螺旋钻具的长短而有所不同。长螺旋钻机的整个钻具，即钻头和钻杆都带长螺旋叶片，钻孔时在桩位处就地切削土层，被切土块、钻屑随钻头旋转，沿着带有长螺旋叶片的钻杆上升，输送到出土器后，自动排出孔外，然后装车运走，其成孔工艺具有良好的连续性。短螺旋钻机的钻具只在临近钻头 2~3m 内装置带螺旋叶片的钻杆，在桩位处切削土层，被切土块、钻屑随钻头旋转，沿着有少量螺旋叶片的钻杆上升，积聚在短螺旋叶片上，形成"土柱"，此后靠提钻、反转、甩土，将钻屑散落在孔周，一般每钻进 0.5~1.0m 就要提钻甩土一次。

2）正循环回转钻孔

用泥浆以高压通道钻机的空心钻杆，从钻杆底部射出，底部的钻头（钻锥）在回转时将土层搅松成为钻渣，被泥浆浮悬，随着泥浆上升而溢出流到井外的泥浆溜槽，经过沉淀池沉淀净化，泥浆再循环使用。井孔壁靠水头和泥浆保护。本法由于钻渣要靠泥浆浮悬才能携带上升排出孔外，对泥浆的质量要求较高。

3）反循环回转钻孔

同正循环相反，泥浆由钻杆外流（注）入井孔，用真空泵或其他方法（如空气吸泥机等）将钻渣从钻杆排出。由于钻杆内径较井直孔小得多，故钻杆内泥水上升速度较正循环快得多，就是清水也可把钻渣带上钻杆顶端流到泥浆沉淀池，净化后泥浆可循环使用。本法的泥浆只起辅助护壁作用，对质量要求较低，但若钻探孔或在易坍塌的土层内钻孔，则仍需用高质量泥浆。

4）冲抓钻孔

用冲抓锥张开抓瓣冲入土石中，然后收紧锥瓣绳，抓瓣便将土抓入锥中，提升冲抓锥出井孔，松绳开瓣将土卸掉。井壁保护同回转钻孔法；也有将钢套管沉至设计标高保护井壁，在灌注混凝土时再将钢套管拔出的，则称全套管（护筒）护壁冲抓成孔。

5）冲击钻孔

冲击钻机分实心锥和空心锥两种。

① 实心锥冲击钻机。它是用冲击式装置或卷扬机提升实心钻锥，上下往复冲击，将土石劈裂、劈碎，部分被挤入井壁之内。由泥浆悬浮钻渣，使钻锥每次都能冲击到孔底新土层。冲击一定时间后，放入掏渣筒掏渣，提出孔外倒掉。本法中泥浆一方面起悬浮钻渣作用，另一方面起护壁作用。

② 空心锥冲击钻机。其钻孔原理与实心锥冲击机相同。只是因其钻锥是空心的，在上下往复冲击时，锥尖刮刀将孔底冲碎，而且已冲碎的钻渣可以从锥底进入空心锥管内。冲击一定时间后，将钻锥提出，倒掉锥内的钻渣，再将钻锥放入井底继续冲击钻进。

6）旋挖钻斗成孔

成孔施工方法是利用钻杆和钻斗的旋转使土屑进入钻斗，土屑装满钻斗后，提升钻斗出土。这样通过钻斗的旋转、削土、提升和出土，多次反复而成孔。

旋挖钻斗钻成孔法有全套管钻进法和用高质量泥浆（稳定液）来保护孔壁的无套管钻进法两种。

（2）挖孔

当土层内无地下水或地下水量很少时，可以采用人工挖孔。

挖孔成方形或圆形，边长或直径一般不宜小于1.2m，最大3.5m。孔深一般不宜超过15m。

挖孔桩的施工要点是：同一墩身各桩开挖顺序可对角开挖。当桩孔为梅花式布置时，宜先挖中孔，再开挖其他各孔。孔口的平面位置与设计桩位偏差不得大于5cm。挖孔过程中，孔的中轴线偏斜不得大于孔深的0.5%。

当孔深超过10m，或二氧化碳浓度超过0.3%时，应设置通风设备。挖孔时必须采取孔壁支护。支护应高出地面。孔内爆破应采用浅眼爆破。爆破前，对爆眼附近的支撑应采取防护措施。成孔后应立即浇筑桩身混凝土。

4. 故障处理

常见的钻孔事故有：坍孔、钻孔漏浆、弯孔、糊钻、缩孔、梅花孔、卡钻和掉钻。为了预防坍孔，在松散粉砂土、淤泥层或流砂中钻进时，应控制进尺，选用较大相对密度、黏度、胶体率的优质泥浆护壁。如孔口坍塌，可回填后再钻，或下钢护筒至未坍塌处以下至少1.0m。孔内坍塌可回填砂石和黏土混合物后再钻。钻孔漏浆是稀泥浆向孔外漏失，严重漏浆会导致坍塌孔，应及时处理。弯孔是钻孔偏斜引起的，严重时会影响钢筋笼的安装和桩的质量。钻孔进度快，钻渣大或泥浆相对密度和黏度太大，出浆口堵塞出口，易造成糊钻（吸锥）。当地层中夹有塑性土壤，遇水膨胀后会使孔径缩小造成缩孔现象，一般可采用上下反复扫孔的方法予以扩大。梅花孔是冲击钻孔常遇到的事故，一般用强度高于基岩或探头石的碎石或片石回填重钻。发生卡钻，不宜强提，不可盲动。遇有掉钻应摸清情况，采用各种方法捞出。

5. 钢筋骨架吊放

钢筋骨架由主筋、加强筋、螺旋箍筋、定位筋四部分组成，其构造应满足设计要求。经检查合格后，用吊机（或钻机钻架、灌注塔架）吊起垂直放入孔中，相邻节端应焊接牢靠，定位准确。下到设计位置后，应在顶部采取相应措施反压并固定其位置，防止在混凝土灌注过程中产生上浮。若灌注桩为变截面桩基，钢筋骨架吊放按设计要求施工。

钢筋骨架的制作和吊放的允许偏差为：主筋间距 10mm，箍筋间距 20mm，骨架外径 10mm，骨架倾斜度 0.5%，骨架保护层厚度 20mm，骨架中心平面位置 20mm，骨架顶端高程 20mm，骨架底面高程 50mm。

6. 混凝土灌注

钻孔至设计高程经检查后，应即进行清孔。其目的在于使沉淀层尽可能减薄，提高孔底承载力。浇筑水下混凝土前，允许沉渣厚度应符合设计要求，设计未规定时：柱桩不大于 10cm；摩擦桩不大于 30cm。

清孔可采用下列方法：

（1）抽渣法：适用于冲击钻机或冲抓钻机造孔。终孔后用抽渣筒清孔，直至泥浆中无 2～3mm 大的颗粒，且其相对密度在规定指标之内时为止。

（2）吸泥法：适用于冲击钻机造孔，不适用于土质松软、孔壁容易坍塌的井孔。它是将高压空气经风管射入孔底，使翻动的泥浆和沉淀物随着强大的气流经吸泥管扫出孔。

（3）换浆法：适宜于正反循环钻孔。终孔后，将钻头提离孔底 10～20cm 空转，保持泥浆正常循环，把孔内相对密度大的泥浆换出。换浆时间一般为 4～6h。

终孔检查后，应及时清孔，避免隔时过长泥浆沉淀引起坍孔。抽渣或吸泥时，应及时向孔内注入清水或新鲜泥浆，保持孔内水位，避免坍孔。柱桩在浇筑水下混凝土前，应射水（或射风）冲射孔底 35min，翻动沉淀物，然后立即浇筑水下混凝土。射水（或风）的压力，应比孔底压力大 0.05MPa。不得用加深孔底深度的方法代替清孔。

桩孔灌注混凝土时，应在导管漏斗底口处设置可靠的防水设施。混凝土倒入漏斗后，靠自重和向下冲力压至孔底。随着混凝土不断灌入，孔内混凝土面逐渐升高，井内积水不断上升，直到混凝土灌满全孔，水全部被排出。

首批混凝土拌合物下落后，混凝土应连续灌注。在灌注过程中，特别是潮汐地区和有承压水地区，要注意保持孔内水头，导管的埋置深度宜控制在 2～6m，并经常测探井孔内混凝土面的位置，及时调整导管埋深。为防止钢筋骨架上浮，当灌注的混凝土顶面距钢筋骨架底部 1m 左右时，应降低混凝土的灌注速度，当混凝土拌合物上升至骨架底口 4m 以上时，提升导管，使其底口高于骨架底部 2m 以上，再恢复正常灌注速度。灌注的桩顶高程应比设计高出一定高度，一般为 0.5～1.0m，以保证混凝土质量，多余部分接桩前必须凿除，残余桩头应无松散层。在灌注将近结束时，应核对混凝土的灌入数量，以确定所测混凝土的灌注高度是否正确。

7. 质量检验

桩的检验一是了解其承载力大小；二是检验桩本身混凝土质量是否符合要求。水下混凝土质量应符合以下要求：强度须符合要求；无夹层断桩；桩身无混凝土离析层；桩底不高于设计标高；桩底沉淀厚度不大于设计规定等。

检测方法：每根灌注桩都应按规范要求，检查一定数量的试件。例如，公路规范要求每根桩至少应留取标准试件 2 组；桩长 20m 以上者不少于 3 组；如换工作班时，每工作班都应制取试件。结构重要或地质条件较差、桩长超过 50m 的桩，可预埋 3～4 根检测管，对水下混凝土质量做超声波检测。根据声波在有缺陷混凝土中传播时振幅减小、波速降低、波形畸变，检测混凝土桩的完整性。在无条件使用无破损法检测时，应采用钻孔取芯样检测法。

灌注桩承载力检测方法一般分两大类：静力试桩和动力试桩。相比之下后者费用低、速度快、设备轻便，是承载力检测技术的主要发展方向。目前，确定桩承载力的动力试桩方法只能采用高应变法（作用在桩顶上的能量足以使桩身产生 2.5mm 以上的贯入度）。目前已批量生产并在工程中应用的测桩仪（或称基桩动测仪），在国内已有十种左右。

4.2.4 管柱基础

1. 适用范围和基本类型

管柱基础可用于深水、有潮汐影响、岩面起伏不平、无覆盖层或覆盖很厚的河床。主要适用于岩层、紧密黏土及各类土质，并能穿过溶洞孤石，不适用于有严重地质缺陷的地区，如断层挤压破碎带或严重的松散区域。

管柱基础形式基本上可分为两类：管柱下承至坚硬的岩层，与岩层固结或铰接成为柱状管柱，和管柱下沉至密实土层成为摩阻支承管柱。强迫下沉的大型管柱，可采用一根或两根管柱上直接连接墩柱，免除水下承台和防水围堰工程，可大大简化施工程序，缩短工期。

目前国内管柱基础深度已达 70m（其中穿过覆盖层 45m），最大直径 5.8m。与灌注桩基础相比，需用的设备和电力较多，技术要求高。

管柱有钢筋混凝土管柱、预应力混凝土管柱及钢管柱三种。

钢筋混凝土管柱直径有 1.55m、3.0m、3.6m 和 5.8m 四种，适用于入土深度 25m 以内，下沉所需的振动力不大，制造工艺及设备比较简单的地方。管柱的预制可采用卧式制造、立式制造和离心旋制法制造。离心旋制的管柱，管壁厚度均匀，表面光洁，混凝土强度比立方体试件强度可提高 30%，适合大规模生产。预应力混凝土管柱下沉深度可超过 25m，目前有直径 3.0m 和 3.6m，不同配筋的共 5 种规格。预应力的作用，仅在于强迫下沉时防止管壁开裂。预应力混凝土管柱一般采用先张法制造，对 A5 钢筋或高强度钢丝施加预应力。钢管柱直径有 1.4～3.2m 多种，管壁厚 10mm，壁内有竖向肋角钢或加劲板及水平角钢圆环加劲作为骨架，管节长度 12～16m。钢管柱制造设备简单，下沉速度快，但对制造工艺要求较高，造价也较贵。

2. 施工程序

管柱基础的施工方法可分为两类：需要设置防水围堰的低承台或高承台基础，和不需要设置防水围堰的低承台或高承台基础。设防水围堰基础施工比较复杂。

管柱下沉根据地质情况、管柱直径、预计沉入深度等，可采取不同的施工方法，有：振动打桩机振动下沉；振动与管柱内除土下沉；振动与射水下沉；振动与射水、吸泥下沉和振动与射水、射风、吸泥下沉。在覆盖层较薄（如小于9m）时，也可单用外高压射水下沉到设计标高。

振动打桩机的选择。振动打桩机的额定振动力应大于振动体系重量的 1.3～1.5 倍，并足以克服土壤的动摩擦力。管柱群下沉顺序，除施工组织设计有规定外，可按对称管柱群中心施工。每次连续振动时间不宜超过 5min。若管柱内除土仍不下沉，或振动时管柱明显回跳、倾斜加大以及大量翻砂涌水时，应立即停振、分析原因。遇黏性土、粉土层管柱下沉困难时，可用高压射水或其他措施破坏黏土结构再除土振动下沉。遇孤石、树干、铁杆或其他障碍物时，可用冲击设备击碎，或水下切割排除。摩擦支承管柱下沉到接近设计高程时，不得射水。管柱内土面不应低于设计高程。当振动达到设计高程，按要求清底后，即可在管柱内填充混凝土。对于钻岩管柱，清孔可用空气吸泥机高压射水，必要时辅以射风。清孔要求沉淀 1h 后，孔底面上沉淀物平均厚度不大于 1cm。

管柱下沉到设计高程后的施工允许偏差，应符合规范要求。

4.3 沉井与沉箱基础施工

4.3.1 概述

沉井是桥梁工程中广泛采用的一种无底无盖、形如井筒的基础结构物，沉井在施工时作为基础开挖的围堰，依靠自身重量，克服井壁摩阻力逐渐下沉，直至到达设计位置。同时，沉井经过混凝土封底，填充井孔后成为墩台的基础。

沉井基础宜在如下情况下采用：承载力较高的持力层位于地面以下较深处，明挖基坑的开挖量大，地形受到限制，支撑困难；山区河流中，冲刷大，或河中有较大的卵石不便于桩基施工；岩层表面较平坦，覆盖层不厚，但河水较深。

沉井基础的特点是：埋置深度可以很大、整体性强、稳定性好、刚度大、承载力大；施工设备简单，工艺不复杂，可以几个沉井同时施工，缩短工期；下沉时如遇有大孤石、沉船、落梁、大树根等障碍物，会给施工带来很大困难。此外，沉井不适用于岩层表面倾斜过大的地方。

沉井可分为混凝土沉井、钢筋混凝土沉井、钢沉井和竹筋混凝土沉井等。其中最常用的是钢筋混凝土沉井，可以做成重型的就地制造、下沉的沉井，其构造如图 4-13 所示，也可做成薄壁浮运沉井及钢丝网水泥沉井。混凝土沉井一般只适用于下沉深度不大（4～7m）的松软土层，多做成圆形，使混凝土主要承受压力。

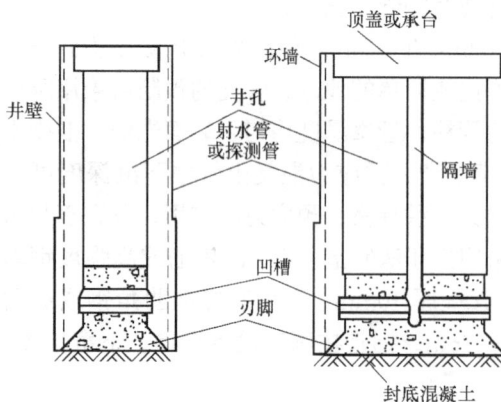

图 4-13 沉井构造示意图

按下沉方法，沉井可分为就地下沉沉井和浮运沉井两类。它们的施工工艺在后续的章节中具体讲述。

4.3.2 就地下沉沉井的制造和下沉

1. 场地准备

制造沉井前，应先平整场地，并要求地面及岛面有一定的承载力。否则应采取换填、打砂桩等加固措施。

（1）在无水区的场地

在无水地区，如天然地面土质较好，只需将地面杂物清除干净和整平，就可在墩台位置上制造和下沉沉井。如土质松软，则应换土或在其上铺填一层不小于0.5m的砂或砂夹卵石并夯实，以免沉井在混凝土浇灌之初，因地面沉降不均产生裂缝。有时为减少沉井在土中的下沉量，可先开挖一个基坑，使其坑底高出地下水面0.5～1.0m，然后在坑底上制造沉井。

（2）在岸滩或浅水地区的场地

在岸滩或浅水地区，需先筑造无围堰土岛。筑岛施工时，应考虑筑岛后压缩流水断面，加大流速和提高水位的影响。

无围堰土岛一般在水深小于1.5m，流速不大时适用。土料的选择由流速大小而定。筑岛土料与容许流速的关系见表4-8所列。土岛护道宽度不宜小于2.0m，临水面坡度可采用1：2。

筑岛土料与容许流速表　　　　　　　　　　　　　　　表4-8

筑岛土料	容许流速（m/s）	
	土表面处	平均流速
细砂（粒径0.05～0.25mm）	0.25	0.3
粗砂（粒径1.0～2.5mm）	0.65	0.8
中等砾石（粒径25～40mm）	1.0	1.2
粗砾石（粒径40～75mm）	1.2	1.5

（3）在深水或流速较大地区的场地

水深在3.5m以内，流速为1.0～2.0m/s的河床上，可用草（麻）袋装砂砾堆成有迎水箭的围堰；当流速为2.0～3.0m/s时，宜用石笼堆成有迎水箭的围堰，在内层码草袋，然后填砂筑岛。

钢板桩围堰筑岛多用于水深（一般在15m以内）流急、地层较硬的河流。围堰筑岛的护道宽度，应满足沉井重量等荷载和对围堰所产生的侧压力的要求。

2. 底节沉井的制造

底节沉井的制造包括场地整平夯实、铺设垫木、立沉井模板及支撑、绑扎钢筋、浇筑混凝土拆模等工序。

（1）铺垫木

制造沉井前，应先在刃脚处对称地铺满垫木，长短垫木相间布置，如图4-14所示。垫木底面压应力应不大于0.1MPa，垫木一般为枕木或方木。

为抽垫方便，沉井垫木应沿刃脚周边的垂直方向铺设。垫木下须垫一层约0.3m厚的砂。垫木间的间隙也用砂填平。垫木的顶面应与刃脚的底面相吻合。

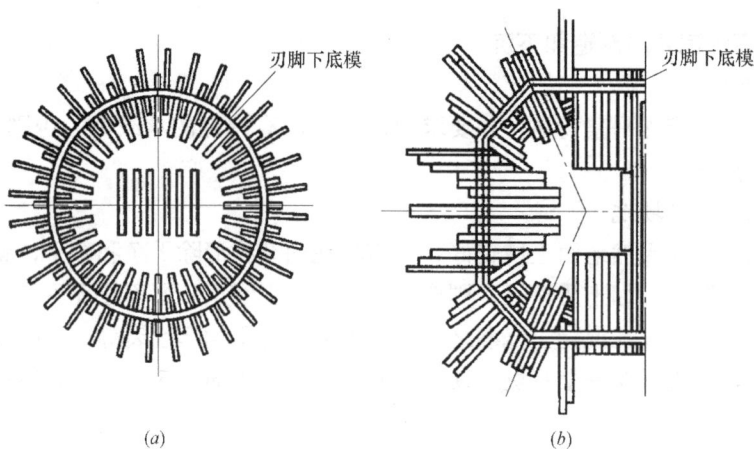

图 4-14 垫木布置

(a) 圆形沉井；(b) 矩形沉井

（2）立模板、绑扎钢筋

有钢刃脚时，垫木铺好后要先拼装就位，然后立内模，其顺序如下：刃脚斜坡底模，隔墙底模，井孔内模，再绑扎与安装钢筋，最后安装外模和模板拉杆。外模板接触混凝土的一面要刨光，使制成的沉井外壁光滑，以利下沉。钢模板周转次数多，强度大，且具有其他许多优点。

模板及支撑应有较好的刚度，内隔墙与井壁连接处承垫应连成整体，以防止不均匀沉陷。

（3）混凝土灌注与养护

沉井混凝土应沿井壁四周对称均匀灌注，最好一次灌完。

混凝土灌注后 10h 即可遮盖浇水养护。底节沉井混凝土养护强度必须达到 100%，其余各节允许达到 70% 时进行下沉。

（4）拆模及抽垫

在混凝土强度达到 2.5MPa 以上时，方可拆除直立的侧面模板，且应先内后外，达到 70% 后，方可拆除其他部位的支撑与模板。

拆模的顺序是：井孔模板、外侧模板、隔墙支撑及模板、刃脚斜面支撑及模板。撤除垫木必须在沉井混凝土已达设计强度后进行。抽垫应分区、依次、对称、同步地进行。撤除垫木的顺序是：先撤内壁下，再撤短边下，最后撤长边下垫木。长边下的垫木是隔一根撤一根，然后以四个定位垫木（应用红漆表明）为中心由远而近对称地撤。最后撤除四个固定位垫木。每撤出一根垫木，在刃脚处随即用砂土回填捣实，以免沉井开裂、移动或倾斜。

（5）土内模制造沉井刃脚

采用土内模制造沉井刃脚，不但可节省大量垫木以及刃脚斜坡和隔墙地底模，还可省去撤除垫木的麻烦。

土模分填土和挖土内模。填土内模施工是先用黏土、砂黏土按照刃脚及隔墙的形状和尺寸分层填筑夯实，修整表面使与设计尺寸相符。为防水及保持土模表面平整，可在土面抹一层 2~3cm 的水泥砂浆面层。同时为增强砂浆面层与土模连接的整体性，当地下水位低，土质较好时，可采用挖土内模。

3. 沉井下沉

(1) 下沉施工方法

撤完垫木后，可在井内挖土消除刃脚下土的阻力，使沉井在自重作用下逐渐下沉。井内挖土方法可分为排水挖土和不排水挖土。只有在稳定的土层中，且渗水量较小（每平方米沉井面积渗水量不大于 10m³/h），不会因抽水引起翻砂时，才可边排水边挖土。否则，只能进行水下挖土。

挖土方法和机具应根据工程的具体条件，合理选择。在排水下沉时，可用抓土斗或人工挖土。用人工挖土时，必须切实防止基坑涌水翻砂，特别应查明土层中有无"承压水层"，以免在该土面附近挖土时，承压水突破土层涌进沉井，危及人身安全和埋没机具设备。不排水下沉时，可使用空气吸泥机、抓土斗、水力吸石筒、水力吸泥机等。下沉辅助措施有：高压射水、炮振、压重、降低井内水位及空气幕或泥浆套等。

在下沉过程中应注意：1）正确掌握土层情况，做好下沉测量记录，随时分析和检验土的阻力与沉井重量关系；2）在正常下沉时应均匀挖土，不使内隔墙底部受到支承。在排水下沉时，设计支承位置处的土，应在分层挖土中最后挖除。为防止沉井下沉时偏斜，应控制井孔内除土深度和井孔间的土面高差；3）随时调整偏斜，在下沉初期尤其重要；4）弃土应远离沉井，以免造成偏压。在水中下沉时，应注意河床因冲刷和淤积引起的土面高差，必要时应在井外除土调整；5）在不稳定的土层或砂土中下沉时，应保持井内水位高出井外 1~2m，防止翻砂，必要时要向井孔内补水；6）下沉至设计标高以上 2m 前，应控制井孔内挖土量，并调平沉井。

沉井下沉进度随沉井入土深度、地质情况、沉井大小及形状、施工机具设备能力大小及选择适宜的施工方法等情况而异，其变化幅度很大，特别是土质结构复杂时影响更大。根据部分沉井下沉统计资料，筑岛沉井自抽垫下沉至沉到设计标高、浮式沉井自落入河床至沉到设计标高的全部作业时间内，其平均综合下沉进度为：砂土中 0.3~0.4m/d；卵石中 0.15~0.25m/d；砂黏土及黏砂土互层中 0.20~0.30m/d；黏土中 0.10~0.20m/d。

(2) 接筑沉井和井顶围堰

当第一节沉井顶面沉至离地面只有 0.5m 或离水面只有 1.5m 时，应停止挖土下沉，接筑第二节沉井。这时第一节沉井应保持竖直，使两节沉井的中轴线重合。为防止沉井在接高时突然下沉或倾斜，必要时在刃脚下回填。接高过程中应尽量对称均匀加重。混凝土施工接缝应按设计要求布置接缝钢筋，清除浮浆并凿毛。

以后，每当前一节沉井顶面沉至离地面只有 0.5m 或离水面只有 1.5m 时，即接筑下一节沉井。

若沉井沉至接近基底标高时，井顶低于土面或水面，则需事先修筑一临时性井顶围堰，以便沉井下沉至设计标高，封底抽水，在围堰内修筑于台及墩身。围堰的形式可用土围堰、砖围堰。若水深流急，围堰的高度在 5.0m 以上者，宜采用钢板桩围堰或钢壳围堰。

(3) 沉井纠偏方法

在沉井下沉过程中，应不断观察下沉的位置和方向，如发现有较大的偏斜应及时纠正。否则，当下沉到一定深度后，就很难纠正了。采取纠正措施前，必须摸清情况，分析原因，如有障碍物，应首先排除。

1）除土纠偏

当沉井入土不深，采用此法效果较好。纠正倾斜时，可在刃脚较低一侧加撑支垫，在刃脚较高一侧除土。随着沉井的下沉，倾斜即可纠正。纠正位移时，可偏除土使其向偏位的方向倾斜，然后沿倾斜方向下沉，直至沉井底面中心与设计中心位置相合或相近，再纠正倾斜。

2）井顶施加水平力，在低的一侧刃脚下加设支垫纠偏

由滑车组在高的一侧沉井顶部施加水平拉力，通过挖土沉井逐渐下沉纠正偏斜。

3）井顶施加水平力、井外射水、井内偏除土纠偏

在刃脚高的一侧沉井顶，由滑车组加拉力，并在同一侧井外射水、井内吸泥实现纠偏。

4）增加偏土压纠偏

在沉井的一侧抛石填土，增加该侧土压力，可使沉井向另一侧倾斜，达到纠偏的目的。

5）沉井位置扭转的纠正

在沉井两对角偏除土，另两对角偏填土，可借助不相对的土压力形成扭矩，使沉井在下沉过程中逐渐纠正其位置。

（4）沉井基底清理、封底及浇筑

沉井下沉到设计标高后，如水可以排干，则可直接检验，否则应由潜水工水下检验。当检验合乎要求后，便可清理和处理沉井井底，以保沉井底面与地基面有良好的接触，之间没有软弱夹层。

当为排水挖土下沉时，与敞坑开挖地基处理相同，比较简单。需水下清基时，可用射水、吸泥和抓泥交替进行，将浮泥、松土和岩面上的风化碎块等尽量清除干净。清理后的有效面积（扣除刃脚斜面下一定宽度内不可能完全清除干净的沉井底面积）不得小于设计要求。

沉井水下混凝土封底时，与围堰内水下混凝土封底要求相同。水下封底混凝土，达到设计要求强度时，把井中水排干，再填充井内坞工。若井孔不填或仅填以砂土，则应在井顶灌制钢筋混凝土顶盖，以支托墩台。接着就可砌筑墩台身，当墩台身砌出水面或土面后就可拆除井顶围堰。

沉井清基后底面平均高程、沉井最大倾斜度、中心偏移及沉井平面扭转角，应符合施工规范的要求。

4.3.3 用泥浆润滑套、空气幕或沉井工法下沉沉井

1. 泥浆润滑套沉井工法

泥浆润滑套是在沉井外壁周围与土层间设置的泥浆隔离层，用以减少沉井下沉过程中的摩擦力（可减少至 3～5kPa）。用泥浆套下沉的沉井结构中，为压注泥浆在沉井四周外壁形成完好的泥浆套，需设置压浆管、泥浆射口挡板和泥浆地表围圈，如图 4-15 所示。

压浆管：一般预埋在井壁内，为节约钢材，也可在井壁内预制孔道。管径为 $\phi 38 \sim \phi 50$，间距 3～4m。射口方向与井壁成 45°角。

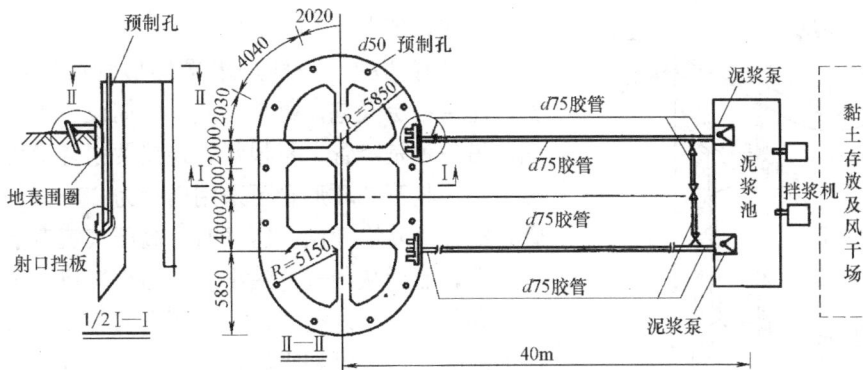

图 4-15　泥浆套沉井工法

薄壁沉井中宜采用外管法，即压浆管布置在井壁内侧或外侧。如预留在井壁内的压浆管遭堵塞时，也可用外管法补救。

泥浆射口挡板设置在底节沉井第一台阶的每根压浆管的出口，使射出的泥浆不致直接冲刷土壁，可用角钢或钢板弯制。

泥浆地表围圈是埋设在地表附近沉井外围保护泥浆套的围壁。它的作用是确保沉井下沉时泥浆套的正确宽度；防止表层土坍落在泥浆内；储存泥浆，保证在沉井下沉过程中泥浆补充到新造成的空隙内；泥浆在围圈内可流动，以调整各压浆管出浆的不均衡。

地表围圈的宽度即沉井台阶的宽度，其高度一般在 1.5～2.0m 左右，顶面高出地面或岛面约 0.5m，上加顶盖，以防上石落入或流入冲蚀。地表围圈可用木板或钢板制作。地表围圈外侧，应用不透水的土分层回填夯实。

此外，还需配备拌浆机及储浆池、压浆机以及连接压浆机和沉井压浆管的输浆管等。为形成良好的泥浆套维护土壁完整，减少沉井外侧的摩擦力，选用的泥浆应具有良好的固壁性、触变性和胶体率。泥浆的原料主要是膨润土和水，两者占泥浆成分的 95% 以上。

采用泥浆套下沉沉井的施工要点是：沉井下沉时应及时补充泥浆，以形成完整的泥浆套；使沉井内外水位相近，或井内略高，以防翻砂、涌水破坏泥浆套；由于采用泥浆套，侧面阻力大为减小，沉井下沉时较易倾斜，故沉井内除土应注意对称均匀进行，应避免掏空刃脚下土层；在卵石、砾石层中，不宜采用泥浆套工法。

2. 空气幕沉井工法

用空气幕下沉沉井的方法，是向预先埋设在井壁四周上的气管中压入高压气流，气流由喷气孔喷出，沿沉井外壁上升，形成一圈压气层（又叫空气幕），使其周围土松动或液化，黏土则形成泥浆，减小了井壁和土间的摩擦力，促使沉井顺利下沉，此法也叫做空气喷射法、壁后压气法。空气幕沉井适用于地下水位较高的细、粉砂类土及黏性土层中，不适用于卵石、砾石、硬黏土及风化层等地层中。空气幕的优点是：施工设备简单，经济效果好；下沉速度快，下沉中要停要沉容易控制；可以在水下施工，不受水深限制；井壁摩阻力较泥浆套法容易恢复，是一种先进的施工方法。

空气幕沉井在构造上增加了一套压气系统。压气系统决定着空气幕的效果，它由气

89

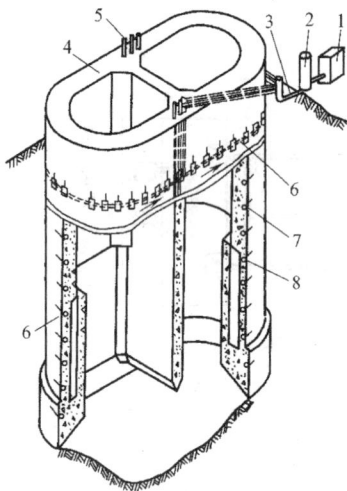

图 4-16　空气幕沉井压气系统

1—压缩空气机；2—贮气筒；3—输气管路；
4—沉井；5—井壁竖直气管；6—井壁环形水
平气管；7—气龛；8—气龛中的喷气孔

龛、井壁中的气管、压缩空气机、贮气筒以及输气管路等组成，如图 4-16 所示。

气管有两种，一种是水平环形管或叫水平喷气管，连接各层气龛，每 1/4 或 1/2 周设一根，以便纠偏；另一种是竖管，每根竖管连接两根环形管，并伸出井顶。竖管和环形管可采用内径为 25mm 的硬塑料管，沿井壁外缘埋设。压气时，高压气流有竖管进入环形管，然后从各气龛喷出。压缩空气机的选用要由气压和气量决定。空气幕沉井所需的气压，可取静水压力的 2.5 倍。可和吸泥机所需的空压机共用。

采用空气幕下沉沉井的施工要点是：压气时，必须从上层气龛逐次向下进行，绝对不可由下而上，以免造成气流向下经刃脚由井孔内逸出，出现翻砂；在整个下沉过程中，当吸泥使正面阻力消除后，还必须及时辅以压气，防止沉井侧面阻力恢复；下沉时应做到均匀除土，勤压气，不得过分除土而不压气；在一般情况下，除土面低于刃脚 0.5～1.0m 时，即应压气下沉；压气时间不宜过长，可在 10min 左右。

3. SS 沉井工法

SS 沉井（SPACE SYSTEM CAISSON）工法，是一种刃脚改形、卵砾填缝的自沉沉井工法，其基本构造如图 4-17 所示。沉井刃脚钢靴刃尖呈八字形，因此井筒下沉时，沉井外壁面与地层之间会出现缝隙，卵砾自动地落入该缝隙中，致使井筒外壁与地层间的摩擦，由原来的滑动面摩擦变为球体滚动摩擦（井筒外壁与卵砾之间的摩擦，地层与卵砾间的摩擦，卵砾群内部卵砾石间的相互摩擦均为滚动摩擦），故井筒下沉时的摩阻力大幅度下降，形成仅靠井筒自重即可顺利下沉的局面。摩阻力与卵砾粒径的大小、均匀程度有关，而与地层土质及下沉深度的关系不大。在粒径 40mm 近似球形河卵石的状况下，该摩阻力为7kPa 左右。另外，因缝隙中填充了卵砾，使井筒与地层之间保持有一定的距离，所以井筒位置稳定（即倾斜小）。调整刃尖下方土体的阻力，可以及时地修正沉降过程中出现的倾斜。下沉施工完结后，向充满卵砾的缝隙中注入固结浆液，使井筒和地层固结在一起。

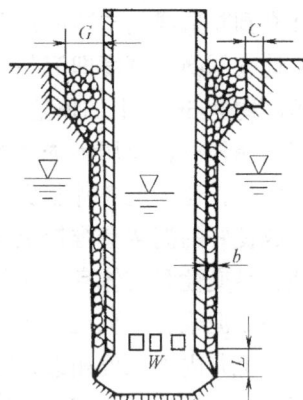

图 4-17　SS 沉井工法

L—刃脚钢靴长（八字形）；b—缝隙宽度（20cm），填充卵砾；G—井筒外壁到导向墙间的距离（填充卵砾）；C—导向墙厚度；W—射水窗口

SS 沉井工法主要由导向墙、刃脚钢靴、卵砾、循环水和注浆设备等组成。

导向墙是观测沉井下沉状态的定位墙，同时还兼作卵砾贮藏槽的保护墙。导向墙与沉井外壁之间的间隔，因地层与井筒外壁间的缝隙的大小和卵砾贮藏量的不同而不同，一般为 0.7～1.0m。

刃脚钢靴在构筑井筒时是底座，井筒下沉时是贯入地层的贯入头。刃尖的作用是剪切地层，所以应为刃形。另外，刃脚钢靴的刃尖，应向外撇成八字形，使井壁与地层之间形成 15～20cm 的缝隙。内侧钢板的角度为 60°。钢板厚度为 6～9mm。在刃脚钢靴的中部离钢靴上顶 1.5～2.0m 的部位开设窗口，以沟通井筒内外的地下水，防止刃脚下方的土砂上涌。必要时该窗口还可把井壁与地层间的缝隙中的卵砾排放到沉井内侧，以此纠正沉井的倾斜。

4.3.4 浮式沉井

在深水中，当人工筑岛有困难时，则常采用浮式沉井。它是把沉井做成空体结构，或采用其他措施，使能在水中漂浮；可以在岸边做成后，滑入水中，拖运到设计墩位上，也可以在驳船上做成后，连同驳船一起拖运到墩位上，再吊起放入水中。沉井就位后，在悬浮状态下，逐步用混凝土或水灌入空体中，使其徐徐下沉，直达河底。当沉井较高时，则需分段制造，在悬浮状态下逐节提高，直至沉入河底。当沉井刃脚切入河底一定深度后，即可按一般沉井的下沉方法施工。浮式沉井的类型很多，如钢丝网水泥薄壁浮式沉井、双壁钢壳底节浮式沉井、带钢气筒的浮式沉井、钢筋混凝土薄壁浮式沉井和临时井底浮式沉井等。

1. 钢丝网水泥薄壁浮式沉井

钢丝网水泥由钢筋网、钢丝网和水泥砂浆组成。通常是将若干层钢丝网均匀地铺设在钢筋网的两侧，外面抹以不低于 C40 水泥砂浆，使之充满钢筋网和钢丝网之间的空隙，且以 1～3mm 作为保护层。当钢丝网和钢筋网达到一定含量时，钢丝网水泥就具有一种匀质材料的力学性能，它具有很大的弹性和抗裂性。

由于钢丝网水泥具有上述特性，用来制造薄壁浮运沉井非常适宜，而且制作简单，无需模板和其他特殊设备，可节约钢材和木材。钢丝网水泥浮运沉井的基本构造如图 4-18 所示。

2. 双壁钢壳底节浮式沉井

双壁钢壳底节浮式沉井，是近年来桥梁工程中广泛应用的沉井基础，特别是在深水流急的河段。它可在工厂分段制作，现场拼装成型，下水浮运到位下沉。

双壁钢壳底节浮式沉井可做成圆形、方形和圆端形，其基本构造如图 4-19 所示。沉井是用型钢构成骨架，用薄钢板（厚度 5～6mm）做成内外壳，经焊制而成的沉井底节钢模板。

钢壳沉井壁划分成若干隔仓。隔仓是独立的，互相间不得漏水。在沉井注水落床后，按中心对称的程序，分仓抽水浇筑混凝土，待凝固后再按程序下沉。

当沉井入水较深，直径较大时，宜用双壁钢沉井。虽耗钢料较多，但比较安全，制造不困难，施工方便，而且封底混凝土以上部分，在墩身出水后，可由潜水工在水下烧割回收，重复使用。

3. 带钢气筒的浮式沉井

当河水很深、沉井较大时，沉井逐节接高落床前，为使沉井能在水上漂浮，也可在沉井井孔位置上装置若干个钢气筒，向气筒内充压缩空气来浮托沉井。当沉井着床后，切除气筒即为取土井孔。以后的施工步骤就与一般沉井同。

带气筒的圆形钢沉井在构造上可分为三部分：双壁沉井底节（能自浮）、单壁钢壳、钢气筒，如图 4-20 所示。

91

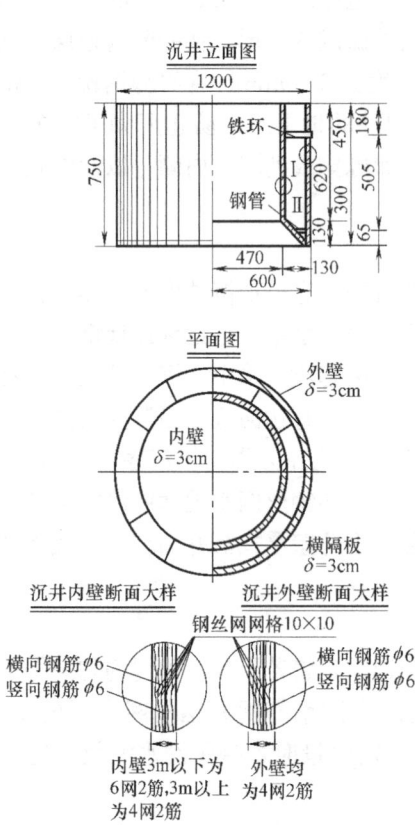

图 4-18　钢丝网水泥沉井

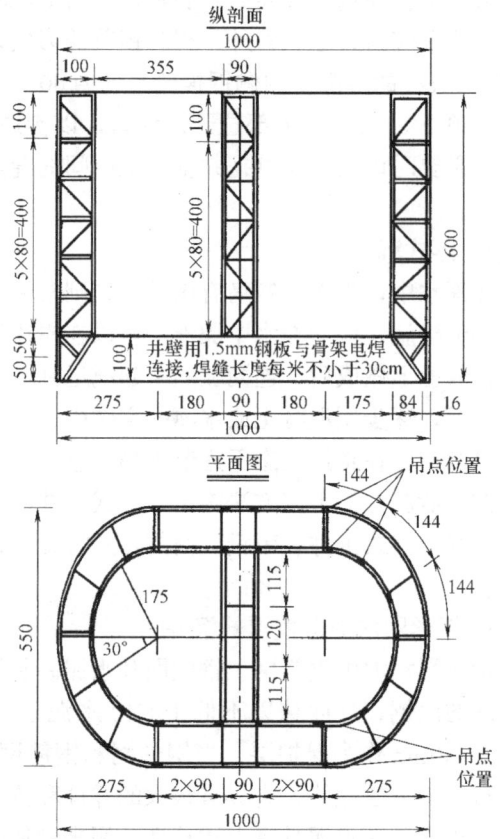

图 4-19　钢壳沉井

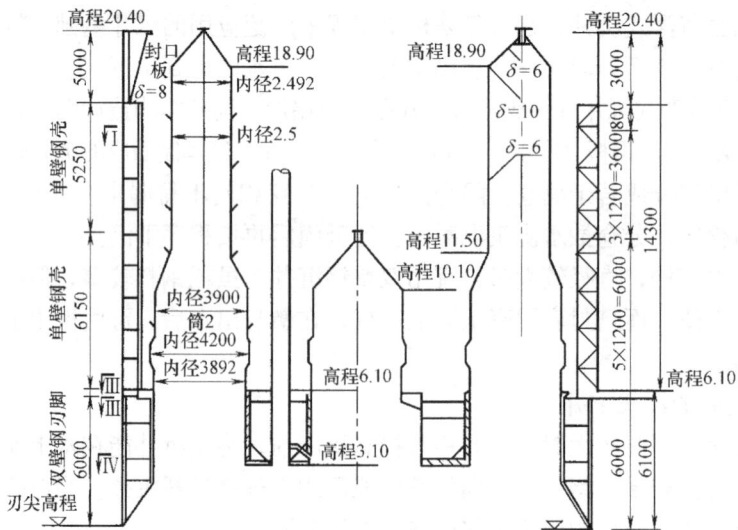

图 4-20　带钢气筒的浮式沉井

（1）双壁沉井底节

双壁底节是在钢气筒打气前可自浮于水中的浮体。其结构强度，不仅考虑入水自浮时的受力状态，还应满足沉井下沉过程中，在填充混凝土前所承受的水压和气压。双壁沉井底节的外径即为沉井底部的外径，根据沉井基础承载力的要求确定。底节的高度在接高第一层单壁钢壳和全部钢气筒后，其顶面应高出水面 1.5m 以上。

在沉井的井壁和隔墙中部布置直径 700mm 探测管，除供探测泥面标高外，还可放入小型空气吸泥机吸除隔墙下的泥土。

（2）单壁钢壳

单壁钢壳是沉井底节以上接高部分的外壁，它是防水结构，又是接高时灌注沉井外圈混凝土模板的一部分。其高度一般大于沉井落河床时的水深。

（3）钢气筒

钢气筒的作用是依靠压缩空气排除气筒内的水，提供沉井在接高过程中所需要的浮力。气筒的高度应使其顶盖高于空气中切割该顶盖时的水面高度，它的容积应满足放气落入河床时的容量。

4. 临时井底的浮式沉井

若在取土井底部装上临时性井底，使之能在水中自浮，便可组成浮式沉井。临时性井底及其支撑，应充分考虑在水中拆除方便，并有良好的水密性，一般多用木料制作。

浮井浮运定位后，向井孔内灌水，同时接筑井壁，使沉井逐渐下沉。当到达河底后，即可打开临时性井底。以后下沉，可按一般沉井进行。

5. 浮式沉井施工要点

浮式沉井底节应做水压试验，其余各节应经水密检查，气筒应按受压容器有关规定进行检查。沉井的底节可采用滑道、起重机具、沉船等方式入水；沉井底节入水后宜设在墩位上游适当位置，以考虑浮运状态下接高、下沉和河床冲淤的变化（我国特大桥施工中，落床前定位在墩位上游 10～30m）；沉井接高必须均匀对称，沉井顶面宜高出水面 1.5m；当沉井刃脚下沉接近河床时，即将沉井从上游溜放至设计位置，然后沉落于河床上。落底位置一般宜偏设计中心下游 10～30cm，以考虑上下游淤积面高差，沉井会用土压力差向上游移动。

4.3.5 沉箱基础施工

压气沉箱工法是向沉箱底节密闭工作室内，压送与地下水压力相当（水深 10m，压力 0.1MPa）的压缩空气，阻止地下水渗入作业室，从而使开挖作业在干涸状态下进行。该工法从原理上讲是防止地下水涌入，实现人工无水挖掘的最有效的方法。但其有一个致命的弱点，就是随着开挖深度的加深，箱内气压增大。当作业气压大于 0.2MPa 时，作业人员易患所谓的沉箱病，包括醉氮、氧中毒、二氧化碳中毒和减压病等。由于这个原因该工法 150 年来发展不大，甚至一度被认为应弃之不用。

随着自动化技术、机电一体化技术的发展，近十几年来相继出现一些新的沉箱工法，其中包括自动遥控无人单挖型沉箱工法、作业员呼吸充氦混合气体、遥控无人挖掘大深度沉箱压气工法、挖掘机自动回收型沉箱挖掘工法，和适用于多种地层的多功能型自动无人挖掘沉箱工法等。无人沉箱工法被认为是大深度基础施工中最有前途的工法。

1. 沉箱的基本构成和主要设备

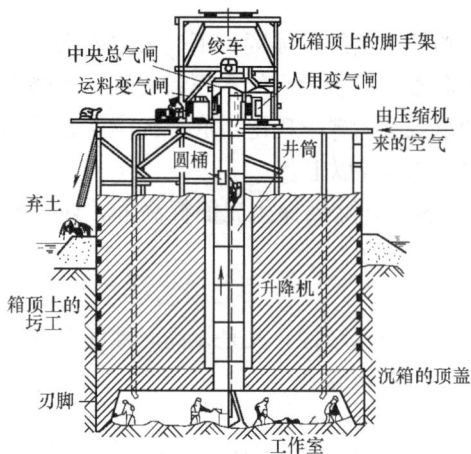

图 4-21 沉箱基本构成

沉箱的主要构成部分为：工作室、刃脚、箱顶圬工、升降孔、箱顶的各种管路和沉箱作业的气闸和压缩空气站等，如图 4-21 所示。

工作室是指由其顶盖和刃脚所围成的工作空间，其四周和顶面均应密封不漏气。室内最小高度为 2.2m；如要装设水力机械，最小高度为 2.5m。

顶盖即工作室的顶板，下沉期要承受高压空气向上的压力，后期则承受箱顶上圬工的荷重，因此它应具有一定的厚度。

沉箱刃脚的作用是切入土层，同时也作为工作室的外墙；它不仅要防止水和土进入室内，也要防止室内高压空气的外逸。由于刃脚受力很大，应做得非常坚固。

沉箱顶上的圬工也是基础的主要组成郡分。在下沉过程中，不断砌筑箱顶圬工，起到压重作用。圬工可以做成实体，也可沿周边砌成空心环形，视需要而定。

升降孔是在沉箱顶盖和箱顶圬工中安装的连通工作室和气闸的井管，使人、器材及室内弃土能由此上下通过，并经过气闸出入大气中。

气闸是沉箱作业的关键设备。它的作用是，让人用变气闸、器材和挖出之土进出工作室，而又不引起工作室内气压变化。另一作用是，当人出入工作室时，调节气压变化的速度，慢慢地加压或减压，使人体不致引起任何损伤。

井管是连接气闸与工作室的交通孔道，随沉箱的不断下沉逐渐接长，以保持气闸始终高出地面或水面。

压缩空气机站供应沉箱工作室和气闸所需要的压缩空气，是沉箱作业的重要设备。为安全计，应配有备用空气压缩机。

2. 沉箱的制造与下沉

在岛上制造和下沉压气沉箱的方法，基本上和沉井基础相同。不同者为沉箱需要安装井筒和拆装气闸。

沉箱的制造和下沉工序为：

在岛上制造沉箱第 1 节→抽垫后安装升降井筒与气闸→挖土下沉及接高沉箱→接长井筒与拆装气闸→基底土质鉴定和基底处理→填封工作室和升降孔。沉箱下沉程序如图 4-22 所示。

3. 遥控无人开挖沉箱工法

按施工中是否有人进箱作业，沉箱下沉可分为有人挖掘工法和无人挖掘工法。有人挖掘工法是作业人员从人孔进入沉箱作业室人工或机械挖土，沉箱下沉。在挖掘深度不深，对应的作业气压不大的情况下，该工法确实是一种较好的施工方法。作业气压小于 0.2MPa 时，有人挖掘工法是一种切实可行的工法。但是，当挖掘深度较深时，对应的作业气压较大，作业人员人均日作业量下降，同时作业室内湿度加大，温度上升，感觉难

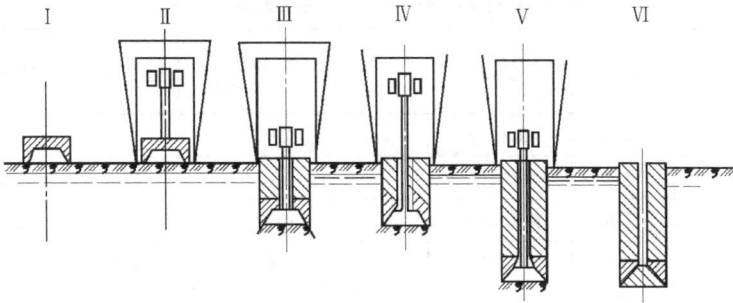

图 4-22 沉箱下沉程序

受，患沉箱病的概率增大。所以，施工中也有采用排水、防渗措施控制地下水位，使对应的作业气压不大于 0.2MPa，仍采用有人工法施工。

在施工现场不具备排水条件，或者要求施工对周围地层的沉降影响极小，并且沉箱下沉过深的情况下，应当采用遥控无人挖掘沉箱工法。由于无人井下操作，作业人员不受高气压影响，作业效率也得以提高，安全性好，极适于大深度施工。

遥控无人挖掘沉箱工法，利用安装在沉箱工作室中挖掘机上的立体摄像机，和设置在箱内大顶上的监视摄像机拍摄到的箱内土质状况，挖掘机及排土系统工作状况的图像信息，经电缆传送给地表中央控制室内的监视器。进而通过操作盘、电缆向箱内的挖掘机、排土装置发回工作指令，遥控作业。挖掘作业结束后，挖掘机自动收缩进入回收架，然后整机从回收闸自动退回到地面。另外，机械检修和保养也可用此法将作业放在地表进行，实现了全部箱内作业无人化、机械化和自动化。

4.4 地下连续墙基础施工

地下连续墙是利用一定的设备和机具，在泥浆护壁的条件下，沿已构筑好的导墙钻挖一段深槽，然后吊放钢筋笼入槽，浇筑混凝土墙，再将每个墙段连接起来而形成一种连续的地下基础构筑物。地下连续墙主要起挡土、挡水（防渗）和承重作用。地下连续墙的成槽方法主要有：冲击法、冲击-回转法、抓斗直接成槽法、双轮铣成槽法等。

地下连续墙起源于欧洲，1950 年首次应用于意大利 Santan Malia 大坝防渗工程（深达 40m 的防渗止水墙）。此后，地下连续墙施工技术被法国、德国、墨西哥、加拿大、日本等国所采用，其施工技术得到了不断的改进和发展。

国内最早地下连续墙是 1958 年在青岛月子口水库建成的桩排式防渗墙，同年在密云水库坝体中采用槽壁式素混凝土防渗芯墙也获得成功。经过多年的推广和发展，目前，地下连续墙施工技术已经成为我国基础工程施工技术中的一种重要类型，主要应用于地铁、民用建筑、水利工程以及桥梁工程等（表 4-9）。

4.4.1 地下连续墙分类

（1）按成槽方式可分为：槽板式、桩排式、组合式（图 4-23）。

（2）按墙的用途可分为：防渗墙、临时挡土墙、永久挡土（承重）墙、作为基础用的地下连续墙。

序号	桥名	国家	桥型	跨径 (m)	连续墙尺寸 (m×m)	壁厚(m)	深度(m)	结构形式
1	青森大桥	日本	斜拉桥	240	20.5×30	—	42.0	单箱六室
2	白鸟大桥	日本	悬索桥	720	ϕ37.0	1.5	106.0	圆筒形
3	北浦港桥	日本	连续梁桥	120	10.0×9.0	1.5	58.5	单箱单室
4	虎门大桥	中国	悬索桥	888	ϕ61.0	0.8	14	圆筒形
5	润扬长江大桥	中国	悬索桥(南汊)	1490	69×50	1.5	56	单箱20室
6	明石海峡大桥	日本	悬索桥	1991	ϕ85.0	2.2	75.5	圆筒形
7	阳逻长江大桥	中国	悬索桥	1280	ϕ70.0	1.5	60	圆筒形

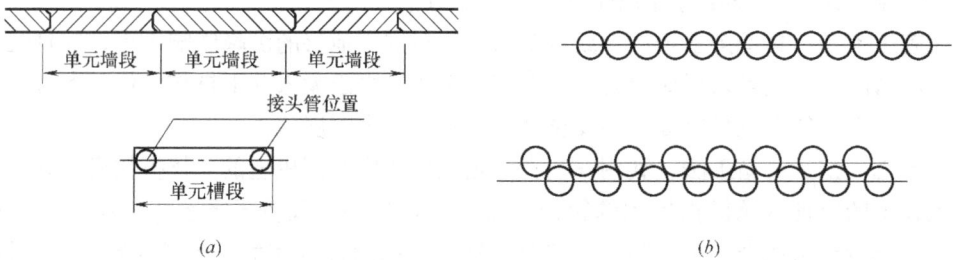

图 4-23　地下连续墙的平面形式
(*a*) 槽板式连续墙；(*b*) 桩排式连续墙

（3）按墙体材料可分为：钢筋混凝土墙、塑性混凝土墙（由黏土、水泥和级配砂石所合成的一种低强度混凝土）、固化灰浆墙、自硬泥浆墙、预制墙、泥浆槽墙（回填砾石、黏土和水泥三合土）、后张预应力地下连续墙、钢制地下连续墙。

4.4.2 地下连续墙的特点

地下连续墙得到广泛的应用与发展，因为其具有如下的优点：

（1）施工时对周边环境影响小。液压成槽工作时，无振动、无噪声，可昼夜施工；能够紧邻相邻的建筑物及地下管线施工，对沉降及变位较易控制。

（2）地下连续墙的墙体刚度大、整体性好，结构和地基的变形都较小，既可用于超深围护结构，可也用于主体结构。用液压抓斗构筑的地下连续墙，在基坑开挖时支护稳定性好。

（3）地下连续墙为整体连续结构，耐久性好，抗渗性能好。

（4）地下连续墙可与锚杆、内支撑、逆作法等形式进行有机的结合，能充分发挥地下连续墙的特点及适应性广的特点，保证基坑施工安全性和合理性。

（5）适用地层广泛。它适用于淤泥质黏土、黏土、砂土、砾石、卵石、漂石和孤石、软岩和硬岩。在不同的地层中施工时，施工设备应有所不同。

（6）地下连续墙集挡土、止水、承重为一体，可兼作地下室外墙，节约投资。如沿建筑场地红线或贴近现有建筑物施工，还可扩大地下室面积，经济效益明显。

（7）可实行逆作法施工，有利于施工安全加快施工速度，降低造价。

地下连续墙也有自身的缺点和尚待完善的方面，主要有：

（1）弃土及废泥浆的处理。除增加工程费用外，若处理不当，会造成新的环境污染。

（2）地质条件和施工的适应性。地下连续墙最适应的地层为软塑、可塑的黏性土。当地层条件复杂时，还会增加施工难度和影响工程造价。

（3）槽壁坍塌。地下水位急剧上升会改变护壁泥浆性能，加之施工管理不当等，都可引起槽壁坍塌。槽壁坍塌易引起相邻地面沉降、坍塌，危害邻近建筑和地下管线的安全。

（4）地下连续墙如果用做临时的挡土结构，比其他方法的费用要高些。

4.4.3　地下连续墙的应用范围

地下连续墙在基础工程中的适用条件有：（1）基坑深度≥10m；（2）软土地基或砂土地基；（3）在密集的建筑群中施工基坑，对周围地面沉降、建筑物的沉降、建筑物的沉降要求须严格限制时；（4）围护结构与主体结构相结合，用做主体结构的一部分，对抗渗有较严格要求时；（5）采用逆作法施工，内衬与护壁形成复合结构的工程。地质条件复杂，地层起伏比较大。

4.4.4　地下连续墙施工工艺

在挖基槽前先做保护基槽上口的导墙，用泥浆护壁，按设计的墙宽与深分段挖槽，放置钢筋骨架，用导管灌注混凝土置换出护壁泥浆，形成一段钢筋混凝土墙。逐段连续施工成为连续墙。施工主要工艺为导墙、泥浆护壁、成槽施工、水下灌注混凝土、槽段接头处理等（图4-24）。

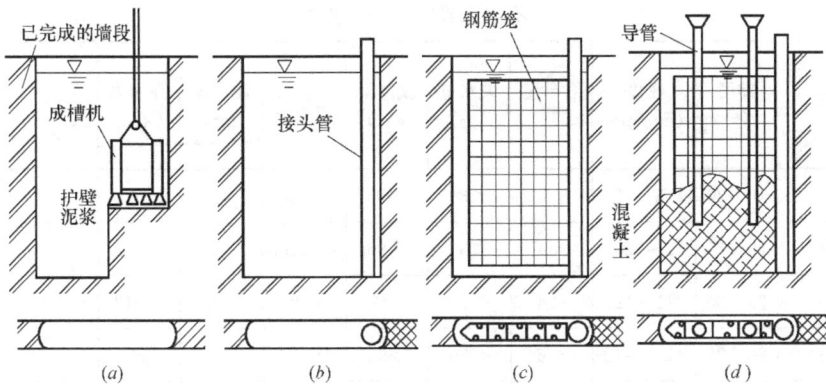

图 4-24　槽板式地下墙施工示意图
（a）开挖槽段；（b）放入接头管；（c）下入钢筋笼；（d）下导管及浇筑混凝土

1. 导墙

导墙通常为就地灌注的钢筋混凝土结构。主要作用是：保证地下连续墙设计的几何尺寸和形状；容蓄部分泥浆，保证成槽施工时液面稳定；承受挖槽机械的荷载，保护槽口土壁不破坏，并作为安装钢筋骨架的基准。导墙结构形式如图4-25所示，两导墙之间，在适当距离上、下各加设一道支撑。导墙深度一般为2m。墙顶高出地面10～15cm，以防地表水流入沟槽而影响泥浆质量。导墙底不能设在松散的土层或地下水位波动的部位。导墙通常采用含筋率较低的现浇钢筋混凝土，也有用预制钢筋混凝土或钢制工具式导墙，以利周转用。

2. 泥浆护壁

通过泥浆对槽壁施加压力以保护挖成的深槽形状不变，灌注混凝土把泥浆置换出来。

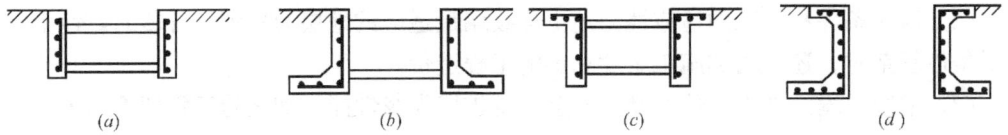

图 4-25 导墙断面形式

泥浆材料通常由膨润土、水、化学处理剂和一些惰性物质组成。泥浆的作用是在槽壁上形成不透水的泥皮，从而使泥浆的静水压力有效地作用在槽壁上，防止地下水的渗水和槽壁的剥落，保持壁面的稳定，同时泥浆还有悬浮土渣和将土渣携带出地面的功能。

保证泥浆质量，正确选用泥浆性能指标，是加快施工速度、确保施工安全的重要环节。施工时要经常检查泥浆的各项指标，必要时需加入适量的化学剂以改善泥浆性能。合适的泥浆密度，膨润土泥浆为 $10.5\sim11.5kN/m^3$，黏土泥浆为 $11.5\sim13.0kN/m^3$。不同土层对护壁泥浆的要求是不同的，表 4-10 所列的不同土层护壁泥浆指标，可供选用时参考。其中：（1）静切力是指施加外力使静止的泥浆流动，当泥浆开始流动的一瞬间阻止其流动的内在力称为静切力。泥浆的静切力大，悬浮土渣钻屑稳定，钻孔阻力也大；静切力小则土渣钻屑容易沉淀。（2）漏失层是指由于土层间隙较大、结构松散，有集中的渗漏通道。

不同土层护壁泥浆指标　　　　　　　　　表 4-10

性能 指标 土层	黏度 (s)	密度 (kN/m³)	含砂量 (%)	失水量 (%)	胶体率 (%)	稳定性	泥皮厚 (mm)	静切力 (kPa)	pH	备注
黏土层	18～20	11.5～12.5	<4	<30	>96	<0.003	<4	3～10	>7	
砂砾石层	20～25	12～12.5	<4	<30	>96	<0.003	<3	4～12	7～9	
漂卵石层	25～30	11～12	<4	<30	>96	<0.004	<4	6～12	7～9	—
碾压土层	20～22	11.5～12	<6	<30	>96	<0.003	<4	—	7～8	
漏失层	25～40	11～12.5	<15	<30	>97	—	—	—	—	黏土球配 浓浆堵漏

在砂砾层中成槽必要时可采用木屑、蛭石等挤塞剂防止漏浆。泥浆使用方法分静止式和循环式两种。泥浆在循环式使用时，应用振动筛、旋流器等净化装置。在指标恶化后要考虑采用化学方法处理或废弃旧浆，换用新浆。

3. 成槽施工

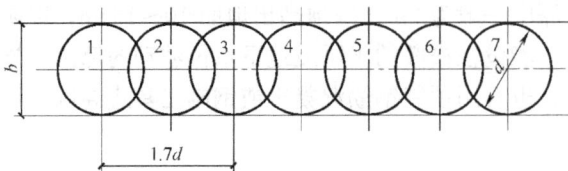

图 4-26　回转钻套打钻孔示意图

（1）成槽基本方法

1）回转钻套打钻孔。如图 4-26 所示，将每个单元槽段内槽孔划分为主孔和副孔。施工中先施工主孔、后施工副孔。主副孔施工完成后，相邻主副孔之间余下的三角

98

形上墙用滚刀扫平，一般地，主孔孔径等于墙厚，主孔孔距为 1.6～1.7 倍主孔孔径。

2）冲击钻成孔。如图 4-27 所示，将单元槽段划分出若干孔位，主孔先施工，副孔后施工。用冲击劈打法成孔。每一槽段成槽后，下钢筋笼浇筑混凝土，使用该法施工时，因劈打副孔时有两个自由面，所以劈打速度较快。

索列丹斯法则首先在单元槽段两端通过冲击钻向下冲击出两个竖孔，然后钻机沿导墙移动，往复上下冲击（或回转切削），挖除土体，然后下笼灌注。

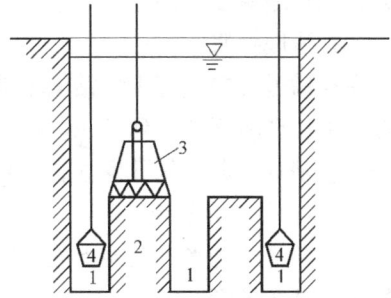

图 4-27　冲击钻成孔
1—主孔；2—副孔；3—冲击钻头；4—接渣斗

3）回转-冲击法。这种施工方法是用（反循环）回转钻机钻两个孔，用冲击钻劈打中间副孔成槽。它需要稳定液护壁，用反循环排渣。

4）冲抓成槽。先用冲击（或回转）钻机按设计要求钻出一根导孔，再用抓斗将相邻导孔中间的土体抓走，一直施工到设计深度，使单元槽段连通，再进行清孔、下笼浇筑工作，此法俗称"两钻一抓"。

5）抓斗直接挖土成槽。该法直接将槽段内的主要块抓取出来，装车运走。其优点为：作业面积小，可单机作业，适合在窄小场道施工；工序少，稳定费用最小，对环境污染小。

6）多头钻成槽。该法是将每个单元槽段分成几段，按先后顺序开挖。它属于单独成槽方法。用多头钻成槽，多用反循环方法排渣。稳定液在地表经分离除渣后，再流回槽孔中。

7）双轮铣成槽。该法是用液压（或电动）铣刀（或滚齿）钻机成槽，机体内部泵反循环排渣，钻出矩形槽孔。在单元槽段中，先分别施工两边至设计深度，再将中间剩余矩形墙体钻开，使两边槽体连通，形成一段完整单元槽体，然后下笼浇筑混凝土。

（2）挖槽施工质量要求

首先，地下连续墙的槽壁及槽段接头均应保持垂直，垂直度偏差应符合设计要求。接头处相邻两槽段的挖槽中心线在槽任一深度位置的偏差值，不得大于墙厚的 1/3；其次，槽顶中心线的允许偏差为 ±30mm。成槽质量控制措施主要有：

1）严加控制垂直度和偏斜度。尤其是由地面至地下 10m 左右的初始挖槽精度，对以后整个槽壁精度影响很大，必须慢速均匀掘进。

2）开槽速度要根据地质情况、机械性能、成槽精度要求及其他条件等选定。

3）挖槽要求连续作业，依顺序施工。遇到故障中断时，应迅速将挖掘机提出槽孔，以防塌方。

4）掘进过程中应保持护壁泥浆不低于规定高度，特别对渗透系数较大的砂砾层、卵石层，应注意保持一定浆位。对有承压水有渗漏层的地层，应加强对泥浆的调整和管理，以防大量水进入槽内稀释泥浆，危及槽壁安全。

成槽过程中局部遇岩石层或坚硬地层，钻抓或钻孔进尺困难时，可配合冲击钻联合作业，用冲击钻冲击破碎进行成槽。

国内使用成槽的专用机械有：旋转切削多头钻、导板抓斗、冲击钻等。施工时应视地质条件和筑墙深度选用。

（3）清底换浆

在挖槽过程中，有少量钻渣未被泥浆携出槽外，逐渐沉积在槽底，挖槽结束后泥浆中悬浮的土渣也将逐渐沉到槽底，造成槽底沉渣。在地下连续墙施工中要求沉渣厚度不超过200mm，清底换浆同钻孔灌注桩一样。

4. 水下灌注混凝土

采用导管法按水下混凝土灌注法进行，但在用导管开始灌注混凝土前为防止泥浆混入混凝土，可在导管内吊放一管塞，依靠灌入的混凝土压力将管内泥浆挤出。混凝土浇筑中要保持混凝土连续均匀下料，混凝土面上升速度控制在 $4 \sim 5\text{m/h}$，导管下口在混凝土内埋置深度控制在 $1.5 \sim 6.0\text{m}$，在浇筑过程中严防将导管口提出混凝土面。混凝土灌注时要测量混凝土灌注量及上升高度。所溢出的泥浆送回泥浆沉淀池。

5. 单元槽段连接

地下连续墙施工根据划分好的墙段逐段进行，通过各单元槽段间接头连接形成连续整体，因此，接头处理是连续墙施工的关键。施工中槽段之间接头要满足如下要求：（1）不能妨碍下一单元槽段的挖掘；（2）能传递单元槽段之间的应力，起到伸缩接头的作用；（3）混凝土不得从接头下端流向背面，也不得从接头构造物与槽壁之间流向背面；（4）在接头表面上不应粘附沉渣或变质泥浆的胶凝物，以免造成强度降低或漏水；（5）加工简单、拆装方便。

目前常见的单元槽段接头连接形式主要有接头管接头和接头箱接头。其中接头管接头是一种非刚性接头，也称为锁口管接头，施工顺序如图 4-28 所示，其拔管操作技术难，但应用最为普遍。

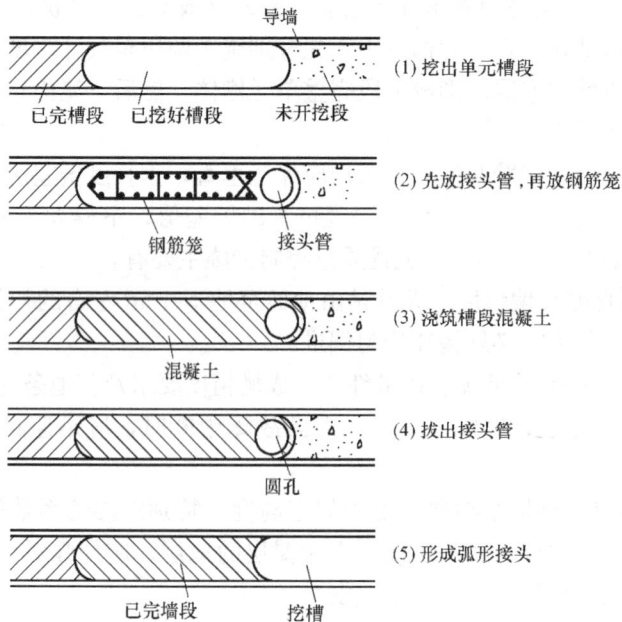

图 4-28　单元槽段连接

4.4.5 地下连续墙基础实例

广东省虎门大桥（主跨 888m 的单跨悬索桥）西锚碇设计为重力式锚，每锚承受来自主缆的强大拉力约 2×170000kN。西锚碇位于人工填筑的砂岛上，原设计用沉井加桩基方案。由于基础处原为暗礁区，石笋林立，岩石风化腐蚀不一，且沉井刃脚周边岩面高差极大（达 10.5m），沉井施工困难很大，经方案比较后，最后选定用地下连续墙基础。该基础为一圆形结构（图 4-29），外径为 61.0m，内径为 59.4m，墙厚为 0.8m，平均深度约 14.0m，嵌入弱风化岩的平均深度为 1.95m，最大嵌岩深度达 3.5m。环形折线墙体分为 35 个节段，节段间采用人字形钢板接头，使墙体互相楔合。墙内设有三道内衬圈和一道顶圈梁，以增强连续墙的整体性和刚度。基础施工分三步进行：第一步连续墙施工；第二步抽水干挖基坑土石方，并相应自上而下浇筑内衬圈梁混凝土；第三步检验基底，干处浇筑大体积基础混凝土。该基础工程历时 11 个月，其中地下连续墙施工仅用了 3 个月，总体完成坞工量约 4 万 m³，在同等规模基础工程施工中，创下了施工速度的新纪录。

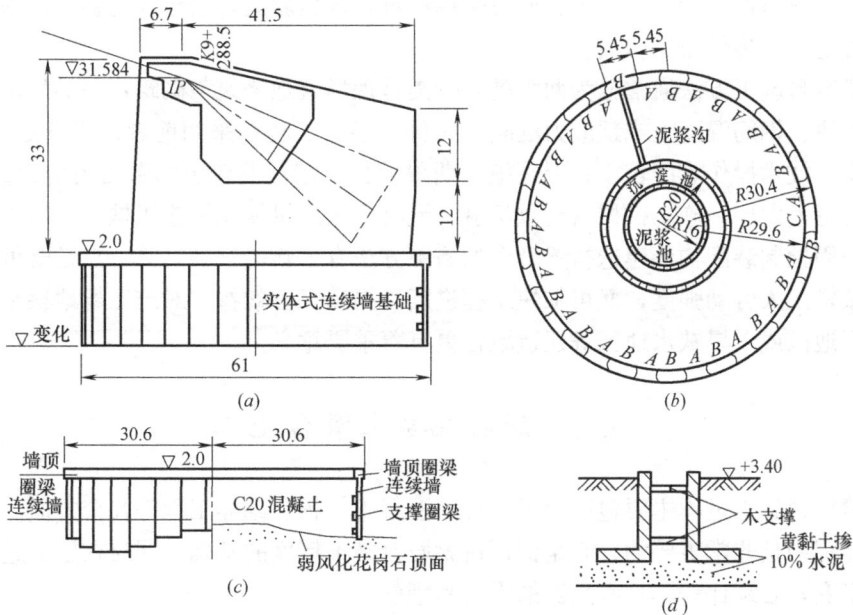

图 4-29　广东虎门大桥西锚碇基础简图（m）

（a）西锚碇立面轮廓尺寸；（b）地下连续墙示意；（c）连续墙槽段及泥浆系统平面图；（d）导墙结构图

思 考 题

1. 简述桥梁基础的分类及主要施工方法。
2. 水中浅基础的开挖和围护的施工方法有哪些？
3. 试述沉桩基础的施工方法，各自适用的范围及特点。
4. 试述钻孔灌注桩基础的施工方法与施工工艺。
5. 试述地下连续墙的施工流程及成槽方法。

第5章 桥梁墩台施工

5.1 概　　述

桥梁墩台施工是桥梁工程施工中的一个重要部分,其施工质量的优劣,不仅关系到桥梁上部结构的制作与安装质量,而且对桥梁的使用功能也关系重大。因此,墩台的位置、尺寸和材料强度等都必须符合设计规范要求。在施工过程中,首先应准确地测定墩台位置,正确地进行模板制作与安装,同时采用经过正规检验的合格建筑材料,严格执行施工规范的规定,以确保施工质量。

桥梁墩台施工方法通常分为两大类:一类是现场就地浇筑与砌筑;一类是拼装预制的混凝土砌块、钢筋混凝土或预应力混凝土构件。多数工程是采用前者,优点是工序简便,机具较少,技术操作难度较小;但是施工期限较长,需耗费较多的劳力与物力。近年来,交通建设迅速发展,施工机械(起重机械、混凝土泵送机械及运输机械)也随之有了很大进步,采用预制装配构件建造桥梁墩台的施工方法有了新的进展,其特点是既可确保施工质量、减轻工人劳动强度,又可加快工程进度、提高工程效益,对施工场地狭窄,尤其对缺少砂石地区或干旱缺水地区等建造墩台更有着重要意义。

5.2 钢筋混凝土墩台施工

桥梁墩台施工过程主要包括模板工程、混凝土工程、砌体工程等几个方面。模板工程在施工过程中是非常重要的,它是保证桥梁墩台施工精度的基础,同时在施工过程中其受力复杂多变,必须保证其具有足够的强度和刚度。

墩台施工的基本要求是保证其位置、高程、各部分尺寸与材料强度均符合设计的规定。墩台位置与尺寸如有误差,容易使墩台产生过大应力,甚至使桥跨结构安装不上。因此,墩台定位要求各墩台中心距相对误差小于1/5000。墩台中心定出后,即可确定墩台的纵、横轴线方向,并根据设计的结构尺寸进行放样施工。在施工过程中随着墩台身的不断起高,应经常进行墩台中心及桥跨尺寸的测量。墩台施工容许误差,应满足是相关施工规范规定。

5.2.1 混凝土墩台模板的类型和要求

1. 墩台模板的构造要求

墩台轮廓尺寸和表面的光洁通过模板来保证,因此,模板的构造必须具备以下条件:

(1) 尺寸准确,构造简单,便于制作、安装和拆卸;

(2) 具有足够的强度和刚度,能够承受混凝土的重量和侧压力,以及在施工过程中可能出现的荷载和振动作用;

（3）结构紧密不漏浆，靠结构外露表面的模板应平整、光滑。

模板的结构还要便于钢筋的布置和混凝土灌筑，必要时应在适当位置安设活动挡板或窗口，因此，对于重要结构的模板均应进行模板设计。支撑模板的支柱和其他构件，也应便于安装和拆卸，并能多次重复使用。

2. 模板的类型

桥梁墩台的模板类型有固定式模板、拼装式模板、组合钢模板、滑升模板及整体吊装模板等。

（1）固定式模板

固定式模板一般用木材或竹材制作，其各部件均在现场加工制作和安装。固定式模板主要由立柱、肋木、壳板、撑木、拉杆、钢箍、枕梁与铁件等组成，其构造如图 5-1 所示。

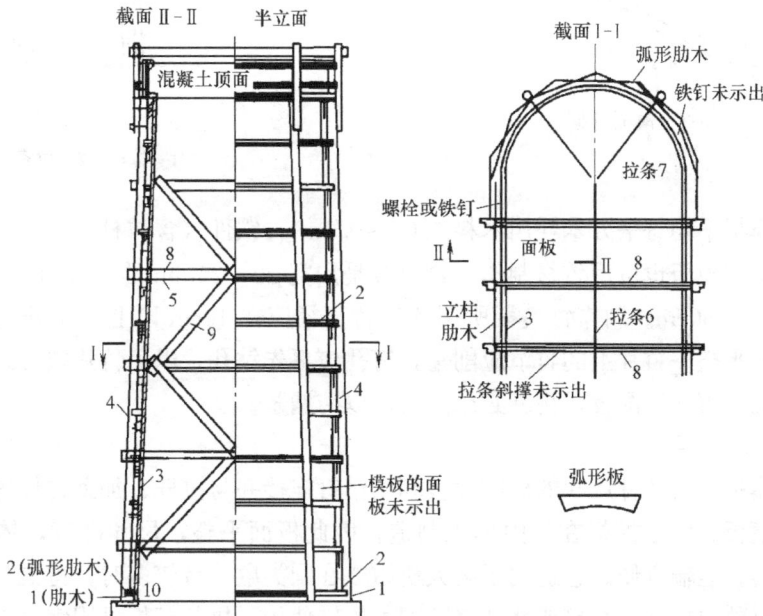

图 5-1　固定式模板

1—肋木；2—弧形肋木；3—面板；4—立柱；5—拉条；6—纵轴拉条；
7—幅向拉条；8—横撑；9—斜撑；10—短木块

固定式模板的优点：整体性好，模板接缝少，适应性强，能根据墩、台形状进行制作和组装，不需起重设备，运输安装方便。但其存在显著的缺点，就是重复使用率很低，材料消耗量大，装拆、清理费时费工，不甚经济。固定式模板一般只宜用于中小规模的墩、台。

根据墩、台外形的不同，模板可由竖直平面、斜平面、圆柱面和圆锥面等组成。立柱、肋木、拉杆和钢箍形成骨架。骨架的立柱安放在基础枕梁上，肋木固定在立柱上，木模壳板竖直布置在肋木上，立柱两端用钢拉杆连接，使模板有足够的刚度。

木模半圆形端头采用圆弧形肋板分段对接，双层交错叠合，形成紧密的半圆，两端与水平肋木用螺栓连接，肋木之间设置拉杆，如图 5-2 所示。若桥墩较高时，要加设斜撑或横撑式抗风拉索，如图 5-3 所示。

木壳板厚 3～5cm，宽 15～20cm。肋木一般用方木制作，间距由板厚及混凝土侧压力决定。立柱用圆木制作，两立柱间距为 0.7～1.2m。拉杆是 $\phi 12～\phi 42$ 圆钢。拱肋木由 2 层木板交错重叠用铁件结合，拱肋木与水平、竖直肋木之间也可用铁钉与螺栓连接。桥台的模板比桥墩复杂，多了背墙、耳墙等部位，但模板的基本构造仍如上述，只是更应注意肋木与立柱的连接，所有拉杆螺栓均应穿通到立柱。

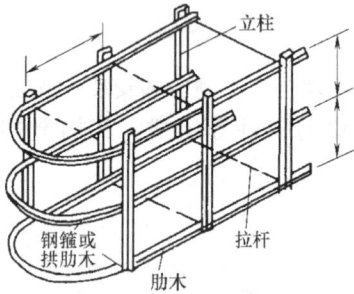

图 5-2 模板骨架

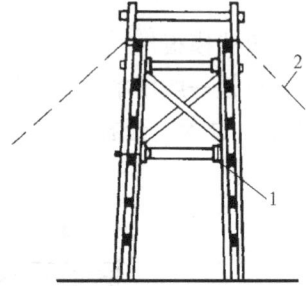

图 5-3 稳定桥墩模板
1—撑杆；2—拉索

固定式模板平均每平方米耗用木料 0.05～0.1m³，铁件（含拉杆）约 4～10kg。在竹材产区，固定式模板也可用竹材制作。竹模板是用宽 20～25mm 的竹片钉在木框上制成。木框尺寸约 40～50cm。制作竹模板所用的毛竹直径应在 10cm 以上，使劈成的竹片可以较宽，表面较平整。竹片上的竹节应削平，钉孔应事先钻孔，以免竹片裂开。竹片两端宽度不同时，应两端交错配置，拼缝必须严密，以防漏浆。

（2）拼装式模板

拼装式模板是由各种尺寸的标准模板利用销钉连接并与拉杆、加劲构件等组成墩、台所需形状的模板。由于模板在厂内加工制造，因此板面平整，尺寸准确，体积小，质量小，拆装容易，运输方便。它适用于高大桥墩或在同类墩、台较多时，待混凝土达到拆模强度后，可以整块拆下，直接或略加修整即可周转使用。拼装模板可用钢材或木材加工制作。钢模板采用 2.5～4mm 厚的薄钢板并以型钢为骨架，可重复使用，装拆方便，节约材料，成本较低。但钢模板需机械加工，稍有不便。木模则耗用木材较多，周转使用次数少，只宜用于中、小桥梁。

1）标准模板

一般采用钢、木、胶合板等材料制作，边框多用角钢制作，面板宜采用薄钢板、胶合板等，亦可采用木面板。标准模板的尺寸可根据构造物的形状和需要确定。

标准模板尺寸列于表 5-1 中。一套适用于墩、台需要的标准钢模板，是用角钢做边框，与 2.5～4mm 厚的钢板焊接而成。

标准模板宜用各种类型的销钉如销扣与销钉、套环与销钉、回形销等连接。图 5-4 为销钉构造图。

2）异型模板

对墩、台圆弧或拐角处，可按需要制作一定数量的异型模板，如角模或梯形模板。

宽(mm)	长(mm)	肋高(mm)	宽(mm)	长(mm)	肋高(mm)
300	1800 1500	55	150	900 750	55
200	1200	55	100	600	55

3）拉杆

拉杆的作用是使内外模板保持较精确的间距，并承受混凝土的侧压力，从而保证结构尺寸达到施工规范要求的精度。拉杆宜用圆钢制作，可用混凝土块作撑垫，再用螺母拧紧，亦可用雏形螺母与拉杆连接。立模时，拉杆与立柱或横肋用螺栓连接。拆模时，用特制的扳手将雏形螺母取出。雏形螺母取出后，应用砂浆抹平。拉杆在拆模后一般均埋于墩、台混凝土中。若需回收拉杆，应在拉杆外套以混凝土管、竹筒或塑料管等。小桥涵墩、台立模时，可用 8～10 号钢丝代替拉杆，以节约成材。

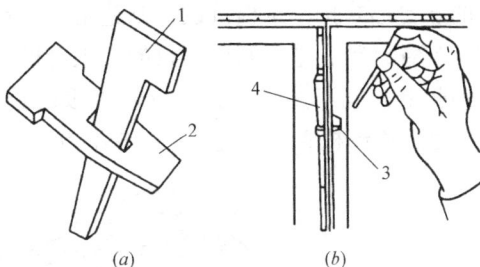

图 5-4　销钉

（a）销扣与销钉；（b）套环与销钉

1—销钉；2—销扣；3—套环；4—销钉

4）加劲构件

为了增加模板的强度、刚度和稳定性，在模板的外侧应安装横肋和立柱，其数量由计算确定。

（3）整体吊装模板

拼装式模板用于高墩、台时可以组装成整体吊装模板。组装方法：根据墩台高度分层支模和灌筑混凝土，每层的高度应视墩、台尺寸和模板数量以及灌筑混凝土的能力而定，一般宜为 3～5m。用吊机吊起大块板扇，按分层高度安装好第一层模板，其组装方法与低墩、台组装模板的方法相同。模板安装完后再灌注第一层混凝土时，应在墩、台身内预埋支承螺栓，以支承第二层模板和安装脚手架。整体吊装模板的组装方法如图 5-5 所示。

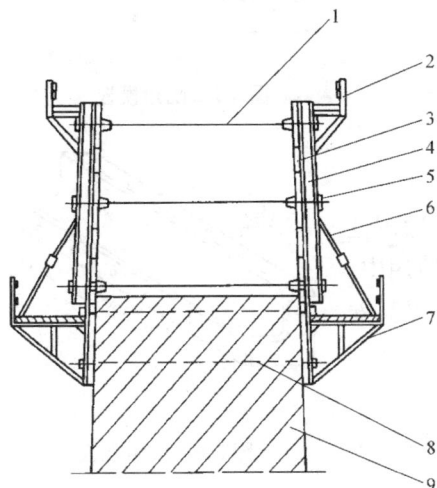

图 5-5　整体吊装模板组装方法

1—拉杆；2—上脚手架；3—模板；4—立柱；
5—横肋；6—可调斜撑；7—下脚手架；
8—预埋螺栓；9—已浇墩身

对于圆形、方形柱式墩，可根据施工现场的吊装能力，分节组装成整体模板，以加快施工进度，减轻劳动强度和保证施工安全。整体模板的高度应视吊装能力并结合分段高度而定，一般为 2～4m。为了保证整体模板具有足够的刚度和强度，吊装前应进行强度验算和加固，以防在吊装时变形。

整体吊装模板的优点：安装时间短，施工进度快，利于提高施工质量；将拆装模板的高空作业改为平地操作，施工安全；模板刚度大，可少设拉筋，节约钢材；可利用模板外框架做简易脚手架；结构简单，装拆方便，可重复使用。其主要缺点：需要一套吊装设备。整体吊装模板常用钢板和型钢加工而成。

（4）常备式组合钢模板

常备式组合钢模板是桥梁施工中常用的模板之一。铁路、公路施工部门均颁布过有关《组合钢模板技术规则》，为桥梁墩台的施工中应用组合钢模提供了技术依据。还可以按照常见的墩台形式按一定模数设计制造组合钢模板，它的优点是可以进行常规尺寸的拼装，以达到节省材料、重复利用的目的。组合模板由面板及支承面板的加劲肋组成，在四周边的加劲肋上设有连接螺栓孔，以便于板的连接。图 5-6 为平面模板，图 5-7 为阴角模板，图 5-8 为阳角模板。为防止漏浆，模板接缝处应夹橡胶条或塑料条。

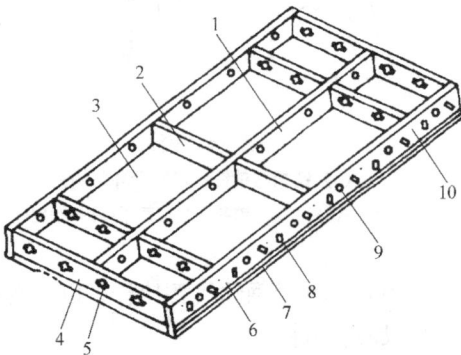

图 5-6　平面模板

1—中纵肋；2—中横肋；3—面板；4—横肋；5—插销孔；
6—纵肋；7—凸棱；8—凸鼓；9—U形卡孔；10—钉子孔

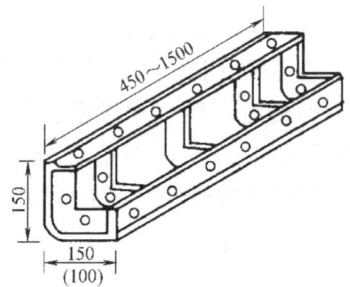

图 5-7　阴角模板

组合钢模板具有强度高、刚度大、拆装方便、通用性强、周转次数多、能大量节约材料等优点。在实际使用中，组合钢模板可预拼成大的板块后安装使用，这样可提高安装模板的速度。

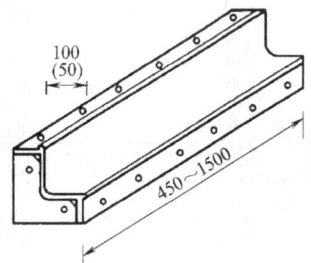

图 5-8　阳角模板

5.2.2　模板设计

模板荷载是模板设计的重要依据，下面简单介绍一下模板荷载的主要类别及其取值。竖向荷载：

（1）模板及支架的密度。模板的密度应按图纸取，钢材可取 7800kg/m³，木材可取 750kg/m³。

（2）新浇筑的混凝土的密度可取 2500kg/m³，或根据实际确定。

（3）钢筋混凝土的密度可取 2600kg/m³。

（4）人及运输机具作用在模板或支架铺板上的荷载。根据模板和支架的情况取不同的值，如计算模板时可取 2.5kPa，详见规范。

（5）振捣混凝土时产生的荷载一般可取 2kPa。

（6）滑升模板与混凝土之间的摩阻力。钢模可按 1.5～2.0kPa 计；木模可按 2.5kPa 计。

水平荷载：

(1) 新浇混凝土对模板的侧向压力，可按表 5-2 规定计算。

(2) 倾倒混凝土时，因振动产生的水平荷载，可按表 5-3 规定计算。

新浇混凝土的侧向压力 (kPa)　　　　　　　　　　　　　表 5-2

序号	施工条件	混凝土浇筑速度 v(m/h)			
		0	0.81	0.57	1.80
1	大体积及一般混凝土	19.0		$72v/(v+1.6)$	
2	柱、墙混凝土工程，坍落度大于 10cm 或泵送混凝土一次浇筑到顶，并用强力振捣	19.0	$61v/(v+0.4)$		$72v/(v+1.6)$
3	外部振捣器	50.0		$61v/(v+0.4)$	
4	水下混凝土	$28v(v{\geqslant}0.25)$			
5	液压滑升模板	$72v/(v+1.6)$			

倾倒混凝土时因振动产生的水平荷载 (kPa)　　　　　　　表 5-3

序号	浇筑混凝土的方法	作用于侧模的水平荷载(kPa)
1	用溜槽、串筒或导管直接流出	2.0
2	用容积 0.2m³ 以下的运输器具直接倾倒	2.0
3	用容积 0.2~0.8m³ 的运输器具直接倾倒	4.0
4	用容积 0.8m³ 以上的运输器具直接倾倒	6.0

　　模板的计算荷载应按照桥梁设计荷载组合的原则进行组合，并按最不利的情况进行模板设计。模板及模板的附属支架（支撑、支腿）要检算强度、刚度和稳定性，并应考虑作用在模板和支架上的风力。设置在水中的支架，尚需考虑水压力、流冰压力或船只、漂流物的撞击力等荷载。

　　根据荷载组合算出作用在模板上的竖向压力和水平压力，并按模板构造布置选取合适的力学计算模型后，即可计算模板的强度和刚度。如何选取合适的力学计算模型，是模板强度和刚度计算的关键。根据模板构造的不同，模板计算中常用的力学计算模型有简支梁、连续梁、四边简支板、四边固结嵌固板等。例如，桥梁用钢模板一般都采用数米长的大块钢模板，大块面板上在长、宽两个方向按一定间距布置加劲肋，所以，一般情况下，可按四边嵌固的板进行计算，如图 5-9 所示。计算包括强度验算和挠度验算。

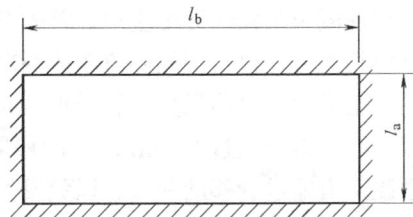
图 5-9　模板的计算图示

　　四边嵌固板承受满布均匀荷载时，在长边中间支点处的负弯矩最大，可按下式计算：

$$M=-Aql_a^2l_b \tag{5-1}$$

式中　A——内力计算系数，与 l_b/l_a 有关，可查设计手册中的有关表格或相关参考书；

　　　l_a，l_b——板的短边与长边长度；

q——模板的计算侧压力，要考虑取最不利的荷载组合。

四边嵌固的板单元，板中心点的挠度，可按下式计算：

$$f = B \frac{q l_{a0}^4}{E h^3} \tag{5-2}$$

式中　B——计算挠度的系数，与l_b/l_a有关，可查设计手册中的有关表格或相关参考书；

l_{a0}，h——板的净跨度和板的厚度；

q，E——模板的计算侧压力、钢板的弹性模量。

5.2.3　混凝土工程

混凝土工程包括配料、搅拌、运输、灌注、养护等过程。在整个工艺过程中，各工序是紧密联系又互相影响，其中任一工序处理不当，都会影响到混凝土的质量。

1. 混凝土运输

混凝土从搅拌站运到模板中，可能要进行水平运输、垂直运输和混凝土分配三部分工作。混凝土在运输过程中，应不发生离析分层、灰浆流失、坍落度变化和凝结等现象。

混凝土运输工具种类繁多，应根据结构物特点、混凝土灌注量、运输距离、道路及现场条件等确定选用混凝土的运输设备。水平运距短时，可选取用人力手推车、内燃翻斗车、轻便轨道人力翻斗车等；运距远时，可选用轨道牵引翻斗车或吊斗、汽车倾卸车、混凝土搅拌运输车等。

泵送混凝土是一种先进的运输方法，能同时满足水平运输与垂直运输的需要，而且可直接灌入模板内，因而可节省劳力和起吊运输机具，从而降低费用。特别适用于施工条件困难、结构复杂的桥梁构筑物，以及需要高速灌注的大体积混凝土等。

用泵输送的混凝土应有较大的流动性，规范规定泵送混凝土入泵坍落度不宜小于 80 mm；当泵送高度大于 100m 时，不宜小于 180mm。为保证输送的畅通，还应严格控制石料的最大粒径，最好选用卵石。碎石最大粒径与输送管内径之比宜小于或等于 1:3，卵石宜小于或等于 1:2.5；含砂率宜控制在 40%~50%（混凝土的坍落度和粗骨料最大粒径，必须符合输送泵的规定）。为了提高混凝土的流动性以减少管道堵塞的危险，宜掺加助泵剂（减水剂或加气剂）。

用混凝土泵输送混凝土时，首先要决定泵的安装地点及管道布置。混凝土泵可直接与搅拌机相连接，也可用倾卸汽车或混凝土搅拌运输车等其他运输机械为其运料。管路布置应使管道最短，弯曲最少，管子拆装时混凝土泵的停歇时间最短。混凝土泵的供料必须是连续的，不能有超过 30min 以上的停歇，否则应每过 15~20min，将曲轴开动 3~4rad，使混凝土沿输送管移动一点，以免发生阻塞现象。通常混凝土泵的输送量很大，因此在浇筑地点应设置布料装置，以便将输送来的混凝土进行摊铺或直接浇筑入模，从而减轻繁重的体力劳动，充分发挥混凝土泵的使用效率。布料装置由可回转、可伸缩的臂架和输送管组成，常称为布料杆。

在运距近又有高差，而灌注速度和方式稳定时，可采用带式运输系统输送混凝土。带式运输系统是将搅拌机和输送带组成流水作业线，使上料、搅拌、混凝土输送形成连续作业，能加快速度，节约劳力，提高效益。

混凝土的垂直运输，可利用各种起重机械配合吊斗等容器来装运混凝土，选用起重机械时应考虑桥梁的施工高度及混凝土的运送条件。

2. 混凝土的灌注

(1) 混凝土浇筑

在灌注混凝土时，应经常检查模板的位置和尺寸是否正确，钢筋及预埋件的位置、数量、直径、形状及保护层厚度是否与设计要求符合，绑扎是否牢固，模板是否湿润。模板内的一切木屑尘土和杂物必须清除和冲洗干净，做好隐蔽工程验收记录。

灌注混凝土时应保证不使混凝土发生离析现象。混凝土的自由倾落高度，在灌注无筋混凝土或配筋较少的混凝土时，一般不应超过 2m，否则应采用滑槽、串筒，或用底部双开的吊桶运送混凝土，以降低其自由倾落高度。采用上述措施后仍有离析现象时，应重新拌合均匀后再灌注。在灌注钢筋较密或不便灌注捣实的结构混凝土时，尤需尽量缩小自由倾落高度，必要时可在模板侧面预留灌注窗口。

混凝土的灌注和振捣一般都采用分层法施工。每层混凝土的灌注厚度，应视所用振捣方法、振捣器种类及混凝土的坍落度而定。

为保证结构的整体性，混凝土应保证连续灌注，新层的灌注工作必须在旧层初凝前或振动器尚能顺利插入混凝土为准，一般不超过 2h，因此要掌握好灌注的最小进度。此进度可由单位时间灌注的高度和体积及初凝时间决定。混凝土灌注，应在整个截面内进行，仅当结构截面面积大于 $100m^2$，并在前层混凝土开始初凝以前不能灌妥捣实时，才允许将墩台截面分块进行灌注。

墩台分块灌注，应按下列规定办理：

1) 分块的接触面应与墩台截面尺寸较小的边平行；2) 上下两邻层中的分块接缝应互相错开，对于间歇灌注的接触面应做接缝处理；3) 每块的宽度可视具体情况而定，宜为 1.5~2m，分块数目应尽量减少，每块面积不得小于 $50m^2$。

(2) 接缝处理

由于各种原因如混凝土工厂生产率不能保证灌注的连续性，或因模板安装及偶然事故等原因而要中断混凝土的灌注，且间歇时间超过规定时，混凝土交接面应做接缝处理。对于不掺外加剂的混凝土，其允许间歇时间不应大于 2h；当气温达 30℃左右时，不应大于 1.5h；当气温至 10℃左右时，可延至 2.5h。对于掺外加剂或有特定要求的混凝土，其允许间歇时间应根据环境温度、水泥性能、水灰比和外加剂类型等条件通过试验确定。

在混凝土施工缝处继续浇筑新混凝土一般应符合以下规定：1) 前层混凝土强度达到 1.2MPa 后；2) 先将表面层水泥浆膜、松弱层凿除并用水冲洗，但不得存有积水；3) 宜在横向施工缝处铺一层厚 15~20mm 的水泥砂浆（成分可与混凝土中砂浆成分相同）或铺一层厚约 30cm 的混凝土。最好在接缝层周边预埋直径不小于 16mm 钢筋，加强其整体性，钢筋间距不大于直径的 20 倍，埋入与露出长度不少于直径的 30 倍。

(3) 混凝土的振捣

混凝土浇筑入模后，内部还存在着很多空隙。为了使硬化后的混凝土具有所要求的外形和足够的强度与耐久性，必须使新入模的混凝土填满模板的每一角落，并使混凝土内部空隙降低到一定程度以下，具有足够的密实性。这就需要对混凝土进行振捣。

3. 混凝土的养护

根据混凝土在养护过程中所处温度和湿度条件的不同，混凝土的养护一般可分为标准养护、自然养护和热养护。混凝土在温度为20±3℃和相对湿度为90％以上的潮湿环境或水中的条件下进行的养护称为标准养护；在自然气候条件下，对混凝土采取相应的保湿、保温等措施所进行的养护称为自然养护。为了加速混凝土的硬化过程，对混凝土进行加热处理，将其置于较高温度条件下进行硬化的养护称为热养护。

（1）自然养护

在施工现场，对混凝土进行自然养护时，根据所采取的保湿措施的不同，可分为覆盖浇水养护和塑料薄膜保湿养护两类。

1）覆盖浇水养护

覆盖浇水养护是在混凝土表面覆盖吸湿材料，采取人工浇水或蓄水措施，使混凝土表面保持潮湿状态的一种养护方法。所用的覆盖材料，应具有较强的吸水保湿能力，常用的有麻袋、帆布、草帘、芒席、锯末等。

开始覆盖和浇水的时间，一般在混凝土浇筑完毕后3～12h内（根据外界气候条件的具体情况而定）即应进行。浇水养护日期的长短，主要取决于水泥的品种和用量。在正常水泥用量情况下，采用硅酸盐水泥、普通硅酸盐水泥拌制的混凝土，不得少于7昼夜；掺用缓凝型外加剂或有抗渗性要求的混凝土，不得少于14昼夜。每日浇水次数视具体情况而定，以能保持混凝土经常处于足够的润湿状态即可。但当日平均气温低于5℃时，不得浇水。

2）塑料薄膜保湿养护

塑料薄膜保湿养护是用防蒸发材料将混凝土表面予以密封，阻止混凝土中的水分蒸发，使混凝土保持或接近饱水状态，保证水泥水化反应正常进行的一种养护方法。它与湿养护法相比，可改善施工条件，节省人工，节约用水，保证混凝土的养护质量。根据所用密封材料的不同，保湿养护又分为塑料布养护和薄膜养护剂养护。

（2）蒸汽养护

热养护方法中最常用的是蒸汽养护法。在冬期施工或需要混凝土强度快速增长时，常采用蒸汽养护。蒸汽养护一般分为四阶段：预护、升温、恒温和降温。预护是指混凝土浇筑完毕后在常温下凝固一段时间（约3～4h）。升温速度与结构表面系数有关，一般不得超过10～15℃/h。恒温时间视养护温度和要达到的强度而定，一般在8～12h。降温速度与升温速度相同。养护最高温度与水泥种类有关。

混凝土强度在达到1.2MPa以前不得在其表面上搭设脚手架、支架、模板等，亦不得来往通行。混凝土拆模时的强度应符合设计的要求。混凝土结构拆模期限，应根据模板是否受荷载而定，并要保证结构表面及棱角不因拆除模板而受到损坏。当设计未提出要求时，一般侧模拆除时混凝土强度应达到2.5MPa。

5.2.4 钢筋加工和安装要点

1. 一般规定和要求

钢筋应有出厂质量保证书或试验报告单，并做机械性能试验。对桥梁所用的钢筋应抽取试样做力学性能试验。

钢筋必须按不同钢种、等级、牌号、规格及生产厂家分批验收，分别堆存，不得混杂，且应设立识别标志。

钢筋在运输过程中，应避免锈蚀和污染。钢筋宜堆置在仓库（棚）内，露天堆置时，应垫高并加遮盖。

以另一种强度、牌号或直径的钢筋代替设计中所规定的钢筋时，应了解设计意图和代用材料的性能，并须符合现行《公路钢筋混凝土及预应力混凝土桥涵设计规范》的有关规定。重要结构中的主钢筋在代用时，应由原设计单位作变更设计。

钢筋外表有严重锈蚀、麻坑、裂纹夹砂和夹层等缺陷时，应予剔除，不得使用。

2. 钢筋的加工

(1) 钢筋调直和清除污锈

钢筋调直和清除污锈应符合下列要求：钢筋的表面应洁净，使用前应将表面油渍、漆皮、鳞锈等清除干净。钢筋应平直，无局部弯折，成盘的钢筋和弯曲的钢筋均应调直。采用冷拉方法调直钢筋时，HPB235 级钢筋的冷拉率不宜大于 2%，HRB335 和 HRB400 级钢筋的冷拉率不宜大于 1%。

(2) 钢筋的弯制和末端的弯钩

钢筋的弯制和末端的弯钩应符合设计要求。

3. 钢筋的连接

(1) 钢筋的焊接与绑扎接头要求

轴心受拉和小偏心受拉杆件中的钢筋接头，不宜绑接。普通混凝土中直径大于 25mm 的钢筋，宜采用焊接。

钢筋的纵向焊接应采用闪光对焊（HRB500 钢筋必须采用闪光对焊）。当缺乏闪光对焊条件时，可采用电弧焊、电渣压力焊、气压焊。钢筋的交叉连接，无电阻点焊机时，可采用手工电弧焊。各种预埋件，T 形接头钢筋与钢板的焊接，也可采用预埋件钢筋埋弧压力焊。电渣压力焊只适用于竖向钢筋的连接，不能用做水平钢筋和斜筋的连接。钢筋焊接的接头形式、焊接方法、适用范围应符合现行《钢筋焊接及验收规程》的规定。

钢筋焊接前，必须根据施工条件进行试焊，合格后方可正式施焊。焊工必须持考试合格证上岗。

钢筋接头采用搭接或帮条电弧焊时，宜采用双面焊缝。

钢筋接头采用搭接电弧焊时，两钢筋搭接端部应预先折向一侧，使两接合钢筋轴线一致。接头双面焊缝的长度不应小于 5d，单面焊缝的长度不应小于 10d（d 为钢筋直径）。

钢筋接头采用帮条电弧焊时，帮条应采用与主筋同级别的钢筋，其总截面面积不应小于被焊钢筋的截面积。帮条长度，如用双面焊缝不应小于 5d，如用单面焊缝不应小于 10d。

凡施焊的各种钢筋、钢板均应有材质证明书或试验报告单。焊条、焊剂应有合格证，各种焊接材料的性能应符合现行的规定。

(2) 钢筋的机械连接

钢筋的机械连接，其接头性能指标应符合规定。

钢筋连接件处的混凝土保护层宜满足设计要求，且不得小于 15mm，连接件之间的横向净距不宜小于 25mm。

对受力钢筋机械连接接头的位置要求，可依照焊接接头要求办理。

带肋钢筋套筒挤压接头（以下简称挤压接头）适用直径为 16～40mm，HRB335 和 HRB400 级带肋钢筋的径向挤压连接。用于挤压连接的钢筋应符合现行国家标准的要求。

钢筋锥螺纹接头，适用于直径为 16～40mm 的 HRB335 和 HRB400 级钢筋的连接，用于连接的钢筋应符合现行国家标准的要求。锥螺纹连接套的材料宜用 45 号优质碳素结构钢材或其他经验确认符合要求的钢材。钢筋锥螺纹接头的技术要求，应符合现行《钢筋机械连接技术规程》的规定。

5.2.5 混凝土及钢筋混凝土墩、台施工要点

（1）墩台施工前应在基础顶面放出墩、台中线和墩、台内、外轮廓线的准确位置。

（2）现浇混凝土墩、台钢筋的绑扎应和混凝土的浇筑配合进行。在配置垂直方向的钢筋时应有不同的长度，以便同一断面上的钢筋接头能符合《公路桥涵施工技术规范》的有关规定。水平钢筋的接头也应内外、上下互相错开。钢筋保护层的净厚度，应符合设计规范要求。

（3）对浇筑混凝土的质量应从准备工作、拌合材料、操作技术和浇筑后养生这四方面加以控制。浇筑应选用低流动度的或半干硬性的混凝土拌合料，分层分段对称浇筑，并应同时浇完一层。各段的浇筑应到距模板上缘 10～15cm 处为止。采用插入式振捣器时，应插入下层混凝土 5～10cm。防止千斤顶和油管在混凝土和钢筋上漏油。浇筑混凝土要连续操作，如因故中途停止，应按施工缝处理。隔离后若表面不平整或有其他缺陷要予以修补。在明挖基础上灌注墩、台第一层混凝土时，要防止水分被基础吸收或基顶水分渗入混凝土而降低强度。

（4）注意掌握混凝土的浇筑速度。

（5）在混凝土浇筑过程中，应随时观察所设置的预埋螺栓、预留孔、预埋支座的位置是否移位，若发现移位应及时校正。浇筑过程中还应注意模板、支架情况，如有变形或沉陷应立即校正和加固。

（6）高大的桥台，若自身后仰，本身自重力偏心较大，为平衡台身偏心，施工时应随同填筑四周路堤土方同步砌筑或浇筑台身，防止桥台后倾或向前滑移。未经填土的台身施工高一般不宜超过 4m，以免偏心引起基底不均匀沉陷。

5.3 高桥墩施工

公路或铁路桥梁通过深沟宽谷或大型水库时采用高桥墩，能使桥梁更为经济合理，不仅可以缩短线路，节省造价，而且可以提高营运效益，减少日常维护工作。我国内昆铁路贵州威宁境内花土坡特大桥桥墩身高达 110m。高桥墩可分为实体墩、空心墩与刚架墩。自 20 世纪 70 年代以后，较高的桥墩一般均采用空心墩。

高桥墩的特点是：墩高、圬工数量多而工作面积小，施工条件差，因此需要有独特的高墩施工工艺。

高桥墩的施工设备与一般桥墩虽大体相同，但其模板却另有特色，一般有滑升模板、爬升模板、翻升模板等几种。这些模板都是依附于已灌的混凝土墩壁上，随着墩身的逐步加高而向上升高。

5.3.1 滑升模板施工

滑升模板施工的主要优点是施工进度快,在一般气温下,每昼夜平均进度可达5～6m;混凝土质量好,采用干硬性混凝土,机械振捣,连续作业,可提高墩台质量,节约木材和劳力,有资料统计表明,可省劳动力30%,节约木材70%;滑升模板可用于直坡墩身、也可用于斜坡墩身,模板本身附带有内外吊篮、平台与拉杆等,以墩身为支架,墩身混凝土的浇灌随模板缓缓滑升连续不断地进行,故而安全可靠。

1. 滑升模板构造

模板挂在工作平台的围圈上,沿着所施工的混凝土结构截面的周边组拼装配,并随着混凝土的灌注由千斤顶带动向上滑升。滑升模板的构造,由于桥墩和提升工具的类型不同,模板构造也稍有差异,但其主要部件与功能则大致相同。一般可分为顶架、辐射梁、内外围圈、内外支架、模板、平台及吊篮等。

(1)顶架。顶架的作用是将模板重量及施工临时荷载传递到千斤顶上,并用以固定内外模板。顶架由上下横梁及立柱组成,轮廓尺寸应按墩壁厚度、坡度、提升千斤顶类型等因素决定。千斤顶一般多固定在下横梁上。带有坡度的桥墩,顶架应设计成能在辐射梁上滑动的结构。

(2)辐射梁与内外围圈。辐射梁为滑动模板的平面骨架,从滑模中心向四周辐射,与顶架或支架组合起来承受荷载,又作为施工操作平台。内外围圈用来固定辐射梁两端的相对位置。

(3)内外支架。支架一般固定在辐射梁上,用调模螺栓来移动模板,模板上端则吊在辐射梁上移动。也可设计能在辐射梁上用调径螺栓来移动的支架。

(4)模板。滑动模板用2～3mm钢板制作,高度一般为1.1～1.5m。每块内模宽约0.5m,外模宽约0.6m,以适应不同尺寸的桥墩。收坡桥墩模板分固定模板与活动模板,活动模板又有边板与心板之分。固定模板应安装在顶架立柱或内外支架上,而活动模板则依靠上下横带悬挂在左右固定模板的横带上。

(5)工作平台及吊篮。工作平台是供施工人员操作、存放小工具及混凝土分配盘用。即在辐射梁上安设钢制或木制盖板。吊篮设在顶架或支架下面,供调节收坡螺栓杆、修补混凝土表面及养护等需要,宽度约为0.6～0.8m。

图5-10为滑模构造示意图。

2. 滑升模板提升设备

滑动模板提升设备主要有提升千斤顶、液压控制装置及支承顶杆几部分。

提升千斤顶常用的有螺栓杆千斤顶(图5-10)和液压千斤顶。液压控制设备是用来控制液压千斤顶提升和回油的机械,分为液压系统及电控系统两大部分。支承顶杆一端埋置于墩、台结构的混凝土中,一端穿过千斤顶心孔,承受滑模及施工过程中平台上的全部荷载。支承顶杆多用A3或A5圆钢制作。

3. 混凝土的垂直运输

采用滑模施工的高桥墩中,混凝土的垂直运输多采用井架提升混凝土,或者以井架为杆,另安装扒杆来吊送混凝土,如图5-11、图5-12所示。也可以不采用井架,利用滑模本身携带的扒杆提升混凝土,井架可用型钢或万能杆件组装。

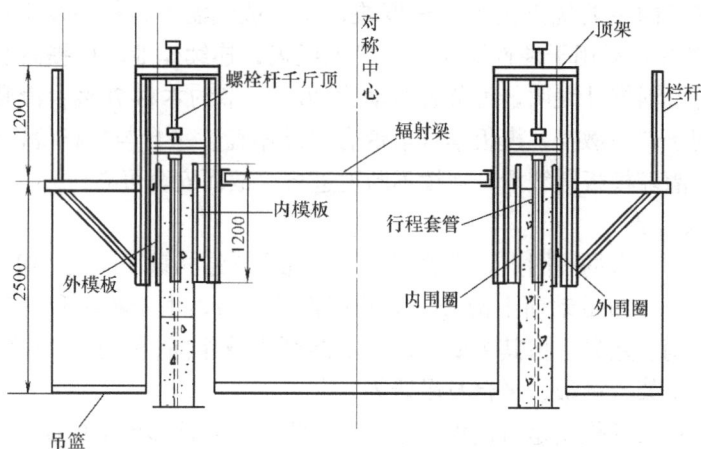

图 5-10　无坡度空心墩滑升模板构造

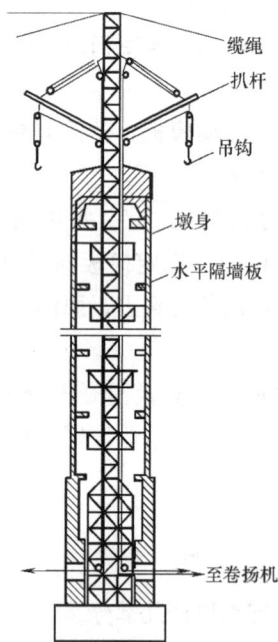

图 5-11　墩内井架布置

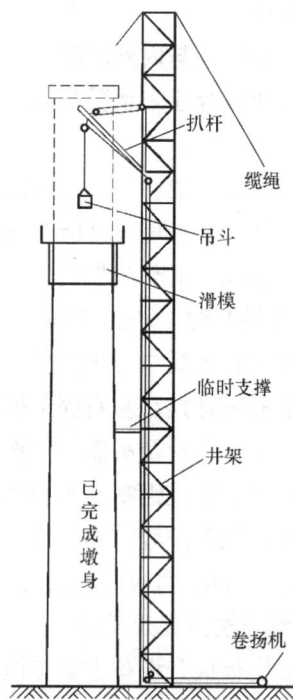

图 5-12　墩外井架布置

4. 滑升模板的设计要点

滑升模板整体结构是混凝土成型的装置，也是施工操作的主要场地，必须具有足够的整体刚度、稳定性和合理的安全度。为了保证施工质量与安全，滑升模板各组成部件，必须按强度和刚度要求进行设计与验算。

模板设计荷载及模板结构设计，与普通模板的设计思路相同。根据滑升模板提升时全部静荷载和垂直活荷载，通过计算确定支承顶杆和千斤顶的数量。提升过程中支承顶杆实

114

际受力情况比较复杂，其容许承载能力应根据工程实践的经验选用。上述计算确定的支承杆数量，还应根据结构物的平面和局部构造加以适当的调整。

支承顶杆和千斤顶的布置方案一般有均匀布置、分组集中布置以及分组集中与均匀布置相结合等几种。在筒壁结构中多采用均匀布置方案，在平面较为复杂的结构中则宜采用分组集中与均匀相结合布置方案。千斤顶在布置时，应使各千斤顶所承受的荷载大致相同，以利同步提升。当平台上荷载分布不均匀时，荷载较大的区域和摩阻力较大的区段，千斤顶布置的数量要多些。考虑到平台荷载内重外轻，在数量上内侧应较外侧布置多些，以避免顶升架提升时向内倾斜。

5. 滑模浇筑混凝土施工要点

(1) 滑模组装

在墩位上就地进行组装时，安装步骤为：

1) 在基础顶面搭枕木垛，定出桥墩中心线；2) 在枕木垛上先安装内钢环，并准确定位，再依次安装辐射梁、外钢环、立柱、顶杆、千斤顶、模板等；3) 提升整个装置，撤去木垛，再将模板落下就位，随后安装余下的设施；4) 内外吊架模板滑升至一定高度，及时安装；5) 组装完毕后，必须按设计要求及组装质量标准进行全面检查，并及时纠正偏差。

(2) 灌注混凝土

滑模宜灌注低流动度或半干硬性混凝土，灌注时应分层、分段对称地进行，分层厚度 20～30cm 为宜，灌注后混凝土表面距模板上缘宜有不小于 10～15cm 的距离。隔离后 8h 左右开始养护，用吊在下吊架上的环绕墩身的带小孔的水管来进行。养护水管一般以设在距模板下缘 1.8～2.0m 处效果较好。

(3) 提升与收坡

整个桥墩灌注过程可分为初次滑升、正常滑升和最后滑升三个阶段。从开始灌注混凝土到模板首次试升为初次滑升阶段，初灌混凝土的高度一般为 60～70cm，分三次灌注，在底层混凝土强度达到 0.2～0.4MPa 时即可试升。将所有千斤顶同时缓慢起升 5cm，以观察底层混凝土的凝固情况。现场鉴定可用手指按刚隔离的混凝土表面，基本按不动，但留有指痕，砂浆不沾手，用指甲划过有痕，滑升时能耳闻"沙沙"摩擦声，这些表明混凝土已具有必要的隔离强度，可以开始再缓慢提升 20cm 左右。初升后，经全面检查设备，即可进入正常滑升阶段。即每灌注一层混凝土，滑模提升一次，使每次灌注的厚度与每次提升的高度基本一致。在正常气温条件下，提升时间不宜超过 1h。最后滑升阶段是混凝土已经灌注到需要高度，不再继续灌注，但模板尚需继续滑升的阶段。灌完最后一层混凝土后，每隔 1～2h 将模板提升 5～10cm，滑动 2～3 次后即可避免混凝土与模板粘合。滑模提升时应做到垂直、均衡一致，顶架间高差不大于 20mm，顶架横梁水平高差不大于 5mm。

随着模板提升，应转动收坡丝杆，调整墩壁曲面的半径，使之符合设计要求的收坡坡度。

(4) 接长顶杆、绑扎钢筋

模板每提升至一定高度后，就需要穿插进行接长顶杆、绑扎钢筋等工作。为不影响提升的时间，钢筋接头均应事先配好，并注意将接头错开。对预埋件及预埋的接头钢筋，滑模抽离后，要及时清理，不使之外露。

（5）混凝土停工后的处理

在整个施工过程中，由于工序的改变，或发生意外事故，使混凝土的灌注工作停止较长时间，即需要进行停工处理。例如，每隔半小时左右稍为提升模板一次，以免粘结；停工时在混凝土表面要插入短钢筋等，以加强新老混凝土的粘结；复工时按施工缝处理规定办。

5.3.2 翻板式模板施工

翻板式模板施工的特点是一般配置多节模板（两节或三节）组成一个基本单元，每节为 1.5～3m。当浇筑完上节模板的混凝土后，将最下节模板拆除翻上来，拼装成即将浇筑部分混凝土的模板，以此类推，循环施工。翻板式模板施工根据模板翻升的工艺不同又可分为滑升翻模、爬升翻模和提升翻模等。

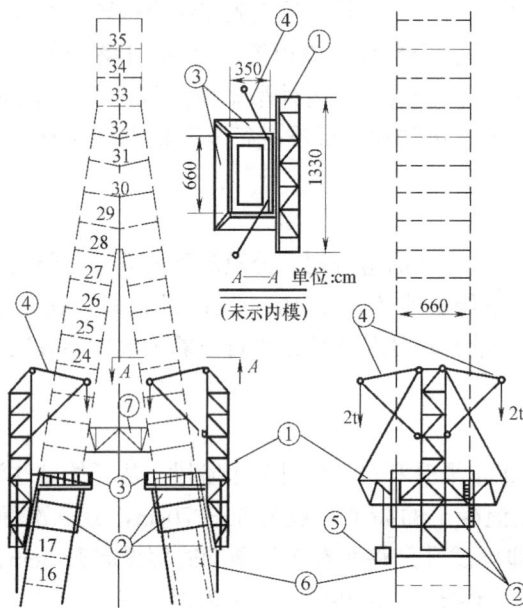

图 5-13 滑升翻模构造图

①—竖向桁架；②—模板；③—工作平台；④—扒杆；
⑤—吊斗；⑥—已灌节段；⑦—横向撑架

1. 滑升翻模

滑升翻模近年来在一些高桥墩和斜拉桥、悬索桥的索塔施工中使用较多。此种模板保留了滑升模板和大模板施工的优点，又克服了滑模的不足。主要用于不变坡的方形高墩和索塔。

滑升翻模（图 5-13）是在塔柱的一个大面模板的背面上设置竖向轨道，作为竖向桁架的爬升轨道。竖向桁架滑升带动水平桁架摇头扒杆及作业平台整体上升。桁架由万能杆件组拼，竖向桁架作为起重扒杆的中心立柱，与摇头扒杆共同受力。一个配三节模板的滑升翻模的施工程序为：

（1）灌注完两节混凝土并安装桁架及起重设备；

（2）用起重设备安装第三节模板并灌注混凝土；

（3）混凝土强度达到 10～15MPa 后，安装提升桁架设备，并将桁架及起重设备滑升 1 层高度（2.5m）；

（4）把竖向桁架固定在第二节、第三节模板背面的竖向轨值上，锁定后即可拆除第一节模板；

（5）用扒杆起吊安装第四节模板。

至此，便完成了一个滑升翻模的施工循环。

滑升翻模兼有滑升模板施工与普通模板施工的优点，既像滑升模板那样有提升平台和模板提升系统，又像普通模板那样分节分段进行安装定位，可根据模板的安装能力制定模板的分块尺寸。滑升翻模施工技术最早用于四川省犍为桥，后来在湖北郧阳汉江公路大桥索塔施工中得到进一步的发展。

116

2. 提升翻模

因支承滑升架的需要，滑升翻模更适宜采用大板式模板，所以主要用于不变坡的方形塔柱施工，对于变坡的或者弧形截面的塔墩，应用提升翻模（图 5-14）可能更为方便。

提升翻模的特点是模板没有滑升架，模板也可由大板改成小块模板，以适应墩身变坡和随着墩高变化而引起的直径曲率变化。模板和物料的提升依靠其他起重运输机械协同工作，如缆索吊车、塔吊等。拆卸模板、提升工作平台以及钢筋等物品的垂直运输均由 2 台塔吊完成，在两塔柱外侧各设一台施工电梯，用于人员的运送。

3. 爬升式模板施工

滑升模板存在一定的局限性，如墩、台施工必须昼夜进行，需要劳动力较多，混凝土表面及内部质量不稳定，支承杆件用钢量大，滑升高度受到限制，施工精度较低等。20 世纪 70 年代初出现了一种新型模板体系——爬升模板，特别适用于空心高桥墩的施工。此种模板具有设备投资较省、节约劳动力、降低劳动强度、适用范围较广和易于保证质量等优点。

（1）工艺原理

以空心墩已凝固的混凝土墩壁为承力主体，以上下爬架及液压顶升油缸为爬升设备的主体。通过油缸活塞与缸体间一个固定一个上升，上下爬架间也是一个固定一个做相对运动，从而达到上爬架和外套架、下爬架和内套架交替爬升，最后形成爬模结构整体的上升。

（2）爬模结构组成示例

图 5-15 为一用于高桥墩的液压爬模结构。主要组成部分简介如下：

1）网架工作平台：采用空间网架结构；其上安装中心塔吊，下面安装顶升爬架，四周安装 L 形支架，中间安装各种操纵控制、配电设备。其主要作用是承担上面塔吊重力和吊料时的冲击力、下面液压缸通过外套架的顶升力以及四周 L 形支架的支持反力。网架平台采用万能角铁杆件和几种连板用螺栓连接组成，方便运输与装拆。

2）中心塔吊：安装在网架平台

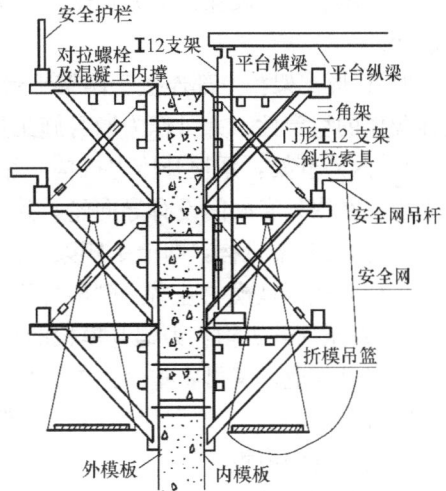

图 5-14 提升翻模构造图

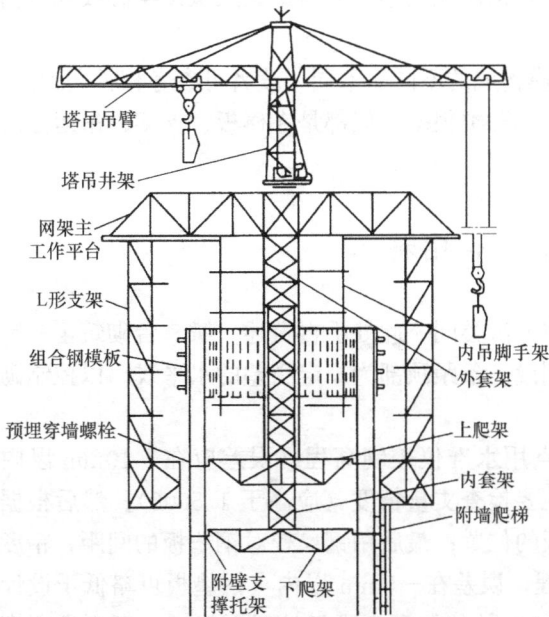

图 5-15 爬模构造图

中心处，随着整个爬模的上升而上升。采用双悬臂双吊钩形式以减少配重，可双向上料并能旋转。

3）L形支架：上部连接于网架平台四周，下部与已凝固的墩壁混凝土连接，以增加整体爬模的稳定性，并可作为墩身施工过程的脚手架。采用型钢杆件和连接板拼接而成。

4）内外套架：系顶升传力机构。靠内外套架相对运动而使爬模不断爬升。为保持升降平稳，在内外套架间设有导向轮，采用306轴承，调整、滚动均较方便。

5）内爬支架机构：即上下爬架。是整体爬模设备的爬升机构，依靠上下爬架的交替上升，从而达到爬模的升高。爬架可用箱形结构。

6）液压顶升机构：为爬升模板的动力设备。采用单泵、双油缸并联的定量系统。既可完成提升作业，又可将整个内外套架、内爬架沿壁逐级爬下，以便在墩底拆卸。

7）模板体系：一般采用专用的大模板，以加快支拆速度，提高墩身混凝土表面质量。也可采用组合钢模板。

（3）爬模施工工艺流程

1）爬模组装：可在地面拼装成几组大件，利用辅助起重设备在基础上进行组拼，也可将单构件在基础上拼装。

2）爬升工艺：配置两层大模板或组合钢模，按"一循环一节模板"施工。当上一节模板灌注完毕，经过10h左右养护，便可开始爬升，爬升就位后拆除下部一节模板，同时进行钢筋绑扎，并把拆下的模板立在上节模板之上，再进行混凝土灌注、养护、爬模爬升等工序。按此循环，两节模板连续倒用，直到浇筑完整个墩身。

3）墩帽施工：当网架工作平台的上平面高于墩顶时停止爬升。在墩壁的适当位置预埋连接螺栓，将墩壁内模拆除，并把L形外挂支架顶部杆件连接在预埋螺栓上，以此搭设墩帽外模板。将内爬井架的外套架的一节杆件嵌入桥墩帽里，并利用空心墩顶端内爬井架结构以及墩壁预埋螺栓支设实墩的底模，仍用爬模本身的塔吊完成墩顶实心段和墩帽的施工。

4）爬模拆卸：爬模拆卸程序根据爬模构成的不同而不同，读者可参考相关文献。

爬模工艺是一种正在发展中的工艺，其种类很多，但都是在模板、支架、吊运方法及爬升等方面略有不同，各有其特点。

5.4 墩、台帽施工

墩、台帽中心的定位方法与基础定位方法类同，此处不再赘述。墩、台砌筑至一定高度时，应根据水准点在墩身、台身每侧测设一条距顶部为一定高差的水平线，以控制砌筑高度。

梁桥墩、台帽施工时，应根据水准点用水准仪控制高程（误差应在-10mm以内），再测出墩、台中心及纵横轴线，墩台间距要检查丈量精度（应高于1/5000）；然后根据墩台纵横轴线在墩台上定出梁支座各钢垫板的位置；最后用钢尺校对钢垫板的间距，精度应高于1/5000，用水准仪校对钢垫板的高程，误差在-5mm以内（钢垫板可略低于设计高程，安装梁时可以垫加薄钢板找平）。钢垫板的位置和高程经校对合格后，即可根据模板浇筑墩、台顶面混凝土。

对于拱桥，墩台本身砌筑至离顶帽底约 30cm 时，再测出墩台中心及纵横轴线，据以竖立顶帽模板、安装锚栓孔、安扎钢筋等。在模板立好浇筑墩台帽前，必须对墩台帽的中线、高程、拱座斜面及各部分尺寸等进行复核，并准确地放出墩台帽的中心线及拱座预留孔。墩台帽模板尺寸允许误差为 1cm。灌注墩台帽至顶部时应埋入中心标及水准点各 1～2 个，中心标埋在中心线上并于墩台位中心呈对称位置。

对于跨度较小的梁桥，可埋设中心标和水准点各一个，墩台帽顶部水准点，应从岸上水准点测定其高程，作为安装梁上部结构的根据。

桩基础也是桥梁墩台基础常用的一种形式，各桩顶中心位置的放样是以基础的纵横轴线为坐标轴，用支距法测设。如果全桥采用统一的大地坐标系计算出每个桩中心的大地坐标，使用电磁波测距仪，在桥位控制桩上安置仪器按直角坐标法或极坐标法放样出每个桩的中心位置，为墩台帽模板放样提供依据。

5.4.1 墩台帽施工立模

各种形式的墩、台帽都由混凝土筑成，除极个别的装配式墩帽外，都需在现场设立模型板进行浇筑。一般情况下，可利用墩台身的模板及支架在其上立模；其施工方法与墩、台身基本相同。这里，只选择几种需要独自立模、具有一定代表性的墩、台帽立模方法加以介绍。

1. 石砌桥台台帽

台身坼工在砌筑到帽底标高，两侧侧墙砌至比台身底低一层石料处（约 30cm），即暂停砌筑，开始台帽立模。利用台前基础襟边设立简单排架，排架帽木与台后搁置在侧墙上的方木同高，两侧备用方木及螺栓连接固定，然后在其上安装模板如图 5-16 所示，待台帽混凝土浇筑完成，模板拆除后，再继续台口及侧墙的坼工砌筑。有的石砌桥台采用椅子背式台帽，此时，台帽与椅子背部分混凝土就应一次浇筑，使成整体。模板及支架如图 5-16 所示。为了防止椅子背模板凸肚走样，侵占了台口空间，应注意加强拉杆和支撑的设置。图 5-17 内临时支撑 7，是帮助模板定位的过渡措施，应随着混凝土浇筑的进展依次逐步卸除。

为了保证石砌墩台与混凝土台帽有很好的连接，台身坼工砌至最后一层时，只砌筑四周露面石，留出腹石不砌，待浇筑台帽混凝土时一起浇筑完成，如图 5-16 (c) 所示。

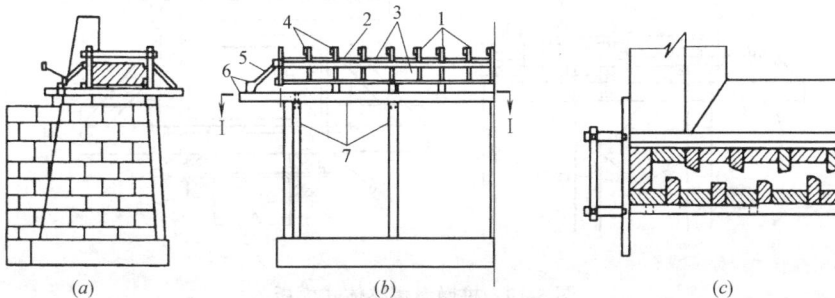

图 5-16　石砌桥台台帽模板
1—肋木；2—横档；3—模板；4—木拉杆；5—撑木；6—方木；7—支架

2. 悬臂墩帽

当桥墩不高时，可利用桥墩基础襟边竖立支架，在悬出的支架上立模，如图 5-18

(a) 所示。如墩身较高时，可预先在墩身上部埋置螺栓 2～3 排，以锚定牛腿支架、承托模型板，如图 5-18 (b) 所示。模板的安装程序为：在支架上先安好底模板，墩上扎制或整体吊放墩帽钢筋，竖立侧面模板，装横档螺栓、模内支撑、拉杆及斜撑。悬臂墩帽混凝土应由墩中向悬臂端顺次浇筑。帽高在 50cm 以上时，应分层浇筑，使模板受力较均匀，并便于混凝土振捣密实。

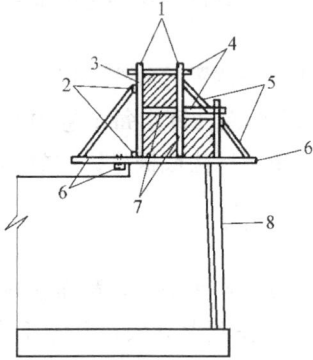

图 5-17 椅子背式台帽模板

1—肋木；2—横档；3—模板；4—木拉杆；
5—撑木；6—方木；7—临时支撑；8—支架

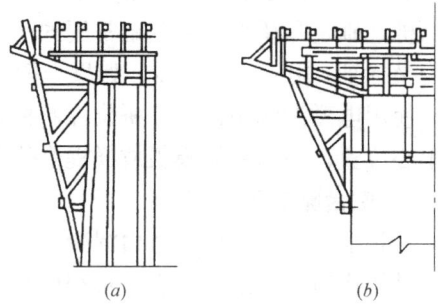

图 5-18 悬臂墩帽模板

3. 桩墩墩帽

钢筋混凝土桩墩一般都无现成支架可利用，其墩帽（盖梁）除采用装配式的以外，需要现场立模浇筑。墩帽坞工体积小，有条件利用钢筋混凝土桩本身作模板支承。其方法是用两根木梁将整排桩用螺栓相对夹紧，上铺横梁，横梁间衬以方木，调整间距，也用螺栓隔桩成对夹紧，在横梁上直接安装底模板。两侧模板借助于横梁、上拉杆和一对三角撑所组成的方框架来固定。所有框架榫眼及角撑均预先制好，安装时只用木楔尖紧框构四周，就能迅速而正确地使模板定位（图 5-19）。这种模板装拆方便，有利重复使用。对于双排桩墩，只需调整横梁长度和榫眼间距，也同样可以应用。

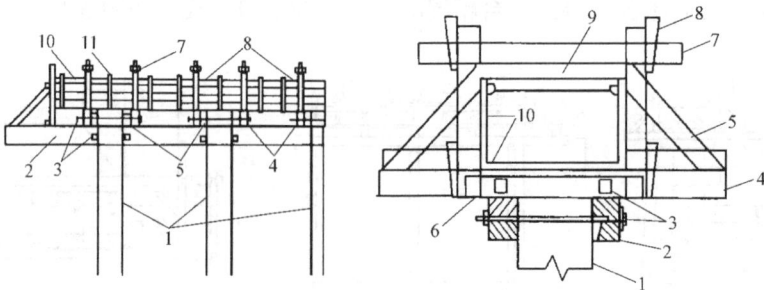

图 5-19 桩墩墩帽整体式模板

1—钢筋混凝土桩；2—木梁；3—螺栓；4—横梁；5—衬木；6—角撑；7—拉杆；
8—木楔；9—内撑；10—模板；11—肋木

5.4.2 钢筋网、预埋件施工

1. 钢筋网的设置

120

实体墩、台帽在支座下面应设置钢筋网，顶帽的其余部分大、中桥梁应设置构造钢筋，并与墩、台身钢筋相连。不设支座的桥梁顶帽，厚度适当增加后可以不设构造钢筋网。但在地震区及昼夜气温变化剧烈（在30℃以上）地区，或冬季月平均气温在0℃以下地区的小跨径桥梁墩、台帽也应设置钢筋网。悬臂式墩、台及桩、柱、排架式墩、台帽（盖梁）可参照有关规定。钢筋绑扎应遵照《公路桥涵施工技术规范》（JTG/T F50—2011）的有关规定。

2. 支座垫板的安设

在墩台帽上的支座垫板的安设一般采用预埋支座垫板和预留锚栓孔的方法。

（1）预埋支座垫板

在绑扎墩台帽和支座垫石的钢筋时，将焊有锚固钢筋的钢垫板安设在支座的准确位置上，其固定方法是将锚固钢筋和墩、台帽骨架钢筋焊接牢固，同时可将钢垫板做一木架，固定在墩、台帽模板上。为使垫板下面混凝土密实，在设计许可时，可在钢板上打孔，以排出空气和多余的水分。此法在施工时垫板不易准确就位，在浇筑混凝土时极易变位，因此在施工过程中应经常检查和校正其中线和水平标高是否符合规定。

（2）预留锚栓孔

在安装墩台帽模板时，安装好预留孔模板，在绑扎钢筋时注意将锚栓孔位置留出。此法安装支座施工方便，支座垫板位置准确。

预留锚栓孔应该下大上小，其模板可采用拼装式，锚栓孔模板安装时，顶面可比支座垫石顶面约低5mm，以便垫石顶面抹平。带弯钩的锚栓的模板安装时，应考虑弯钩的方向。为便于安装锚栓后灌实锚栓孔，可在每一锚栓孔模板的外侧上部用三角木块预留进浆槽。

锚栓孔模板可在支座垫石模板上放线定位。支座垫石混凝土强度达2.5MPa，即可撤除锚栓孔模板。

5.5 墩台附属工程

墩台附属工程包括桥台锥体护坡、台后泄水盲沟、导流建筑物等。

1. 锥坡填土

（1）锥坡填土必须分层夯实，达到最佳密度的90%以上。砂砾石土类，可以洒水夯填。采用不易风化的块石填料，应注意层次均匀，铺填密实，不可自由堆砌。有坡面的锥坡，在锥坡填土时，应留出坡面防护的砌筑位置。

（2）石砌锥坡、护坡和河床铺砌层等工程，必须在坡面或基面夯实、整平后，方可开始铺砌，以保证护坡稳定。

（3）锥坡填土应与台背填土同时进行，填土应按高程及坡度填足。

（4）桥涵台背、锥坡、护坡及拱上等各种填土，宜采用透水性土，不得采用含有泥草、腐殖物或冻土块的土。

（5）填土应在接近最佳含水量的情况下分层填筑和夯实，每层厚度不得超过0.3m，密实度应达到路基规范要求。

（6）护坡基础与坡角的连接面应与护坡坡度垂直，以防坡角滑走。

（7）铺砌层的砂砾垫层材料，粒径一般不宜大于 50mm，含泥量不宜超过 5％，含砂量不宜超过 40％。垫层应与铺砌层配合铺筑，随铺随砌。

2. 坡面砌筑

（1）一般采用干砌或浆砌片石，并以碎石或砂作垫层，随砌随垫，保证垫层厚度。砌筑时应注意石料轴线必须垂直于坡面，砌筑的石块应相互咬接，其空隙以小片石楔紧塞实。

（2）浆砌片石护坡和河床铺砌，石块应相互咬接，砌缝砂浆饱满，砌缝宽度 40～70mm。浆砌卵石护坡和河床铺砌层，应采用栽砌法，砌块应互相咬接。

（3）干砌片石护坡及河床铺砌时，铺砌应紧密、稳定、表面平顺，但不得用小石头塞垫或找平。干砌卵石河床铺砌时，应采用栽砌法。用于防护急流冲刷的护坡、河床铺砌层，其石块尺寸不得小于有关规定。

（4）片石护坡的外露面和砌顶、边口应选用较大、较平整并略加修凿的块石铺砌。

（5）砌石时拉线要张紧，砌面要平顺，护坡片石背后应按规定做碎石倒滤层，防止锥体土方被水冲蚀变形。护坡与路肩或地面的连接必须平顺，以利排水，并避免背后冲刷或渗透坍塌。

（6）砌体勾缝除设计有规定外，一般可采用凸缝或平缝，且宜待坡体土方稳定后进行。浆砌砌体，应在砂浆初凝后，覆盖养生 7～14d。养护期间应避免碰撞、振动或承重。

3. 台后泄水盲沟施工要点

（1）泄水盲沟以片石、碎石或卵石等透水材料砌筑，并按要求坡度设置，沟底用黏土夯实。盲沟应建在下游方向，出口处应高出一般水位 0.2m，平时无水的干河应高出地面 0.2m。

（2）如桥台在挖方内横向无法排水时，泄水盲沟在平面上可在下游方向的锥体填土内折向桥台前端排出，在平面上呈 L 形。

4. 导流建筑物施工要点

（1）导流建筑物应和路基、桥涵工程综合考虑施工。以避免在导流建筑物范围内取土、弃土破坏排水系统。

（2）砌筑用石料的抗压强度不得低于 20MPa；砌筑用砂浆强度等级，在温和及寒冷地区不低于 M5，在严寒地区不低于 M7.5。

（3）导流建筑物的填土应达到最佳密度 90％以上，坡面砌石按照锥体护坡要求办理。若使用漂石时，应采用栽砌法铺砌；若采用混凝土板护面，板间砌缝为 10～20mm，并用沥青麻筋填塞。

（4）抛石防护宜在枯水季节施工。石块应按大小不同规格掺杂抛投，但底部及迎水面宜用较大石块。水下边坡不宜陡于 1∶1.5。顶面可预留 10％～20％的沉落量。

（5）石笼防护基底应铺设垫层，使其大致平整。石笼外层应用较大石块填充，内层则可用较大石块码砌密实，装满石块后，用钢丝封口。石笼间应用钢丝连成整体。在水中安置石笼，可用脚手架或船只顺序投放，铺放整齐，笼与笼间的空隙应用石块填满。石笼的构造、形状及尺寸应根据水流及河床的实际情况确定。

思 考 题

1. 普通墩台施工的模板有哪些？各有何特点？
2. 高桥墩施工的模板有哪些？各有何特点？
3. 墩台的滑动模板施工前，应做好哪些工作？
4. 简述墩台附属工程施工要点。

第6章 混凝土桥上部结构施工

6.1 概　述

选择确定桥梁的施工方法，需要充分考虑桥位的地形、环境、安装方法的安全性、经济性、施工速度等。因此在桥梁设计时就要对桥位条件进行详细的调查，掌握现场的地理环境、地质条件及气象条件。施工场地处在市区内、平原、山区、跨河道、跨海湾等，其各方面的条件差别很大，运输条件和环境约束也不相同，这些条件除作为选择施工方法的依据外，同时也涉及设计方案的考虑、桥跨及结构形式的选定。

在选择施工方法时，桥梁的类型、跨径、施工的技术水平、机具设备条件也是相当重要的因素。虽然桥梁的施工方法很多，但对于不同的桥梁类型，有的适合，有的就不适合，有的则在特定的条件下可以使用。表 6-1 所列各种桥型的可选择的主要施工方法。

各种类型桥梁可选择的主要施工方法　　　　表 6-1

桥型 施工方法	简支梁	连续梁	悬臂梁	刚架桥	拱桥	拱梁组合体系	斜拉桥	悬索桥
整体支架现浇	√	√	√	√	√	√	√	√
预制安装法	√	√	√	√	√	√	√	√
悬臂施工法		√	√	√	√	√	√	
转体施工法		√	√	√	√	√	√	
顶推施工法		√					√	
逐孔施工法	√	√	√	√				
浮吊与提升施工法	√	√			√	√		√
劲性骨架施工法		√			√		√	

桥梁施工方法的选定，可依据下列条件综合考虑：

（1）使用条件。桥梁的结构形式、使用跨径、桥下空间的限制、平面场地的限制等。

（2）施工条件。工期要求、起重能力和机具设备要求、架设时是否封闭交通、架设时的临时设施、材料供应情况、施工的经济核算等。

（3）自然环境条件。山区或平原、地质条件及软弱层状况、对河道的影响、运输线路的限制等。

（4）社会环境影响。对施工现场环境的影响，包括公害、景观、污染、架设孔下的障碍、道路交通的阻碍、公共道路的使用及建筑限界等。

对于大型桥梁的施工，有时往往采用几种施工方法综合运用，以达到加快进度的目的。

6.2 支架浇筑法

支架浇筑法是通过直接在桥跨下面搭设支架，作为工作平台，然后在其上面立模浇筑梁体结构。这种方法适用于两岸桥墩不太高的引桥和城市高架桥，或靠岸边水不太深且无通航要求的中小跨径桥梁。其主要优缺点是：

(1) 优点：它不需要大型的吊装设备和开辟专门的预制场地，梁体结构中横桥向的主筋不用中断，故其结构的整体性能好。

(2) 缺点：支架需要多次转移，使工期加长，如全桥多跨一次性立架，则投入的支架费用又将大大增高。

6.2.1 支架与拱架

1. 常用的支架形式

为了完成钢筋混凝土简支梁桥的就地现浇施工，首先应根据桥孔跨径、桥孔下面覆盖土层的地质条件、水的深浅等因素，合理地选择支架形式。

支架按其构造分为立柱式支架、梁式支架和梁—柱式支架；按材料可分为木支架、钢支架、钢木混合结构和万能杆件拼装的支架等。图 6-1 示出了按构造分类的几种支架构造图。其中图 6-1 (a)、图 6-1 (b) 为立柱式支架，可用于旱桥、不通航河道以及桥墩不高的小桥施工，可采用 ϕ48、壁厚 3.5mm 的钢管搭设，通常间距为 0.4～0.8m，由扣件接长或搭接；图 6-1 (c)、图 6-1 (d) 为梁式支架，钢板梁适用于跨径小于 20m，钢桁梁适用于大于 20m 的情况；图 6-1 (e)、图 6-1 (f) 为梁—柱式支架，适用于桥墩较高，跨径较大且支架下需要排洪的情况。

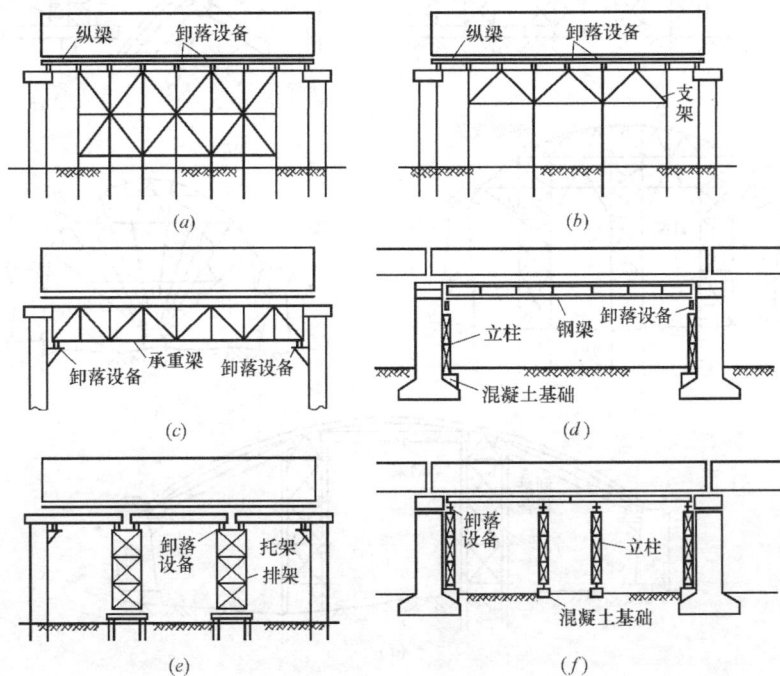

图 6-1　常用支架的主要构造

2. 拱架

拱架按结构分有支柱式、撑架式、扇形、桁式拱架、组合式拱架等；按材料分有木拱架、钢拱架、竹拱架和土牛拱胎。所谓土牛拱胎是在缺乏钢本地区，先在桥下用土或砂、卵石填筑一个土胎（俗称土牛），然后在上面砌筑拱圈，待拱圈完成后将填土清除。

木拱架的加工、制作简单，架设方便，但耗材较多，现已不多用。目前多采取钢、木混合拱架，以减少木材用量。钢拱架多用常备构件拼装，虽一次投资大，但可多次周转使用，适合在多跨拱桥中选用。

拱架一般可分为上下两部分，上部为拱架，下部为支架，上下部之间设置卸除设备。

（1）支柱式木拱架（图 6-2a）。其支柱间距小，结构简单且稳定性好，适用于干岸河滩和流速小、不受洪水威胁、不通航的河道上使用。

（2）撑架式木拱架（图 6-2b）。其构造较为复杂，但支点间距可较大，对于较大跨径且桥墩较高时，可节省木材并可适应通航。

（3）扇形拱架（图 6-2c）。它是从桥中的一个基础上设置斜杆，并用横木连成整体的扇形用以支承砌筑的施工荷载。扇形拱架比撑架式拱架更加复杂，但支点间距可以比撑架式拱架更大些，尤宜在拱度很大时采用。

（4）钢木组合拱架（图 6-2d）。它是在木支架上用钢梁代替木斜梁，可以加大支架的间距减少材料用量。在钢梁上可设置变高的横木形成拱度，并用以支承模板。

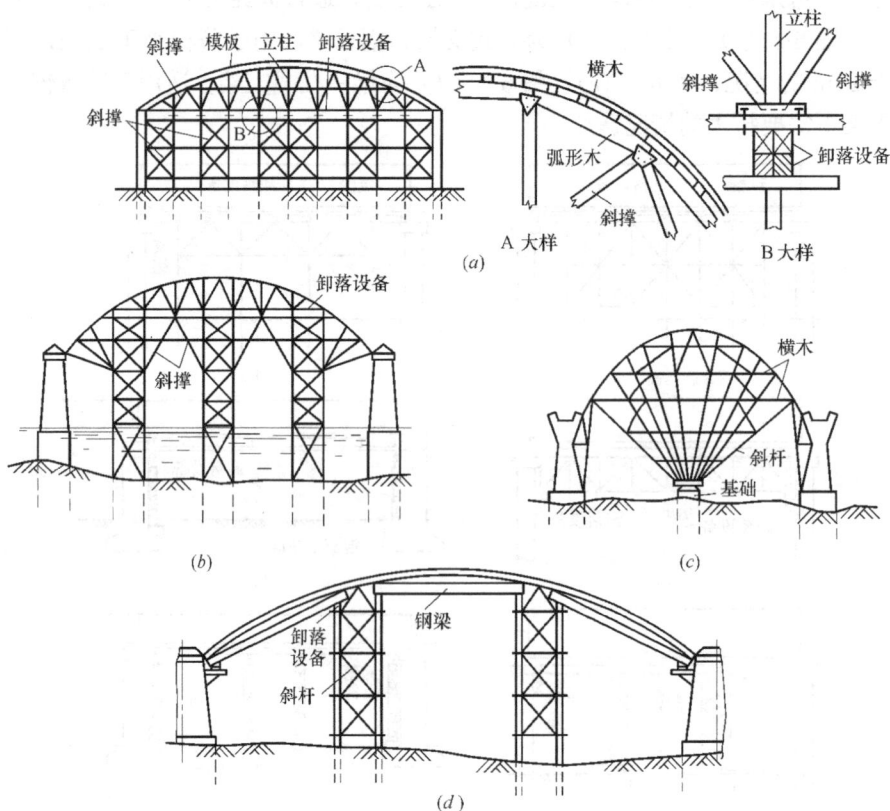

图 6-2 拱架构造图

（5）钢桁式拱架。通常用常备拼装式桁架拼成拱形拱架，即拱架由标准节段、拱顶段、拱脚段相连接杆等以钢销或螺栓连接而成。为使拱架能适应施工荷载产生的变形，一般拱架采用三铰拱。拱架在横向可由若干组拱片组成，每组的拱片数及组数依桥梁跨径、荷载大小和桥宽而定，各组间可用横向连接系连成整体。

此外还可用钢桁梁或贝雷梁与钢管脚手架组拼的拱架，它是在钢桁梁形成的平台上搭设立柱式钢管组成。

3. 支架的基础

为了保证现浇的梁体不产生大的变形，除了要求支架本身具有足够的强度、刚度以及具有足够的纵、横、斜三个方向的连接杆件来保证支架的整体性能外，支架的基础必须坚实可靠，以保证其沉陷值不超过施工规范的规定。对于跨径不大且采用满布式的木支架排架（图 6-1a），可以将基脚设置在枕木上，枕木下的垫基层必须夯实；对于梁—柱式支架，因其荷载较集中，故其基脚宜支承在临时桩基础上（图 6-1e、图 6-1f、图 6-2）；也可直接支承在永久结构的墩身或基础的上面（图 6-1c、图 6-1d）。

4. 模板

按制作材料分，桥梁施工常用的模板有木模板（木质胶合板）、钢模板、钢木结合模板、充气橡胶模板、竹材胶合板、玻璃钢模板、铝合金模板、一次性纸芯模板等。有时为了节省钢木材料，也可因地制宜利用土模或砖模来制作。按模板的拆装方法分类，可分为零拼式模板、分片装拆式模板、整体装拆式模板等。目前我国公路桥梁上用得最多的还是木模板。随着国家工业的发展，既能节约木材又可提高预制质量而且经久耐用的钢模板，正逐步得到使用和推广。

（1）木模板

在桥梁工程中最常用的模板是木模板。它的优点是制作容易，但是木材耗量大，成本较高。木模板常在没有定型设计的构件或小跨径桥梁上使用，这种模板制作容易，但易变形，周转次数少，因此，使用成本往往大于钢模板。我国由于木材资源缺乏，实木的木模板，已基本不用。但由于加工方便，重量轻，国外还在大量应用，苏通大桥桥墩采用的是进口木模板。

木模板的基本构造由紧贴于混凝土表面的壳板（又称面板）、支承壳板的肋木、立柱和横挡组成，壳板可以垂直拼装（图 6-3a）或水平拼装（图 6-3b）。壳板的接缝可做成平缝（图 6-3b）搭接缝或企口缝（图 6-3c）。当采用平缝拼接时，模板接缝必须密合，如有缝隙，需堵塞严密，以防漏浆。

为改进木模板的使用，往往在壳板上加钉一层薄钢板，使用时表面涂上隔离剂。既增加木模板的周转次数，方便隔离，又获得光滑的混凝土表面。

壳板厚度一般为 2~5cm，宽 15~18cm，不宜超过 20cm，过薄与过宽的板容易变形。肋木、立柱或横挡的尺寸可根据经验或计算确定。肋木间距一般为 0.7~1.5m。

（2）钢模板

钢模板的造价虽然高，但周转次数多，实际成本低，且结实耐用，接缝严密，能经受强力振捣，浇筑的构件表面光滑，故目前采用日益增多。

图 6-4 示出一种分片装拆式钢模板的结构组成。它是由用于截面成型的钢壳板、底模、角钢做成水平肋、竖向肋、斜撑、直撑、固定侧模用的顶部和底部拉杆等部件组成。

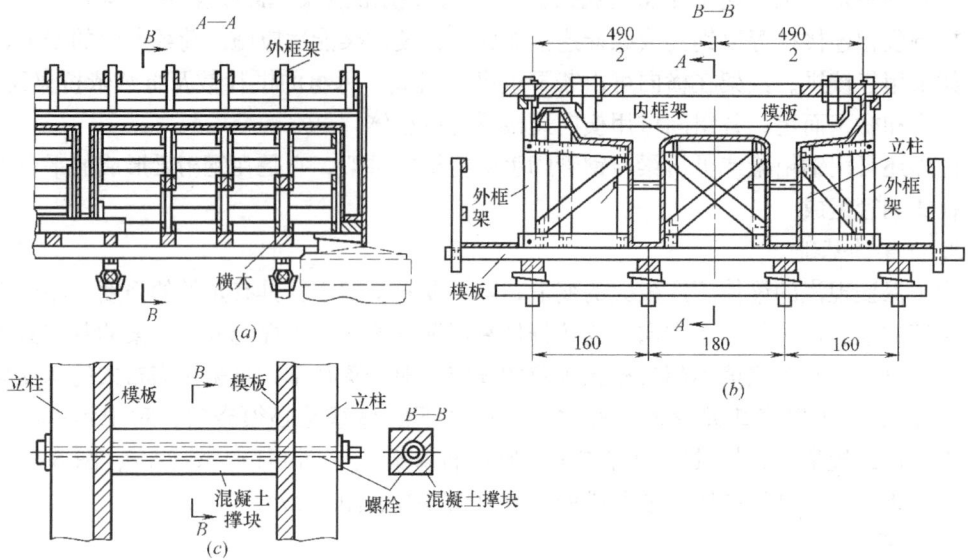

图 6-3 木模板基本构造

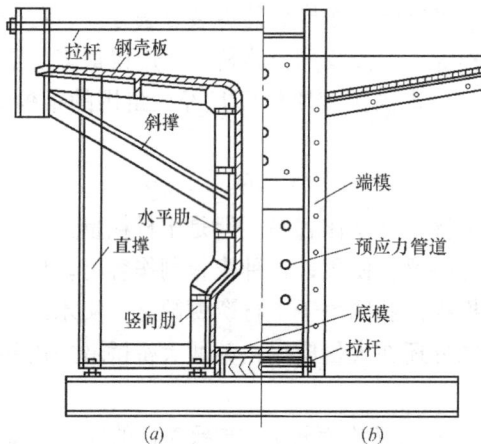

图 6-4 钢模板的组成

底模通常用 6～12mm 的钢板制成，它通过垫木支承在底部钢横梁上。

在桥梁工程中大量使用定型钢模，由加工厂特殊加工制作，定型钢模强度和刚度大，但一次性成本高，大型工地侧模一般采用定型钢模。

还有一种组合钢模，用建筑钢模拼制而成，表面粗糙，外观差，整体性差但成本低，一般用于无外观要求之处。

5. 对支（拱）架、模板的要求

（1）模板、支架、拱架虽然是临时结构，但它要承受大部分恒载，为保证结构位置和尺寸的准确，因此必须有足够的强度、刚度和稳定性。支架、模板等受力要明确，计算图式应简单明了。为了减少变形，构件应主要选用受压或受拉形式，并减少构件接缝数量。

（2）在河道中施工的支架，要充分考虑洪水和漂流物以及通过船只（队）的影响，要有足够的安全措施；同时在安排施工进度时，尽量避免在高水位情况下施工。

（3）支架、拱架在受荷后会产生变形与挠度，在安装前要有充分的估计和计算，并在安装时设置预拱度，使就地浇筑的桥跨结构线形符合设计要求。

（4）模板的接缝必须密合，如有缝隙，须用胶带纸、泡沫塑料等塞堵严密，以免漏浆。

（5）为减少施工现场的安装和拆卸工作，便于周转使用，模板、支架、拱架应尽量做成装配式组件或块件。

128

6. 模板、支架和拱架上的荷载与受力计算

计算模板、支架和拱架时，应考虑下列荷载并按表 6-2 进行组合。

(1) 模板、支架和拱架自重；

(2) 新浇筑混凝土、钢筋混凝土或其他圬工结构物的重力；

(3) 施工人员和施工材料、机具等行走运输或堆放的荷载；

(4) 振捣混凝土时产生的荷载；

(5) 新浇筑混凝土对侧面模板的压力；

(6) 倾倒混凝土时产生的水平荷载；

(7) 其他可能产生的荷载，如雪荷载、冬季保温设施荷载等。

模板、支架和拱架设计计算的荷载组合 表 6-2

模板结构名称	荷 载 组 合	
	计算强度用	验算刚度用
梁、板和拱的底模板以及支承板、支架及拱等	(1)+(2)+(3)+(4)+(7)	(1)+(2)+(7)
缘石、人行道、栏杆、柱、梁、板、拱等的侧模板	(4)+(5)	(5)
基础、墩台等厚大建筑物的侧模板	(5)+(6)	(5)

在计算模板、支架和拱架的强度和稳定性时，应考虑作用在模板、支架和拱架上的风力。设置在水中的支架尚需考虑水压力、流冰压力或船只、漂流物的撞击力等荷载。验算倾覆稳定系数不小于 1.3。

验算模板、支架及拱架的刚度时，其变形值不得超过下列数值：

(1) 结构表面外露的模板，挠度为模板构件跨度的 1/400；

(2) 结构表面隐蔽的模板，挠度为模板构件跨度的 1/250；

(3) 支架、拱架受载后挠曲的杆件（盖梁、纵梁），其弹性挠度为相应结构跨度的 1/400；

(4) 钢模板的面板变形为 1.5mm；

(5) 钢模板的钢棱和柱箍变形为 $L/500$ 和 $B/500$（其中 L 为计算跨径，B 为柱宽）。

对于拱架，各截面的应力验算，根据拱架结构及所承受的荷载，验算拱顶、拱脚及 1/4 跨各截面的应力、铁件及节点的应力，同时应验算分阶段浇筑或砌筑时的强度及稳定性。验算时不论板拱架或桁拱架均作为整体截面考虑，验算倾覆稳定系数不得小于 1.3。

7. 支架的预拱度

为了使上部结构在卸架后能得到设计规定的外形，必须在施工时设置一定数值的预拱度。梁式桥支架在确定预拱度时应考虑以下的因素：

(1) 卸架后由上部结构自重及活载的一半所产生的挠度 δ_1；

(2) 施工期间支架结构在恒载及施工荷载（施工人员、机具、设备等）作用下的弹性压缩 δ_2 和非弹性变形 δ_3；

(3) 支架基底土在荷载作用下的非弹性沉陷 δ_4；

(4) 由混凝土收缩及温度变化而引起的挠度 δ_5 等。

以上第 (2)、(3) 项引起的变形可通过对支架用同等荷载预压得到。根据梁的挠度和

支架的变形所计算出来的预拱度之和，就是简支梁预拱度的最高值，它应设置在跨径的中点。其他各点的预拱度，则按直线或二次抛物线比例进行分配，在两端的支点处则为零。

拱式桥支架在确定预拱度时应考虑以下因素：

(1) 拱圈自重产生的拱顶弹性下沉 δ_1；

(2) 拱圈由于温度降低与混凝土收缩产生的拱顶弹性下沉 δ_2；

(3) 墩台水平位移产生的拱顶下沉 δ_3；

(4) 拱架在承重后的弹性及非弹性变形 δ_4；

(5) 拱架基础受载后的非弹性压缩 δ_5；

(6) 梁式及拱式拱架的跨中挠度 δ_6。

全拱预拱度的设置，在拱顶外的其余各点可近似地按二次抛物线分配。

6.2.2 梁式桥就地浇筑施工

1. 准备工作

现场浇筑施工的梁式桥，在浇筑混凝土前要进行周密的准备工作和严格的检查。一般来说，就地浇筑施工在正常情况下一次浇筑的混凝土工作量较大，且需要连续作业。因此准备工作相当重要，不可疏忽大意。

(1) 支架与模板的检查

在浇筑混凝土之前应对支架和模板进行全面、严格的检查，核对设计图纸要求的尺寸、位置。检查支架的接头位置是否准确、可靠。卸落设备是否符合要求，检查模板的尺寸、制作是否密贴，螺栓、拉杆、撑木是否牢固，是否涂抹模板油及其他隔离剂等。

(2) 钢筋和钢索位置的检查

检查钢筋与套管是否正确地按设计图纸规定的位置布置，钢筋骨架绑扎是否牢固，套管端部、连接部分与锚具处应特别注意防止漏浆。检查锚具位置、压浆管和排气孔是否可靠。

(3) 浇筑混凝土前的准备工作

应检查混凝土供料、拌制、运输系统是否符合规定要求，在正式浇筑前对灌注的各种机具设备进行试运转，以防在使用中发生故障。要依照浇筑顺序布置好振捣设备，检查螺母紧固的可靠程度。对大型就地浇筑施工结构，必须准备备用的机械、动力。

在浇筑混凝土前，应会同监理部门对支架、模板、钢筋、预留管道和预埋件进行检查，合格后方可进行浇筑混凝土工作。

2. 混凝土的浇筑

混凝土的浇筑必须根据施工支架类型的不同，制定合适的浇筑施工方案。当浇筑体积较大时，浇筑质量将受支架变形、混凝土收缩等影响时，允许设置临时施工缝。

为保证桥跨结构的整体性要求，防止浇筑上层混凝土时破坏下层，浇筑层次的增加须有一定的速度，保证在先浇层的混凝土初凝完成之前完成次浇层的浇筑，其最小增长速度可由下式计算：

$$h \geqslant s/t$$

式中　h——浇筑时混凝土面上升速度的最小允许值（m/s）；

　　　s——浇筑混凝土的扰动深度，在无具体规定值时，可取 $s=0.25\sim0.5$m；

t——混凝土实际初凝时间（s）。

（1）简支梁混凝土浇筑

水平分层浇筑。对于跨径不大的简支梁桥，可在一跨全长内分层浇筑，在跨中合拢（图 6-5a）。分层的厚度视振捣器的能力而定，一般选用 15～30cm。为避免支架不均匀沉陷的影响，浇筑速度应尽量快，以便在混凝土失去塑性之前完成。

斜层浇筑。简支梁桥的混凝土浇筑应从主梁的两端用斜层法向跨中浇筑，在跨中合拢，T 梁和箱梁采用斜层浇筑的顺序如图 6-5（b）、图 6-5（c）所示。当采用梁式支架，支点不设在跨中时，则应在支架下沉量大的位置先浇混凝土，使应该发生的支架变形及早完成，其浇筑顺序如图 6-5（d）所示。采用斜层浇筑时，混凝土的倾斜角与混凝土的稠度有关，一般可为 20°～25°。

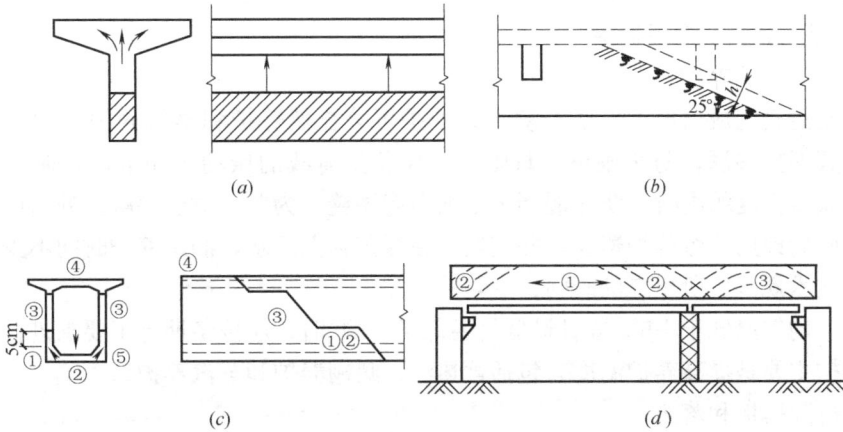

图 6-5　简支梁的浇筑方法（序号为顺序）

（2）悬臂梁、连续梁混凝土的浇筑

悬劈梁和连续梁桥的上部结构在支架上浇筑时，由于桥墩为刚性支撑，桥跨下的支架为弹性支撑。在浇筑时支架会产生不均匀沉降，因而各跨应从跨中向两端墩台进行，在桥墩处设置接缝，待支架沉降稳定后，再浇筑墩顶处梁的接缝混凝土，如图 6-6 所示。

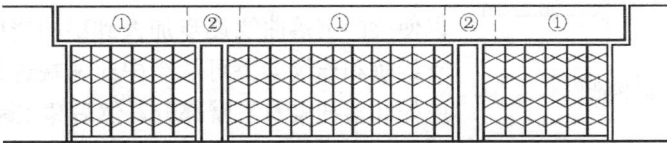

图 6-6　连续梁浇筑顺序（序号为顺序）

当在斜面或曲面上浇筑混凝土时，一般从低处开始。

（3）单元浇筑法

当桥面较宽且混凝土数量较大时，可分成若干条纵向单元分别浇筑，每个单元的纵横梁也应沿其全长采用水平分层法或斜层法浇筑。当分成纵向单元浇筑时，也应在纵梁之间的横梁处按照单元的划分留置工作缝，待各纵向单元浇筑完成后，再填接缝混凝土。最后对于桥面板按全面积一次浇筑完成，不设工作缝。

当采用水平分层法浇筑和插入式振捣器时，其分层厚度不宜超过 0.3m，并且必须在前一层混凝土开始凝结之前，将次一层混凝土浇筑完毕。当气温在 30℃ 以上时，前后两层浇筑时间相隔不宜超过 1h，当气温在 30℃ 以下时，不宜相隔 1.5h，或由试验资料来确定相隔时间。当无法满足上述规定的间隔时间时，就必须预先确定施工缝预留的位置。一般将它选择在受剪力和弯矩较小且便于施工的部位，并应按下列要求进行处理：

1）在浇筑接缝混凝土之前，先凿除老混凝土表层的水泥浆和较弱层；

2）经凿毛的混凝土表面，应用水洗干净，在浇筑次层混凝土之前，对垂直施工缝宜刷一层净水泥浆，对于水平缝宜铺一层厚为 10～20mm 的 1：2 的水泥砂浆；

3）对于斜面施工缝应凿成台阶状再进行浇筑；

4）接缝位置处在重要部位或者结构物处在地震区时，在灌注之前应增设锚固钢筋，以防开裂。

3. 混凝土养护及模板拆除

（1）混凝土的养护

混凝土浇筑完成后应及时进行养护。养护可分自然养护和蒸汽养护两种。在养护期间，应使其保持湿润，防止雨淋、日晒、受冻及受荷载的振动、冲击，以促使混凝土硬化，并在获得强度的同时，防止混凝土干缩引起裂缝。为此，对于混凝土外露面，在表面收浆、凝固后即用草帘等物覆盖，并应经常在覆盖物上洒水，洒水养护时间不少于《公路桥涵施工技术规范》所规定的时间。

当日平均气温低于 +5℃ 或日最低气温低于 −3℃ 时，应按冬期施工要求进行养护。冬期施工养护主要是提高养护温度，包括蓄热法、暖棚养护和蒸汽养护。

（2）拆除模板和落架

当混凝土抗压强度达到 2.5MPa 以后，可拆除侧面模板；当混凝土强度不小于设计强度标准值的 75% 以后，方可拆除各种梁的模板。

对于预应力梁，应在预应力筋张拉完毕或张拉到一定数量后再拆除模板，以免梁体混凝土受拉。

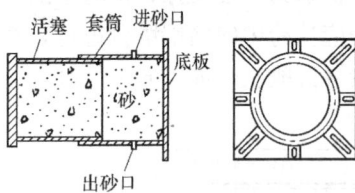

图 6-7 砂筒构造图

梁体的落架程序应从梁挠度最大处的支架节点开始，逐步卸落相邻两侧的节点，并要求对称、均匀、有顺序的进行；同时要求各节点应分多次进行卸落，以使梁的沉落曲线逐步加大到梁的挠度曲线。通常简支梁桥和连续梁桥可从跨中向两端进行，悬臂梁桥则应先卸落挂梁及悬臂部分，然后卸主跨部分。

卸架设备一般采用木楔和砂筒，其构造如图 6-7 所示。

6.2.3 拱桥就地浇筑和砌筑施工

1. 混凝土、钢筋混凝土拱桥的就地浇筑施工

在支架上就地浇筑上承式拱桥可分三个阶段进行。第一阶段浇筑拱圈或拱肋混凝土；第二阶段浇筑拱上立柱、连系梁及横梁等；第三阶段浇筑桥面系。后一阶段混凝土浇筑应在前一阶段混凝土强度达到设计要求后进行。拱圈或拱肋的拱架，可在拱圈混凝土强度达到设计强度的 70% 以上时，在第二阶段或第三阶段开始施工前拆除，但应对拆架后的拱圈稳定进行验算。

在浇筑主拱圈混凝土时，立柱的底座应与拱圈或拱肋同时浇筑，钢筋混凝土拱桥应预留与立柱的连系钢筋。主拱圈的浇筑方法主要根据桥梁跨径选定，其浇筑方法有：连续浇筑、分段浇筑和分环、分段浇筑法。

（1）连续浇筑

跨度小于 15m 的拱圈（拱肋）混凝土，应自两侧拱脚向拱顶对称与连续浇筑，并在拱脚处混凝土初凝前完成。如预计不能完成的，则应在拱脚处留设间隔缝于最后浇筑。

（2）分段浇筑

跨度大于 15m 的拱圈（拱助），应采用分段浇筑法施工，以减小混凝土收缩应力和拱架变形所产生的裂缝。划分拱段时，以拱顶为准，保持拱顶两侧均匀和对称，拱段长度一般为 6～15m。分段点宜设在拱架支点、节点等处并适当留间隔缝。间隔缝的位置应避开横撑、隔板、吊杆及刚架节点处。间隔缝宽度要以便于施工操作和钢筋连接要求的长度为标准，一般在为 30～100cm。间隔缝用混凝土强度等级比拱圈高 1.5 倍的干硬微膨混凝土。

拱段的浇筑程序应符合设计规定，在拱顶两侧对称进行，保持变形均匀与最小。

拱圈（拱肋）填充间隔缝合拢时，应由两拱脚向拱顶对称进行。间隔缝与拱段接触面应事先按施工缝进行处理。填充间隔缝合拢的时间应具备下列条件：

1）拱圈混凝土强度应达到设计强度的 50％以上。

2）合拢时的温度要满足设计要求，一般应接近当地平均年气温或在 5～10℃之间。

（3）分环、分段浇筑

分段方法与前述方法相同。分环的方法一般分成二环或三环，如图 6-8 所示。分两环浇筑时，先分段浇筑底板，然后分段浇筑肋墙、隔墙与顶板。分三环浇筑时，先分段浇筑底板，然后分段浇筑肋墙、隔墙，最后分段浇筑顶板。分环、分段浇筑时，可采用分环填充间隔缝合拢和全拱完成后一次填筑间隔缝合拢两种不同的合拢方法。分环填充间隔缝合拢时，已合拢的环层可产生拱架作用。在浇筑上面环层时可减少拱架负荷，但工期较一次合拢的方法长。采用最后一次合拢法时，仍必须一环一环地浇筑，但不是浇完一环合拢一环，而是留置于最后一起填充各环间隔缝合拢。此时，上下环的间隔缝应互相对应和贯通，其宽度一般为 2m 左右，有钢筋接头的间隔缝为 4m 左右。

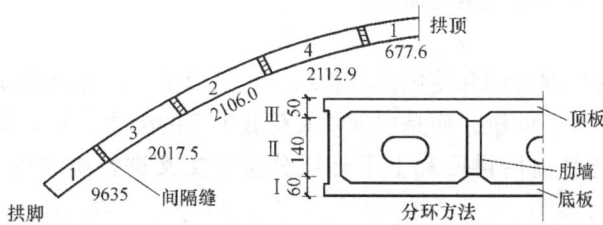

图 6-8　箱形拱圈分环、分段浇筑（cm）

2. 砖石拱圈的就地砌筑

砌筑前，石拱桥的拱石要按照拱圈的设计尺寸进行加工，为了能合理划分拱石，保证结构尺寸准确，通常需要在样台上将拱圈按 1：1 的比例放出大样，然后用木板或薄钢板在样台上按分块大小制成样板，进行编号，以利加工。

拱石分块的大小依加工能力和运输条件而定。对拱石的分缝、加工的尺寸规格与误差要求以及砂浆、小石子混凝土配合比和使用的规定，可按有关设计、施工规范办理。

在拱架上砌筑拱圈时，拱架将随荷载的增加而不断变形，有可能使已砌筑圬工产生裂缝，为了保证在整个砌筑过程中，使拱架受力均匀，变形最小，拱圈的质量符合设计要求，必须选择适当的砌筑方法和顺序。

（1）拱圈按顺序对称砌筑

跨径小于 16m 的拱圈，用满布式拱架时，可从两端拱脚起按顺序向拱顶方向对称砌筑，必须做到均衡，最后在拱顶合拢，即图 6-9 中的拱顶石。拱式拱架砌筑，宜分段，对称地先砌拱脚和拱顶段，最后砌 1/4 跨径段。

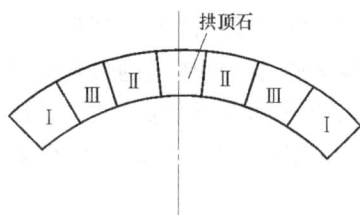

图 6-9　分段砌筑（跨径小于 25m）

（2）拱圈三分法砌筑

1）分段砌筑

跨径 16～25m 的拱圈，每半跨均应分成三段对称砌筑。分段位置一般在拱跨 1/4 点及拱顶（3/8 点）附近。当为满布式拱架时，分段位置宜在拱架节点上。

如图 6-9 所示，先砌拱脚踏实地段（Ⅰ）和（Ⅱ）、后砌 1/4 段（Ⅲ），两半跨应对称同时砌筑，最后砌拱顶石这一段。隔开砌段，若摩擦力不够（倾角过大时）应在拱段下侧设临时支撑。

跨径大于 25m 时，应按跨径大小及拱架类型等情况，在两半跨各分成若干段，均匀对称地砌筑。

分段砌筑时应预留空缝，以防止拱圈开裂（由于拱架变形而产生的），并起部分预压作用。空缝宽度 3～4cm，空缝数量视分段长度而定。一般在拱脚附近、1/4 点、拱顶及满布式拱架的节点处必须设置空缝。

2）分环砌筑

较大跨径石拱桥的拱圈，当拱圈较厚，由三层以上拱石组成时（跨径 146m 的山西丹河大桥分五层砌筑），可将全部拱圈分成几环砌筑，砌一环合拢一环。当下环砌完并养护数日后，砌缝砂浆达到一定强度时，再砌筑上环。按此方法砌筑时，下环可与拱架共同承担上环之重力，因而可减轻拱架的荷载。

3）分阶段砌筑

砌筑拱圈时，为争取时间和使拱架荷载均匀、变形正常，有时在砌完一段或一环拱圈后的养护期间，工作并不间歇，而是根据拱架荷载平衡的需要，紧接着将下一拱段或下一环层砌筑一部分。此种前后拱段和上下环层分阶段交叉进行砌筑的方法，称为分阶段砌筑。

不分环砌筑拱圈的分段方法，通常是先砌拱脚几排，然后同时砌筑拱顶、拱脚及 1/4 点等拱段，上述三个拱段砌到一定程度后，再均匀地砌筑其余拱段。

（3）预加压力砌筑

预加压力砌筑法即是在砌筑前，在拱架上预加一定重力，以防止或减少拱架弹性和非弹性下沉的砌筑方法。此法对于预防拱圈产生不正常变形和开裂较为有效。所需压重材料比拱圈本身准备使用的拱石较为简便和节省。加压顺序应与计划砌筑顺序一致。砌筑时，应尽量利用附近压重拱石就地安装，随撤随砌，使拱架保持稳定。

压重材料不能利用拱石时，也可采用砂袋等其他材料。

对于刚性较差的拱架，预压须均匀地进行，不可单纯压顶。

（4）分段支撑

分段砌筑拱圈时，如拱段倾斜角大于石块与模板间摩擦角（20°），则拱段将在切线方向产生一定的滑动。必须在拱段下方临时设置分段支撑，以防拱段向下滑动。分段支撑所需强度应通过计算求出。

分段支撑的构造依支撑强度而定，强度较大时须做成三角支撑并须支撑于拱架上。较平坦的拱段，可简单地用横木、立柱、斜撑木等支撑于拱架或模板上。分环砌筑时，上环也可用撑木支撑在下环的拱石上。

（5）拱圈合拢

砌筑拱圈时，常在拱顶预留一拢口，在各拱段砌筑完成后安砌拱顶石合拢。分段较多的拱圈和分环砌筑的拱圈，为使拱架受力对称和均匀，可在拱圈两半跨的1/4处或在几处同时砌筑合拢。为防止拱圈因温度变化而产生过大的附加应力，拱圈合拢应在设计规定的温度下进行。设计无规定时，宜选择在接近当地年平均温度或昼夜平均温度（一般为10～15℃）时进行。

3. 拱上建筑施工

拱上建筑的施工，应对称均衡地进行，避免使主拱圈产生过大的不均匀变形。

拱上砌体必须在拱圈砌筑合拢后，拱圈达到设计强度30％以后进行。拱圈一般要求不少于3昼夜的养护时间。

实腹式拱上建筑，应从拱脚向拱顶对称地砌筑，当侧墙砌完后，再填筑拱腹填料。空腹式拱一般是在腹拱墩砌筑完成后卸落主拱圈的拱架，然后在拱圈上搭设腹拱支架，再对称均衡地砌筑腹拱圈、侧墙。

拱上建筑混凝土浇筑也应自拱顶向拱脚或自拱脚向拱顶对称进行。大跨径拱桥拱上建筑的浇筑程序，按拱圈最有利的受力情况进行。

立柱混凝土应从底部到顶一次浇完，其顶端施工缝应设在横梁承托的底面。当立柱上横梁与桥面板直接连接时，横梁应与立柱同时浇筑。

梁与板一般应同时浇筑，当不得不先后分开浇筑时，其工作缝应设在板肋底面上。桥面混凝土应在前后伸缩缝间一次浇筑完成。

其他类型的桥梁，如刚架桥、中小跨度斜拉桥等也可在支架上现场浇筑施工；就主梁而言，其施工所用支架、施工的原则与程序等项均与梁桥在支架上浇筑施工相同。图6-10为一座无背索斜拉桥在支架上浇筑施工的示意图。该桥为先浇主梁，然后分段浇筑主塔并张拉斜拉索，逐段施工，

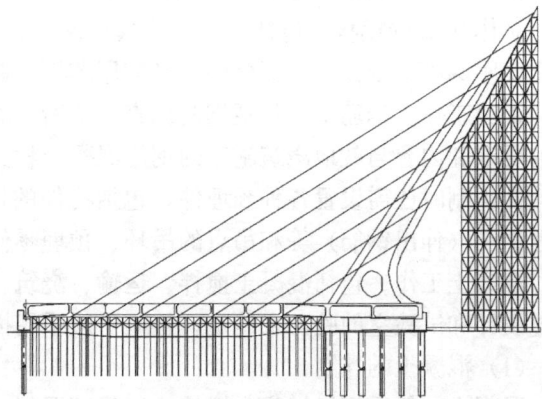

图 6-10 无背索斜拉桥支架浇筑施工示意图

直至主塔完成。

6.3 预制安装施工法

当同类桥梁跨数较多、不宜搭设支架时，通常便将桥跨结构用纵向竖缝划分成若干个独立的构件，放在桥位附近专门的预制场地或者工厂进行成批制作，然后将这些构件适时地运到桥孔处进行安装就位，通常把这种施工方法称作预制安装法。

预制安装法的优点是：桥梁的上、下部结构可以平行施工，使工期大大缩短；节省大量的支架模板，便于工厂化制作，质量容易控制，从而降低工程成本。

预制安装法的缺点是：总体用钢量偏大，构件是拼接而成，整体性比现浇会差一些，最重要的是需要大型的起吊运输设备，此项费用较高。

预制安装施工法包括分片或分段构件的预制、运输、安装三阶段；预制安装施工的桥梁也称为装配式桥梁。

6.3.1 装配式构件的预制工艺

桥梁构件的预制一般采用立式预制，这样构件在预制后即可直接运输和吊装，无需进行翻转作业。

构件预制方法按作业线布置不同分固定式预制和活动台车上预制两种。固定式预制，是构件在整个预制过程中一直在一个固定底座上，立模、扎筋、浇筑和养护混凝土等各个作业依次在同一地点进行，直至构件最后制成被吊离底座（即所谓"出坑"）。一般规模桥梁工程的构件预制大多采用此法。在活动台车上预制构件时，台车上具有活动模板（一般为钢模板），能快速地装拆，当台车沿着轨道从一个地点移动到另一个地点时，作业也就按顺序一个接一个地进行。预制场布置成一个流水作业线，构件分批地进入蒸养室进行养护。如果是后张法预应力构件，则从蒸养房出来后，即进入顶应力张拉作业点。用这种方法预制构件，可采用强有力的底模振捣和快速有效的养护，使构件的预制质量和速度大为提高。这种方法适用于大批地或永久性地制造构件的预制工厂。

1. 构件预制的准备

构件预制有关的准备工作包括模板工作、钢筋工作和混凝土工作等。

模板工作。根据工程规模和预制工作量大小，模板可采用钢制、木制或钢木结合模板。制作 T 梁的模板，包括底模、侧模和端模。底模支承在底座上，底座有木底座和混凝土底座两种。制作空心板构件，尚需用芯模。制作箱梁节段，则另需内模。

钢筋工作。钢筋工作包括钢筋调直、切断、除锈、弯钩、焊接和绑扎成型等工作。工作的要求和内容与就地浇筑施工的钢筋混凝土桥梁基本相同。但对预制装配式桥梁来说，在构件预制时还需设置各种预埋件，包括构件的接缝和接头部位的预埋角钢、预埋钢板、预埋钢筋（伸出钢筋）等和吊点的吊环、预埋零件等。预埋件须与钢筋骨架牢固地连接。

混凝土工作。包括混凝土搅拌、运输、浇筑、振捣和养护及拆模等工序。其配合比应通过设计和试验室的验证来确定，拌制一般采用搅拌机。

（1）混凝土的拌制

混凝土一般采用机械集中搅拌，以保证混凝土的质量并减小环境污染。混凝土的配合比应根据混凝土的强度等级、钢筋的间距、浇筑方法、施工季节等因素，通过计算并由试验室试配、验证来确定。在拌制的过程中，应严格控制水灰比，不得任意增加用水量。混凝土的拌合最短时间不少于45s，以石子表面包满砂浆及各种组成材料混合均匀、颜色一致为标准。

(2) 混凝土的运输

混凝土应以最少的转运次数、最短的距离迅速从搅拌地点运往灌注位置。并根据工程情况和设备情况选择运输工具。运输道路要平整，防止混凝土因颠簸振动而发生离析、泌水和灰浆流失现象，一经发现，必须在浇筑前进行再次搅拌。

混凝土从拌和机内卸出，经运输、浇筑直至振捣完毕的延续时间不宜超过表6-3的规定，如果超出规定时间，应在浇筑点检验其稠度，并制作试验块检验其强度。

混凝土运输、浇筑允许时间表 (min)   表6-3

混凝土强度等级	气 温	
	≤25℃	>25℃
≤C30	120	90
>C30	90	60

注：1. 对掺有外加剂或采用快硬水泥拌制的混凝土，其延续时间应按试验确定。
    2. 对轻集料混凝土，其延续时间应适当缩短。

混凝土自高处倾落时，为防止离析，其自由倾落高度不宜超过2m；超过2m时，应采用串筒、溜槽或振动溜管等工具协助输送；倾落高度大于10m时，串筒内应附设减速叶片。使用混凝土泵运送混凝土，既可简便竖直运输的工作，提高工效，又可保证混凝土的拌制质量。

2. 钢筋混凝土构件的施工工艺

普通钢筋混凝土简支梁构件的预制较为简单，在地面专门的场地上，完成构件的制作，然后堆放在场地的一侧，等待运到桥孔处进行安装，下面主要介绍钢筋的加工与安装。

钢筋需经过调直、除锈、下料、弯曲、钢筋的焊接或绑扎等工序形成钢筋骨架后方可用于结构中。钢筋的规格、型号和加工工序比较多，各工序的质量在混凝土浇筑后又无法检查，故必须认真、严格地控制钢筋骨架的施工质量。

(1) 钢筋加工的准备工作

1) 钢筋的检查

钢筋进场后，应检查出厂证明书。并应对钢筋进行抽样试验，检验其屈服强度、极限强度以及冷弯及可焊性能。

2) 钢筋的调直与除锈

直径10mm以下的钢筋多卷成盘圆形，而粗钢筋常弯成"发卡"形，以便运输和储存，因此运到工地的钢筋应先进行调直。直径10mm以下的盘圆钢筋常用人力或电动绞车冷拉调直（伸长率不大于1%）。这样还能提高钢筋强度和清除铁锈。直径10mm以上的钢筋一般放在工作台上用手锤敲直。调直后的钢筋应平直，无局部曲折。

钢筋应有清洁的表面，使钢筋与混凝土间有可靠的粘结力。油渍、漆皮、鳞锈均应在使用前清除干净。除锈的方法可采用钢丝刷、砂盘等工具进行清除。

3) 钢筋的画线下料

钢筋经调直、除去污锈后，即可按图纸要求进行画线下料工作。为了使成型的钢筋比较精确地符合设计要求，在下料前应计算图纸上所标明的折线尺寸与弯折处实际弧线尺寸之间的差值（通常可查阅现成的计算表格），同时还应计入钢筋在冷拉弯折过程中的伸长量，弯折伸长量可按表6-4估算。

钢筋弯折伸长量估算表（cm）　　　　　　　　表6-4

钢筋直径 （mm）	弯折角度			钢筋直径 （mm）	弯折角度		
	180°	90°	45°		180°	90°	45°
6	1.0	0.5	不计	20	3.0	1.5	1.0
8	1.0	1.0	不计	22	4.0	2.0	1.0
10	1.5	1.0	不计	25	4.5	2.5	1.5
12	1.5	1.0	0.5	27	5.0	3.0	2.0
14	2.0	1.5	0.5	32	6.0	3.5	2.5
16	2.5	1.5	0.5				

下料长度可按如下公式计算：

下料长度＝钢筋设计长度＋接头长度－弯折伸长量

钢筋弯制前准备工作的最后一道工序为下料，即截断钢筋，通常视钢筋直径大小，用錾子、手动剪切机和电动剪切机来进行。

4）钢筋的弯制和连接

下料后钢筋可在工作平台上用手工或电动弯筋器按规定的圆曲半径弯制成型，钢筋的两端亦应按图纸弯成所需的标准弯钩。如钢筋图中对弯曲半径未作规定时，宜以15d（d为钢筋直径）为半径进行弯制。对于需要较长的钢筋，最好在接长以后再进行弯制，这样较容易控制尺寸。

钢筋的接头应采用电焊，并以闪光接触对焊为宜，这种接头的传力性能好，且省钢材。在缺乏闪光对焊条件时，可采用电弧焊（如搭接焊、棒条焊、坡口焊、熔槽焊等）。焊接接头应设置在内力较小处，在构件内应尽量错开布置，在任一搭接长度的区间内，接头数量应根据接头和钢筋的受力性能，满足《公路桥涵施工技术规范》（JTG/T F50—2011）的要求。且受拉主钢筋的接头截面积不得超过受力钢筋总截面积的50%。装配式构件连接处受力钢筋的焊接接头可不受此限制。

直径不大于25mm的受力钢筋，也可采用绑扎搭接，接头长度不应小于表6-5的规定。且搭接长度区段内受力钢筋接头的截面积，在受拉区不得超过钢筋总截面积的25%，在受压区不得超过50%。受压钢筋绑扎接头的搭接长度，应取受拉钢筋绑扎接头的0.7倍。

受拉钢筋绑扎接头的搭接长度　　　　　　　　表6-5

钢　筋　种　类		混凝土强度等级		
		C20	C25	高于C25
HPB235级钢筋		35d	30d	25d
月牙纹	HRB335	45d	40d	35d
	HRB400	55d	50d	45d

直径大于 25mm 的钢筋一般采用机械连接或焊接，优先采用机械连接。当采用搭叠式电弧焊接时，钢筋端都应预先折向一侧，使两接合钢筋轴线一致。搭接时，双面焊缝的长度不得小于 $5d$，单面焊缝的长度不得小于 $10d$（d 为钢筋直径），如图 6-11 (a) 所示。

当采用夹杆式电弧焊接时，夹杆的总截面面积不得小于被焊钢筋的截面积。夹杆长度，如用双面焊缝不小于 $5d$，用单面焊时不应小于 $10d$，如图 6-11 (b) 所示。

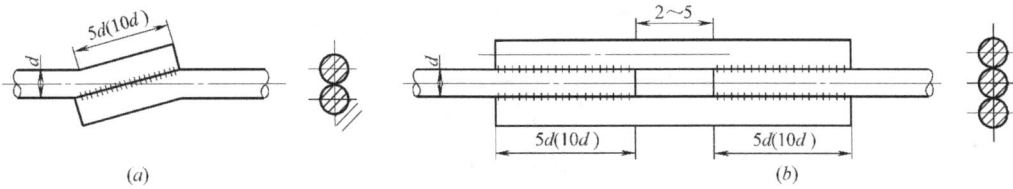

图 6-11　钢筋接头焊缝形式（括号内数字为单面焊缝）
(a) 搭叠式电弧焊；(b) 夹杆式电弧焊

（2）钢筋骨架的组成与安装

1）钢筋骨架的组成

混凝土内的钢筋骨架是由纵向钢筋（主筋）、架立筋、箍筋、弯起钢筋（斜筋）、分布钢筋以及附加钢筋构成。关于这些钢筋的作用及截面的计算详见《结构设计原理》一书。图 6-12 给出了普通矩形截面梁的钢筋骨架构造。

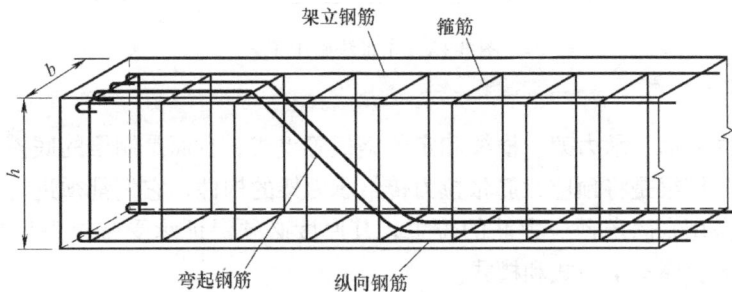

图 6-12　简支梁的钢筋构造梁的纵剖面

2）钢筋骨架的成型

钢筋骨架都要通过钢筋整直→切断→除锈→弯曲并焊接或者绑扎等工序以后才能成型。除绑扎工序外，每个工序都可应用相应的机械设备来完成。对于就地现浇的结构，焊接或者绑扎的工序多放在现场支架上来完成，其余可在工地附近的钢筋加工车间来完成。

钢筋骨架的焊接一般采用电弧焊，先焊接成单片平面骨架，再将它组拼成立体骨架。组拼后的骨架需有足够的刚性，焊缝需有足够的强度，以便在搬运、安装和灌注混凝土过程中不致变形、松散。

焊接成型的钢筋骨架，安装比较简单，用一般的吊装设备吊入模板即可。

3. 预应力混凝土先张法施工工艺

先张法预制构件的制作工艺是在浇筑混凝土之前先进行预应力筋的张拉，并将其临时固定在张拉台座上，然后完成基本施工工艺流程，待混凝土达到规定强度（但不得低于设计强度等级的 70%）时，放松预应力筋，利用力筋回缩和与混凝土之间的粘结作用，使构件获得预应力，其基本工序主要有：张拉台座布置、力筋制作、力筋张拉、浇筑混凝土等，其工艺流程如图6-13所示。

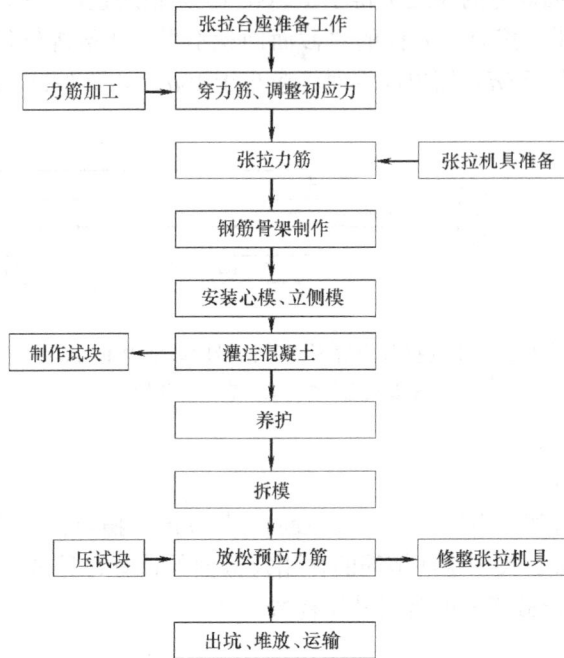

图6-13 先张法施工工艺

（1）台座

张拉台座由台面、承力架、横梁和定位钢板等组成。台面是制梁的底模，承力架承受全部的张拉力，横梁是将预应力筋张拉力传给承力架的构件，它们都须进行专门的设计计算。定位钢板是用来固定预应力筋的位置，其厚度必须保证承受张拉力后具有足够的刚度。目前常用的台座有重力式和槽式。

重力式台座是靠自重和土压力来平衡张拉力所产生的倾覆力矩，并靠土基的反力和摩擦力来抵抗水平位移（图6-14）。

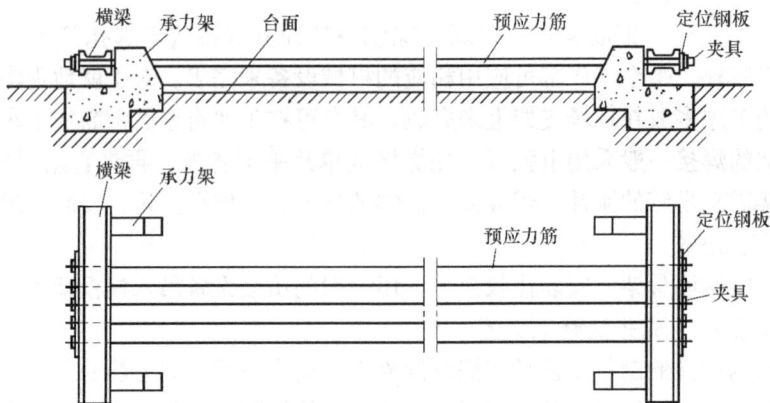

图6-14 重力式台座构造示意图

140

（2）预应力钢筋张拉

先张法张拉多采用一端张拉，另一端安放好预应力钢筋的放松装置。为了避免台座承受过大的偏心力，应先张拉靠近台座截面重心处的预应力筋。

同时张拉多根预应力筋时，应预先调整其初应力，使相互之间的应力一致；张拉过程中，应使活动横梁与固定横梁始终保持平行，并应抽查力筋的应力值，其偏差的绝对值不得超过按一个构件全部力筋预应力总值的 5%。

预应力筋张拉完毕后，与设计位置的偏差不得大于 5mm，同时不得大于构件最短边长的 4%。

先张法预应力筋的张拉应符合设计要求，若设计无规定时，其张拉程序可按表 6-6 中的规定进行。

先张法预应力筋张拉程序　　　　　　　　　　　　表 6-6

预应力筋种类	张 拉 程 序
钢筋	0→初应力→$1.05\sigma_k$（持荷 2min）→$0.9\sigma_k$→σ_k（锚固）
钢丝、钢绞线	对于夹片式具有自锚性能的锚具： 普通松弛力筋：0→初应力→$1.03\sigma_k$（锚固） 低松弛力筋：0→初应力→σ_k（持荷 2min 锚固）

注：表中 σ_k 为张拉时的锚下控制应力。

（3）预应力筋的放松

当混凝土达到了预期的强度以后，才可以从台座上将预应力筋的张拉力放松。预应力筋放松时应分阶段、对称、相互交错地放松。放松的方法有多种，下面介绍常用的两种方法。

1）千斤顶放松：首先要在台座上重新安装千斤顶，先将力筋稍张拉至能够逐步扭松、端部可固定螺母的程度，然后逐渐放松千斤顶，让钢筋慢慢回缩完毕为止（图 6-15）。

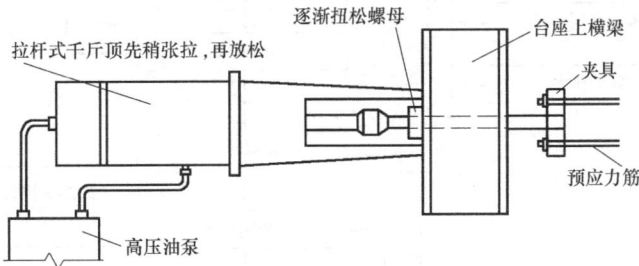

图 6-15　千斤顶放松示意图

2）砂筒放松：在张拉预应力之前，在承力架和横梁之间各放一个灌满被烘干过的细砂子砂筒（图 6-16）。张拉时筒内砂子被压实。当需要放松预应力筋时，可将出砂口打开，使砂子慢慢流出，活塞徐徐顶入，直至张拉力全部放松为止。本法易于控制放松速度，故应用较广。

4. 预应力混凝土后张法工艺

后张法采用在浇筑梁体混凝土前，在梁体内按设计要求须留预应力束（筋）孔道，待梁体混凝土达到规定强度时，再在预留孔道内穿预应力束（筋），并进行张拉、锚固，最

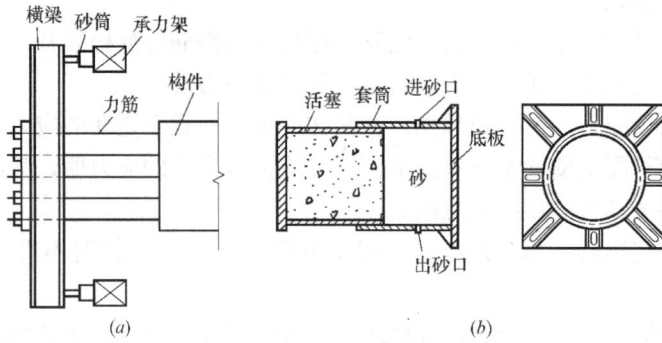

图 6-16　砂筒放松示意图

后在管道内进行压浆。现场浇筑的板梁、T 梁、箱梁大都采用后张法工艺（图 6-17）。

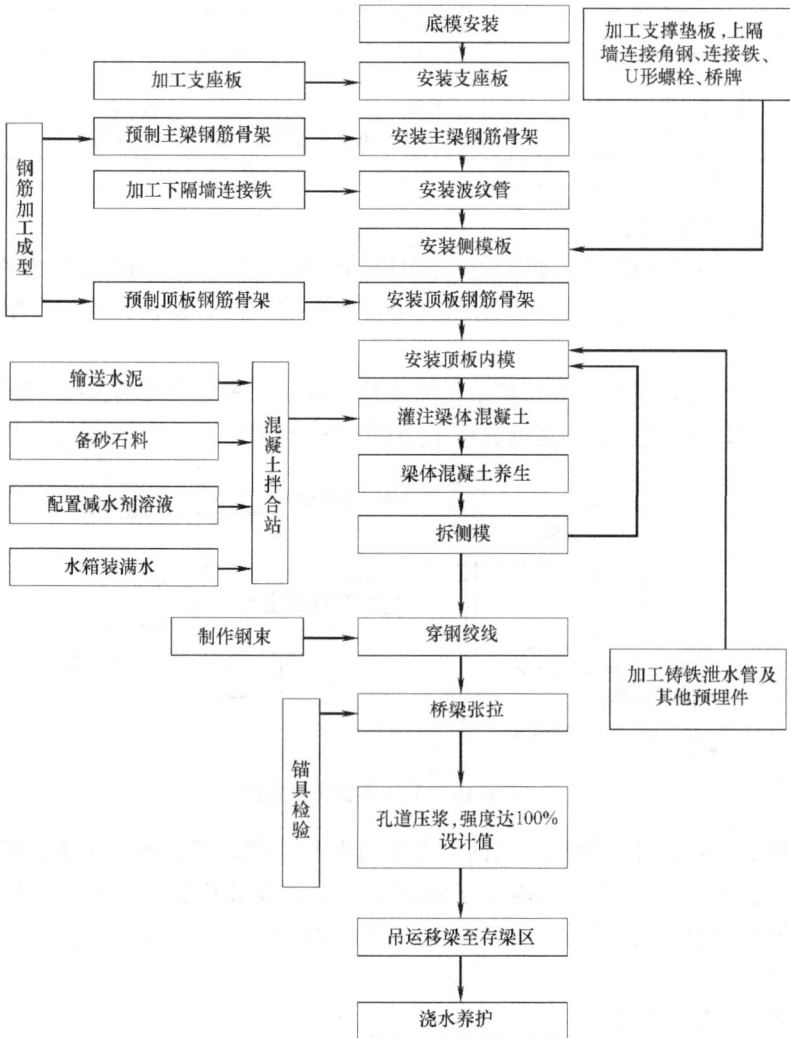

图 6-17　后张法工艺流程图

（1）预应力筋孔道的成型

梁体内管道成型，按照制孔的方式可分为预埋式制孔器和抽拔式制孔器两大类，但目前抽拔式应用已不太多。各地主要采用的预埋式制孔器主要有预埋金属波纹管和PE塑料管等，由于塑料波纹管摩擦系数低，有取代金属波纹管的趋势。

波纹管按设计位置和形状固定在钢筋骨架中，所有管道均应设压浆孔，还应根据规范要求在最高点设排气孔。管道在模板内安装完毕后，应将其端部盖好，防止水或其他杂物进入。待混凝土灌注后，形成预应力筋的孔道。

（2）预应力筋的安装

预应力筋可在浇筑混凝土之前或之后穿入管道（分别称为先穿束和后穿束），对钢绞线，可将一根钢束中的全部钢绞线编束后整体装入管道中，也可逐根将钢绞线穿入管道。穿束前应检查锚垫板和孔道，锚垫板应位置准确，孔道内应畅通，无水和其他杂物。

预应力筋安装后的保护需要注意以下几点：

1）对在混凝土浇筑及养生之前安装在管道中但在下列规定时限内没有压浆的预应力筋，应采取防止锈蚀或其他防腐蚀的措施，直至压浆。

2）在力筋安装在管道中后，管道端部开口应密封以防止湿气进入。采用蒸汽养生时，在养生完成之前不应安装力筋。

3）在任何情况下，当在安装有预应力筋的构件附近进行电焊时，对全部预应力筋和金属件均应进行保护，防止溅上焊渣或造成其他损坏。

对于先穿束的管道，力筋安装完成后，应进行全面检查，以查出可能被损坏的管道。在混凝土浇筑之前，必须将管道上一切非有意留的孔、开口或损坏之处修复，并应检查力筋能否在管道内自由滑动。

（3）预应力筋的张拉

1）张拉前的准备工作

张拉时，构件的混凝土强度应符合设计要求，设计未规定时，不应低于设计强度等级值的75%。

应使用能张拉多根钢绞线或钢丝的千斤顶同时对每一钢束中的全部力筋施加应力，但对扁平管道中不多于4根的钢绞线除外。

预应力筋张拉端的设置应符合设计要求，当设计无具体要求时，应符合下列规定：

① 对曲线预应力筋或长度大于等于25m的直线预应力筋，宜在两端张拉；对长度小于25m的直线预应力筋，可在一端张拉。

② 曲线配筋的精轧螺纹钢筋应在两端张拉，直线配筋的可在一端张拉。

③ 当同一截面中有多束一端张拉的预应力筋时，张拉端宜分别设置在构件的两端。预应力筋采用两端张拉时，可先在一端张拉锚固后，再在另一端补足预应力值进行锚固。张拉时应避免构件呈过大的偏心状态，因此，应对称于构件截面进行张拉，或先张拉靠近截面重心处的预应力筋，后张拉距截面重心较远处的预应力筋。

预应力筋在张拉控制应力达到稳定后方可锚固。预应力筋锚固后的外露长度不宜小于30mm，锚具应用封端混凝土保护，当需长期外露时，应采取防止锈蚀的措施。一般情况下，锚固完毕并经检验合格后即可切断端头多余的预应力筋，严禁用电弧焊切割。

2）张拉程序

不同预应力筋的构件所采用的张拉程序见表 6-7 所列。

后张法预应力筋张拉程序 表 6-7

预应力筋		张 拉 程 序
钢筋、钢筋束		$0 \rightarrow$ 初应力 $\rightarrow 1.05\sigma_k$（持荷 2min）$\rightarrow \sigma_k$（锚固）
钢绞线束	对于夹片式等具有自锚性能的锚具	普通松弛力筋：$0 \rightarrow$ 初应力 $\rightarrow 1.03\sigma_k$（锚固）
		低松弛力筋：$0 \rightarrow$ 初应力 $\rightarrow \sigma_k$（持荷 2min 锚固）
	其他锚具	$0 \rightarrow$ 初应力 $\rightarrow 1.05\sigma_k$（持荷 2min）$\rightarrow \sigma_k$（锚固）
钢丝束	对于夹片式等具有自锚性能的锚具	普通松弛力筋：$0 \rightarrow$ 初应力 $\rightarrow 1.03\sigma_k$（锚固）
		低松弛力筋：$0 \rightarrow$ 初应力 $\rightarrow \sigma_k$（持荷 2min 锚固）
	其他锚具	$0 \rightarrow$ 初应力 $\rightarrow 1.05\sigma_k$（持荷 2min）$\rightarrow 0 \rightarrow \sigma_k$（锚固）
精轧螺纹钢筋	直线配筋时	$0 \rightarrow$ 初应力 $\rightarrow \sigma_k$（持荷 2min 锚固）
	曲线配筋时	$0 \rightarrow \sigma_k$（持荷 2min）$\rightarrow 0$（上述程序可反复几次）$\rightarrow$ 初应力 $\rightarrow \sigma_k$（持荷 2min 锚固）

注：表中 σ_k 为张拉时的锚下控制应力。

（4）后张孔道灌浆

预应力筋张拉后，孔道应尽早灌浆。孔道灌浆有真空辅助灌浆和常规压浆两种方法。

水泥浆的强度应符合设计规定，设计无具体规定时，应不低于梁体混凝土强度的80％且不低于 30MPa。对截面较大的孔道，水泥浆中可掺入适量的细砂。压浆前，应对孔道进行清洁处理。

压浆时，对曲线孔道和竖向孔道应从最低点的压浆孔压入，由最高点的排气孔排气和泌水。压浆顺序应先压注下层孔道。水泥浆自拌制压入孔道的延续时间，视气温情况而定，一般在 30～45min 范围内。

水泥浆在使用前和压注过程中应连续搅拌。对于因延迟使用所致的流动度降低的水泥浆，不得通过加水来增加其流动度。压浆应缓慢、均匀地进行，不得中断。应将所有最高点的排气孔一一放开和关闭，使孔道内排气通畅。

较集中和临近的孔道，宜尽量先连续压浆完成，不能连续压浆时，后压浆的孔道应在压浆前用压力水冲洗通畅。压浆过程中及压浆后 48h 内，结构混凝土的温度不得低于5℃，否则应采取保温措施。当气温高于 35℃时，压浆宜在夜间进行。

（5）封锚

孔道灌浆后对需封锚的锚具，压浆后应立即先将其周围冲洗干净并对梁端混凝土凿毛，然后设置钢筋网浇筑封锚混凝土。在绑扎端部钢筋网和安装封端模板时，要妥善处理，以免在灌注混凝土时因模板走动而影响梁长。封锚混凝土的强度应符合设计规定，一般不宜低于构件混凝土强度等级值的 80％。浇完封端混凝土并静置 1～2h 后，应按一般规定进行浇水养护。

长期外露的锚具，应采取防锈措施。对后张预制构件，在管道压浆前不得安装就位，在压浆强度达到设计要求后方可移运和吊装。

6.3.2 预制梁的出坑和运输

1. 出坑

预制构件从顶制场的底座上移出来，称为"出坑"。钢筋混凝土构件在混凝土强度达到设计强度 75％以上，预应力混凝土构件在顶应力张拉以后才可出坑。

构件出坑方法，一般采用龙门吊机将预制梁起吊出坑后移到存梁处或转运至现场，如简易预制场无龙门吊机时，可采用汽车式或履带式吊机起吊出坑，也可用横向平移出坑。

2. 运输

预制梁从预制场至施工现场的运输称为场外运输，常用大型平板车、驳船或火车运至桥位现场。不论属于哪类运输方式，都要求在运输过程中，构件的放置要符合受力方向，并在构件的两侧采用斜撑和木楔加以临时固定，防止构件发生倾倒、滑动或跳动造成构件的损坏。

预制梁在施工现场内运输称为场内运输，常用龙门轨道运输、平车轨道运输、平板汽车运输，也可采用纵向滚移法运输。

6.3.3 预制梁的安装

预制梁的安装是装配式桥梁施工中的关键性工序，是一项复杂的高空作业，方法很多，归纳起来可分为人工架设、机械架梁和浮运架梁这三大类。一般在岸上或浅水区预制梁的安装可采用龙门吊机、汽车吊机及履带吊机安装；水中梁跨常采用穿巷吊机安装、浮吊安装及架桥机安装等方法。

1. 自行式吊车架梁

对于桥梁高度不大的中、小跨径桥梁，可以采用自行式吊车（汽车吊车或履带吊车）架梁。这是一种机械架梁方法，适用于陆地桥梁、城市高架桥或其他场地许可的桥梁，或者桥下可以设置施工便道的场地。根据吊装质量的不同，用一台或两台（抬吊）吊车直接在桥下进行吊装（图 6-18a）；如果桥下是河道或桥墩较高时则将吊车直接开到桥上，利用吊机的伸臂边架梁、边前进（图 6-18b），不过采用此种方法时必须先核算主梁是否能够承受吊车、被吊构件、机具以及施工人员等的重力，这时应注意钢丝绳与梁面的夹角不能太小，一般以 45°～60°为宜。

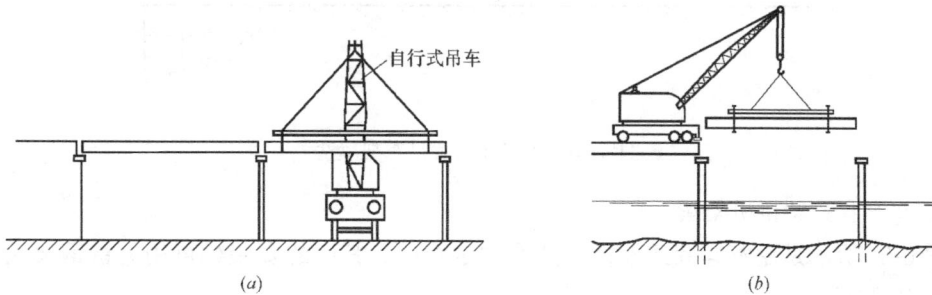

自行式吊车

(a)　　　　　　　　　　(b)

图 6-18　小跨径梁的架设

2. 浮吊船架梁

浮吊船架梁法是将预制梁用各种方法移装到驳船上，并浮运到架设孔后提升就位安装的方法。浮吊实际是扒杆吊与驳船的联合体，它适用在通航河道上的桥孔下面架桥，施工时需要装梁船和牵引船与之相配合，预制构件装在梁船上，随时供浮吊船起吊，如图6-19所示。浮吊船宜逆流而上，先远后近地安装。吊装前应先下锚定位，航道要临时封锁。

采用浮运架梁法时，河流须有适当的水深，水深需根据梁重而定，一般宜大于2m；

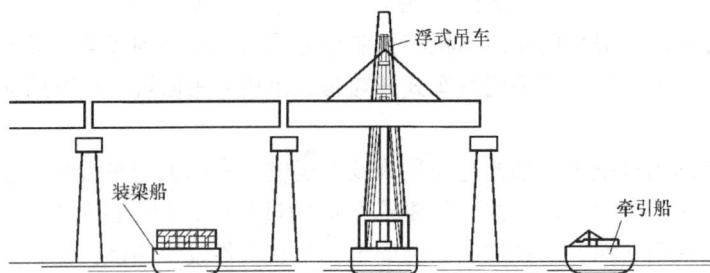

图 6-19 浮吊船架梁法

水位应平稳或涨落有规律，如潮汐河流；流速及风力不大；河岸能修建适宜的预制梁装卸码头；具有坚固适用的船只。

浮运架梁法的优点是桥跨中不需设临时支架，可以用一套浮运设备架设安装多跨同跨径的预制梁，较为经济，且架梁时浮运设备停留在桥孔的时间很少，对航道影响小。

3. 跨墩龙门式吊车架梁

当桥不太高，架桥孔数又多，且沿桥墩两侧铺设轨道不困难时，可以采用跨墩的龙门式吊车梁（图 6-20）。此时，尚应在龙门式吊车的内侧铺设运梁轨道，或者设便道用拖车运梁。

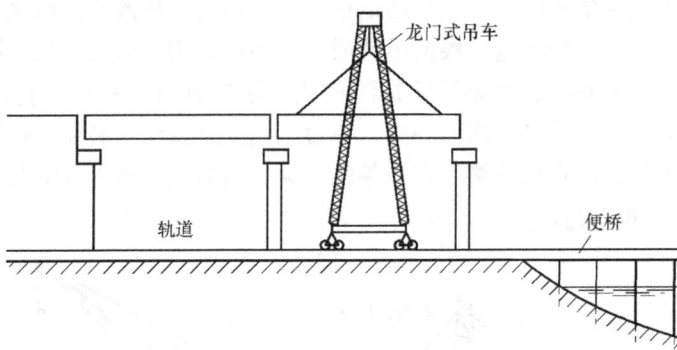

图 6-20 跨墩龙门式吊车架梁法

4. 宽穿巷式架桥机架梁

图 6-21 所示是用宽穿巷式架桥机架梁的示意图。其中的安装梁可用贝雷钢架或万能杆件拼组而成。

由于这种架桥机的自重很大，所以当它沿桥面纵向移动时，一定要保持慢速，并须注意前支点下的挠度，以保证安全。

5. 联合架桥机架梁

图 6-22 所示是用联合架桥机架梁的示意图，其架梁操作步骤是：

（1）在桥头拼装钢导梁，梁顶铺设钢轨，并用绞车纵向拖拉导梁就位；

（2）用托架将两个门式吊机移至待架桥孔两端的桥墩上；

（3）由平车轨道运预制梁至架梁孔位，将导梁两侧可以安装的预制梁用两个门式吊机吊起，横移并落梁就位（图 6-22b）；

146

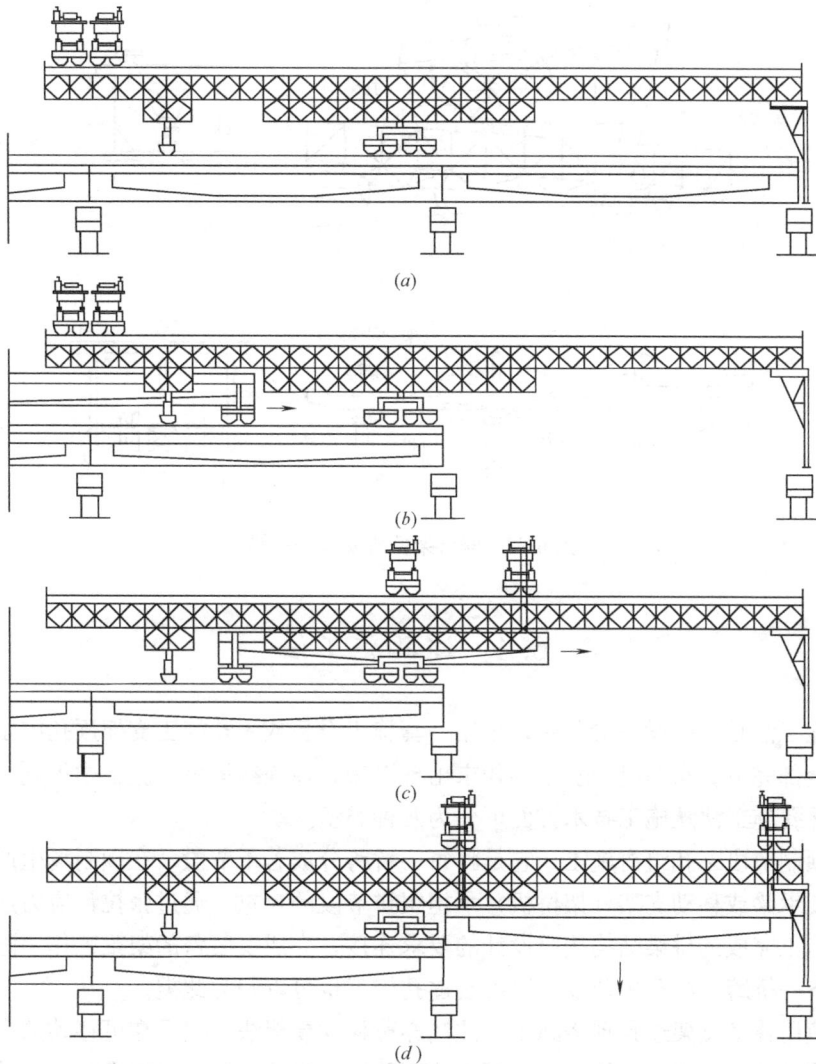

图 6-21　宽穿巷吊机架梁步骤

(a) 一孔架完后，前后横梁移至尾部作平衡重；(b) 穿巷吊机向前移动一孔位置，并使前支腿支承在墩顶上；
(c) 吊机前梁横吊起 T 形梁，梁的后端仍放在运梁平车上，继续前移；(d) 吊机后横梁也吊起 T 形梁，缓慢前移，
对准纵向梁位后，先固定前后横梁，再用横梁上的吊梁小车横移落梁就位

（4）将被导梁临时占住位置的预制梁暂放在已架好的梁上；

（5）用绞车纵向拖拉导梁至下一孔后，将临时安放的梁由门式吊机架设就位，完成一孔梁的架设工作，并用电焊将各梁连接起来；

（6）在已架设的梁上铺接钢轨，再用蝴蝶架按顺序将两个门式吊机托起并运至前一孔的桥墩上。

如此反复，直到将各孔主梁全部架好为止。此法适用于孔数较多和较长的桥梁时才比较经济。

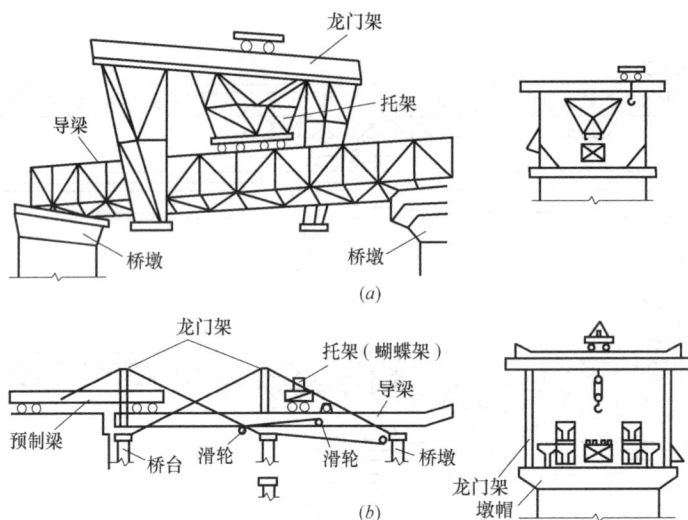

图 6-22　联合架桥机安装预制梁

6.4　逐孔施工法

逐孔施工法是从桥梁一端开始，采用一套施工设备或一孔施工支架逐孔施工，周期循环，直到全部完成，自 20 世纪 50 年代末出现以来，在连续梁桥的施工中得到了广泛应用和发展。逐孔施工法从施工技术方面可分为两种类型。

（1）预制节段逐孔组拼施工。它是将每一桥跨分成若干节段，在预制场生产。架设时采用临时支承梁或移动支架（架桥机）承担组拼节段的自重，通过张拉预应力筋，使安装跨的梁与施工完成的桥梁结构按照设计的要求连接，完成安装跨的架梁工作。随后，移动支承梁至下一桥跨。整孔吊装或分段吊装逐孔施工也可以归为此类。

（2）使用移动支架逐孔现浇施工。此法亦称移动模架法，它是在可移动的支架、模板上进行钢筋绑扎、混凝土浇筑，待混凝土达到足够强度后，张拉预应力筋，移动支架、模板，进行下一孔梁的施工。由于此法是在桥位上现浇施工，可免去大型运输和吊装设备，使桥梁整体性好，同时它又具有在桥梁预制厂的生产特点，可提高机械设备的利用率和生产效率。由于采用逐孔施工，随着施工的进程，桥梁结构的受力体系在不断地变化，由此导致结构内力也随之起着变化。

逐孔施工技术主要体现了省和快，它可使施工单一标准化、工作周期化，最大限度地减少工费的比例，降低造价。逐孔施工法的主要特点如下：

（1）不需要设地面支架，不影响通航和桥下交通，施工安全、可靠。

（2）有良好的施工环境，保证施工质量，一套模架可多次周转使用，具有在预制场生产的工期。

（3）机械化、自动化程度高，节省劳力，降低劳动强度，上下部结构可以平行作业，缩短工期。

（4）通常每一施工梁段的长度取用一孔梁长，接头位置一般可选在桥梁受力较小的部位。

（5）移动模架设备投资大，施工准备和操作都较复杂。

（6）宜在桥梁跨径不大于 50m 的多跨长桥上使用。

6.4.1 预制节段逐孔组拼施工

对于多跨长桥，在缺乏大型起重设备时，可将每跨梁分成若干段，在预制场进行分段生产；在架设时采用一套临时支承梁来承担组拼节段的自重，并在支承梁上张拉预应力筋，完成安装跨的架梁工作，随后移动临时支承梁，进行下一桥跨的施工；前后拼装的两跨梁按照设计的要求进行连接。

1. 节段划分

采用节段组拼逐孔施工的桥梁，为了便于组拼，通常组拼的梁跨在桥墩处接头，即每次组拼长度为桥梁的跨径。

在组拼长度内，可根据起重能力沿桥梁纵向划分节段。对于桥宽为 10～12m，采用单箱截面的桥梁，分节段时在横向不再分隔。节段长一般取 4～6m，每跨内的节段通常可分为两种类型。

（1）桥墩节段

由于桥墩节段要与前一跨连接，需要张拉钢索或钢索接长，为此对墩顶节段构造有一定要求。此外，在墩顶处桥梁的负弯矩较大，梁的截面还要符合受力要求。

（2）标准节段

除两端桥墩顶节段外，其余节段均可采用标准节段，以简化施工。节段的腹板设有齿键，顶板和底板设有企口缝，使接缝剪应力传递均匀，并便于拼装就位。前一跨墩顶节段与安装跨第一节段间可以设置就地浇筑混凝土封闭接缝，用以调整安装跨第一节段的准确程度，但也可不设。封闭接缝宽 15～20cm，拼装时由混凝土垫块调整。在施加初预应力后用混凝土封填，这样可调整节段拼装和节段预制的误差，但施工周期要长些。采用节段拼合可加快拼装速度，对预制和组拼施工精度要求较高。

2. 支承梁的类型

（1）支承式钢桁架导梁

导梁长按桥墩间跨长取用，支承在设置于桥墩上的导梁或横撑上，钢桁架导梁的支承处设有液压千斤顶用于调整高程。通过在导梁上设置不锈钢轨与放在节段下面的聚四氟乙烯板形成滑动面，方便节段在导梁上移动。为保证每跨箱梁节段全部组拼之后，钢导梁上弦符合桥梁纵断面高程要求，钢梁需设置预拱度。同时还需准备一些附加垫片，用于临时调整高程。

节段就位可从已完成的桥面上由轨道运送至安装孔，也可由驳船运至桥位用吊车安装。由于钢桁架导梁需要多次转移逐孔拼装，因此要求导梁要便于装拆和移运。

支承式钢桁架导梁一般设在桥面以下，故又称为下承式导梁法（图 6-23）。

（2）下挂式高架钢桁架

采用一副高架桁架吊挂节段组拼时，为了加强桁架的刚度，可采用一对或数对斜缆索加劲。高架桁架长度大于两倍桥梁跨径，由三个支点支撑，支点分别设置在已完成孔和安装孔的桥墩上。高架桁架可独立设有行走系统，由支脚沿桥面轨道自行驱动。吊装时，支脚落下，用液压千斤顶锚固于桥墩处桥面上。预制节段由平板车沿已安装的桥孔或由驳船

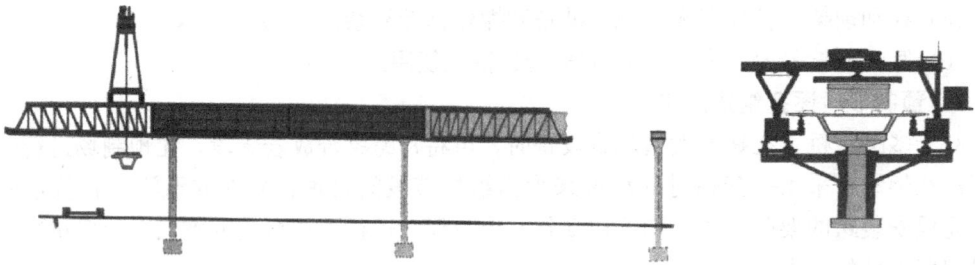

图 6-23 支承式钢桁架导梁（下承式导梁）逐孔拼装施工

运至桥位后，借助架桥机前部斜缆悬臂梁吊装，并将第一跨梁的各节段分别悬吊在架桥机的吊杆上。当各节段位置调整准确后，完成该跨设计的预应力张拉工艺。并在张拉过程中，逐步顶高架桥机的后支腿，使梁底落在桥墩上的油压千斤顶上。千斤顶高出支座顶面100mm，在拆移千斤顶的前一天将支座周围加设模板并压注膨胀砂浆，凝固后，再卸千斤顶使支座受力。

在节段组拼过程中，架桥机前臂会下挠，解决的关键是在安装桥跨第一块中间节段时进行挠度、倾角调整，因此要求当一跨节段全部由架桥机空中吊起后，第一个中间节段与墩上节段的接触面应全部吻合。如在吊装中心出现节段横向偏移，而不相吻合的现象时，应在节段下方利用捯链调整；对于竖直上下方的调整，可借助架桥机下方的钢缆吊索油缸调整（图 6-24）。

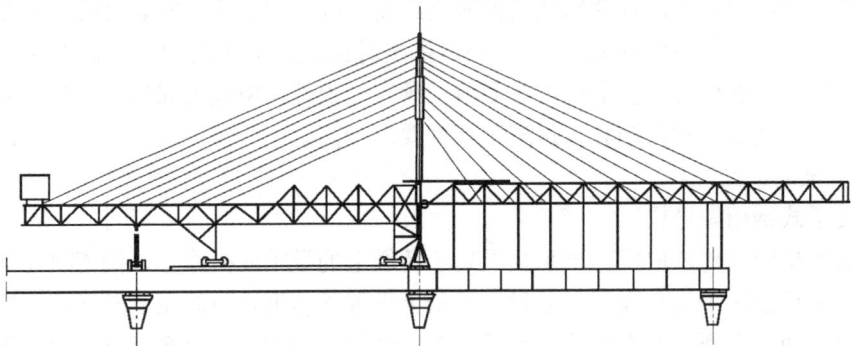

图 6-24 斜缆式架桥机逐孔拼装施工

3. 移动式导梁悬拼

这种施工方法需要设计一套比桥跨略长的可移动式导梁，如图 6-25 所示。导梁安装在悬拼工作位置，梁段沿已拼梁面运抵导梁旁，由导梁运到拼装位置用预应力拼合在悬臂端上。导梁设有两对固定支架，一对在导梁后面，另一对设在中间，梁段可以从支柱中间通过。导梁前端有一个活动支柱，使导梁在下一个桥墩上能形成支点。导梁下弦杆用来铺设轨道以支承运梁平车。平车可使梁段水平和垂直移动，同时还能使其转动90°。施工可分三阶段进行：

（1）吊装墩顶梁段

(a) 吊装中间梁段

(b) 导梁移至前方桥墩

(c) 吊装梁段

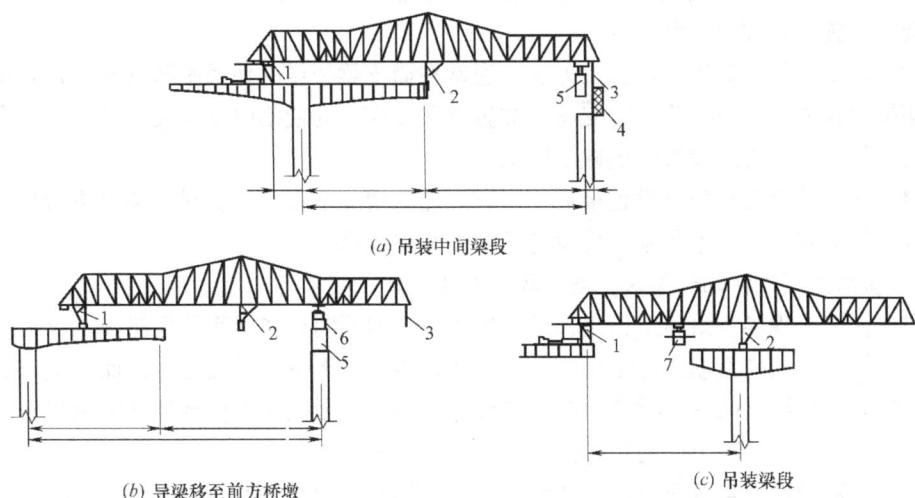

图 6-25　移动式导梁悬拼梁段示意图

1—后支架；2—中支架；3—临时前支架；4—支柱；5—墩顶梁段；6—临时支架；7—移梁段小车

导梁放在三个支点上，即后支架上，靠近已悬拼端头的中支架和借助临时支柱而与装在下一桥前方的前支柱相接成第三支点。

（2）导梁前移

通过后支架的滚动和前支架的滑轮装置，使导梁向前移动。

（3）吊装其他梁段

拼装其他梁段时，导梁由后支架和中间支架支承。中间支架锚固在墩顶梁段上，后支架锚固在已建成的悬臂梁端。

采用预制节段组拼逐孔架设的施工方法，施工速度快，安全、可靠，起吊能力可以控制在 100t 内。所需机具设备和临时措施不多，但需有足够的预制场地。

6.4.2　整孔吊装或分段吊装逐孔施工

整孔吊装和分段吊装需要先在工厂或现场预制整孔梁或分段梁，再进行逐孔架设施工。由于预制梁或预制段较长，通常采用二次张拉法施加预应力，即在预制时先进行第一次预应力索的张拉，拼装就位后进行二次张拉。因此，在施工过程中需要进行体系转换。吊装的设备有汽车吊、浮吊、龙门起重机等多种，可根据起吊物重力、桥梁所在的位置以及现有设备和操作的熟练程度等因素决定。

整孔吊装和分段吊装施工与装配式桥的预制与安装大致相同，但逐孔吊装施工应注意以下几个问题。

（1）采用分段组装逐孔施工的接头位置可以设在桥墩处，也可以设在梁的 1/5 附近。前者多为由简支梁逐孔施工连接成连续梁桥；后者多为悬臂梁转换为连续梁。在接头位置处可设有 0.5~0.6m 现浇混凝土接缝，当混凝土达到足够强度后张拉预应力筋，完成连续梁桥施工。

（2）桥的横向是否分隔，主要根据起重能力和截面形式确定。当桥梁较宽、起重能力有限的情况下，可以采用 T 梁或工字梁截面，分片架设之后再进行横向整体化。为了加强桥梁的横向刚度，常采用梁间翼缘板有 0.5m 宽的现浇接头。采用大型浮吊横向整体吊装将会简化施工和加快安装速度。

（3）对于先简支后连续的施工方法，通常在简支梁架设时使用临时支座，待连接和张拉后期钢索完成连续时拆除临时支座，放置永久支座。为使临时支座便于卸落，可在橡胶支座与混凝土垫块之间设置一层硫磺砂浆。

（4）在梁的反弯点附近设置接头，在有可能的情况下，可在临时支架上进行接头；结构各截面的恒载内力根据各施工阶段进行内力叠加计算。

6.4.3 移动支架（移动模架法）逐孔现浇施工

与在支架上现场浇筑施工相比，逐孔现浇施工的不同点在于逐孔现浇施工仅在一跨梁上设置支架，当预应力筋张拉结束后移动支架，再进行下一跨逐孔施工，而在支架上现浇施工通常需在连续梁的一连桥跨上布设支架连续施工，因此在逐孔现浇施工过程中有结构的体系转换问题，混凝土徐变对结构产生次内力。

对中小跨径连续梁桥或建造在陆地上的桥跨结构，可以使用落地式或梁式移动支架。梁式支架的承重梁支承在锚固于桥墩的横梁上，也可支承在已施工完成的梁体上，现浇施工的接头最好设在弯矩较小的部位，常取离桥墩 1/5 处。逐孔就地浇筑施工需要一定数量的支架，但比起在支架上现场浇筑施工所需的支架数量要少得多，而且周转次数多，利用效率高。逐孔现浇的施工速度也比在支架上现浇快，但相对预制梁段组拼逐孔施工要长些，同时后支点位于桥梁的悬臂端处，现浇孔施工重量对已完成桥跨将产生较大的施工弯矩，特别是在已完成桥跨的混凝土龄期还很短的情况下（图 6-26）。

采用落地式或轨道移动式支架逐孔施工，可用于预应力混凝土连续梁桥，也可在钢筋混凝土连续梁桥上使用，每跨梁施工周期约两周，支架的移动较方便，但在河中架设较为困难。

当桥墩较高、桥跨较长或桥下净空受到限制时，可以采用非落地支承的移动模架逐孔现浇施工，称为移动模架法。这种施工由于它的机械化、自动化程度较高，工程质量及经济效益均较明显，近年来发展较快。

1. 上承式移动模架施工

上承式移动模架的形式很多，其基本结构包括三部分：承重梁、从承重梁上伸出的肋骨状的横梁、吊杆以及承重梁的各种支承。承重梁也称支承梁，通常采用钢梁，并依据桥宽来确定采用单梁或双梁。承重梁的前段作为前移的导梁，总长度要大于桥梁跨径的两倍。承重梁承受施工设备自重、模板和悬吊脚手架系统重量和现浇混凝土重量。承重梁的后段通过可移式支承落在已完成的梁段上，前端支承在前方墩上，导梁部分悬出，因此其工作状态呈单悬臂梁。上承式移动模架也称为移动悬吊模架、吊杆式移动模架。

承重梁除起承重作用外，在一孔梁施工完成后，作为导梁带动悬吊模架纵移至下一施工跨。承重梁的移位以及内部运输由数组千斤顶或起重机完成，并通过中心控制室操作。承重梁的设计挠度一般控制在 1/800～1/500 范围内。钢承重梁制作时要设置预拱度，并在施工中加强观测。

从承重梁两侧悬出的许多横梁覆盖桥梁全宽，横梁由承重梁上左右各 2～3 组钢束拉住，以增加其刚度。横梁的两端悬挂吊杆，下端吊住呈水平状态的模板，形成下端开口的框架并将主梁（待浇制）包在内部。当模板支架处于浇混凝土的状态时，模板依靠下端的

```
                    施工准备
                       ↓
                    测量放线
                       ↓
                    拼装支腿
                       ↓                试验检查
                    拼装模架
                       ↓
      砂袋准备  →    堆载预压
                       ↓               测量检查符合要求
                    模架就位、加固  ←──────────────────┐
                       ↓                               │
      钢筋加工  →    绑扎钢筋                           │
                       ↓                               │
                    预埋件、预留孔设置                  │
                       ↓               监理检查合格     │
                    浇筑混凝土                          │
                       ↓                               │
                    拆侧模、混凝土养护                  │
                       ↓               混凝土试验合格   │
                    预应力张拉、注浆                    │
                       ↓                               │
                    拆底模                              │
                       ↓                               │
                    混凝土养护                          │
                       ↓                               │
                    移动模架到下一跨施工  ──────────────┘
```

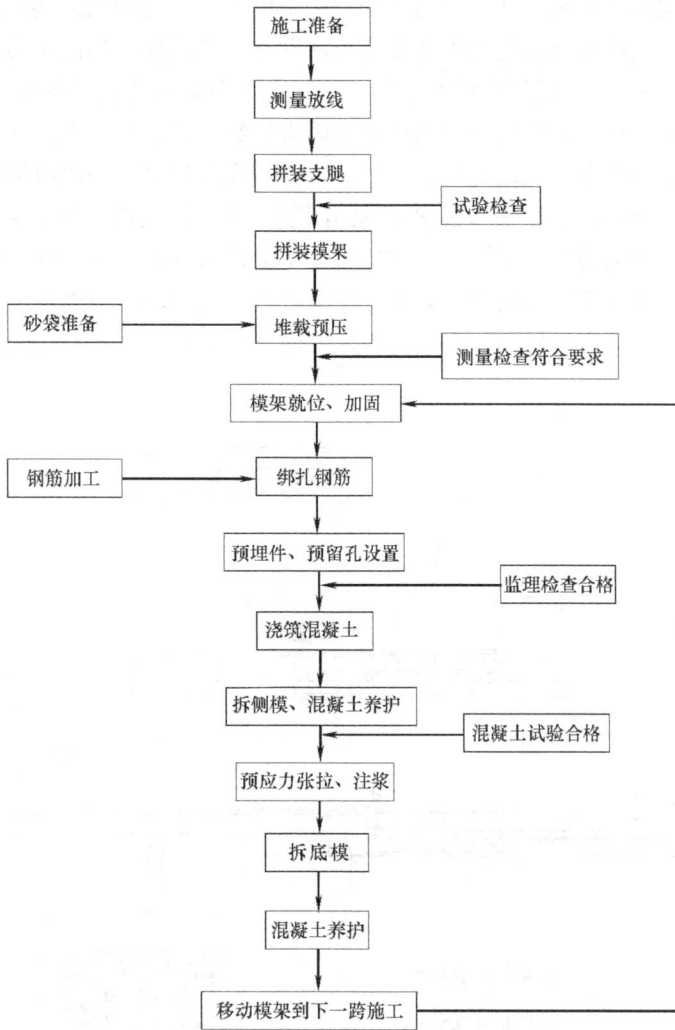

图 6-26　移动模架法施工工艺

悬臂梁和锚固在横梁上的吊杆定位，并用千斤顶固定模板。当模板需要向前运送时，放松千斤顶和吊杆，模板固定在下端悬臂梁上，并转动该梁，使在运送时的模架可顺利地通过桥墩。

2. 下承式活动模架施工

下承式活动模架比较常见的构造形式是由承重梁、导梁、台车和桥墩托架等构件组成。在混凝土箱形梁的两侧各设置一根承重梁，支撑模板和承受施工荷载。承重梁的长度要大于桥梁跨径，浇筑混凝土时承重梁支承在桥墩托架上。导梁主要用于运送承重梁和活动模架，因此需要有大于两倍桥梁跨径的长度。当一孔梁施工完成后进行隔离卸架，由前方台车（在导梁上移动）和后方台车（在已完成的梁上移动）沿桥纵向将承重梁和活动模架运送至下孔，承重梁就位后导梁再向前移动。支承式活动模架的另一种构造是采用两根长度大于两倍跨径的承重梁分设在箱梁截面的翼缘板下方，兼有支承和移运模架的功能，因此不需要再设导梁。两根承重梁置于墩顶的临时横梁上，两根承重梁间用支承上部结构模板的钢螺栓框架连接起来，移动时为了跨越桥墩前进，需先解除连接杆件，承重梁逐根向前移动。施工中的体系转换包括固定支座与活动支座的转换。如跨中为固定支座，但施工时为活动支座，施工完成后转为固定式。每个支座安装时所留的提前量按施工时的气温，混凝土的收缩、徐变，混凝土的水化热等因素仔细计算，并在施工中加强观测。

移动模架需要一整套机械动力设备、自动装置和大量钢材，一次投资相对较高。为了提高使用效率，必须解决装配化和科学管理的问题。装配化就是设备的主要构件能适用不同的桥梁跨径、不同的桥宽和不同形状的桥梁，扩大设备的使用面，降低施工成本。科学管理的目的在于充分发挥设备的使用能力，注意设备的配套和维修养护，配备专业队伍固定操作，周转施工于适宜的桥梁，会取得较好的经济效益和社会效益（表 6-27）。

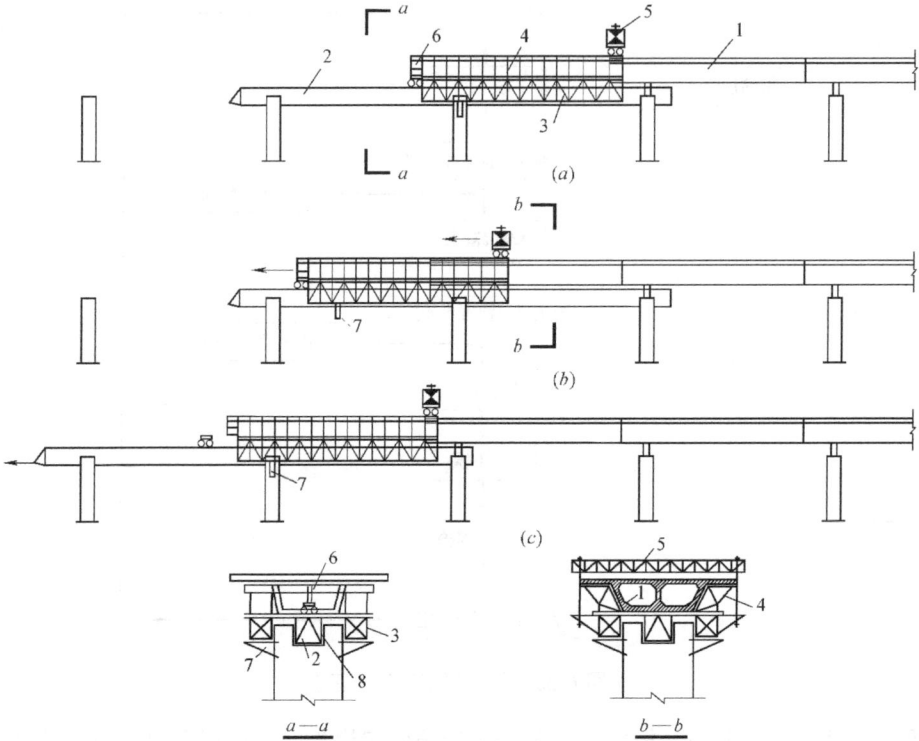

图 6-27　下承式模架逐孔施工法

（a）浇筑混凝土，离加预应力；（b）隔离移动模架梁；（c）模架梁就位后，移动导梁，浇筑混凝土前的准备工作

1—已完成的梁；2—导梁；3—承重梁；4—模架；5—后端横梁和悬吊台车；

6—前端横梁和支承台车；7—桥墩支承托架；8—墩台留槽

6.5　悬臂施工法

6.5.1　悬臂施工法概述

悬臂施工法也称为分段施工法。悬臂施工法是以桥墩为中心向两岸对称、逐节悬臂接长的施工方法。

悬臂施工法最早主要用于修建预应力 T 形刚构桥，由于悬臂施工方法的优越性，后来被推广用于预应力混凝土悬臂梁桥、连续梁桥、斜腿刚构桥、桁架桥、拱桥及斜拉桥等。随着桥梁事业的发展，悬臂施工法在国内外得到广泛推广和应用。目前，悬臂施工法是连续梁桥、连续刚构桥、斜拉桥的最普遍的方法。

悬臂施工法不需大量施工支架和临时设备，不影响桥下通航、通车，施工不受季节、河道水位的影响。该方法具有如下特点：

(1) 施工预应力混凝土连续梁及悬臂梁桥采用悬臂施工时需进行体系转换，即在悬臂施工时，梁墩采取临时固结，结构为 T 形刚构，合拢前，撤消梁、墩临时固结，结构呈悬臂梁受力状态，待结构合龙后形成连续梁体系。设计时应对施工状态进行配束验算。

(2) 桥跨间不需搭设支架，施工不影响桥下通航或行车。施工过程中，施工机具和人员等重力均全部由已建梁段承受，随着施工的进展，悬臂逐渐延伸，机具设备也逐步移至梁端，需用支架作支撑。所以悬臂施工法可应用于通航河流及跨线立交大跨径桥梁。

(3) 多孔桥跨结构可同时施工，加快施工进度。

(4) 悬臂施工法充分利用预应力混凝土承受负弯矩能力强的特点，将跨中正弯矩转移为支点负弯矩，使桥梁跨越能力提高，并适合变截面桥梁的施工。

(5) 悬臂施工用的悬拼吊机或挂篮设备可重复使用，施工费用较省，可降低工程造价。

悬臂法施工的推广应用，大大加快了桥梁向大跨、高难度发展的步伐。目前不仅用于悬臂体系桥梁的施工，而且还广泛应用于大跨径预应力混凝土连续梁桥、预应力混凝土连续刚构桥、混凝土斜拉桥以及钢筋混凝土拱桥的施工，是大跨连续梁桥的主要施工方法。

悬臂施工法按悬臂接长的方式不同，一般分为悬臂浇筑法和悬臂拼装法。悬臂浇筑是在桥墩两侧对称逐段就地浇筑混凝土，待混凝土达到一定强度后，张拉预应力筋，移动机具、模板继续施工。悬臂拼装法则是将预制节段块件，从桥墩两侧依次对称安装节段，张拉预应力筋，使悬臂不断接长，直至合龙。

6.5.2 悬臂浇筑法

悬臂浇筑（简称悬浇）采用移动式挂篮作为主要施工设备，以桥墩为中心，对称向两岸利用挂篮浇筑梁段混凝土，待混凝土达到要求的强度后，张拉预应力束，再移动挂篮，进行下一节段的施工。悬臂浇筑每个节段长度一般为 2～6m，节段过长，将增加混凝土自重及挂篮结构重力，同时还要增加平衡重及挂篮后锚设施；节段过短，影响施工进度。所以施工时应根据设备情况及工期，选择合适的节段长度。悬臂浇筑法是桥梁施工中难度较大的施工工艺，需要一定的施工设备及一支熟悉悬臂浇筑工艺的技术队伍。由于 80% 左右的大跨径桥梁均采用悬臂浇筑法施工，通过大量实桥施工，使悬臂浇筑施工工艺日趋成熟。下面按悬臂浇筑施工程序、0 号块施工、梁墩临时固结、挂篮施工、支架现浇梁段施工、合龙段施工及结构体系转换、施工控制等几个方面进行详细的介绍。

1. 施工程序

梁式桥和斜拉桥悬臂浇筑施工时，梁体一般要分为五部分浇筑，如图 6-28 和图 6-29 所示，即墩顶梁段 0 号块，主墩两侧对称分段悬臂浇筑部分 1，边孔支架上浇筑部分 2，边跨合龙段 3，跨中合龙段 4。主梁各部分的长度视主梁形式和跨径、挂篮的形式及施工周期而定。一般 0 号块为 5～10m，悬浇分段为 3～5m，支架现浇段一般为 2～3 个悬臂浇筑分段长，合龙段一般为 1～2m。

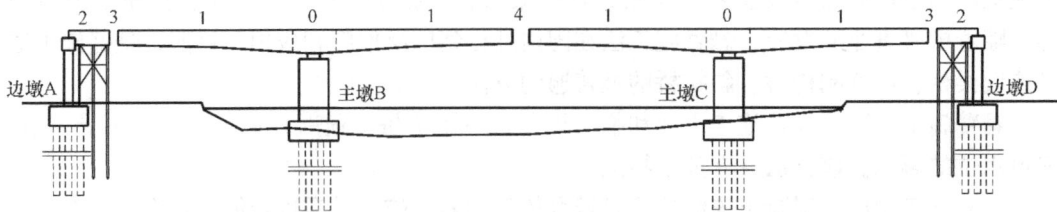

图 6-28　连续梁悬臂施工程序示意图

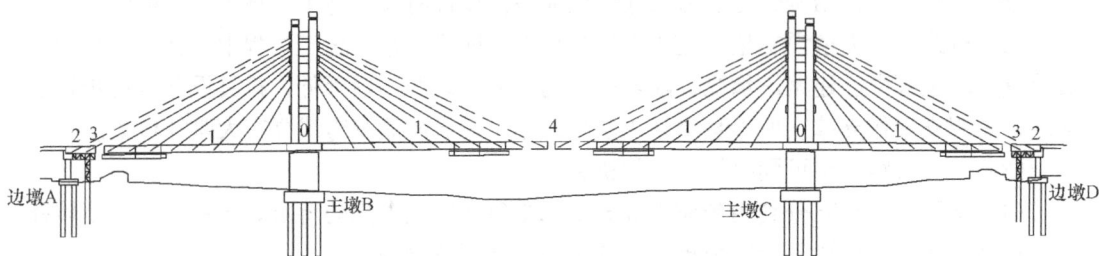

图 6-29　斜拉桥悬臂施工程序示意图

连续梁梁桥施工程序一般为：

(1) 首先施工基础及主墩 B、C。

(2) 在墩顶及托架上浇筑 0 号块并实施墩梁临时固结系统。

(3) 在 0 号块上安装悬臂挂篮，向两侧依次对称地分段浇筑主梁梁段 1。

(4) 施工边墩 A、D；并在边墩侧搭设临时支架，上支模板浇筑现浇边跨梁段 2。条件允许的情况下，边跨梁段 2 也可以采用顶推法施工。

(5) 施工边跨合龙段 3。合龙段可在改装的简支挂篮上浇筑。

(6) 拆除边跨临时支架，解除主墩临时固结系统。施工中跨合拢段 4。

连续刚构桥由于本身墩梁固结，所以不需要施加和解除临时固结。

斜拉桥悬臂施工程序与连续梁类似，但由于其构造特点，在悬臂推进的过程中，逐根张拉斜拉索；在边跨合拢后，再张拉尾索，对应施工跨中节段直至最大悬臂状态，最后再施工中跨合拢段 4。

斜拉桥与一般梁桥相比，具有主梁高跨比很小，梁体十分纤细，抗弯能力差的特点。采用悬臂浇筑施工时，如果采用应用于梁式桥的传统挂篮施工方法，由于挂篮质量大而导致梁、塔和拉索将由施工内力控制设计，很不经济。所以考虑施工方法，必须充分利用斜拉桥结构本身特点，在施工阶段充分发挥到斜拉索的效应，尽量减轻施工荷载。因此一般采用的是前支点挂篮 (图 2-49)，利用待浇段斜拉索为挂篮前支点支撑力，施工过程中将挂篮后端锚固在已浇梁段上，它能充分发挥斜拉索的效用，由斜拉索和已浇段来共同承担待浇节段的混凝土梁段的重量。待混凝土达到强度后，拆除连杆，让节段重力转移到斜拉索上再前移挂篮，重复上述步骤。

对于箱形断面斜拉桥，为了防止一次浇筑带来的不利后果和经济负担。可将横断面适当地分为三部分，中箱、边箱和悬臂板。先完成包含主梁锚固系统的中箱，张拉斜拉索，形成独立稳定结构，然后以中箱和已浇节段为依托，浇筑两边侧箱，最后用悬挑小挂篮浇筑悬臂板，整体箱梁按品字形向前推进。

156

2. 0 号块施工

采用悬臂浇筑法施工时，墩顶 0 号块梁段采用在托架上立模现浇，并在施工过程中设置临时梁墩锚固，使 0 号块梁段能承受两侧悬臂施工时产生的不平衡力矩。

施工托架有扇形、门式等形式，托架可采用万能杆件、贝雷梁、型钢等构件拼装，也可采用钢筋混凝土构件做临时支撑。托架总长度视拼装挂篮的需要而决定。横桥自托架宽度要考虑箱梁外侧土模的要求。托架顶面应与箱梁底面纵向线形一致。扇形施工托架与门式施工托架形式如图 6-30 所示。

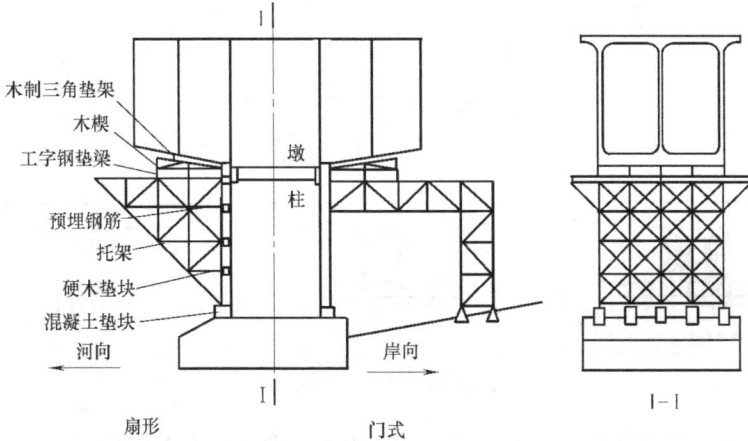

图 6-30　扇形与门式托架示意图

由于考虑到在托架上浇筑梁段 0 号块混凝土，托架变形对梁体质量影响很大，在作托架设计时，除考虑托架强度要求外，还应考虑托架的刚度和整体性；采用万能杆件、贝雷梁、板梁、型钢等做托架时，可采取预压、抛高或调整等措施，以减少托架变形。上海吴淞大桥采用扇形钢筋混凝土立柱托架支撑于承台上，并设置竖向预应力索作梁墩临时锚固用，减少了托架变形。

3. 梁墩临时固结

大跨径预应力混凝土桥梁采用悬臂施工法施工，如结构采用 T 形刚构，因墩身与梁本身采用刚性连接，所以不存在梁墩临时固结问题。悬臂梁桥及连续梁桥采用悬臂施工法，为保证施工过程中结构的稳定可靠，必须采取 0 号块梁段与桥墩间临时固结或支承措施。

临时固结措施或支承措施有下列几种形式：

(1) 将 0 号块梁段与桥墩钢筋或预应力筋临时固结，待需要解除固结时切断，如图 6-31 所示。

(2) 在桥墩一侧或两侧加临时支承或支墩，如图 6-31 所示。

(3) 将 0 号块梁段临时支承在扇形或门式托架的两侧。

(4) 临时支承可用硫磺水泥砂浆块、砂筒或混凝土块等卸落设备，以使体系转换时，较方便地撤除临时支承，如图 6-32 所示。

临时梁墩固结要考虑两侧对称，施工时有一个梁段超前的不平衡力矩，应验算其稳定性，稳定系数不小于 1.5。

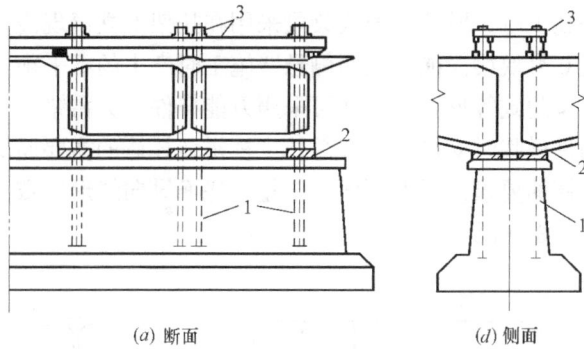

(a) 断面　　　　　　　　(d) 侧面

图 6-31　0 号块件与桥墩的临时固结构造

1—预埋临时锚固用预应力筋；2—支座；3—工字钢

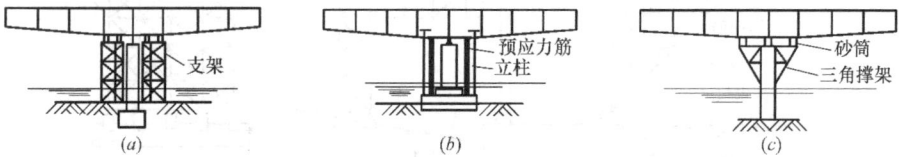

图 6-32　临时支撑措施

当采用硫磺水泥砂浆块作临时支承的卸落设备，要采取高温熔化撤除支承时，必须在支撑块之间设置隔热措施，以免损坏支座部件。

4. 挂篮制作与安装

挂篮是悬臂浇筑施工的主要机具。挂篮是一个能沿着轨道行走的活动脚手架，挂篮悬挂在已经张拉锚固的箱梁梁段上，悬臂浇筑时箱梁梁段的模板安装、钢筋绑扎、管道安装、混凝土浇筑、预应力张拉、压浆等工作均在挂篮上进行。当一个梁段的施工程序完成后，挂篮解除后锚，移向下一梁段施工。所以挂篮既是空间的施工设备，又是预应力筋未张拉前梁段的承重结构。

挂篮从结构上主要分为桁梁式、斜拉（三角）式、组合斜拉式和牵索式挂篮等（图2-46～图2-49）。

（1）挂篮的设计

挂篮的合理设计是保证施工质量、加快施工进度的重要因素。在设计中要求挂篮的质量小、结构简单、受力明确、运行方便、坚固稳定、变形小、装拆方便，并尽量利用当地现有构件。

1）设计时首先需确定悬浇的分段长度。分段长，节段数量少，挂篮周转次数少，施工速度加快，但结构庞大，需要的施工设备相应增多；分段短，节段多，挂篮周转次数多，施工速度较慢，但结构较轻，相应的施工设备较少。因此悬浇长度应根据施工条件权衡利弊综合考虑确定。连续梁和连续刚构桥分段一般为 3～5m，斜拉桥一般为 6～10m，矮塔斜拉桥一般为 4～6m。

2）设计时，应考虑各项实际可能发生的荷载情况，进行最不利的荷载组合。设计荷载大体有以下几种：

① 模板重力：包括侧模、内模、底模和端模等各部件重力，平均重力可按 800～1000N/m² 估算，待模板设计后再进行详细验算；

② 箱梁梁段重力按最重梁段控制挂篮设计；

③ 挂篮自重；

④ 平衡重重力；

⑤ 振捣器重力及振动力。振动力近似可按振捣器重力的 4 倍估算；

⑥ 千斤顶及油泵重力；

⑦ 施工人员重力，可近似按 2000N/m² 估算。

3）挂篮横断面布置，大多数取决于桥梁宽度和箱梁横断面形式，当桥梁横断面为单箱时，全断面用一个挂篮施工；当桥梁横断面为双箱时，一般采用两个挂篮分别施工，最后在桥面板处用现浇混凝土连接；有时为了加速施工，如上海市金山大桥采用大型宽体桁架式挂篮，双箱一次浇筑施工。

4）验算挂篮的抗倾覆稳定性能，确定结构整体的图式和尺寸以及后锚点的锚力等。

（2）挂篮的选择

1）满足梁段设计的要求，即满足梁体结构、形体、质量及设计对挂篮质量的要求。

2）满足施工安全、高质量、低成本、短工期和操作简便的要求。

3）采用万能杆件、贝雷托架、六四军用桁架组拼的挂篮桁架，一般比型钢加工制作的挂篮成型快、设备利用率高、成本低；而自行加工或专业单位生产的挂篮虽一次性投入成本大，但常有节点少、变形小、质量轻、结构完善、施工灵活和适用性强的优点。

（3）挂篮的安装

1）挂篮组拼后，应全面检查安装质量，并做载重试验，以测定其各部位的变形量，并设法消除其永久变形。

2）在起步长度内梁段浇筑完成并获得要求的强度后，在墩顶拼装挂篮。有条件时，应在地面上先进行试拼装，以便在墩顶熟练有序地开展挂篮拼装工作。拼装时应对称进行。

3）挂篮的操作平台下应设置安全网，防止物件坠落，以确保施工安全。挂篮应呈全封闭形式，四周设围护，上下应有专用扶梯，方便施工人员上下挂篮。

4）挂篮行走时，须有可靠措施保证挂篮平衡，以防倾覆。浇筑混凝土梁段时，必须在挂篮尾部将挂篮与梁进行锚固。

为了检验挂篮的性能和安全，并消除结构的非弹性变形，安装后应对挂篮试压。试压通常采用试验台加压法、水箱加压法等。

（4）浇筑混凝土时消除挂篮变形的措施

每个悬浇段的混凝土一般可二次或三次浇筑完成（混凝土数量少的也可采用一次浇筑完成），为了使后浇混凝土不引起先浇混凝土的开裂，需要消除后浇混凝土引起挂篮的变形。一般可采取如下的几种措施。

1）水箱法：浇筑混凝土前先在水箱中注入相当于混凝土质量的水，在混凝土浇筑过程中，逐步放水使挂篮的负荷和挠度基本不变。

2）浇筑混凝土时根据混凝土重量变化，随时调整吊带高度。

3）将底模梁支承在千斤顶上，浇筑混凝土时，随混凝土重量的变化，随时调整底模梁下的千斤顶，抵消挠度变形。

5. 悬臂梁段混凝土浇筑施工

悬臂浇筑梁段混凝土时需注意以下几点：

1）挂篮就位后，安装并校正模板吊架，此时应对浇筑预留梁段混凝土进行抛高，以使施工完成的桥梁符合设计标高。抛高值包括施工期结构挠度，因挂篮重力和临时支承释放时支座产生的压缩变形等。

2）模扳安装应核准中心位置及标高，模板与前一段混凝土面应平整密贴。如上一节段施工后出现中线或高程误差需要调整时，应在模板安装时予以调整。

3）安装预应力预留管道时，应与前一段预留管道接头严密对准，并用胶布包贴，防止灰浆渗入管道。管道四周应布置足够的定位钢筋，确保预留管道位置正确，线形和顺。

4）浇筑混凝土时，可以从前端开始，应尽量对称平衡浇筑。浇筑时应加强振捣，并注意对预应力预留管道的保护。

5）为提高混凝土早期强度，以加快施工速度，在设计混凝土配合比时，一般加入早强剂或减水剂。混凝土梁段浇筑一般以 5～7d 为一个周期。为防止混凝土出现过大的收缩、徐变，应在配合比设计时按规范要求控制水泥用量。

6）梁段拆模后，应对梁端的混凝土表面进行凿毛处理，以加强接头混凝土的连接。

7）箱梁梁段混凝土浇筑，一般采用一次浇筑法。在箱梁顶板中部留一窗口，混凝土由窗口注入箱内，再分布到底模上。当箱梁断面较大时，考虑梁段混凝土数量较多，每个节段可分二次浇筑，先浇筑底板到肋板倒角以上，待底板混凝土达一定强度后，再支内模，浇筑肋板上段和顶板。其接缝按施工缝要求进行处理。

6. 支架现浇梁段及边跨合拢施工

施工边跨支架上的现浇梁段部分时，可在墩旁搭设临时墩支承平台，一般采用万能杆件、贝雷架等拼装，在其上分段浇筑。当与采用顶推法施工的连接桥相接时，可把现浇梁段临时固结在顶推梁上，到位后再进行梁的连接。其步骤如下：

设置临时桩基→浇筑钢筋混凝土承台→加宽边墩混凝土承台和设置预埋件→拼装扇形全幅万能杆件支架→搭设型钢平台→加载试压→安装现浇底模和侧模，底模下设木楔调整块→测量底板高程（包含预抬量）和位置→绑扎底腹板钢筋及竖向预应力筋→安装底板纵向预应力管道→装端模和腹板模→自检及监理工程师验收→浇筑底板和腹板混凝土→养生待强→装内顶模→绑扎顶板底钢筋→安装纵向及横向预应力管道→绑扎顶板顶层钢筋→自检及监理工程师验收→浇筑顶板混凝土→养生凿毛→拆除端头模板→张拉竖向预应力筋和顶板横向预应力筋→拖移外侧模→拆除箱内模板。

在桥梁合龙时，现浇梁段经预压后支架的变形已相对稳定，但悬臂端受气候影响在三个方向均可能产生较大变形。所以在预应力筋张拉之前，尤其是混凝土浇筑初期，这些变形可能导致合拢段混凝土开裂，施工工艺应保证合拢段适应这些变形，避免裂缝出现。跟踪观测要点包括：（1）选择日间悬臂标高最高时（一般在一日之清晨）用支撑撑住悬臂端使其不能上翘（楔紧支撑时间是在标高最高时），也不能下挠（有支撑撑住），这样既避免了竖向相对位移又无需庞大的压重，支撑后再连续观测两日，确认稳定后再进行其余工序。（2）端部现浇段的支架下装滚轴，使其能纵向移动，再在合拢段设两片由型钢组成的桁架，构成刚性支承以抵抗悬臂端伸长变形产生的压应力。（3）支承桁架于合龙前一日清晨焊接完毕。（4）按开始进入日低温稳定区时混凝土初凝的原则确定混凝土开盘时间。（5）混凝土浇筑的次日，温度回落前，张拉部分顶板和底板预应力筋，使合龙段混凝土受到与其强度发展相适应的预压应力，以抵抗次日降温收缩应力。抵抗降温度拉应力的预应力筋不在混凝土浇筑前而在浇筑次日温度回落前张拉。（6）混凝土强度达到设计强度80％时，再张拉与边跨合龙段体系转换相应的预应力筋。

7. 结构体系转换

采用悬臂浇筑施工的桥梁，各分段施工的梁段连接时，一般边跨先合龙，释放梁墩锚固，结构由双悬臂状态变成单悬臂状态，最后跨中合龙，成超静定受力状态。由外部静定受力状态变成超静定受力状态，这中间就存在体系转换。施工时应注意以下几点。

（1）结构由双悬臂状态转换成单悬臂受力状态时，梁体某些部位的弯矩方向发生转换。所以在拆除梁墩锚固前，应按设计要求，张拉一部分或全部布置在梁体下部的正弯矩预应力束。

对活动支座还需保证解除临时固结后的结构稳定，如需控制和采取措施限制单悬臂梁发生过大纵向水平位移。

（2）梁墩临时锚固的放松，应均衡对称进行，确保逐渐均匀地释放。在放松前应测量各梁段高程，在放松过程中，注意各梁段的高程变化，如有异常情况，应立即停止作业，找出原因，以确保施工安全。

（3）对转换为超静定结构，需考虑钢束张拉、支座变形、温度变化等因素引起结构的次内力。若按设计要求，需进行内力调整时，应以标高、反力等多因素控制，相互校核。如出入较大时，应分析原因。

（4）在结构体系转换时，若临时固结解除后，将梁落于永久支座上，应按标高调整支座高度及反力。支座反力的调整，应以标高控制为主，反力作为校核。

8. 跨中合龙段施工

合龙段施工时通常由两个挂篮向一个挂篮过渡，所以先拆除一个挂篮，用另一个挂篮走行跨过合龙段至另一端悬臂施工梁段上，形成合龙段施工支架。也可采用吊架的形式形成支架。

在合龙段施工过程中，由于昼夜温差影响，现浇混凝土的早期收缩、水化热影响，已完成梁段混凝土的收缩、徐变影响，结构体系的转换及施工荷载等因素影响，需采取必要措施以保证合龙段的质量。

（1）合龙段长度选择。合龙段长度在满足施工操作要求的前提下，应尽量缩短，一般采用1.5～2.0m。

（2）合龙温度选择。一般宜在低温合龙，遇夏季应在晚上合龙，并用草袋等覆盖，并加强初期混凝土养护，使混凝土早期结硬过程中处于升温受压状态。

（3）合龙段混凝土选择。混凝土中掺加入减水剂、早强剂，以便及早达到设计要求强度，及时张拉预应力束筋，防止合龙段混凝土出现裂缝。

（4）合龙段采用临时锁定措施，采用劲性型钢或预制的混凝土柱安装在合龙段上下部作支撑，然后张拉部分预应力束筋，待合龙段混凝土达到要求强度后，张拉其余预应力束筋，最后再拆除临时锁定装置。

为方便施工，也可将劲性骨架作预应力束筋的预留管道浇入合龙的混凝土内，将劲性钢管安装在截面顶板和底板管道位置，钢管长度可用螺纹套管调节，两端支承在梁段混凝土端面上，并在部分管道内张拉预应力筋，待合龙段混凝土达到强度要求后，再张拉其余预应力束筋。

（5）为保证合龙段施工时混凝土始终处于稳定状态，在浇筑之前各悬臂端应附加与混凝土质量相等的配重（或称压重），加配重要依桥轴线对称加载，按浇筑重量分级卸载。

用悬臂浇筑法施工的斜拉桥，在合龙之前为确保混凝土施工质量，具体可以采取以下措施：①在合龙段混凝土浇筑之前，将全部已张拉的斜拉索索力重新测量一次，并调整设计数值；②合龙段混凝土浇筑应该选择在一天中的最低温度时段进行，这样可使混凝土在早期凝结过程中处于升温受压状态，不出现不利的拉应力；③为保证合龙段混凝土不出现拉应力，可在合龙段混凝土浇筑前，用千斤顶将合龙空隙顶宽几厘米，在保持支撑力不变的状态下绑扎钢筋，装模板，并在浇筑混凝土时稍加支持力，待合龙段混凝土达到设计强度的80%以上放松支撑力，或在合龙段两侧主梁内预埋型钢，用千斤顶将合龙空隙顶宽后，将预埋件焊接成一整体撑架，起到刚性连接的作用。

6.5.3 悬臂拼装法

悬臂拼装法（简称悬拼）是悬臂施工法的一种，它是利用移动式悬拼吊机将预制梁段起吊至桥位，然后采用环氧树脂胶和预应力钢丝束连接成整体。采用逐段拼装，一个节段张拉锚固后，再拼装下一段。悬臂拼装的分段，主要决定于悬拼吊机的起重能力，一般节段长2~5m。节段过长则自重大，需要悬拼吊机起重能力大，节段过短则拼装接缝多，工期也延长。一般在悬臂根部，因截面积较大，预制长度比较短，以后逐渐增长。悬拼施工适用于预制场地及运吊条件好，特别是工程量大和工期较短的梁桥工程。

悬拼和悬浇均利用悬臂原理逐段完成全联梁体的施工，悬浇是以挂篮为支承进行主段浇筑，悬拼是以吊机逐段完成梁体拼装；实践表明，悬拼和悬浇与支架施工等施工方法相比除有许多共同优点外，悬拼还有以下特点：

进度快。传统的悬浇法灌注一节段梁周期在天气好时也需要1个星期左右；而采用悬拼法，梁体节段的预制可与桥梁下部构造施工同时进行，平行作业缩短了施工工期，且拼装速度快。

制梁条件好，混凝土质量高。悬拼法将大跨度梁化整为零，在地面施工，预制场或工厂化的梁体节段预制有利于整体施工的质量，操作方便、安全。悬浇的混凝土有时会因达不到强度而造成事故，处理起来较麻烦，延误了工期，损失较大。采用悬拼法，节段梁在地面有足够的时间，可以想办法弥补工程施工中的不足。

收缩、徐变变形小。预制梁段的混凝土龄期比悬浇成梁的长，从而减少了悬拼成梁后混凝土的收缩和徐变。

线形好。节段预制采用长线法，长线法是在按梁底曲线制作的固定底模上分段浇筑混凝土的方法，能保证梁底线形。

适合多跨梁施工。桥梁跨度越大、桥跨越多，则越能体现悬拼法的优越性，也就越经济。

悬拼按照起重吊装的方式的不同可分为：浮吊悬拼、牵引滑轮级悬拼、连续千斤顶悬拼、缆索起重机（缆吊）悬拼及移动支架悬拼等。悬拼的核心是梁的吊运与拼装，梁体节段的预制是悬拼的基础。

悬拼施工工序主要包括梁体节段的预制、移位、堆放、运输；梁段起吊拼装；悬拼梁体体系转换；合拢段施工。

1. 梁段预制

（1）预制方法

悬拼施工是将梁沿纵轴向根据起吊能力分成适当长度的节段，在工厂或桥位附近的预制场进行预制，然后运到桥位处用吊机进行拼装。节段预制的质量直接关系着梁段悬拼施工的质量和速度，因此预制时应严格控制梁段断面和形体的精确度，并充分注意预制场地的选择与布置；台座和模板支架的制作；工艺流程的拟订以及养护和储运的每一环节。梁段预制的方法通常有长线浇筑或短线浇筑的立式预制和卧式预制。

1）长线预制

长线预制是在预制厂或施工现场按桥梁底缘曲线制作固定台座，在台座上安装底模进行节段混凝土浇筑工作。组成 T 构半悬臂或全悬臂的诸梁段均在固定台座上的活动模板内浇筑且相邻段应相互贴合浇筑，缝面浇前涂抹隔离剂，以利隔离。长线预制需要较大的场地，台座两侧常设挡土墙，内填不沉降的砂石加 20cm 混凝土封顶并涂抹高强找平砂浆，其上加铺一层镀锌薄钢板，待砂浆未达到要求强度前用铁钉固定。其底座的最小长度应为桥孔跨径的一半。底座的形成有多种方法，它可以利用预制场的地形堆筑土胎，经加固夯实后铺砂石层并在其上面做混凝土底板；盛产石料的地区可用石砌坞工筑成所需的梁底缘的形状；在地质情况较差的预制场地，可采用打短桩基础，在桩基础上搭设排架形成梁底缘曲线。排架可用木材或型钢组成。图 6-33 为长线预制台座的构造。

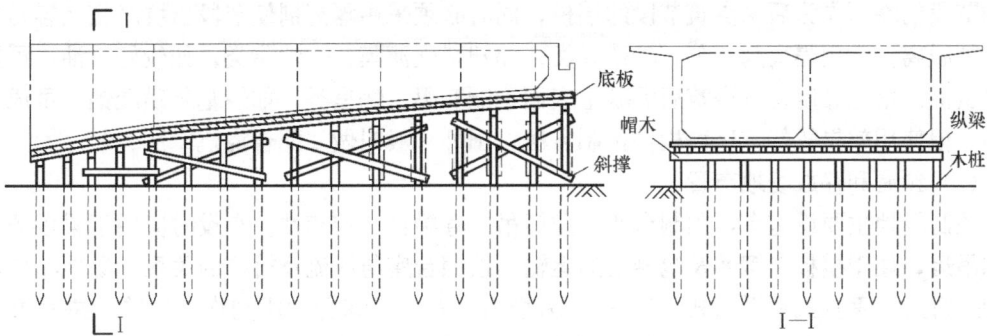

图 6-33　长线法预制箱梁台座

梁体节段的预制一般在底板上进行。模板常采用钢模，每段一块，以便于装拆使用。为加快施工进度，保证节段之间密贴，常采用先浇筑奇数节段，然后利用奇数节段混凝土的端面弥合浇筑偶数节段，也可以采用分阶段的预制方法。当节段混凝土强度达到设计强度 70％以上后，可吊出预制场地。

2）短线预制

短线预制是在固定台位且能纵移的模板内浇筑，由可调整内、外部模板的台车与端梁来完成的。当第一节段混凝土浇筑完成后，在其相对位置上安装下一节段模板，并利用第一节段混凝土的端面作为第二节段的端模完成第二节段混凝土的浇筑工作。这种方法适合节段的工厂化生产预制，设备可周转使用，台座仅需 3 个梁段长，但节段的尺寸和相对位置的调整要复杂一些。短线台座除基础部分外，多采用钢料加工制作。图 6-34 为短线预

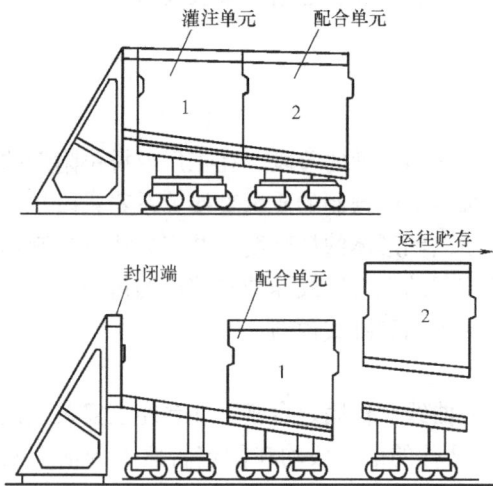

图 6-34　短线预制的施工方法

制台座的构造，此法亦称活动底座法。

3）卧式预制

当主梁为桁架梁时，具有较大的桁高和节段长度，且桁架的桁杆截面尺寸不大时，常采用卧式预制。卧式预制要有一个较大的地坪，地坪的高低要经过测量，并有足够的强度，不致产生不均匀沉陷。对相同尺寸的节段还可以在已预制完成的节段上安装模板进行平卧叠层预制，两层构件间常用塑料布或涂机油等方法分隔。桁架梁预制节段的起吊、翻身工作要求操作细致，并注意选择吊点和吊装机具。

可以看出：由于长线台座可靠，因而成桥后梁体线形较好。长线的台座使梁段存贮有较大余地，但占地较大，地基要求坚实，混凝土的浇筑和养护移动分散。短线预制场地相对较小，浇筑模板及设备基本不需移动，可调的底、侧模便于平、竖曲线梁段的预制；但要求精度高，施工严，周转不便，工期相对较长。

无论是立式预制还是卧式预制，都要求相邻节段之间接触紧密，故必须以前面浇筑完成的节段的端面作为后来浇筑节段的端模，同时必须采用隔离剂使节段出坑时相互容易从接缝处脱离。常用隔离剂可分：①薄膜类，如塑料硬薄膜；②油脂类，如较好机油，可掺少量黄油以增加黏度，且浇筑后混凝土表面不能变黑；③皂类，如烷基苯磺酸钠，虽成本较高，但使用效果较好。这种构件预制方法，国外一般叫做"配合浇筑"法。

（2）预制和存放场地布置

预制场地主要设施有：预制台座、龙门吊、存梁台、拌和站。布设时应便于梁段的移动和吊运，便于模板、钢筋及混凝土的运输。按照台座与河流及桥位的关系，场地布局可分为平行式、垂直式和沿河式。图 6-35 为场内布置，应综合梁段制作、运输、拼吊方式的选择。用缆索起重机运输，宜作平行式布置；用驳船运输，宜作垂直式的长线布置或平行式的短线布置。

梁段的拼装快于预制，因此梁段应尽早预制，与下部构造同步施工时，应布置足够的存梁区，区位宜设在待吊的一端。存梁台基础宜采用片石浆砌，上置枕木作支承，确保地基承载力。硬地基上可直接铺枕木支承。严防发生沉塌事故或支承不当损坏梁段。为了便于底板的检修，支承宜高于地面 50cm 以上。

（3）拼接接合

梁段拼接有全断面铰接、部分铰接与部分湿接及湿接三种形式。两梁段全横断面靠环氧树脂粘结构成全断面铰接，计算时假定为剪力铰。部分铰接与部分湿接是腹板为铰接，顶板及底板通过伸出钢筋连接再现浇混凝土。湿接是相邻梁段间浇筑一段 10～20cm 宽的混凝土作为接头的连接缝，用以调整随后梁段（基准梁段）的位置，以便准确地控制其后续梁段的安装精度。

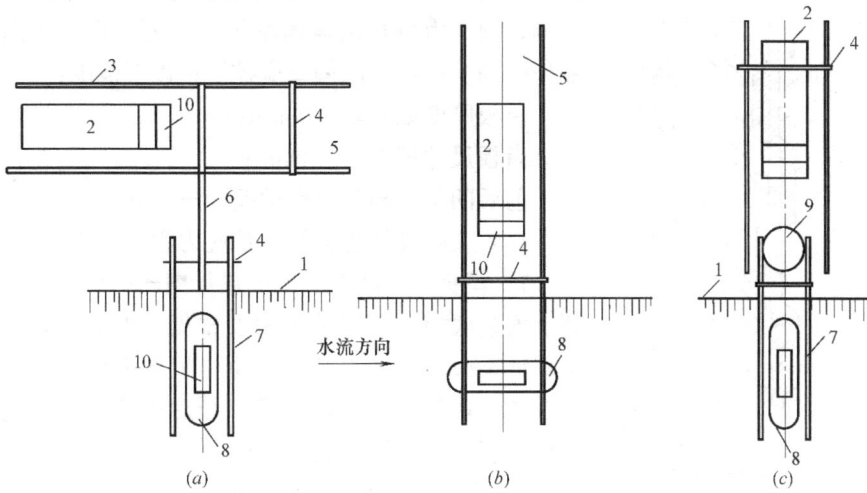

图 6-35　预制场平面布置图

（a）平行式；（b）垂直式；（c）垂直式附块件转向设施

1—河岸线；2—预制台座；3—轻便轨道；4—龙门吊机；5—存梁场；6—运梁轨道；
7—栈桥；8—运梁驳船；9—块件转向转盘；10—预制块件

全断面铰接与部分铰接二者特点见表 6-8 所列。

全断面铰接与部分断面铰接比较表　　　　　　　　表 6-8

施工项目 ＼ 断面情况	全断面铰接	部分断面铰接
悬浇速度	快	较慢
施工工序	少	多
树脂用量	多	少
特种水泥用量	无	多
孔道串浆	易	不易
施工调整	难	易
成桥整体性	略差	较好

　　为了弥补湿接缝混凝土的收缩和早强，采用早强微膨胀混凝土浇筑。20℃左右温度，24h 可达到设计强度。

　　全断面铰接、部分铰接的接缝，拼装前应在接触面涂抹多功能环氧树脂，以保证连接面的水密性和利用树脂的厚度找平。

　　为了使预制节段在拼装时能准确、迅速地安装就位，节段预制时在顶板均衡设置定位器（也称定位销）。有的定位器不仅能起到固定位置的作用，而且能承受剪力。这种定位装置称抗剪楔或防滑楔。节段预制时，除注意预埋定位器装置外，尚须注意按正确位置预埋孔道形成器和吊点装置（吊环或竖向预应力粗钢筋）等。同时为了提高梁段拼接面的抗剪强度，拼接面做成齿合，即为剪力齿，如图 6-36 所示。

　　为了提高预制梁段拼接面的吻合度，一般宜在长线台座上将待浇梁段与已浇梁段端接

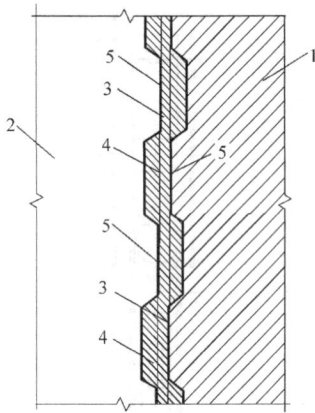

图 6-36 预制梁段拼接
面剪力齿示意图

1—后浇梁段；2—待浇箱梁；3—钢或
木制分隔板；4—凹齿；5—凸齿

面密贴浇筑，中间用不带硬化剂的环氧树脂作为隔离层分隔，预应力束孔用金属波纹管分隔。也可用图示的分隔板分隔。拼合面的偏差应控制在以下范围：

模板厚度偏差：±0.5m；

齿板尺寸偏差：±1mm；

前后凹凸齿相对位置偏差：±0.5mm。

（4）梁段模板、钢筋、预应力管道安装

1）模板。按底模支架的设计图式搭设支架，在支架顶上安装底模，再安装外模及框架，然后安装端模。为了保证梁段端面的平整及管道位置的准确，每个断面均应制作一块定型的钢端模板，最后安装内模。模板宜用大型钢模，便于周转安装。

2）钢筋。钢筋应分块制作成型。对于腹板及齿板钢筋，先定位绑扎成骨架，用吊机吊运至预制台座上安装。底板及顶板钢筋采用现场绑扎。

3）预应力管道。在底板、顶板钢筋布设好后，进行管道布置。先在底板钢筋上每隔 80cm 按管道高度焊一道钢筋支架，其后通过端模上预先开好的孔将波纹管穿入，调直后与支架绑扎固定。对于湿接缝的断面，相邻梁段需连接的管道，均应在端头接以长度为 50cm 的连接管以利于以后管道的连接。对于铰接缝的断面，需连通的两管道的内部加以长度为 30cm、外径与管道内径相吻合的纺锤形的圆木连通管道，防止浇筑混凝土过程中水泥砂浆流入而堵塞管道。

对于设锚头的位置，需将锚垫板牢固地固定在端模上，并注意锚垫板面的角度符合设计要求，波纹管垂直于锚固平面。

对于竖向预应力钢筋的安设，应先将预应力钢筋按设计长度下好料后，套以波纹管，其后，安装好死锚端的螺旋筋，紧固小螺母、锚垫板及工作螺母后，按设计位置在腹板钢筋内安装固定。安浆压浆管，并密封波纹管下端以免漏浆。最后在梁顶张拉端安装排气管，套以锚下螺旋筋，安装固定锚垫板。

关于梁段混凝土的浇筑，按本章第 2 节悬浇的有关规定办理。

2. 梁段移运、存放和整修

梁段调运除满足《公路桥涵施工技术规范》及设计规范有关要求外，还应满足悬拼施工的特殊要求。

（1）移运前准备工作

1）在梁段顶面标定纵轴线和测控点，便于悬拼时监控。

2）测定梁段施工中顶板上测控点的标高，以作悬拼时分析梁高、转角及扭转的依据。

3）拆模后应及时注明梁段所属墩号、梁段编号、吊拼方向及混凝土浇筑日期。

4）准备存放场地，检查吊运的机具设备。

5）对与浇筑梁段现场同条件养护的试件试压，以确保梁段吊运强度。

（2）梁段隔离

隔离时间可参照《公路桥涵施工技术规范》中承重模板等规定办理。底模及相邻梁段结合面需做特殊处理。

1) 底模处理

预制底座面层宜铺一层厚 3～5mm 在全底座上连为整体的钢板，并与底座底板预埋件连接，或铺一层镀锌薄钢板，再在模板上涂侧隔离层剂。

2) 相邻梁段结合面的分隔处理

结合面宜用掺丙酮稀释的环氧树脂涂抹，效果较好。

3) 梁段隔离

由于梁段的质量较大（一般最大可能达 70t 以上），且需消除梁段混凝土与底模粘结和梁段之间的粘结，起吊前需在底板四角处设置 4 个起重能力 500kN 的千斤顶，将梁段顶起脱离底模，然后用起重机（或龙门吊）把脱离底模的梁段吊高顶制台座。

(3) 梁段吊点设置

吊点一般设在腹板附近，以下 4 种方式可供参考。

1) 如图 6-37（a）所示，在翼板下腹板两侧留孔，用钢丝绳与钢棒穿插起吊。

2) 如图 6-37（b）所示，直接用钢丝绳捆绑。

3) 如图 6-37（c）所示，在腹板上预留孔穿过底板，用精轧螺纹钢穿过底板锚固起吊。

4) 如图 6-37（d）所示，在腹板上埋设吊环。

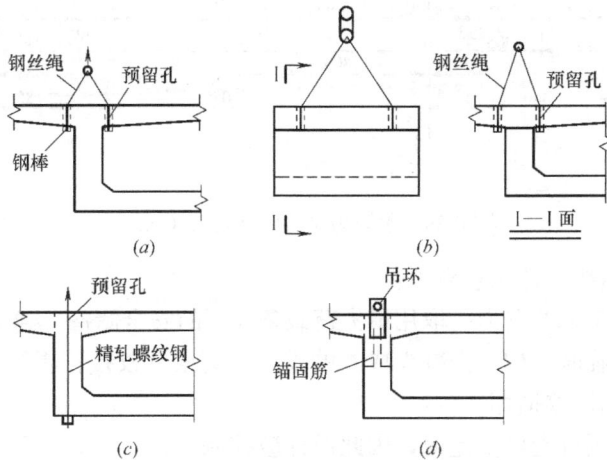

图 6-37　梁段布点设置方式

(a) 钢丝绳与钢棒吊点；(b) 钢丝绳捆绑吊点；(c) 精轧螺纹钢吊点；(d) 吊环吊点

吊点设置应绝对可靠，考虑动载和冲击安全系数宜大于 5。对图 6-37（a）、图 6-37（c）和图 6-37（d）三种设置方式，由于底板等自重经腹板传至吊点，腹板将承受拉力，应先张拉一部分腹板竖向预应力筋。为改善吊梁的受力状态，应尽量降低吊点的高度，宜采用如图 6-38 所示的连接吊具。

(4) 龙门吊机设置

龙门吊机一般用万能杆件或贝雷架组拼，结构形式诸多，视起吊重力、跨径及设备等因素而定，现场布置如图 6-39 所示。

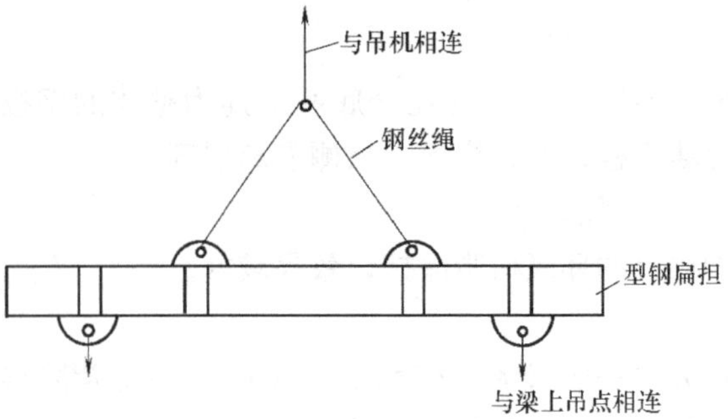

图 6-38 连接吊具示意图

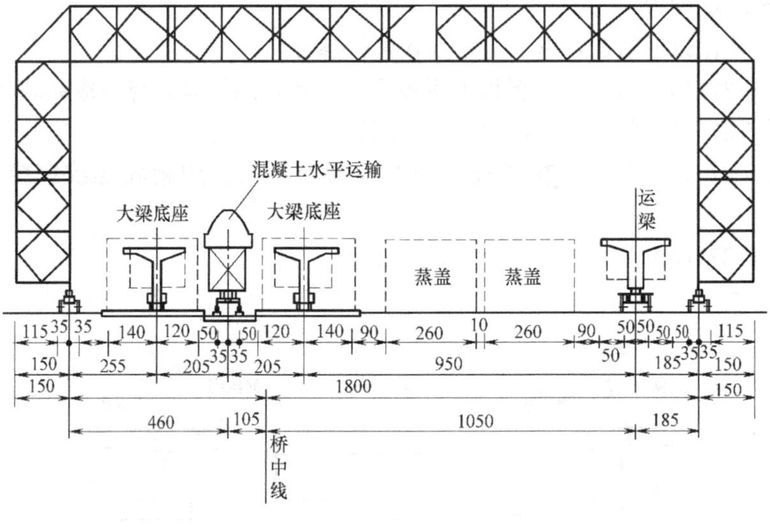

图 6-39 预制场龙门吊布置图（cm）

龙门吊机现场组拼设计注意事项：

1）计算荷载应考虑冲击力，取用最大荷载条件下的安全储备，确保设备及使用安全。

2）龙门吊机为临时结构，为减少成本的投入，塔梁宜铰接；否则，因基础的沉降会使龙门结构严重扭曲以致损坏。

3）考虑两塔柱因行走异步差值，因此设计应控制允许偏差，一般应取同步电机并设异步发生时的可转装置。

（5）梁段存放

1）吊运时梁段强度应不低于设计强度标准值的 75%。

2）一般宜单层放置，不得多于 2 层，且应防止梁段堆放的不合理受力。

3）存梁宜用枕木支垫，梁面呈水平搁置。

4）梁段吊离台座后，应及时清除梁段上的隔离剂，以免影响拼合施工。

（6）梁段整修

存放期间应做好以下准备：

1）湿接缝两结合面必须凿毛，并修补预制缺陷。

2）清洗铰接面隔离剂后，应将突出端面的混凝土凿平整，切忌沾染油污而影响树脂粘结。

3）在铰接面涂上一层环氧浆液，浆液由 A、B 两种配料复合而成，A 配料由 6101 树脂、丙酮和三丁酯组成，其配合比分别为 6.67：6.67：1，B 配料由无水乙二胺、水泥（填料）和三丁酯组成，其配合比分别为 0.53：2：1（A、B 配料均以二丁酯为单位计算），将分别调配好的 A、B 配料复合即成胶粘剂。

4）检查各锚头垫板是否与预应力孔道垂直，否则应加焊楔形板纠正。

5）检查相邻段孔道接头是否正位，错位超过允许偏差的要分别对两孔道各凿掉 1/2 偏差，直至满足穿束要求。

6）压水检查孔道有无串孔。若有串孔时应对串孔进行有效补救。

① 串孔较为严重的应压浆处理，即将串孔附近管道穿入比孔道小 2～3mm 的胶管，留有 1～2 个孔道穿入钢管，压到各孔道沿胶管壁出浆为止。抽拔胶管。待水泥浆凝固后需再压水检查，如仍有串孔，应再补压浆直至不串孔为止。

② 串孔不严重时，可以补孔，即用专用工具沾环氧树脂浆液沿孔壁来回涂抹，直至环氧浆液将孔壁裂缝封闭。

③ 面积较大的串孔，可先凿开患处，再用高强度混凝土或高强度水泥砂浆或环氧树脂砂浆补浇，补浇时可用抽拔管或钢板管做模成孔。

3. 梁段运输

梁体节段自预制底座上出坑后，一般先存放于存梁场，拼装时节段由存梁场移至桥位处的运输方式，一般可分为场内运输、装船和浮运三个阶段。

（1）场内运输

当存梁场或预制台座布置在岸边，又有大型悬臂浮吊时，可用浮吊直接从存梁场或预制台座将节段吊放到运梁驳船上浮运。当预制底座垂直于河岸时，存梁场往往设于底座轴线的延长线上，此时，节段的出坑和运输一般由预制场上的龙门吊机担任，节段上船也可用预制场的龙门吊机。当预制底座平行于河岸时，场内运输应另备运梁平车进行。栈桥上也必须另设起重吊机，供吊运节段上船。节段的运输，当预制场与栈桥距离较远时，应首先考虑采用平车运输。起运前要将节段安放平稳，底面坡度不同的节段要使用不同厚度的楔形木来调整。节段用带有挂篮螺栓的缆索保险。

当采用无转向架的运梁平车时，运输轨道不得设平曲线，纵坡一般应为平坡。当地形条件限制时，最大纵坡也不得大于 1%。下坡运行时，平车后部要用钢丝绳牵引保险，不得溜放。节段的起吊应该配有起重扁担。每块箱梁四个吊点，使用两个横扁担用两个吊钩起吊。如用一个主钩以人字千斤起吊时，还必须配一根纵向扁担以平衡水平分力。

（2）装船

梁段装船在专用码头上进行。码头的主要设施是施工栈桥和节段装船吊机。应保证在最低施工水位时驳船能进港起运栈桥的长度，栈桥的高度要考虑在最高施工水位时栈桥主梁不被水淹，栈桥宽度要考虑到运梁驳船两侧与栈桥之间需有不小于 0.5m 的安全距离。栈桥起重机的起重能力和主要尺寸（净离和跨度）应与预制场上的吊机相同。

（3）浮运

浮运船只应根据节段重量和高度来选择，可采用铁驳船、坚固的木趸船、水泥驳船或用浮箱装配。为了保证浮运安全，应设法降低浮运重心。开口舱面的船应尽量将节段置于船舱底板。必须置放在甲板面上时，要在舱内压重。

节段的支垫应按底面坡度用碎石子堆成，满铺支垫或加设三角形垫木，以保证节段安放平稳。节段一般较大，还需以缆索将节段系紧固定。

4. 悬臂拼装

(1) 悬拼方法

预制节段的悬臂拼装可根据现场布置和设备条件采用不同的方法来实现。当靠岸边的桥跨不高且可在陆地或便桥上施工时，可采用自行式吊车、门式吊车来拼装。对于河中桥孔，也可采用水上浮吊进行安装。如果桥墩很高，或水流湍急而不便在陆上、水上施工时，就可利用各种吊机进行高空悬拼施工。

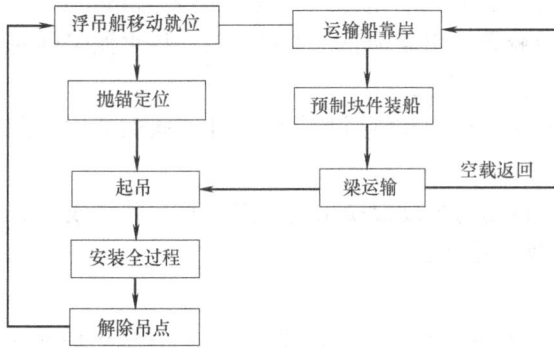

图 6-40 浮吊悬拼施工工序

1) 浮吊拼装法

重型的起重机械装配在船舶上，全套设备在水上作业就位方便，40m的吊高范围内起重力大，辅助设备少，相应的施工速度较快，但台班费用较高。一个对称于接悬拼的工作面，一天可完成 2～4 段的吊拼。其施工主要工序如图 6-40 所示。

2) 悬臂吊机拼装法

悬臂吊机由纵向主桁架、横向起重桁架、锚固装置、平衡重、起重系、行走系和工作吊篮等部分组成，如图 6-41 所示。

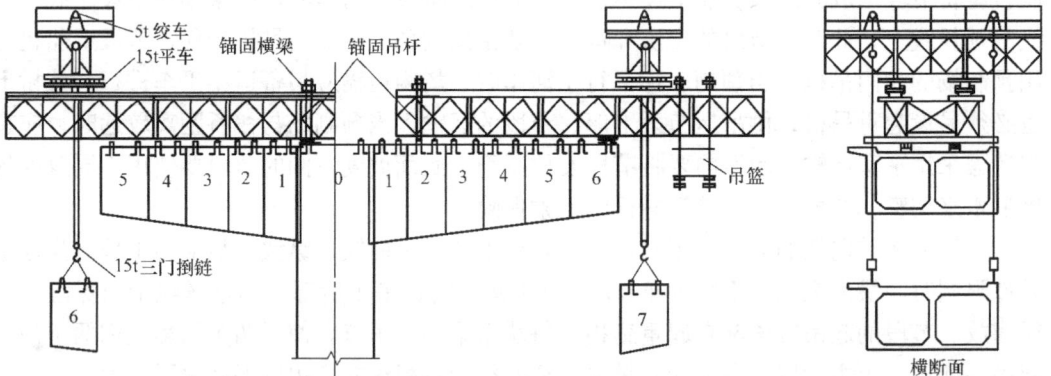

图 6-41 悬臂吊机构造图

纵向主桁为吊机的主要承重结构，可由贝雷片、万能杆件、大型型钢等拼制。一般由若干桁片构成两组，用横向连接系连成整体，前后用两根横梁支承。

横向起重桁是供安装起重卷扬机直接起吊箱梁节段之用的构件，多采用贝雷架、万能杆件及型钢等拼配制作。纵向主桁的外荷载就是通过横向起重桁传递给它的。横向起重桁支承在轨道平车上，轨道平车搁置于铺设在纵向主桁上弦的轨道上，起重卷扬机安置在横向起重桁上弦。

图 6-42 为贝雷桁架拼装悬拼吊机悬拼梁段示意图。

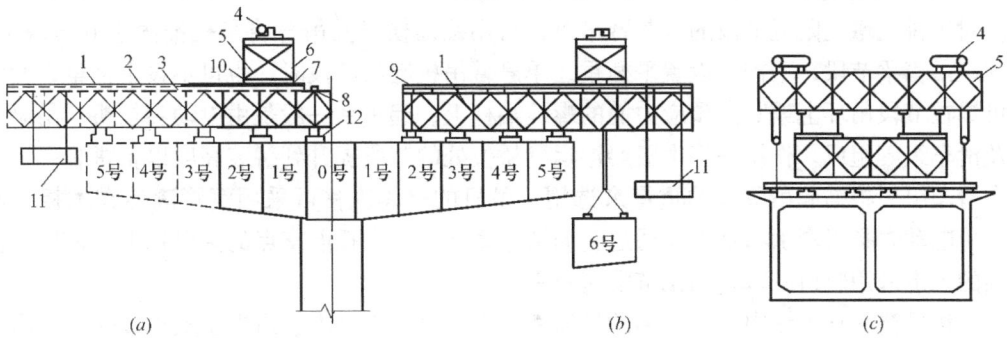

图 6-42　贝雷桁架拼装悬拼吊机悬拼梁段示意图

（a）吊拼 1～5 号梁段立面；（b）吊拼 6～9 号立面；（c）侧面

1—吊机桁架；2—钢轨；3—枕木；4—卷扬机；5—撑架；6—横向桁架；7—平车；8—锚面吊环；
9—工字钢；10—平车之间用角钢连接成整体；11—工作吊篮；12—锚杆

　　图 6-43 为贝雷桁架连续千斤顶拼装悬拼吊机悬拼梁段示意图，图 6-44 为梁段吊装正面示意图。连续千斤顶或卷扬机滑轮组作业设备简单，占用面积小、质量轻，适应性强，千斤顶起重力与吊重力之比约为 1：100。当 0 号梁段顺桥向的长度不能满足起步长度或采用吊机悬吊 1 号梁段时，需在墩侧设立托架。

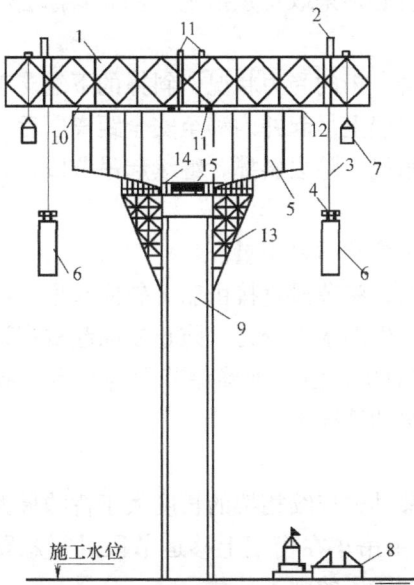

图 6-43　贝雷桁架连续千斤顶拼装悬拼
吊机悬拼梁段示意图

1—贝雷纵梁；2—ZLD-100 连续千斤顶；3—起吊索；
4—起重连接器，5—已安装定位梁段；6—待安装梁段；
7—工作吊篮；8—运梁驳船；9—桥墩；10—前支点；
11—锚筋；12—前支点；13—托架；
14—临时支座；15—支座

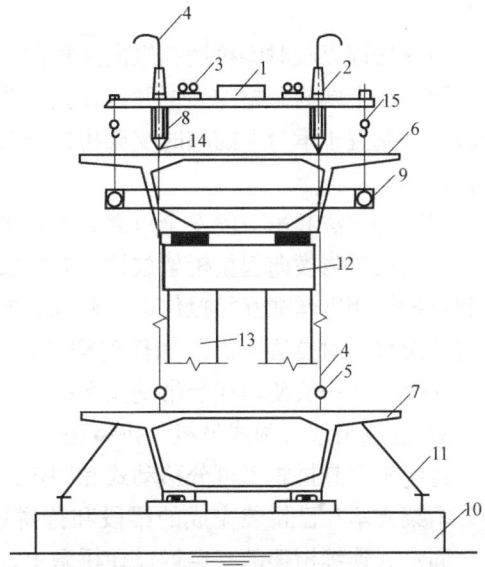

图 6-44　梁段吊装正面示意图

1—提吊中心控制台；2—ZLD-100 连续千斤顶；3—油泵；
4—9×φ15 钢绞线，5—起重连接器；6—已安装定位梁段；
7—待安装梁段；8—贝雷主桁架；9—贝雷梁组合工
作吊篮；10—运梁段船只；11—梁段稳定风缆；
12—墩帽点；13—双柱式桥墩；
14—悬梁前支点；15—升降捯链

设置锚面装置和平衡重的目的是防止主桁架在起吊节段时倾覆翻转，保持其稳定状态。对于拼装墩柱附近节段的双悬臂吊机，可用锚固横梁及吊杆将吊机锚固于 0 号块上。对称起吊箱梁节段，不需要设置平衡重。单悬臂吊机起吊节段时，也可不设平衡重，而将吊机锚在节段吊环上或竖向预应力筋的螺栓端杆上。起重系一般是由电动卷扬机、吊梁扁担及滑车组等组成，作用是将由驳船浮运到桥位处的节段提升到拼装高度以备拼装。

滑车组要根据起吊节段的重量来选用，吊机的整体纵移可采用钢管滚筒在木板上滚移，由电动卷扬机牵引。牵引绳通过转向滑车系于纵向主托前支点的牵引钩上。横向起重桁架的行走采用轨道平车，用捯链滑车牵引。

工作吊篮悬挂于纵向主桁前端的吊篮横梁上，吊篮横梁由轨道平车支承以便工作吊篮纵向移动。工作吊篮供预应力钢丝穿束、千斤顶张拉、压注灰浆等操作之用，可设上、下两层，上层供顶板钢束施工操作用，下层供肋板钢束施工操作用。也可只设一层，此时，工作吊篮可用捯链滑车调整高度。

这种吊机的结构较简单，使用最普遍。当吊装墩柱两侧附近节段时，往往采用双悬臂吊机，当节段拼装至一定长度后，将双悬臂吊机改装成两个独立的单悬臂吊机（图 6-41）。但在桥的跨径不太大，孔数也不多的情况下，有的工地就不拆开墩顶桁架而在吊机两端不断接长进行悬拼，以免每拼装一对节段就将对称的两个单悬臂吊机移动和锚固一次。

当河中水位较低时，运输箱梁节段的驳船船底标高低于承台顶面标高，驳船无法靠近墩身时，双悬臂吊机的定位设计往往要受安装 1 号梁段时的受力状态所控制。为了不增大主桁断面以节约用钢量，对这种情况下的双悬臂吊机必须采取特别措施，例如斜撑法和对拉法。

斜撑法即以临时斜撑增加纵向主桁的支点以改善主桁的受力状况。斜撑的下端支于墩身牛腿上，上端与主桁加强下弦杆铰接。当节段从驳船上吊起并内移至安全距离以后，将节段临时搁置于承台上的临时支架再以千斤顶顶起吊机，除去斜撑，继续起吊节段，内移就位。

用这种方法起吊节段安全可靠，但增加了起吊工序和材料用量。

对拉法是将横向起重桁架放置于起吊安全距离内，将节段直接由船上斜向起吊，两横向起重桁架用钢丝绳互相拉住以平衡因斜向起吊而产生的水平分力，防止横向起重桁架向悬臂端滚移。对拉法不需附加任何构件，起吊程序简单，但必须确保节段与承台不致相撞。这个方法一般使用在起吊钢丝绳的斜向角度很小的情况下。

3）连续桁架（闸式吊机）拼装法

连续桁架悬拼施工可分移动式和固定式两类。移动式连续桁架的长度大于桥的最大跨径，桁架支承在已拼装完成的梁段和待拼墩顶上，由吊车在桁架上移运节段进行悬臂拼装。固定式连续桁架的支点均设在桥墩上，而不增加梁段的施工荷载。

图 6-45 表示移动式连续桁架，其长度大于两个跨度，有 3 个支点。这种吊机每移动一次可以同时拼装两孔桥跨结构。

4）缆索起重机（缆吊）拼装法

缆吊悬拼可采用伸臂吊机、缆索吊机、龙门吊机、人字扒杆、汽车吊、履带吊、浮吊等起重机进行拼装。根据吊机的类型和桥孔处具体条件的不同，吊机可以支承在墩柱上、已拼好的梁段上或处在栈桥上、桥孔下。

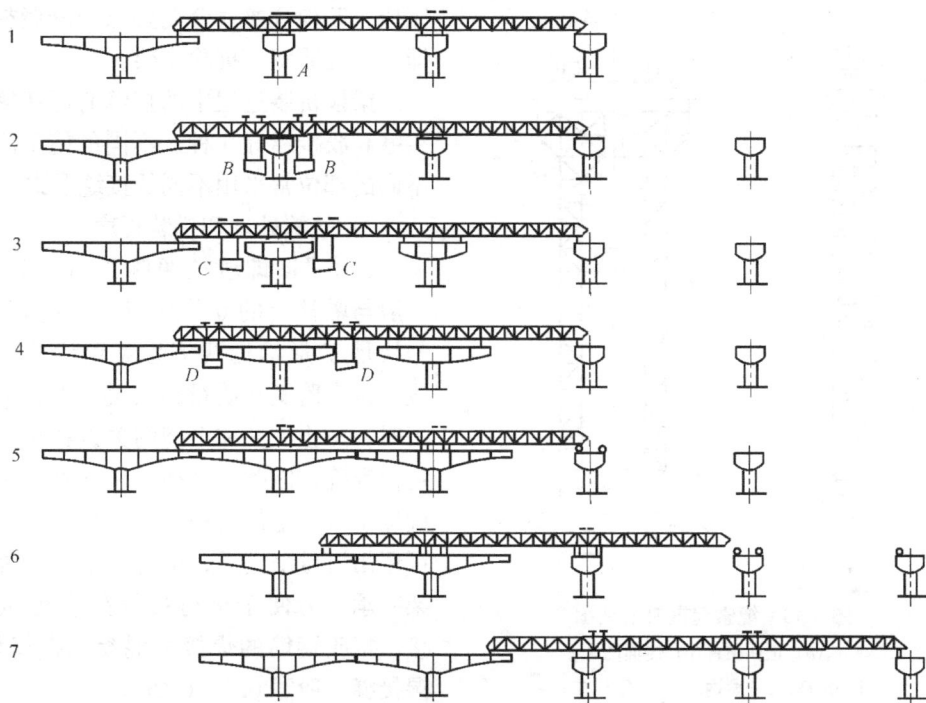

图 6-45 移动式连续桁架拼装示意图

不管是利用现有起重设备或专门制作，悬臂吊机需满足如下要求：

① 起重能力能满足起吊最大节段的需要；

② 吊机便于作纵向移动，移动后又能固定于一个拼装位置；

③ 吊机处在一个位置上进行拼装时，能方便地起吊节段做竖向提升和纵、横向移动，以便调整节段拼装位置；

④ 吊机的结构尽量简单，便于装拆。

缆吊无须考虑桥位状况，且吊运结合，机动灵活，作业空间大，在一定设计范围内缆吊几乎可以负责从下部到上部，从此岸到彼岸的施工作业，因此缆吊的利用率和工作效率很高。其缺点是一次性投入大，设计跨度和起吊能力有限，一般起吊能力不宜大于500kN，而一般混凝土预制梁段的重力多达 500kN。目前我国使用缆吊悬拼连续梁都是由两个独立单箱单室并列组合的桥型，为了充分利用缆吊的空间特性，特将预制场及存梁区布设在缆吊作用面内。缆吊进行拼装作业时增加风缆和临时捣链，以控制梁段即位的姿度。缆机运吊结合的优势，大大缩短了采用其他运吊方式所需的转运时间，可以将梁段从预制场直接吊至悬拼结合面。施工速度可达日拼 2 个作业面 4 段，甚至可达 3 个作业面6 段。

图 6-46 为缆索起重机塔柱图，图 6-47 为移动索鞍示意图。

（2）拼装施工与接缝处理

1）支座临时固结或设置临时支架

为了确保连续梁分段悬拼施工的平衡和稳定，常与悬浇方法相同，将 T 构支座临时固结。当临时固结支座不能满足悬拼要求时，一般考虑在墩两侧或一侧加临时支架。悬拼

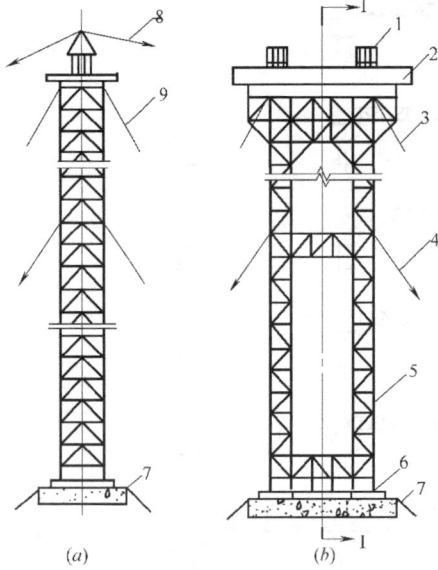

图 6-46 缆索起重机塔柱图

(a) 正面图；(b) 侧面图

1—索鞍；2—型钢；3—八字风撑；

4—八字腰风缆；5—万能杆件墩柱；

6—铰接；7—基础；8—主索；9—风缆

完成，T 构合龙（合龙要点与悬浇相同），即可恢复原状，拆除支架。

梁段拼装过程中的接缝有湿接缝、干接缝和胶接缝等几种。不同的施工阶段和不同的部位常采用不同的接缝形式。

2）接缝处理和拼装程序

1 号梁段即墩柱两侧的第一个节段，一般与墩柱上的 0 号块以湿接缝相接。1 号块是 T 形钢构两侧悬臂箱梁的基准节段，是全跨安装质量的关键。T 构悬拼施工时，防止上翘和下挠的关键在于 1 号块定位准确，因此，必须采用各种定位方法确保 1 号块定位的精度。定位后的 1 号块可用吊机悬吊支承，也可用下面的临时托架支承。为便于进行接缝处管道接头拼接、接头钢筋的焊接和混凝土振捣作业，湿接缝一般宽 0.1～0.2m。

1 号梁段安装的允许偏差见表 6-9 所列。

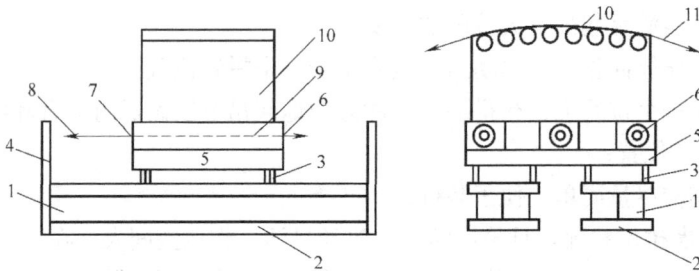

图 6-47 移动式索鞍示意图

1—移动纵梁；2—不锈钢板；3—固定圈；4—挡板；5—底座钢板；6—锚固点；

7—精轧螺纹钢筋；8—千斤顶；9—型钢；10—索鞍；11—索缆

1 号梁段安装的允许偏差 （mm） 表 6-9

标高	中线	平面位置长度	扭转高差	转角高差
±1	±1	1	1	0.5/m

跨度大的 T 形刚构桥，由于悬臂很长，往往在伸臂中部设置一道现浇箱梁横隔板，同时设置一道湿接缝。这道湿接缝除了能增加箱梁的结构刚度外，也可以调整拼装位置。在拼装过程中，如拼装上翘的误差很大，难以用其他办法补救时，也可以增设一道湿接缝来调整。但应注意，增设的湿接缝宽度必须用凿毛节段端部的办法来提供。

湿接缝钢板管的对接，是一项施工工艺很高且很复杂的技术，在对接中往往不易处理，常会出现钢板管长度、直径与接缝宽度不相称，预留管道位置不准确，管孔串浆、排气的三通铁皮管错乱等现象，施工时应特别注意。

1 号节段拼装和湿接缝处理的程序如图 6-48 所示。

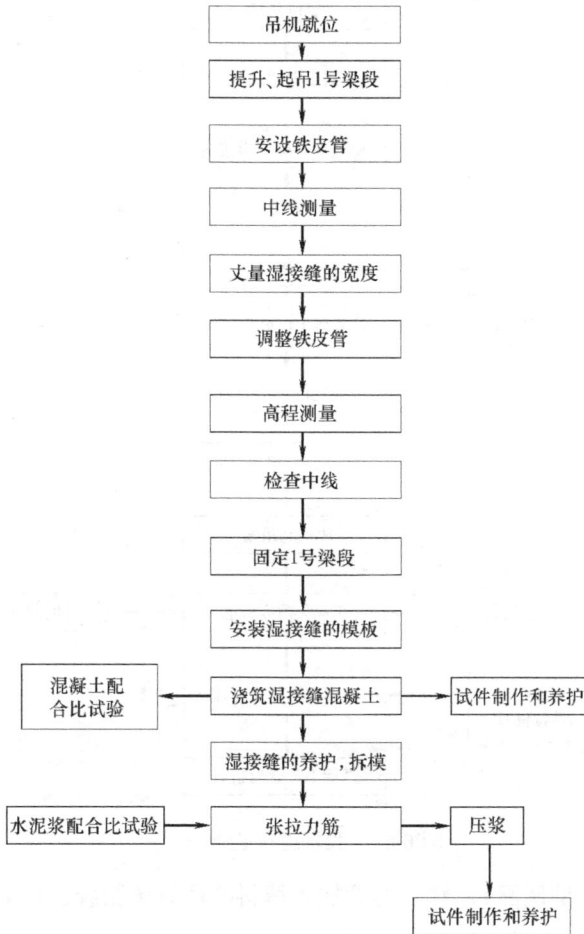

```
                    ┌──────────────┐
                    │   吊机就位    │
                    └──────┬───────┘
                    ┌──────┴───────┐
                    │提升、起吊1号梁段│
                    └──────┬───────┘
                    ┌──────┴───────┐
                    │   安设铁皮管   │
                    └──────┬───────┘
                    ┌──────┴───────┐
                    │   中线测量    │
                    └──────┬───────┘
                    ┌──────┴───────┐
                    │ 丈量湿接缝的宽度│
                    └──────┬───────┘
                    ┌──────┴───────┐
                    │   调整铁皮管   │
                    └──────┬───────┘
                    ┌──────┴───────┐
                    │   高程测量    │
                    └──────┬───────┘
                    ┌──────┴───────┐
                    │   检查中线    │
                    └──────┬───────┘
                    ┌──────┴───────┐
                    │   固定1号梁段  │
                    └──────┬───────┘
                    ┌──────┴───────┐
                    │ 安装湿接缝的模板│
                    └──────┬───────┘
┌──────────┐    ┌──────┴───────┐    ┌──────────────┐
│ 混凝土配   │───│ 浇筑湿接缝混凝土│───│  试件制作和养护  │
│ 合比试验   │    └──────┬───────┘    └──────────────┘
└──────────┘    ┌──────┴───────┐
                    │湿接缝的养护，拆模│
                    └──────┬───────┘
┌──────────────┐    ┌──────┴───────┐    ┌────────┐
│ 水泥浆配合比试验│───│   张拉力筋    │───│   压浆   │
└──────────────┘    └──────────────┘    └───┬────┘
                                        ┌──────┴───────┐
                                        │  试件制作和养护  │
                                        └──────────────┘
```

图 6-48　1 号梁段湿接缝拼装程序

3）其他节段用胶接缝或干接缝拼装

其他梁段吊上并基本定位后（此时接缝宽约 10～15cm），先将临时预应力筋穿入，安好连接器，再开始涂胶及合拢，张拉临时预应力筋，使固化前胶接缝的压应力不低于0.3MPa，这时可解除吊钩。

胶接缝拼装梁段程序如图 6-49 所示。

4）环氧树脂胶

节段接缝采用环氧树脂胶，厚度 1.0mm 左右。环氧树脂胶接缝可使节段连接密贴，可提高结构抗剪能力、整体刚度和不透水性。一般不宜采用干接缝。干接缝节段密贴性差，接缝中水汽浸入导致钢筋锈蚀。

环氧树脂胶的配方应通过试验决定，并随化学工业的迅猛发展，产品换代，应做市场调查，采用性能最好的产品。环氧树脂胶由环氧树脂、固化剂、增塑剂、稀释剂、填料等组成。填料一般用高等级水泥、洁净干燥砂。

一般对接缝混凝土面先涂底层环氧树脂底胶（环氧树脂底层胶由环氧树脂、固化剂、

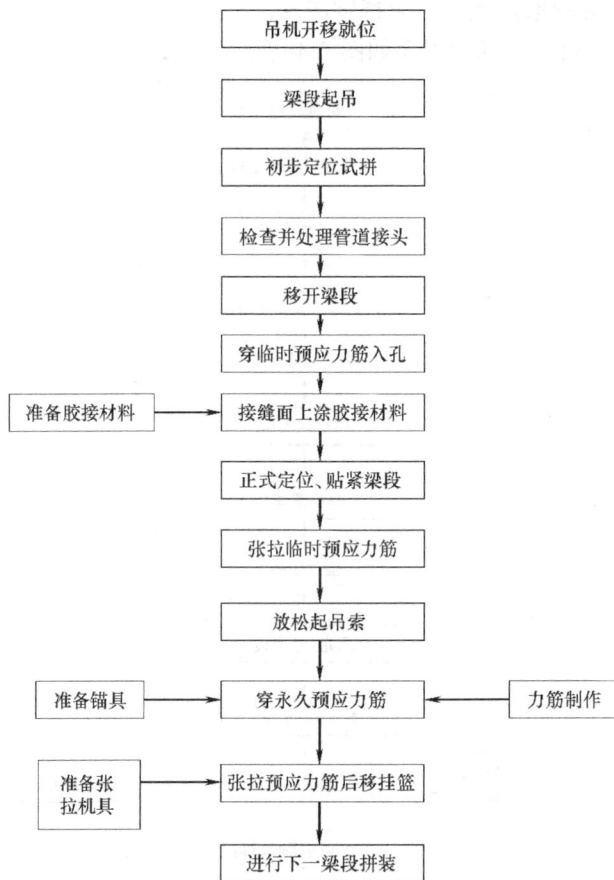

图 6-49　胶接缝拼装梁段程序

稀释剂按试验决定比例调配），然后再涂加入填料的环氧树脂胶。环氧树脂胶随用随配调。

（3）穿束及张拉

1）穿束

T 形钢构桥纵向预应力钢筋的布置有两种特点：①较多集中于顶板部位；②钢束布置对称于桥墩。因此拼装每一对对称于桥墩节段用的预应力钢丝束须按锚固这一对节段所需长度下料。

明槽钢丝束通常为等间距排列，锚固在顶板加厚的部分（这种板俗称"锯齿板"）。加

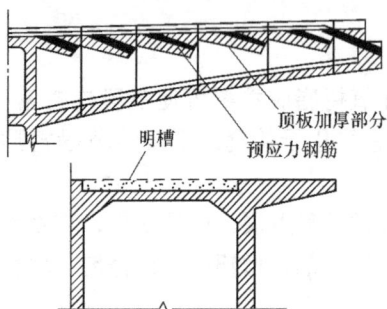

图 6-50　明槽钢丝束布置图

厚部分预制时留有管道（图 6-50），穿束时先将钢丝束在明槽内摆放平顺，然后再分别将钢丝束穿入两端管道之内。钢丝束在管道两头伸出长度要相等。

暗管穿束比明槽难度大。经验表明，60m 以下的钢丝束穿束一般均可采用人工推送。较长钢丝束穿入端，可点焊成箭头状缠裹黑胶布。60m 以上的长束穿束时可先从孔道中插入一根钢丝与钢丝束引丝连接，然后一端以卷扬机牵引，一端以人工

送入。

2）张拉

钢丝束张拉前要首先确定合理的张拉次序，以保证箱梁在张拉过程中每批张拉合力都接近于该断面钢丝束总拉力重心处。

钢丝束张拉次序的确定与箱梁横断面形式、同时工作的千斤顶数量、是否设置临时张拉系统等因素关系很大。在一般情况下，纵向预应力钢丝束的张拉次序按以下原则确定：

① 对称于箱梁中轴线，钢束两端同时成对张拉；

② 先张拉肋束，后张拉板束；

③ 肋束的张拉次序是先张拉边肋，后张拉中肋（若横断面为三根肋，仅有两对千斤顶时）；

④ 同一肋上的钢丝束先张拉下边的，后张拉上边的；

⑤ 板束的次序是先张拉顶板中部的，后张拉边部的。

每一束的张拉程序参见后张法预制工艺。

（4）压浆

管道压浆的目的是为了保证预应力筋不受腐蚀。目前的工艺是先用高压水检查管道的畅通、匹配面的密贴情况以及封端情况后再进行正式压浆，直到出浆口出浓浆。封闭出浆口持压几分钟，以保证水泥浆尽量充满管道。

压浆是在局部封锚后进行的。尚未进行封端，封锚水泥砂浆极易收缩开裂，造成压浆时漏浆，直接影响持压效果；且水泥浆在管道内会产生收缩，使压浆质量难以控制。故除了保证封端质量外，若在水泥浆中加入适量微膨胀剂，选取合适的配合比，则既能使压浆工作顺利进行，又能使凝固后的水泥浆尽量充满管道，尽可能地排出管道内的水和空气，避免力筋受蚀。

值得提出的是，在正式压浆前，必须检查管道畅通及渗漏情况，在压浆时，若从一端压不通，须及时处理，不得从另一端补压了事。

5. 预应力悬臂桁架梁的悬拼

预应力悬臂桁架梁和桁架 T 构桥具有与箱梁 T 构桥基本相同的特点。不同的是因 T 构单元的悬臂由桁架杆件组成，结构自重较小，耗钢较少，跨越能力较大，架设时拼装构件划分方案较多，悬拼方法更易适应不同吊装能力和进度的要求。

（1）分块和拼装方案

1）杆件拼装。当跨径较大时，桁架的单根杆件重量就较大，尤其是靠近根部节间的上弦和下弦特别重大，故可按杆件分别预制，然后拼装成整体。这时一般采用斜拉杆式桁架，拼装顺序如图 6-51 所示。这种分块和拼装方式，在国外采用时一般先将结点做成临时铰，以便在拼装过程中调整悬臂挠度和消除杆端恒载次应力。完工前将结点铰封死。

2）三角形节段拼装。将每一节间的

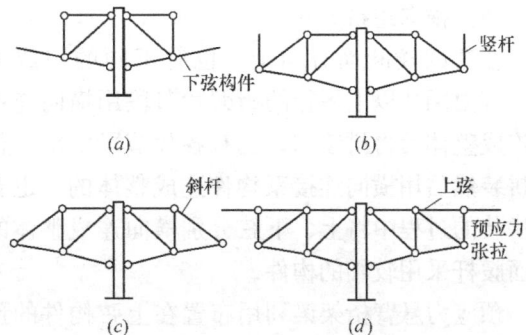

图 6-51 按杆件分块时拼装示意图

(a) 吊装下弦；(b) 立竖杆；

(c) 安装斜杆；(d) 吊装上弦施加预应力

下弦、斜杆和前竖杆（或前斜杆）预制成三角形构件，弦杆预制成单独构件，这时一般采用斜压杆式或三角形式桁架，拼装顺序如图 6-52 所示。古巴扎扎河桥则是先将所有三角形节段用钢索悬挂拼出，然后现浇上弦杆和桥面板，最后统一张拉上弦预应力索。

3）节间节段拼装。将桁架片沿竖杆中线分割，预制构件呈四边形（图 6-53），这时适宜采用斜压杆式桁架。拼装时将节段沿拼接缝涂胶合拢后即可进行预应力张拉。

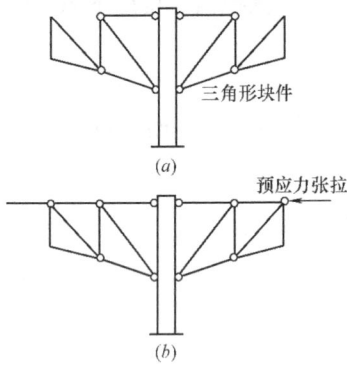

图 6-52　按三角形分块的拼装示意图

(a) 吊装三角形块体；(b) 吊装上弦施加预应力

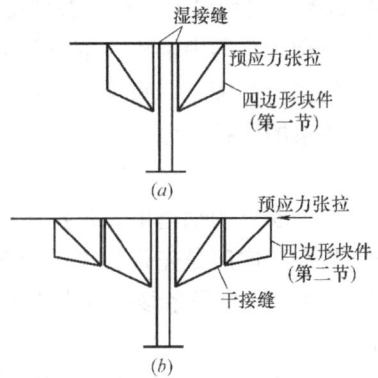

图 6-53　按节间分块的拼装示意图

(a) 拼装第一节块件；(b) 拼装第二节块件

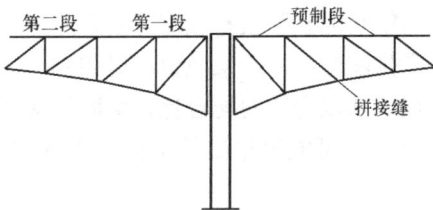

图 6-54　按节段分块的拼装示意图

4）节段拼装。将桁架分成若干段，每段包含一个以上的节间，沿竖杆中线分割或沿节点附近杆段上分割，进行节段预制和拼装（图 6-54）

以上四种方案中，后两种主要在国内建的桥梁上采用。国外在一座桥上往往仅采用一种分块和拼装方式，国内则多采用两种以上的分块拼装方案。湖北黄陵矶大桥主孔的两个 T 形单元的根部节间由上弦构件和三角形构件组成，拼装时构件由悬臂吊机临时支承，定位后处理湿接缝（图 6-55）第二和第三节间分别为一个节段，然后是包含两个节间的节段，最后是包含两个节间和端部的节段。

（2）横向组拼方式

在桥的横断面方向上，也有不同的组成方式。有由两片以上平行的桁架片节段用横向连接系连成整体后再拼装的，也有各片节段依次平行地拼装然后用横向连接系构件连成整体的，也有在拼装的过程中将上、下弦分别横向连成整体的板而腹杆采用较细的构件。

预应力悬臂桁架梁利用布置在上弦构件的预应力筋（束）悬拼。预应力筋（束）一般为明槽筋（束）。构件之间的接缝或接头除根部第一节间与墩顶间采用湿接缝定位外，其他一般为湿接

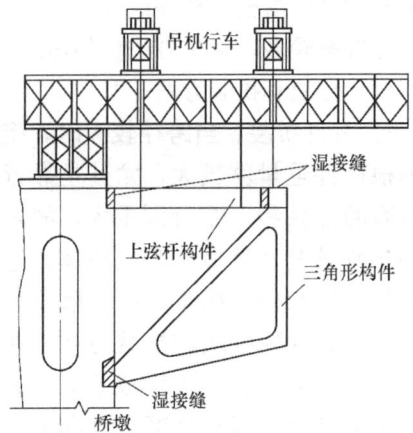

图 6-55　第一节拼装定位后湿接缝处理示意图

缝。需调整悬拼挠度时也可设湿接缝。调整挠度处理方法与箱梁 T 构桥同。

预应力桁架 T 构桥悬拼用的吊机设备种类也与预应力箱梁 T 构桥悬拼时相同。

6. 合龙段施工

用悬臂施工法建造的连续钢构桥、连续梁桥和悬臂桁架拱，则需在跨中将悬臂端刚性连接、整体合龙。这时合龙段的施工常采用现浇和拼装两种方法。现浇合龙段预留 1.5～2m，在主梁标高调整后，现场浇筑混凝土合龙，再张拉预应力索筋，将梁连成整体。节段拼装合龙对预制和拼装的精度要求较高，但工序简单，施工速度快。箱梁 T 构桥在跨中合龙时初期常用剪力铰，使悬臂能相对位移和转动，但挠度连续。现在箱梁 T 构桥和桁架 T 构桥的跨中多用挂梁连接。预制挂梁的吊装方法与装配式简支梁的安装相同。但需注意安装过程中对两边悬臂加荷的均衡性问题，以免墩柱受到过大的不均衡力矩。有两种方法：（1）采用平衡重；（2）采用两悬臂端部分批交替架梁，以尽量减少墩柱所受的不平衡力矩。

6.5.4 悬臂施工的挠度控制

1. 悬臂施工时挠度计算

施工过程中所产生的挠度，与节段混凝土浇筑重量、预应力、混凝土徐变、施工荷载等有关。鉴于施工挠度与许多不定因素有关（如节段混凝土材料性能、龄期、温度、湿度以及养护等方面的差异），并由于施工中荷载随时间变化以及梁体截面组成也随施工进程中预应力筋的增多而发生变化等，故要精确计算施工挠度是有困难的。

弹性挠度计算。对于变截面悬臂梁的变形计算，以采用共轭梁（虚梁）法较为方便。图 6-56 示出了由于荷载、预应力等在悬臂上所产生的弯矩 M 引起的虚梁上的弹性荷载图形。由此可得任意截面 x_j 处的挠度 f_i，其表达式为：

$$f_i = \sum_{i=1}^{j} \frac{M^i}{E_i I_i}(x_j - \xi_i)d_i \quad (i \leqslant j) \tag{6-1}$$

式中　M^i——第 i 段梁的弯矩平均值；

　　　E_i——第 i 段梁的混凝土弹性模量平均值；

　　　I_i——第 i 段梁的截面惯矩平均值。

其他符号如图 6-56 所示。

上式实际上就是 j 截面以前各梁段的平均挠曲角，引起 j 截面挠度的总和。同时可知，引起某梁段平均挠曲角的弯矩也是由该段自身弯矩及其后逐段施工加载（包括预应力）所产生弯矩的总和。例如：施工完毕后，梁段①的总弯矩 M^1 可表示为：

$$M^1 = M_1^1 + M_2^1 + M_3^1 + \cdots + M_i^1 + \cdots + M_n^1 = \sum_{i=1}^{n} M_i^1$$

式中　M_1^1、M_2^1、M_3^1、……——梁段①、②、③、……施工时对梁段①中点截面产生的弯矩。

设梁段①施工加载时混凝土的龄期为 τ，相应的弹性模量为 E_1，截面 ξ_1 处（在节段①的中点）弯矩 M_1^1，由此弯矩引起的 x_j 点的弹性挠度为：$M_1^1(x_j - \xi_1)\dfrac{d_1}{E_1 I_1}$

考虑混凝土徐变影响，当其龄期为 t 时，x_j 点处的总挠度为：

$$M_1^1(x_j - \xi_1)\frac{d_1}{E_1 I_1}[1 + \varphi(t, \tau)]$$

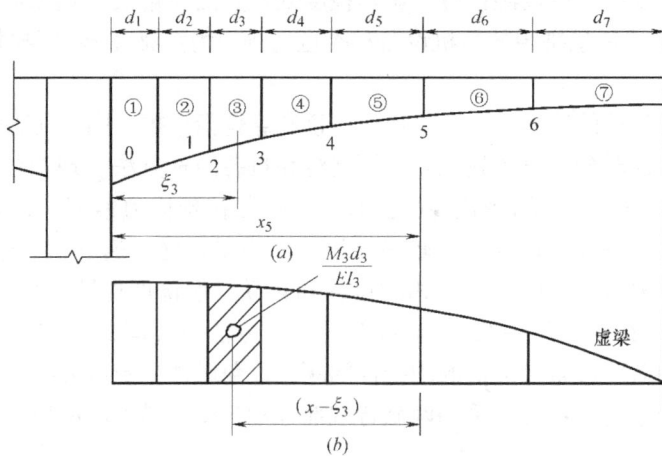

图 6-56　钢构悬臂梁挠度计算图

式中　$\varphi(t,\tau)$——加载龄期等于 τ 至龄期 t 时的徐变系数，其值可按相应规范或试验曲线确定。

节段②上荷载及此时施加的预应力在梁段①截面 ξ_1 处所产生的弯矩 M_2^1，加载时节段②混凝土的龄期仍为 τ，则此时节段 1 混凝土的龄期是 2τ，此时节段②相应的弹性模量是 E_1，节段①则是 E_2。所以，考虑混凝土徐变后，龄期为 t，由弯矩 M_2^1 引起的 x_j 点的挠度为：

$$M_2^1(x_j-\xi_1)\frac{d_1}{E_2 I_1}\left[1+\varphi(t,2\tau)\right]$$

由此可得，第 j 号梁段施工完毕后龄期为 t 时，节段①的变形对 x_j 点的挠度为：

$$\frac{x_j-\xi_1}{I_1}d_1\sum_{i=1}^{j}\frac{M_i^1}{E_i}\left[1+\varphi(t,i\tau)\right]$$

同理，节段②的荷载以及施加的预应力在自身截面 ξ_2 产生的弯矩为 M_2^2，在时刻 t，节段②经历的时间为 $(t-\tau_1)$，由节段②自身变形对 x_j 点的挠度为：

$$M_2^2(x_j-\xi_2)\frac{d_2}{E_1 I_2}\left[1+\varphi(t-\tau,\tau)\right]$$

须注意此时节段②相应的弹性模量是 E_1。

由节段③荷载以及此时施加的预应力在节段②截面 ξ_2 处所产生的弯矩为 M_3^2，此时节段②混凝土的弹性模量为 E_2，龄期为 $2\tau_1$，其所引起的节段②的变形在 x_j 点的挠度为：

$$M_3^2(x_j-\xi_2)\frac{d_2}{E_2 I_2}\left[1+\varphi(t-\tau,2\tau)\right]$$

因此，第 j 号梁段施工完毕后龄期为 t 时，节段②的变形对 x_j 点的挠度为：

$$\frac{x_j-\xi_2}{I_2}d_2\sum_{i=1}^{j-1}\frac{M_{i+1}^2}{E_i}\left[1+\varphi(t-\tau,i\tau)\right]$$

以此类推，可写出梁段③、④、……的变形（平均挠曲角）分别对 j 截面所产生的挠度表达式。最后可得梁段①的混凝土龄期为 t 时，梁段①至梁段 j 各段上的荷载以及各阶段施加的预应力作用，所产生的 x_j 截面计入徐变影响的总挠度为（设每一节段的施工周

180

期均为 τ_1 天）：

$$
\begin{aligned}
f_i = {} & \frac{x_j - \xi_1}{I_1} d_1 \sum_{i=1}^{j} \frac{M_i^1}{E_i} \left[1 + \varphi(t, i\tau) \right] + \frac{x_j - \xi_2}{I_2} d_2 \sum_{i=1}^{j-1} \frac{M_{i+1}^2}{E_i} \left[1 + \varphi(t - \tau, i\tau) \right] + \\
& \frac{x_j - \xi_3}{I_3} d_3 \sum_{i=1}^{j-2} \frac{M_{i+2}^3}{E_i} \left[1 + \varphi(t - 2\tau, i\tau) \right] + \cdots \\
& + \cdots + \frac{x_j - \xi_j}{E_j I_j} d_j M_j^i \left[1 + \varphi(t - (j-1)\tau, \tau) \right]
\end{aligned}
\tag{6-2}
$$

上式不但计入了施工过程中各个梁段的龄期差异，而且还考虑了混凝土弹性模量随时间的变化。但应注意，为了得到较为精确的结果，在计算各阶段预应力所引起的弯矩时，也应计及所考虑时刻 t 时相应的预应力损失值。上式可用来计算任意梁段 j 施工完毕时的端点挠度（此时 $t = j \times \tau$），当悬臂梁共分为 n 段时，悬臂端的挠度可代入 $j = n$ 而求得。

2. 预抛高的设置

悬臂施工的桥梁，施工时应先算出每一施工阶段的悬臂挠度值，以便确定挂篮模板或拼装的抛高值。

以设计的线形为合龙目标，各段端点施工预拱度的设置正好抵消由于悬臂施工引起的各端点挠度，使合龙成桥后的线形满足设计要求。

下面用一个简单实例来阐明逐段施工时，各段端点预拱度的设置方法。图 6-57 示出悬臂梁分成四个节段悬臂施工时，各施工阶段可能发生的挠度变化情况。

假定节段①按水平位置施工时，由于节段本身自重和张拉预应力筋引起的端点 1 挠度为 −5mm。由于梁端转角所致：节段②端点 2 的初挠度 −11mm，节段③端点 3 的初挠度 −17mm，节段④端点 4 的初挠度 −23mm。

节段②施工完毕时，节段①的端点 1 产生的挠度为 1mm，节段②端点 2 生的挠度为 5mm，此时，由于梁端转角所致，节段③端点 3 的挠度 9mm，节段④端点 4 的初挠度 13mm。

节段③施工完毕时，节段①的端点 1 产生的挠度为 5mm，节段②端点 2 生的挠度为 10mm，节段③的端点 3 产生的挠度为 20mm。此时，由于梁端转角而引起，节段④端点 4 的挠度为 30mm。

节段④施工完毕时，节段①的端点 1 产生的挠度为 8mm，节段②端点 2 生的挠度为 18mm，节段③的端点 3 产生的挠度为 29mm，节段④的端点 4 产生的挠度为 49mm。

施工完毕时悬臂梁各点的最终挠度如图 6-57 所示。为了简明起见，图中以折线代替实际的挠度曲线。

由此可见，若各节段在施工中不设一定的预拱度，则最终的挠曲线不可能恢复到设定的直线。但只要将各点的挠度值反向作成预拱度曲线，如图 6-58 所示，并按该曲线设置各节段端点的预拱度进行施工，就可使施工完毕时达到理想的悬臂梁线形。实际做法是：在施工中使各节段间预设微小的相对转角 $-\alpha_1$，$-\alpha_2$，$-\alpha_3$，$-\alpha_4$，或者预设相对预拱度 y_{0-1}，y_{1-2}，y_{2-3}，y_{3-4} 来实现。例如：节段①在悬臂施工时预设反向角 $-\alpha_1$，也即其端点设预拱度 $y_{0-1} = -9\text{mm}$；节段②施工时，使与节段①构成相对转角 $-\alpha_2$，也即在端点设置相对预拱度 $y_{1-2} = -22 - (-18)$；其余类推。如果相对于设计线形，各节段端点预抛高分别为 −9mm，−22mm，−41mm，−69mm。

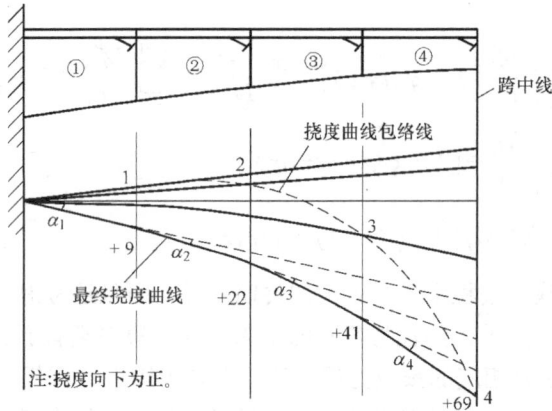

注:挠度向下为正。

灌注 和张拉	竖向挠度(mm)			
	1	2	3	4
节段①	−5	(−11)	(−17)	(−23)
节段②	1	5	(9)	(13)
节段③	5	10	20	(30)
节段④	8	18	29	49
总挠度	+9	+22	+41	+69

图 6-57　每一施工阶段由于自重和张拉引起的挠度

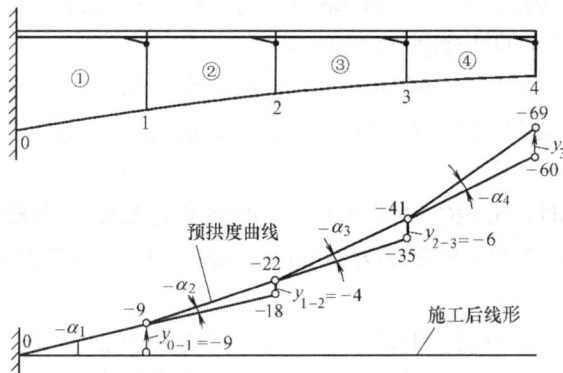

图 6-58　逐段施工时相对预拱度的设置方法

悬臂拼装法采用预设相对转角较多,而悬臂浇筑法采用预设抛高值较多。

3. 安装误差的控制和纠正

在悬臂浇筑施工中,影响挠度的因素主要是预应力、自重、施工荷载,以及混凝土的弹性模量等的取值,此外还有环境温度等的影响;如果施工中发现现状与计算值有偏差,可在下一阶段施工中予以纠正。若偏差较大,也可在后几段施工中逐渐予以纠正,重新进行后几段的预拱度设置。

在悬臂拼装施工中,影响挠度的因素主要是预应力、自重力和在接缝上引起的弹性和非弹性变形,还有块件拼装的几何尺寸误差。当前,有不少采用悬臂拼装施工的 T 构桥,上挠值大大超过计算值,这种情况主要是由安装误差引起的。

影响安装误差的因素很多，最关键的是①号块件定位和胶接缝施工。①号块不准，则以后拼装的各个块件，均将偏离预计的位置，其偏离值与该块件距端部的距离成正比。胶接缝施工时，胶浆涂层太厚、接缝加压不均匀，势必也引起梁的意外上翘。为控制和纠正过大上翘，可采取如下措施：

（1）①号块定位时，按计算的悬臂挠度及需设的预拱度，确定正确的位置，并仔细准确地进行定位。

（2）其他块件胶接缝的涂层尽量减薄，并使在临时的均匀压力下固化。

（3）悬拼过程中发现实际悬拼挠度过大时，需认真分析原因，及时采取措施，可采取的措施按上翘程度的不同大体上有：

1）通过多次涂胶将胶接缝做成上厚下薄的胶接层，以调整上翘度。

2）在接缝上缘的胶层内加垫钢板，增加接缝厚度。

3）凿打端面，将块件端面凿去一层混凝土，凿去的厚度沿截面的上、下方向按需要变化，然后涂胶拼接。

4）增加一个湿接缝，即改胶接缝（或干接缝）为湿接缝，将块件调整到要求的位置。

6.6 顶推施工法

6.6.1 概述

顶推法施工是沿桥轴方向，在台后设置预制场地，分节段顶制梁身并用纵向预应力筋将各节段连成整体，然后通过水平液压千斤顶施力，借助不锈钢板与聚四氟乙烯模压板组成的滑动装置，将梁段向对岸推进。这样分段预制，逐段顶推，待全部顶推就位后，落梁、更换正式支座，完成桥梁施工。因此，在水深、桥高以及高架道路等情况下，可省去大量施工脚手架，不中断桥下现有交通，可集中管理和指挥，高空作业少，施工安全可靠，同时可以使用简单的设备建造多跨长桥。

顶推法施工的构思来源于钢桥的纵向拖拉施工法。顶推法用水平千斤顶取代了卷扬机和滑车，用板式滑动支座取代了滚筒。这些取代使施工方法得到了发展和提高，从而改善了由于卷扬机和滑车组在启动时造成的冲击和滚筒的线支承作用引起的应力集中。

顶推法施工不仅用于连续梁桥（包括钢桥），同时也可用于其他桥型。如简支梁桥，也可先连续顶推施工，就位后解除梁跨间的连续；拱桥的拱上纵梁，可在立柱间顶推施工；斜拉桥的主梁也可采用顶推法等；对结合梁桥，其预制桥面板可在钢梁架设后，采用纵向顶推就位的方法施工。

迄今为止，世界各国采用顶推法施工的大桥约有数百座。推荐的顶推跨径为 42m，不设临时墩也无其他辅助设施的最大顶推跨径为 63m，顶推法施工的最大跨径是德国的沃尔斯（Worth）桥，该桥为 5 跨连续梁，全长 404m，最大跨径 168m；其间采用两个临时支墩，顶推跨径 56m。目前世界上采用顶推施工最长的桥为 1264m，最大顶推重量达 4 万 t。

连续梁桥的主梁采用顶推法施工的概貌如图 6-59 所示。顶推施工的程序如图 6-60 所示，这一施工框图反映了我国的连续梁桥采用顶推法施工的主要工序。

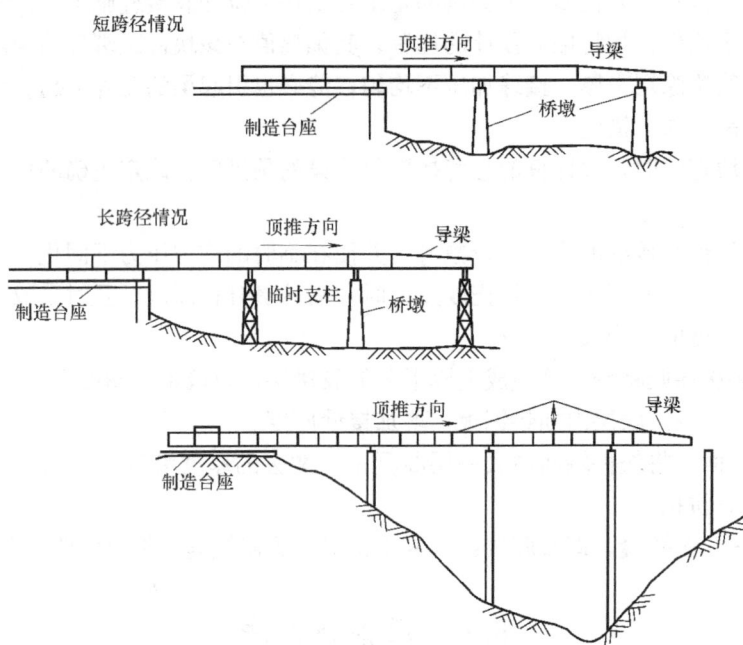

图 6-59 顶推施工法的过程

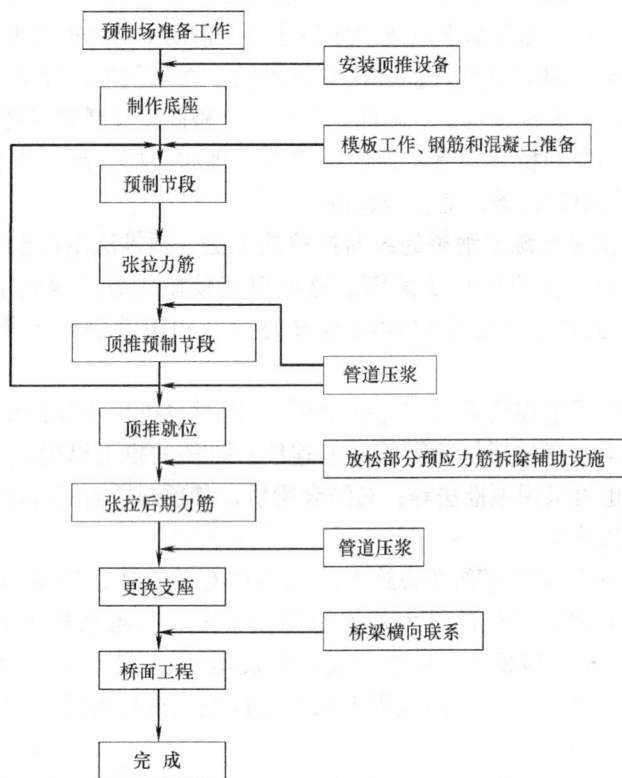

图 6-60 顶推施工法流程

6.6.2 顶推施工时梁的内力分析与施工验算

1. 顶推施工时梁的内力

在顶推施工中，由于梁的内力控制截面的位置在不断地变化，因此梁的每一个截面内力也在不断地变化。随着主梁节段逐渐地向对岸推进，将使全桥每个截面的内力不断地从负弯矩→正弯矩→负弯矩……呈反复性的变化，即每一截面的内力为正、负弯矩交叉出现，除前端在第一孔出现较大的正、负弯矩峰值，之后各孔的正、负弯矩值较稳定，而到顶推的末尾几跨的弯矩值较小。图6-61是这种结构在施工过程中的弯矩包络图。

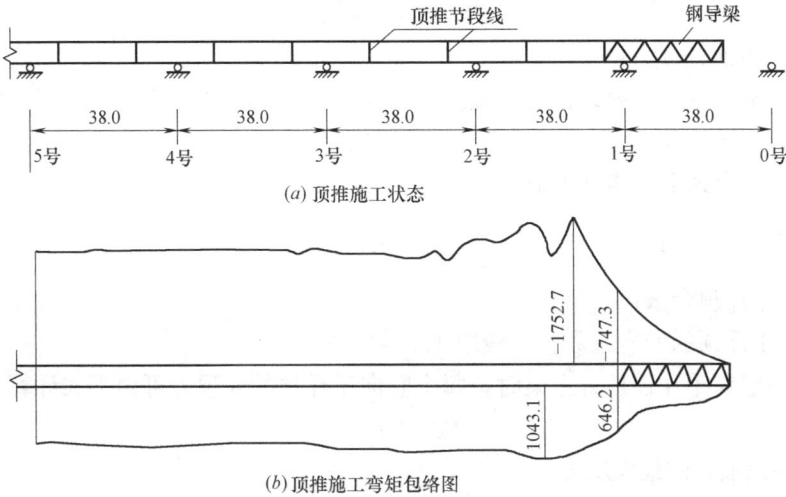

图 6-61 某桥顶推连续梁的布置与自重弯矩包络图（m）

2. 施工验算的内容

采用顶推法施工，需要进行的施工验算内容主要有：

（1）各截面的施工内力计算和强度验算

将每跨梁分为若干单元，计算各截面在不同施工状态所产生的内力。验算的荷载有梁体自重、机具设备重量、预加力、顶推力和地震力等，同时还要考虑对梁施加的上顶力、顶推时梁底不平以及临时墩的弹性压缩对梁产生的内力影响。在施工验算时，可不考虑混凝土的收缩、徐变二次力，温度内力等。如果在顶推施工中使用钢导梁，应计入钢导梁的叠合作用，按变刚度梁进行内力计算。

（2）顶推过程中的稳定计算

1）主梁顶推时的倾覆稳定计算

施工时可能发生倾覆失稳的最不利状态发生在顶推初期，导梁或箱梁尚未进入前方桥墩，呈最大悬臂状态时，要求在最不利状态下的倾覆安全系数要大于等于1.2。当不能保证有足够的安全系数时，应考虑采取加大锚固长度或在跨间增设临时墩的措施。

2）主梁顶推时的滑动稳定计算

在顶推初期，由于顶推滑动装置的摩擦系数很小，抗滑能力很弱，当梁受到一个不大的水平力时，很可能发生滑动失稳。特别是地震区的桥梁和具有较大纵坡的桥梁，更要注意计算各阶段的滑动稳定，满足大于等于1.2的安全系数。

（3）施工中临时结构的设计与计算

采用顶推法施工，可能在梁的前端设置钢导梁；在桥墩间设置临时支墩；或是其他临时设施，如预制台座、拉索等。这些临时结构均需要进行设计和内力计算，确定结构形式、材料规格、数量以及连接的方式。对于多次周转使用的临时结构，其容许应力和强度不予提高。

（4）确定顶推设备、计算顶推力

根据施工的各阶段计算顶推力，应按实际的摩擦系数、桥梁纵坡和施工条件进行计算。通常可按下式计算顶推力：

$$P=W(\mu\pm i)K_1 \tag{6-3}$$

式中　W——顶推总重力；

　　　μ——滑动摩擦系数，在正常温度下 $\mu=0.05$，在低温情况下，μ 可能达到 0.1；

　　　i——顶推坡度，当向下坡顶推时用减号；

　　　K_1——安全系数，通常可取用 1.2。

千斤顶的顶推能力：

$$p_f=\frac{p}{n}K_2 \tag{6-4}$$

式中　n——千斤顶台数；

　　　K_2——千斤顶的安全系数，一般取 1.2~1.25。

当需要用竖向千斤顶顶升主梁时，每个竖向千斤顶的起顶力可由下式计算：

$$P_v=VK/2 \tag{6-5}$$

式中　V——顶报时的最大反力；

　　　K——安全系数，取用 1.4。

在计算顶推力时，如果顶推梁段在桥台后连有台座、台车等需同时顶推向前时，也应计入这一部分影响。

有了所需的顶推力，即可根据所采用的顶推施工方法，确定施工中所需的机具、设备（规格、型号和数量）和滑道设计，并进行立面、平面布置，确定顶推时的支承。

（5）顶推过程中，墩台的施工验算

在顶推过程中，对墩台将产生水平力及瞬时水平冲击力，需要计算各施工阶段墩台所承受的水平力。在顶推施工时，加在墩台和基础上的荷载与营运阶段不同，墩台的静力计算图式也不相同。顶推时，主梁在桥墩上滑动，作用在桥墩上的水平力取决于桥梁上部结构的重力、顶推坡度与滑动支座的摩擦系数。

当桥梁上坡顶推时，作用在桥墩上总的水平力：

$$H=W\text{tg}(\theta+\varphi) \tag{6-6}$$

式中　W——上部结构竖向分力之和；

　　　θ——上部结构与水平面的夹角；

　　　φ——滑移支座的摩擦角。

当采用多点顶推时，需在每个墩上布置千斤顶，在桥墩的受力计算中还应计入顶推时水平千斤顶对桥墩的反作用力，它与顶推时梁体滑动在墩顶产生的摩擦力相平衡，因此，多点顶推可减小施工时对桥墩的水平力。为了确保桥墩安全，在梁体上墩前后仍要计算和控制桥墩水平力及水平各墩的位移值。

对桥墩除进行强度和稳定验算外，在结构构造上还要满足布置滑移设备、顶推和导向设备所需的位置。

（6）顶推施工时，梁的挠度计算

在顶推施工时，桥梁的结构图式在不断地变化，要求计算各施工阶段梁的挠度，用以校核施工精度和调整施工时梁的标高。如果计算结果与施工观测结果出现较大不符时，必须要查明原因，确定对策，以保证施工顺利进行。

6.6.3 顶推施工的方法

1. 顶推方法分类

顶推的施工方法多种多样，主要依照顶推的施工方法分类，同时也可由支承系统和顶推的方向来区分顶推的施工方法。

（1）单点顶推

顶推的装置集中在主梁预制场附近的桥台或桥墩上，前方墩各支点上设置滑动支承。顶推装置又可分为两种：一种是由水平千斤顶通过沿箱梁两侧的牵动钢杆给预制梁一个顶推力；另一种是由水平千斤顶与竖直千斤顶联合使用，顶推预制梁前进，如图 6-62 所示。它的施工程序图为顶梁、推移、落下竖直千斤顶和收回水平千斤顶的活塞杆。

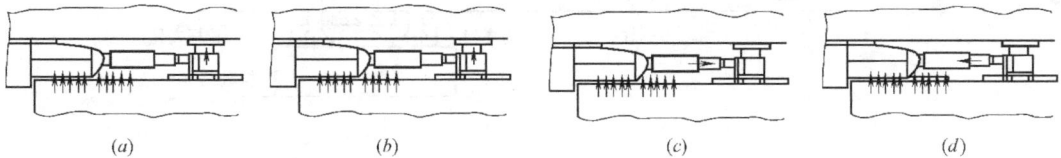

图 6-62 水平千斤顶与垂直千斤顶联用的装置
（a）顶推；（b）推移；（c）落竖顶；（d）收水平顶

滑道支承设置在墩上的混凝土临时垫块上，它由光滑的不锈钢板与组合的聚四氟乙烯滑块组成，其中的滑块由四氟板与在加顶推时，组合的聚四氟乙烯滑块在不锈钢板上滑动，并在前方滑出，通过在滑道后方不断加入滑块，带动梁身前进，如图 6-63 所示。

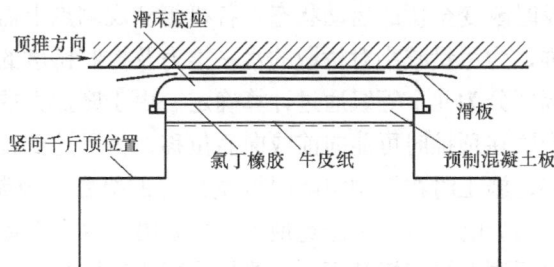

图 6-63 顶推使用的滑道装置

（2）多点顶推

在每个墩台上设置一对小吨位（400～800kN）的水平千斤顶，将集中的顶推力分散到各墩上。由于利用水平千斤顶传给墩台的反力来平衡梁体滑移时在桥墩上产生的摩阻力，从而使桥墩在顶推过程中承受较小的水平力，由此可以在柔性墩上采用多点顶推施工。同时，多点顶推所需的顶推设备吨位小，容易获得，所以我国在近年来用顶推法施工的预应力混凝土连续梁桥，较多地采用了多点顶推法。在顶推设备方面，国内一般较多采用拉杆式顶推方案，每个墩位上设置一对液压穿心式水平千斤顶，每侧的拉杆使用一根或两根 25mm 高强螺纹钢筋，它的前端通过锥楔块固定在水平顶活塞杆的头部，另一端使用特制的拉锚器、锚定板等连接器与箱梁连接，水平千斤顶固定在墩身特制的台座上，同时在梁位下设置滑板和滑块。当水平千斤顶施顶时，带动箱梁在滑道上向前滑动，拉杆式顶推装置如图 6-64 所示。

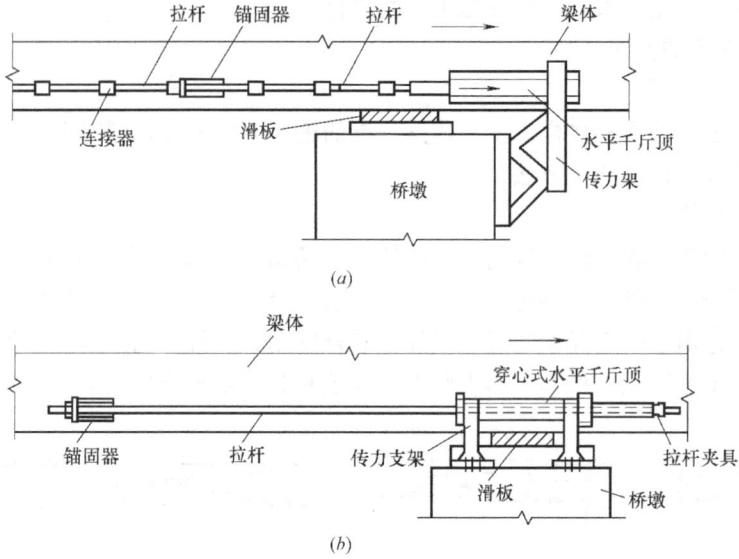

图 6-64　拉杆式顶推装置

多点顶推法顶推装置由竖向千斤顶、水平千斤顶和滑移支承组成。施工程序为落梁、顶推、升梁和收回水平千斤顶的活塞，拉回支承块，如此反复作业。

多点顶推施工的关键在于同步。因为顶推水平力是分散在各桥墩上，一般均需通过中心控制室控制各千斤顶的出力等级，保证同时启动，同步前进，同时停止和同时换向。为保证在意外情况下能及时改变全桥的运动状态，各机组和观测点上需装置急停按钮。对于在柔性墩上的多点顶推，为尽量减小对桥墩的水平推力及控制桥墩的水平位移，千斤顶的出力按摩擦力的变化幅度分为几个等级通过计算确定。由于摩擦力的变化引起顶推力与摩擦力的差值变化，每个墩在顶推时可能向前或向后位移，为了达到箱梁匀速前进，应控制水平力差值及桥墩位移，施工时在控制室随时调整顶力的级数，控制千斤顶的出力大小。由于千斤顶传力时间差的影响，将不可避免地引起桥墩沿桥纵向摆动，同时箱梁的悬出部分可能上下振动，这些因素对施工极其不利，要尽量减小其影响，做到分级调压，集中控制，差值限定。

多点顶推与集中单点顶推比较，可以免去大规模的顶推设备，能有效地控制顶推梁的偏离，顶推时对桥墩的水平推力可以减到很小，便于结构采用柔性墩。在弯桥采用多点顶推时，由各墩均匀施加顶力，同样能顺利施工。采用拉杆式顶推系统，免去在每一循环顶推过程中用竖向千斤顶将梁顶起使水平千斤顶复位，简化了工艺流程，加快顶推速度。但多点顶控需要较多的设备，操作要求也比较高。

多联桥的顶推，可以分联顶推，通联就位，也可联在一起顶推。两联间的结合面可用牛皮纸或塑料布隔离层隔开，也可采用隔离剂隔开。对于多联一并顶推时，多联顶推就位后，可根据具体情况设计解联、落梁及形成伸缩缝的施工方案，如两联顶推，第二联就位后解联，然后第一联再向前顶推就位，形成两联间的伸缩缝。

（3）顶推后支座更换

顶推施工的滑块是在墩上临时设置的，待主梁顶推就位后，更换正式支座。在安放支座之前，应根据设计要求检查支座反力和支座的高度，同时对同一墩位的各支座反力按横向分布要求进行调整。支座高度误差会影响梁体内力分布，施工时需特别注意。

顶推施工法也有使用施工时的临时滑动支承与竣工后的永久支座兼用的支承进行顶推施工的方法。其将竣工后的永久支座安置在桥墩的设计位置上，施工时通过改造作为顶推施工时的滑道，主梁就位后不需要进行临时滑动支座的拆除作业，也不需要用大吨位千斤顶将梁顶起。

2. 顶推施工中的几个问题

（1）确定分段长度和预制场布置

顶推法的制梁有两种方法，一种是在梁轴线的预制场上连续预制逐段顶推；另一种是在工厂制成预制块件，运送桥位连接后进行顶推。后者必须根据运输条件决定节段的长度和重量，一般不超过5m，同时增加了接头工作，需要起重、运输设备，因此，以现场预制为宜。

预制场是预制箱梁和顶推过渡的场地，包括主梁节段的预制平台和模板、钢筋和钢索的加工场地，混凝土搅拌站以及砂、石、水泥的推入和运输路线用地。预制场一般设在桥台后，长度需要有预制节段长的三倍以上。如果路已修好，可以把钢筋加工、材料堆放场地安排得更合理一些。顶推过渡场地需要布置千斤顶和滑移装置，因此它又是主梁顶推的过渡孔。主梁节段预制完成后，要将节段向前顶推，空出浇筑平台继续浇筑下一节段；对于顶出的梁段要求顶推后高程无变化，尾端不能产生转角，因此在到达主跨之前要设置过渡孔，并通过计算确定分孔和长度。当顶推过渡段内有多个中间支承时，很难做到各支承高程呈线性关系，梁段的尾段不产生转角；因此主梁在台座段和前方一跨内可能由于上述原因产生顶推拼接的次内力，在施工内力计算中应予以考虑。

主梁的节段长度划分主要考虑段间的连接处不要设在连续梁受力最大的支点和跨中截面。同时要考虑制作加工容易，尽量减少分段，缩短工期等因素，因此一般常取每段长10～30m。同时根据连续梁反弯点的位置，参考国外有关设计规范，连续梁的顶推节段应使每跨梁不多于2个接缝。

（2）节段的预制工作

节段的预制对桥梁施工质量和施工速度起决定作用。由于预制工作固定在一个位置上进行周期性生产，所以完全可以仿照工厂预制桥梁的条件设临时厂房、吊车，使施工不受气候影响，减轻劳动强度，提高工效。

1）模板制作——保证预制质量的关键

箱梁模板由底模、侧模和内模组成。一般来说，采用顶推法施工多选用等截面，模板可以多次周转使用；因此宜使用钢模板，以保证预制梁尺寸的推确性。

底模板安置在预制平台上，平台的平整度必须严格控制，因为顶推时的微小高差就会引起梁内力的变化，而且梁底不平整将直接影响顶推工作。通常预制平台要有一个整体的框架基础，要求总沉降量不超过5mm，其上是型钢及钢板制作的底模和在腹板位置的底

189

模滑道。在底模和基础之间设置卸落设备放下时，底模能自动隔离，将节段落在滑道上。

节段预制的模板构造与施工方法有关，一种方法是节段在预制场浇筑完成后，张拉预应力筋并顶推出预制场；另一种是在预制场先完成底板浇筑，张拉部分预应力筋后即推出预制场，而箱梁的腹板、顶板的施工是在过渡孔上完成，或底板和腹板第一次预制，顶板部分第二次预制。二次预制的模板构造如图 6-65 所示。

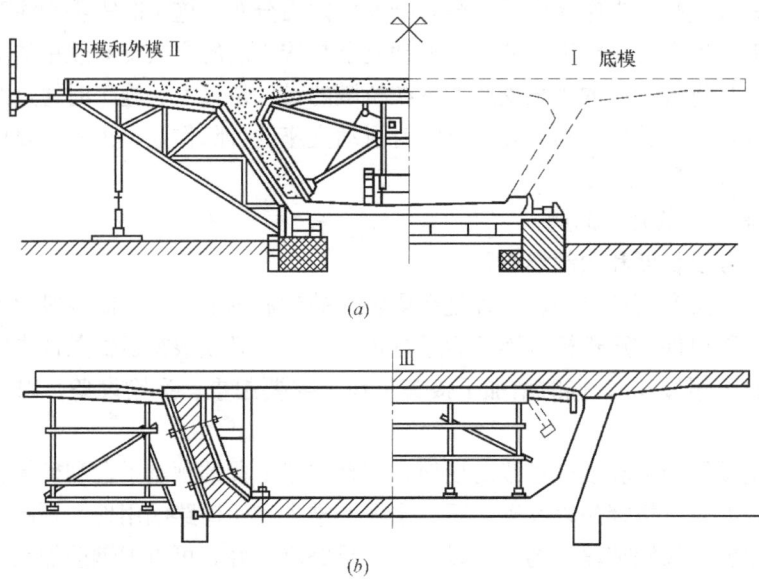

图 6-65　二次预制的模板构造

2）预制周期——加快施工速度的关键

根据统计资料得知，梁段预制工作量占上部结构总工作量的 55%～65%，加快预制工作的速度对缩短工期具有十分重要的意义。为达到此目的，除在设计上尽量减少梁段的规格外，在施工上应采取一定的措施加快预制周期。目前国内外的预制梁段周期为 7～15d，预制工作的标准周期见表 6-10 所列，为缩短预制周期，在预制时可以考虑采取如下施工措施：

预制工作标准周期　　　　　　　　表 6-10

工作内容　　　　天数	1	2	3	4	5	6	7
整理底模、安装侧模	▬						
安装底板钢筋	▬						
浇筑底板混凝土		▬					
安装内模板及外侧板，安装腹板、顶板钢筋			▬				
浇筑腹板、顶板混凝土				▬			
养生					▬		
拆模						▬	
张拉先期力筋						▬	
降低底模，顶推预制节段							▬

① 组织专业化施工队伍，在统一指挥下实行岗位责任制；

② 采用墩头锚、套管连接器，前期钢索采用直索，加快张拉速度；

③ 在混凝土中加入减水剂，增加施工和易性，提高混凝土的早期强度；

④ 采用强大振捣，大型模板安装，提高机械化和装配化的程度。

（3）顶推施工中的横向导向

为了使顶推能正确就位，施工中的横向导向是不可少的。通常在桥墩台上主梁的两侧各安置一个横向水平千斤顶，千斤顶的高度与主梁的底板位置平齐，由墩（台）上的支架固定千斤顶位置。在千斤顶的顶杆与主梁侧面外缘之间放置滑块，顶推时千斤顶的顶杆与滑块的聚四氟乙烯板形成滑动面，顶推时由专人负责不断更换滑块。顶推时的横向导向装置如图 6-66 所示。

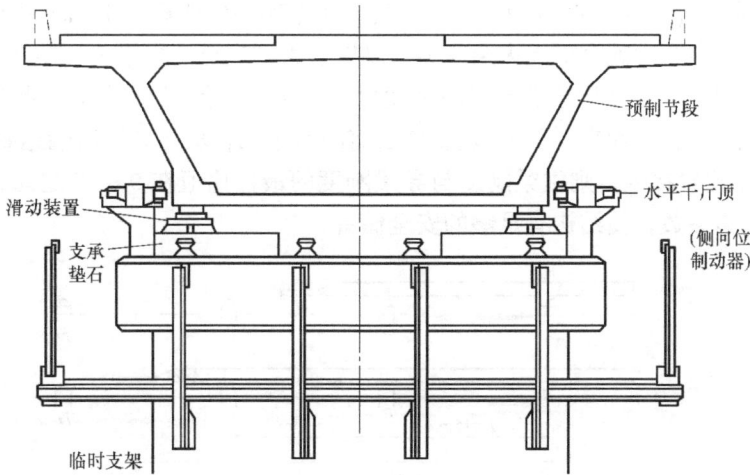

图 6-66　顶推施工的横向导向设施

横向导向千斤顶在顶推施工中一般只控制两个位置，一个是在预制梁段刚刚离开预制场的部位，另一个设置在顶推施工最前端的桥墩上，因此梁前端的导向位置将随着顶推梁的前行不断更换位置。施工中发现梁的横向位置有误而需要纠偏时，必须在梁顶推前进的过程中进行调整。对于曲线桥，由于超高而形成单面横坡，横向导向装置应比直线处强劲，且数量要增加，同时应注意在顶推时，内外弧两侧前进的距离不同，要加强控制和观测。

3. 施工中的临时设施

连续梁顶推施工的弯矩包络图与营运状态的弯矩包络图相差较大，为减少施工中的内力，扩大顶推法施工的使用范围，同时也从安全施工（特别在施工初期，不致发生倾覆失稳）和方便施工出发，在施工过程中使用一些临时设施，如导梁（鼻梁）、临时墩、托架及斜拉索等结构。

（1）导梁

导梁设置在主梁的前端，为等截面或变截面的钢桁梁或钢板梁，主梁前端装有预埋件与钢导梁栓接。导梁在外形上，底缘与箱梁底应在同一平面上，前端底缘呈向上圆弧形，以便于顶推时顺利通过桥墩。

导梁的结构需要进行受力状态分析和内力计算，导梁的控制内力是位于导梁与箱梁连接处的最大正、负弯矩和下弦杆（或下缘）承受的最大支点反力。国内外的实践经验表明：导梁的长度一般取用顶推跨径的 0.6～0.7 倍，较长的导梁可以减小主梁悬臂负弯矩，但过长的导梁也会导致导梁与箱梁接头处负弯矩和支座反力的相应增加；导梁过短（0.4L），则要增大主梁的施工负弯矩值，合理的导梁长度应是主梁最大悬臂负弯矩与营运阶段的支点负弯矩基本相近。

导梁的抗弯刚度和重量，必须在容许应力（强度）范围内使架设时作用在主梁上的应力最小，研究表明：当导梁长度为顶推跨径的 2/3 时，设导梁的抗弯刚度不变，如果顶推梁悬臂伸出长度在跨中位置时，则在支点位置的主梁出现最大负弯矩，其值与主梁的抗弯刚度、导梁的抗弯刚度比有关，与主梁重力与导梁重力比有关。当两者抗弯刚度比在 5～20 范围内，重力比在 2.5～5.8 范围内变化时，顶推梁中的弯矩在 10% 范围内变化。如导梁的刚度过小、主梁内就会引起多余应力；刚度过大则支点处主梁负弯矩将剧增。图 6-67 示出在顶推过程中，主梁与导梁不同的刚度比下，主梁顶推经过桥墩 B 点时主梁对应截面的弯矩变化。为使导梁前端到达支点 C 之前的弯矩 M_B 从与导梁前端到达 X_{max} 时支点 B 的弯矩 M_{max} 比较接近，则主梁刚度与导梁刚度的最佳比值在 9～15 之间。此外，在设计中要考虑动力系数，使结构有足够的安全储备。

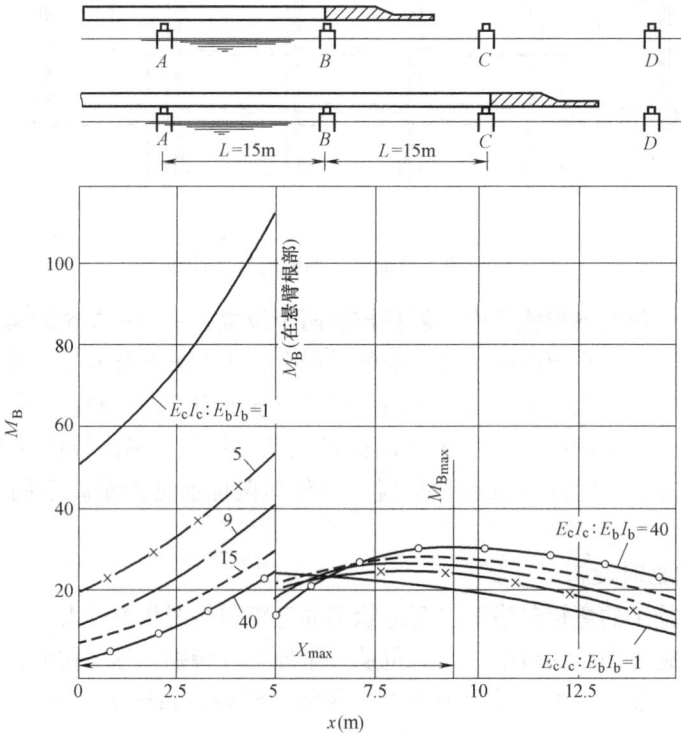

图 6-67　过桥墩 B 点时顶推梁在该截面弯矩的变化

由于导梁在施工中正、负弯矩反复出现，连接螺栓易松动，在顶推中每经历一次反复均需检查和重新拧紧。施工时要随时观测导梁的挠度。根据施工经验，实测挠度往往大于计算挠度，有的甚至大到一倍，主要原因如滑块压缩量不一致、螺栓松动、混凝土收缩及温度变化等影响。这样将会影响导梁顶推进墩，解决的办法是在导梁的前端设置在一个竖向千斤顶，来不断地将导梁端头顶起进墩，这一措施被认为是行之有效的。

顶推施工通常均设置在前导梁，也可增设尾导梁。对于大桥引桥采用顶推施工时，导梁在处于主桥相接的位置时，需不断拆除部分导梁，完成顶推就位，也可在即将就位时，将导梁移至箱梁顶，然后继续顶推到位。

曲线桥顶推施工也可设置导梁，其导梁的平面线形呈圆曲线的切线方向；当曲线半径较小时，也可采用折线形导梁。

(2) 临时墩

临时墩是施工辅助设施，因此在符合要求的前提下，要造价低，便于拆装。钢制临时墩因在荷载作用和温度变化下变形较大而较少采用，目前用得较多的是用滑升模板浇筑的混凝土薄壁空心墩、混凝土预制板或预制板拼砌的空心墩或混凝土板和轻便钢架组成的框架临时墩。临时墩的基础依地质和水深诸情况决定，可采用桩基础等。为了减小临时墩承受的水平力和增加临时墩的稳定性，在顶推前将临时墩与永久墩用钢丝绳拉紧。也可采用在每墩上、下游各设一束钢索进行张拉，效果较好，施工也很方便。通常在临时墩上不设顶推装置而仅设置滑移装置。

使用临时墩要增加桥梁的施工费用，但是可以节省上部结构材料用量。需要从桥梁分跨、通航要求、桥墩高度、水深、地质条件、造价、工期和施工难易等因素来综合考虑。施工时是否设置临时墩需在总体设计中综合考虑。

(3) 拉索、托架及斜拉索

用拉索加劲主梁以抵消顶推时的悬臂弯矩，这样的临时设施在法国和意大利建桥中使用并获得成功。如法国的波里佛桥，长 286.4m，跨度为 35.7m＋5×43m＋35.7m，宽 13.34m，采用单箱，导梁长 25m，同时采用拉索，无临时墩。采用拉索加劲的一般布置如图 6-68 所示。

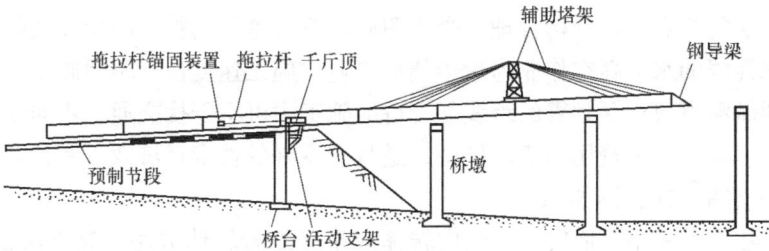

图 6-68　用拉索加劲的顶推法

拉索系统由钢制塔架、连接构件、竖向千斤顶和钢索组成，设置在主梁的前端。拉索的范围为两倍顶推跨径左右，塔架支承在主梁的混凝土固定块上，用钢铰连接，并在该处对箱梁截面进行加固，以承受塔架的集中竖向力。在顶推过程中，箱梁内力不断变化，因此要根据不同阶段的受力状态调节索力，这项工作由设在塔架下端的两个竖向千斤顶来完成。

4. 斜拉桥顶推施工

当桥墩过高，或者桥下不容许设置过多临时支架时，顶推法成为斜拉桥施工的不错选择。顶推法首次应用于斜拉桥是前联邦德国的杜塞尔多夫市的尤利西大街桥。该桥建于

1963 年，主跨 98.7m，设有 2 个临时支撑。顶推过程中，斜拉桥的自重通过钢箱梁中的横隔板传递至纵向箱梁，因此拉索只是部分受拉。塔顶鞍座上设有顶升机械来消除顶推节段最外缘的悬臂挠度。

法国米约（Millau）大桥建于 2006 年，为多跨连续斜拉桥，其最大塔高 336m，主梁为钢箱梁，采用梁式桥双向顶推法施工，跨中设置临时墩，并利用永久的索塔结构，以保证顶推时的内力和挠度要求。当顶推就位合龙后，再安装其余的各主塔和斜拉索（图 6-69）。

<table>
<tr><td>(a) 一侧顶推时</td><td>(b) 接近合龙</td></tr>
</table>

图 6-69　米约（Millau）大桥顶推法施工

6.7　转体施工法

6.7.1　转体施工法简介

转体施工法是将桥梁结构本身作为施工设施，在两岸预制拼装的桥梁结构，以滑道和转盘支承，通过牵引设备，绕着转盘做整体旋转就位合龙的施工方法。其基本原理是：将整个上部结构分为两个半跨，利用两侧有利地形，分别在支架上现浇或预制装配，然后利用一些机具设备和动力装置将其两半跨结构转动至桥轴线位置（或设计标高）合龙成桥。采用转体施工法的特点是：结构合理，受力明确，节省施工用材，减少安装架设工序，变复杂的、技术性强的水上高空作业为岸边陆地作业，施工速度快，不但施工安全、质量可靠，而且在通航河道或车辆频繁的跨线立交桥的施工中可不干扰交通、不间断通航、减少对环境的损害、减少施工费用和机具设备，是具有良好的技术经济效益和社会效益的桥梁施工方法之一（图 6-70、图 6-71）。

转体施工法可以采用平面转体、竖向转体或平竖结合转体方法。该方法适用于拱桥、

图 6-70　广州丫髻沙大桥转体施工

194

图 6-71 连续刚构桥施工

梁桥、斜拉桥、斜腿刚架桥等不同桥型上部结构的施工。

1. 平面转体

平面转体可分为有平衡重转体和无平衡重转体。有平衡重转体一般以桥台背墙作为平衡重，并作为桥体上部结构转体用拉杆的锚锭反力墙，用以稳定转动体系和调整重心位置。为此，平衡重部分不仅在桥体转动时作为平衡重量，而且也要承受桥梁转体重量的锚固力。无平衡重转体不需要有一个作为平衡重的结构，而是以两岸岩体锚洞作为锚碇来锚固半跨桥梁悬臂状态时产生的拉力，并在立柱上端做转轴，下端设转盘，通过转动体系进行平面转体。平面转体法主要适用于钢构梁式桥、斜拉桥、钢筋混凝土拱桥及钢管拱桥。

2. 竖向转体

竖向转体施工就是在桥台处先竖向或在桥台前俯卧预制半拱，然后在桥位平面内绕拱脚将其转动合龙成拱。根据河道情况、桥位地形和自然环境等方面的条件和要求，竖向转体施工有以下两种方式：

(1) 竖直向上预制半拱，然后向下转动成拱。其特点是施工占地少，预制可采用滑模施工，工期短，造价低，需注意的是在预制过程中，由于半拱轴线与垂线的偏离，会导致新浇混凝土重力对尚未凝结混凝土产生的弯矩，在浇筑一定高度后应加设水平拉杆，以避免因拱形曲率影响而产生较大的弯矩和变形。

(2) 在桥面以下俯卧预制半拱，然后向上转动成拱。这种方法转体重量不宜太大。

3. 平竖结合转体

因为施工条件限制，拱桥采用转体施工时，既无法在设计标高处预制半拱平转合龙，也无法在桥位竖直平面内预制半拱的情况而竖转（如在平原区的中承式拱桥）。此时，只能将主体结构在适当位置预制后，采取平转结合竖转才能就位合龙。这种平竖结合转体基本方法与前述相似，但其转轴构造较为复杂。当地形、施工条件适合时，混凝土肋拱、钢架拱、钢管混凝土可选用此法施工。

6.7.2 平面转体的转盘构造

转体装置的关键部分是转盘，有平衡重转体施工法的转体重量大，能否将庞然大物顺利、稳妥地转到设计位置，主要依靠设计合理的转盘和合适牵引驱动系统。

转盘主要有两种形式：第一种是以四氟乙烯作为滑板的环道辅以轴心转动的平面承重转体；第二种是以球面转轴支承辅以滚轮的轴心承重转体，也称为中心支承的转体。

第一种转体装置是利用了四氟乙烯材料摩擦系数特别小的物理特性，使转体成为可能。根据试验资料，四氟板之间的静摩擦系数为 0.035～0.055，动摩擦系数为 0.025～0.032，四氟板与不锈钢板或镀铬钢板之间的摩擦系数比四氟板间的摩擦系数要小，静摩擦系数为 0.032～0.051，动摩擦系数为 0.021～0.032，而且随着正压力的增大而减小。

对于桥跨径较大、转动体系重心较高的转体施工，宜采用环道与中心支承相结合的转盘结构，以确保整个转动体系的稳定，防止倾覆。其环道直径与转动结构悬臂长度之比一般为 1/10～1/6。

平面承重转体装置的环道，它由设在底盘和转盘间的轴心和环形滑道组成，具体构造如图 6-72 所示。图中包含了环形滑道构造和轴心构造。

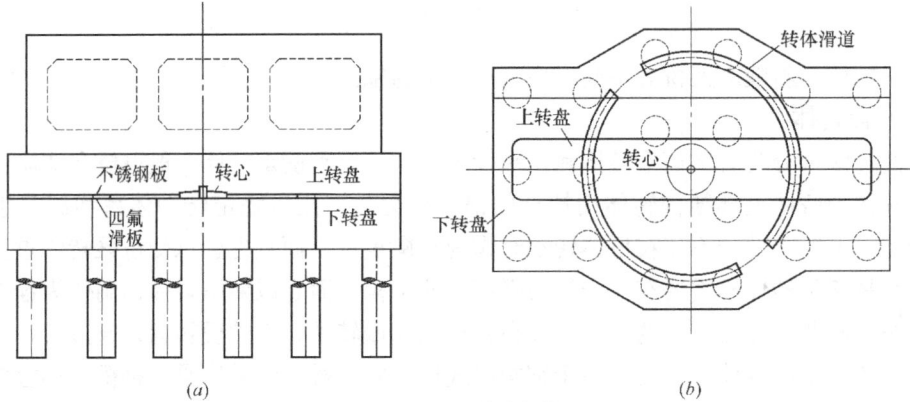

图 6-72　环形滑道转盘构造图
(a) 转盘立面图；(b) 转盘平面图

(1) 环形滑道是一个以轴心为圆心，直径 7～8m 的圆环形混凝土滑道，宽 0.5m，上、下滑道高度约 0.5m。下环道混凝土表面要既平整又粗糙，以利铺放 80mm 宽的环形四氟板，上环道底面嵌设宽 100mm 的镀铬钢板。最后用扇形预制板把轴帽和上环道连成一体，并浇上转盘混凝土，这就形成了一个可以在转轴和外道上灵活转动的上转盘。

这种装置平稳、可靠、承载力大，转动体系的重心与下转盘轴心可以允许有一定数量的偏心值，适用于转体重量大，转动体系重心高的结构。

(2) 转盘轴心由混凝土轴座、钢轴心和轴帽等组成，轴座是一个直径 1.0m 左右的钢筋混凝土矮墩；它不但对固定钢轴心起着定位作用，而且支承上转盘部分重量。合金钢轴心直径 0.1m，长 0.8m，下端 0.6m 固定在混凝土轴座内，上端露出 0.2m 车光镀铬，外套 10mm 厚的聚四氟乙烯管。在轴座顶面铺四氟板，在四氟板上放置直径为 0.6m 的不锈钢板，再套上外钢套。钢套顶端封固，下缘与钢板焊牢，浇筑混凝土轴帽，凝固隔离后轴帽即可绕钢轴转动（图 6-73）。

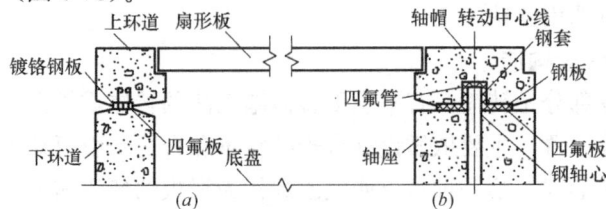

图 6-73　聚四氟乙烯板滑道构造图
(a) 环形滑道；(b) 轴心滑道

第二种转体装置是用混凝土球面铰作为轴心承受转动体系重力，四周设保险滚轮，转体设计时要求转动体系的重心落在轴心上。这种装置一方面由于铰顶面涂了二硫化钼润滑剂，减小了牵引阻力，另一方面由于牵引转盘直径比球铰的直径大许多倍，而且又用了牵引增力滑轮组，因而转体也是十分方便可靠的（图6-74）。

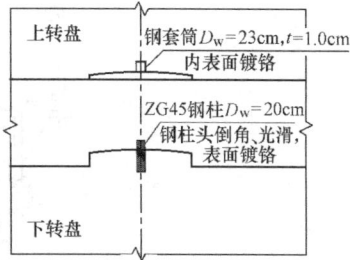

图6-74 转心构造图

中小跨径的桥梁转动施工可采用中心支承的转盘结构。转动体系的重心应较精确地调整到支承中心，以防止过大的倾覆力矩对转体造成危险。对于这种转盘结构，一般在转动铰外侧设置6～8个保险支墩，或临时设置6～8个千斤顶（其上放双层四氟板），以此作为辅助环道，来保证转动体系的重心的调整。中心支承转盘结构，由于摩阻力集中在中部，摩阻力力臂小，而转动牵引力臂大，使得较小的牵引阻力就可以转动，而且转盘加工容易，费用极省（图6-75）。

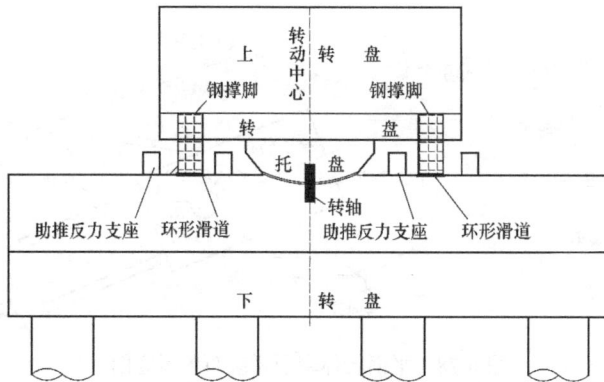

图6-75 球面铰轴心支承转盘构造

这种以铰为轴心承重的转动装置，它的特点是整个转动体系的重心必须落在轴心铰上，球面铰既起定位作用，又承受全部转体重力，钢滚轮或移动千斤顶只起稳定保险作用。球面铰可以分为半球形钢筋混凝土铰、球缺形钢筋混凝土铰、球缺形钢铰。前两种由于直径较大，故能承受较大的转体重力；各种球面铰和钢滚轮、轨道板移动千斤顶的构造如图6-76、图6-77所示。

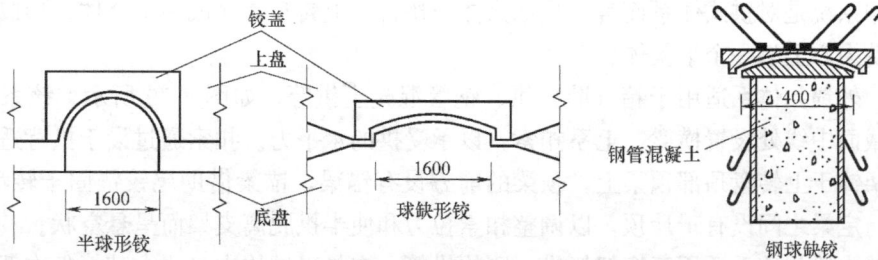

图6-76 上球面铰构造

转体的动力设备是牵引驱动系统。牵引驱动系统通常由卷扬机（绞车）、捯链、滑轮组、普通千斤顶等机具组成。近期发展的自动连续顶推系统作为转体动力设备，已成功应

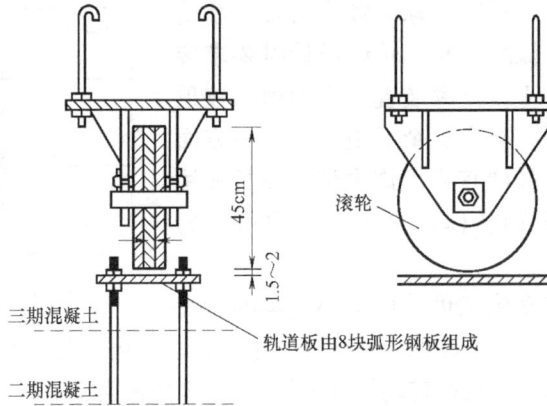

图 6-77 轨道板和滚轮

用，其特点是：转体能连续同步、匀速、平稳、一次到位、结构紧凑、占地少、施工方便（图 6-78）。

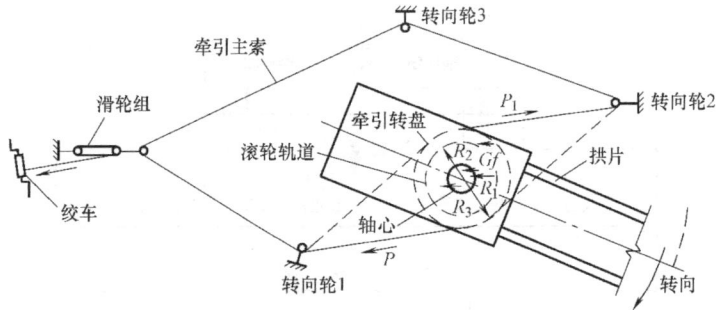

图 6-78 平面转体牵引系统布置示意图

6.7.3 有平衡重平面转体施工

有平衡重转体施工主要由转体装置和牵引驱动系统完成。

1. 转体结构

转体结构一般是桥梁的主要受力构件，可以是半跨拱肋（箱）、桁架拱或刚架拱的半拱、连续刚构桥或斜拉桥的最大悬臂体等。根据转体结构的平衡方式可以分为外锚扣体系、内锚扣体系和自平衡体系。

锚扣系统是对拱式体系而言，是把拱体与桥台、上转盘连接成一个整体，形成一个支承在转动中心上的一个平衡体。

（1）外锚扣体系适用于箱（肋）拱、钢管混凝土拱等，如图 6-79 所示。该系统在接近拱顶截面中线处设置横梁、上系扣索，以承受拱的水平力。扣索通过设于拱背适当部位的钢支架锚于上转盘顶部顶梁上，顶梁的前方设有锚梁，锚梁借助尾铰锚固于转盘尾部。在锚梁与定梁之间设有千斤顶，以调整扣索拉力和使半拱脱离支架而呈悬空状。

（2）内锚扣体系适用丁桁架架拱、刚构拱等。它是以结构本身或在其杆件内部穿入拉杆作为扣杆，如图 6-80 所示。

（3）自平衡体系

连续梁、连续刚构等梁式桥、斜拉桥转体施工时，其最大悬臂状态本身是平衡的，为

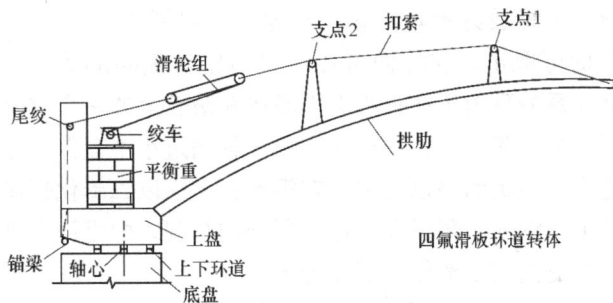

图 6-79　外锚扣体系拱肋平衡转体示意图（四氟乙烯板滑道）

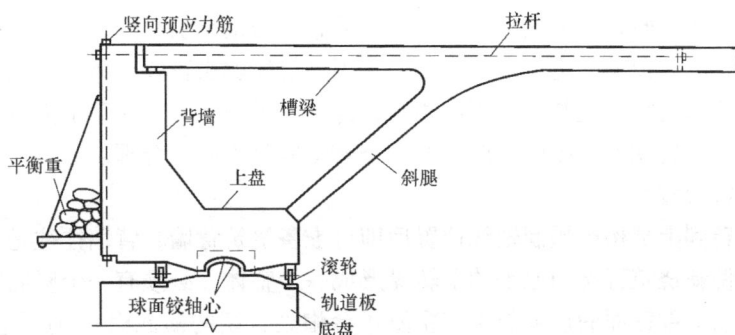

图 6-80　内锚扣体系桁架架拱平衡转体示意图（球面铰轴心）

自平衡体系（图 6-81）。

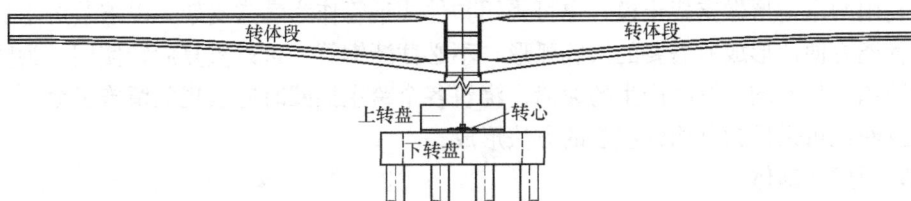

图 6-81　自平衡体系转体示意图

2. 转体拱桥的施工

有平衡重平面转体拱桥的主要施工程序如下：

制作下转盘→制作上转盘→试转上转盘到预制轴线位置→浇筑背墙→浇筑主拱圈上部结构→张拉拉杆，使上部结构脱离支架，并且和上转盘、背墙形成一个转动体系，通过配重基本把重心调到磨心处→牵引转动体系，使半拱平面转动合龙→封上下盘，夯填桥台土，封拱顶，松拉杆，实现体系转换。

（1）制作下转盘（以钢球面铰为例）

底盘没有轴心（磨心）和环形轨道板，轴心起定位和承重作用。磨心顶面上的球面形钢铰上盖要加工精细，使接触面达 70% 以上。钢铰与钢管焊接时，焊缝要交错、间断并辅以降温，防止变形。轴心定位要反复核对，轨道板要求误差 1mm。注意板底与混凝土接触密实，不能有空隙。

（2）制作上转盘

在轨道板上按设计位置放好承重滚轮，滚轮下面垫铺 2~3mm 厚的小薄铁片，此铁片当上盘一旦转动后即可取出，这样便可在滚轮与轨道板间形成一个 2~3mm 的间隙。这个间隙是保证转动体系的重力压在重心上而不压在滚轮上的一个重要措施。它还可用来判断滚轮与轨道道板接触松紧程度，调整重心。滚轮通过小木盒保护定位后，可用砂模或木模作底模，在滚轮支架顶板面涂以黄油，在钢球铰上涂以二硫化钼作润滑剂，盖好上铰盖并焊上锚筋，绑扎上盘钢筋，预留灌封盘混凝土的孔洞，即可浇上盘混凝土。

（3）布置牵引系统的锚碇及滑轮，试转上盘

要求主牵引索基本在一个平面内。上转盘混凝土强度达到设计要求后，在上转盘前方或后方配临时平衡重，把上盘重心调到轴心处，最后牵引上转盘到预制拼装上部构造的轴线位置，这是一次试转，一方面它可检查、试验整个转动牵引系统，另一方面也是正式开始预制拼装上部结构前的一道工序。为了使牵引系统能够供正式转体时使用，布置转向轮时，应使其连线通过轴心且与轴心距离相等，这样求得正式转体时牵引力也是一对平行力偶。如果发现上盘转动不流畅的情况，要检查转动铰是否施工合理。

（4）浇筑桥台背墙

上转盘试转到上部构造预制轴线位置后即可准备浇筑背墙。背墙往往是一个重量很大的实体，为了使新浇筑背墙与原来的上转盘形成一个整体，必须有一个坚固的背墙模板支架。为了保证墙上部截面的抗剪强度（主要指台帽处背墙的横截面），应尽量避免在此处留施工缝，如一定要留，也应使所留斜面往外倾斜。也可另用竖向预应力来确保该截面的抗剪安全。

（5）浇筑主拱圈上部结构

可利用两岸地形做支架土模，也可采用扣件式钢管作为满堂支架，以求节约木材。扣件式钢管能方便地形成所需要的拱底弧形，不必截断钢管，可以重复周转使用。为防止混凝土收缩和支架不均匀沉降产生的裂缝，浇筑各个跨主拱圈时应按规范留施工缝。

主拱圈也可采用预制构件组装的方法形成。

（6）形成转动体

1）外锚扣体系扣索张拉工艺

拱式结构转体施工中，扣索多选用单扣点（即在拱顶附近设扣点），由于其扣索力基本接近于转体阶段的推力，拱内力状态良好，也易于控制。扣索张拉分级进行，并分级进行结构内力及挠度观测，直到拱肋脱架。

若因大跨度的桥单扣点扣索力太大或结构内力难于调整，或其他原因需采用多扣点时，扣索数量不宜太多。各扣索之间的同步，应为重点操作控制内容，必要时应采用自动同步控制系统，以确保结构安全。

扣索张拉过程中，分级张拉、分级观测并进行调整，是确保安全的重要手段。观测的扣索力与拱肋的几何变形，应是直接判断结构正常与否的主要依据。此外，在扣索张拉中，对扣点、拱脚等重要部位的变形、裂纹，对锚梁、支垫及锚具的观察，亦是重要工作内容。对张拉过程中由于温度变化引起的变形现象应给予足够的重视。特别是混凝土结构与扣索对温度变化的规律不同引起结构的变化，应慎重分析判断。

扣索张拉到位拱肋卸架后，一般应有 12~24h 的观测阶段，以检查转动体系的安全可靠程度；拱结构变形随气温变化的规律，故应确定转前的拱肋，考虑各种因素影响的预留

拱顶高度，以利合龙高程调整。

2）内扣体系张拉工艺

当主拱圈混凝土达到设计强度后，即可进行安装拉杆钢筋，张拉脱架等工序。为了确保拉杆的安全可靠，要求每根拉杆钢筋都进行超荷载 50% 试拉。正式张拉前应先张拉背墙的竖向预应力筋，再张拉拉杆。在实际操作中，应反复张拉 2～3 次，使各根钢筋受力均匀。为了防止横向失稳，要求两台千斤顶的张拉合力应在拱桥轴线位置，不得有偏心。

通过张拉，要求把支承在支架、滚轮、支墩上的上部结构与上转盘、背墙全部连接成一个转动体系，最后脱离其支承，形成一个悬空的平衡体系支承的轴心铰。这是一个十分重要的工序，它将检验转体阶段的设计和施工质量。当拱圈全部脱离支架悬空后，上转盘背墙下的支承钢木楔也陆续松脱，根据楔子与滚轮的松紧程度加片石调整重心，或以千斤顶辅助拆除全部支承楔子，让转动体系悬空静置一天，观测各部变形有无异常，并检查牵引体系等均确认无误后，即可开始转体。

（7）转体工艺

1）转前检查

① 拆除转盘上拱架各支撑点，清除转体范围内各种障碍物；

② 上转盘及各结构各主要受力部位的裂纹、变形、位移状况的观测与记录；

③ 转盘牵引系统工具、锚具及反力锚碇检查与记录。

2）启动：转体施工常用钢索牵引转动，或采用千斤顶直接在上、下转盘间顶推转动。若采用钢索牵引时，必须用千斤顶直接顶推启动，再用钢索牵引转动，以防止四氟板静摩阻力与动摩阻力的差值（此差值常接近牵引力一倍左右）所引起的冲击。若直接用一定长度的钢索牵引启动，钢索的弹性引起的冲击较大，比较危险。

3）转动：在转体过程中，转速应力求均匀，严格避免加速度过大而引起冲击。转动牵引力常为对称布置，应注意两力的同步。

4）转体就位：当转体到合龙位置之前，应缓慢减速，并密切观测拱顶轴线（设有精度为 1mm 的标尺），由轴线观测人员按到位信号控制就位（若有超出，可用千斤顶反向顶推就位）。就位后，应适当将转盘固定，防止风或其他因素产生的结构位移。

（8）转盘封固

转体就位后，应立即连接上下盘钢筋、钢件及剪力加强设施，浇筑封填混凝土，将盘封固，使桥台整体化。

（9）调高合龙

待转盘封固混凝土达到适当强度后，进行两岸拱肋顶端的高程调整（以调整不同部分的扣索长度，调整两岸拱顶各接头上下左右高程一致）。在确定的合龙温度下，用钢梁或特制的螺旋千斤顶顶紧各接头点（包括内力调整）进行瞬时合龙。其后，进行焊接封填拱顶及拱脚，待接头混凝土达到适当强度后，再分级卸扣，其后即按常规施工程序进行拱圈加厚及拱上建筑施工。

3. 其他桥型的转体施工工艺

桁架拱、刚架拱、斜腿刚构桥以及斜拉桥的转体施工与肋拱桥类似，不再赘述。连续梁桥、连续钢构桥、斜拉桥等转体施工，一般施工至最大悬臂状态作为转动体，其结构本身就是一个平衡对称的双悬臂结构，无须另设扣索。这些桥型采用转体施工工艺时，只需略微调整中跨与边跨的重量，使转动体系的重心在转轴中心。转体就位合龙后，再按施工程序完成其后的各阶段施工。这类桥梁转体施工合龙阶段为体系转换阶段，本阶段的应力、变形应计入结构总的叠加应力和变形中。

这类桥梁的转体施工，确系充分利用了结构本身作为施工设施，可节约大量施工用钢材和施工设备，当地形与其他条件均适于转体施工工艺时，将产生较大的技术经济效益。

这类桥梁转体的转盘结构、转体工艺、调高合拢、转盘封固等，均与拱桥转体施工雷同，在此不另作叙述。

6.7.4 无平衡重的平面转体施工

与有平衡重转体相比，无平衡重转体施工是把有平衡重转体施工中的拱圈扣索拉力锚在两岸岩体中，从而节省了庞大的平衡重。锚碇拉力是由尾索预加应力传给引桥桥面板（或平撑、斜撑），以压力的形式储备。桥面板的压力随着拱箱转体的角度变化而变化，当转体到位时达到最小。这样一来，不仅使重量大大减轻，而且设备简单，施工工艺得到简化；虽施工所需钢材略有增加，但全桥坞工数量大为减少。无平衡重转体施工需要有一个强大牢固的锚碇，因此宜在山区地质条件好或跨越深谷急流处建造大跨桥梁时选用（图6-82）。

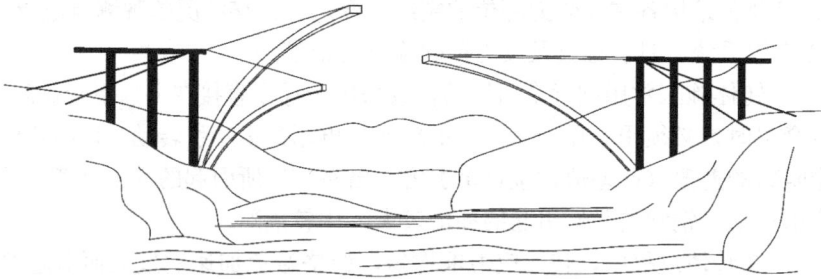

图 6-82 无平衡重平面转体施工示意图

根据桥位两岸的地形，无平衡重转体可以把半跨拱圈分为上、下游两个部件，同步对称转体；或在上、下游分别在不对称的位置上预制，转体时先转到对称位置，再对称同步转体，以使扣索产生的横向力互相平衡；或直接做成半跨拱体（桥全宽），一次转体合龙。

1. 无平衡重转动体系的构造

拱桥无平衡重转体施工是采用锚固体系代替平衡重平转法施工，主要分为锚固、转动、位控三大体系构，其一般构造如图6-83所示。

（1）锚固体系

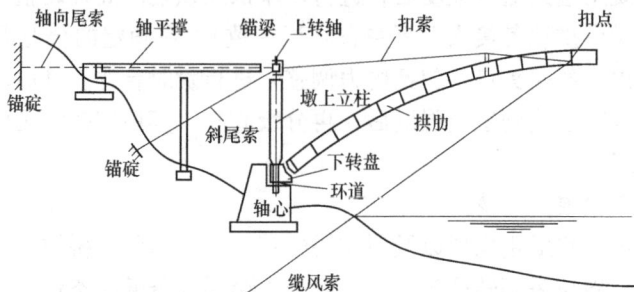

图 6-83 无平衡重转动体系的构造

锚固体系由锚碇、尾索、平撑、锚梁（或锚块）及立柱组成。锚碇设在引道或边坡岩石中，锚梁（或锚块）支承于立柱上，两个方向的平撑及尾索形成三角形稳定体，稳定锚块和立柱顶部的上转轴使其为一确定的固定点。拱体转至任意角度，由锚固体系平衡拱体扣索力，当拱设计为双肋，并采取对称同步平转施工时，非桥轴向（斜向）支撑可省去。

（2）转动体系

转动体系由上转动构造、下转动构造、拱体及扣索组成。上转动构造由埋入锚梁（或锚块）中的轴套、转轴和环套组成，扣索一端与环套连接，另一端与拱体顶端连接。转轴在轴套与环套间均可转动，如图 6-84 所示。

下转动构造由下转盘、下环道与下转轴组成，如图 6-85 所示。拱体通过拱座铰支承在转盘上，马蹄形的转盘中部卡套在下转轴上，并支承在下环道上，转盘下设有安装了许多聚四氟乙烯蘑菇头（千岛走板），转盘的走板可在下环道上沿下转轴做弧形滑动，转盘与转轴接触面涂有黄油四氟粉，以利拱体转动，扣索常采用 RRB400 级 ϕ32 精轧螺纹钢筋，扣索将拱箱顶部与上转轴连接，从而构成转动体系。在拱体顶端张拉扣索，拱箱即可离架转动。

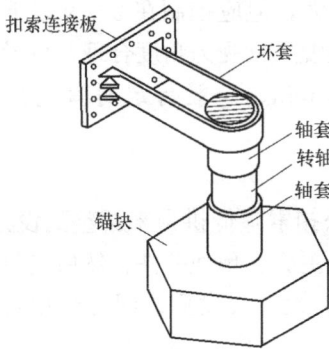

图 6-84　上转轴一般构造示意图

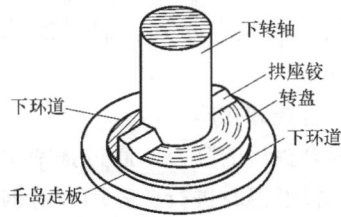

图 6-85　下转轴一般构造示意图

（3）位控体系

位控体系由系在拱体顶端扣点的缆风索与转盘牵引系统，用以控制在转动过程中转动体的转动速度和位置。

2. 无平衡重转体施工

拱桥无平衡重转体施工的主要内容和工艺有以下各项：

（1）转动体系施工

1）安装下转轴、转盘及浇筑下环道；

2）浇筑转盘混凝土；

3）安装拱脚铰、浇筑铰脚混凝土；

4）拼装拱体；

5）设必要的支架、模板，设置立柱；

6）安装扣索；

7）安装锚梁、上转轴、轴套、环套。

这一部分的施工主要保证转轴、转盘、轴套、环套的制作安装精度及环道的水平高差的精度。转轴与轴套应转动灵活，其配合误差应控制在 0.6～1.0mm，环道上的滑道采用固定式，其平整度应控制在 1cm 以内，并要做好安装完毕到转体前的防护工作。

（2）锚碇系统施工

1）制作桥轴线处的开口地锚；

2）设置斜向洞锚；

3）安装铀向、斜向平撑；

4）尾索张拉；

5）扣索张拉。

这一部分的施工锚碇部分应绝对可靠，以确保安全。尾索张拉是在锚块端进行，扣索张拉在拱顶段拱箱内进行。张拉时，要按设计张拉力分级、对称、均衡加力，要密切注意锚碇和拱箱的变形、位移和裂缝，发现异常现象应仔细分析研究，处理后再转入下一工序，直至拱箱张拉脱架。

（3）转体施工

正式转体前应再次对桥体各部分进行系统、全面地检查，检查通过后方可转体。拱箱的转体是靠上、下转轴事先预留的偏心值形成的转动力矩来实现。启动时放松外缆风索，转到距桥轴线约 60°时开始收紧内缆风索，索力逐渐增大，但应控制在 20kN 以下；如转不动则应以千斤顶在桥台上顶推马蹄形下转盘。为了使缆风索受力角度合理，可设置两个转向滑轮。缆风索走速：启动时宜选用 0.5～0.6m/min，一般行走时宜选用 0.8～1.0m/min。

（4）合拢卸扣施工

拱顶合拢后的高差，通过张紧扣索提升拱顶、放松扣索降低拱顶来调整到设计位置。封拱宜选择低温时进行。先用 8 对钢楔楔紧拱顶，焊接主筋、预埋铁件，然后先封桥台拱座混凝土，再浇封拱顶接头混凝土。当混凝土达到 70%设计强度后，即可卸扣索，卸索应对称、均衡、分级进行。

6.7.5 拱桥竖向转体施工

当桥位处无水或水很浅时，可以将拱肋分成两个半跨放在桥孔下面预制。如果桥位处水较深时，可以在桥位附近预制，然后浮运至桥轴线处，再用起吊设备和旋转装置进行竖向转体施工。这种方法最适用于钢管混凝土拱桥的施工。因为钢管混凝土拱桥的主拱圈必须先让空心钢管成拱以后再灌注混凝土，故在旋转起吊时，不但钢管自重相对较轻，而且钢管本身强度也高，易于操作。

1. 竖转施工的基本思路

将桥梁从跨中分为两半。在桥轴线上利用地形搭设简单支架，在其上组拼或现浇拱肋；也可工厂制造拱肋，用浮船浮运至桥轴线上。在拱脚安装转动铰。利用扣索的牵引将结构竖向旋转至设计标高，跨中合拢完成结构的安装。

2. 竖转施工的使用范围

对于季节性河流或河流水深较浅搭设支架不困难的河流，常采用搭设简单支架组拼和现浇拱肋；对于通航河流，也可采用工厂制造，浮船浮运至桥位，拱肋由上向下竖转至设计标高。

3. 竖转体系的构成及技术要求

（1）拱肋。在竖转过程中，拱肋内力随角度不断变化，因而要求拱肋具有足够的强度、刚度及稳定性。同时拱肋的安装重量直接关系到竖转规模及技术难度，这就要求拱肋轻型化。

（2）竖转铰。要求转动灵活，转动铰的接触面满足局部承压要求。可根据具体情况选用钢板销子铰、钢管混凝土铰、插入式球铰。

（3）扣索。根据竖转重量及牵引设备，选用钢丝绳及钢绞线。扣索数量的配置应充分考虑结构冲击自然环境（风、湿度），以及扣索在转向处的弯折影响。

（4）索塔。因地制宜地选用贝雷架、64 军用梁、万能杆件等定型材料拼装索塔，也可采用钢管混凝土等高强材料。由于索塔高度直接关系到拱肋在竖转过程中的受力状况及扣索力的大小，应综合考虑索塔施工难度及材料用量对索塔高度进行优化。应充分考虑横向风力、偏载等其他因素作用下索塔的强度刚度及稳定性。

（5）拱上撑架。在拱肋上设置撑架可降低索塔的高度、改善拱肋的受力状况。

（6）锚碇。可通过引桥孔及引桥孔桥墩设置扣索锚碇，扣索的水平分力由边孔孔拱肋承受，当边孔重量不足可在引桥墩上设置锚索承受扣索的不平衡竖直分力。无引桥孔时应另设专用锚碇，并在竖转前进行试拉以检验其可靠性。

（7）缆风索。由于在竖转过程中拱肋在不断运动，拱肋的横向稳定应主要依靠自身的强度及横向宽度。缆风索控制竖转过程中拱肋的横向偏移。当考虑河道通航，两拱肋不能同时施工时，由于其中一孔拱肋在空中放置时间过长，缆风索的设置应考虑横向风力的影响。

4. 拱肋竖转举例

以钢管混凝土拱桥的拱肋为例，叙述竖转法施工的内容。

（1）钢管拱肋竖转扒杆吊装的计算

钢管拱肋竖转扒杆吊装的工作内容为：将中拱分成两个半拱在地面胎架上焊接完成，经过对焊接质量、几何尺寸、拱轴线形等验收合格后，由竖在两个主墩顶部的两副扒杆分别将其拉起，在空中对接合龙。由于两边拱处地形较高，故边拱拱肋直接由吊车在胎架上就位拼装。扒杆吊装系统设计的主要工作为：起吊及平衡系统的计算（含卷扬机、起重索、滑轮、平衡梁、吊索、吊扣等）；扒杆的计算；扒杆背索及主地锚的计算；设置拱脚旋转装置等（图 6-86、图 6-87）。

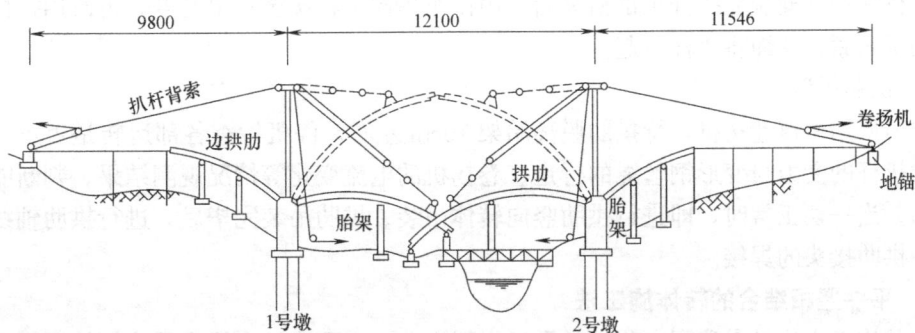

图 6-86 扒杆吊装系统总布置图

拱脚旋转装置是采用厚度为 36mm 的钢板在工厂进行配对冲压而成，使两个弧形钢板密贴，两弧形钢板之间涂上黄油，以减小摩阻力，如图 6-88 所示。

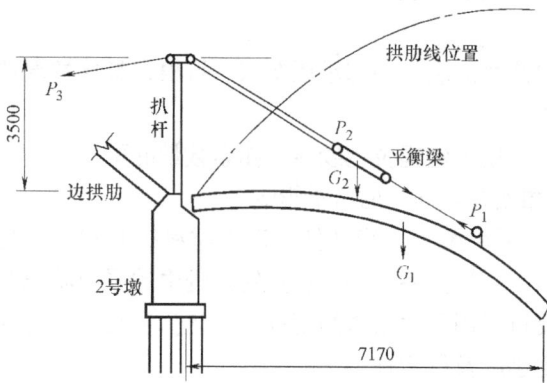

图 6-87　扒杆吊装系统简图

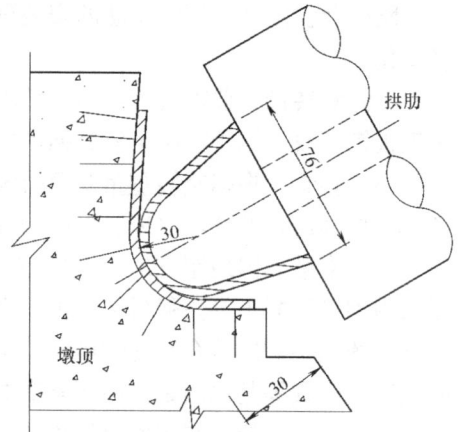

图 6-88　拱脚旋转装置

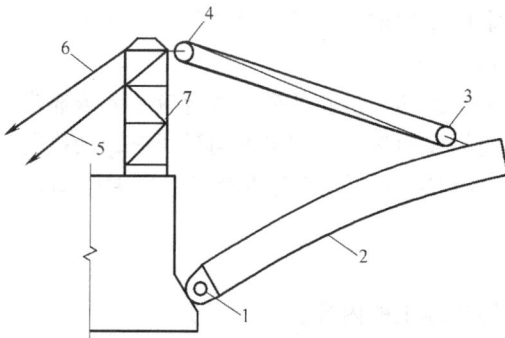

图 6-89　竖向转动体系示意图

1—转动铰；2—桥体；3—动滑车；4—定滑车；
5—牵引车（接卷扬机）；6—锚索（接锚锭）；7—塔架

（2）钢管拱肋竖转吊装

1）转动体系

转动体系由转动铰、提升体系（动、定滑车组，牵引绳等）、锚固体系（锚索、锚锭等）等组成，如图 6-89 所示。

2）竖转吊装的工作顺序

安装拱肋胎架→安装拱脚旋转装置→安装地锚→安装扒杆及背索→拼装钢管拱肋→安装起吊及平衡系统→起吊两侧半拱→拱肋合龙→拱肋标高调整→焊接合龙接头→拆除扒杆→封固拱脚。

3）扒杆安装

为了便于安装，扒杆分段接长，立柱钢管以 9m 左右为一节，两节之间用法兰连接。安装时先在地面将两根立柱拼装好，用吊车将其底部吊于墩顶扒杆底座上，并用临时轴销锁定，待另一端安装完扒杆顶部横梁后，由吊车抬起扒杆头至一定高度，再改用扒杆背索的卷扬机收紧钢丝绳将扒杆竖起。

4）拱肋吊装

起吊采用慢速卷扬机，待拱肋脱离胎架 10cm 左右，停机检查各部运转是否正常，并根据对扒杆的受力与变形钢丝绳的行走、卷扬机的电流变化等情况观测结果，判断能否正常起吊。当一切正常时，即进行拱肋竖向转体吊装。拱肋吊装完毕后，进行拱肋轴线调整和跨中拱肋接头的焊接。

6.7.6　平—竖相结合的转体施工法

这种施工方法是在我国广州市丫髻沙大桥上——三孔连续自锚中承式钢管混凝土系杆拱桥中首先采用（图 6-90）。它综合吸收了上述两种转体施工方法的优点，具体体现在：

利用竖向转体法的优点，变高空作业为地上作业，避免了长、大、重安装单元的运输和起吊。

206

利用平面转体法的优点，将全桥三孔分为两段，放在主河道的两岸进行预制和拼装，将桥跨结构的施工对主航道航运的影响减少到最低程度。

利用边孔作为中孔半拱的平衡重，使整个转体施工形成自平衡体系，免除了在岸边设置锚碇构造。

广州丫髻沙大桥转体部分长 258.1m，宽 39.4m，高 86.3m，竖转重量 2058t，平转重量 13685t，是目前为止，最大的转体规模。图 6-91 是桥转体施工的平立面布置图。

图 6-90　丫髻沙大桥转体施工照片

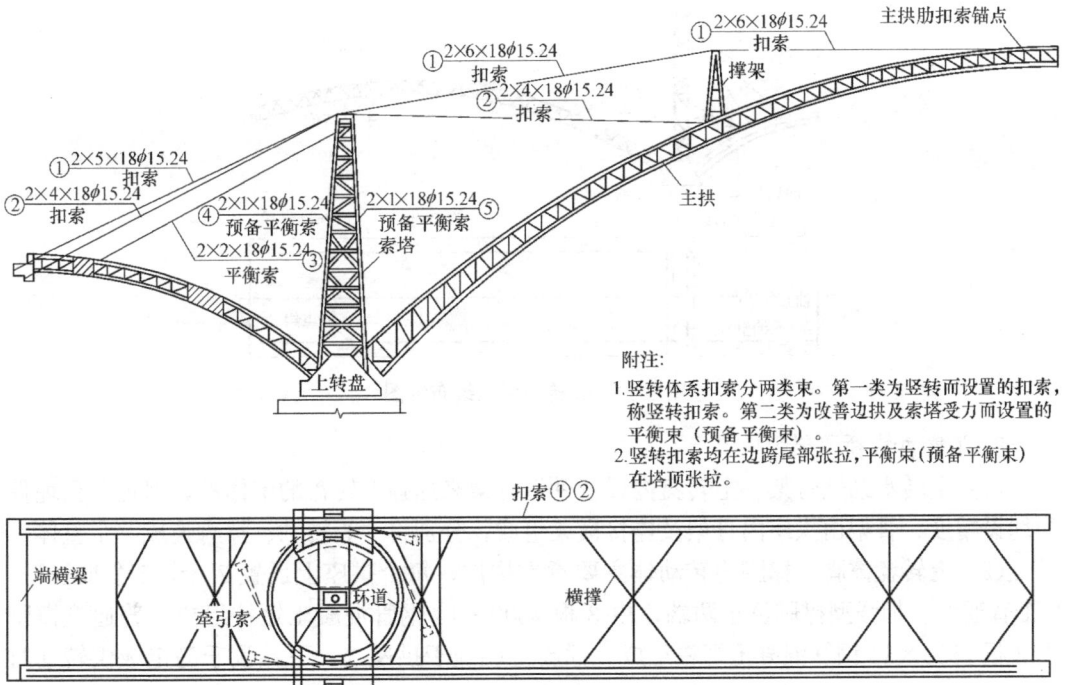

图 6-91　丫髻沙大桥转体施工示意

1. 丫髻沙大桥竖转

图 6-92 是它的半结构在岸边制作后竖向转体的示意图。转铰采用 $\phi1500\times50$ 钢管混凝土铰，其构造为用钢管混凝土做转轴，转轴支承于拱座凹形钢板上。转轴与拱座凹形钢板接触面上抹黄油减少摩擦及防腐。

竖转牵引系统采用液压同步提升技术，根据主跨结构的竖转要求，主跨两肋各设置两组锚点，即锚点组 1 和锚点组 2，用来将 1、2 号扣索固定在主跨结构上，如图 6-93 所示。扣索采用 $\phi15.24$ 钢绞线。两组扣索通过塔顶索鞍后分别连接到两组油缸中，穿心式油缸是竖转设备的执行机构。

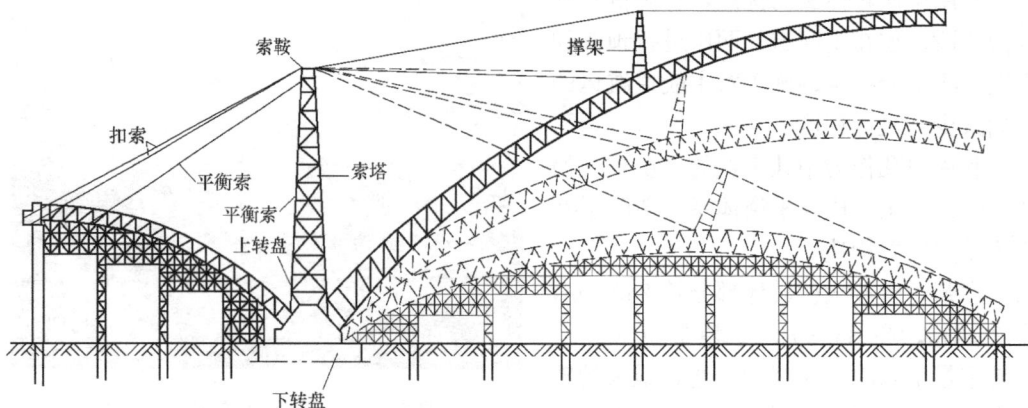

图 6-92　竖转体系示意图

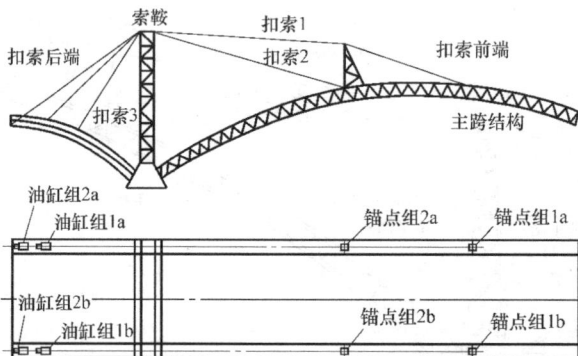

图 6-93　竖转牵引系统布置图

2. 丫髻沙大桥平转

（1）上转盘劲性骨架。上转盘内设置劲性骨架来加强上转盘的整体性，保证各预埋件的埋设精度。骨架由拱座内骨架及连接横梁组成，分别将中心转轴、撑脚连成一个整体。

（2）上转盘撑脚。撑脚为转动体主要承重构件，每个拱座上设置 7 个，2 个加强型，5 个普通型。加强型撑脚位于两端，由 3 根 $\phi800\times14$ 钢管混凝土短柱组成，普通型撑脚由 2 根 $\phi800\times14$ 钢管混凝土短柱组成。撑脚上端埋于拱座内，下端设千岛走板供转动时滑动。

（3）下转盘环道。环道直径 33m，宽 1.1m，由环向钢板和环向型钢劲性骨架组成。浇筑承台时设置预留槽口并预埋定位骨架，环道钢板与承台内劲性骨架采用螺栓连接。螺栓连接具有精确调平环道钢板、避免其变形的优点。环道钢板下焊角钢加劲，在精确调平后下浇混凝土，上设一层 3mm 镜面不锈钢板，以焊接为宜。

（4）中心转轴。中心转轴除承受一小部分上转盘传来的重量外，主要起定位作用。转轴由上下钢板、钢板间四氟蘑菇头、中心定位轴及转轴间四氟套组成。上钢板厚 50mm，钢板底面钻孔嵌入四氟蘑菇头，蘑菇头外露 10mm，上钢板顶面焊接 $\phi1800\times20$ 钢管，以便与上转盘劲性骨架形成整体。下钢板厚 30mm，顶面刨平，粗糙度 3.2。用角钢对上下钢板加劲，避免钢板在加工、搬运过程中变形。

（5）平转牵引系统。由于静摩擦系数和动摩擦系数之间有 2%～3% 的差值，为确保平转时转动平衡、平稳，以及克服施工误差产生的意外阻力，常采用 2 套平转牵引系统。第一套牵引系统由牵引索、牵引千斤顶、牵引转向滑轮组组成，其牵引力按动摩擦系数设定，此系统确保转动体启动后，转动能均匀、连续进行。第二套系统由千斤顶、反力梁、反力座组成，其牵引力按静、动摩擦系数之差以及施工误差产生的意外阻力值设定。结构启动后千斤顶的反力能及时撤除，不会因静、动摩擦系数之差值导致转动加速度，但又为意外转动阻力留有储备。平转千斤顶采用自动连续千斤顶，助推千斤顶采用 YC60A 穿心式千斤顶（图 6-94）。

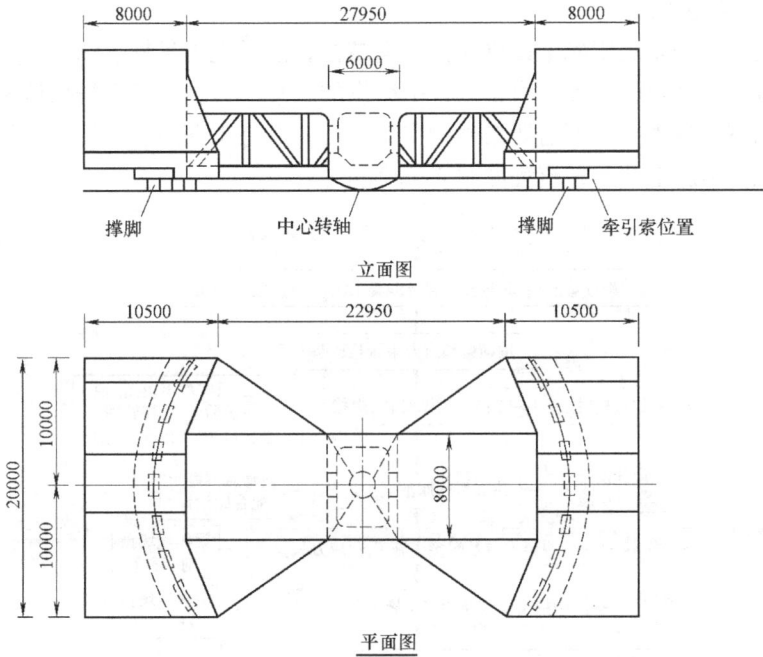

立面图

平面图

图 6-94　平转动转盘构造图

6.8　吊车与浮吊提升施工法

提升吊装施工是一种历史悠久的施工法，桥梁结构的很多小型构件都要通过吊装就位。随着吊装技术的发展和机械设备起吊能力的提高，桥梁的整体吊装技术得到越来越广泛的应用。吊装施工法的优点是灵活快速、不需高空作业，特别适合工厂化施工，可以保证质量；缺点是需要吊装设备，以及设备进场的通道，即可以通行吊装设备的施工便道和可以通行浮吊的航道。

提升吊装法适合施工的桥型主要有简支梁桥、先简支后连续的连续梁、拱桥等。

提升吊装法施工的主要设备是吊车和浮吊，也有少量的工程会用扒杆吊。

国内轮式吊车的吊装能力已达到 5000kN，能适应大部分梁体的吊装。

国内采用浮吊法施工起吊重量最大的达 2700t，为崇启大桥（102＋4×185＋102）m 变截面连续钢箱梁中的一段，最大节段长 185m，钢箱梁在江苏靖江制作拼装后，由 1.4 万 t 海驳船运至桥位，再由两艘起吊能力为 1600t、2200t 的两台浮吊进行抬吊架设。

提升吊装法架设梁桥见本章 6.3.3 节，不再赘述。

提升吊装法架设拱桥是将拱肋在工厂预制后运至现场拼装，然后用吊车或浮吊提升就位的施工方法。由于钢管混凝土拱桥的广泛使用，该方法显示出强大的生命力。提升吊装法架设的拱桥比较适合下承式系杆拱桥，因为其建筑高度正好在吊装机械施工范围内；上承式和中承式拱桥由于桥比较高，吊装机械达不到。下承式系杆拱桥根据是先施工拱还是先施工梁，可分为"先梁后拱"、"先拱后梁"施工法，不同的施工方法，拱肋吊装过程不一样。

6.8.1 先拱后梁施工法

先拱后梁施工法是利用先架设拱作为承重结构，然后施工吊杆、纵横梁、桥面系的方法，施工的过程中张拉临时预应力索逐步平衡拱的水平推力，直至系杆拱体系形成。该施工法不需要调整吊杆索力，不需要昂贵的支架费用，具有工期短、费用省等优点。先拱后梁系杆拱桥无支架施工法工艺流程如图 6-95 所示。

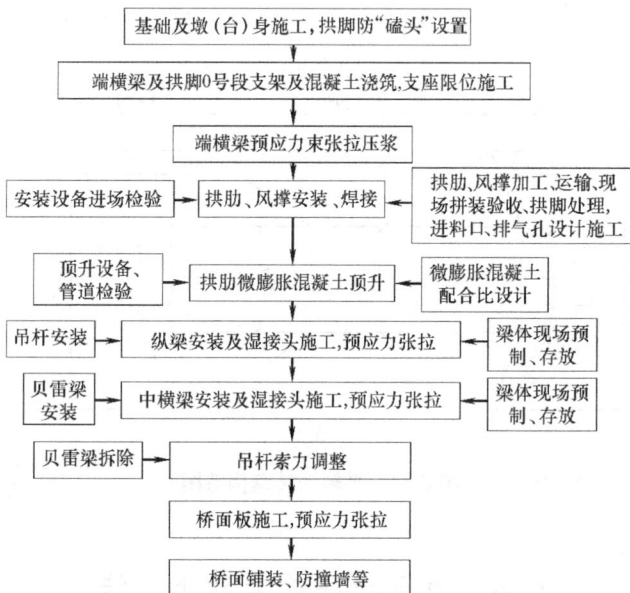

图 6-95 先拱后梁系杆拱桥无支架施工法工艺流程图

先拱后梁施工法主要施工特点如下：

1. 拱脚、端横梁现浇及防转、防滑构造施工预制

下部结构完成后在桥墩上放置支座，浇筑拱脚、端横梁。浇筑时须注意在拱脚下设置纵向限位块和抗转动临时支承。纵向限位块作用是当临时索水平力与拱脚水平力不平衡时，将不平衡水平力传递给桥墩；临时支承的作用是抵抗水平力导致的转动（俗称磕头）。二者的设置都要经过详细计算。

为方便钢管拱肋就位，在拱脚预埋钢管段应设置底座，图 6-96 所示为钢管套式底座（也可采用预埋钢板），拱肋插入套管后销接，调整完毕焊接成整体。

2. 拱肋制作、运输与拼装

拱肋在钢构件厂加工完成后，分段运送到桥址工地，选择合适的场地拼接成整体。

（1）拱肋节段运输

根据工程性质和进度要求，采用汽车或运输船来完成本工程所有拱肋、横撑及预埋构件等的运输任务。

1）运输前应通知加工厂方及相关单位到现场查看，并做好沿线调查，根据桥梁限高和装车高度确定合理的运输路线。

2）分段装车后，为防止运输过程中因车辆颠簸造成分段滑移，在车辆上焊接限位桩和拉环。每个分段底部均匀设置枕木，枕木的高度应控制在同一平面内，保证分段不因运输而产生变形，捆绑钢索与分段的接触处采用草垫加木垫板隔离，防止因捆绑造成拱肋涂装颜色损伤。

3）钢管拱肋构件在存放、运输过程中，一定要牢靠、稳定，防止构件碰撞变形。

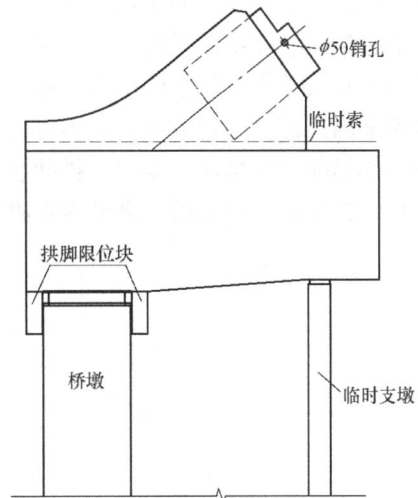

图 6-96　拱脚临时支墩及限位装置

4）拱肋、风撑应根据工程进度分批配套地运输至施工现场。

（2）拱肋胎架

拱肋进场前应预先在现场施工拼好胎架，主要是为了在现场更精确地拼装拱肋并有效地复核拱肋实际长度。根据实际情况，考虑插入拱座预埋件的实际困难，胎架按照如下原则进行布置：

拱肋分段运输，在现场拼装成整体，分别于每节段接头附近设 1 个胎架，拱脚处设有 1 个胎架。连接成整体检查拱轴线及锚箱位置，超声波及拍片合格后，进行吊装。

（3）灌注管、排气管及冒浆孔的布置

吊装前应在拱肋上焊接完拱肋混凝土灌注管、排气管。

每根钢管拱肋上、下弦管各设置四个灌注孔，于拱肋对称中心线对称设置，第一个灌注孔在拱脚、第一和第二个吊杆之间，第二个灌注孔作为备用灌注孔设在跨中吊杆之间，上弦管灌注孔水平设置于拱肋顶。沿拱肋轴线上每隔 2m 设置一个冒浆孔。下弦管灌注孔设置于拱肋钢管外侧，与拱肋轴线成 45°角。

灌注管采用直径为 125mm 的泵管，并在泵管一端加设截止阀，截止阀至拱肋钢管间的距离为 0.5m，用于封堵混凝土使用；拱肋上每个弦管设置排气孔 2 个，分别设置于距拱顶 30cm 拱轴线上，并焊接 2 根长 150cm 直径为 250mm 无缝钢管，下弦管设置于拱肋两侧，采用斜管形式排气，方向竖直向上；灌注管及排气管伸入拱肋内不少于 10cm。

冒浆孔直径为 2cm，灌注混凝土时，流出的混凝土立即用木楔封堵。

钢管拱内混凝土强度达到设计强度的 50% 后，可拆除钢管拱肋上的灌注管、排气管及冒浆孔，所有的施工用孔均用原来切割下来的钢板复原焊接封闭。

3. 拱肋及风撑吊装

（1）吊点位置确定

首先计算拱肋的重心和弹性中心。

根据场地情况、起吊能力、拱肋重量等条件，可以采用单点起吊、双点起吊，对应在拱肋上可以设置两个、四个或八个捆绑点。

通常钢拱肋在吊装时符合以下两个条件即可：第一，吊点选择在弹性中心范围以内，钢结构在自身重力作用下的受力状态均为弹性状态，钢拱所发生的变形均为弹性变形，对结构不会因局部受力过大而发生不可回复变形。第二，要确保吊点必须在钢拱重心以上，以免在起吊时发生翻滚。第三，拱肋在自然下垂状态下，两拱脚自动内缩，准确计算内缩后距离，以保证拱脚能够顺利着落在拱座上（图 6-97）。

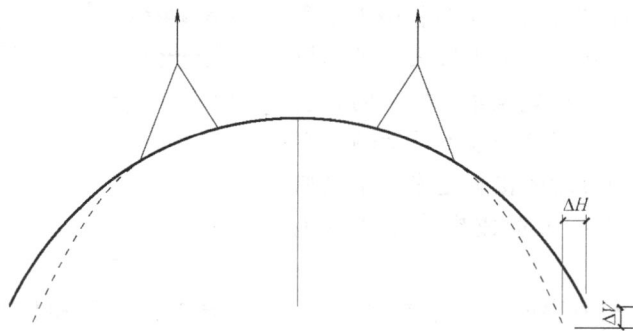

图 6-97 拱肋自然下垂状态拱脚位移（水平位移，竖直位移）

（2）拱肋吊装

拱肋采用整体吊装，拱肋吊装前先勘划出各定位点、中心线轴线等。

吊机的选择要考虑拱肋尺寸、重量、安装高度等因素，来选择浮吊的起吊能力、扒杆的高度等。起吊前应作详细的计算。

钢丝绳捆绑时应注意保证结构漆膜不受磨损。

在吊装时利用浮吊的主、副吊钩同时受力，平吊拱肋，把钢拱肋抬高一定距离后，慢慢升高主吊钩，缓缓地放松副吊钩，再完成空中翻身，翻身时注意拱脚保持离地 50cm 左右距离，并且起吊前在拱肋两端垫好枕木，以保护在起吊翻身过程中拱肋两端不被碰坏。

拱肋翻身后，将拱肋缓慢提起。

整个浮吊吊机向拱脚方向移位，将拱肋抬起并超过安装高度，将钢管拱的两个拱脚靠近拱脚，一端先插入接口（钢套箱），在接近接口时，用捆绑在钢管拱与拱脚上的钢丝绳，用 1t 捯链缓慢拉进接口，并插入销子固定。另一端同样用此法可插入接口。

起吊钢管在起、停转换过程中速度应控制慢、平稳，其抖动不是很严重，因此，为了加快对点速度，需要派有经验的人员指挥信号，以加快对点速度。

拱肋就位后，应用风缆固定并及时连接，同时应加强对拱肋轴线位置、标高及拱脚位移进行观测，做好记录，并严格控制在施工工艺要求的允许范围内。轴线通过风缆调整。

锁定拱轴线后仍需选定最佳观测时间多次测量拱轴线形，符合要求后认为拱肋吊装合格，并焊接合拢，观测时间可选择在早晨或傍晚。在两片拱肋安装合拢成拱后，立即安装风撑，然后逐步拆除横向稳定风缆，拱肋安装完毕。

钢管拱肋焊接完成后，对焊缝按要求进行检验。焊缝要进行 100％超声波探伤、焊缝全长 10％拍片检查。经检验合格后方可浇筑拱脚混凝土并进行拱肋混凝土灌注。

（3）横撑吊装

两片拱肋合拢成拱后，应立即吊装横撑并安装，以保证拱肋的横向稳定。两片拱肋吊装完毕后，对横撑短接头的空间位置进行测量。

吊装顺序，先吊装中间一道，再吊装旁边四道。每道横撑先吊装下面一道再吊装上面一道。

风撑吊装前，安装好吊架，提供风撑空中焊接平台。

4. 拱肋混凝土顶升施工

(1) 微膨胀混凝土配合比设计。28d 强度应满足设计强度，膨胀系数为 $1 \times 10^{-4} \sim 2 \times 10^{-4}$，水灰比小于 0.4，碎石粒径 5~25mm，坍落度 18~22cm，以 20cm 为最佳，缓凝时间不低于 8h。同时，对于微膨胀混凝土应按拟采用的配合比进行强度、收缩试验，以便决定取舍调整。

(2) 钢管拱进料口和排气孔设计。单片拱肋拱脚每处设 3 个顶升口，顶升口设在拱肋拱脚处内侧，采用加强型泵管，和拱轴线夹角 45°。每片拱肋设 3 个排气孔，排气孔设于拱肋的最高点，采用普通钢管。顶升口及排气孔均为 100mm，排气管长 1.5m，以增加顶部混凝土的密实度。

(3) 顶升顺序。考虑灌注时钢管拱的变形和受力，应对称进行灌注，使桥跨均匀受载。根据设备情况采用对两片拱肋的每段对称灌注的方法进行混凝土顶升，对于哑铃形钢管拱混凝土的顶升顺序为：下圆钢管（下仓）、上圆钢管（上仓）、中间矩形（中仓），间隔时间为 7d，混凝土强度应达到设计强度的 80%~90%。

(4) 顶升速度。混凝土采用匀速对称、慢速低压的原则，确保两对称段混凝土同时顶升。其顶面高差不大于 1m，顶升速度以 15~20m³/h 为宜，于后续混凝土车到达后再压完上一车，尽量压缩停顿时间，保持压送畅通及连续性，4 台泵的顶升速度应尽量一致。

(5) 质量控制。顶升到排气孔 2m 前，控制顶升速度，混凝土压至顶部后，由两侧泵同时顶升改为交替顶升，使拱顶空气完全排出，排气、排浆孔出浆后两泵间隔泵送，确保钢管拱内混凝土的密实度。严禁一侧上升过快越过拱顶，导致拱内气体无法排出。待排气孔冒出混凝土与入管混凝土一致（即合格混凝土）时关闭混凝土输送泵，人工将顶升口附近第 1 道法兰盘的螺栓稍微松开，在两法兰盘间插入薄钢板后，再拧紧法兰盘螺栓，避免混凝土倒流形成空洞。

(6) 哑铃形系杆拱中仓混凝土顶升控制钢板变形施工措施。由于哑铃形系杆拱中仓空间本身较小，两侧均为直板焊接在上下钢管上，直板受压易发生变形，加上吊杆锚孔的影响，混凝土顶升阻力增大，常采用以下施工措施：1）利用型钢对缀板外侧进行环形加固，即在拱肋外侧每 50cm 用角钢对拱肋进行包箍，缀板与角钢之间用方木顶紧；2）在缀板之间加焊横向连接钢筋，加强缀板抗压能力；3）严格控制顶升速度，低速间歇顶升，减小拱内压力。

5. 纵、横梁施工

(1) 纵系梁施工

纵梁从两侧向跨中间隔对称安装，两拱均基本加载。浮吊起吊到位，初调高程后固定；待所有纵梁安装完毕后再统一调整标高。高程检查完毕即用吊模进行湿接头连接。待湿接头混凝土强度达到设计强度的 80% 后，张拉系梁永久预应力索，同步解除临时索预应力。

(2) 中横梁施工

中横梁从两侧向跨中间隔对称安装。安装时用贝雷桁架作为受力构件支承在纵梁上承担横梁,与纵梁湿接头连接。

6. 施工过程中水平推力控制

在钢管混凝土灌注、系梁预制段吊装时,桥梁受力体系未形成,均对拱脚产生水平推力,支座都会产生较大位移,导致桥墩发生较大的破坏,甚至导致桥梁结构破坏。因此,整个吊装过程中,须对临时水平索进行不断张拉,以克服对拱脚产生的水平推力。张拉控制的原则是支座(拱脚)前后位移不超过 10～20mm,张拉时须对拱脚和支座的位移情况进行现场测量监控。

值得提出的是,先拱后梁施工的拱桥,吊杆不需要张拉,可以省去一道施工步骤。

吊车和浮吊提升安装拱肋方法是类似的,不同点在于重型吊车在起吊的过程中,位置不能移动,构件只能做旋转和提升运动,作业范围小,而浮吊可以在起吊的过程中运输,要更灵活一些。

6.8.2 先梁后拱施工法

先梁后拱施工法是先搭设支架浇筑纵横梁,然后分段或整体吊装拱肋的施工方法。采用整体拱肋吊装施工时,安装方法与先拱后梁法相同。但先浇筑的纵横梁或桥面上可以搭设支架,这样拱肋可以分成两段或更多段在支架上焊接,吊装的重量轻,吊装难度低,对吊装设备要求也低。

上海南汇三三公路桥,河床干涸,便于设立支架和停放吊车,采用先梁后拱施工法,每片拱肋分为两段,吊车提升安装之后,焊接合拢,图 6-98 为主跨和边跨拱肋分段分块示意图。

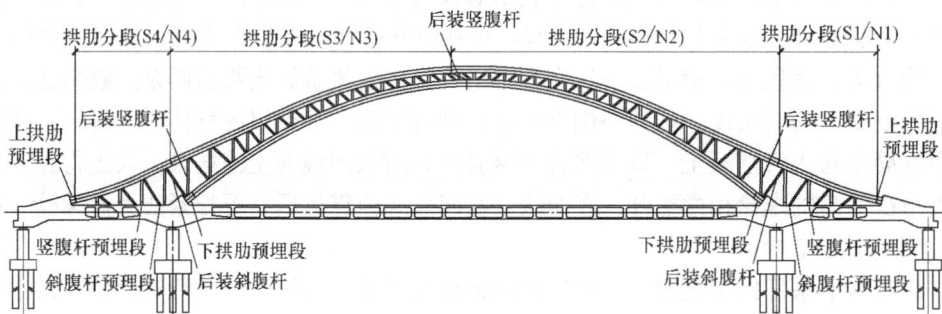

图 6-98　拱肋吊装分段分块示意图

拱肋吊装施工步骤为:

(1) 经过仔细测算,确定现场吊车和吊装构件的摆放位置,确定之后现场不得随意调整,如图 6-99 所示。

(2) 工厂制作的钢构件,运至工地后,根据拟订位置准确放样,拼装焊接。

(3) 500t(D)大吊车准确到达拟订位置,采用一根钢丝绳 8 点捆绑拱肋,起吊超过桥面,旋转 180°,然后将拱肋桥面临时支在墩上,如图 6-100 所示,卸下吊绳。

(4) 200t(X)小吊车准确到达拟订位置,用 2 根钢丝绳 8 点捆绑拱肋,平台至一定高度(图 6-101),放松下拱肋钢丝绳,拱肋翻身,自然下垂。

(5) 调整 2 台吊机的高度,利用牵引索,将拱脚坐落在拱座预埋钢板上,拱顶落在立柱上,半片拱就位(图 6-102)。

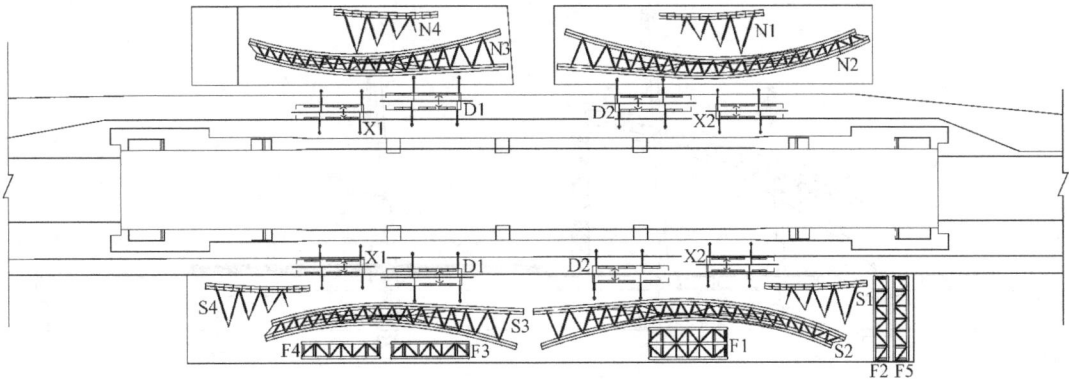

图 6-99　吊车和吊装构件位置图

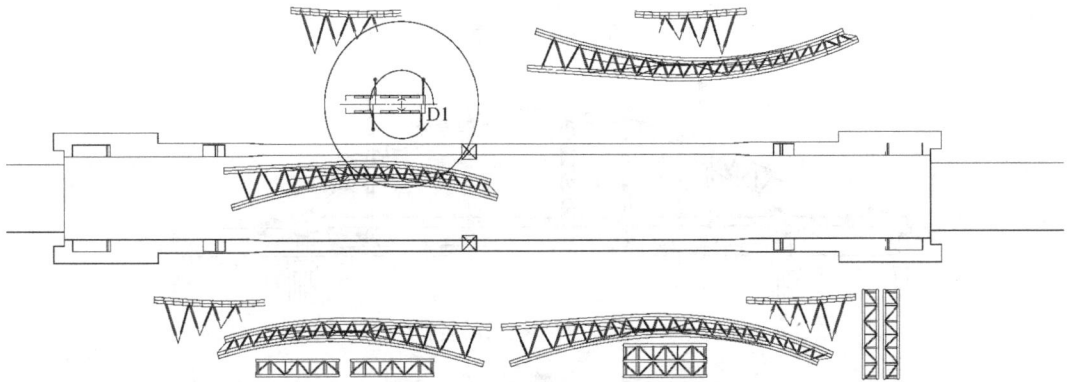

图 6-100　大吊车平吊拱肋旋转至桥面

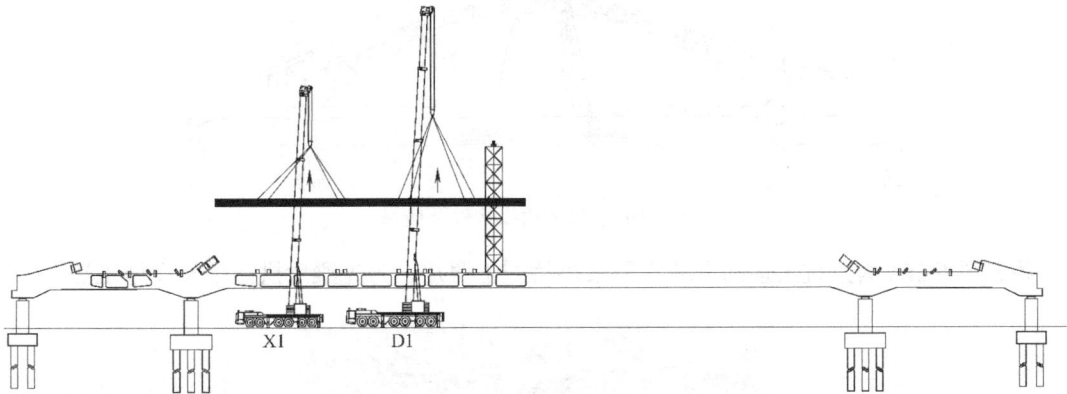

图 6-101　两台吊车将拱肋平抬至一定高度

（6）用同样的施工步骤，大吊机将另外半片拱吊放在桥面上，然后双吊机将板拱吊装就位（图 6-103）。

（7）两半拱均吊装就位，焊接拱脚及拱顶（图 6-103）。

（8）主拱焊接完毕，用 2 台 50t 吊车安装边拱构件及横撑（图 6-104）。

拱肋安装完毕后即可灌注下拱混凝土，14d 后灌注上拱混凝土。拱肋混凝土达到强度后即可张拉吊杆，进行桥面铺装施工。

由于浮吊起吊后可以移动，浮吊施工法安装先梁后拱的拱肋，不必两次起吊，更简单

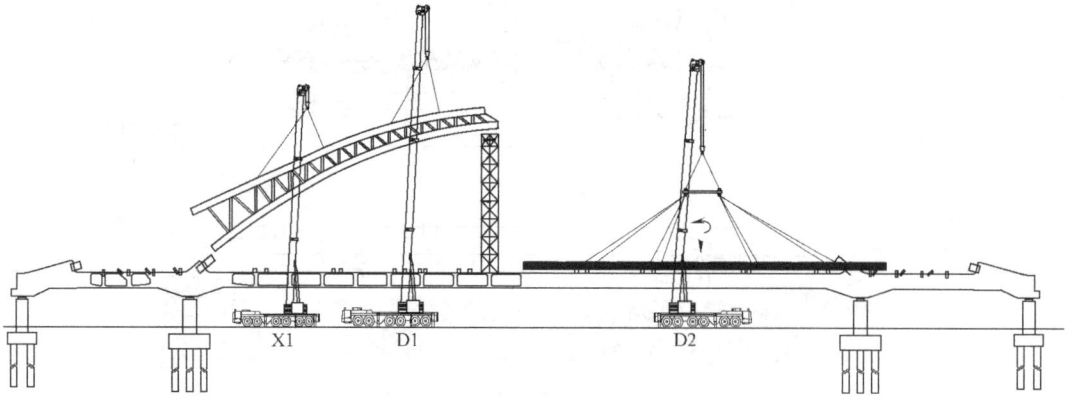

图 6-102　2 台吊机吊装半拱就位，大吊机旋转另半拱至桥面

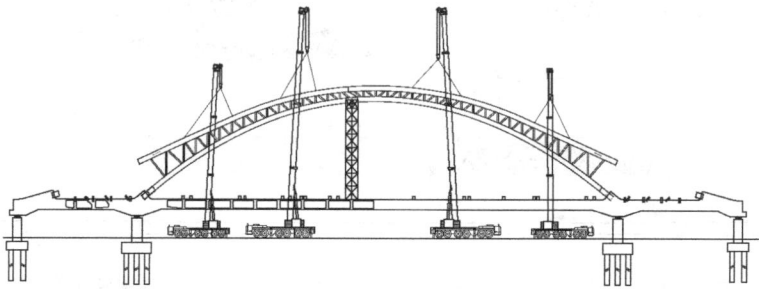

图 6-103　两半拱均吊装就位

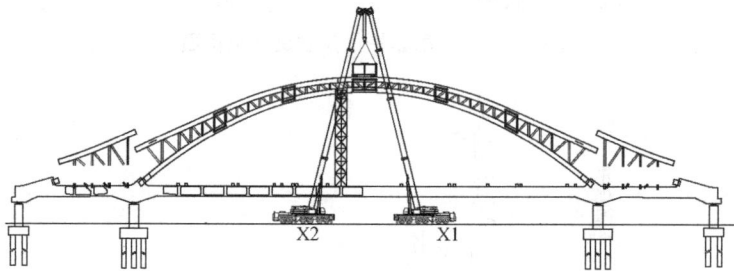

图 6-104　安装边拱构件及横撑

一些。图 6-105 为京杭大运河上浙江段某拱桥施工照片，为先梁后拱浮吊架设施工法。

图 6-105　先梁后拱浮吊架设施工图

拱肋的吊装由于吊装重量大，吊装过程复杂，受现场条件等诸多因素影响，吊装的每一个环节应反复推敲，以保证吊装的顺利进行。依托三三公路桥开发的拱肋吊装仿真系统可以全真模拟吊装的每一个动作和场景，并可对吊装的任一过程进行计算分析，可预先发现一些问题，在三三公路桥的拱肋安装中发挥了指导作用。该系统具有通用性。

思 考 题

1. 桥梁施工的方法主要有哪些？
2. 支架浇筑法预拱度如何考虑？
3. 简述预制安装法的主要施工工艺。
4. 简述逐孔施工法的分类及各自特点。
5. 简述悬臂浇筑施工法的步骤及特点。
6. 比较并说明悬臂浇筑法和悬臂拼装法的挠度控制要求。
7. 简述顶推施工法的步骤及特点。
8. 简述转体施工法的分类及各自特点。
9. 简述浮吊和汽吊架梁法的特点及适用范围。

第7章 钢桥上部结构施工

7.1 概　　述

钢桥是各种桥梁体系特别是大跨度桥梁常见的一种形式。钢结构由于具有强度高、塑性韧性好、重量轻、制作简便、耐疲劳和耐腐蚀性好等优点，在桥梁结构中得到了广泛应用。特别近些年来，随着国内钢铁加工业的发展，钢桥已越来越多地进入更大的跨度领域，特别是大跨度拱桥、斜拉桥和悬索桥，是不二之选，并且在结构形式、材料及加工制造、施工架设方面不断有所开拓和创新。

钢材是一种性能优越的弹塑形材料，随着材质（主要是高强度钢材和各种耐候钢）的进展，以及焊接工艺和高强度螺栓连接的不断完善，钢桥制造和施工对于提高劳动生产率和降低生产成本具有重要意义。各种受力性能优越、制造架设方便的箱形截面也得到大力发展。

在桥梁施工装备方面，随着悬臂拼装所使用的行走于桥上的吊机起重能力和大型浮吊起重能力的提高，以及千斤顶性能的改善，促使传统的钢桥施工和架设方法得到更新。在以往基本上以悬臂拼装架设为主的大跨度钢桥基础上，开始大量使用顶推施工法和整孔吊装法，在越江跨海工程上，采用浮运法辅助安装，提高了施工速度和工作效率。

在选择钢桥施工方法时，需要充分考虑桥位的地形、环境、安装方法的安全性、经济性、施工速度等因素。因此，在桥梁设计时就要对桥位条件进行详细的调查，调查内容包括现场地理环境、地质条件及气象条件等。桥位处于平原、山区、城镇或是跨越江河、海湾等处，其各方面的条件差别很大，运输条件和环境约束也不相同。这些条件除作为选择施工方法的依据外，同时也涉及设计方案的考虑、桥跨及结构形式的选定。

在选择施工方法时，除了考虑以上因素外，桥梁的类型、跨径、施工的技术水平、机具设备条件也是相当重要的考虑因素，总体上应综合考虑选定。

一般来说，钢桥施工由两个阶段组成，即先在工厂将钢材加工制造成构件，再运往桥位工地进行架设安装。

7.2 钢构件的工厂制作工艺

桥梁结构钢构件的制作一般在工厂或分节段加工制作，构件的制作工艺流程一般为：钢结构制作生产准备→放样、下料、切割→矫正、成型→边缘加工→组装→焊接（焊接结构矫正）→制孔→钢构件验收。

7.2.1 制作前的准备工作

1. 会审图纸、节点构造细化

图纸经会审后，由技术部负责制出本工程各节点的详图，进行节点构造细化。交设计部门确定后由翻样工作人员进行翻样。

2. 制定钢构件加工生产工艺及质量标准

根据《钢结构工程施工及验收规范》（GB 50205—2001）、《钢结构设计规范》（GB 50017—2003）、《铁路桥梁钢结构设计规范》（TB 10002.2—2005）《公路钢结构桥梁设计规范》等国家标准及厂家生产工艺要求编制工程钢构件加工生产工艺及质量标准。

3. 钢材等材料采购、检验、储备

翻样后归纳材料规格、钢号，列出各类钢材用量表，交采购员进行材料采购。

钢材质量证明书：质量证明书应符合设计的要求，并按国家现行有关标准的规定进行抽样检验，不符合国家标准和设计文件的不得采用。

钢材表面有锈蚀、麻点和划痕等缺陷时，其深度不得大于该厚度负偏差值的1/2。

钢材表面锈蚀等应符合国标《涂装前钢材表面锈蚀等级和涂锈等级》的规定。

钢材按规格分类堆放，做好标示。最底层垫上道木，防止进水锈蚀。

焊接材料（焊条、焊丝、焊剂）、高强度螺栓、普通螺栓以及涂料（底漆和面漆）等均应具有出厂质量合格证，并应符合设计的要求和国家现行有关标准的规定。

焊接材料（焊条、焊丝、焊剂）应按牌号和批号分别存放在干燥的储藏仓库。焊条和焊剂在使用前按出厂证明书上的规定进行烘焙和烘干；焊丝应清除铁锈、油污及其他污物。自动或半自动焊时采用 H08A、H08锰A \ H08E 焊丝。

基础锚栓、未注明的普通螺栓均为 C 级，螺栓、螺母和垫圈采用《碳素结构钢》（GB/T 700—2006）规定的 Q235B 号钢制作，其热处理、制作和技术要求应分别符合《六角头螺栓　C 级》（GB/T 5780—2000）、《六角螺母　C 级》（GB/T 41—2000）、《平垫圈　C 级》（GB/T 95—2002）的规定。高强度螺栓及配套的螺母和垫圈等，应符合国家标准《合金结构钢》（GB/T 3077—1999）规定的 20MnTiB 号钢或 40 号钢制成或采用符合国家《钢结构用高强度大六角头螺栓》（GB/T 1228—2006）的规定 35VB 制成。焊钉采用符合国家标准《碳素结构钢》（GB/T 700—2006）规定的 Q235 钢制成，应符合《电弧螺栓焊用圆柱头焊钉》（GB/T 10433—2002）的规定。

材料凭领料单发放，发料时核对材料品种、规格、牌号是否与领料单一致，并要求质检人员在领料现场签证认可。

7.2.2　构件放样及加工

钢桥的制造加工包括下列工艺过程：作样、号料、钢料切割和矫正、号孔和钻孔、杆件组装、焊接、结构试拼装、除锈和漆涂、包装与运输等。

1. 作样

根据施工图制作样板或样条的工作叫作样。利用样板或样条可在钢料上标出切割线及栓孔位置。

一般构件用普通样板，它可用 0.3～0.5mm 的薄钢板制作。对于精度要求高的桥梁，栓孔可采用机器样板钻制。机器样板是在厚 12～20mm 的钢板上，按照孔眼的设计位置，精确地嵌入经过渗碳淬火处理的钢质钻孔套。钻孔套是旋制的，硬度比钻头大2°～3°洛氏硬度级。钻空套直径公差只有±0.05mm，孔心距公差为±0.25mm。

钻孔时将机器样板覆盖在要加工的部件上，用卡具夹紧，钻头即通过钻孔套钻制加工部件上的安装孔。用样板钻出的孔，精度高，并可省去号孔工作。

样杆一般用薄钢板或扁铁制作，当长度较短时可用木尺杆。样杆、样板应注明工号、图号、零件号、数量及加工边、坡口部位、弯折线和弯折方向、孔径和滚圆半径等。样杆、样板应妥善保存，直至工程结束后方可销毁。

2. 号料

利用样板、样条在钢材上把零件的切割线画出，称为号料。号料使用样板、样条而不直接使用钢尺，这是为了避免出现不同的尺寸误差，而使钉孔错位。号料的精确度应和放样的精度相同。

号料前应核对钢材规格、材质、批号，并应清除钢板表面油污、泥土及赃物。

若表面质量满足不了质量要求，钢材应进行矫正，钢材和零件的矫正应采用平板机或型材矫直机进行，较厚钢板也可用压力机或火焰加热进行，逐渐取消用手工锤击的矫正法。碳素结构钢在环境温度低于 −16℃，低合金结构钢在低于 −12℃ 时，不应进行冷矫正和冷弯曲。

矫正后的钢材表面，不应有明显的凹面和损伤，表面划痕深度不得大于 0.5mm，且不应大于该钢材厚度负允许偏差的 1/2。

3. 划线

利用加工制作图、样杆、样板及钢卷尺进行划线。目前已有一些先进的钢结构加工厂采用程控自动划线机，不仅效率高，而且精确、省料。划线的要领有两条：

(1) 划线作业场地要在不直接受日光及外界气温影响的室内，最好是开阔、明亮的场所。

(2) 用划针划线比用墨尺及划线用绳的划线精度高。划针可用砂轮磨尖，粗细度可达 0.3mm 左右。划线有三种办法：先划线、后划线、一般先划线及他端后划线。当进行下料部分划线时要考虑剪切余量、切削余量。

4. 切割

钢材的切割方法有机械剪切、气割、联合剪切和锯切多种。要考虑切割能力、切割精度、切剖面的质量及经济性。

对于低碳钢和低合金钢板，目前切割厚度在 20mm 以下。钢材被剪切后，边缘较粗糙，有翘边和边缘冷硬现象，所以只适用于次要零部件，或在剪切后需要进行边缘加工的零部件等。

气割用于切割一般剪切机不能剪切的厚钢板，或因形状复杂不能剪切的板件。按操作方法划分气割为手工气割、自动或半自动气割和数控气割。按精密程度分为一般气割和精密气割。半自动气割主要用于低、中碳钢板，进行直线、弧线或圆形切割。一般经气割后的钢板边缘，可不必再加工。

联合剪冲用于角钢的剪切。目前，联合冲剪机可剪切的最大角钢为 L125×12。

锯切主要用于切割槽钢工字钢、管材和大尺寸角钢。锯切的工具为圆锯机。

5. 边缘加工和端部加工

方法主要有：铲边、刨边、铣边、碳弧气刨、气割和坡口机加工等。

铲边：有手工铲边和机械铲边两种。铲边后的棱角垂直误差不得超过弦长的 1/3000，且不得大于 2mm。

刨边：使用的设备是刨边机。刨边加工有刨直边和刨斜边两种。一般的刨边加工余量为 2~4mm。

铣边：使用的设备是铣边机，工效高，能耗少。

碳弧气刨：使用的设备是气刨枪。效率高，无噪声，灵活方便。

坡口加工：一般可用气体加工和机械加工，在特殊的情况下采用手动气体切割的方法，但必须进行事后处理，如打磨等。现在坡口加工专用机已开始普及，最近又出现了 H 型钢坡口及弧形坡口的专用机械，效率高、精度高。焊接质量与坡口加工的精度有直接关系，如果坡口表面粗糙有尖锐且深的缺口，就容易在焊接时产生不熔部位，将在事后产生焊接裂缝。又如，在坡口表面粘附油污，焊接时就会产生气孔和裂缝，因此要重视坡口质量。

6. 钻孔

钻孔的发展过程为：划线钻孔；护孔套钻；机器样板钻孔；数控程序钻床钻孔。

在焊接结构中，不可避免地将会产生焊接收缩和变形，因此在制作过程中，把握好什么时候开孔将在很大程度上影响产品精度。特别是对于柱及梁的工程现场连接部位的孔群的尺寸精度直接影响钢结构安装的精度，因此把握好开孔的时间是十分重要的，一般有四种情况：

第一种：在构件加工时预先划上孔位，待拼装、焊接及变形矫正完成后，再划线确认进行打孔加工。

第二种：在构件一端先进行打孔加工，待拼装、焊接及变形矫正完成后，再对另一端进行打孔加工。

第三种：待构件焊接及变形矫正后，对端面进行精加工，然后以精加工面为基准，划线、打孔。

第四种：在划线时，考虑了焊接收缩量、变形的余量、允许公差等，直接进行打孔。

机械打孔有电钻及风钻、立式钻床、摇臂钻床、桁式摇臂钻床、多轴钻床、NC 开孔机。

气体开孔，最简单的方法是在气割喷嘴上安装一个简单的附属装置，可打出 $\phi 30$ 的孔。

钻模和板叠套钻制孔。这是目前国内尚未流行的一种制孔方法，应用夹具固定，钻套应采用碳素钢或合金钢。如 T8、GCr13、GCr15 等制作，热处理后钻套硬度应高于钻头硬度 HRC2~3。

钻模板上下两平面应平行，其偏差不得大于 0.2mm，钻孔套中心与钻模板平面应保持垂直，其偏差不得大于 0.15mm，整体钻模制作允许偏差符合有关规定。

数控钻孔：近年来数控钻孔的发展更新了传统的钻孔方法，无需在工件上划线、打样冲眼，整个加工过程自动进行，高速数控定位，钻头行程数字控制，钻孔效率高，精度高。

制孔后应用磨光机清除孔边毛刺，并不得损伤母材。

7. 组装

组装是按图纸把制备完成的半成品或零件拼装成部件、构件的工序。

钢结构组装的方法包括地样法、仿形复制装配法、立装法、卧装法、胎模装配法。

地样法：用 1：1 的比例在装配平台上放出构件实样，然后根据零件在实样上的位置，分别组装起来成为构件。此装配方法适用于桁架、构架等小批量结构的组装。

仿形复制装配法：先用地样法组装成单面（单片）的结构，然后定位点焊牢固，将其翻身，作为复制胎模，在其上面装配另一单面结构，往返两次组装。此种装配方法适用于横断面互为对称的桁架结构。

立装法：根据构件的特点及其零件的稳定位置，选择自上而下或自下而上的顺序装配。此装配方法适用于放置平稳，高度不大的结构或者大直径的圆筒。

卧装法：将构件放置平卧的位置进行的装配。适用于断面不大，但长度较大的细长构件。

胎模装配法：将构件的零件用胎模定位在其装配位置上的组装方法。此种装配方法适用于制造构件批量大、精度高的产品。

拼装必须按工艺要求的次序进行，当有隐蔽焊缝时，必须先予施焊，经检验合格方可覆盖。为减少变形，尽量采用小件组焊，经矫正后再大件组装。

组装的零件、部件应经检查合格，零件、部件连接接触面和沿焊缝边缘约 30～50mm 范围内的铁锈、毛刺、污垢、冰雪、油迹等应清除干净。

板材、型材的拼接应在组装前进行；构件的组装应在部件组装、焊接、矫正后进行，以便减少构件的残余应力，保证产品的制作质量。构件的隐蔽部位应提前进行涂装。

钢构件组装的允许偏差见《钢结构工程施工质量验收规范》（GB 50205—2001）有关规定。

8. 焊接

钢桥采用的焊接方法有自动焊、半自动焊和手工焊三种。

焊接质量在很大程度上决定于施焊状况。焊接时所采用的电流强度、电弧电压、焊丝的箱送速度及焊接速度都直接影响焊接质量。

在焊接前，如无焊接工艺评定试验的，应做好焊接工艺评定试验，并据此确定焊接工艺。

焊接完毕后应检查焊缝质量。焊缝中主要缺陷有：裂缝、内部气孔、夹渣、未焙透、咬边、溢流、烧穿及焊缝尺寸不合规定等。对于所有的焊缝均应进行外观检查。内部检查以超声波探伤为主。

9. 摩擦面的处理

高强度螺栓摩擦面处理后的抗滑移系数值应符合设计的要求（一般为 0.45～0.55）。摩擦面的处理可采用喷砂、喷丸、酸洗、砂轮打磨等方法，一般应按设计要求进行，设计无要求时施工单位可采用适当的方法进行施工。采用砂轮打磨处理摩擦面时，打磨范围不应小于螺栓孔径的 4 倍，打磨方向宜与构件受力方向垂直。高强度螺栓的摩擦连接面不得涂装，高强度螺栓安装完后，应将连接板周围封闭，再进行涂装。

7.2.3 试装、涂装及编号

栓焊钢梁某些部件，由于运输和架设能力的限制，必须在工地进行拼装。

运送工地的各部件，在出厂之前应进行试拼装，以验证工艺装备是否精确可靠。凡新设计的以及改变工艺装备后制造的钢梁，均应进行试拼装，对成批连续生产的钢梁，一般可 10～20 孔试拼装一次。

涂装环境温度应符合涂料产品说明书的规定，无规定时，环境温度应在 5～38℃ 之间，相对湿度不应大于 85%，构件表面没有结露和油污等，涂装后 4h 内应保护免受淋雨。

钢构件表面的除锈方法和除锈等级应符合规范的规定，其质量要求应符合国家标准《涂装前钢材表面锈蚀等级和除锈等级》的规定。构件表面除锈方法和除锈等级应与设计采用的涂料相适应。

施工图中注明不涂装的部位和安装焊缝处的 30～50mm 宽范围内以及高强度螺栓摩擦连接面不得涂装。涂料、涂装遍数、涂层厚度均应符合设计的要求。

构件涂装后，应按设计图纸进行编号，编号的位置应符合便于堆放、便于安装、便于检查的原则。对于大型或重要的构件还应标注重量、重心、吊装位置和定位标记等记号。编号的汇总资料与运输文件、施工组织设计的文件、质检文件等统一起来，编号可在竣工验收后加以复涂。

验收合格的构件，应连同钢桥施工图、拼装简图、发送杆件表及螺栓一并发往工地。

7.3 钢梁架设的基本作业

钢梁架设的基本作业包括：钢梁构件的存储、预拼、栓合、顶落梁、墩面移梁、临时支座设置和钢梁定位及支座安装等。

7.3.1 构件存储

钢梁构件从工厂运到工地后，在拼装之前应有供存储用的场地。该场地的位置应尽可能接近桥址，其面积可根据构件大小、数量、存放时间、装卸机具等确定。一般可按每吨钢材堆存面积 $1～2m^2$ 考虑。场地四周应排水良好，并位于汛期水位以上。

存放构件的地面应略加平整，并适当压实，然后按存放构件的布置图安放垫木，将到达工地的构件对号入座存放。

吊卸构件的机械，可用轨行吊机或龙门吊机。图 7-1 给出某桥存梁场地布置示意图。

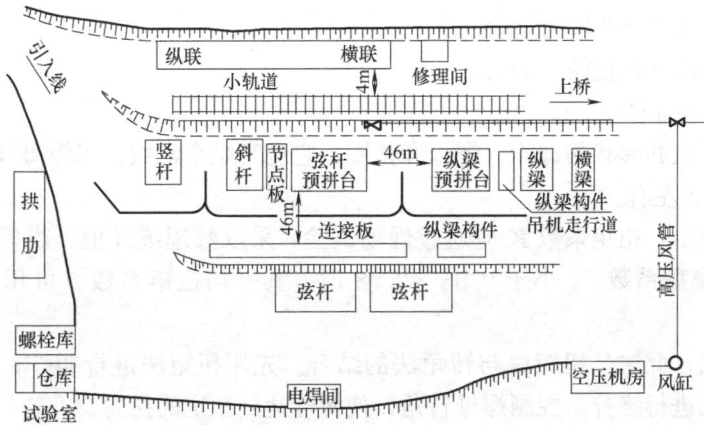

图 7-1 某桥存梁场地布置示意图

7.3.2 构件预拼

将部分构件先在地面拼装成一个吊装单元，然后运往架梁工地组拼，称为构件预拼。预拼的目的是为了减少拼装钢梁时的高空作业，减少吊装次数，把能在地面上进行的工作尽量在预拼场内完成，以便加快施工速度。预拼场和构件存放场一般应合并布置。

构件预拼对于主桁弦杆，一般是将大节点板预拼在弦杆上，下弦节点板可成对地预拼在下弦节点上。而上弦节点板为便于在桥上组装起见，可将其中一块附在弦杆上，另一块附在竖杆上。对于竖杆预拼，若为菱形桁架，可将竖杆上下两部分与中间部分节点板预拼成一整体单元；三角形桁架时，如前述竖杆与上弦相连接的小节点，可预拼一块节点板，另一块不拼。杆件的腹板上端边距 60mm 处可钻 $\phi 32$ 孔一个，以便起吊。

两根纵梁可用连接系预拼成整体。横梁上一般只预拼连接角钢。上平纵连斜杆与中间的连接板应拼成一个单元，而两根短杆宜只连一个螺栓，以便装运。下平纵连杆件视纵梁安装的先后，或预拼或分件安装。

预拼工作一般都在台座上进行。预拼台座大都按上弦、下弦、竖杆、纵梁、横梁、连接系等分别设置。台座结构为钢马凳、浆砌片石垛或混凝土垛等。

7.3.3 栓合

高强度螺栓的工作原理是，通过拧紧螺母，使栓杆中产生很大的预拉力。这样板束间产生很大的预压力。高强螺栓连接传力时，在接触面上产生很大的摩擦力抵抗板束间的滑动。显然，施工中通过对接合面处理，使板面间稳定保持一个较高的摩擦系数值是十分必要的。目前推广使用喷涂铝合金的板面处理方法，在工地正常保存情况下，保质期为半年，高强度螺栓栓孔部位表面抗滑系数不小于 0.45。

钢梁拼装完毕后应根据精度的要求，经过复测检查调整后才能进行栓合。

1. 栓合的方法

栓合的方法有扭矩法（也称扭矩系数法）和扭角法两种。

（1）扭矩法。扭矩法的原理是控制施拧螺栓时的扭矩值，使螺栓达到所要求的轴拉力。施拧扭矩与螺栓的轴拉力的关系如式（7-1）所示。

$$K = M/(N \cdot d) \quad 或 \quad M = K \cdot N \cdot d \tag{7-1}$$

式中　M——施拧扭矩值（N·m）；

　　　N——导入螺栓的轴力（kN）；

　　　d——螺栓计算直径（mm）；

　　　K——扭矩系数。

对于同样材质和形状的螺栓、螺母和垫圈，它应当是个常数：当螺母丝扣涂少许黄油时，K 值为 0.19 左右。

按照规范规定，扭矩系数 K 应通过现场试验，采取数理统计值。当标准偏差 σ 小于 0.03～0.05，离散系数 C_v 小于 0.05～0.08 时，其平均扭矩系数方可用于栓合桥梁施工中。

（2）扭角法。此法是扭矩法与转角法的结合。先用扭矩法进行初拧，使板束达到密贴；再用转角法进行终拧。控制螺母转角，使螺栓达到预定的拉力。

扭角法自板层处于完全密贴状态开始计算的终拧转角，受以下三个因素影响：1）螺栓、螺母、垫圈及相互间弹性压缩变形对转角的影响 a（°）；2）板层间压缩变形对转角

的影响 b（°/层）；3）被连接板压缩和螺栓伸长的影响 C（°/mm）。于是终拧转角 θ（°）的公式为：

$$\theta=a+(n-1)b+CB \tag{7-2}$$

式中　　n、B——板层数及总厚度，为已知；

a、b、C——三项可通过多组实验数据统计确定。

采用特制的张拉器直接张拉螺栓的栓合方法，轴力控制比较准确，且螺栓不受扭剪作用。但张拉型高强螺栓目前还未在桥梁结构中应用。

2. 栓合机具

施拧扳手可分为手动、风动和电动 3 种。

（1）手动扳手：是利用扳手在施拧时的弹性变形和扭矩间的关系，显示扭矩值。其中有简单手动扳手、音响扳手、灯光扳手和百分表扳手等。这些扳手精度较差，多用于终拧螺栓检查。

（2）风动扳手：这种以压缩空气为动力的扳手，由于显示的扭矩值离散性大，目前大都只用于初拧。

（3）电动扳手：能自动控制转角和扭矩，适用于初拧和终拧，是目前使用较多的扳手。

3. 施拧后的检查验收

高强度螺栓施拧完毕后，应进行检查验收。拧完的螺栓，应在当天检查完毕，并做好记录。

检查的方法是：对扭矩法施工的螺栓，一般采用复查扭矩大小来判断轴力是否都合乎规定；对扭角法施工的螺栓，先松开螺母，再拧至初拧值，然后用原终拧使用的扳手，按规定的转角施拧，与原先相比其误差不得超过 3°～5°。检查螺栓的数量，对于每个主桁节点不得少于 5 个，对主桁节点与纵横梁连接处，每 1 个螺栓群检查的数量不少于总数的 5%，抽检螺栓的不合格率不得超过 20%。

7.4　钢梁架设的方法

7.4.1　膺架法架梁

膺架法架梁是利用木料或常备杆件组拼成膺架（也称脚手架），在其上组拼架设钢梁的一种架梁方法。

膺架的类型与就地灌注混凝土梁的膺架类型相同。在膺架上拼装钢梁的作业过程，与在地面上拼装钢梁完全相同。但膺架的工程量较大，只适用于桥下净空不高，水不太深的情况。

在膺架上拼组钢梁和在场地上拼组钢梁的技术要求基本一致，其工序可分为杆件预拼、场地及支架布置、钢梁拼装、钢梁铆合或栓合等几部分。

1. 拼装台座

在膺架或地面上拼装钢梁，需在节点下（一般是大节点）搭设台座承托钢梁，其高度为 0.6～0.8m。顶面放置几对硬木楔，用于调节节点的标高。为便于在节点下安放千斤顶调整钢梁拱度，一般将台座顺桥向一分为二，中留空当，以便在理论交点下设置千斤顶，如图 7-2 所示。

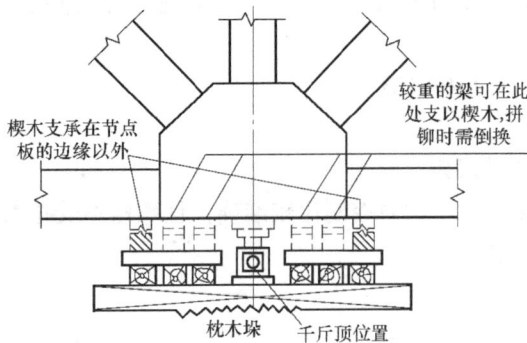

图 7-2　节点台座示意图

图中标注：
楔木支承在节点板的边缘以外
较重的梁可在此处支以楔木，拼铆时需倒换
枕木垛　千斤顶位置

2. 拼装方法

在有支托的状态下拼装钢梁，可采用两种方法：纵向分段拼装法和竖向分层拼装法。

（1）纵向分段拼装：将 1 个大节间的杆件作为 1 个拼装单元，从梁的一端按拼装单元向另一端推进，或从两端向跨中推进拼装。每个单元的拼装程序是：下弦→下平纵联→纵梁→横梁→斜杆→竖杆→上弦→上平纵联→横联。

也可先将整孔（或一部分）桥梁的底盘（即下弦杆、纵向连接系、纵横梁等组成的平面桁架）全部拼完，然后再按组成闭合三角形的次序，逐个节间依次拼装。

（2）竖向分层拼装：其拼装程序是：

全部底盘→全部腹杆→全部上弦→全部上平联→全部横联。

这种方法一般用于桁高较低的场合。

拼装方法确定之后，要根据拼装吊机的性能、杆件运输条件和尽早形成稳定的几何体系的要求，绘制拼装顺序图，据此施工。

3. 杆件连接

杆件拼装时，应采用冲钉和螺栓，在节点板上临时连接。冲钉是用 35 号碳素结构钢或具有同等硬度的钢，制成的纺锤形定位钉杆，其圆柱部分直径宜小于设计孔径 0.1～0.3mm。

螺栓可用粗制螺栓、精制螺栓或高强度螺栓。粗制螺栓也称安装螺栓，不承受安装应力。精制螺栓可以承受剪力和承压力。精制螺栓和冲钉的容许应力，按剪应力为 0.8 $[\sigma]$，承压应力为 1.4 $[\sigma]$ 计算。$[\sigma]$ 视栓钉的材质而定。按规定冲钉和高强度螺栓总数不得少于孔眼总数的 1/3，其中冲钉占 2/3。在孔眼较少的部位，冲钉和螺栓总数不得少于六个或全部数量。但当采用悬臂拼装法时，冲钉用量应按受力计算而定，并不得少于孔眼总数的 50%，其余孔眼布置螺栓。

4. 钢梁就位

钢梁在支架上拼装组合完毕后，可落梁到支座上。落梁方法可用千斤顶在端横梁下将梁顶起，逐渐拆除节点下木垛，然后落梁到支座上。当落梁高度很小时，也可逐步将节点下木楔放松，使钢梁徐徐下落。

支座位置应十分正确，辊轴活动支座安放时，其上下摆中心线与钢梁节点中心线是一致的。而下座板中心位置，则按落梁时钢梁的温度进行计算，使它与上下摆中心线有一错动量。从而在平均温度情况下，当梁上有活载时，上下摆中心线和座板中心线相重合。

连续梁活动支座不止一个。由于各支座的温度跨度（该支座距固定支座的距离）不同，所以各支座的错动量也不同。

连续梁支点逐个顶落时，将在杆件中引起附加应力。因此，每次顶落的高差应通过检算确定。同时，还要考虑到支垫抽换的方便对连续梁的支座，应以带压力表的液压千斤顶量测钢梁自重下的反力值，与设计值相符合才能安装。必要时应调整支座高度。

7.4.2 悬臂拼装法架梁

悬臂拼装是在桥下不设连续支架的条件下，钢梁由桥孔一端开始，逐渐悬臂拼装架设梁的方法。这种架梁方法的优点，是辅助工程量小、进度较快，宜于在水深、流急、桥高、跨大和桥下通航条件下采用，是我国钢梁架设中应用范围较大的一种方法。

钢梁在悬臂安装过程中，值得注意的关键问题是：①降低钢梁的安装应力；②伸臂端挠度的控制；③减少悬臂孔的施工荷载；④保证钢梁拼装时的稳定性。

1. 拼装方式

悬臂拼装架设钢梁可采用以下 4 种方法：

（1）全悬臂拼装：在桥孔内完全不设临时支墩进行钢梁拼装。为减少悬臂拼装长度，降低拼装应力和梁端扰度，常在前方桥墩一侧设置承接托架，在拼装钢梁的悬臂端提供 1～2 个吊点。

（2）半悬臂拼装：在拼装桥孔内装一至几个临时桥墩，以减少拼装时的悬臂长度，降低拼装应力，也可减少后方平衡梁的重量，故凡有条件在桥孔内设置临时桥墩时，均宜采用半悬臂拼装方法。

（3）中间合龙悬臂拼装：它的优点是由于悬臂拼装长度较短，仅为桥跨长度的 1/2，所以拼装应力、悬臂扰度、平衡设施的工作量和梁的振动等均大为减少。但要求很高的施工精度，且合龙调整工作量大，技术较复杂。

（4）平衡悬臂拼装：从桥孔中的某个桥墩开始，按左右两侧大体平衡的原则，同时向左右两个方向对称悬臂拼装。由于钢结构的连续需要对孔，一半在跨中合龙，不如混凝土梁现浇接头方便。

2. 平衡梁设计

在采用悬臂法架设钢梁时，为了平衡悬臂拼出的钢梁重力，必须在钢梁支座后面的边孔或路基上，拼出一段平衡梁，或设置其他的平衡稳定设施。平衡梁若在桥梁第一孔内，一半采用膺架法组拼。若在台后路基上组拼，则桥台上的托盘应缓建，且台后路基只填筑至桥台顶面高程，平衡梁能在桥台顶面高程上组拼，避免悬臂拼装钢梁落梁高度过大。若在较窄的混凝土引桥组拼平衡梁，其桥面系和下平纵联可暂时不安装，而将下弦落于桥墩顶上。

平衡梁的长度根据悬臂长度确定，应保证倾覆稳定系数不小于 1.3（倾覆稳定系数就是稳定力矩与倾覆力矩之比值）。平衡梁通常是在路堤上（无引桥的情况）或引桥上（通常是预应力钢筋混凝土梁或钢板梁）或满布膺架上进行拼装。

3. 钢梁杆件拼装

由预拼场预拼好的钢梁杆件经检查合格后，即可按拼装顺序先后运至提升站，由提升吊机把杆件提运至在钢梁下弦平面运行的平板车上，由牵引车运至拼梁吊机下拼装就位。拼梁吊机通常安放在上弦，遇到上弦为曲弦时，也可安放在下弦平面。

钢梁拼装必须按一定的拼装顺序图进行。在拟订拼装顺序时应考虑下列原则：

（1）拼梁吊机的性能，如运行方法、起吊能力、最大吊距等。

（2）先装的杆件不应妨碍后装杆件的安装与吊机的运行。

（3）拼装时，应尽速将主桁杆件拼成闭合的三角形，形成稳定的几何体系，并尽快安装纵横连接系，保证钢梁结构的空间稳定。

（4）主桁杆件拼装，应左右两侧对称进行，防止偏载的不利影响。

图 7-3 为一主桁悬臂拼装顺序图。施工过程中应注意节点连接、螺栓施工、拼接长度。

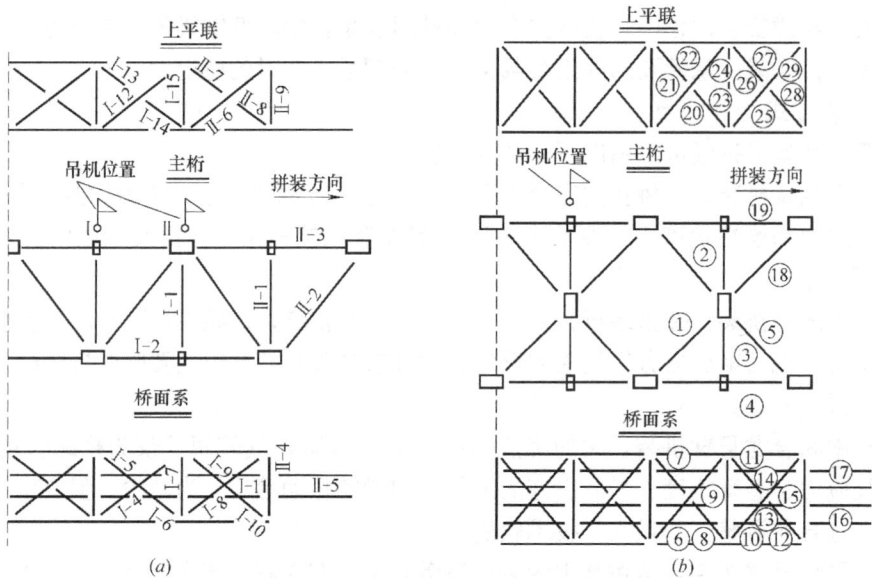

图 7-3　主桁架悬臂拼装顺序图（图中数字为顺序号）

（a）三角形桁架杆件拼装顺序；（b）菱形桁架杆件拼装顺序

节点连接。主桁杆件安装对孔后，应上足 50% 的冲钉和 30% 的螺栓后，方可松钩，并立即补足 50% 的螺栓。对其他杆件应上足 30% 的冲钉和 30% 的螺栓后方可松钩。如用高强度螺栓，则可进行一般拧紧。冲钉数量此时应按计算确定。

为加强主桁在悬拼时的横向稳定性，应及时安装悬拼梁跨内的桥门架和断面连接系。悬拼时应安装 25% 的冲钉，其余安装高强度螺栓，只达到初拧的程度。全部高强度螺栓终拧，不得落后于悬拼进度 4 个大节间。

高强度螺栓施工。在高强度螺栓施工中，目前常用的控制螺栓的预拉力方法是扭角法和扭矩系数法。安装高强螺栓时应设法保证各螺栓中的预拉力达到其规定值，避免超拉或欠拉。

大节点高强度螺栓终拧，不应落后于悬臂拼装 2 个大节点的距离，以策安全。

悬拼长度。钢梁在安装过程中的最大悬臂长度，受拼装时的稳定性、伸臂端点的下挠度、悬臂支承处附近杆件应力，以及拼装时伸臂振动等条件的控制。随着悬臂长度的加大，则抗倾覆稳定系数降低，但不得小于 1.3。下挠度过大会使悬臂端搭上前方桥墩时困难，也会使悬臂上运料车行走不方便。施工时应通过计算予以控制。

根据分析，当悬臂长度与桁架宽度之比达到 6：1 时，悬拼时会使人产生不安全的晃动。一般当悬臂长度与桥宽之比达到 12：1 时，应采取措施防止晃动。

为了降低杆件安装的安装应力应加大拼装长度，可在墩顶附近一段安装临时加劲梁，或设墩上塔架斜拉索，由拉索承担一部分悬臂梁弯矩。

228

在拼装工作中，应随时测量钢梁的立面和平面位置是否正确，钢梁安装偏差的容许值参见《铁路钢桥梁拼装及架设施工技术规则》。

7.4.3 拖拉法架设钢梁

1. 半悬臂的纵向拖拉

根据被拖拉桥跨结构杆件的受力情况和结构本身稳定的要求，在拖拉过程中有时需要在永久性的墩（台）之间设置临时性的中间墩架，以承托被拖拉的桥跨结构。图 7-4 所示为用万能杆件拼组成中间临时墩架的纵向拖拉。

在水流较深，不便搭设中间支承，但水位稳定，又有浮运设备时，可考虑采用中间浮运支承的纵向拖拉，如图 7-5 所示。必须特别注意的是，船上支点标高不易控制，所以要十分注意。

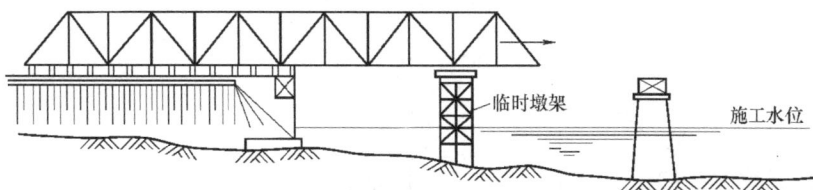

图 7-4 中间临时墩架的纵向拖拉

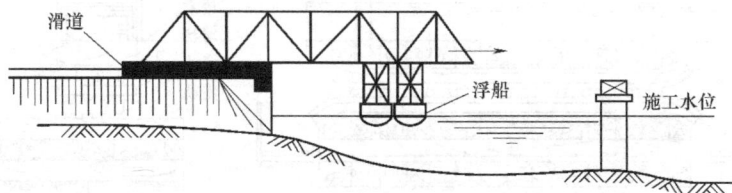

图 7-5 中间浮运支承的纵向拖拉

2. 全悬臂的纵向拖拉

全悬臂的纵向拖拉指在两个永久性墩（台）之间不设置任何临时中间支承的情况下的纵向拖拉架梁方法。图 7-6 所示为用拆装式杆件组成导梁的全悬臂拖拉。

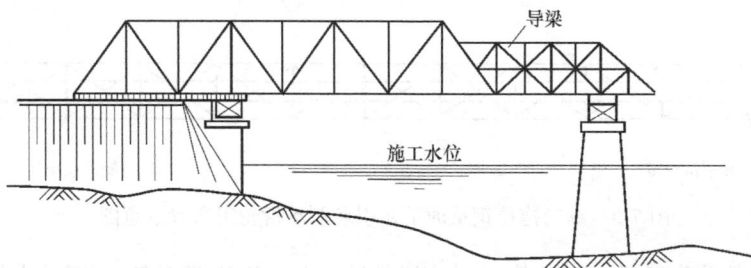

图 7-6 全悬臂的纵向拖拉

钢梁的拖拉法架设中，滑道的布置和设计是很重要的部分，滑道由上下滑道和辊轴组成。滑道的设置，可以布置在纵梁下，也可以布置在主桁下。纵梁中心距通常为 2m，主桁中心对单线梁通常为 5.75m。图 7-7 为滑道布置在纵梁下的构造示例，图 7-8 为滑道布置在主桁下的构造示例。

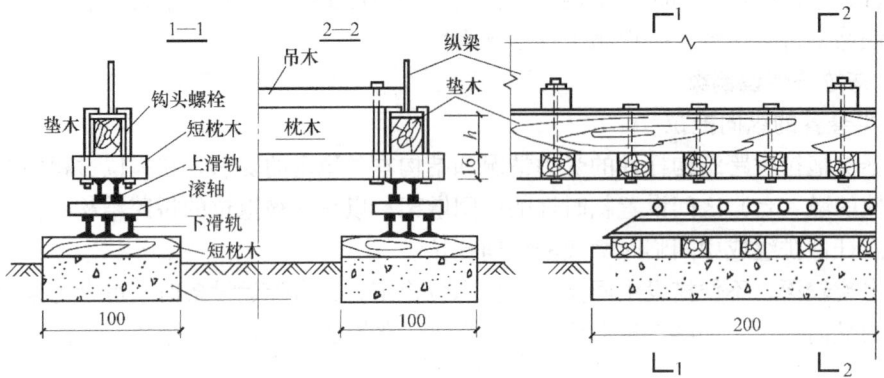

图 7-7　纵梁下的滑道构造图（cm）

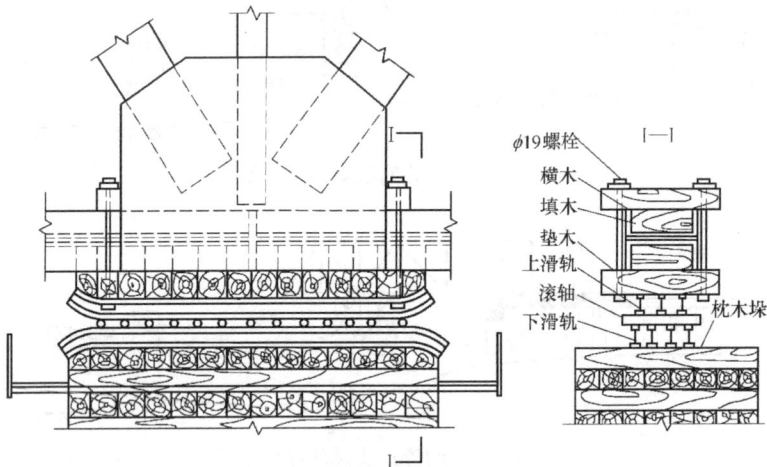

图 7-8　主桁下的滑道构造图

钢梁拖拉布置如图 7-9 所示。牵引滑轮组根据计算牵引力设置。两副牵引滑轮组应选用同样设备，以便控制两侧牵引前进速度一致。

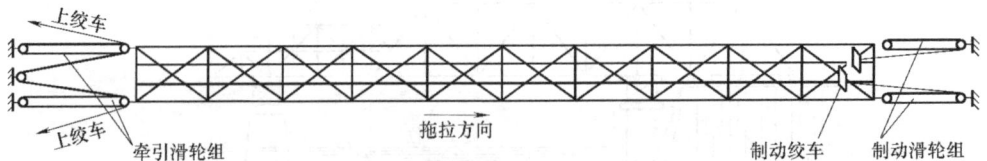

图 7-9　纵向拖拉钢梁时的牵引和制动滑轮组布置示意图

当梁拖到设计位置后，拆除临时连接杆件及导梁、牵引设备等。拆除时应先将导梁或梁的前端适当顶高或落低，使连接杆件处于不受力状态，然后拆除连接栓钉。

拆除临时连接杆件和导梁等后，可以落梁。落梁时钢梁每端至少用两台千斤顶顶梁，以便交替拆除两侧枕木垛。

7.4.4　整孔架设法架梁

1. 用架桥机架梁

用架桥机架梁有既快又省的效果。目前常用的架桥机有胜利型架桥机、红旗型窄式架桥机。图 7-10 为双梁窄式架桥机架梁步骤示意图。

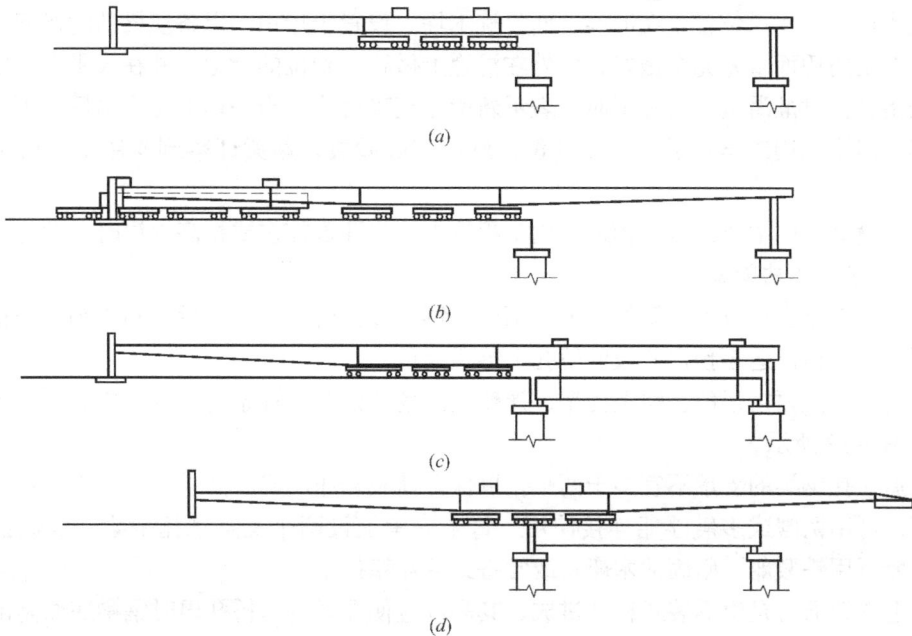

图 7-10　红旗型窄式架桥机架梁步骤示意图

(a) 架桥机自行就位，支好台车，支好后支柱；(b) 送梁进入后机臂，吊梁小车进行到吊梁位置吊梁；

(c) 吊梁小车走行到吊梁位置架梁；(d) 铺好桥面后，架桥机自行到下一孔架梁位置

2. 钓鱼法架梁

钓鱼法是通过立在前方墩台上有效高度不小于梁长 1/3 的扒杆，用固定于扒杆顶的滑轮组牵引梁的前端（悬空）到前方墩台上，图 7-11 是用钓鱼法架设跨度 24m 拆装式桁梁的示意图。图中后方桥台上也竖立了扒杆，供梁到位后落梁用。梁后端设制动滑轮组控制梁的前进速度。前后每端至少用两台千斤顶顶梁，以便交替拆除两侧枕木垛。

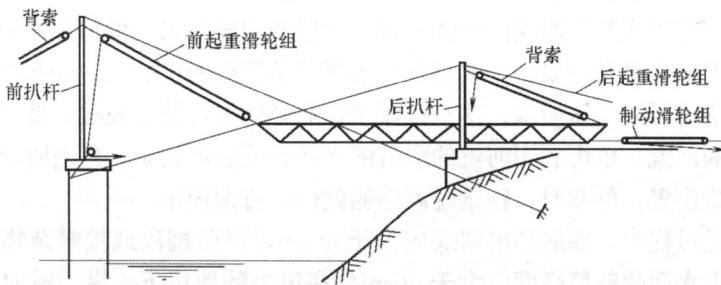

图 7-11　钓鱼法架梁示意图

7.4.5　横移法架梁

有些旧桥改建工程，只需要更换桥跨结构，在采用横移法换梁时，对于运输繁忙的线

路，如何缩短线路封锁时间，是极为重要的问题。

横移法施工的要点是：在移梁脚手架上设短轴滑道，滚轴滑道上放置用方木制成的大平车。大平车一端用砂袋支垫新梁，其高度使新梁稍高于支承垫石，便于新梁就位。另一端搭枕木垛，枕木垛位置正在旧梁下面。枕木垛上设置千斤顶，以备换梁的时候起顶旧梁之用。新梁的桥面事先完全做好，此外在滑道上做移梁到位的标记，并在大平车上安放指针，当指针正对准滑道上的标记时，表示新梁已正确就位。当一切准备妥当后，可封锁交通，起顶旧梁，用绞车牵引大平车到位，然后割破砂袋，新梁即落到支座上，就可开放通车。

采取横移法的主要缺点是辅助结构工程量大，当孔数较多或桥高水深时，尤为显著。

7.4.6 浮运施工法架梁

浮运施工是在桥位下游侧的岸上将钢梁拼铆（或接合）成整孔后，利用码头把钢梁滚移到浮船上，再浮运至预定架设的桥孔上落梁就位。

浮运支承主要由浮船、船上支架、浮船加固场架以及各种系缚工具组成。浮运支承的布置如图 7-12 所示。

浮运一孔钢梁的支承不宜多于两个，以保证荷载分布明确。如果钢梁较重，在每一处支承下，可用两艘或多艘浮船连接使用，每个支承上设两个支点承托钢梁，以保证稳定性。浮船可用铁驳船，坚固的木船，或常备式的浮箱拼组。

船上支架通常是由拆装式杆件拼成，其高度应使浮船进入桥孔内时钢梁底面高出支座顶 0.2～0.3m。

在浮运过程中，为了保证浮运系统的稳定，浮运应从下游逆水进入桥位较为完全稳妥，因此在选择岸上拼铆钢梁场地时应注意到这一个原则。

钢梁从岸上纵移至浮船上时，第一组浮船托起后，钢梁在一端浮拖的情况下继续向外滚移，随着钢梁拖出长度的增加，作用于第一组浮船的荷载逐渐加大，浮船也将逐渐下沉，此时钢梁将呈倾斜状态，浮运系统的稳定将十分不利。为了使钢梁在浮托过程中保持水平状态，就必须随着钢梁的拖出，逐渐排出浮船压舱水，使浮船吃水深度保持不变。施工时应根据钢梁重量和浮拖的速度来决定排水量并配备适当能力的抽水机。

如果在施工时单靠排水和添水调整浮船的标高较为费工费时，作为辅助措施，也可在浮船支架顶部设千斤顶，但在浮运途中应将千斤顶拆除，以防钢梁翻倒。

钢梁中线宜布置成与浮船纵向中线垂直，以便受力较均匀，增加浮船的稳定性。

浮船托起钢梁或脱离钢梁，一般是利用水泵调整浮船的压舱水。托起钢梁时可抽出压舱水，脱离钢梁时可注入压舱水，这些排灌水作业必须拟订技术规程，施工时严格执行。

在有条件的河流，也可利用河流的涨落潮来托起或脱离钢梁，涨潮时浮运系统进入桥孔，并调好落梁位置；落潮时，钢梁脱离浮船就位，方便简单。

浮船在浮运过程中，船底高出河底应大于 40cm，以防搁浅或接触杂物。浮船承受全部荷载后，露出水面的船舷高度应大于 50cm，在风力的作用下，纵、横向倾覆稳定系数应不小于 2，浮船纵、横向倾角应小于 5°，以保证浮运过程中浮运系统的稳定性。

浮船的移动可用锚索、人工或电动绞车绞紧或放松锚索来使浮船前进或横移，有时也用拖轮以帮靠、顶推或牵引浮船的方式进行。需用的绞车能力或拖轮马力都可根据施工风力和水流阻力由计算决定。

选用和布置锚碇设备是浮运钢梁的一件重要而细致的工作，所布置的绞车、地垄或锚碇应使浮船前进或横移方便可靠。锚索与水流方向夹角不宜太大，锚索也不要太松太长，以免浮船位置难于控制。

浮运前应做好浮运系统的试验工作，如浮船隔舱的水密性试验，必须保证不漏水；探测浮运经过的河道，充分掌握河床情况，以防浮运时搁浅；其他如锚碇、地垄，绞车、支座、固定柱等，在条件许可时，均需进行强度试验，并核定压舱水数量及抽水设备的能力。

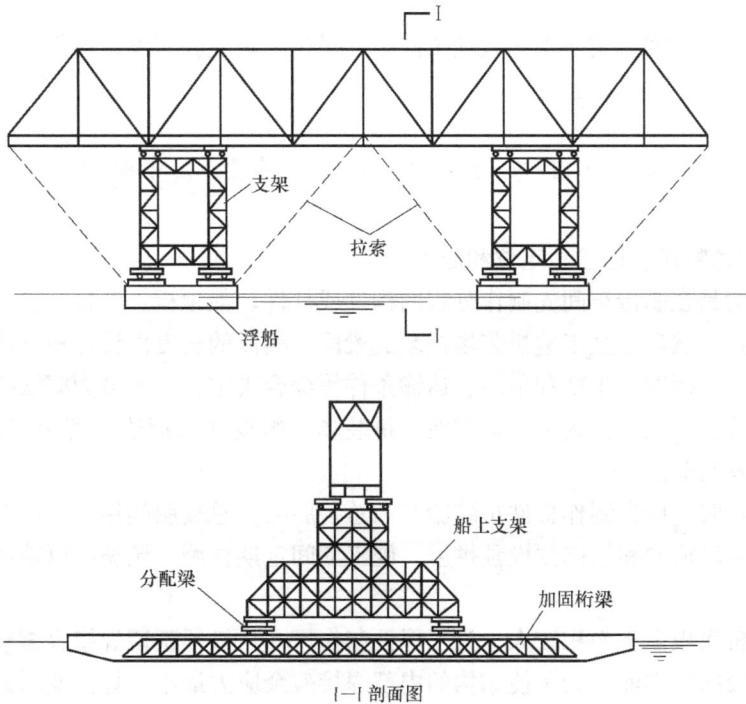

图 7-12 钢梁浮运支承的布置

7.4.7 钢梁架设的其他方法

根据桥梁结构形式、跨度和桥位处的水文、地质、地形条件，结合设备条件、工期等因素，除以上几种方法外，还可以采取下列方法架梁。

1. 缆索吊机拼装架设法

缆索吊机拼装架设法，指在两岸建立临时塔架，于索塔顶之间设置一对缆索。从缆索上吊挂若干吊索，吊住钢梁杆件，逐节前拼至中间合龙。可用于架设单孔各类梁式桥、拱桥、斜腿刚构桥、V形桥墩等，但用于拱桥架设者居多。例如，某跨度175m桁式兰格尔型拱桥，采用直吊法架设，缆索吊机的塔索跨长220m，塔高54m，每组缆索吊重200kN。某跨度185m倒洛泽型拱桥，用斜吊法架设，缆索吊机跨度290m，每组缆索吊重250kN。

2. 转体架设法

与拱桥转体施工法的原理一致，也有平转和竖转的方法。跨度176m的汉江斜腿刚构桥。薄壁箱形截面斜腿，安装支座后，从支座垂直向上逐节安装。待斜腿结构组拼完成后，以其支座铰轴为转轴，将斜腿下转至设计位置，再适时与梁部连成整体。

3. 自行式吊机整孔架设法

该法适用于河床或底面可行走吊机，且起吊高度不大的条件。适用于架设跨度不大的钢板梁。

4. 门式吊机整孔架设法

此方法适用于河床或地面无水、少水，修建低路堤、便桥，能在其上铺轨道的条件。通过横向跨墩吊机，架设单孔或多孔钢板梁、钢桁梁桥。

5. 浮吊架设法

浮吊架设法是在河上或海上用大吨位浮吊，吊运安装整孔钢梁。可架设中等跨度钢桁梁或钢拱桥。

7.5 大跨度桥梁钢构件制作与安装特点

7.5.1 钢箱梁的制作、运输、定位和起吊

钢箱梁一般是在制造车间先制作分解的构件或杆件，如顶板、侧板、横隔板、风嘴角单元和人行道板，然后运至工地拼装场拼装成梁段，梁段的长度由设计根据情况而定。拼装现场根据桥长、桥宽、工期和吊装、运输条件等综合决定，一般分为梁段拼装区、梁段存放区、办公及仓库区等。为了运输方便，拼装场一般设在靠河边或海边有码头的地方，否则，就要设置码头。

在拼装箱梁时，应先制作板件拼装胎架和总装胎架。总装胎架用于梁段装配的支撑及成型。胎架表面沿横向和纵向预设预拱度，施工期间定期检测、调整，以精确获得设计的梁段几何尺寸。

桥面板和桥底板由于面积较大，为了保证制作尺寸，必须预留焊接收缩量。

在钢梁梁段的制作前，为了使结构的内部焊接残余应力最小、焊接变形量最小、焊接缺陷最少，必须进行焊接工艺程序设计，并在焊接过程中，根据实际施焊效果不断优化焊接程序。一般来说，应坚持先板件拼装后装配、板件拼装尽量无约束的原则以及能分次拼装就分次拼装、焊接和修正的原则。为避免角单元与梁体焊接后的翘曲变形，可采用预变形工艺。梁段制作好后，先调运、存放在存梁场，再根据进度要求吊运至码头，必要时运输梁段可采用平板运输车运输。

装船码头前方一般应设置搁墩，驳船船头可直接落放在搁墩上，克服装船前期船头下沉，保证驳船稳定。为了避免因水位变化引起的驳船顶面高程的变化，驳船应设水舱，在水位变化时抽水或补水，以调节驳船顶面与码头表面在同一高程上。为了克服梁段登船产生的水平作用力，造成驳船离开码头，驳船前方两角用钢丝绳系固于码头上，同时启动拖轮或驳船自身动力，迫使驳船靠近码头。

用驳船将梁段运至待起吊位置时，为了能迅速和准确地安装吊具和起吊，一般要根据河床及水文情况对驳船进行临时抛锚定位试验。证明可行后用于正式吊装施工。

钢箱梁的架设一般用缆载起重机，这种方法对航行的限制小，在水文、气象条件较好的地方效果好，欧美及我国多用此法（表7-1）。

国内已建成的主要悬索桥钢箱梁吊装使用设备情况　　　表 7-1

桥梁名称	跨径(m)	梁长(m)/梁重(t)	提升方法	设备情况
广东虎门大桥	888	12/157.5	卷扬机式、液压提升式跨缆吊机	国内研制
厦门海沧大桥	1108	24/312	卷扬机式跨缆吊机	国内研制
香港青马大桥	1377		液压提升式跨缆吊机	英方设备
湖北西陵大桥	900	12.7/110	卷扬机式跨栏吊机	国内研制
湖北宜昌大桥	960	12.06/132.4	卷扬机式跨栏吊机	国内研制
江苏江阴大桥	1385	32/440	液压提升式跨缆吊机	英方设备
重庆鹅公岩大桥	600		缆索提升	国内研制
汕头海湾大桥	452	5.7/170	卷扬机式跨栏吊机	国内研制
重庆忠县大桥	580		卷扬机式跨栏吊机	国内研制
润扬长江大桥	1490	32.2/492.6	全液压提升式跨缆吊机	国内研制

7.5.2　斜拉桥钢箱梁安装

斜拉桥钢箱梁一般在工厂或分节段加工制作并预拼装，然后运至施工现场吊装就位，节段长以布置 1～2 根斜拉索为宜。斜拉桥钢箱主梁的悬臂拼装施工工艺与斜拉桥主梁悬臂拼装施工方法基本相同，常用的起重设备有悬臂吊机、缆索吊机、大型浮吊、千斤顶等。

斜拉桥钢箱主梁节段之间连接技术主要有全断面焊接连接和全断面高强螺栓连接两种。

一般钢箱梁的底板和顶板纵向及横向焊缝施焊时接近水平状态，可以采用自动焊接，对于纵肋等其他部位的焊接，根据情况可以采用手工焊接或二氧化碳气体保护焊。但在同一条焊缝上不允许两种工艺混用。在拼装过程中，要求对焊接缝进行严格的无损检测。

高强度螺栓连接是利用涂有摩擦层的拼装板和梁段接头通过高强度螺栓拉紧产生的摩擦力来实现传力的。为保证高强度螺栓安装好后应按照规定进行检查。

7.5.3　悬索桥加劲梁安装

1. 用移动式起重机或缆索吊机架设钢桁梁加劲梁

(1) 按架设单元分类

可分为按单根杆件、桁片（平面桁架）、节段（空间桁架）进行架设的三种方法。

单根杆件架设方法就是将组成加劲桁架的杆件搬运到现场，架设安装在预定位置构成加劲桁架。这种架设方法以杆件作为架设单元，可使用小型的架设机械。但杆件数目多，费工费时，工期较长。

桁片架设方法就是将几个节间的加劲桁架按两片主桁架和上、下平面及横连等片状构件运到现场进行架设。桁片的长度一般为 2～3 个节间，质量不大，架设比较灵活。

节段架设方法就是将上述的桁片在工厂组装成加劲桁架的整体节段，用船只运至预定位置，然后用较大起吊能力的吊机垂直起吊逐次连接。架设速度快，工期相对较短，但由于一般需从桥下垂直起吊桁段，在起吊时需封航或部分封航。

（2）按连接状态分类

加劲桁架在架设施工中的连接方法一般有全铰法、逐次刚接法、有架设铰的逐次刚接法。

全铰法是指加劲桁架各节段用铰连接。这种方法架设施工的主梁反应单纯，但架设过程中抗风性能差，在大跨度悬索桥上一般不用。

逐次刚接法是将节段与架设好的部分刚接后，再用吊索将其固定。这种方法刚性大，抗风稳定性好，但架设时在加劲桁架中会产生由自重引起的局部变形和安装应力，需验算其数值并在必要时采取临时措施。

有架设铰的逐次刚接法是前两者的综合方法，即在应力过大的区段设置减小架设应力的架设铰。

2. 用大型浮吊架设钢桁梁加劲梁

利用浮吊将用驳船运来的大块件起吊安装，施工效率高，但受气象、水文条件的影响较大，另外要严格限制船舶的航行。一般在海峡上多用此法，其浮吊的最大起重量已达 3500t。

7.5.4 钢管拱肋的制作与安装

大跨度钢管混凝土拱桥钢管拱肋的制作一般由专业钢结构厂家制作，施工单位给予配合。

大跨度钢管混凝土拱桥的钢管拱肋一般采用有缝钢管，其造价较低，施工质量一般也容易保证。

大跨度钢管的焊缝分为直焊缝和螺旋焊缝两种。螺旋焊缝钢管适宜于加工，有利于钢管与混凝土的共同作用，但其焊缝长度比直焊缝长，在由多管组成拱肋时，容易与其他的焊缝相交叉。直焊缝管加工设备要求较低，管节较短运输方便，焊缝相对较少，且容易与其他焊缝错开。究竟采用何种焊缝，应视拱肋的结构构造、工厂的加工机具设备和综合条件决定。

当采用直缝焊接钢管时，由于管节较短，拱肋骨架的弧线可以采用分段直线以折线逼近曲线；当采用螺旋焊接管时，由于管节较长，则应将其弯制成弧形。同样，直焊缝焊接管当管节较长时，也应将其弯制成弧形。具体加工工艺应按《铁路钢桥制造规范》规定执行。

钢管混凝土拱桥拱肋的连接方式以焊接为主，焊工必须经考核取得施焊资格证书方可上岗。焊接质量必须通过超声波或 X 射线检测，对不合格的焊缝，必须铲掉重焊，并重新通过探伤检验。对腹板角焊缝或对接焊缝，可采用磁粉探伤检验。

钢管拱肋的防腐涂装目前多采用富锌漆防护、玻璃纤维复合防腐防护、金属热喷涂防护等。目前后者应用最广，如钢管拱肋采用电弧喷铝长效防腐技术，其防护寿命可达 30 年以上，是通常防锈漆防腐寿命的 10 倍左右。

钢管喷涂防护层之前，必须按要求认真处理钢管表面，才能达到设计的防护效果。在喷涂防护层之前，应进行涂装工艺试验，对于重要的桥梁以及处于易腐蚀环境的桥梁，应进行涂层工艺试验。涂层试验包括切割试验、中性盐试验、涂层密度试验和涂层附着力试验等。经检验符合要求后才能进行大面积喷涂作业。

中小跨度钢管拱肋安装方法比较多，如有支架法、浮吊法、汽吊法等；对于大跨度钢管混凝土拱桥，其架设的方法主要有无支架缆索吊装法和转体施工法。

思 考 题

1. 钢构件的制作主要包括哪些过程？了解每个工程的工作内容。
2. 解释什么叫作样、号料和制孔。
3. 钢梁架设包括哪些基本作业？
4. 钢梁架设常用的方法有哪些？各种方法的适用条件如何？
5. 悬臂拼装架设钢梁可以采用哪些方法？悬臂的长度如何控制？
6. 简述悬臂拼装桥跨中间合龙法的基本原理和方法。
7. 支架法架钢梁拼装有哪些方法？各种方法的适用条件如何？
8. 拖拉法架梁的上滑道有哪几种形式？了解其基本构造。

第8章 塔与索结构施工

8.1 桥塔的施工

桥塔是斜拉桥和悬索桥所特有的一种结构，桥塔一般由塔座、塔柱、横梁和塔冠几部分组成，索塔按采用的材料不同可分为钢筋混凝土索塔、钢索塔、钢—混凝土混合索塔和钢管混凝土索塔。钢筋混凝土索塔整体刚度大、施工方便，成桥后一般不需要进行养护维修，国内外大多采用这种桥塔。钢索塔因造价高、后期养护工作量大、施工精度要求高，在我国的大型斜拉桥中较少使用。钢—混凝土混合索塔在国外已有实例，我国在苏通大桥上采用了这种索塔。钢管混凝土索塔在斜拉桥中应用很少。

桥塔的构造比一般桥墩复杂，索塔在顺桥向的形式有单柱形、A 形及倒 Y 形等几种；索塔在横桥向的形式有单柱形、双柱形、门形、H 形、梯形、A 形、倒 Y 形、菱形等。塔柱是可以竖直或倾斜的，塔柱之间可设横梁；塔内须设置前后交叉的管道以备斜拉索穿过锚固；塔顶有塔冠，并设置有航空标志灯及避雷器；沿塔壁须设置检修攀登步梯，塔内还可建设观光电梯。因此塔的施工必须根据设计、构造等要求统筹兼顾。由于建造索塔的材料不同，从而在施工方法和工艺要求上也有较大的差异，本书主要介绍钢筋混凝土索塔和钢索塔的施工方法与工艺。

8.1.1 混凝土索塔

1. 混凝土索塔的施工方法

混凝土索塔施工方法大体上可分为搭支架现浇、预制吊装、滑升模板浇筑等几种方法。

（1）搭支架现浇

这种方法工艺成熟，无须专用的施工设备，能适应较复杂的断面形式，对锚固区的预留孔道和预埋件的处理也较方便，但是比较费工、费料、速度慢。跨度 200m 左右的斜拉桥，一般塔高（指桥面以上部分）在 40m 上下，断面积也比较小，混凝土浇筑速度快，而凝固慢，如采用滑升模板施工反而会限制提升速度，使滑模不能充分发挥作用，因此在这种情况下，更适合于采用搭支架现浇法施工。广西红水河桥、上海泖港桥、济南黄河桥的桥塔都是采用这种方法。跨度更大的斜拉桥，塔柱可以分为几段，各段的尺寸、倾角都不相同，往往各段采用的方法也不同。下段比较适合于搭支架现浇，例如上海南浦大桥、杨浦大桥、徐浦桥、武汉长江二桥等，跨度都在 400m 以上，塔高在 150m 以上，下塔柱都采用传统的脚手架翻模工艺，缺点是施工周期较长。

（2）预制吊装

这种方法可将绑扎钢筋、立模板和混凝土浇筑等各项高空作业转到地面上来进行，增加了工作面，减轻了高空作业的难度和劳动强度，加快了施工进度，质量也有所保障，特别是可提高锚固区的施工精度。但该法要求有较强的起重能力和专用的起重设备。但如果索塔的高度较高、断面积亦较大时，该法是很难实现的。澳大利亚杰隆的巴文河人行桥（River Bar-won Footbridge Geelong，Australia）索塔系采用预制吊装法施工。该索塔高度仅为 13.1m，两个塔柱分开预制，吊装就位后在横梁处用 6 根镀锌螺栓连接起来。塔柱与墩为铰接，以便塔柱能随着梁体的温度变化而移动，不致使塔柱承受弯曲应力。施工时，在每个塔柱与墩的接头内设 6 台弗氏（Freysinet）千斤顶，以备日后作为调整梁体混凝土的终极收缩与徐变的调节装置。

四川省阿坝的金川桥的塔架用预制杆件拼装而成后，从地面上用绞车和许多滑轮组通过空中吊点将其扳起，扳起时设置了临时安装的角尺式辅助扒杆，空中吊点是由锚于对岸山壁上的钢丝绳和滑轮提供的。

（3）滑模施工

滑模由两个部分组成：模板以及液压提升系统。滑模一般被使用于桥塔没有截面形式变化的塔中。

这种方法的最大优点是施工进度快，适用于高大的直立塔及倾斜塔的施工。但对斜索的锚固区预留孔道和预埋件的处理要困难些。为方便滑模施工，设计上应采取必要的措施。国内目前索塔施工采用滑模较少，一方面是由于索塔截面形式多有变化，另外斜索锚固区的构造复杂及预埋件多、不易处理也是一个原因。如陕西安康桥的索塔，由于上下横梁和塔柱上部的外形不同，采用的施工方法也不同。在下横梁（包括下横梁）以下和上横梁以上部分均用木模就地浇筑，而其中斜塔柱中间部分则采用自制的液压滑升钢模板三面滑升施工。如长兴岛斜拉桥索塔锚固区构造在设计上采取了措施，把呈锯齿形的锚固区缩进塔柱截面内，而采用滑升模板或提升模板法施工。滑升模板系采用高 1.4m 的钢模板，滑升时大面模板位置不变，小面模板用收坡螺栓进行收坡。每个塔柱用 8 台 HQ-30 液压千斤顶提模。模板组装时设有锥度，垂直边为 0.5%～0.8%。斜坡边为 1.0%～1.2%。提升模板系采用高为 4.2m 的木模板。一次支立高度为 4.2m，一段一段地浇筑。所谓提升模板是指拆模后把模板挂在支架上，模板随着支架的提升而上升。

采用提升模板施工的原因，主要是由于冬期施工时混凝土强度不能满足滑模施工提升速度的要求。

提升支架的主要结构（图 8-1）是钢筋柱、顶框、中框、底框，顶紧器、并通过横、斜撑连成整体。

钢筋柱用 3φ32 钢筋焊成三角形，每根长 12m，由两节组成，每节 60m，每座索塔两个塔柱共需 3 根钢筋柱。两塔柱内侧 4 根钢筋柱用法兰盘连接，使上下两节在一条轴线上。两塔柱外侧的 4 根钢筋柱在两节之间采用铰接，能使下节钢筋柱适应塔柱斜度的变化。

在顶框、中框、底框上设有三层操作台，为焊接钢筋、浇筑混凝土、提升模板等项工作提供方便。

运料吊斗安设在支架的中间，在吊斗的四角用钢丝绳做轨道，吊斗用 5t 慢速卷扬机起吊。

支架的提升是在每塔的四角处各设一组滑车组，共设 8 组滑车组。上端与塔柱预埋孔连接，下端与底框连接，支架随拉动捯链而徐徐上升，滑车组如图 8-2 所示。

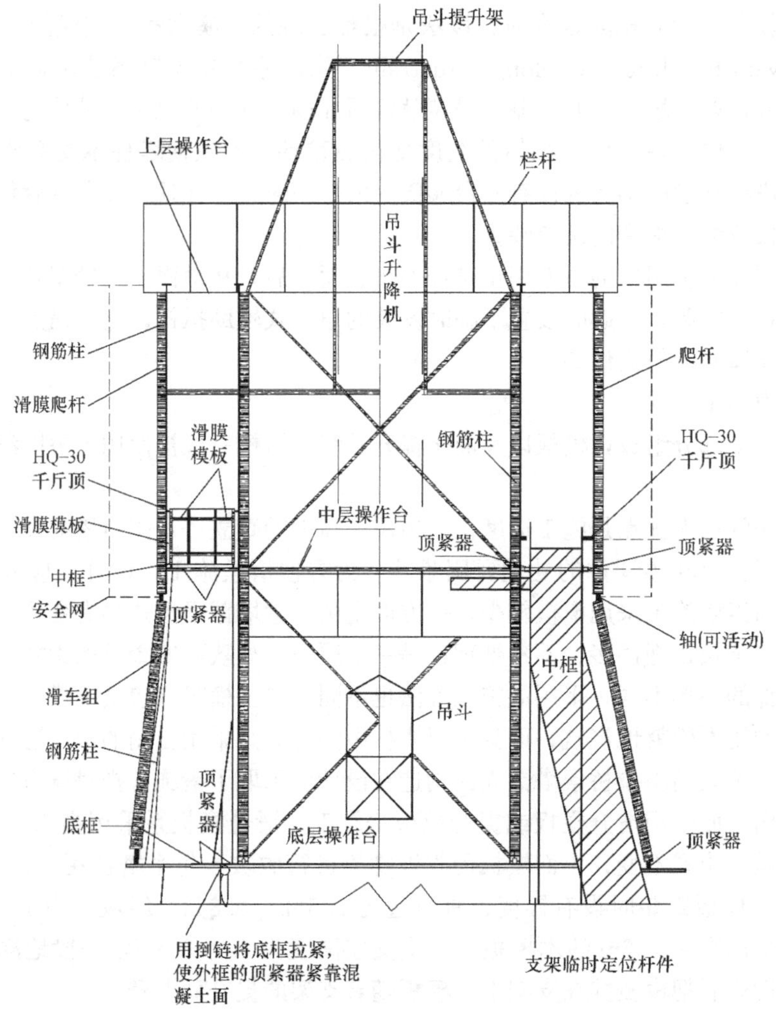

图 8-1　提升支架结构图

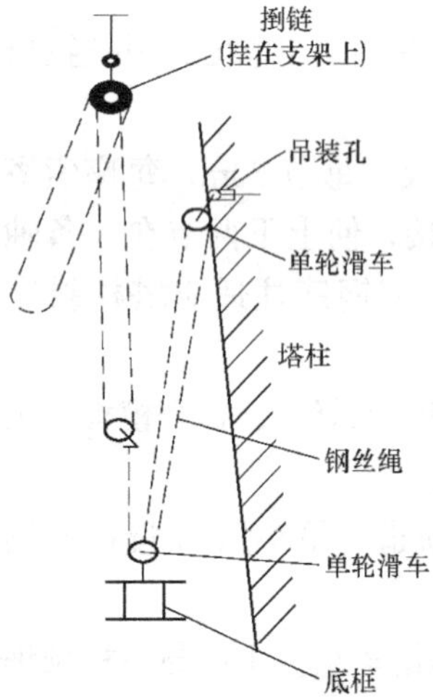

滑升模板配备的液压千斤顶装在模板外侧，千斤顶通过沿固定在顶框上的拉杆向上爬来完成模板的滑行。每滑行 3m 左右，提升一次支架。

顶紧器的作用系保证支架在提升时的稳定性。它设在中框和底框与塔柱的接触面上。

辽宁长兴岛斜拉桥塔高 43m，为适应高塔施工，专门制作了一种提升支架，不但可用于液压千斤顶提升的滑模，亦可用于分段浇筑的提模。索塔下节 11.7m 的斜腿段采用一般搭支架模板浇筑，竖直的上节塔柱则采用滑模或提模。先施工的 2 号索塔采用滑模法，由于冬季寒冷不宜滑模使用，中止了施工。后施工的 1 号索塔采用提模法，混凝土蒸汽养生，解决了 −20℃ 的冬期施工问题，因而后来将 2

图 8-2　提升支架滑车组

号索塔也改成提模施工。

两塔柱间的横梁利用支架的下层操作平台就地浇筑，下层的操作平台的下边则用工字钢顶撑在已浇筑的横梁上。

上海南浦大桥塔高150m，下塔柱斜率为1：5271842，净高29m，采用传统的脚手架翻模工艺，施工周期较长，平均每天0.56m。中塔柱斜率1：85，高55.0m，试制成功国内首创的斜爬模，这种斜爬模的原理与提模相同，施工速度提高到每天1.14m，上塔柱同样采用爬模施工。

(4) 爬模法

爬模法的特点是系统自身备有提升设施或动力的模板系统。根据动力不同，可分为人工捯链爬模、电动爬架翻模、液压爬升模等，其中使用较多的是液压爬升模。液压爬升模主要由模板、爬架和提升系统组成。

模板一般是采用钢制大模板，也有采用胶合木模板的。沿竖向一般布置3~4节，每节高度根据模板支架的构造、提升能力等因素采用2~5m，图8-3为山东滨州黄河斜拉桥的桥塔爬模基本布置。

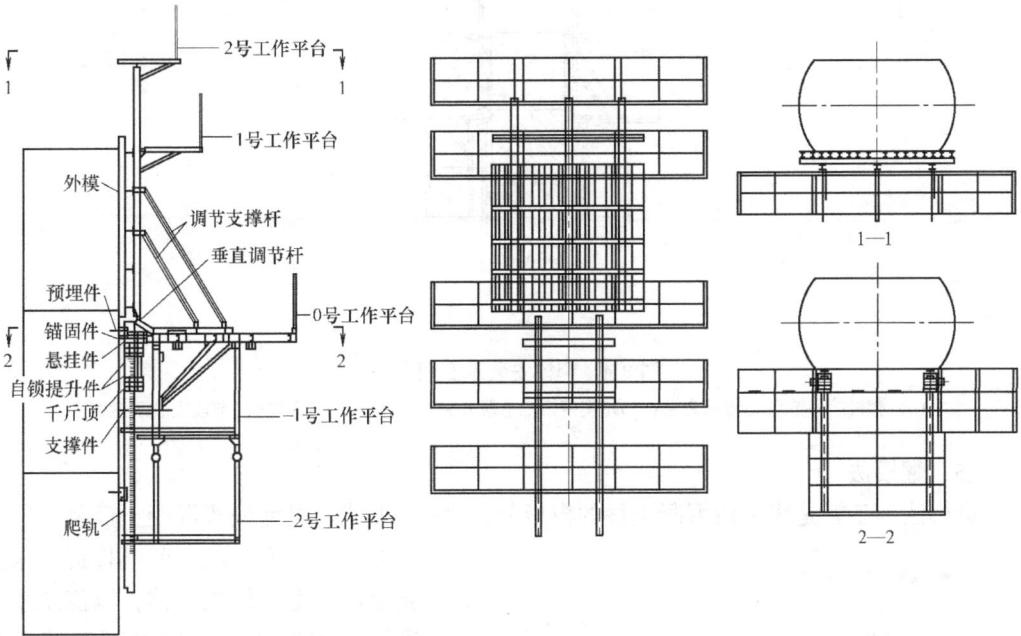

图8-3　山东滨州黄河斜拉桥的桥塔爬模基本布置

1) 爬模系统

爬模的基本构架一般用特制型钢杆件和组拼式杆件组成，在其中设置导向滑轮提升结构，以使爬架结构可沿导轨顺利上滑。爬架的下部一般为附墙固定架和下部操作平台，上部一般为操作平台。根据塔柱的结构和模板的高度以及动力选用等因素，爬架的高度一般在15~20m。

2) 提升系统

提升系统一般为爬架自提升系统和模板提升系统，目前大跨度悬索桥的高索塔一般采用电动液压千斤顶作为动力，而模板提升一般采用电动卷扬机。为了保证爬架和模板系统安全顺畅的提升，提升系统应对称、均匀、缓慢地提升。

3）爬模安装

爬模的安装的结构如图 8-4 所示，爬模标准节段的施工工艺流程如图 8-5 所示，爬模的爬升示意图如图 8-6 所示，塔柱采用爬模施工的工艺流程如图 8-7 所示。

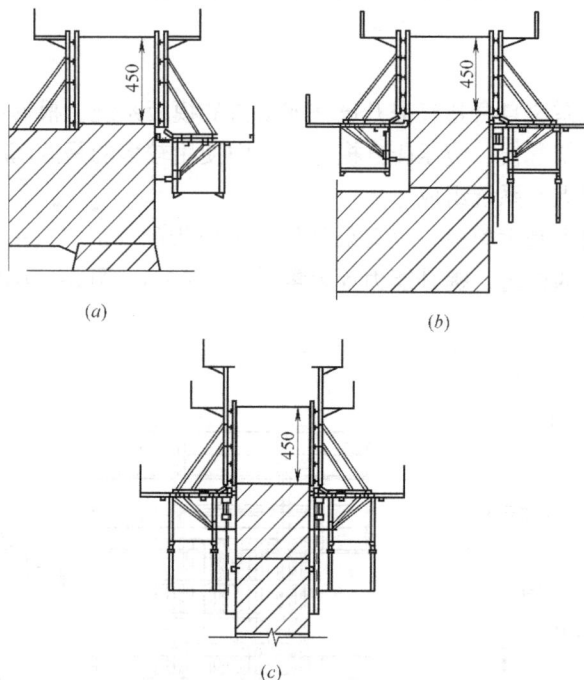

(a)　　　　　　　　　　　　(b)

(c)

图 8-4　爬模安装示意图（cm）

(a) 爬模第一节段安装示意图；(b) 爬模第二节段安装示意图；(c) 爬模第三节段安装示意图

（5）翻模法

翻模法施工就是将一段混凝土柱的模板分成 2～3 小节，浇完该段混凝土后将上节模板保留，下面 1 或 2 节模板拆下来提到上面与上节结成一体，以浇筑上一段柱的混凝土。如此循环继续至塔顶，每次必有一节模板保留在下面已浇筑的混凝土上。由于每次都把下面的模板转到上面去，故称翻模。使用该法，模架模板及其上的工具、人员皆需在空中多次翻提，一般需用外设塔吊来操作。

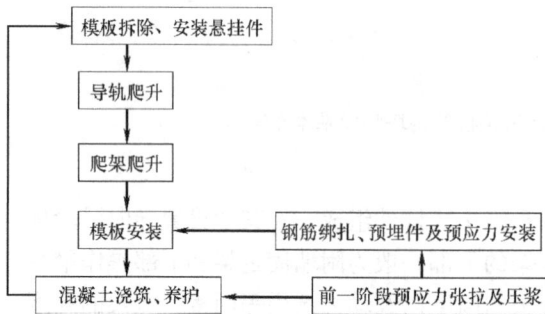

图 8-5　爬模标准节段的施工工艺流程图

2. 混凝土主塔的施工要点

典型的混凝土主塔施工，可参照图 8-8 工艺流程实施。

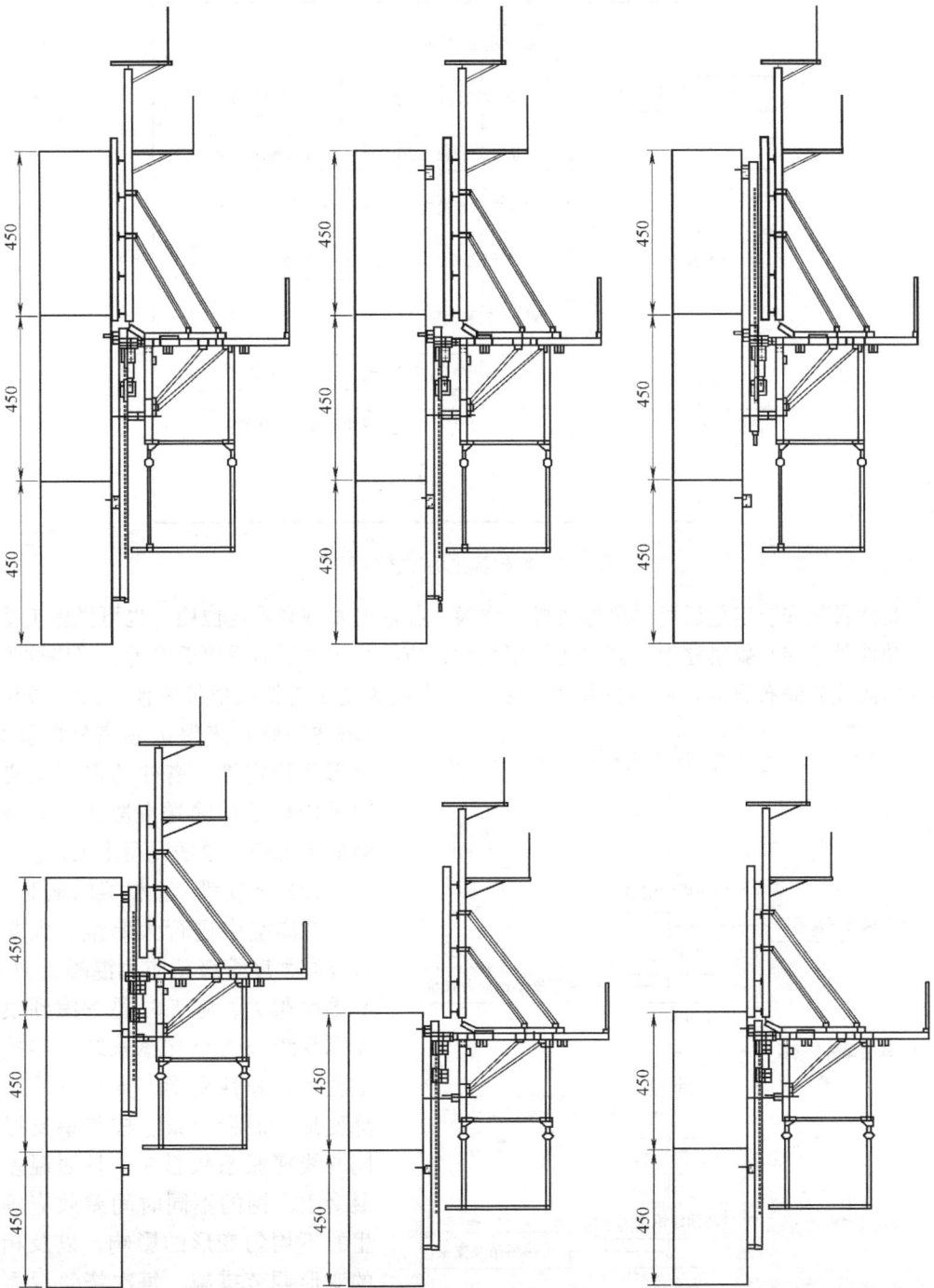

图 8-6 爬模的爬升示意图 (cm)

（1）下塔柱、中塔柱、上塔柱的施工

混凝土下塔柱、中塔柱、上塔柱一般可采用支架法、滑模法、爬模法施工。在塔柱内，在塔架中间常常设有劲性骨架，劲性骨架在工厂加工，现场分段超前拼接，精确定

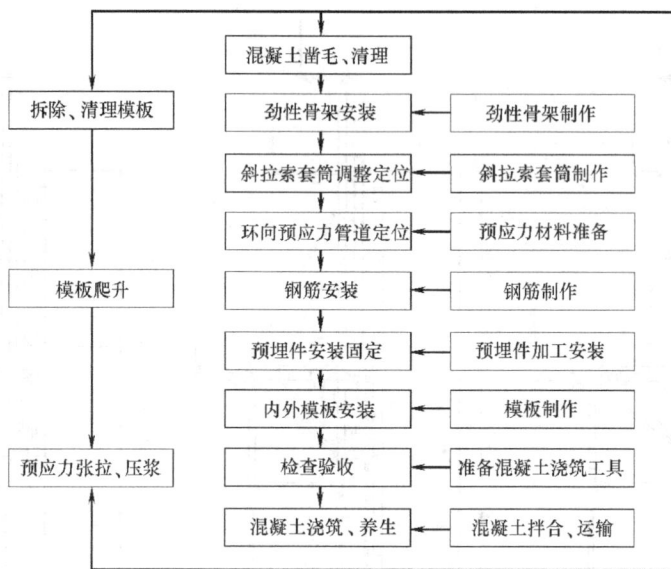

图 8-7　爬模施工的工艺流程图

位。劲性骨架安装定位后可供测量放样、立模、扎筋拉索钢套管定位用，也可供施工受力用。劲性骨架在倾斜塔柱中，其功能作用很大，应结合构件受力需要而设置。当塔柱为倾斜的内倾或外倾布置时，应考虑每隔一定的高度设置受压支架（塔柱内倾）或受拉拉条（塔柱外倾）来保证倾塔柱的受力、变形和稳定性。塔柱的混凝土浇筑可采用提升法输送混凝土，有条件时应考虑商品泵送混凝土工艺。

（2）下横梁、上横梁的施工

在高空中进行大跨度、大断面现浇高强度等级预应力混凝土横梁，其难度很大。施工时要考虑到模板支撑系统和防止支撑系统的连接间隙变形、弹性变形、支承不均匀沉降变形，混凝土梁、柱与钢支撑不同的线膨胀系数影响，日照温差对混凝土、钢的不同时间差效应等产生的不均匀变形的影响，以及相应的变形调节措施。每次浇筑混凝土的供应量应保证在混凝土初凝前完成浇筑，并且采取有效措施，防止在早期养护期间及每次浇筑过程中由于支架的变形影响而造成混凝土梁开裂。

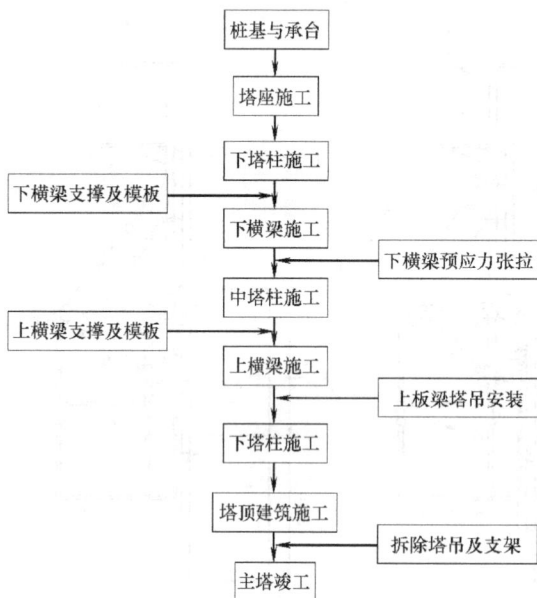

图 8-8　混凝土主塔施工工艺流程图

（3）主塔混凝土施工

主塔混凝土常用的施工工艺采取现场搅拌、吊斗提送的方法。当主塔高度较高时，用

244

吊斗提送的混凝土，供应速度难以满足设计及施工的要求，有条件时，应采用商品泵送大流动度混凝土。为了改善混凝土可泵性能并达到较高的弹性模量和较小的混凝土收缩、徐变性能，应采用高密度集料、低水灰比、低水泥用量、适量掺加粉煤灰和泵送外加剂，以便满足缓凝、早强、高强的混凝土泵送要求。

（4）泵送混凝土施工工艺特点及要求

在满足设计提出的混凝土基本性能要求的前提下，泵送混凝土工艺应根据主塔施工的不同季节、不同的缓凝时间、不同的高度泵送混凝土的要求来确定。一般应考虑混凝土泵送设施的布置，即根据不同的部位、泵送高度，每段浇筑时间，每段浇筑混凝土工程量，考虑混凝土泵送设施来综合布置。

（5）泵送混凝土配合比的设计

按混凝土抗压强度、弹性模量、水泥等级、粉煤灰掺加量、碎石粗集料用量、初凝时间来设计混凝土配合组成。

优选原材料。应对水泥、砂、碎石、粉煤灰、泵送剂、外加剂等材料，进行优化选择。

混凝土可泵性优化技术的研究。要获得较高的早期强度，应尽可能减少用水量、降低水灰比，但这会导致可泵性指标降低，故应从改善混凝土拌合物的可泵性来进行混凝土配合比设计，对混凝土砂要认真比选。

确定配合比。经确定的配合比，在正式使用前，均应经过试验室试拌、工程现场配合比调整（集料含水量情况），以确保主塔泵送混凝土施工质量达到设计要求。

制定混凝土的施工工艺和严格的质量保证和监控体系。

实践证明，采用商品泵送混凝土施工工艺，可以达到一次泵送 200m 的高度，混凝土强度等级达到 C50，其性能均能满足设计主塔混凝土的基本要求，并且性能稳定，施工速度快，机械化、自动化程度高，造价省，是桥梁混凝土施工工艺的发展方向。

8.1.2　钢索塔

1. 钢索塔的施工方法

由于钢塔建设成本较高、运营期维修保养要求高，国外只有一些发达国家的部分斜拉桥采用钢索塔，我国只有 2005 年竣工的南京长江第三大桥采用钢索塔。

钢塔桥一般采用工厂分段预制、运至工地起吊安装的办法施工。为了保证现场安装的顺利，一般将预制的梁段在工厂立体试拼装。钢索塔的节段连接一般采用高强度螺栓连接、焊接、栓接和焊接混合连接等方式。

钢索塔施工方法一般为预制吊装。其安装方法一般有浮吊法、爬升式起重机法、塔吊法等。

（1）浮吊法

浮吊法是将桥塔整体一次或分次安装的方法，日本目前最大的浮吊可起重 3500t，起吊高度为 90m，一般用于塔高 80m 以下，跨度为 500m 左右的悬索桥塔施工。具体的吊装节段由浮式起重机的吨位和高度确定。

（2）爬升式起重机法

首先在塔柱侧面安装护轨，安装可沿其爬升的起重机逐段起吊安装塔身。这种方法要求严格控制桥塔的铅垂度。

（3）塔吊法

安装和桥塔完全独立的塔吊进行桥塔架设，由于桥塔上不安装施工机械，因而施工方便，精度易得到保证，但设备费用较高。南京三桥的索塔上部就是采用这种方法安装的。

2. 钢主塔的施工要点

钢主塔施工，应对垂直运输、吊装高度、起吊吨位等施工方法作充分的考虑。钢主塔应在工厂分段立体试拼装合格后方可出厂。主塔在现场安装，常常采用现场焊接接头，高强度螺栓连接、焊接和螺栓混合连接的方式。经过工厂加工制造和立体试拼装的钢塔，在正式安装时，应予以测量控制，并及时用填板或对螺栓孔进行扩孔来调整轴线和方位，防止加工误差、受力误差、安装误差、温度误差、测量误差的积累。

该主塔的防锈措施，可用耐火钢材，或采用喷锌层。但绝大部分钢塔都采用油漆漆料，一般可保持的使用年限为 10 年。油漆漆料常采用二层底漆，二层面漆，其中三层由加工厂涂漆，最后一道面漆由施工安装单位最终完成。

8.1.3　索塔拉索锚固区塔柱施工

国内所建的斜拉桥，索塔均为混凝土塔。索塔在塔顶部的锚固形式有：交叉锚固、钢梁锚固、箱形锚固、固定锚固、铸钢索鞍等，其中固定锚固和铸钢索鞍两种锚固形式目前已较少采用。拉索锚固区的施工，应根据不同的锚固形式来选择合理的方案。下面着重对前三种锚固形式的施工方法进行介绍。

1. 交叉锚固型塔柱的施工

中小跨度斜拉桥的拉索多采用交叉锚固的形式，如图 8-9 所示。具体步骤如下。

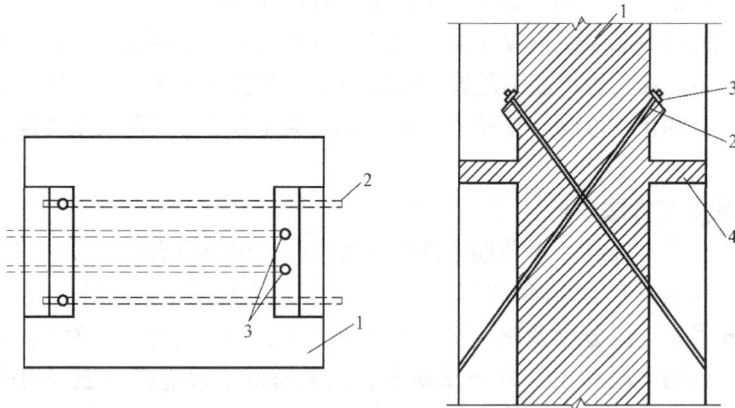

图 8-9　交叉锚固图
1—塔柱；2—拉索；3—锚具；4—横隔板

（1）架立劲性骨架

为便于施工时钢筋拉索锚箱（俗称钢套筒）定位及模板调格等诸多方面的需要，一般在索塔锚固段塔壁中设有劲性骨架。劲性骨架分现场加工和预制拼装两种施工方式。底节预埋段和变幅段施工因与现场高程有关，常现场加工，而其余标准段用预制拼装，这样一来可加快进度。保证工程质量劲性骨架的施工测量放样包括平面位置、塔身斜度和高程等几个方面，施工中的允许偏差要满足设计及相关规范要求。

（2）钢筋绑扎

一般采用场外预制、现场绑扎的方式进行，主筋连接分焊接连接、冷挤压套筒连接及直螺纹连接等几种方法，目前使用最多的是冷挤压套筒连接。冷挤压套筒连接是使用专用的高压钢筋连接机通过对插入两根待接螺纹钢筋的特制钢套筒挤压，由钢套筒变形后与钢筋横肋之间的剪力来传递受力。冷压接头的主要设备有高压油泵、高压软管及梅花形或锯齿形手提式冷压机。施工时，首先对钢筋端部的弯折、扭曲做矫正或切割处理，清理其表面杂物，每根钢筋先在车间挤压一端，另一端运至塔上现场压接挤压时，压模应对准套筒及压痕标记，从套筒中央向端头压接。

(3) 拉索套筒的制作及定位

拉索套筒定位精度要求较高，一般预先按设计要求准备锚板和钢管等材料，然后下料，修正角度，将钢管焊接在锚板上。要确保钢管与锚板圆孔同心，锚固面与钢管垂直。拉索套筒定位包括套筒上、下口的空间位置、套筒倾斜度和高程等，测量可采用天顶法或全站仪空间坐标法，一般测定套筒上、下口的设点位置，使其符合设计要求。具体实施中，先测出套筒的下口位置，将套筒下口在此处铰接，然后调节套筒上口，将其按设计位置固定在劲性骨架上，套筒固定以后，将其两端入口堵住，以防浇筑混凝土时堵塞孔道。

需要指出的是钢筋和套筒的安装并不是能够截然分开的两个施工步骤，一般情况下，当主筋定位后，就要安装套筒，如果将所有的钢筋绑扎完就难以安装套筒了。

(4) 立模

立模关系到锚固段混凝土浇筑成型的质量，装模时应注意使拉索套筒的下口贴合紧密，消除模板接头间的不平整现象。在调模过程中，应注意保护套筒。不宜采用装有套筒的劲性骨架调模，以免造成套筒移位。然后，紧固连接螺杆，固定模板。

(5) 浇筑混凝土及养护

拉索锚固区塔柱混凝土一般均采用泵送混凝土。施工过程中应注意混凝土的分层布料及浇筑的连续性。应特别指出的是本区段一般情况下，钢筋布置密度较大，为确保此处混凝土浇筑的密实性，应采用合适粒径的集料拌制混凝土，且浇筑高度要合理，一般控制在2m左右。同时在浇筑混凝土过程中应加强混凝土振捣。混凝土浇筑完成后应及时覆盖和洒水养护。

2. 拉索钢梁锚固型塔柱的施工

现代大跨径斜拉桥大多采用对称拉索锚固形式，其方法之一是采用拉索钢横梁锚固构造，如图 8-10 所示。

(1) 施工顺序

除横梁施工部分外，其余和交叉锚固施工方法基本相似。其施工顺序为：架劲性骨架→钢筋绑扎→套筒安装→装外侧模→混凝土浇筑→钢横梁安装。

(2) 钢横梁加工和安装

拉索锚固钢横梁，应按桥梁钢结构的加工要求在加工厂完成，并经严格验收合格后方可出厂。注意锚固钢横梁对起重能力有一定的要

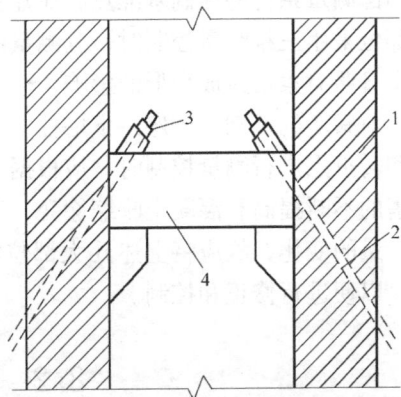

图 8-10 钢梁锚固型
1—塔柱；2—拉索；3—锚具；4—钢横梁

求，在施工组织设计中，选择塔吊的起重高度和起重能力应考虑钢横梁的要求。

当钢横梁太重，主塔的垂直起吊能力不能适应时，宜修改设计，将其分部件用高强螺栓连接，现场组拼安装，但必须事先在加工厂预制拼装合格。由于主塔塔柱空心断面尺寸有限，设施多，空间紧凑，同时支撑钢横梁的塔壁混凝土牛腿占据一定的空间，安装诸多不便，因此在施工前应仔细研究各细部尺寸及安装方法，并与塔柱施工方法相同。

3. 预应力箱形锚固型塔柱的施工

（1）施工顺序

拉索平面预应力筋箱形锚固段为空心塔柱，调索、检查、维修比较方便，但预应力施工比较复杂。其施工程序为：架立劲性骨架→钢筋绑扎→套筒安装→套筒定位→安装预应力管道及钢束→模板安装→混凝土浇筑养护→施加预应力→压浆。

（2）预应力施工

平面布置的预应力分为体内有粘结预应力束和体外预应力束，一般采用体外预应力束。

1）管道安装。预应力管道安装时，其布置的高程和平面位置要通过测量定位确定，也可依靠已定位的劲性骨架来固定管道位置。由于塔柱为承压结构，所以要切实保证管道不漏浆，绝不允许"开仓"，浇混凝土时要特别注意保护管道，严格检查。施工时，严禁电焊、氧割等作业所产生的焊渣与预应力筋接触，以免造成预应力筋损伤，导致张拉时断裂。

2）预应力筋张拉。由于施工场地小，除采用较小的高压油泵和更轻便的千斤顶外，还要对张拉端口处的预埋件认真处理，使张拉有足够的空间位置，保证机具设备的运用自如，防止施工不便带来的损失，施加预应力时以延伸量和张拉吨位双控。

4. 索塔施工测量控制

斜拉桥索塔的建筑造型及断面形式各异，成桥后要承受巨大的轴力及弯矩。施工过程中受施工偏差、混凝土收缩、徐变、基础沉降、风荷载、温度变化等因素影响，其几何尺寸及平面位置可能发生变化，对结构受力产生不利影响。因此在施工的全过程中应采取严格的施工测量控制措施对索塔施工进行定位指导及监控。

根据多座斜拉桥的施工经验，索塔局部测量常采用全站仪三维坐标法或天顶法进行。其局部测量系统的控制基准点，应建立在相对稳定的基准点上，如承台基础上。当对索塔各部位采用三维测量控制时，其测量时间一般选择在夜晚22：00至早上7：00日照之前，减少日照对索塔造成变形的影响。

对索塔的基础、塔座、下塔柱、下横梁、中塔柱、上横梁、上塔柱几大部位的相关位置和转折点进行测量控制时，应根据实际施工情况及时进行调整，避免误差的积累。由于索塔的不断提高和混凝土收缩徐变、沉降、风荷载、温度等因素的影响，基准点必然会产生少量的变化，故应将上述几大部位相关位置及其转折点与全桥总体测量控制网联网闭合，以便进行修正和控制。

8.2 斜拉桥索的施工

斜拉索是斜拉桥的一个重要组成部分，并显示了斜拉桥的特点。斜拉桥桥跨结构的重量通过斜拉索传递到主塔上。现在斜拉桥都采用成品索，所以斜拉桥索施工的主要程序是索的运输、安装与张拉锚固等。

8.2.1 索的运输

索在制索场制成后，暂时堆放在制索场并在安装前运输到桥上。对于小直径的短索来说，其困难还不是很大，但对于直径较大且已制作了较刚性的索套（例如玻璃钢索套）的长索来说，则其困难是很大的。这不仅由于大直径的索比较重，更重要的是带有索套的索不允许有过小的弯曲半径。否则很易导致索套开裂破坏。因此，一般说来，这类索带索套吊装的方案是不太适宜的，除非在万不得已的情况下方可采用此方案。但这时必须采取相应的措施，保证索在运输吊装过程中，各吊点的高低处于一条直线上，以免产生过小的弯曲半径而导致索套开裂损坏。

在有些桥中，索在吊装时只进行了镀锌或只用防锈油或防锈漆进行了临时防锈。像这样的临时防锈措施是丝毫不影响索的运输和吊装的。因它十分柔软，按通常的操作要求去做已足以保证索不致因曲率半径过小而发生损坏。因此，像这样的索可以用人工抬运或盘成盘状运送，也可以直接用天线钩住索的某一部位进行运输和吊装。类似地，对于在吊装前仅使用沥青涂层缠玻璃丝布的方法进行防护的索，也可以这样运输。这两类索在运输过程中都应当注意的是：不要让索顺地面拖动，也不要让索与其他物体的尖锐棱角处碰撞，以防临时防锈层被破坏，失去防锈作用。

索在吊装前已做好了永久性索套的施工方法是较少采用的。因它不允许有较大的曲率，即使是用玻璃钢这样比较柔韧的材料制成的索套也不容许有较大的弯曲，但 PE 热挤索套防护的索不在此列。

8.2.2 索的安装与张拉

1. 索的施工技术要点

挂索是将拉索的两端，分别穿入梁上和塔上预留的索孔，并初步固定在索孔端面的锚板上。

张拉是用千斤顶对拉索的索力进行调整。索力的大小，根据各个不同的情况，经计算后确定。

不同的拉索，不同的锚具，不同的斜拉桥设计，要求采用不同的挂索和张拉方式。

配装拉锚式锚具的拉索，可以借助卷扬机，直接将锚具拉出索孔后修补固定。

当拉索长度超过百米，重量超过 5t，直接用卷扬机锚具拉出洞口就困难多了。这时，可以将张拉用的连接杆，先接装在拉索锚具上，用卷扬机拉至连接杆露出洞口，即可完成挂索。对于更长更重的拉索，由于卷扬机的牵引力有限，连接杆的长度就要相应加大。

根据拉索的长度 L，上下两端索孔锚板中心的几何距离 L_0，可以估算出牵引力为 T 时拉索上端离塔柱上相应索孔锚板端面的距离 ΔL。

$$\Delta L = L_0 - L + \frac{\omega^2 L_x^2 L_0}{24T^2} - \frac{TL}{AE}$$

式中　E——拉索的弹性模量；

L_x——L_0 的水平投影长；

A——拉索的面积；

ω——拉索每单位长度重力。

根据算出的 ΔL，选定连接杆的长度，最好能使牵引力为 T 时，连接杆能在张拉千斤顶的后方露出，由千斤顶接替卷扬机继续牵引，完成挂索。

较长的连接杆，可以由几节组成，千斤顶拉出一节，卸去一节，比较方便。对于特长特重的拉索，卷扬机的牵引力有限，连接杆的长度也不能太长，要采用新的对策。

在塔上的索孔中先穿入一束由若干根钢绞线组成的柔性牵引索，并在千斤顶上附设一套钢绞线束的牵引装置。卷扬机将拉索提升，至连接杆到达塔外索孔进口附近，即可和钢绞线束连接，从而利用千斤顶的力量，将连接杆拉入索孔，完成挂索。

除了在事先进行计算，确定所需的卷扬机能力和连接杆长度外，在挂索过程中还应校验计算值是否和实际相符。斜拉桥的结构特性，决定了施工时的挂索程序必定是由短到长。因此，根据先期挂索的实践，可以预计到下一根较长索的情况，及时对卷扬机的能力和连接杆的长度作调整。

对于配装拉丝式夹片群钳锚具的钢绞线拉索，挂索时先要在拉索上方设置一根粗大钢缆作为辅助索，拉索的聚乙烯套管先悬挂在辅助索上，然后逐根穿入钢绞线，用单根张拉的小型千斤顶调整好每根钢绞线的初应力，最后用群锚千斤顶整体张拉。新型的夹片群锚拉索锚具，第一阶段张拉用拉丝方式，调索阶段可以使用拉锚方式。张拉及调整索力的过程中，要校核索力的增量和拉伸值的对应关系。

拉索的引伸量由两部分组成：拉索的弹性伸长量 ΔL_e 和拉索的垂直修正值 ΔL_f。

当索中应力由 σ_1 增至 σ_2 时，只要分别计算 σ_1 和 σ_2 时的 ΔL_e 和 ΔL_f，由其差值，即可得到相应的计算伸长量 ΔL：

$$\Delta L = (\Delta L_e)_2 - (\Delta L_e)_1 + (\Delta L_f)_1 - (\Delta L_f)_2$$

实际上，张拉时索力增加，还会使桥面抬高，塔柱也会靠受力向一方倾斜，这样就会使以张拉端索孔端板为基准，量出的拉索伸长量有所增大，具体的影响，要另作专门计算。

大部分斜拉桥采用塔上的张拉方式，也有部分斜拉桥采用梁上张拉，但先挂索、后张拉索的程序不变。

挂索、张拉属于起重和高空作业，必须周全考虑，采用最安全可靠的方案，确保人员安全，顺利完成作业。所有的机具、设备、连接件，均根据负荷来选用。

2. 斜缆索的安装要求

(1) 安装方法和选用

斜缆索的安装，可根据索塔高度、斜缆索长度、缆索的刚柔程度、起重设备等条件和缆索护套的性能等情况选用。选用的安装方法，一般可为单点吊法、多点吊法、脚手架法、起重机吊装法及钢管法等。对于已制成的较硬或脆的外防护缆索，得采用单吊点法安装。

(2) 在塔上张拉并向上安装斜拉索

如在塔上张拉并向上安装斜拉索时，塔上张拉端锚头上应该安装连接器与引出杆，从锚箱管内伸出（引出杆所需长度与直径应根据计算来确定），缆索吊升至引出杆的连接套外时，可既与缆索端的锚具连接。再在有塔上锚箱内张拉千斤顶，将缆索张拉就位。缆索锚引出就位后应将引出的千斤顶、引出杆、连接器等拆除，再按设计要求的索力进行纠正张拉。

(3) 在塔上张拉并向下安装斜拉索

如在塔上张拉并向下安装斜缆索时，可待缆索吊升至安装高度后，牵引钢丝绳可自塔上锚箱管道内引出并拴住张拉端锚具，配合起重机的提升将锚具自锚箱管道中伸出，并旋紧锚具的螺母，使之初步定位，然后再用特制的夹具将锚固端锚具放入主梁锚箱的管道内并予以初步旋紧定位，然后再按设计要求的索力进行张拉。

（4）斜拉索安装、张拉顺序与张拉力控制

各斜拉索的安装、张拉顺序以及张拉力的调整次数应按照设计规定办理；

各斜拉索的张拉应按设计规定的张拉力控制，以延伸值作为校核。在斜拉索的张拉过程中，必须同时进行梁段高程和索塔变位的观测并与设计变位值比较。如果标高与张拉力有矛盾的，一般可以标高为主进行控制，但当实际张拉力与设计张拉力相差过大（一般误差控制在 10％以内）时，应查明原因，并与设计单位商讨，采用适当方法进行控制调整。

（5）同步张拉的要求

索塔顺桥向两侧和横桥向两侧对称的缆索组应同步张拉，中孔无挂梁的连续梁与两端索塔和主梁两侧对称位置的缆索亦应同步张拉，同步张拉的缆索，张拉中不同步拉力的相对差值，不得超过设计规定。如设计无规定时，不得大于张拉力的 10％，不同步张拉力使塔顶产生的顺桥向偏移值不得大于（$H/1500H$ 为桥面起算的索塔高度），此值见《公路桥涵施工技术规范》。两侧不对称的缆索或设计拉力的不同的缆索，应按设计给定的拉力，分阶段同步张拉。

（6）各斜拉索的拉力测定和调整

斜拉索张拉完成后，应使用振动频率测力计（或索力测定仪、钢索周期仪、数字测力仪等可选用其一）测验各缆索的张拉力值，每组及每索的拉力误差均应控制在 10％（如设计规定时应按设计规定处理），如超过应进行调整。调整时可从超过设计拉力值最大或最小的缆索开始调整（放松或拉紧）到设计拉力。在调整拉力时应对索塔和相应梁段进行位移观测。各斜拉索的拉力调整值和调整顺序应会同设计单位决定。

（7）锚具安装轴线与临时防护

斜拉索两端锚具轴线和孔道轴线容许偏差为 5mm。锚具的孔道在未封口前，应临时予以防护，防止雨水侵入和锚头被撞击。

（8）聚乙烯护套内压注水泥浆时的要求

由平行钢丝束作缆索，如采用聚乙烯护套时，一般在索力调整完成后用套管内压注水泥浆防护法。所用水泥采用 52.5 级水泥，水灰比不宜大于 0.35；为尽量减少水泥浆的收缩率，宜掺入有微膨胀功能、又不腐蚀钢材的外渗剂。水泥浆的抗压强度应≥30MPa（或根据设计要求）。水泥浆的压注压力一般可控制在 0.6～0.7MPa 之间，并应自下向上压注；当索高度超过 2m 时，可分段向上压注。每次压注均应在压注段上端的透气孔溢出与压入相似稠度的水泥浆时，方能表明该段索长已压注密实。压注完成后应及时清除（冲洗干净）残留在缆索表面、塔身的水泥浆。

3. 索的安装与张拉锚固

索的安装工作主要是穿束、张拉和锚固等工序。

当索被吊运就位后，要将其端部穿过塔上和梁上的预留孔道，并在其端部锚具上旋入锚环或通过张拉连杆与千斤顶连接。

由于拉索的无应力长度小于其理论长度（即索内有应力时其两端支承面间的距离），又由于索的自重影响，往往在其一端的锚环旋上后，其另一端的锚具还留在孔道内甚至还未能进入预留孔道。因此，必须用链子滑车将其拉紧，使得锚头尽可能地穿过预留孔道。以便通过张拉连杆与千斤顶连接上。只要能达到这一目的，剩下的工作就只要重复张拉几个行程（因为一个行程往往不够长），就可以逐步将锚头拉到设计的锚固位置。

图 8-11 是穿索示意图。

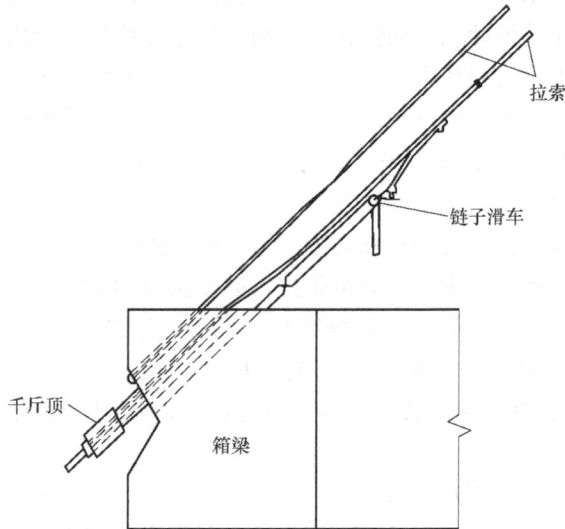

图 8-11　穿索示意图

在穿索时，斜索的临时防锈层有时会被破坏掉。所以，在张拉完成时应将损坏了的临时防护层及时地修补起来。其次，在穿索时还应注意使上、下两端的锚具都能对准预留孔道的中心线。这样，在张拉时和张拉完毕后测力时，就不会因斜索擦到孔壁而影响测力精度。

拉索张拉前，应将张拉用千斤顶以及配套使用的油压表重新标定。标定工作可在万能试验机上进行，也可以在自制的简易反力架上，通过应力传感器或标准测力计来进行。

图 8-12 是用标准测力计来标定的实例。在标定时，应在千斤顶满荷载范围内，划分若干个加载级别（如每级 5t）来进行。当测力计受千斤顶的顶压而变形达某一吨位时，立即读出这时的油压表读数，从而建立起吨位—油压的相关曲线。

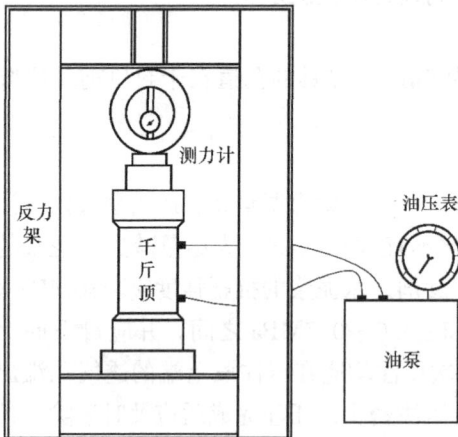

图 8-12　千斤顶标定示意图

标定时上述加荷过程应重复三次，取平均值，并将吨位—油压关系曲线点绘于坐标纸上，供施工时参考。

千斤顶在如下情况之一时，应重新标定：

（1）出厂后初次使用；

（2）使用期满三个月；

（3）张拉时，预应力钢束引伸量与计算值相比超过误差范围而无其他原因者；

（4）油压表和千斤顶经检修后。

此外，与千斤顶配套的油压表的精度，应不低于1.5级。

斜索的张拉可分为安装阶段的初始张拉和其后的二次张拉。一般说来，初始张拉是指施工过程中（更确切地说，是指拉索安装就位时）的张拉，根据需要它也可以分几批依次先后实施。进行初始张拉的目的，是使梁内建立起必要的应力储备，同时也是为了尽可能地减少索的非线性影响。

在张拉时究竟采用怎样的张拉方式，要根据所张拉的索和所采用的张拉工具的不同加以选择。图 8-13 所示的是常见的张拉方式。

图 8-13 （a）方式是用穿心式千斤顶进行张拉的。它的优点是：张拉比较方便，所需的操作空间也较小。但其最大张拉力受千斤顶吨位的限制，因为穿心式千斤顶的吨位目前做得还不够大，对于那些初张力较大的索，就显得无能为力了。

图 8-13 （b）方式是用普通油压千斤顶抬扁担梁进行张拉的。它的优点是：普通千斤顶比较普遍，容易解决，张拉吨位能大能小，特别是在张拉吨位可以做得较大这一点上，是图 8-13 （a）方式所不及的。但是，这种操作方式所需的空间较大，同时，操作起来也没有图 8-13 （a）方式方便。

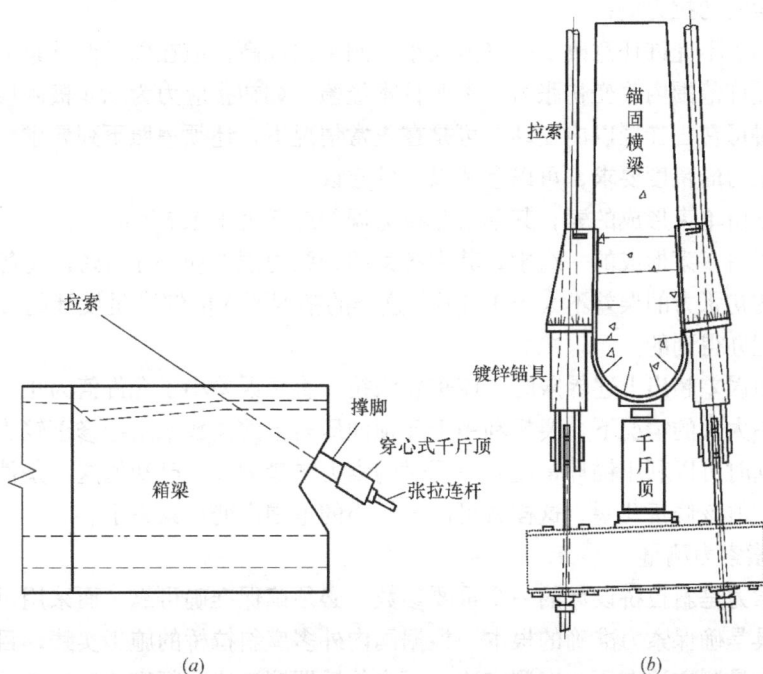

图 8-13　张拉方式

采用何种方式进行张拉，不仅是施工部门的事，也是设计部门在设计时就应该考虑到的。应当结合现有的施工设备、操作要求等因素综合考虑，以取得一个较合理的方案。

这里以使用穿心式千斤顶张拉为例，说明斜索安装的全过程。

第一步：由于索在无应力状态下的垂度很大，锚头通常远离锚固支承面。所以在开始张拉之前，要用链子滑车将锚头尽可能地拉向锚固支承面。以便让连接在锚头上的张拉连杆能穿过预留孔道，而达到穿心式千斤顶的尾部；

第二步：旋紧张拉连杆上的后螺母，让它紧贴千斤顶的尾部，然后进油张拉。当一个行程不足以将锚头拉至设计的位置时，可将张拉连杆上的前螺母旋紧，让它临时支承于锚固支承面上，这时千斤顶就可以回油并进行下一个行程的张拉。如此数次，就可以将锚头拉至锚固支承面；

第三步：对于由多束组成的索组，可先按初拉力的70%依次将每束锚头拉出孔道并旋上锚环临时锚固；

第四步：依次将各索拉到初拉力的100%，并用钢索测力仪测量索力；

第五步：重复第四步的操作，以使各束受力均匀，直到各束索力都满足精度要求时为止。

在张拉时应注意以下各点：

（1）张拉前应将锚头和锚环配对并检查其质量；

（2）穿束和张拉时应注意保护拉索免受损伤；

（3）要有两种以上测量张拉力的手段；

（4）锚环旋紧程度要一致，以免各束受力不均；

（5）张拉应在严格对称的情况下进行。中、边跨或上、下游间的不平衡张拉力，应不超过一根拉索的初拉力值；

（6）原则上不允许任意改变初张力大小来测主梁标高，但在以后调整索力时，还要照顾标高而在允许范围内改变初张力，参照日本经验，如初张应力为0.4极限应力，则初应力在不得已时可在±10%以内变动，可是在正常情况下，还须遵照下列要求。

关于初张力的精度要求，可以参考以下的建议：

（1）对于由单束形成的索，其单束张拉力误差应不大于1.5%；

（2）对于由多束形成的一组索，其中各束的初张力误差应小于3%，而各束的张拉力总和与设计的初张力的误差不大于1.5%。这样的精度要求能够满足设计的要求，同时也是施工中所能办得到的。

当初张力误差超出上述界限时，应重新张拉，直至误差小于允许值为止。

在误差不太大的情况下，要想利用千斤顶油压表上的读数来指导修正较小的索力差值是困难的。这时可以利用锚环每旋入一圈时的索力增量为某一已知值这一条件，算出对应于索力的误差值该修正几圈，这样就可以在较小的范围内变动索力了。

4. 斜拉索索力测量

斜拉索索力是斜拉桥设计的一个重要参数，必须确保准确可靠。而采用可靠的索力量测手段及工具是确保索力准确的根本。根据国内外多座斜拉桥的施工实践，目前比较常用且成熟的索力量测方法有压力表测定法、压力传感器测定法和频率法这三种。

（1）压力表测定法是利用张拉千斤顶的液压和张拉力之间的直接关系，通过测定张拉过程中的油压，而后换算成索力的一种索力测定方法。

（2）压力传感器测定法是在张拉连接杆套一个穿心式压力传感器，张拉时处在千斤顶和张拉螺母之间的传感器受压发出电信号，在配套的二次仪表上读出千斤顶张拉力，从而得到索力值。

（3）频率法是利用斜拉索振动频率和索力之间的关系，通过测定频率，间接换算索力的办法测量索力。采用此法测量索力时，首先要根据不同工况及拉索相应的约束条件准确设定拉索的计算长度，再次要准确测定拉索频率，特别是低阶频率。

8.2.3 索套的制作

索套制作应在索张拉完毕后尽早进行，以免发生早期锈蚀。以图 8-14 所示的柔性索套为例，说明索套制作的工艺和注意事项。

下面简述各步工序的操作要点：

1. 安装简易挂篮

该挂篮是索套高空作业时工人的操作台，它是由钢筋焊接成的。内部可容纳两人及必要的工具、材料。挂篮通过其上的两只吊环，由钢丝绳或斜索本身支承着。在卷扬机的牵引下，该吊篮可沿拉索上、下滑移。利用挂篮逐段地、由上而下地完成斜索的各道防护层的施工。挂篮应安全可靠，使用前应检查其安全性和卷扬机的工作情况。在挂篮内操作的人员，还必须系上安全带。

2. 涂刷沥青涂层

钢丝的表面一般带有防锈漆，或防锈油，或者是镀锌层。在索的运输吊装过程中，可能会有不同程度的损坏。故应及早地涂刷沥青层，以防止早期锈蚀。

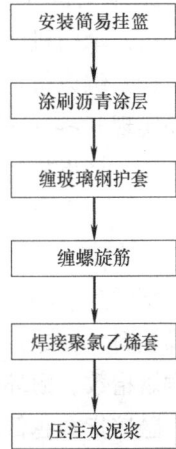

图 8-14 索套制作的工艺流程

沥青膏的涂刷应均匀周到，并应有一定的流动性，以便渗透到索的铆丝之间去。这道工序最好是在天气晴朗、阳光充足的气候条件下进行，至少也应在气候干燥、无露水的情况下进行，绝对不允许冒雨作业。

3. 缠玻璃钢护套

玻璃钢护套是由四层玻璃丝布夹三层环氧树脂而成的。施工方法也是由人工涂刷、人工缠裹。玻璃丝布可事先剪切成宽 20cm 的绷带，以方便施工。

4. 缠螺旋筋

螺旋筋是用 10 号钢丝（$\phi3.2$）缠绕而成的，螺距为 5cm。它是作为压浆时的配筋使用的。

5. 焊接聚氯乙烯套管

聚氯乙烯套管为 $\phi75\times5$ 的硬质聚氯乙烯管材。为了能包在索上，必先纵向切成两半，然后包于拉索上，用塑料焊接设备施焊。焊接时除了焊接纵向焊缝外，还需焊接每段管端的横向焊缝。焊缝应饱满、可靠。

6. 压注水泥浆

水泥浆强度等级为 30MPa，水灰比为 0.42，施工时用压浆泵从索的下端压注入聚氯乙烯套管内。压浆终了时的压力值应达到 600kPa。

8.2.4 热挤索套的施工

现介绍图 8-15 所示的 PE 热挤索套的施工工艺流程。值得说明的是：这种索套的施工已经集编束、临时防锈与永久防锈为一体，甚至连索套外面的装饰性涂层也可在地面上完成。只需运去吊装、张拉即可。因此它几乎没有高空作业，工序也是十分简洁的。

各施工程序的简要说明：

1. 施工场地

应干燥，不积水，地面应浇筑地坪并留设备基础及水槽、支架的预留孔洞。要求其长度略长于2倍待加工的索长，宽度为10～20m 要实现三通一平，其中供电能力要求在50～75kW。设置挤出机和牵引机的厂房面积为100m²，其余的场地按需要搭设工棚，以免日晒雨淋。

2. 施工机具

(1) 牵引机：根据待加工索的大小，其牵引力为1～2t。

(2) 编束机：和牵引机、编束支架一起实施对待加工索的扭绞加工，其速度应可调，以便实现5°～10°的扭绞角。

(3) 挤出机与机头：挤出机可根据生产率决定其口径大小，一般可选用φ90 或φ120 挤出机，过大过小均不适宜。机头无标准设计，按需加工的索径决定其口径大小。

3. 材料

钢丝为φ5 或φ7 的高强钢丝，如带有镀锌层则更好。PE 塑料为掺有炭黑的高密度聚乙烯塑料。在选择其牌号时，除应注意其强度、断裂伸长率等指标应满足要求外，尚应对其融熔指数、耐环境应力开裂时间、分子量分布以及对老化使用年限等加以注意。一般说来：融熔指数越低，则耐环境应力开裂性能越好，但同时其加工性能降低，挤出困难。融熔指数一般应小于0.3g/10min。分子量分布比较窄时，加工性能好，工艺参数容易控制。目前国产的PE 料耐老化年限达到20 年没什么问题。寿命更长的料也在试制中，其具体使用年限还在测试，不久就可以得出结论。

钢丝和塑料在使用前均应做取样试验，特别是PE 料的试验。因为这不仅牵涉到使用年限，同时也可通过试验了解其加工性能是否适宜于使用。

4. 钢丝概略下料

由于PE 热挤索套索是在索套加工完毕后用砂轮锯按下料长度一次切断而成的，因此各根铆丝之间的长度相对误差极小，可以忽略不计。故而不必再实行十分费时费事的应力下料了。只要在扭绞成束前按需要的长度略留一些加工余量，则按概略下料即可满足要求。

8.2.5　斜拉索的减振

斜拉索在风、雨等外面荷载的作用下会发生振动。斜拉索的振动会导致出现反复挠曲，拉索中的钢丝产生附加的挠曲应力，这种附加的挠曲应力反复作用，将加速钢丝的疲劳，使斜拉索的使用寿命缩短；同时拉索的持续振动会使人们对桥梁的可靠度及稳定性产生怀疑，因此对斜拉索的振动应予以防止。

早期对斜拉索的防振人们采取了治标的方法，即用钢索或杆件将统一索面的各根拉索联系在一起，使具有不同频率的各根拉索在出现振动时互相干扰，从而抑制振动，这种方法并不理想，索面内设置了横向联系后，还破坏了拉索的景观。

随着人们对斜拉索振动的成因及条件的认识进一步加深，逐渐采用了粘弹性高阻尼衬套的办法防止斜拉索振动，效果比较好。设置阻尼衬套后，拉索振动能量被吸收，同时整根拉索被分作中间长、两边短的三段，使得拉索的固有频率有所提高，对防振有利。粘弹性高阻尼衬套构造比较简单，可以隐蔽地安装在拉索钢套筒内，对拉索外观无不良影响。

8.2.6 斜拉索的防护

斜拉索是斜拉桥的主要受力构件，全部布置在梁体外部，且处于高应力状态，对锈蚀比较敏感。它的防护质量，决定整个桥梁的安全和使用寿命。斜拉桥是按照超静定结构体系设计的，它虽能经受某单根拉索的突然损坏，但如果破坏是由于腐蚀引起的，那么锈蚀产生以后，则直接影响了钢丝的疲劳抗力。而力的进一步重分配，可能引起更多拉索的破坏，剩余拉索结构的整体性也会被损害。在此情况下结构有可能渐渐崩溃。因而，拉索防护有着十分重要的意义。

斜拉索防护可分为临时防护和永久防护两种。

1. 临时防护

(1) 钢丝或钢绞线从出厂到开始做永久防护的一段时间内，所需要的防护成为临时防护。国内目前采用的临时防护法一般是钢丝镀锌，即将钢丝纳入聚乙烯套管内，安装锚头密封后喷防护油，并充氮气，以及涂漆、涂油、涂沥青膏处理等。具体实施可根据防锈蚀效能、技术经济比较、设备条件及材料种类决定。

(2) 通常在钢丝或钢绞线穿入套管前，每根钢丝或钢绞线应在水溶性防腐油中浸泡或喷一层防腐油剂。

(3) 在临时防护中，镀锌钢丝的锌层应均匀连续，附着牢固，不允许有裂纹、斑痕和漏块。另外不镀锌处理的钢丝，在贮存和加工期间应进行其他涂漆、涂油等临时防护措施。

2. 永久防护

从拉索钢材下料到桥梁建成的长期使用期间，应做永久防护。永久防护应满足防锈蚀、耐日光曝晒、耐老化、耐高温、涂层坚韧、材料易得、价格低廉、生产工艺成熟、制作运输安装简便、更换容易等要求。永久防护包括内防护与外防护。内防护是直接防止拉索锈蚀，外防护是保护内防护材料不致流出、老化等。

内防护所用的材料一般有沥青砂、防锈脂、黄油、聚乙烯塑料泡沫和水泥浆等。外防护所用的材料有：聚氯乙烯管，其质较脆，抗冻和抗老化性能差，且易破裂失效；铝管则需注水泥浆，而水泥浆的碱性作用易使铝管腐蚀；钢管作外套时本身尚需防腐蚀且笨重；多层玻璃丝布缠包套，目前效果尚可，但价格高，施工繁琐。我国目前一般采用炭黑聚乙烯，在塑料挤出机中旋转挤包于拉索上而成的热挤索套防护拉索方法，即 PE 套管法。所用高密度聚乙烯（PE）与其他方法所用材料相比具备以下优点：

(1) 在设计寿命期限内，能抵抗循环应力引起的疲劳；

(2) 在聚乙烯树脂中加炭黑，能有效抵抗紫外线的侵蚀；

(3) 与灌浆材料和钢材无化学反应；

(4) 在运输、装卸、制造、安装和灌注时能抗损坏；

(5) 能防止水、空气和其他腐蚀物质的入侵；

(6) 徐变小；

(7) 对周围环境有一定的适应性。

同时，黑色 PE 管的热膨胀系数大约是水泥浆和钢材的 6 倍。采用热挤索套不像 PE 管压浆工艺那样，存在拉索钢丝早期锈蚀问题。它可在很短的时间内完成防腐、索套制作、拉索密封等工艺（图 8-15）。

总之，拉索防护绝大多数是在生产制作的过程中完成的。与生产材料、工艺以及生产标准、管道等密切相关。故此，要做好拉索的防护工作，就必须严格控制好生产的各个环节、工序，以确保拉索的质量。

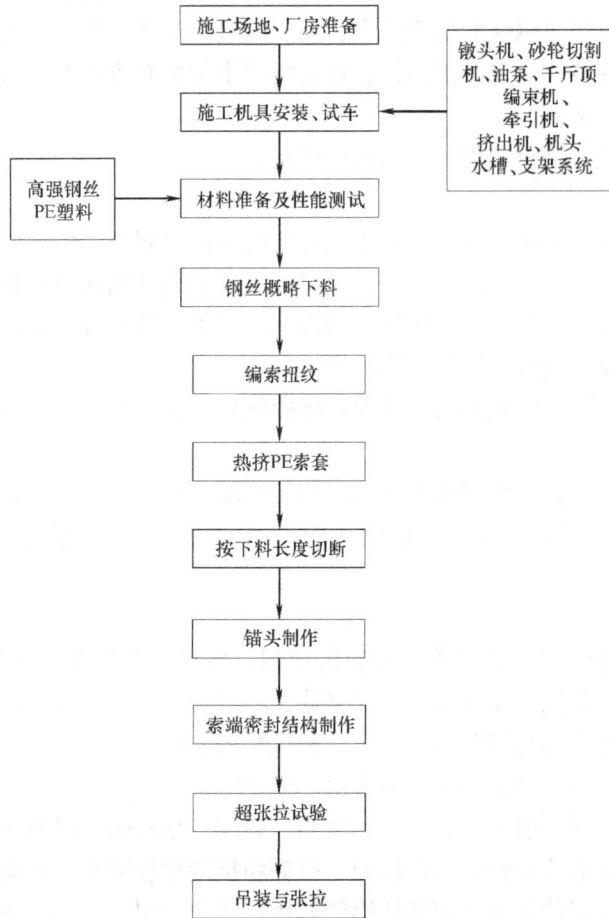

```
        ┌─────────────────────┐
        │  施工场地、厂房准备      │
        └──────────┬──────────┘
                   ▼                    ┌──────────────┐
        ┌─────────────────────┐        │ 镦头机、砂轮切割  │
        │  施工机具安装、试车       │◄───────│ 机、油泵、千斤顶  │
        └──────────┬──────────┘        │ 编束机、        │
                   │                    │ 牵引机、        │
┌──────────┐      ▼                    │ 挤出机、机头     │
│ 高强钢丝   │ ┌─────────────────────┐  │ 水槽、支架系统    │
│ PE塑料    │─►│  材料准备及性能测试     │  └──────────────┘
└──────────┘ └──────────┬──────────┘
                   ▼
        ┌─────────────────────┐
        │  钢丝概略下料            │
        └──────────┬──────────┘
                   ▼
        ┌─────────────────────┐
        │  编索扭纹              │
        └──────────┬──────────┘
                   ▼
        ┌─────────────────────┐
        │  热挤PE索套            │
        └──────────┬──────────┘
                   ▼
        ┌─────────────────────┐
        │  按下料长度切断          │
        └──────────┬──────────┘
                   ▼
        ┌─────────────────────┐
        │  锚头制作              │
        └──────────┬──────────┘
                   ▼
        ┌─────────────────────┐
        │  索端密封结构制作         │
        └──────────┬──────────┘
                   ▼
        ┌─────────────────────┐
        │  超张拉试验             │
        └──────────┬──────────┘
                   ▼
        ┌─────────────────────┐
        │  吊装与张拉             │
        └─────────────────────┘
```

图 8-15　PE 热挤索套的施工工艺流程

（1）编束扭绞：钢束从加工，安装角度考虑，应有一定的扭绞。这样可以使钢束成型，并且表现得比较柔软。扭绞角度一般在 5°～10°之间。可以通过调整编束机和牵引机的转速来实现。编好的索，应在其头部焊上牵引环，以便用牵引机牵引，通过机头挤包 PE 索套。

（2）索套加工：这一道工序是用挤出机和机头来实现的。挤出机的任务是将 PE 粒料在机筒中用电加热到 200℃左右，再在螺杆的旋转、捏合下，达到塑化的目的。塑化好的 PE 料和螺杆推动着流向机头。机头也配有电加热系统，机头各段的温度根据工艺参数确定。它的任务是让钢索从其中部通过，并将 PE 塑料挤包于钢索之上，形成连续、致密的护套层。钢索通过机头后即进入水槽冷却，使塑料降温，重新变硬。上述整个过程中，钢束均在支架上承托着，并受牵引机的牵引，均匀连续地向前移动。加工完毕的索，由于其两端均被 PE 料密封着，因此不存在早期锈蚀问题。这道工序是整个防护工作的关键，为保证其质量，应对挤出机的挤出量、各运动部分的速度配合、各控温点的温度选择以及冷却方式与冷却速率做大量的工艺参数试验，并在施工过程中，严格遵循已经证明是行之有效的工艺规范。

（3）按下料长度切断：下料时可用砂轮切割机按下料长度切断带有索套的缆索。在切断时，应采取有效措施，防止钢丝头部过热烧损，以免引起其力学性能的变化。一般在切断部位两侧剥开 0.6～1.0m 长度的索套，然后在有冷却水的情况下，用砂轮锯切断它。要防止冷却水逆流进索套内部，在切割完毕后，要及时将钢索上残留的水擦干，并尽快地制作锚头和密封结构。

（4）锚头制作。

（5）索端密封结构制作。由于 PE 热挤索套没有中间接头，因此索两端的密封是其唯一要另行处理的。这是 PE 热挤索套比焊接 PE 套管压水泥浆工艺更为先进之处。如果是采用热缩管作为套管，则可以在接头部位清洁处理完毕，并且在钢丝表面涂抹了防锈脂以后，用喷灯将套管两端加热到收缩温度以上，此时热缩管直径缩小，紧紧地包裹于 PE 索套和锚头的过渡管上。同时热缩管内部预先涂上的热熔胶也熔化了，使接头处达到密封的目的。然后再将热缩管的中部加热，使其收缩。

如果采用钢管作为套管，则在锚头浇筑完毕后，将套管滑移到锚头尾部，并且借助螺纹使套管与过渡管旋为一体。为使旋接部位达到密封的目的，可以在螺纹上缠聚四氟乙烯生料带或使用其他密封胶。接着将橡胶密封圈滑移到套管与 PE 索套之间的间隙中去，当其就位后即可对套管加热，并将熔融的热熔胶注入间隙中，使其充满间隙。最后从钢套管上的预留孔中向套管间隙中压注防锈脂，压满以后则用堵头螺钉将该预留孔封死。

由于索端密封是热挤索套唯一的接头，因此把它处理好了，整个索的防护也就有保障了。再加上这两端的密封部位是隐蔽在梁和塔的预留孔道中的，日后很难再检查，故更应特别仔细地进行制作。如果有必要的话，可在索端密封结构做完后，对整根索进行充气试验，以检验其气密性，充气可用空压机进行，气压在 100～500kPa 之间，充气完毕后关闭进气阀，然后观察与索套内部连通的气压计上的读数有无下降现象，以确定是否有泄漏。如有泄漏，必须找出泄漏的部位之所在，然后采取补救措施。

在缆索的钢丝是不带镀锌层的裸钢丝的情况下，也可通过充气口向索套内压注防锈油，待其浸润了全部钢丝表面后，将多余的油液排出。这样可进一步提高 PE 热挤索套的防护作用。不过这时应确保注入的防锈油所含各成分不应对 PE 塑料有任何不良的影响。

（6）超张拉试验：超张拉试验是在工地现场的张拉台座上进行的，其目的旨在检验锚头、密封结构、钢丝、索套等一系列部件的强度。超张拉应力应是整个索的设计强度的105%。在超张拉试验时应观察锚旋板有无内缩、索端密封结构有无破坏发生等项目，并记录该索的非弹性伸长和弹性伸长，以作为张拉时的控制参数。

在进行超张拉时，测力工作建议使用数字测力仪。它具有直接读数的特点，使用方便，精度也很高。

（7）吊装张拉。在吊装张拉时，应注意保护 PE 索套免致划伤。在锚头穿过预留孔道时应采取措施，防止螺纹碰伤索套，影响锻圈旋入。在索端密封结构采用钢套管的情况下，应特别小心，防止钢套管与锚头的连接部分的螺纹以及密封结构受损。

8.3 悬索桥索的施工

悬索桥中的索结构的施工一般包括主缆的架设、猫道的架设、缆索的架设等。

8.3.1 主缆架设的准备工作

1. 引导索的架设

（1）渡海法

水中渡海法，如图 8-16 所示，它是将引导索慢慢放入水中，同时用牵引船引向对岸的方法。这种方法限制通航，水下地形复杂或水流速度高时不安全，但节省设备、施工方便、缩短工期。

图 8-16　水中渡海法架设引导索

（2）浮子法

浮子法，它是将引导索间隔一定距离安上浮子，以避免导索沉入水底而出现不安全的情况，并用牵引船引向对岸的方法。

（3）空中渡海法

空中渡海法，它是为了不让引导索接触水面，用浮吊牵引导索过海的方法。

（4）火箭抛绳法

利用发射火箭的方法使引导索越过深沟峡谷到沟谷对面，沪蓉高速公路四渡河特大桥就是利用此种方法施工，如图 8-17 所示。

（5）直升机或飞艇索引法

此法是在地形比较平坦的桥位，利用直升机或飞艇牵引先导索过海的方法。在河底平坦无障碍的情况下，为了减少封航次数、缩短施工工期，也可取消引导索，直接将牵引索牵引过江，润扬长江大桥南汊悬索桥就是采用这种方法施工的（图 8-18）。

2. 牵引索的安装

图 8-17　火箭抛绳法架设引导索

图 8-18　直升机或飞艇索引法架设引导索

牵引索用引导索牵引、安装，也可直接牵引过江。国内的几种大跨度悬索桥的引导索过江情况见表 8-1 所列

国内的几种大跨度悬索桥的引导索过江情况 表 8-1

桥名	主缆架设方法	引导索过江	备注
广东虎门大桥	PWS	水中渡海法	
厦门海沧大桥	PWS	水中渡海法	
江阴长江大桥	PWS	水中渡海法	
汕头海湾大桥	PWS	水中渡海法	
润扬长江大桥	PWS	无	牵引索直接过江
四渡河大桥	PWS	火箭抛绳法	
湘西矮寨大桥	PWS	飞艇索引法	

8.3.2　猫道的架设

猫道是指位于主缆之下（大约 1m）沿着主缆设置，让进行主缆作业的工人有个立足

的脚手架。架设猫道相当于在主缆下形成一个临时的简易缆索桥，其作用是供主缆索股牵引和工作人员通行。按猫道承重索在塔顶的跨越形式可分为分离式和连续式两种。在日本对应于 PWS 法，一般是用分离式较多，而欧洲国家所采用的 AS 法施工一般是采用连续式。

猫道由承重索、扶手索、面层、横向通道及抗风索、锚固体系等组成，是由猫道主索上铺设钢丝网面层、扶手绳等所组成。猫道宽度不大，为防止被风吹翻，同时也是为上、下游猫道之间能互相交通，一般要在两猫道之间设置横向天桥，中跨可设 3~5 道，边跨一道。在猫道下方需设抗风索。在立面上，抗风索呈向上凸出的曲线形，其两端则扣在塔和锚碇的下方。在猫道主索和抗风索之间设若干根竖向（或斜向 V 形的）细绳，互相绷紧，就形成一空间抗风体系。这样设置的抗风索势必侵入航运净空，故必须得到航运部门同意，沿抗风索还须按规定悬挂信号灯，以防船舶将它撞坏。

虎门大桥每条猫道分三跨，各自独立，每跨均由 8 根 $\phi 48$ 钢丝绳（猫道主索）支承，上面设有钢丝网面层、扶手绳、猫道门架以及门架支承索等。上、下游猫道之间设五道横向天桥。中跨猫道主索的架设是猫道架设的关键，先利用牵引系统牵引托架支承绳，然后在架设好的托架上牵引猫道主索过江，通航净空由托架保证，如图 8-19 所示。此法的优点是所需主（前端牵引）、副（后端施加反拉力）卷扬机功率较小。猫道主索架设完成后再依次铺设猫道面层，安装扶手架，架设抗风索等。

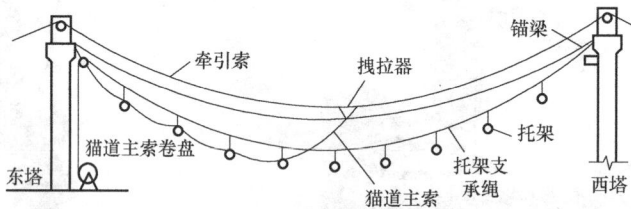

图 8-19　猫道主索架设

汕头海湾大桥猫道主索为上、下游各设 6 根 $\phi 45$ 钢丝绳，两端带冷铸锚头，分别与固定在主塔顶和两岸散索鞍基础上的锚梁相接。猫道面跟主缆中心距离为 1400mm，猫道宽4000mm，用两层钢丝网上压有槽钢及小方木。上、下游猫道间用轻型桁架连接作横向天桥，中跨三道，边跨各一道。抗风索用 $\phi 25$ 钢丝绳从猫道中跨的 1/4 处斜拉至主塔承台与预埋件连接。

猫道的安装是在两塔间先由拖轮带一根φ22钢丝绳渡海，架空作为导索。卷扬机带动导索，从空中带φ33牵引索过海安装。用φ33牵引索作临时支承索，由φ22钢丝绳牵引，将φ45猫道主索逐根牵引过海安装就位，之后再用φ22钢丝绳将成卷的猫道面钢丝网牵引拉开铺设在猫道主索上。

8.3.3 钢缆架设方法

悬索桥的钢缆有钢丝绳钢缆和平行线钢缆。前者一般用于中、小跨度的悬索桥，后者主要用于主跨为500m以上的大跨悬索桥。平行线钢缆根据架设方法分为空中送丝法（AS法）及预制索股法（PWS法）。

1. 空中送丝法（AS）

用空中送丝法架设主缆，19世纪中叶发明于美国，自1855年用于尼亚加拉瀑布桥以来，多数悬索桥都用这种方法来架设主缆。在桥两岸的塔和锚碇等都已安装就绪后，沿主缆设计位置，在两岸锚碇之间布置一无端牵引绳，亦即将牵引绳的端头连接起来，形成从一岸到另一岸的长绳圈。将送丝轮扣牢在牵引绳上某处，且将缠满钢丝的卷筒放在一岸的锚碇旁，从卷筒中抽出钢丝头，暂时固定在某靴跟（可编号为A）处，称这一钢丝头为死头。继续将钢丝向外抽，由死头、送丝轮和卷筒将正在输送的丝盘成一个钢丝套圈，用动力机驱动牵引绳，于是送丝轮就带着钢丝送向对岸。在钢丝套圈送到对岸时，就用人工将套圈从送丝轮下取下，套到其对应的靴跟，可编号为A′，图8-20为送丝工艺示意图。随着牵引绳的驱动，送丝轮又被带回岸上，取下套圈套在靴跟A上，然后又送向对岸。这样进行上百次，当其套在两岸对应靴跟（例如A及A′）上的丝数达到一丝股钢丝的设计数目时，就将钢丝"活头"剪断，并将该"活头"同上述暂时固定的"死头"用钢丝连接器连起来。这样，一根丝股的空中编制就完成了。

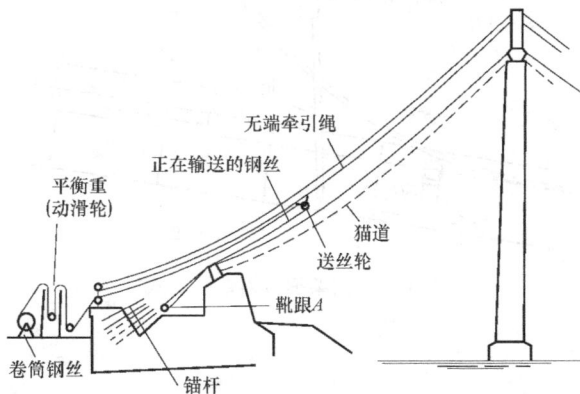

图8-20 送丝工艺示意图

在上述基本原理基础上，可以采取多种提高工效的措施。如果对岸也有卷筒钢丝，可以利用刚才所说的送丝轮在其返程中另带一钢丝套圈到这岸来，从而在另一对编号为B、B′的靴跟之间进行编股。沿无端牵引绳可以设置两个送丝轮，两轮的间距为：当甲轮从一岸驶向对岸时，乙轮正好从对岸驶向这岸，而且两岸都有卷筒钢丝，于是就可以同时在C、C′和D、D′靴跟之间编制另两丝股。这就是"以四根丝股为一批"的安排。再者，对于送丝轮扣牢在牵引绳上的两个点而言，每点可以不只设一轮，例如美国金门桥是设四轮，而且每个送丝轮上的缠丝槽路也可以不只一条。

空中送丝法的主缆每一丝股内的钢丝根数约为 300～600 根，再将这种丝股配置成六角形或矩形并挤紧成为圆形。它的施工须设置脚手架（猫道）、配备送丝设备，还需有稳定送丝的配套措施。为使主缆各钢丝均匀受力，必须对钢丝长度和丝股长度分别进行调整，还应及时进行紧缆和缠缆。

2. 预制索股法（PWS）

用预制索股法架设主缆是 1965 年间在美国发展起来的，其目的是使空中架线工作简化。自用于 1969 年建成的纽波特桥以后使用逐渐广泛，我国新近建成的汕头海湾大桥、虎门大桥、西陵大桥、江阴长江大桥都是采用这个方法。

预制索股每束 61 丝、91 丝或 127 丝，再多就太重了。两端嵌固热铸锚头，在工厂预制，先配置成六角形，然后挤紧成圆形。架设的过程同空中送线法一样，但在猫道之上要设置导向滚轮以支持绳股。

虎门大桥每束 127 丝，每丝直径 5.2mm，每根主缆 110 束，采用门架式拽拉器牵引索股，如图 8-21 所示。在猫道上设置若干个猫道门架安装门架导轮组，牵引索通过这些导轮组，牵引索上固接有拽拉器，通过主（副）牵引卷扬机的收（放）索或放（收）索，使牵引索带动拽拉器穿过导轮组做往复运动。索股前端与拽拉器相连，使得索股前端约 30m 长悬在空中运行，而索股后段则支承在导向滚轮上运行。此方式也可用于空中送丝法。

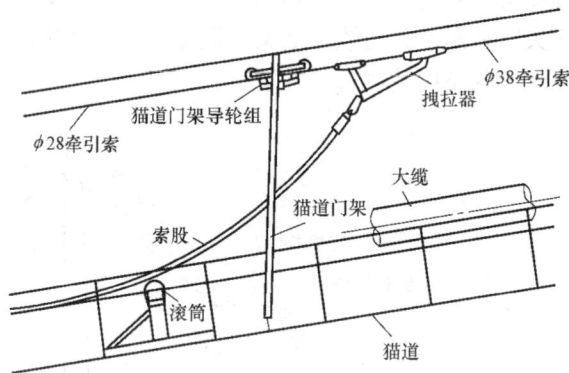

图 8-21 门架拽拉器牵引方式

8.3.4 缆索施工要点

1. 主缆

为使主缆的构造同其锚固相适应，缆内钢丝应分成若干根丝股（索股）。用预制索股法架缆，每股不超过 127 丝。用空中送丝法架缆则无此限制，例如美国金门桥每股 452 丝（每缆 61 股），日本下津井桥每股 552 丝（每缆 44 股）。为使主缆截面最终被压紧成圆形，一般是将丝股先排成正六边，则每一缆内的丝股数目只能是 19, 37, 61, 91, 127, 169, 217, 217 股等。但施工实践表明，即使不排成正六角形也不难挤压成圆形，例如英国博斯普鲁斯第二桥丝股共 32 根，其排列如图 8-22 (c) 所示，汕头海湾大桥和虎门大桥丝股都是 110 根。

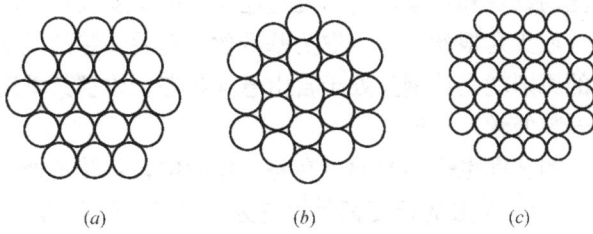

图 8-22　几种丝股排列方式

图 8-22 表示几种丝股排列方式，图 8-22（a）是将两平边放在水平位置，这样摆法是当丝股根数不多时，用主缆成形器来保持其相对位置比较方便。图 8-22（b）是将两平边放在竖直位置，其优点是丝股分成几竖列，可以在各竖列之间插入分隔片，有助于丝股间的通风，使各丝股温度容易一致，有利于保证丝股长度调整的精度。图 8-22（c）是竖向和水平向都可插入分隔片，其四角各缺一根，紧缆时，只需在紧缆机前方用大木锤敲松丝股排列，则挤成圆形并无困难。

主缆施工有许多细节值得注意，这里只介绍其中主要几点：

（1）钢丝接头

空中送丝法用的镀锌钢丝是成盘供应的，一般的重量是 200～400kg，必须在工地上接长。图 8-23 表示一种钢丝连接器的构造，它是长 50.8mm 的套管，内有丝扣。将钢丝的端头分别按左手螺旋及右手螺旋压制丝扣，并将丝头斜着切断。连接时，将两钢丝端头穿进套管两头，旋转套管，使被接长的钢丝拉到一起顶紧。这样，在钢丝受拉时，两钢丝的斜切面就彼此卡住不会因旋转而脱离。施工规范中常见的要求是：取接头构造数的 2％ 作为试件进行检验，测得的强度不得低于原钢丝强度的 95％。

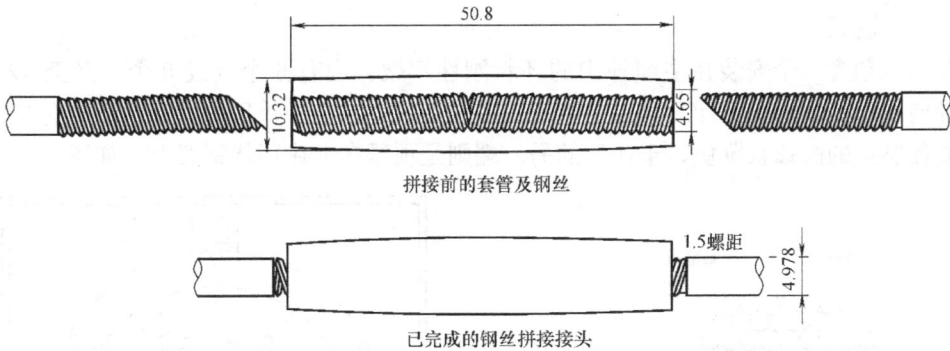

拼接前的套管及钢丝

已完成的钢丝拼接接头

图 8-23　钢丝连接器

（2）调整长度

无论是空中送丝法或预制索股法，都必须有调整长度的措施，称为调丝或调索股。

主缆在自由悬挂状态下的长度可以根据施工时的温度、边界条件、水平距离等因素计算出来，这些属于施工控制的内容。需注意的是：主缆内各钢丝由于位置高度不同，其长度是不一样的。按上述长度设置一基准丝，它在自由悬挂状态下的垂度也是可以计算出来的。理论上，实测值应符合计算值，但实际上由于温度、水平距离、边界条件等因素的偏离，计算值和实测值都要精密计算并进行校正。

空中送丝法基准丝的数目和位置，应以能适应钢丝的垂度校核为原则。对于每一丝股在安装时的第一根丝（或头几根丝）应该取为基准丝，随后安装的丝就可以用先前安装的基准丝来校核。校核的原则就是让钢丝处于自由悬挂状态，要求其垂度同基准丝（或已经用基准丝校正的先前安装的丝）一样。

预制索股法各丝股的长度也是不同的，在每一丝股中，其转角处应设一根基准丝，如图 8-24 所示，其他各丝乃至整股的长度都是以它为基准丝来制造的。其左上角是带色丝，用来检查安装在主缆中的丝股是否扭曲。各主缆架设的第一根丝股称为基准股，它是以后各丝股垂度调整的基准，必须精确测量其垂度。垂度偏差的允许值在汕头海湾大桥（中跨水平距离 450m）为 3cm，若偏差超过允许值，可通过在一端锚旋处放松或收紧丝股来调节。测量时应用千斤顶在塔顶鞍座处将丝股顶高少许，使之处在自由悬挂状态。

基准股以外的其他各股称为一般股。一般股采用相对垂度调整法，即测出待调整股与基准股的垂度差，将实测垂度差与理论垂度差比较，得出相对垂度差 Δf，然后根据悬链线弦长与垂度的关系由 Δf 求得相应的放松（或收紧）Δs。丝股调整好以后必须在鞍座内及时锁定，它和相邻丝股的关系是似靠非靠，若即若离。

（3）主缆挤紧

1）主缆初整圆

初整圆的目的是为下一步挤紧做准备，初整圆在气温稳定的夜间进行。首先在主跨 1/4、1/2、3/4、边跨 1/2 处确定钢丝束排列有无差异、钢丝束是否平行，若有则及时调整。然后用 $\phi10$ 小钢丝绕两圈，两端用捯链滑车连于猫道横梁上，边收紧捯链边用木槌敲打。初整圆后，用钢带打包捆扎，捆扎间距开始比较大，例如汕头海湾大桥开始是 60m，然后用二分法加密，直到 5m 一道。初整圆后主缆表面基本平顺，无凹凸不平现象，但空隙率尚未达到设计要求。

2）主缆挤紧

紧缆机包含一个安装在主缆外山的环状刚性钢架，内有 6 个（或 8 个，乃至 12 个）置于径向的千斤顶上，千斤顶可以是液压式或螺旋式，在各千斤顶的活塞顶端装有按大缆最终直径制造的圆弧状靴块，千斤顶的另一端则是顶紧在上述环状钢架上，如图 8-25 所

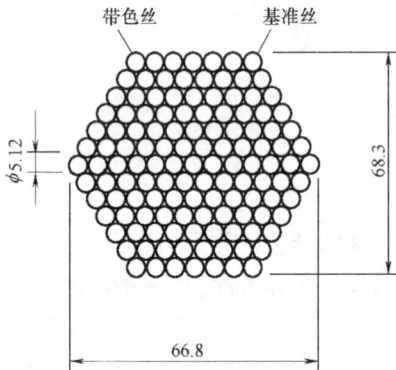

图 8-24　平行丝股的基准丝和着色丝

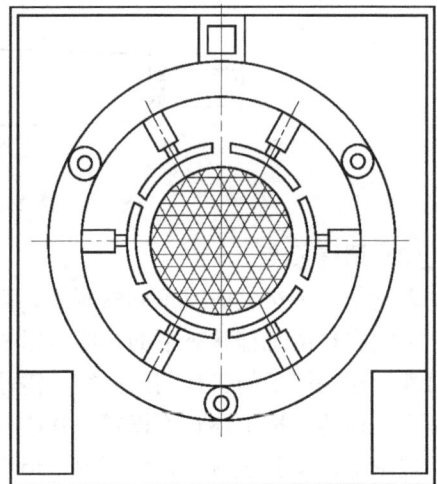

图 8-25　主缆紧缆机示意图

示。一般需要配备四台紧缆机，首先从两主塔向中跨跨中挤紧，然后再从主塔分别向两边跨挤紧，挤紧间距为1m。挤紧后在挤紧压块前后各用钢带捆扎一道，间距约0.5m。挤紧前应拆除丝股的定型包扎带和初整圆的捆扎带。开机后应控制千斤顶的顶压力，每一千斤顶的顶压力一般是 700～1000kN。但维拉扎诺桥及博斯普鲁斯二桥的顶压力曾高达2720kN 和 3000kN。

紧缆机能够沿着主缆移动。汕头海湾大桥采用千斤顶的顶压力和主缆直径双控标准，只要达到其一即自动停机。在紧缆机离开5m之后测量主缆的竖向及横向直径，算出空隙率。海湾大桥挤紧后空隙率的目标值为平均20％，考虑到挤紧捆扎后的主缆直径回弹增大，在挤紧时适当调小缆径，控制在18％左右。实测得主缆横径为57.5～58cm，竖径为54.6～55.4cm，横竖直径差为3cm，呈椭圆形断面，空隙率为17.8％，满足设计要求。

(4) 缠缆

缠缆工作应在大部分恒载作用之后进行，此时主缆截面因拉应力作用而稍稍收缩且索夹均已安装到位，故缠丝机应有越过索夹的功能。缠丝机主要部件包含一个可以开闭的钢环，钢环隔着圆弧形衬板骑在主缆之上。缠在环上的软钢丝被一迅速旋转的飞轮抽出，紧紧缠在主缆之外。缠丝之前要在主缆钢丝表面涂以铅丹膏，在缠丝过程中，铅丹膏若被挤出，应随时将挤出的铅丹膏刮去，不让铅丹青结硬在缠丝表面，随后再在缠丝之外进行油漆。缠丝机只能在索夹之间工作，缠丝的头要焊于索夹边缘。对于缠丝和索夹之间的缝隙，需要用铅毛（极细的小段铅丝）嵌塞。但位于主缆下面的缝隙都不必嵌塞，以使侵入主缆内部的水分可以从这里泄出。

2. 鞍座

位于塔顶的有主鞍座，边跨主缆进入锚碇之前可能设副鞍座。在锚碇前沿，主缆散开，需设散索鞍；若主缆散索中不改变其方向，则只需设散索套。在采用空中送丝法制成的主缆中，位于丝股和锚杆之间的中介环节，称为鞍座。兹分别介绍于下。

(1) 主鞍座

图 8-26 为汕头海湾大桥塔顶主鞍座的总装图，中间顶上是承托悬索桥主缆的槽道，两侧有多道竖向肋板将槽道部分和底座部分连成一体。为便于加工、运输和现场吊装，一般将其分成基本对称的两半体制造后栓合。

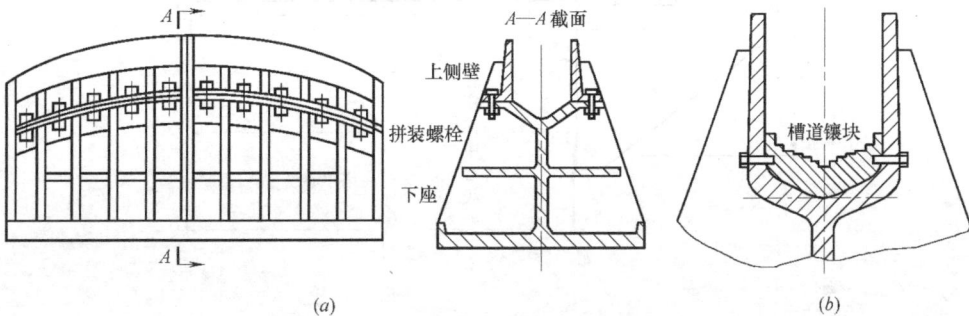

图 8-26　拼装式鞍座示意图

鞍座毛坯依其制造方法可分为整体铸造式、分体铸造拼接式和铸焊式三种。

汕头海湾大桥和西陵长江大桥鞍座均采用整铸式。整铸式鞍座是其整体或半体采用普通铸造方法（铸钢）浇铸而成，它能较为简便地解决鞍座外形复杂、重量较大的问题。特别是鞍座槽道为系列同心阶梯圆弧曲面，一般需铸造成型后再进行精加工。

铸焊式鞍座是槽道部分铸造而成，下底板及结构加强肋则用厚钢板制造，彼此对位后焊接。这种鞍座由于采用了分体铸造方法，使铸造工作相对简单一些，铸造缺陷有所减少且较易发展和处理，其主要技术问题是厚板焊接技术及焊后无损检测问题。许多迹象表明，由于焊接工艺及设备的不断发展，对于像鞍座这类大型单件结构采用铸焊结构将会越来越经济，其发展潜力很大。

拼装式鞍座各部分分体铸造，经机械加工后，采用螺栓连接成整体。当采用铸焊式结构的技术条件不甚具备时，此法不失为一种简便的处理方法，且无焊接变形及焊后热处理问题。但此法对其分体各部分之结合面的加工精度和装配质量要求较高，整体性能对此较为敏感，其自重较同规格整铸式鞍座为重。比较典型的拼装式鞍座：图 8-26（a）中鞍座整体或半体以侧壁某一位置分成上下两部分分别铸造，机加工其结合面后栓接；图 8-26（b）为单独铸出槽道镶块，镶入槽底。

在悬索桥架梁过程中，随着缆力增长，主缆要带着主鞍座向河侧移动，为使塔身所受到的施工应力较小，并为使主鞍座两边的主缆水平分力接近于相等，就需要让主鞍座在施工过程中能有控制地作相对于塔顶的纵向移动。为此，需在鞍座下放置辊轴，或在鞍座底面涂抹石蜡。汕头海湾大桥是在鞍座底板上设置纵向油槽，钻有注油孔，同时在上下摩擦面之间满涂特种涂层。先将鞍座向两塔岸侧预偏 1204.3mm，在中跨首先安装的 12 段梁中，每安装一梁段向前顶推一次，即分 12 次顶推到设计位置。鞍座的纵向顶移是在塔顶鞍座旁靠岸侧设置施顶反力架，在反力架与鞍座之间安放 2 台 6000kN 千斤顶水平施顶。每个鞍座的两台千斤顶并联，上下游四台顶同步施顶纵移，见图 8-27。每个鞍座实际顶推力约 5000～6000kN，其中南主塔上游鞍座最大顶推力达 8520kN。

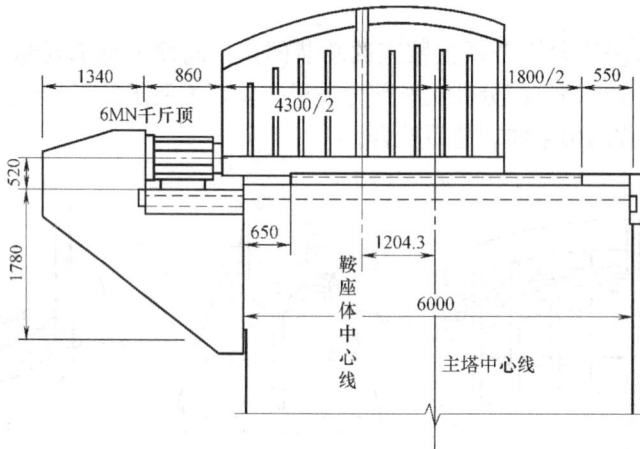

图 8-27 汕头海湾大桥主鞍座顶移（mm）

（2）副鞍座

若边跨较大，致使主缆在边跨靠岸端的坡度平缓，则为使主缆对水平线的倾角变陡以便进入锚碇，需在边跨靠岸端设墩（或钢排架），墩顶设置副鞍座。美国旧金山海湾桥、纽波特桥、英国福斯桥均设有副鞍座。主缆在副鞍座处的转角一般不大，其施工副鞍座的压力也较小，使副鞍座的制造比较容易。从副鞍座到锚碇混凝土前锚面还有相当大的距离，随着缆力的增加，副鞍座也将发生向河侧的纵移，故副鞍座应设置在摇轴或摆柱或辊轴上，在施工过程中也应先使副鞍座向岸侧有一个预偏量。

（3）散索鞍及散索套

在锚碇前段，主缆在这里散开。当缆在散开的同时有一向下的转折角时，就需要设一个散索鞍。散索鞍下面也应设摇轴、摆衬或辊轴。汕头海湾大桥是在散索鞍下面设置盆式橡胶支座，两侧有卡板、螺栓，以防止其侧向移动。其槽道呈漏斗状，主缆从小口进入，在入口处散开，形状为系列阶梯空间曲面。

如果主缆在散开的同时不改变其总方向，那就不用散索鞍而用散索套。散索套的槽道、散索鞍基本相同。在散索套安装就位后，由于侧向力的作用，仍有可能向着主缆未散开的那个方向滑移，为此，应在散索套小口之外设置"挡圈"。挡圈的构造同索夹相似，即凭借高强螺栓使挡圈抱紧主缆，由此产生摩擦力以阻挡散索套的移动。

（4）靴跟及锚杆

在采用空中送丝法制成的主缆中，位于丝股和锚杆之间的连接构件是靴跟及其附件。靴跟的功能有两种：一是传力，丝股套在靴跟的槽道上，而锚杆则连接在靴跟的销钉上；二是调节长度，丝股的实际长度将因施工误差等因素而有出入，靴跟中有调节长度的附件，可以纠正施工误差，使丝股的长度符合设计要求。

图 8-28 表示美国旧金山海湾桥所用的靴跟及其附件。从立面图中可以看出丝股缠在靴跟的槽道上（向右），而锚杆（眼杆）则套在靴跟的大销钉上（向左）。平面图中丝股未绘出。靴跟凭借两块拉板与右端的另一根销钉相连接，两根销钉位置是固定的，而靴跟则可以凭借千斤顶及垫片与销钉做相对微小的移动。千斤顶的活塞同靴跟上的施力孔眼相连，若丝股实际长度偏大，则千斤顶活塞向左推进，迫使靴跟相对于大销钉左移，靴跟内放置垫片的空间扩大，可放置垫片以固定靴跟位置，消除丝股误差。丝股实际长度偏小则放松千斤顶使靴跟右移，取出相应的垫片。最右侧的垫片应与大销钉曲面相匹配。

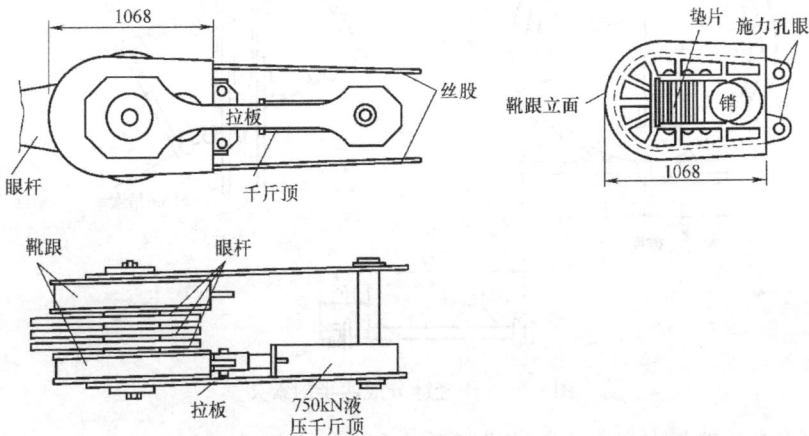

图 8-28 铸钢靴根及其附件

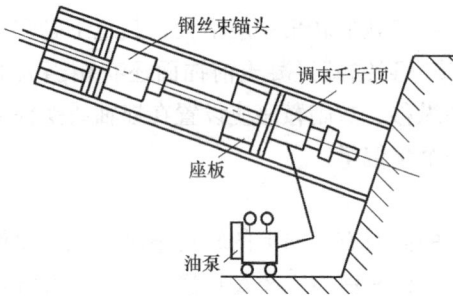

图 8-29　钢丝束锚头调束示意图

在采用预制索股法制成的主缆中，当钢丝束（预制索股）拽拉至锚旋时，先将两端的锚头临时锚固，然后调整线形，精确测量其长度。目前预制绳股的锚杆多采用高强螺杆，在钢丝束的锚头底部配以穿心式千斤顶穿在高强螺杆上，调整长度时，钢丝束的收紧或放松通过千斤顶的拽拉及调整锚头下的垫片来实现，如图 8-29 所示。

索夹有两种构造方式，一种是用竖缝分成两半，吊索骑在索夹上，用高强螺栓将两半拉紧，使索夹内壁压紧主缆，从而产生摩擦力以防止索夹滑动。在索夹两半之间应保留适当的缝隙借以确保螺杆拉力能用于产生索夹对主缆的压力。高强螺杆位置尽可能向内靠近，一是使螺杆拉力对索夹壁的偏心较小，二是可以使螺杆较长，有利于螺杆吸收更多的应变能以防拉裂和减少应力损失。

一般在每缆每一吊点有两根钢丝绳骑在索夹之外，则吊索钢丝绳有 4 个截面共同受力。设吊索总力为 P，吊点处主缆切线同水平线的夹角为 a，则其沿主缆切线的分力为 $P\sin a$，亦即索夹沿主缆滑动的力。由此可以求得全部高强螺杆必需的预拉力为：$\sum N = P\sin a/f$，式中 f 为摩擦系数，其经验值可达 0.6。这是因为当螺杆预拉力相当大时，主缆直径在索夹处局部缩小，使索夹滑动受到较大的阻力。图 8-30 中，上、下两排共有 14 个高强螺杆，由此可以求得每个螺杆必需的拉力。在施工及营运中，螺杆预拉力的损失显著，这主要是因为螺杆钢材的松弛、主缆钢丝相互位置在重复加载中自行调整及镀锌层的受挤变形等造成的。为此，在施工时需要重复拧紧螺杆。

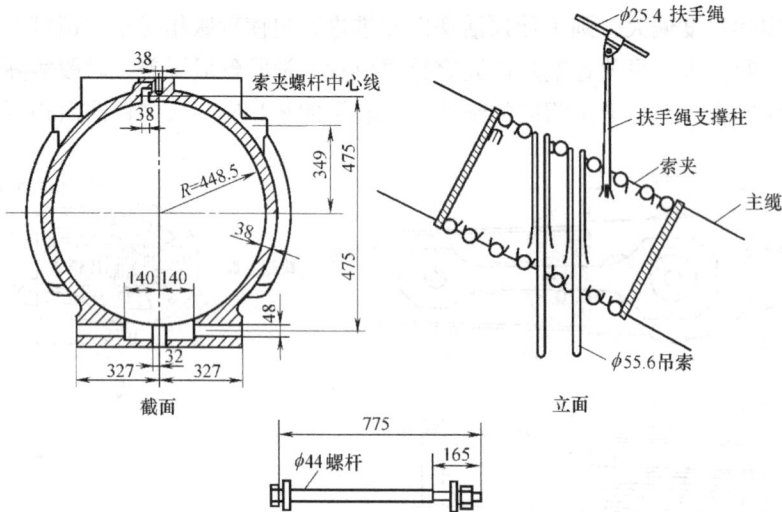

图 8-30　用竖缝分成两半的索夹

另一种索夹构造是在索夹下方铸成竖向节点板，在板上钻制孔眼，吊索端头的锚杯凭借销钉与此孔眼相连。其索夹较常见的是分成上、下两半。图 8-31 是英国塞文桥的索夹

270

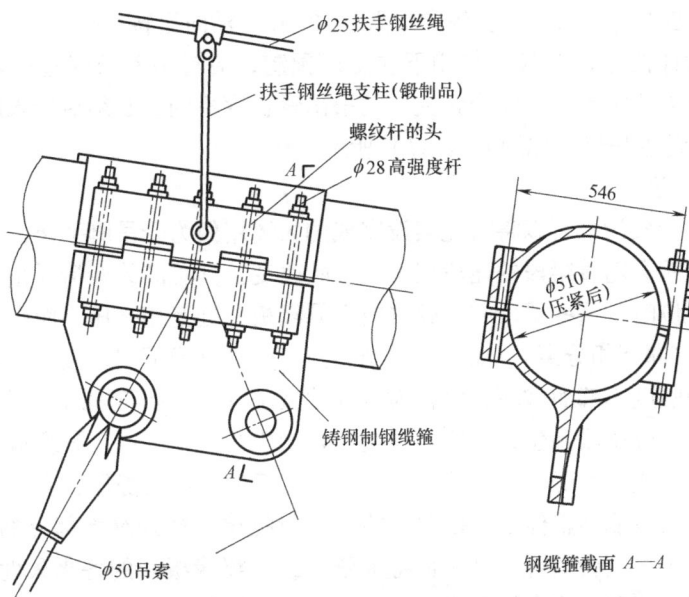

图 8-31　带竖向节点板的索夹构造

构造，用矩形齿状水平缝（其实是沿主缆轴线的缝）分成两半，与高强螺杆、缝的方向垂直，斜吊索上端的锚杯借销钉连接在与索夹下半铸在一起的节点板上。这种构造也可以将索夹分成左右两半，如丹麦的小贝尔特桥，两半的下部均铸有节点板，安装后并在一起。

汕头海湾大桥的索夹采用图 8-32 的构造形式。索夹的安装是在气温稳定的夜间，用全站仪按照施工控制的位置，将每个索夹到主塔中心的距离测出，标定在每根主缆的相应位置上，再根据各个索夹的设计长度，向两侧量出索夹的边缘线。利用通过塔顶和散索鞍处支架上的 10kN 缆索，吊机吊运索夹进行安装，如图 8-32（a）所示。索夹安装就位之后，用 YC-40 千斤顶将索夹上各高强螺杆拧紧，控制拉力为 340±10kN。索夹螺杆的紧固重复四次：1）索夹安装时；2）架梁的缆索吊机就位前；3）全部梁段架完后；4）二期

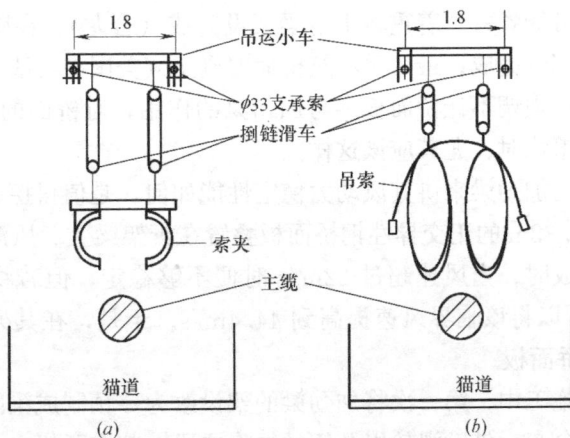

图 8-32　汕头海湾大桥索夹吊装

271

恒载铺装之后。施工中应经常检查索夹螺杆的紧固情况，在任何情况下拉力都不得小于280kN。索夹安装的容许误差为：纵向位置±10mm，横向扭转≤6mm。

吊索需在设计拉力324kN的作用下在工厂预制，应对吊索长度进行复测，以便根据误差大小调整吊索锚板高度。每个索夹上两根吊索长度不同，必须对号入座。吊索的安装也是利用10kN缆索吊机，如图8-32（b）所示。

8.3.5 加劲梁架设

悬索桥加劲梁架设，可以将其先架设完成的大缆用做为悬吊脚手架，但这脚手架是柔性的，其几何形状会随着梁段的逐段架设而不断改变。其总的改变情况是：当只有数目不多的梁段架设到位时，这些梁段在上弦（或上翼缘板）处互相挤压，而在下弦（或下翼缘板）处"张口"（即互相分离）。如若用强制力使下弦杆（或下翼缘板）过早地闭合，结构的连接有可能因强度不够而破坏，而较为合理的做法（美国和英国所采用者）是：在架梁的开始（直到大部分梁段到位）阶段，只是让各梁段在上弦（或上翼缘板）有"铰"状的连接，对于下弦（或下翼缘板）则让它们张口。对于横向风的静压，应该让已架设到位且以"铰"相连的梁段能够整体地以横向弯曲来进行抵抗。待到绝大部分的梁段已经到位，梁段之间下面的张口就会闭合。这时再将下弦（或下翼缘板）的各永久性连接逐个实现，那就合理了。用计算程序将大缆和梁（指其已架设到位的部分）在上述过程中所呈现的挠度曲线逐个求出，对于搞好这项工作，显然是必要的。

当加劲梁是桁架式时，以往所常用的方法是像桁架桥的悬臂安装法那样，采用同样的机具能沿着桁架梁上弦行走的德立克。不同于悬臂安装法的，就在于其不是靠梁的已成段来承担其后拼梁段的自重（该自重将对前者产生悬臂弯矩），而是立即将刚拼好的梁段同其对应的吊索相连，让所有已拼梁段的自重都经由吊索而传给大缆，由大缆承担。对于三跨两铰式悬索桥讲，架梁一般需要德立克四台。梁段各构件的提升顺序，是从两塔开始，分别向两侧（一侧指向跨中，另一侧指向岸）进行。边跨同主跨的跨度比，各桥常不一样。为了使塔顶纵向位移尽可能较小，对于在主跨拼成几个梁段时，边跨应该拼几个，应进行推算。在历史上，曾经因为推算的速度赶不上施工需要，而为此使用全桥的结构模型试验（例如旧金山海湾桥）来决定其较为合理的梁段提升次序。

从减轻施工内力及增进安全着想，梁的架设时常分阶段（或叫分趟）完成。第一阶段，将桥面系梁等尽可能省去，着重将主桁梁架设完成（合龙）。在随后的阶段，可以先让加劲梁结构的其余部分完成；最后再浇筑桥面混凝土（美国在实践中，悬索桥的桥面板都使用混凝土，而且还强调不让桥面板参与加劲梁的作用，对桥面的维修及改建都方便；他们还强调：当车运繁忙时，尤其应该这样）。

对于正在架设中的加劲梁来讲其风动力稳定性能如何，是值得探讨的。英国福斯桥的主跨是将宽度为2×8.32m的正交异性钢桥面板叠置在桁架梁上。风洞试验表明：这样的结构在其全跨不曾建成时，当风速超过22m/s时便不够稳定，但若将桥面板宽度暂时改为2×4.88m，那就可以将该临界风速提高到44.4m/s。于是，在其架梁的第一阶段，就只架设2×4.88m的桥面板。

在旧金山海湾桥施工中，第一次将加劲梁的架设改为：预制成梁段，依靠绞车，用可以行驶于大缆的起重台车，借助滑轮组及钢丝绳将梁段（装在驳船之上并浮运到桥下）提升到位。其梁段包含加劲桁架梁两个节间，其最大重量是180t。这一施工方法是经济合理的，随后便被广泛采用。在韦拉扎诺桥，其设备有较大改进，所提升的梁段最大重量达到357t。而更为合理的措施，乃是改用液压连续提升千斤顶，用钢绞线提升梁段。在虎门大桥架梁时，曾进行研制。到日本的来岛悬索桥施工，又给运梁驳船配备了"动力定位系统"（dynamic positioning system），使此法在海运繁忙处也能使用。

让加劲梁使用梭状扁钢箱，开始于塞汶桥。其合理的架梁方法是采用梁段提升法。该桥在节约资金方面所采取的措施有些过火。表现在梁段提升方面，便是不将梁段装在驳船上，而是将梁段作为浮体（梁端用薄钢板封头）来拖运。其梁段最大重量是130t；采用两点起吊的布置，这使梁段在提升过程中不易控制（当顺桥的风速是55m/s时，其俯仰振幅就已不小）。另外采用钢箱梁做加劲梁情况，其合理的工地连接方式是焊接。塞汶桥在这一方面（工地施焊）也遇到些问题。而这一问题在其后的博斯普鲁斯第一桥施工中便开始得到合适的解决。

8.4 施 工 控 制

8.4.1 斜拉桥索的施工控制

斜拉桥是高次超静定结构，可能有各种不同的应力组合。可以通过对拉索索力在一定范围内的调整，使结构中恒载内力分布更加合理。一般斜拉桥设计总是拉索应力和主梁的弯矩尽可能地分布均匀。

斜拉桥采用不同的施工方法和架设程序，对成桥后的主梁线形和结构中的恒载内力的分布情况会有不同的影响。此外，斜拉桥的结构体系和荷载状态随着施工的进展不断变化，各施工阶段发生的应力和变形的误差，如果不加以有效地管理和控制，累计起来也会影响成桥后的线形和应力。拉索中的应力过大或不足同样会使结构应力分布和主梁线形与设计不符。如果竣工后斜拉桥拉索索力、主梁内力和线形与设计相差较大，就会影响桥梁的安全使用。为了确保斜拉桥在施工过程中结构的受力状态和变形处于设计值的安全范围内，成桥后的主梁线形符合预期的目标，并使结构处于理想的受力状态，必须对各施工阶段发生的误差及时进行调整，这就是斜拉桥的施工控制与调整所要解决的问题。

斜拉桥的施工控制和调整是一个系统工程，贯穿于施工的全过程，主要包括以下两个方面：

一是对于选定施工方法的每个施工阶段进行详细的理论计算，以求得各施工阶段的施工控制参数。

二是对于在实际施工中因各种原因实测值与理论计算值出现的不一致问题，采取一定的方法在施工中予以控制和调整。

1. 施工控制与调整的原则

施工控制通常是指对拉索张拉力的控制调整和对主梁标高的控制，以使成桥后结构内力及外形达到设计预期值。但施工实践证明，单纯控制索力或标高虽是片面的，但两者同时控制又很难实施。一般来说对于采用悬臂施工的斜拉桥，在主梁悬臂架设阶段，确保主梁线形的和顺准确是最重要的，在这个施工阶段应以主梁标高控制为主。而在二期恒载施工时，为保证结构的整体内力和变形处于理想状态，拉索张拉时应以索力控制为主。

标高控制为主并不是只控制主梁标高，而不考虑拉索索力的偏差。施工中应根据结构本身的特性及不同的施工方法，采取相应的控制措施。假如主梁刚度较小，拉索索力的变化会引起主梁悬臂端挠度的变化较大，则拉索张拉时应以高程测量进行控制。而当主梁刚度较大或主梁与桥墩固结时，拉索索力变化很大时，主梁悬臂端挠度却很有限，施工中就应以拉索张拉力进行控制，然后根据标高的实测情况对索力作适当的调整。

悬臂施工的斜拉桥，主梁标高和线形的控制主要是通过混凝土浇筑前放样标高的调整（悬臂浇筑法施工时）或通过预制块之间接缝转角的调整（悬臂拼装法施工时）来实现的。

斜拉桥采用斜拉索来支承主梁，使主梁变成多跨支承连续梁，从而在大跨径情况下可以大大降低主梁的高度。这一特点使斜拉桥成为大跨径桥梁中最有竞争能力的桥型。由于主梁纤细又是靠斜拉索支承着，显然索力的大小和索的变形将给整个结构的状态带来很大影响。而且任一索力的改变对全桥都有影响，且有牵一发而动全身之状。因此，必须很好地控制索力使梁塔处于最优的受力状态，并利用斜拉索的预拉力来调整主梁标高以符合设计要求。但是通过施工如何达到这个理想状态尚有许多工程技术问题需要解决。施工控制就是一个关键。必须根据设计与施工相结合、工程与控制相结合的现代系统工程学的观点来完善这一课题。

2. 索力的误差与调整

在实际桥梁施工中，结构产生偏离目标值的原因所涉及的范围极其广泛，诸如，结构分析时模型误差，设计参数如弹性模量、截面特性、构件自重等取值与实际不符。此外还有构件制作误差，架设定位误差以及索力张拉误差，变位和索力计测误差等。作为索力调整的主要误差对象应该是所谓"固定误差"，即发生了的误差作为结构特征值以后不再变化的，如尺寸、自重、刚性等误差。误差的性质与索力调整有着密切的关系，例如：

构件自重误差：这是最常见的误差，PC桥梁中由于模板刚度不足，常使构件自重偏大，如天津永和桥自重误差达5％以上，因此当施工中着重于控制索力，采用一次张拉法时，梁轴线位置偏差随着悬臂拼装伸长将越来越大。为了保证梁轴线位置和改善内力状况，这时只有控制轴线位置调整索力才是比较有效的办法。

索的刚性误差：在同样引伸情况下索之刚性误差引起索力误差，因此施工中只有控制索力，也就是把索力作为施工管理目标时才能有效地消除这一误差的影响。

梁的制作误差：如发生主梁预拱度或局部变形误差，这类误差在以索力为管理项目的施工中，由于线形不受限制，所以制作误差将原样地保留在结构中，结构内力不受影响。相反，采用轴线位置为管理项目的施工中，为了保证理想的线形将使索力发生偏差，甚至会大大地扰动结构内力分布状况。

以上说明索力调整原则与误差性质的关系，误差分布状况与索力调整也有关系。

误差分布沿桥纵向出现同号增加或减少的误差称为大范围误差。相反，出现正负交替分布的误差称为小范围误差。显然，小范围误差类似于均值为零的白噪声干扰，可以归入偶然误差来一起考虑。小范围误差对于索力和轴线位置影响并不显著，因为通过主梁刚度将使小范围误差影响平均化。如构件自重误差或主梁刚性误差出现正负交替分布时，以轴线位置来控制施工时产生索力偏差将很小，因此，大范围的误差才是索力调整的主要对象。

从以上分析可见，控制索力或控制轴线各适用于不同的误差场合。但施工中要对于所有这些误差都进行正确的区别和定量分析，事实上近于不可能。国内外工程实践表明，恰当地选择施工管理项目，通过索力调整有可能使斜拉桥在应力与形状方面都得到改善。

3. 索力调整的方法

斜拉桥的恒载索力大多数是根据刚性支承连续梁的原则确定，然后通过倒退分析逐步计算出各施工阶段的索力及相应挠度。但理论计算和实际施工是存在差别的，因此，在施工中就必然会发生挠度和索力偏差值。对于偏差的处理和索力的调整，有以下几种方法：

(1) 一次张拉法

在施工过程中每一根索都是一次张拉到设计索力，对于施工中出现的梁端挠度和塔顶的水平位移用索力调整，任其自由发展，或保持索力为设计值条件下通过下一块件接缝转角进行调整，直至跨中合龙时挠度的偏差采用施加外力如压重的方法强迫合龙。一次张拉法简单易行，应用很广，但对构件的制作要求较高。如蚌埠淮河桥就是用一次张拉法施工的。

一次张拉法对已完成主梁标高和索力不予再调整，结果，主梁线形不好，索力也不符合刚性支承连续梁计算结果，跨中强迫合龙更是进一步扰乱了内力状况。

(2) 多次张拉法

在整个施工过程中对拉索进行分期分批张拉，其目的是使施工各节段的索力较为合理，竣工后索力也基本达到期望值。三台涪江桥采用多次张拉法，天津永和桥的自动调索也属于多次张拉法。上海南浦、杨浦、徐浦大桥都是由设计单位逐次下达施工控制文件(施工单位称之为设计指令)，施工单位按指令规定的张拉值张拉，一根索要重复张拉六七次之多，通过索力补拉来调整主梁的轴线位置。多次张拉法成桥后线形和内力状态优于一次张拉法，但施工比较复杂。

(3) 卡尔曼滤波法

卡尔曼滤波法类似一次张拉法，但各阶段索的张拉力不是原来的设计索力，而是根据变位的实测数值经过滤波和反馈控制计算后给出索力的修正值。它把梁的挠度 x 看做随机状态矢量，索力 U 作为外加控制矢量，通过适当地选择索力以控制最后梁端或塔顶位置达到某一指定值 δ，因此它对位置的控制是绝对的，对于索力的控制则是在满足设计位置的基础上，以结构弯曲应变能最小为最优。

由此可见以往的施工控制方法，是单单从控制索力或单单从控制轴线位置来制定的。由上节所述的误差特性与索力调整关系可知，单方面的控制往往会顾此失彼不能获得理想的结果。

以最小二乘法确定索力调整的原则。设可调整的索数为 N，施工管理项目数为 M，施工管理项目可以包括索力、梁的挠度、塔的位移或构件截面应力等，并允许 $M>N$。设 R 为索力调整后管理项目的残余误差列向量 $R=[R_1, R_2, \cdots \cdots R_n]$，目标函数 Ω 可表示为 $R=\sum\limits_{i=1}^{M} R_i^2$ 因为残余误差 R 是索力线性函数，使上式为最小的索力为 $\dfrac{\partial \Omega}{\partial N_j}=0$ ($j=1$, 2, $\cdots$, N) 由此式得到 N 元联立方程，解方程很容易求出 N_1 值。最小二乘法在控制管理项目中能概括我们所关心的控制内容，因此，只要在施工中适当地选择管理项目就能获得所预期的效果。

4. 一次张拉到位

这里所说的一次张拉到位是指在保证索力与主梁线形完全符合设计要求的前提下，不需调索，一次张拉到位。它与前面提到的一次张拉到设计索力完全不同。大跨度斜拉桥一次张拉到位在理论上是完全办得到的，施工控制计算机软件可以求出各根索施工时的张拉理论值，使得斜拉桥合龙三年（经过收缩徐变）以后，索力和线形都达到设计要求的理想状态。但是有两个问题需要解决：

（1）主梁的弯矩承受能力。斜拉桥主梁一般是比较薄弱的，施工时有挂蓝（悬臂浇筑）或架桥机（悬臂架设）作用在主梁上，而且位置在不断变化，完全靠索力调整与之平衡。若索力一次张拉到理论值，会使主梁施工时弯矩过大而无法承受。

（2）主梁一次达到的变位幅值是否过大。在大跨度斜拉桥的施工中，斜拉索索力一次张拉到位的不予调整，会使一次达到的变位幅值非常大。变位幅值的理论值与实际值之间也是会有误差的，一次很大的变位幅值也必会导致可观的标高偏差，最后导致合龙困难。

以上两个因素都会使施工控制中不得不采取多次张拉法。但目前牵索式长挂篮的使用可以大大地降低挂篮重量和主梁在施工中的弯矩值和变位幅值，这就为一次张拉到位提供了有利的条件。同时，通过现场实测，实时反馈有效地消除理论值与实际值的不一致性，调整计算参数，使各阶段施工循环中保证主梁标高、索力按着预先指定的轨迹变化，这也为一次张拉到位解决了上述第二个问题。

1995 年建成的广东三水大桥实现了一次张拉到位，其事先确定的标高限制为±3cm，索力误差为±5%，在施工中，一次最大的主梁变位幅度约 5.0cm，结果合龙时误差仅在 1cm 之内，是国内大跨度预应力混凝土斜拉桥施工中索力一次张拉到位的成功实例。

8.4.2 悬索桥工程控制

悬索桥在恒载作用下的几何形状和内力与施工方法密切相关。同一座桥会因为施工方法及施工顺序的不同而导致成桥时结合形状和内力的不同。而且由于悬索桥结构及施工的特殊性，其几何形状在施工过程中较难控制和管理，容易产生各种施工误差，因此一个科学细致的工程误差控制显得尤其重要。兹将悬索桥工程控制的重要性、内容及方法简要介绍于下。

1. 悬索桥工程控制的重要性

悬索桥在施工过程中不仅容易产生各种施工误差，而且容易出现风的不稳定性和局部应力超限，兹列举于下：

（1）悬索桥抵抗变形的刚度主要来自主缆的重力刚度。当加劲梁尚未架设时，主缆是很柔的。随着加劲梁的架设及温度变化，主缆的几何形状变化很大。以虎门大桥的施工过程为例，当跨中已吊装部分梁段，设温度降低 20℃、升高 25℃或为基准温度时，主缆及部分加劲梁相对于全桥完成（基准温度）时的竖向位移，如图 8-33 所示。从图中可以看出，四分点处的主缆比全桥完成时主缆的位置高出 6～7m，其纵向的位移也相当可观，因此索夹在主缆上的位置必须有一适当的预偏量。

（2）悬索桥施工各阶段中消除误差比较困难，一旦施工完毕，不但主缆长度无法调整，就是吊索也无法像斜拉桥的拉索那样重复张拉进行调整。悬索桥的主缆和吊索长度在施工过程中只能通过垫片微量调整。

（3）悬索桥在施工阶段，加劲梁之间是先将上翼缘临时铰接，下翼缘张开，等到加劲

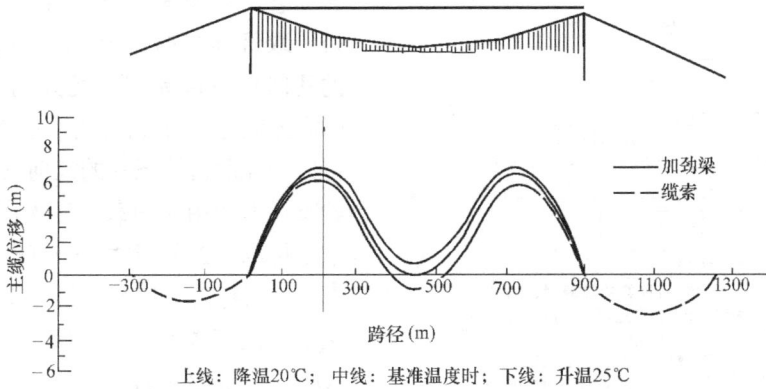

上线：降温20℃；中线：基准温度时；下线：升温25℃

图 8-33　施工过程中主缆相对于全桥完成时主缆的位移

梁全部（或部分）吊装完毕下翼缘方可合龙，将铰接变为刚接，因此施工阶段颤振失稳的临界风速可能大大低于成桥状态的临界风速。

（4）悬索桥加劲梁的安装、塔顶鞍座顶推不是同时进行的，在吊梁时，塔顶鞍座、塔顶在水平方向临时约束，此时塔顶、鞍座一起发生纵向位移，使塔根产生一定程度的弯矩，这样就可能发生塔根应力超限的危险。为了不让塔根应力超限，吊梁若干节段后就要用千斤顶调整塔顶鞍座、塔顶之间的位置以释放塔根弯矩。何时释放必须通过工程控制确定。

（5）为了减少最终吊装完毕时现场焊接的工作量及提高施工阶段抗风稳定性，常常将部分梁段吊装完毕时就将这几个梁段焊成一刚性连接段。但如果一次刚性连接的部分长度太大，则其最外侧的吊索可能超载、加劲梁的弯曲应力可能超限。允许几个节段先部分刚性连接，必须进行科学细致的工程控制。

（6）其他一些随机因素的影响。

2. 悬索桥工程误差控制的主要问题

悬索桥的工程误差控制由施工前控制和施工中的控制两大部分组成。为达到工程误差控制的目的，国内外有关学者先后研制出各有特色的计算机软件，其内容大同小异。所谓大同，都是按有限位移理论考虑了悬索桥的几何非线性；所谓小异，是各家思路不同，考虑的因素繁简不一。兹将工程控制的主要问题介绍于下：

（1）施工前误差控制包括确定主缆和吊索的无应力长度、加劲梁的无应力三维尺寸、鞍座的预偏量、索夹的预偏量等。如何确定这些尺寸使成桥状态时结构的几何形状满足设计要求，不能像其他体系如斜拉桥、连续梁桥那样用倒退分析来解决。因为我们只知道成桥状态时的桥面竖曲线、吊索（索夹）位置、鞍座中心位置和主缆的跨中矢高，而主缆的线形是不知道的。主缆在刚刚架设就位之后应该是一根悬链线，但经过作用一期恒载（索夹、吊索、铰接的加劲梁段）和二期恒载（桥面铺装、防撞墙等）之后，究竟是什么线形就不知道了。因此确定施工前控制的尺寸必须采用逐步逼近的前进分析法。

图 8-34 为悬索桥在恒载作用下结构几何及内力计算框图。计算分为两个阶段，第一阶段计算一期恒载作用，此时加劲梁尚未刚接，荷载全由主缆承受。第二阶段计算二期恒载的作用，荷载由已经刚接的加劲梁和主缆共同承受。两个阶段各有其初始态、荷载态和

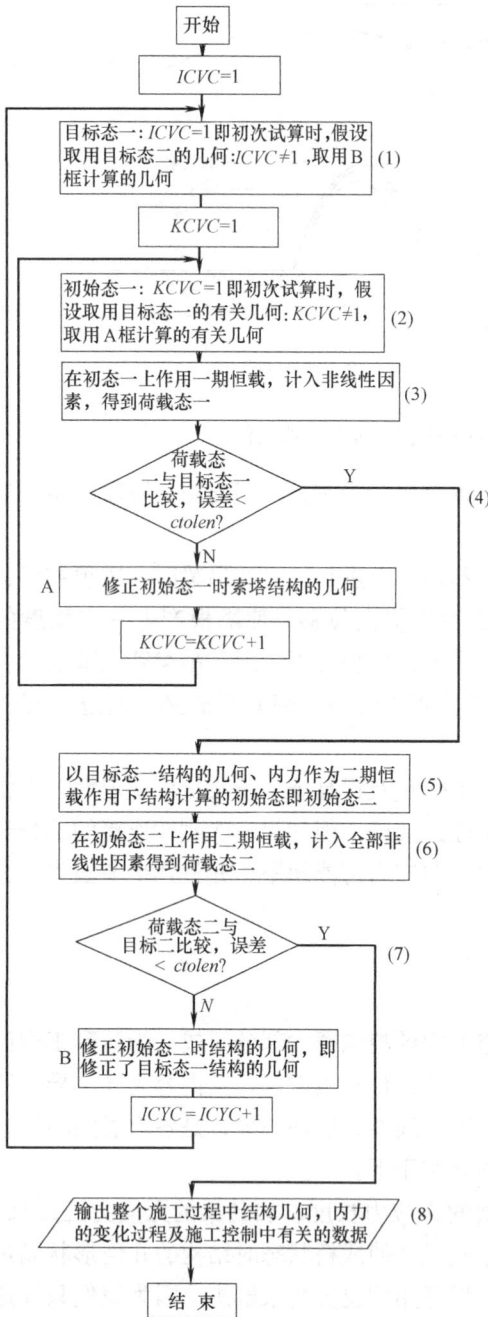

图 8-34　恒载作用下结构几何及内力计算框架

目标态。初始试算时（$LCY=1$，$KCY=1$），取目标二时的几何（也就是成桥时的几何）为目标态一的几何（框1），此时需要假定一个初始态一，为方便起见，可以同样取目标态一的几何（框2）。在初始态一上作用一恒载，计入所有非线性因素就可以得到荷载状态一（框3），拿荷载态一与目标态一比较（框4），初次试算肯定是误差较大的，于是修正初始态一（框A），重复框3的计算（$KCY=KCYC+1$），如此类推直至误差小于某一指定值（例如 $ctolen=0.01$m）为止，接下来计算第二阶段。

第二阶段的计算最初（$ICY=1$）以目标态一的几何为初始态二（框5）。在初始态二上作用二期恒载，计入所有非线性因素就可以得到荷载态二（框6），拿荷载态二与目标态二比较（框7），初次计算时误差较大，于是修正初始态二，也就是修正了目标态一（框B），这样就回到了框1（$ICYC=ICYC+1$），重复计算，如此类推，直至满足荷载态二与目标态二的误差小于某一指定值为止。在程序的后处理中就可以输出我们感兴趣的施工误差控制内容。

（2）悬索桥施工中工程误差控制的目的是指导现场工程技术人员把图纸上设计的悬索桥科学地、安全地、经济地得到实现。悬索桥的施工按施工场地的不同可分为工厂预制和工地现场浇筑、拼装、架设。如组成主缆的索股、鞍座、索夹、吊索、钢加劲梁等是在工厂内按无应力尺寸下料预制的，然后运到工地上拼装、架设；而锚碇、主塔、混凝土加劲梁、路面等是在工地上现场浇筑的。因此可以把悬索桥施工中的工程控制再分为工厂预制时的精度控制和现场安装架设时的安全、精度控制两部分。前者可按规定的加工精度标准进行控制，容易得到保证。后者的内容主要有：施工阶段结构几何形状和内力的计算模拟；误差量测、反馈及调整、塔顶鞍座的合理顶推；加劲梁段吊装、刚接先后次序的合理选择等。

278

分析结果表明，主塔、主缆的施工误差对加劲梁拼装、合龙的影响最大。由于主塔、主缆的施工误差，成桥状态下塔顶坐标和主缆跨中坐标与原设计值相比都会有误差，此时如仍按原设计的吊索无应力长度施工，势必对加劲梁的线形控制和合龙造成困难。解决这一问题的方法是根据实测空缆状态下的主塔、主缆的施工误差，换算出成桥状态下主塔标高、主缆跨中点标高的误差，修正主塔塔顶标高及主缆矢高的输入数据，调用图 8-34 的程序重新计算吊索的无应力长度，借以消除此项施工误差的影响。必须指出，在量测主塔、主缆的施工误差时，要特别注意温度的影响。一要由主缆的实测表面温度准确推算出主缆截面的平均温度；二要由实测温度时的施工误差换算到基准温度时的施工误差，由此确定实际施工的主缆在基准温度时的几何形状。

以成桥状态为初始态，可以通过倒拆分析对各种施工方案进行计算机模拟，得到每一施工阶段的结构几何和内力，从而据此选择合理的施工方案。根据计算机模拟结果，有几点值得注意：

(1) 加劲梁的吊装，每吊装一段立即予以刚接直到桥跨全长，是通不过的。由于主缆几何形状在施工中变化很大，这样刚接若干段后，某一吊索和加劲梁的内力都会超过限值。

(2) 合理的方法是将几段加劲梁刚接在一起，形成一不长的刚性连接段，各刚性连接段之间用临时铰相连，这样可以释放加劲梁和吊索中过高的内力，并且对施工过程中抗风稳定性有利。

(3) 主缆架设完毕后，猫道的重量即悬挂在主缆上，它对悬索桥结构构件的无应力尺寸没有影响，但对架设过程的计算机模拟影响较大，主要会影响到加劲梁下翼缘的闭合，应予以重视。

(4) 鞍座弧面主缆相切点的运动对倒拆分析影响不大，可以忽略不计。

第9章 桥面附属工程施工

9.1 桥梁支座的施工

支座的作用主要是传递上部结构的各种荷载，适应温度、收缩徐变等因素产生的位移，部分支座还具有防震减震功能。

9.1.1 支座的类型及材料

支座按受力特性分为：固定支座与活动支座两种。固定支座允许桥跨截面在其上自由转动而不能移动，传递上部结构的竖向力和水平力；活动支座允许桥跨截面在其上自由转动和移动，传递上部结构的竖向力。从构造形状上看，支座可按表9-1分类。

桥梁支座类型 表9-1

桥梁支座类型	垫层支座
	平面钢板支座
	切线式支座
	摆柱式支座
	板式橡胶支座
	盆式橡胶支座
	球形钢支座

支座材料有油毛毡、钢板、辊轴、铸铁合金、钢筋混凝土、各种聚四氟乙烯橡胶等。

支座的布置，直线桥要由跨径长短、支座反力大小、建筑高度的要求决定，宽桥、弯、坡、斜桥不仅要满足直桥上述要求，还要考虑双向和多向移动，防震和减震措施的要求，还与桥梁的受力体系有关。简支、悬臂、连续梁桥的支座布置不同，梁与拱、刚架与桁架也各不相同。

9.1.2 几种常见支座的安装

(1) 垫层支座用油毡、小石子混凝土、水泥砂浆、沥青等作垫层材料。安装时，在桥（台）帽的支承面上铺垫2~4层厚约为1cm的垫层材料，并在各层间涂抹热沥青，将梁端支承在热层上即可。此形式适合在小桥和轻型桥台上安装。为使梁体和基础在顺桥向形成四铰框架，要在支承处设置栓钉将支座固定在墩台上，并用小石子混凝土将梁与墩的缝隙填满。

(2) 平面钢板支座（图9-1）又叫滑动支座，由上下两块厚度不同且不小于20mm的钢板组成。安装滑动支座时，可先焊上面一块钢板，使之在梁体的锚栓下，后将下面一块钢板焊在墩帽的预埋垫上。并在两钢板面上涂以石墨粉，以减少使用时的摩阻力和防止锈

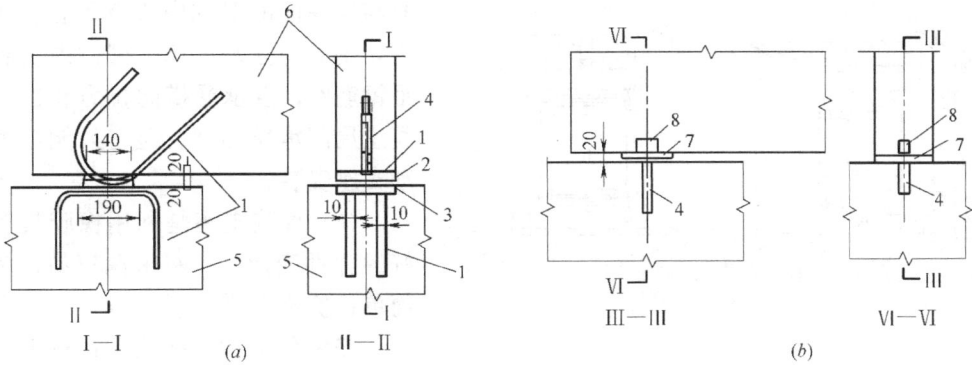

图 9-1 平面钢板支座

(a) 活动支座；(b) 固定支座

1—上座板；2—下座板；3—垫板；4—螺栓；5—墩帽；6—主梁；7—钢板；8—套管

蚀。安装固定支座时，可在钢板间设置栓孔或镶嵌齿板作约束钢板移动的设施。

(3) 切线式支座（图 9-2）由上下座板组成，并用钢板制作。活动支座无齿板，固定支座有齿板。将厚约 5cm 铸钢板制成光滑的上座板，截面呈矩形，两端设齿槽，横桥方向与竖桥方向的比为 1～1.5。下座板顶面切削成圆弧形支点截面可自由转动，顶面精制刨光。顺桥方向，上下座板宽度相等，横桥方向长度上座板要比下座板多 2cm。为了方便在两端焊接齿板，齿槽要比嵌入的齿板宽 2mm。下座板底下还设一块定位板，厚约 1.2cm，面积约大于下座板，用以清除施工误差。嵌入槽内的齿板不应妨碍桥跨的转动，但要约束移动，以固定梁与墩的相对位置。在与支座接触的梁底和墩顶内，应设置水平钢筋网，以加强混凝土的局部承受强度。

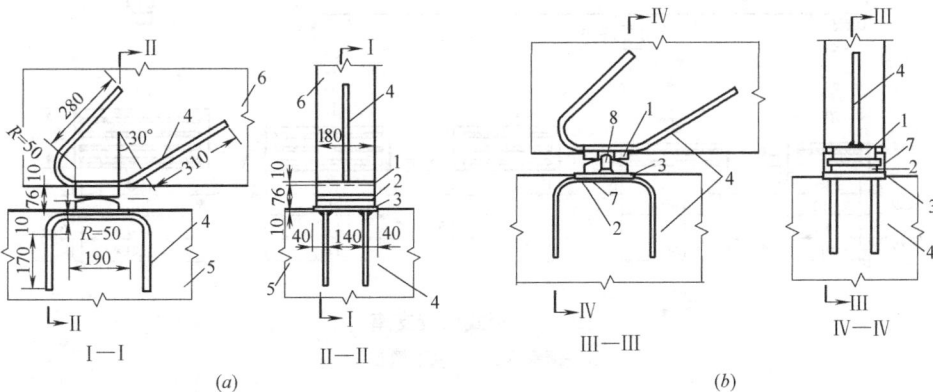

图 9-2 切线式支座

(a) 活动支座；(b) 固定支座

1—上座板；2—下座板；3—垫板；4—螺栓；5—墩帽；6—主梁；7—齿板；8—齿槽

(4) 摆柱式支座（图 9-3）由钢筋混凝土、铸钢和其他金属材料组成。它由短柱、上下圆弧垫板、上下平面钢板组成。在圆弧垫板上各焊有一个齿板，在平面钢垫板上相应的预留齿槽，用 C38～C40 混凝土作摆柱，把柱高做成弧形钢板曲面的两倍，圆弧形面的圆

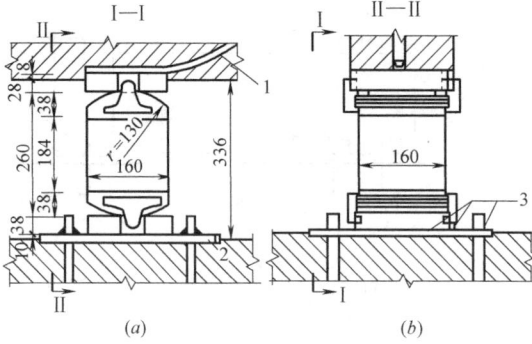

图 9-3 摆柱式支座

(a) 平面座板；(b) 弧面座板

1—锚固钢筋；2—垫板；3—焊缝

心与摆柱面的对称中心点重合。而成为切割面易摆动的圆。摆柱内设有水平钢筋网，以承受横向拉力和提高混凝土局部承压强度。但它只能作为活动支座安装。

（5）橡胶支座是利用橡胶具有良好的弹性变形，材料来源较易，构造简单；价格合理，制造方便，不需养护，安装移动和更换简单；建筑高度小，适应性强，摩阻力小，能分布水平力，吸收部分动能以减少冲击等特点而制成的。一般常用氯丁橡胶（合成橡胶）、硫化天然橡胶、丁基橡胶等

材料制作此种支座。这些橡胶耐压、耐油、耐老化；热天不发软，冷天不发脆，并能抵抗大气中的臭氧的作用。橡胶支座一般有纯橡胶、板式、盆式、移动或转动式等形式。

1）板式支座，如图 9-4 所示，上下表面为橡胶层，中间为薄钢板，以一层橡胶一层钢板的形式多层重叠。它有较大的摩阻力，能保证梁体不至相对滑动。支座随梁端伸缩和转动，能适应桥跨结构的各种变形。薄钢板嵌在橡胶片间，不但可提高支座的抗压能力，还能阻止橡胶层侧向膨胀，对水平方向的刚度变形甚微。此外，它的抗压弹性模量通过改变中层橡胶厚度来调节。

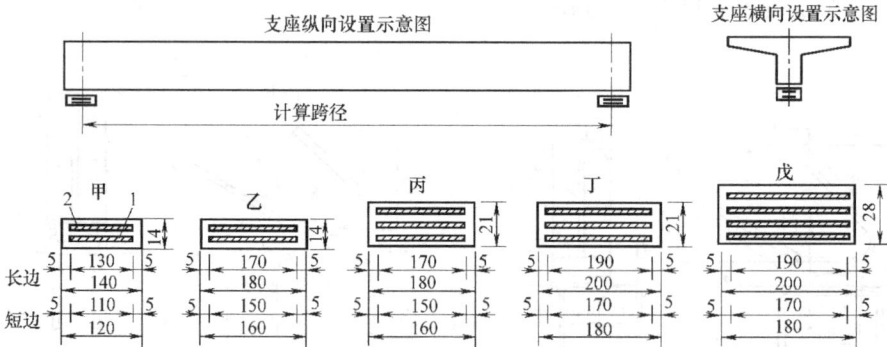

图 9-4 板式橡胶支座

1—薄钢板；2—氯丁橡胶

2）盆式支座，如图 9-5 所示，由橡胶块、聚四氟乙烯板、钢盒、盆塞、密封环、封水圈和钢滑板等组成。C2F4 板可用梅花形小圆板形式（图 9-6），一半嵌入中间衬板凹槽内，一半高出衬板，以便与不锈钢滑板滑动。橡胶块密封在钢凹盒中，约束其变化而处于三向应力状态，使之承载力大为提高。在钢盒内橡胶有类似液体的功能，转动灵活，能满足梁体转动的需要。而 C2F4 板的摩擦系数小，盆式橡胶的允许应力 $[\sigma] = 245 \text{kPa}$。

抗压弹性模量（E）$\geqslant 343000 \text{kPa}$；弹性压缩 $1\% \sim 2\%$，其厚度宜取直径的 $1/12 \sim 1/10$，橡胶硬度为邵氏 $A = 60.5$，纯 C2F4 板的允许压应力 $[\sigma] \leqslant 237.4 \text{kPa}$；填充 C2F4 板

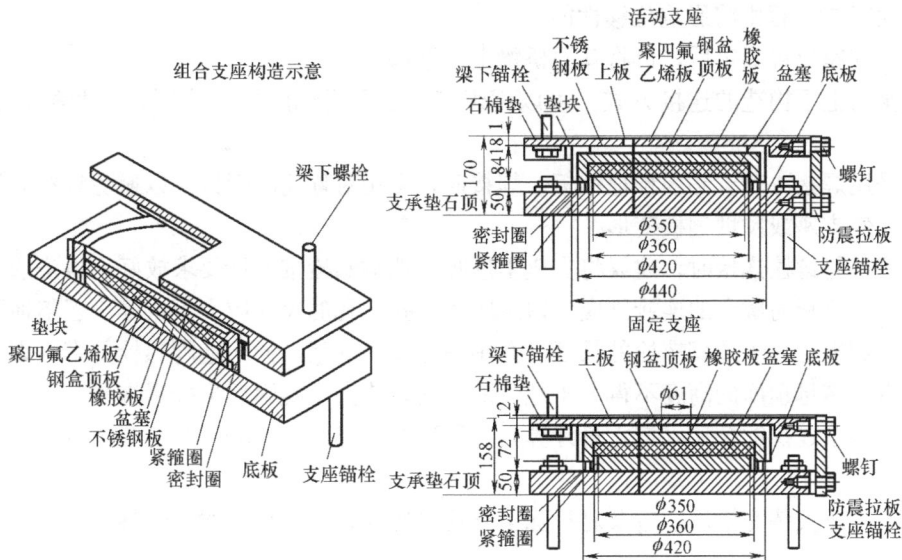

图 9-5 盆式组合支座

（15％的玻璃纤维＋0.5％石墨＋30％F）材料的允许应力 $[\sigma]$ 约为 352.8kPa。

平板钢板支座、切线支座、摆式支座较多用于钢桥；板式橡胶支座、盆式橡胶支座较多用于混凝土桥。

9.1.3 盆式支座具体的安装方法

1. 安装前检查

盆式橡胶支座是由制造厂总装后整套发运的。安装前应全面检查，看零件有无丢失、损坏。

2. 安装部位的要求

梁底支座安装部位的混凝土要平整干净，最好局部用钢模底板。

墩台顶面支座安装部位，应用高强度等级砂或环氧树脂砂浆做成的支承垫石，垫石的高度应考虑支座养护、检查的方便，

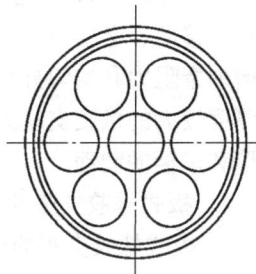

图 9-6 梅花形 C2F4 小圆板

并应考虑更换支座时顶梁的可能性。

3. 支座安装

(1) 现浇梁的安装，一般将支座整体吊装，固定在设计位置，就位后同上下结构连接。

预制梁。则支座的上、下座板，只能有一件先行连接，通常是先将支座上座板连接在大梁上，而后根据其位置确定底盆在墩台上的位置，最后予以固定。

顶推法连续梁。则应先将下座板固定在墩台上，墩台上还应设置临时支座，当主梁顶推完毕，且校正位置后，拆除临时支座，让梁落在支座上。

(2) 支座顺桥向的中心线必须与主梁的中心线重合或平行。对于活动支座上、下座板横桥向的中心线应根据温度计算其错开的距离，错开后，上、下座板的中心线应平行。

支座安装标高应符合设计要求，要保证支座平面两个方向的水平，支座支承面四角高差不大于 2mm。

对于只允许在一个方向活动的支座，其上下支座板的导向挡块必须保持平行，其交叉

角不得大于 5°，否则将影响位移性能。

（3）支座位置确定后，再将其同桥梁上、下部连接。

支座与上下构造的连接方式，可以用焊接，也可用地脚螺栓锚固，或两种办法混合使用。

当采用焊接法时，必须预埋钢板。焊接时，采用对称间断焊接，以避免焊接时局部温度过高而使支座或预埋钢板变形。

采用地脚螺栓连接时，建议将支座上座板与地脚螺栓按设计要求放好，再浇灌上部混凝土。下支座板与墩台的连接则应预留地脚螺栓孔，孔的尺寸应大于或等于三倍地脚螺栓的直径，深度稍大于地脚螺栓的长度。孔中灌注环氧砂浆，插入地脚螺栓并带好螺母，地脚螺栓露出螺母顶面的高度不得大于螺母的厚度，待完全凝固后再拧紧螺母。

环氧砂浆建议配合比（按重量计算）：环氧树脂（6101）100：二丁酯 17：乙二胺 8：砂 250。

（4）支座安装完毕后，应及时拆除上下连接螺栓，以免约束梁体位移。

4. 养护

盆式橡胶支座无需特殊的养护，只需每年对外露表面的积水、积尘加以清理，并逐个检查地脚螺栓。若表面防锈漆脱落，则涂刷防锈漆，涂时注意不得污染滑移表面。

橡胶支座的安装气温以常年平均气温最为适宜，因为橡胶同钢材一样，对温度的变化很敏感。安装时支座中心要对准梁端的计算支点，梁与支座顶的接触面、支座底与墩帽的支承面应保持一致，受压均匀。支座表面应清洁和粗糙以增加接触面的摩阻力而避免支座的相对移动。必要时，可先铺一层水灰比小于 0.5、砂灰比 1：3 的薄水泥砂浆作垫层，而增加摩阻力和均匀分布压力。简支梁桥可采用厚度不大的橡胶支座为固定支座，另一端用厚度较大的橡胶支座为活动支座，成为既是活动，又是固定的两用支座，共同分摊温差变形和车辆的制动。

9.1.4 板式橡胶支座的安装

1. 板式橡胶支座的结构形式

板式橡胶支座从结构上分为普通板式橡胶支座和四氟板式橡胶支座。板式橡胶支座从形状上分为矩形和圆形。

普通板式橡胶支座多适用于跨径小于 30m、位移量较小的桥梁。不同的平面形状适用于不同的桥梁结构：正交桥用矩形支座；曲线桥、斜交桥及圆柱墩桥用圆形支座；斜交桥亦可用斜角（平行四边形）支座（它的锐角与梁的斜交角相同），但这种支座正在被圆形支座所代替。四氟板式橡胶支座多适用于大跨径、多跨连续、简支梁连续板等结构的大位移量的桥梁。它还可用做连续梁顶推及 T 梁横移的滑块。矩形、圆形四氟板式橡胶支座的应用分别与普通板式橡胶支座相同。

2. 支承垫石的设置

为了保证橡胶支座的施工质量，以及安装、调整、观察及更换支座的方便，不管是采用现浇梁还是预制梁法施工，也不管是安装何种类型的板式橡胶支座，在墩台顶设置支承垫石都是必要的。

在施工支承垫石时有几点注意事项：

（1）支承垫石的平面尺寸大小应能承受上部构造荷载为宜，一般长度与宽度应比橡胶支座大 10cm 左右。垫石高度应大于 6cm，以保证梁底到墩台顶面有足够的空间高度，用来安放千斤顶，供支座调换使用。

（2）支承垫石内应布设钢筋网片，竖向钢筋应与墩台内钢筋相连接。浇筑垫石的混凝土强度等级应不低于 C30 号或不低于设计强度等级，垫石混凝土顶面应预先用水平尺校准，力求平整而不光滑。

（3）支承垫石顶面标高力求准确一致。尤其是一片梁的两个或四个支座的支承垫石顶面应处于同一平面内，以免发生偏压、初始剪切与不均匀受力现象。

3. 普通板式橡胶支座的安装

现浇梁安装橡胶支座较方便。施工顺序如下：

（1）先将墩台垫石顶面去除浮砂，表面应清洁、平整无油污。若墩台垫石的标高差距过大，可用水泥砂浆调整。

（2）在支承垫石上按设计图标出支座位置中心线，同时在橡胶支座上也标上十字交叉中心线。将橡胶支座安放在支座垫石上，使支座的中心线同墩台上设计位置中心相重合，支座就位准确。

（3）同一片梁的两个或四个支座应处于同一平面上，为方便找平，可于浇筑前在橡胶支座与垫石间铺涂一层水泥砂浆，让支座在重力下自动找平。

（4）在浇筑混凝土梁体前，在橡胶支座上需加设一块比支座平面稍大的支承钢板，钢板上焊锚固钢筋与梁体相连接。将此支承钢板视做现浇梁模板的一部分进行浇筑。为防止漏浆，可在支承钢板之间四周空隙处，用纱回丝，油灰或软木板填设。以后在拆除模板时，再将填充物除去，按以上施工可使支座上下面同梁底钢板、垫石顶面全部密贴。

预制梁橡胶支座的安装：

安装好预制梁橡胶支座的关键，在于尽可能地保证梁底与垫石顶面的平行、平整，使其同橡胶支座上下面全部密贴，避免偏压、脱空、不均匀支承的发生。施工顺序如下：

（1）先按现浇梁方法处理好支承垫石。

（2）预制梁同支座接触的底平面应保证水平与平整。若有蜂窝或倾斜度应预先用水泥砂浆捣实、整平。

（3）橡胶支座的正确就位。先按现浇梁方法将橡胶支座在墩台垫石上按设计中心位置就位。T 形梁的纵轴线应同支座中心线相重合；板梁与箱梁的纵轴线应与支座中心线相平行。为落梁准确，在架第一跨板梁或箱梁时，可在梁底划好两个支座的十字位置中心线，在梁端立面上标出两个支座位置中心线的沿直线；与落梁时同墩台上的位置中心线相吻合。以后数跨可依第一跨梁为基准落梁。

（4）落梁时应平稳，防止支座偏心受压或产生初始剪切变形。

（5）在安放 T 梁支座时，若支座比梁肋宽，则在支座与梁底之间加设比支座略大的钢筋混凝土垫块或厚钢板作过渡，以免橡胶支座局部超载、应力集中。该钢筋混凝土垫块或钢板应同梁底用环氧树脂砂浆粘结。

（6）橡胶支座安装落梁后，一般情况下，其顶面应保持水平。预应力简支梁，其支座顶面可略微后倾；非预应力简支梁其支座顶面可略微前倾，但倾斜角不得超过 5°。

橡胶支座安装时的调整：

橡胶支座安装后，若发现下述情况应及时加以调整：

1) 个别支座脱空，出现不均匀受力；

2) 支座发生较大的初始剪切变形；

3) 支座偏压严重，局部受压，侧面鼓出异常，而局部脱空。

调整的方法一般可用千斤顶顶起梁端，在支座上下表面铺涂一层水泥砂浆（或环氧树脂砂浆）。再次落梁，在重力作用下支座上下表面平行且同梁底、墩台顶面全部密贴；同时使一片梁两端的支座处于同一平面内，梁的纵向倾斜度应加以控制，以支座不产生明显初始剪切变形为佳。

普通板式橡胶支座的安装注意事项：

（1）矩形支座短边应与顺桥方向平行安置，以利梁端转动。若需要长边平行于顺桥向，必须通过转角验算。

（2）圆形支座各向同性，安装时无需考虑方向性，只需将支座圆心同设计位置中心点重合即可。为防止离心力下使梁体横向移动，可设置横向挡块。

（3）斜角支座在斜交桥上安装时，短边应平行于顺桥向，长边应平行于墩台中心线，顺桥向与墩台中心线的斜交夹角应与支座的锐角相符。

（4）使用普通板式橡胶支座一般设有固定端与活动端之分；使用等高度支座时，上部构造的水平位移由同一片梁两端支座的剪切变形共同完成，各承担一半，也可用厚度较小的橡胶支座作固定支座。

（5）橡胶支座安装以年平均温度附近进行最佳，如在最高或最低气温下安装。为避免支座发生过大的剪切变形，过去提出两种方法，一是到年平均气温顶起主梁，将支座调整到中心位置。二是在安装时根据当时气温计算使支座产生预变位。前者在铁路桥梁上使用尚可，在公路桥梁上很难进行；后者现场施工技术难度高，难于掌握。现有一种简易的方法供选择。若预计不可能在年平均气温时安装，则在选用橡胶支座时可适当增加高度。使其在极端高低温安装时，上部构造的最大位移量靠橡胶支座的单向剪切变形来完成。

4. 四氟板式橡胶支座的安装

（1）四氟矩形橡胶支座的安装

1）四氟支座上下钢板与桥梁的连接

① 为保证四氟滑板支座更换方便，将梁底预埋钢板与支座钢板分开用螺栓或焊接连接。

② 为防止四氟滑板支座滑出不锈钢板以外，在支座上钢板处刻槽将不锈钢板锚于槽中，以增加抗震性能。

③ 在支座下钢板安放支座位置处要扣 5mm 深度刻槽，将支座置于槽口，以增加支座抗滑承载力。

2）上下钢板同梁底、支承垫石用环氧树脂砂浆粘结，可采用如下配合比（按重量）环氧树脂 6101：100；苯二甲酸二丁酯：12；乙二胺：8～10（或三乙烯四胺：14～15）；水泥或石灰粉或细砂：250～300，因乙二胺在夏季固化过快，建议夏季用三乙烯四胺，春冬季用乙二胺。

3）四氟支座必须设置防尘罩，防尘罩用 5mm 厚橡胶片或尼龙纤维布制成，四周用不锈钢压条和不锈钢螺栓钉固定。

（2）四氟圆形橡胶支座的安装

1）四氟圆形橡胶支座有多向活动和单向活动之分，多向活动支座上下钢板应根据实际需要做成方形或圆形均可，下钢板放置支座处就扣 5mm 深度凹槽以放置支座。

2）单向活动支座顺桥向位移量与多向活动支座相同，横桥向位移量为顺桥向位移量 1/10，所以当横桥向位移量不大时，可选择单向活动支座。

（3）四氟滑板支座的安装施工方法与普通板式支座基本相同，但应注意下列事项：

1）四氟板式支座系作活动支座用，应同普通板式支座配套使用。

2）安装四氟支座必须精心细致，支座按设计支承中心准确就位。梁底钢板与支承垫石（或钢板）顶面尽可能保持平行和平整。同一支座上下面全部密贴；同一片梁的各个支座应置于同一平面上，避免支座的偏心受压、不均匀支承与个别脱空的现象。

3）四氟支座安装后若发现问题需要调整时，可顶起梁端，在四氟支座底面与支承垫石（或钢板）之间铺涂一层环氧树脂砂浆来调节。

4）当梁体有纵向坡度时，可将上钢板加工成相应坡度的楔形来调节，使四氟支座同不锈钢板的接触面保持水平。

5）支座四氟面的储油凹槽坑内，安装时尖部涂刷充满不会发挥的"295-3 硅脂"作润滑剂，以降低摩擦系数。

6）与四氟板接触的不锈钢板表面不允许有损伤、拉毛现象；以免增大摩阻系数及损坏四氟板。

7）落梁时，为防止梁与支座发生纵横向滑移，宜用木制三角垫块在梁体两侧加以定位，待落梁工作全部完毕后拆除。

8）为防止梁（上部构造）的横向移动，在支座或上部构造两侧需设防滑挡块。

9）支座与不锈钢板位置要视安装时温度而定，若不锈钢板有足够长度，则任何季节可按不锈钢板中心安置。

9.1.5 临时支座安装

临时支座一般使用硫磺砂浆、砂筒、砂箱或混凝土等。在需要设置临时支座的位置安装，一般是在全桥进行体系转换时凿除掉。

9.2 伸缩缝的施工

9.2.1 伸缩缝的种类和位置

伸缩缝是桥梁适应温度、混凝土徐变和收缩、荷载作用等使梁端产生变位的装置，应具有使各种车辆顺利通过、不漏水、安装和养护方便等功能。其种类繁多，主要可按材料和结构分类。我国按材料形式将伸缩缝分为钢板和橡胶伸缩缝等。

伸缩缝在桥上一般设在（梁式桥）各桥跨之间的梁端，梁与桥台台背之间，装配式拱桥的侧墙、护拱、缘石、人行道和栏杆腹拱铰的上方，混凝土面的腹拱上方。伸缩缝应贯通设置在全桥宽度范围内。

（1）镀锌钢板伸缩缝（图 9-7）将镀锌钢板弯成 U 形截面的长条，分上下两层设置在伸缩缝处作跨缝材料。上层受力部分开有梅花眼，孔径约为 6mm，孔距 3cm，并设有石棉纤维过滤器用沥青胶填塞。桥面伸缩时，镀锌钢板随之变形，下层的 U 形槽把渗入

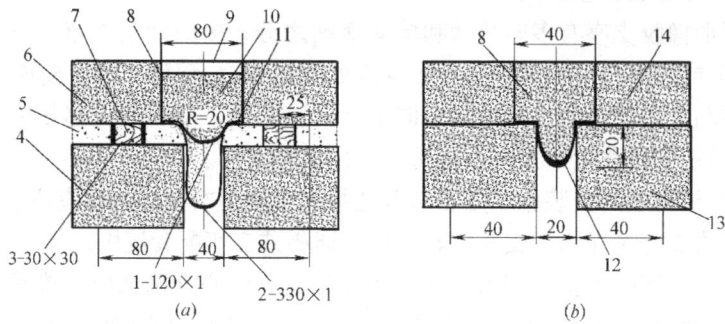

图 9-7 镀锌钢板伸缩缝

(a) 行车道伸缩缝; (b) 人行道伸缩缝

1—上层镀锌钢板; 2—下层镀锌钢板; 3—小木块; 4—行车道块体; 5—三角垫层; 6—行车道铺装层;

7—铆钉; 8—沥青膏; 9—砂子; 10—石棉纤维过滤器; 11—锡焊; 12—镀锌钢板;

13—人行道块件; 14—人行道铺装层

的雨水排出桥外。它的构造简单,伸缩量较小,约为 20~40mm。是中小跨径桥梁常用形式,也是人行道上接缝的主要形式。

(2) 钢板伸缩缝(图9-8)把一块钢板覆盖在断缝另一块钢板的一边,并将它焊在锚于桥面内的角钢上,另一边可沿对面角钢自由滑动,并在此角钢的边缘焊上一条窄钢板以防桥面沥青砂面层填满断缝。钢板伸缩缝分为平板式和梳齿板式。此伸缩缝构造复杂,耗钢量大,伸缩量在 40~60mm,适用于温差大的桥梁或钢桥。

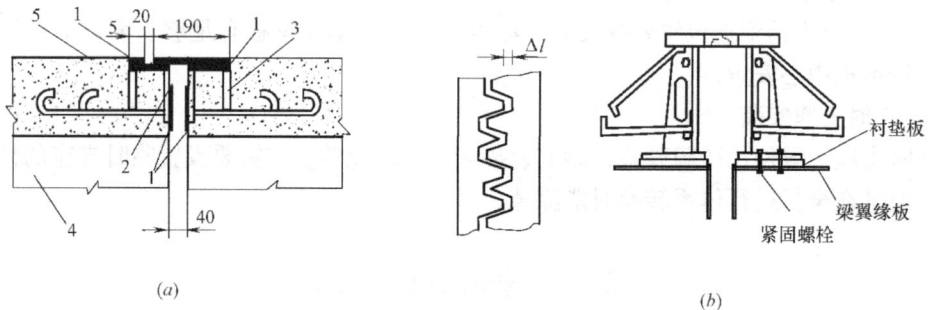

图 9-8 钢板伸缩缝

(a) 平板式; (b) 梳齿板式

1—钢板; 2—角钢; 3—钢筋; 4—行车道块件; 5—行车道铺装层

(3) 橡胶伸缩缝它有多种形式。这是把自由伸缩的各种形状的橡胶材料和钢材组合起来以便使行车道板间隙能支承车轮荷载,又能适应梁体变形的装置。图9-9~图9-11为我国常用的橡胶伸缩形式,它以橡胶带为跨缝材料,待梁架好后,在梁端焊上角钢,使之净距比嵌入橡胶带小 10cm 左右,然后嵌入用氯丁橡胶制成的(有 2~3 孔)胶带。此带其有弹性,易胶粘,能满足变形和防水,使用安装很方便。

9.2.2 伸缩缝的施工

安装伸缩缝时,要求做到操作简单、迅速,安装后能达到极限寿命;在平行和垂直桥

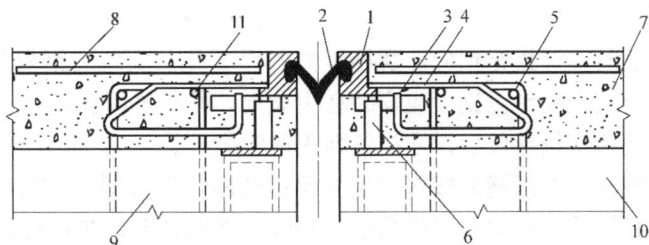

图 9-9　对接式 RG 型橡胶伸缩装置锚固系统

1—异型钢；2—密封橡胶带；3—锚板；4—锚筋；5—预埋筋；6—连接钢板；
7—桥面铺装；8—钢筋网；9—梁（墩台）；10—梁；11—横向水平筋

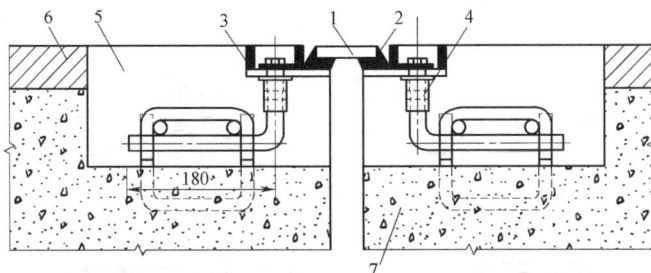

图 9-10　剪切板式橡胶伸缩装置锚固系统

1—支撑钢板；2—橡胶；3—地板角钢；4—L 形锚固螺栓；5—现浇 C50 混凝土；
6—铺装；7—梁体

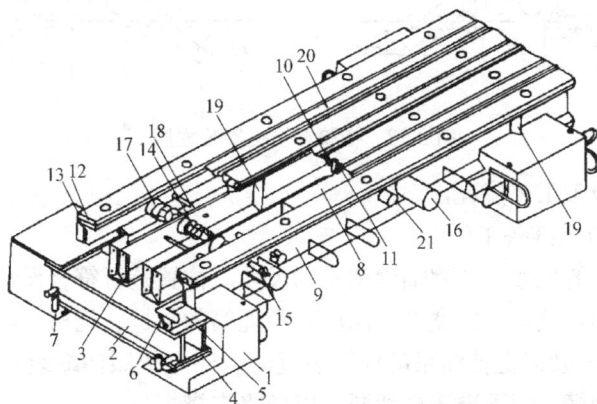

图 9-11　模数式 SG 型橡胶伸缩装置锚固系统

1—横梁支承箱；2—活动横梁；3—滑板；4—四氟板橡胶支承垫；5—橡胶滚轴；6—滚轴支架；7—限位栓；
8—工字形中间梁；9—工字形边梁；10—弹簧；11—下盖板；12—边上盖板；13—边下盖板；14—弹簧；
15—钢穿心杆；16—套筒；17—弹簧插座；18—限位栓；19—腹板加劲；
20—橡胶伸缩带；21—限位栓

轴间，均能适应桥跨结构的自由伸缩；牢固可靠（耐久性、平坦性、不透水性和排水性），使用方便（行车平顺，无尖跳和噪声），能防止雨水、垃圾、尘土渗透阻塞，检查、维修、更换和养护方便等。

钢板伸缩缝安装时，焊接钢板应注意施焊的气温变化。安装的钢板要有足够的厚度，要求平顺，无扭曲和其他变形。钢板应安装在主梁上，并与桥面板完全固定，各衬垫不要局部支承伸缩缝。要待钢板落位后，才浇筑四周的混凝土。

安装橡胶伸缩缝时，在断缝处按规定尺寸预留孔隙位置（图 9-12）。在桥面板内锚固钢筋；安设弯曲锚杆钢筋，在梁端嵌接角钢，并焊牢在锚杆上，在角钢上涂以粘胶，嵌入橡胶带。或以型钢代替钢筋，先把型钢一边焊在梁顶端预埋钢板上固定，对钢板与橡胶接触面进行除锈清理，分段涂刷环氧树脂胶水在胶带和型钢表面上，然后用特制夹具把它压缩到规定的位置，再焊接另一边型钢，加强钢筋和临时定位钢筋，使其就位，在型钢两侧浇筑 15～20cm 宽的混凝土，待达到设计强度后，去掉临时定位钢筋，完成安装。

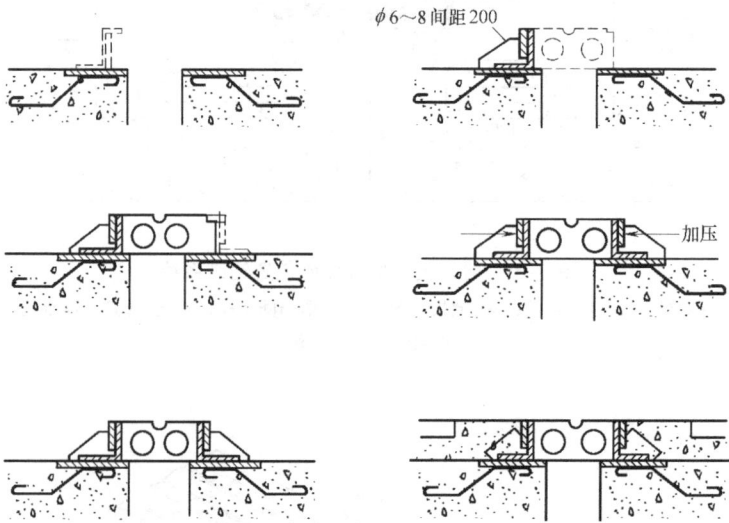

图 9-12 橡胶伸缩缝安装程序

伸缩缝装置的施工工艺流程：

1. 安装前的检查及准备工作

（1）检查预留槽的尺寸、预埋锚固钢筋的尺寸、位置是否符合设计要求，否则必须首先做缺陷处理，特别是预留槽的宽度、深度，预埋筋的数量、规格、牢固程度等。

（2）安装 160mm 及以上伸缩量的伸缩装置时，还应依照伸缩装置位移箱的位置，切断发生干涉的预埋钢筋，但不准齐根切断，以备将来搭焊。

（3）伸缩装置上桥安装前，必须按安装时实际气温在工程师指导下调整组装定位空隙值，并由安装施工负责人检查后方可用专用卡具将其固定。

（4）伸缩装置吊装就位前，应将预留槽内的混凝土凿毛，并吹扫干净。

2. 伸缩装置的就位

（1）用吊机将伸缩装置起吊至预留槽内，吊装时应按照工厂表明的吊点位置起吊，必要时可做适当加强措施，以确保安全可靠。

（2）安装时注意伸缩装置的纵中心线应与梁端预留槽伸缩缝预留间隙中心线相重合

（可用吊绳法找正）；其长度与桥宽度对正，然后穿放横向连接的水平钢筋，并将边梁垫起不得悬空。

3. 现场对接

较长的伸缩缝由于运输困难，制造商往往将一条伸缩装置做成两段，运到现场后再行拼接。

4. 伸缩装置的标高与固定

（1）采用龙门吊架或横吊梁，沿桥宽横向每隔 1.2m 放置横吊梁，使伸缩装置上顶面密贴槽钢下面，校正到与已做好的沥青混凝土路面包括横坡、顺桥纵坡相吻合。

（2）对伸缩装置的纵向直线度进行调整。

（3）伸缩装置的标高与直线度调整符合设计要求后，即可进行临时固定。

（4）临时固定后对伸缩装置的标高应再复测一遍，确认在临时固定过程中不出现任何变形、偏差后，将伸缩装置边梁上两侧的锚固板、锚固筋与预埋钢筋一次全部焊牢，如有困难，可先将一次焊牢，待达到以确定的安装气温时再将另一侧的锚固筋全部焊牢，随后再将水平钢筋与锚固钢筋焊牢。

（5）伸缩装置焊接牢固后应尽快将出厂时用于先设定的门架或临时固定卡具去掉，使其自由伸缩，此时伸缩装置已产生效用。

5. 安装模板及灌浇混凝土

（1）上述工序完成后，安装必要的模板，模板应做得牢固、严密，能经住混凝土捣固时而不出现移动，并能防止砂浆流入位移控制箱内或流进梁端的缝隙，影响伸缩缝的功能。

（2）按设计图纸的要求，在预留槽内浇筑高强度等级混凝土。以往为加强混凝土强度时会再加一层钢筋网或钢纤维，但实践证明效果并不是很好，2005 年太长高速公路伸缩缝施工中采取在混凝土中加入增强纤维，其主要成分为丙烯聚合物或共聚物，可以有效抑制混凝土在塑性期及硬化初期由于施工、养护期间混凝土的离析、泌水、收缩等因素而产生的原生裂缝，从而硬化后的混凝土结构性能得到显著的改善。

（3）待伸缩装置两侧预留槽内混凝土强度满足设计要求后，方可开放交通。未达到要求的强度时，伸缩缝不得不承受交通负荷，若必须通过车辆时，可做临时搭板。需要使用空心板的情况下，比如对梁高要求很低的桥梁和对美观要求很高的城市桥梁，均可采用主梁连续方案解决墩顶裂缝问题。

9.2.3 引起伸缩缝损坏的原因

（1）设计原因：伸缩缝与桥跨在构造型式上不相应，整体刚度不足，使用形式不合适，与主梁结合的方法不当，伸缩缝的宽窄不相宜，没有考虑纵坡的水平安装，搭接钢板厚薄不均，焊接构造不合适。

（2）施工原因：全面施工不好，与桥面接触处理不当，缝的垫石高差太大、连接铆钉和螺栓安装松动，隔角保护部分缺少清理，搭边与腹板安装不合适，在行车道板一边延长不够，材料选择不妥质量欠佳，桥面与行车道的伸缩缝不一致。

（3）使用原因：车流量大，载重量加重，车速增加冲击和振动力引起铆钉、螺栓松动、断裂和破损，排水构造受侵蚀，垫石移动，填缝材料脱落引起的冲击，缝两侧的磨损程度不一致，随桥面被破坏，胶粘剂剥落和断损，填缝材料的老化。

（4）其他原因：由用砾石修筑的引道引起损坏，养护不周维修不力，振动和冲击过大，桥体自身老化，基础与墩台的移动和沉陷，主梁端部加强不够，反复冻融，长期磨耗与疲劳。

由于以上原因使伸缩缝漏水溢水，桥体与支座损坏，桥面不平整，冲击大，行车不舒适，并使伸缩缝还没有达到设计期限就破坏，而失去作用。

9.3 桥面铺装的施工

桥面铺装层的作用是实现桥梁的整体化，使各片主梁共同受力的行车道面。桥面铺装主要用钢筋混凝土和沥青混凝土铺装层。高等级公路及二、三级公路的桥面铺装层一般为两层，同时为行车提供平整舒适、上层为4～8cm厚的沥青混凝土，下层8～10cm厚的钢筋混凝土。钢筋混凝土增加桥梁的整体性，沥青混凝土提高行车的舒适性，同时能减轻车辆对桥梁的冲击和振动。四级公路或个别三级公路为减少工程造价，直接采用水泥混凝土桥面，也有二级公路在水泥混凝土桥面上铺设一层沥青碎石或沥青表处，所以其结构形式应根据公路等级、交通量大小和荷载等级设计确定。钢筋混凝土和沥青混凝土铺装施工前应施工好桥面防水层。

9.3.1 钢筋混凝土桥面铺装层施工

1. 梁顶标高的测定和调整

预应力混凝土空心板或T梁在预制后存梁期间由于预应力的作用，往往会产生反拱，如果反拱过大就会影响到桥面铺装层的施工，因此设计中对存梁时间、存梁方法都做了一定要求。如果架梁前已发现反拱过大，则应采取降低墩顶标高、减少垫石厚度等方法，保证铺装层厚度。架梁后对梁顶标高进行测量，测定各跨中线、边线的跨中和墩顶处的标高，分析评价其是否满足规范要求，若偏差过大，则应采取调整桥面标高、改变引线纵坡等方法，以保证铺装层厚度，使桥梁上部结构形成整体。

2. 梁顶处理

为了使现浇混凝土铺装层与梁、板结合成整体，预制梁板时对其顶面进行拉毛处理，有些设计中要求梁顶每隔50cm，设一条1～1.5cm深齿槽。浇筑前要用清水冲洗梁顶，不能留有灰尘、油渍、污渍等，并使板顶充分湿润。

3. 绑扎布设桥面钢筋网

按设计文件要求，下料制作钢筋网，用混凝土垫块将钢筋网垫起。满足钢筋设计位置及混凝土净保护层的要求，若为低等级公路桥梁，用铺装层厚度调整桥面横装，横向分布钢筋要做相应弯折，与桥面横装相一致。在两跨连接处，若为桥面连续，应同时布设桥面连续的构造钢筋，若为伸缩缝，要注意做好伸缩缝的预埋钢筋。

4. 混凝土浇筑

对板顶处理情况、钢筋网布设进行检查，满足设计和规范要求后，即可浇筑混凝土，若设计为防水混凝土，其配合比及施工工艺应满足规范要求。浇筑时由桥一端向另一端推进，连续施工，防止产生施工缝，用平板式振捣器振捣，确保振捣密实。施工结束后注意养护，高温季节应采用草帘覆盖，并定时洒水养生，在桥两端设置隔离设施，防止施工或地方车辆通行，影响混凝土强度。待混凝土强度形成后，方能开放交通或铺筑上层沥青混凝土。

9.3.2 沥青混凝土面层施工

桥面沥青混凝土与同等级公路沥青混凝土路面的材料、工艺、施工方法相同，一般与路面同时施工。采用拌合厂集中拌合，现场机械摊铺，沥青材料及混合料的各项指标应符合设计和施工规范要求。沥青混合料每日应做抽提试验（包括马歇尔稳定度试验），严格控制各种矿料和沥青用量及各种材料和沥青混合料的加热温度，用胶轮压路机进行碾压成型，碾压强度要符合要求。摊铺后进行质量检测，强度和压实度要达到合格，厚度允许偏差±5～10mm，平整度对于高等级公路桥梁 IRI（m/km）不超过 2.5，均方差不超过 1.5mm，其他公路桥梁 IRI 值不超过 4.2m/km，均方差不超过 2.5mm，最大偏差值不超过 5mm，横坡不超过±0.3%。注意铺装后桥面的泄水孔的进水口应略低于桥面面层，保证排水顺畅。

9.3.3 防水层的施工

不同桥型防水层构造不同，防水层有多种铺设方法。粘贴式防水层是在桥面板与铺装层之间铺设三油两毡的构造。先在桥面板上铺一层薄砂浆用以粘胶垫，然后涂抹一层油膏，一层油毡（或其他防水材料）；再一层油膏，一层油毡；最后一层油膏用以粘贴防水装置保护层。涂抹式是在桥面板或桥台背面涂抹数层沥青作防水层。近年来，国外在研究防止钢筋混凝土桥面裂缝时，提出永久性桥面需用一种特殊的塑料薄膜作防水层。它既可防裂，又能防水。操作时，防水材料应经检查才能使用，应注意沿桥宽方向将材料铺设到路缘石外边并向上折叠，沿桥长方向铺没到桥台背上，在桥面上应与泄水管密合。若用防水混凝土做防水层，应振捣密实，表面不能有蜂窝、麻面、裂纹，更不能有孔洞和钢筋外露现象，施工接头处不能有空隙，拱脚附近坡面的防水层不允许有溜滑和挤损现象。胶泥防水层的黏土应过 0.5cm 的筛孔筛选，塑料指标应在 15 以上。铺设时要将黏土加水调成硬塑状态的胶泥，拍打紧密，加强养护，完工后不能有裂缝。防水层应在横桥方向闭合，

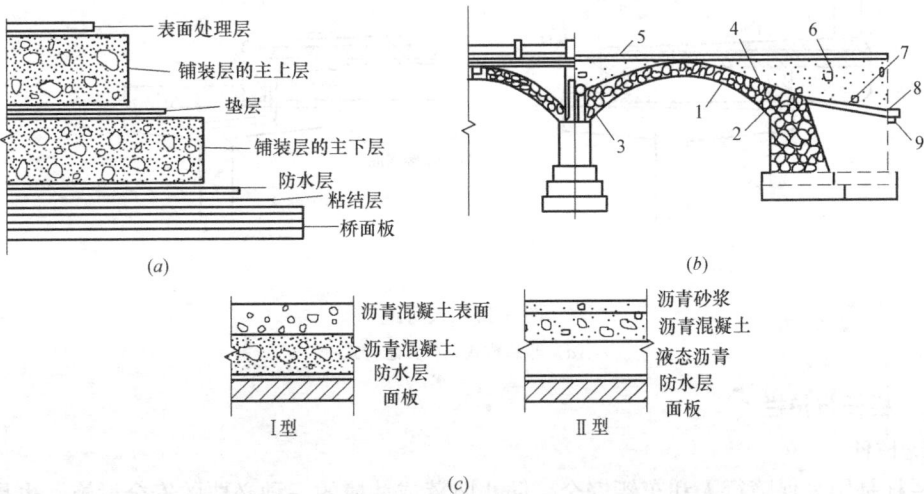

(a)　　　　　　　　　　　　　　　　(b)

(c)

图 9-13　桥面防水层

(a) 钢桥桥面防水层；(b) 拱桥的防水层；(c) 混凝土桥桥面防水层

1—拱圈；2—护拱；3—泄水管；4—防水层；5—路面；6—填料；7—碎石；8—盲沟；9—夯实黏土

底层应平顺、干燥、清洁。沥青防水层不要在雨天或低湿天施工。当通过伸缩缝时，应按设计标准施工。

9.4 其他附属结构的施工

桥面其他附属工程包括人行道、桥面防护（栏杆、防护栏）、泄水管、灯柱基座、桥面防水、桥头搭板等。高等级公路以及位于二、三级公路上的桥梁通常采用防撞护栏，而城市立交桥、城镇公路桥及低等级公路桥往往要考虑人群通行，设人行道。灯柱一般只在城镇内桥梁上设置。

9.4.1 人行道的施工

对于要设置人行道的桥梁，如图 9-14 所示，一般有悬臂式和非悬臂式。人行道顶面应高出桥面 15～25cm。有的城市桥根据交通的特殊需要可更高些，如重庆长江大桥的人行道顶面就高出桥面 40cm 以下；人行道的宽可根据实际需要设置，至少不得窄于0.75m。大于 1m 以上者，常规下可按 0.5m 一级倍增；人行道应在桥面断缝处做成伸缩缝。悬臂式与安全带的构件必须在主梁横向连接（或在拱上建筑）完成后才安装，一般安砌在边梁，如图 9-14（a）所示，即将人行道板和梁做成小型构件，拼装成整体（或吊装能力允许预制成大块）之后，悬砌出边梁之外，如图 9-14（b）所示。将人行道板部分悬出边梁之外能减少墩台宽度及主梁根数。操作时，需要注意将构件上设置的钢板与桥面板内的锚栓焊牢后，才安砌或浇筑人行道板，且必须在人行道梁锚固后才能进行。无锚固梁时，应从里向外铺设，并要按设计要求设置排水横坡。过江管线从其下通过时，可在板下预留孔洞或在主梁肋间设置固定管线的设备。在预制或浇筑人行道板时，要注意预留出安装灯柱、栏杆的位置。

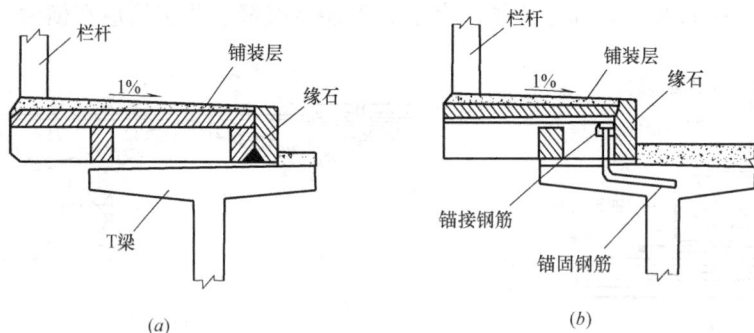

图 9-14 人行道
(a) 非悬臂式；(b) 悬臂式

9.4.2 栏杆与护栏

1. 栏杆

栏杆是用来保障行人和车辆安全，防止坠落或冲撞的一种必要的安全设施，也是与行人最接近的部分，其造型设计直接影响到真题景观，使用上要求坚固耐用，高度一般为0.9～1.2m，设计标准为 1.0m，栏杆的间距一般为 1.6～2.7m，标准设计为 2.5m。

栏杆的形式变化多样，主要分为四大类，即栅栏式、栏板式、棂格式和混合式。公路

294

与城市道路的栏杆常用混凝土、钢筋混凝土、钢、铸铁或钢筋混凝土混合材料制成。

2. 安全护栏

安全护栏是诱导驾驶员视线，防止运行中失控车辆驶出公路外或进入对象车道或人行道，增加驾驶员和乘客的安全感，减轻车辆、乘客和构造物的损害程度，控制行人随意横穿公路，保障行人安全的设施。护栏按结构和用途分为梁型、拉索型、刚性墙型、柱型、网型及弹性型等。

9.4.3 照明与标示

1. 照明

照明是交通设施之一，它能提高驾驶员夜间行车的视觉能力，对保证安全、高效的交通具有重要的意义。同时它还能起到方便居民生活、减少犯罪活动和美化环境的效果。

在城市及城郊行人和车辆较多的桥梁上，要有照明设备，一般采用灯柱式照明。灯柱可以利用栏杆柱，也可单独设在人行道内侧。照明用灯一般高出车道 5m 左右，灯柱的设计要经济合理，要确定能起到照明作用。同时在全桥的立面上具有统一的格调和形式。近年来，公路桥梁上也有采用低照明和发光建筑涂层标记的。

出于养护的目的，桥梁照明设备一般采用气体放电灯具，如荧光灯、汞灯、低压钠灯、金属卤化物灯和高压钠灯等，白炽灯由于亮度较低以及灯泡的寿命不长，应用很少。

2. 标示

标示包括交通标志和交通标线。交通标志是用图形符号和文字传递特定信息，用以管理交通，保证交通安全，协助车辆顺利通行的安全措施，主要分为三种标志。

(1) 警告标志。警告车辆、行人注意危险地点的标志。

(2) 禁令标志。禁止或限制车辆、行人交通行为的标志。

(3) 指示标志。指示车辆、行人行进的标志。

辅助标志的种类和使用方法有：标示时间、表示车辆种类、表示区域或距离、表示警告、禁令理由及组合辅助标志等。

交通标志是管制和引导交通的安全措施。它包括：路线标线、箭头、文字、立面标记、凸起路标和路边线轮廓标等。它可以和交通标志配合使用，也可以单独使用。

9.4.4 过河管线的安设

城市中常有电话、电缆线、煤气、天然气、供热供水管线以及排污管需从桥下通过。对这些过江管线，设计和施工应统筹兼顾，作出妥善安排。小型的过桥管线如电话电缆或煤气等轻型管线可安排在人行道的板下；较重的如水管等可行车道板下通过。其重由主梁梁肋承受，肋上附有金属支撑以悬挂管线，或在横隔板上附设支撑梁（图 9-15）。大型箱梁，可将过河管线全部搁置在箱内通过。

9.4.5 泄水管施工

泄水管主要有金属泄水管、钢筋混凝土泄水管、陶瓷和瓦管等多种形式。其中以金属管和钢筋混凝土管用得较多。如图 9-16 所示，金属管主要是铸铁和钢管，也有少数用铜管和其他合金管的。安装前，应事先在桥面板内留竖（或斜）孔，让管端能伸出到板下15~20cm 左右，且平面距主梁应留一定的距离以免管内排水冲击梁肋。此外，泄水管与防水层密合，边缘要夹紧在管顶与泄水漏斗之间。钢筋混凝土管主要用于不设防水层的混凝土桥面，其他安装方法与金属管相同。泄水管的位置、数量、材料要按设计要求实施。

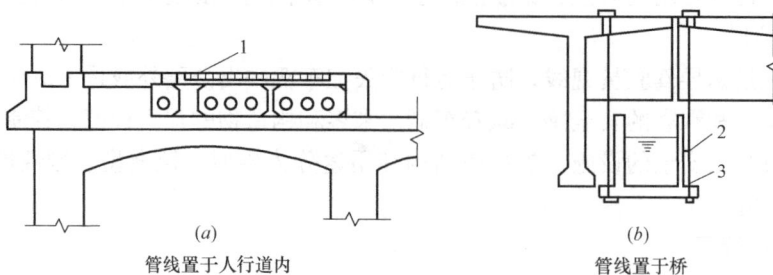

图 9-15　过河管线在桥下通过
1—电缆井铸铁井盖；2—钢筋混凝土水槽；3—吊钩

一般可参考图 9-16（c）、图 9-16（d），遵照以下原则设置。

（1）桥面纵坡小于 2‰ 时，可沿行车道后侧每隔 6～8m 设一个，并使每平方米的桥面上不少于 2～3cm² 的泄水管面积；

（2）桥面纵坡大于 2%，桥长小于 50m 时，若能保证水从桥头引道排走可不设泄水孔，但必须在引道两侧设置水槽，以免雨水冲坏路基；

（3）桥面纵坡大于 2%，桥全长大于 50m 时，应每隔 12～15m 设置一个，可沿行车板两侧左对称排列或交错设置。

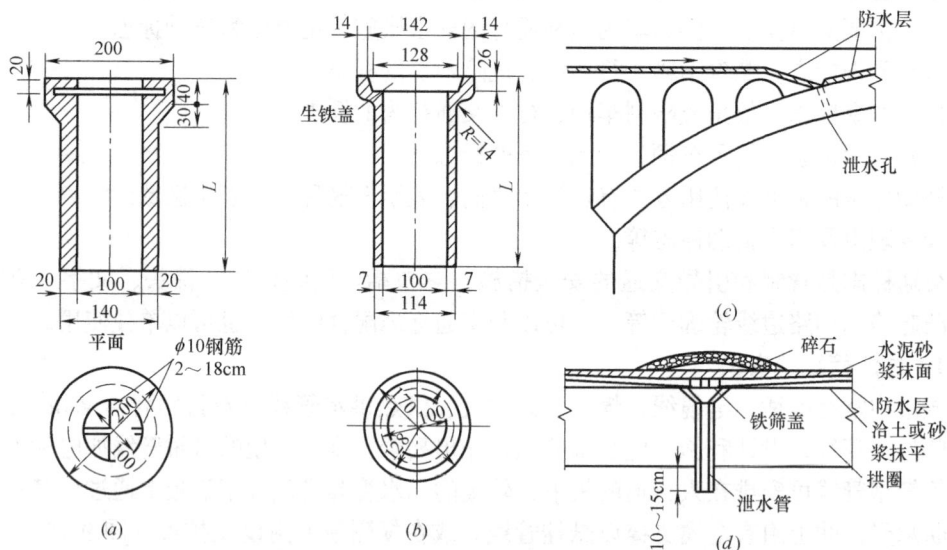

图 9-16　拱桥泄水管
（a）钢筋混凝土管；（b）铸铁管；（c）泄水管的位置；（d）泄水管的构造

思 考 题

1. 试述橡胶支座的分类及特点，球形支座的构造及特点。
2. 试述伸缩缝装置的分类及施工工序。
3. 试述桥面铺装的类型及适用范围。

第 10 章　桥梁施工安全的危险源辨识与控制

建设工程项目是人员、设施或设备、运输、供电、服务、资金等若干子系统组成的复杂系统，各子系统之间是相互联系、相互影响的。全面分析建设工程项目系统的各子系统工作性能，排除由于各子系统的缺陷而可能导致灾害的潜在的危险因素，保证建设工程始终处于安全的状态，是建设工程项目安全管理的中心工作。桥梁工程施工安全控制的基本思路是，辨识与施工现场相关的所有危险源与环境因素，评价出重大危险源与重大环境影响因素，在此基础上，制定具有针对性死亡安全控制措施和安全生产管理方案，对其实施控制。这一工作贯穿于项目计划阶段、项目实施阶段和项目竣工验收全过程，形成了项目危险因素的预先评价、跟踪评价和事后评价三个阶段。

与桥梁施工安全危险性分析有关的几个术语：（1）危险源（hazard）：可能导致伤害或疾病、财产损失、工作环境破坏或这些情况组合的根源或状态。（2）危险源辨识（hazard identification）：认识危险源的存在并确定其特性的过程。（3）风险（risk）：某一特定危险情况发生的可能性和后果的组合。（4）事故（accident）：造成死亡、疾病、伤害、损坏或其他损失的意外情况。（5）安全（safety）：免除了不可以接受的损害风险的状态。

10.1　桥梁施工安全事故成因分类

每一次事故都有其具体的原因，寻找事故发生的原因，主要目的在于探寻解决问题的办法，有助于辨别事故的危险因素。归结为四类因素，通常称为"4M"，建筑安全事故的成因与其他事故的成因一样，都可以归为：人（Men）、物（Machine or Matter）、环境的因素（Medium）和管理（Management）。

10.1.1　人的因素

人的因素是指人的不安全行为，指人的行为违反安全规则或安全原则，是事故产生的最直接因素。各种生产事故，其原因不管是直接的还是间接的，都可以说是由于人的不安全行为引起的。人的不安全行为可以导致物的不安全状态，导致不安全的环境因素被忽略，也可能出现管理上的漏洞和缺陷，还可能造成事故隐患并触发事故的发生。

在事故致因中，人的个体行为和事故是存在因果关系的，任何人都会由于自身与环境因素的影响，对同一事件的反应、表现和行为出现差异。

从心理学的角度，人的行为来自于人的动机，而动机产生于需要，动机促成实现其目的的行为发生。尽管人具有自卫的本能，不希望受到伤害，并且根据希望产生自以为安全的行为，但是人又是具有思维的，由于受到物质状态以及自身素质等条件的影响或制约，有时会出现主观认识与客观实际不相一致的现象。心理反应与客观实际相违背，行为就不安全。人在生产活动中，曾引起或可能引起事故的行为，必然是不安全的行为。不安全行为与工作习惯有关，据日本统计资料表明，休工 8 天以上的伤害事故中，96%的事故与人的不安全行为有关；休工 4 天以上的伤害事故中，94.5％与人的不安全行为有关。根据《企业伤亡事故分类标准》，具体的不安全行为包括：操作失误、忽视安全、忽视警告；造成安全装置失效；使用不安全设备；用手替代工具操作；物体的摆放不安全；冒险进入危险场所；攀、坐不安全位置；在起吊物下作业、停留；机器运转时进行加油、修理、检查、调整工作；有分散注意力的行为；对易燃、易爆等危险品处理错误；不按规定使用防护用品；不安全着装等。例如，在起重机的吊钩下停留，不发信号就启动机器；吊索具选用不当，吊物绑挂方式不当使钢丝绳断裂吊物失稳；拆除安全装置等都是人的不安全行为。

人的因素又可以分为：一是教育原因，包括缺乏基本的文化知识和认识能力，缺乏安全生产的知识和经验，缺乏必要的安全生产技术和技能等；二是身体原因，包括生理状态或健康状态不佳，如听力、视力不良，反应迟钝，疾病、醉酒、疲劳等生理机能障碍等；三是态度原因，缺乏工作的积极和认真的态度，如怠慢、反抗、不满等情绪，消极或亢奋的工作态度等。

10.1.2 物的因素

在建筑生产活动中，物的因素是指物的不安全状态，也是事故产生的直接原因。物包括机械设备、设施、装置、工具、用具、物质、材料等。根据物在事故发生中的作用，可分为起因物和致害物两种，起因物是指导致事故发生的物体或物质，致害物是指直接引起伤害或中毒的物体或物质。物之所以成为事故的原因，是由于物质的固有属性及其具有潜在破坏和伤害的能力的存在。物的不安全状态可能是由于设计、制造缺陷造成的；也可能是由于安装、搭设、维修、保养、使用不当或磨损、腐蚀、疲劳、老化等原因造成；也可能由于认识不足、检查人员失误、环境或其他系统的影响等。例如，施工过程中钢材、脚手架及其构件等原材料的堆放和储运不当，对零散材料缺乏必要的收集管理，作业空间狭小，机械设备、机器具存在缺陷或缺乏保养，高空作业缺乏必要的保护措施等。事故的发生是有规律可循的，通过定期检查、维修保养和分析总结可使多数故障在预定期间内得到控制（避免或减少）。日本的统计资料表明，休工 8 天以上的伤害事故中，91％的事故与物的不安全因素有关；休工 4 天以上的伤害事故中，83.5％的事故与物的不安全状态有关。

物的不安全状态往往又是由于人的不安全行为导致的。发生事故的危险源，主要表现在发生故障、错误操作时的防护、保险、信号等装置缺乏、缺陷，设备、设施在强度、刚度、稳定性、人机关系上有缺陷等。例如安全带、安全网质量低劣为高处坠落事故提供了条件，超载限制或高度限位安全装置失效使钢丝绳断裂、重物坠落，电线或电气设备绝缘损坏、漏电保护装置失效造成触电伤人等。

物的不安全状态，是随着生产过程中物质条件的存在而存在，是事故的基础原因，它可以由一种不安全状态转换为另一种不安全状态，由微小的不安全状态发展为致命的不安全状态，也可以由一种物质传递给另一个物质。事故的严重程度随着物的不安全程度的增大而增大。

10.1.3 环境因素

环境因素是指环境的不良状态。不良的生产环境会影响人的行为，同时对机械设备也产生不良的作用。由于桥梁施工是一种露天作业较多的活动，同时高空作业、地下作业、水下作业增多，因此受到环境因素影响更加明显。环境因素包括气候、温度、自然地理条件等方面。如冬天的低温天气，往往造成施工人员动作迟缓或僵硬，夏天的炎热天气往往造成施工人员的体力透支，注意力不集中；还有刮风、下雨、沙尘等天气，都会影响到人的行为和机械设备的正常使用。

值得注意的是，人文环境也是一个十分重要且不容忽视的因素。如果一个企业从领导到职工，人人讲安全，人人重视安全，形成一个良好的安全氛围，更深层次形成了企业的安全文化，在这样一种环境下的安全生产是有保障的，反之亦然。

10.1.4　管理因素

人的不安全行为和物的不安全状态，往往只是事故直接和表面的原因，深入分析可以发现，发生事故的根源在于管理的缺陷。管理失误表现在以下方面：（1）对物的管理失误，包括技术、设计、结构上有缺陷，作业现场、作业环境的安排设置不合理等缺陷，防护用品缺少或有缺陷等；（2）对人的管理失误，包括教育、培训、指示、对施工作业任务和施工作业人员的安排等方面的缺陷或不当。（3）对管理工作失误，包括施工作业程序、操作规程和方法、工艺过程等的管理失误；安全监控、检查和事故防范措施等方面的失误；对采购安全物资的管理失误等。

美国著名学者 Heinrich 认为人的不安全行为是事故产生的根本原因，管理应为事故发生负责。Bird 发展 Heinrich 的事故理论，并且结合管理学中的一些理论，指出导致大多数事故的原因在于人的不安全行为，而人的不安全行为是由于管理过程缺乏控制造成的。美国学者 Petersen 认为造成安全事故的原因是多方面的，根本原因在于管理系统，包括管理的规章制度、管理的程序、监督的有效性以及员工训练等方面的缺陷等，是因管理失效而造成了安全事故。英国健康与安全执行局（HSE）统计表明，工作场所70％的致命事故是由于管理失控造成的。根据我国上海市历年重大伤亡事故抽样分析，92％的事故是由于管理混乱或管理不善引起的。环境因素的影响是不可避免的，但是，通过适当的管理行为，选择适当的措施是可以把影响程度减小到最低的。导致安全事故的管理因素主要包括企业主要领导者对安全不重视，组织结构和人员配置不完善，安全规章制度不健全，安全操作规章缺乏或执行不力等。在建筑业，劳动力密集，劳动者文化素质低，在这种情况下加强安全管理就显得十分重要。

10.2　建设工程安全生产危险因素识别

建设工程安全生产危险因素识别，主要以设计施工图、施工组织设计文件、施工设计规范、施工操作规程等来识别。

识别方法主要有专家调查法、建筑工程安全检查表、事故树分析等。

10.2.1　专家调查方法

专家调查方法是通过向有经验的专家咨询、调查，筛查危险因素的方法。为避免遗漏危险因素，在专家的选择上，应考虑管理专家、安全技术专家、工程技术专家等不同领域行业专家，以消除"当局者迷"的局限。常用的专家调查法有头脑风暴法和德尔菲法。

（1）头脑风暴法（Brainstorming），也称集思广益法或专家会议法。它是通过营造一个无批评的自由的会议环境，使与会专家畅所欲言，充分交流，相互启发，产生出大量创造性的有关某一问题的一致性意见。

适用于单纯议题，如果问题复杂，应进行目标分解，逐个目标讨论，最后经汇总形成对某一复杂目标危险因素的识别。

（2）德尔菲（Delphi）法，是一种反馈匿名函询法。其基本做法是在对所要预测的问题征得专家意见之后，进行整理、归纳、统计，再匿名反馈给专家，再次征询意见，再集中，再反馈，直到获得一致意见。

德尔菲方法的基本步骤如下：

第1步：挑选企业内部、外部的专家，组成专家小组，专家成员互不会面，彼此互不了解；

第2步：要求每位专家对所讨论问题，进行匿名分析；

第3步：所有专家都会收到一份全组专家的综合分析意见，并要求所有专家在这次反馈意见的基础上重新分析，这样反复进行，直到所有专家达成一致意见。

10.2.2 危险因素检查表

检查表是管理中用来记录和整理数据的常用工具。用于危险因素识别时，将项目可能发生的各类危险因素罗列于一张表上，供识别人员进行检查核对，判别特定项目是否存在表中所列危险因素。危险因素检查表或安全检查表中所列因素都是历史上工程项目曾经发生过事故的危险因素（或安全因素），是工程项目安全管理经验的结晶，对工程安全管理人员具有开阔思路、启发联想、抛砖引玉的作用。安全管理业绩优秀的安全管理人员或项目组织需要掌握丰富的安全检查表。常见的有不安全状态与不安全行为表，建筑工程安全检查表等。

通过对过去工伤事故致因的统计分析，获得的常见不安全状态危险因素见表10-1所列，常见不安全行为危险因素见表10-2所列。

不安全状态危险因素表　　　　　　　　　　　　　　　　　　表 10-1

大　类	子　因　素	危险因子
1. 防护、保险、信号等装置缺乏或有缺陷	1.1　无防护	1.1.1　无防护罩 1.1.2　无安全保险装置 1.1.3　无报警装置 1.1.4　无安全标志 1.1.5　无护栏或护栏损坏 1.1.6　（电气）未接地 1.1.7　绝缘不良 1.1.8　无消声系统、噪声大 1.1.9　危房内作业 1.1.10　未安装防止"跑车"的挡车器或挡车栏 1.1.11　其他
	1.2　防护不当	1.2.1　防护罩未在适当位置 1.2.2　防护装置安装不当 1.2.3　坑道挖进、隧道开挖支撑不当 1.2.4　防爆装置不当 1.2.5　采伐、集采作业安全距离不够 1.2.6　放炮作业隐蔽所有缺陷 1.2.7　电气装置带电部分裸露 1.2.8　其他

大　类	子　因　素	危 险 因 子
2. 设备，设施、工具、附件有缺陷	2.1　设计不当，结构不合安全要求	2.1.1　通道门遮挡视线 2.1.2　制动装置有缺欠 2.1.3　安全间距不够 2.1.4　拦车网有缺欠 2.1.5　工件有锋利毛刺、毛边 2.1.6　设施上有锋利倒棱 2.1.7　其他
	2.2　强度不够	2.2.1　机械强度不够 2.2.2　绝缘强度不够 2.2.3　起吊重物的绳索不合安全要求 2.2.4　其他
	2.3　设备在非正常状态下运行	2.3.1　设备带"病"运转 2.3.2　超负荷运转 2.3.3　其他
	2.4　维修、调整不良	2.4.1　设备欠修 2.4.2　地面不平 2.4.3　保养不当、设备失灵 2.4.4　其他
3. 个人防护用品用具——防护服、手套	3.1　无个人防护用品、用具	
	3.2　所用的防护用品、用具不符合安全要求	
4. 生产（施工）场地环境不良	4.1　照明光线不良	4.1.1　照度不足 4.1.2　作业场地烟雾尘埃弥漫不清 4.1.3　光线过强
	4.2　通风不良	4.2.1　无通风 4.2.2　通风系统效率低 4.2.3　风流短路 4.2.4　停电停风时放炮作业 4.2.5　瓦斯排放未达到安全浓度放炮作业 4.2.6　瓦斯超限 4.2.7　其他
	4.3　作业场所狭窄	
	4.4　作业场地杂乱	4.4.1　工具、制品、材料堆放不安全 4.4.2　采伐时，未开"安全道" 4.4.3　迎门树、坐殿树、塔挂树未做处理 4.4.4　其他
	4.5　交通线路的配置不安全	
	4.6　操作工序设计或配置不安全	

大　类	子　因　素	危　险　因　子
4. 生产(施工)场地环境不良	4.7 地面滑	4.7.1　地面有油或其他液体 4.7.2　冰雪覆盖 4.7.3　地面有其他易滑物
	4.8　贮存方法不安全	
	4.9　环境温度、湿度不当	

不安全行为危险因素表　　　　　　　　　　　　　表 10-2

大　类	子　因　素
1. 操作错误,忽视安全,忽视警告	1.1　未经许可开动、关停、移动 1.2　开动、关停机器时未给信号 1.3　开关未锁紧,造成意外转动、通电或泄露等 1.4　忘记关闭设备 1.5　忽视警告标志、警告信号 1.6　操作错误(指按钮、阀门、扳手、把柄等的操作) 1.7　奔跑作业 1.8　供料或送料速度过快 1.9　机械超速运转 1.10　违章驾驶机动车 1.11　酒后作业 1.12　客货混载 1.13　冲压机作业时,手伸进冲压模 1.14　工件紧固不牢 1.15　用压缩空气吹铁屑 1.16　其他
2. 造成安全装置失效	2.1　拆除了安全装置 2.2　安全装置堵塞,失掉了作用 2.3　调整的错误造成安全装置失效 2.4　其他
3. 使用不安全设备	3.1　临时使用不牢固的设施 3.2　使用无安全装置的设备 3.3　其他
4. 手代替工具操作	4.1　用手代替手动工具 4.2　用手清除切屑 4.3　不用夹具固定,用手拿工件进行机加工
5. 物体(指成品、半成品、材料、工具、切屑、和生产用品等)摆放不当	
6. 冒险进入危险场所	6.1　冒险进入涵洞 6.2　接近漏料处(无安全设施) 6.3　采伐、集材、运材、装车时,未离危险区 6.4　未经安全监察人员允许进入油罐或井中 6.5　未"敲帮问顶"开始作业 6.6　冒进信号 6.7　调车场超速上下车 6.8　易燃易爆场合明火 6.9　私自搭乘矿车 6.10　在绞车道行走 6.11　未及时瞭望

大　类	子 因 素
7. 攀、坐不安全位置(如防护栏、汽车挡板、吊车吊钩)	
8. 在起吊物下作业、停留	
9. 机器运转时加油、修理、检查、调整、焊接、清扫等工作	
10. 有分散注意力行为	
11. 在必须使用个人防护用品用具的作业或场合中,忽视其作用	11.1　未戴护目镜或面罩 11.2　未戴防护手套 11.3　未穿安全鞋 11.4　未戴安全帽 11.5　未佩戴呼吸护具 11.6　未佩戴安全带 11.7　未戴工作帽 11.8　其他
12. 不安全装束	12.1　在有旋转零部件的设备旁作业穿过肥大的服装 12.2　操纵带有旋转零部件的设备时戴手套 12.3　其他
13. 对易燃、易爆等危险物品处理错误	

10.2.3　故障树分析

故障树分析是一种演绎推理法,这种方法把系统可能发生的某种事故与导致事故发生的各种原因之间的逻辑关系用一种称为事故树的树形图表示,通过对事故树的定性与定量分析,找出事故发生的主要原因,为确定安全对策提供可靠依据,以达到预测与预防事故发生的目的。

故障树分析是根据系统可能发生的事故或已经发生的事故所提供的信息,去寻找同事故发生有关原因,从而采取有效的方法措施,防止事故发生。其分析步骤一般包括:(1) 熟悉分析系统;(2) 调查系统发生的事故;(3) 确定顶上事件;(4) 调查与顶上事件有关的所有原因事件;(5) 编制故障树图;(6) 定性或定量分析。

10.3　建设工程危险因素分析评价

危险因素分析也称为风险评估,是指在危险因素识别的基础上,根据相应的指标,综合考虑项目风险发生频率的高低和产生损失程度的大小,通过定量和定性分析,以确定是否要采取风险控制措施,以及确定采取控制措施力度的过程。

危险因素分析评价可以采用定性评价或定量评价方法。

定性安全评价方法主要是根据经验和直观判断能力对生产系统的工艺、设备、设施、环境、人员和管理等方面的状况进行定性的分析,安全评价的结果是一些定性的指标,如是否达到了某些安全指标、事故类别和导致事故发生的因素等。属于定性安全评价方法的有安全检查表、专家现场询问观察法、因素图分析法、事故引发和发展分析、作业条件危险性评价法（LEC法）、故障类型和影响分析、危险可操作性研究等。

定量安全评价方法是通过专家调查或运用基于大量的实验结果和广泛的事故资料统计分析获得的指标或规律（数学模型），对生产系统的工艺、设备、设施、环境、人员和管理等方面的状况进行定量的计算，安全评价的结果是一些定量的指标，如事故发生的概率、事故的伤害（或破坏）范围、定量致因因素的事故关联度或重要度等。定量评价的方法主要有：如概率风险评价方法（PSA）、影响分析（FMEA）、灰色评价方法（TGA）等。

定性评价的分析方法是风险分析的常用工具，这些方法的特点是简单方便、易于理解，数据采集较容易，但是这些方法通常只关注威胁事件所带来的损失，而忽略威胁事件发生的概率，如调查和专家打分法主要依据专家的直觉和经验及决策者意向得出结论，具有很大的主观性；故障树分析法需要动用大量的人力、物力和花费很长的时间，有时也会发生遗漏或逻辑推理的错误，且受到统计数据的不确定性的影响，很难做到定量分析。

定量分析方法的优点是分析过程和结果直观、明显、客观、对比性强。缺点是量化过程中简单化、模糊化，会造成误解和曲解，并且要求专业人员有较强的数学抽象能力，能运用数学模拟，如蒙特卡罗模拟和三角模拟等，可见其晦涩难懂，理论性极强，计算量大。如概率风险评价方法涉及大量的数据和复杂的计算，过程繁琐。

由于桥梁结构影响因素较多，复杂的方法实际应用难度大，推广受到限制。作业条件危险性评价法（LEC），介于定性与定量之间，结合二者特点，使评估结果更加客观、公正、简便、易于掌握，在桥梁风险评价中较为常用。

10.3.1 作业条件危险性评价法（LEC）

LEC法最早由美国的K.J格雷厄姆和G.F.金尼提出，该方法以与系统风险率有关的3种因素指标值之积来评价系统人员伤亡风险的大小，并将所得作业条件危险性数值与规定的作业条件危险性等级相比较，从而确定作业条件的危险程度。其中与系统风险率有关的3种因素指标是事故发生的可能性（L）、暴露于危险环境的频率（E）和危险严重程度（C）。但是，要取得这3种因素的准确数据，却是相当繁琐的过程。为了简化评价过程，可采取半定量计值方法，给3种因素的不同等级分别确定不同的分值，详见表10-3～表10-7所列，再根据式（10-1）计算评价作业条件危险性的大小。

$$D = L \times E \times C \tag{10-1}$$

式中　D——作业条件的危险性；

　　　L——事故或危险事件发生的可能性；

　　　E——暴露于危险环境的频率；

　　　C——发生事故或危险事件的可能结果。

L——发生事故的可能性表　　　　　　　　　　　　　　表10-3

事故发生的可能性 L	分数值	事故发生的可能性 L	分数值
完全可以预料	10	很不可能，可以设想	0.5
相当可能	6	极不可能	0.2
可能，但不经常	3	实际不可能	0.1
可能性小，完全意外	1		

在桥梁施工过程中，危险事件发生的可能性范围非常广泛，从系统安全角度考虑，绝对不发生事故是不可能的，所以，人为地将完全出乎意料、极少可能发生的情况规定为1；可以预料将来某个时候会发生事故的分值规定为10；在这两者之间的再根据可能性的大小确定若干分值。

E——人暴露在这种危险环境中的频繁程度　　　　表 10-4

暴露于危险环境的频繁程度 E	分数值	暴露于危险环境的频繁程度 E	分数值
连续暴露	10	每月一次暴露	2
每天工作时间内暴露	5	每年几次暴露	1
每周一次，或偶然暴露	3	非常罕见地暴露	0.5

人员暴露于危险环境中的时间越长，受到危害的可能性就越大，相应的危险性也就越大。该方法规定连续出现在危险环境的情况定为10，而非常罕见地出现在危险环境中定为0.5。

C——一旦发生事故会造成的损失后果（以定性伤亡计）　　　　表 10-5

发生事故产生的后果 C	分数值	发生事故产生的后果 C	分数值
大灾难，许多人死亡	100	严重，重伤	7
灾难，数人死亡	40	重伤，伤残	3
非常严重，一人死亡	15	引人注目，需要救护	1

C——一旦发生事故会造成的损失后果（以定量财产损失及伤亡计）　　　　表 10-6

事故后果		分数值
经济损失（万元）	伤亡人数	
≥1000	死亡 10 人以上	100
500～1000	死亡 3～10 人	40
100～500	死亡 1 人	15
50～100	多人中毒或重伤	7
10～50	至少 1 人伤残	3
1～10	轻伤	1

事故造成的人员伤害和财产损失的变化幅度很大，该方法规定分数值为1～100。把轻微伤害或较小的财产损失规定为1，把造成多人死亡或重大财产损失的规定为100，其他情况处于两者之间。

D——危险性分值　　　　表 10-7

D 值	危险程度	D 值	危险程度
>320	极其危险，不能继续作业	70～160	显著危险，需要整改
160～320	高度危险，要立即整改	20～70	一般危险，需要注意

危险性等级的划分是凭经验判断，带有一定局限性，不能认为是普遍适用的，应用时需要参考实际情况予以修正。

10.3.2 工程应用举例

1. 工程概况

某连续梁桥位于大峡谷，平均海拔在 500～1000m 之间，场地陡峭狭窄、地质结构复杂、施工条件险恶、坍塌与洪水及泥石流威胁、安全风险特别大。该桥全长 653.9m，主跨 105m＋200m＋105m，墩高均在 100m 以上，最高墩高为 123m，两端的桥墩俱落座在悬崖峭壁上，施工难度非常之大。

2. 危险源调查

为了能为本研究提供准确的数据，进行了现场数据收集，主要包括：（1）参考类似桥梁数据；（2）采取专家调查表进行危险源辨识调查；（3）组织包括施工、监理、设计等各方的安全和质量管理专家分析施工危险源；（4）召开各项目安全负责人及一线施工工人的座谈会；（5）深入施工现场调查现场可能存在的风险情况。

通过总结、分析、归纳，得出本桥梁施工中可能存在的风险源，见表 10-8 所列。实际上本工程的危险源涉及施工作业活动、大型设备和设施场所共有 256 项具体的风险因素。但限于篇幅，对于高墩大跨桥梁施工期危险源没有全部列出，只在 256 项中取一些相对重要的因素进行分析。

某连续梁桥危险源统计　　　　　　　　　　　　　　　　　　表 10-8

类别	编号	工作活动或内容	危险源	导致后果
施工作业活动	1	基坑开挖	根据土质类型不同采取放坡开挖	坍塌
	2	模板工程	模板设计不当、刚度不够	变形
	3	混凝土浇筑	混凝土连续梁悬臂段施工时安全设施不齐全	物体打击高处坠落坍塌、坠落
	4	预应力张拉	胶皮管与灰浆泵连接不牢固、台座两端无防护设施	打击、喷伤、高处坠落
	5	搭脚手架	悬挑式平台与脚手架拉结连接不紧，扣件不合格	高处坠落
	6	焊割	在易燃、易爆防护范围内进行焊、割作业	爆炸、火灾
	7	高处作业	作业人员乘坐吊笼上下不规范或超载且未按要求做好	高处坠落，脚手架、钢塔架高空防护倒塌、物体打击
	8	移动模架、挂篮	挂篮设计、组装不合理超负荷使用	高处坠落、模架倾覆、物体打击
	9	施工现场便道	下雨后山体滑坡，施工便道下雨后塌方	车辆被埋倾翻事故
大型设备		起重机械	起重机械的制动安全装置不齐全	起重伤害
设施场所	1	用电	外电输入无防护措施，用电施工组织设计缺乏	触电
	2	易燃易爆管理	油料化工品库房防护范围不够	火灾爆炸

3. 危险源评价

对表 10-8 所列危险源采用作业条件危险性评价法（LEC）分析，采用列表的形式表达，既直观又便于理解，具体分析见表 10-9 所列。

基于 LEC 的危险源评价　　　　　　表 10-9

作业活动	潜在危险状况	潜在事故后果	风险评价 D＝LEC				风险等级	是否为重大危险源
			L	E	C	D		
基坑开挖	根据土质类型不同采取放坡开挖	坍塌	6	6	2	72	3	是
模板工程	模板设计不当、刚度不够	变形	6	6	1	36	2	否
混凝土浇筑	混凝土连续梁悬臂段施工时安全设施不齐全	物体打击高处坠落坍塌、坠落	6	6	15	540	5	是
预应力张拉	胶皮管与灰浆泵连接不牢固、台座两端无防护设施	打击、喷伤、高处坠落	6	3	1	18	1	否
搭脚手架	悬挑式平台与脚手架拉结连接不紧，扣件不合格	高处坠落	6	6	1	36	2	否
焊割	在易燃、易爆防护范围内进行焊、割作业	爆炸、火灾	6	6	1	36	2	否
高处作业	作业人员乘坐吊笼上下不规范或超载且未按要求做好	高处坠落，脚手架、钢塔架高空防护倒塌、物体打击	6	6	3	108	3	是
移动模架、挂篮	挂篮设计、组装不合理，超负荷使用	高处坠落，模架倾覆、物体打击	6	6	3	108	3	是
施工现场便道	下雨后山体滑坡，施工便道下雨后塌方	车辆被埋倾翻事故	6	6	1	36	2	否
起重机械	起重机械的制动安全装置不齐全	起重伤害	6	6	3	108	3	是
用电	外电输入无防护措施，用电施工组织设计缺乏	触电	6	6	1	36	2	否
易燃易爆管理	油料化工品库房防护范围不够	火灾爆炸	6	6	3	108	3	是

4. 结果分析

运用作业条件危险性评价法（LEC）理论可以得知本工程危险源的等级和重大危险源，从表 10-9 可知本工程的重大危险源涉及基坑开挖、混凝土浇筑、高处作业、移动模架、挂篮、起重机械运作、易燃易爆品管理等，潜在的事故后果有坍塌、重物打击、高处坠落、脚手架、钢架倒塌、模板倾覆、起重伤害、触电和爆炸火灾等。

10.4 危险源控制措施与安全检查

10.4.1 选择控制措施原则

选择控制措施时应考虑的因素包括：（1）尽可能完全消除危险源或风险；（2）如果不可能消除，应努力降低风险；（3）利用科技进步，改善控制措施；（4）保护工作人员的措施；（5）将技术管理与程序控制结合起来；（6）引入安全防护措施；（7）使用个人防护用品；（8）引入预防性监测控制措施；（9）考虑应急方案等。

10.4.2 按危险源的评价分级采取控制措施

按危险源的评价分级确定的控制措施如下：

（1）对未列为重大危险源和重大环境影响因素的安全风险和环境影响因素，一般可由项目管理相关责任部门或人员，按现有的运行控制措施，加强管理。

（2）对列为重大危险源和重大环境影响因素的，应制定相应的具体技术与管理控制措施和改善计划及相应的资金计划。一般可考虑采用如下控制措施：1）制定目标、指标和专项技术及管理方案；2）制定管理程序、规章制度与安全操作规程；3）组织针对性的培训与教育；4）改进现有控制措施；5）加强现场监督检查和监测；6）制订应急预案。

通常一个重大危险源或重大环境影响因素的控制措施可以是上述措施的全部或部分的组合。控制措施策划应广泛听取员工和有关方面的意见，必要时寻求企业和社会帮助，不断优化。策划的结果应形成记录，一般可与危险源辨识、评价结果合并列表记录。对重大危险源控制策划的具体措施计划可与重大危险源清单合并，通常可列表反映。

10.4.3 控制措施评审

控制措施在实施前应进行充分性评审，其评审内容如下：

（1）计划的控制措施是否能使安全风险降低到可接受或可容许的水平，即对法律法规、标准规范与其他要求以及相关方的要求和本工程项目的安全目标，是合理可行的最低水平。

（2）是否会产生新的危险源因素。

（3）是否已选定了投资效果最佳的解决方案，资金是否能够保证。

（4）受影响的相关方如何评价计划的预防措施的必要性和可行性。

（5）计划的控制措施是否会被应用于实际工作中，可操作性如何。

10.4.4 危险源的安全检查

建设工程安全检查是根据建设工程项目特性、施工作业特性，对建设工程施工过程中的安全进行的经常性的、突击性的或专业性的检查。

安全检查是我国最早建立的安全生产基本制度之一。早在建国初期国家就根据我国安全生产状况，提出了要开展安全检查；1963 年国务院发布的《关于加强企业生产中的安全工作的几项规定》，把安全检查明确加以规定。

1. 安全检查的类型

安全检查的类型，从不同角度有不同分法，通常可以分为经常性安全检查与安全生产大检查、定期检查与不定期检查、专业性检查与全面检查、上级检查与自行检查和相互检查。

经常性检查是企业和项目内部进行的自我安全检查，包括：企业安全管理人员进行的日常安全检查，生产领导人员进行的巡视检查，操作人员对本岗位设备、设施和工具的检查。这一检查方式由于检查人员为本企业管理人员或生产操作人员，对过程情况熟悉，且日常与生产设备、设施紧密接触，了解情况全面、深入、细致，能及时发现问题、解决问题。经常性的安全检查，企业每年举行2～4次，车间（项目）、专业管理部门每月进行一次，班组每周进行一次，每班次班前、班中、班后均应进行。专职安全技术人员要进行有计划、有针对性的经常性的安全检查。经常性安全检查是控制建设工程安全的主要检查方法，但由于检查是立足本企业、本岗位，面向工作的，对于建设工程中可能存在的一些系统性危险因素，难于发现，需要有企业外部的安全检查，如政府部门组织的安全生产大检查、保险公司组织的安全检查以及特种作业、特种设备专项检查等。

安全生产大检查一般是由上级主管或安全生产监督管理部门对企业或建设工程的安全生产进行的各类检查。检查人员主要来自有经验的上级领导或本行业或相关行业高级技术人员和管理人员。他们具有丰富的经验，检查具有针对性、综合性、权威性和研究探索性。这种检查一般是集中在一段时间，有目的、有计划、有组织地进行，规模较大、揭露问题深刻、判断准确，能发现管理人员与技术人员不易发现的问题，有利于推动企业安全生产工作，促进安全生产中老大难问题的解决。

专业检查是针对特种作业、特种设备、特殊作业场所开展的安全检查，调查了解某个专业性安全问题的技术状况，如电器、焊接、压力容器、运输等的安全技术状况。

2. 安全检查的内容

建设工程项目的安全检查工作，是贯彻"安全第一，预防为主"的安全生产基本方针的体现，为确保不遗漏任何事故隐患，安全检查必须采取"怀疑一切，全面检查，逐项排除"的原则，做到"纵向到底，横向到边"，做好建设工程项目的安全检查工作。

安全检查的内容，根据不同企业、不同项目、不同检查目的、不同时期各有侧重，应着重做好以下几方面的检查。

1）查思想认识。查思想认识是检查企业和项目领导在思想上是否真正重视安全工作。

检查企业领导对安全工作的认识是否正确，行动上是否真正关心职工的安全和健康；对国家和上级机关发布的方针、政策、法规是否认真贯彻并执行；企业领导是否向职工宣传党和国家劳动安全卫生的方针、政策。

2）查现场、查隐患。深入生产现场，检查劳动条件、操作情况、生产设备以及相应的安全设施是否符合安全要求和劳动安全卫生的相关标准；检查生产装置和生产工艺是否存在事故隐患。检查企业安全生产各级组织对安全工作是否有正确认识，是否真正关心职工的安全、健康，是否认真贯彻安全生产方针以及各项劳动保护政策法令；检查职工"安全第一"的思想是否建立。

3）查管理、查制度。检查企业的安全工作在计划、组织、控制、协调、信息管理以及相关制度等方面是否按国家法律、法规、标准及上级要求认真执行，是否完成各项要求。

4）查安全生产教育。检查对企业或项目领导的安全教育和安全生产管理的资格教育（持证）是否达到要求；检查职工的安全生产思想教育、安全生产知识教育，以及特殊作业的安全技术知识教育是否达标。

5）查安全生产技术措施。检查各项安全生产技术措施（改善劳动条件、防止伤亡事故、预防职业病和职业中毒等）是否落实；安全生产技术措施所需的设备、材料是否已列入物资、技术供应计划中，对于每项措施是否都确定了其实现的期限和其负责人以及企业领导人对安全技术措施计划的编制和贯彻执行负责的情况。

6）查纪律。查生产领导、技术人员、企业职工是否违反了安全生产纪律，企业单位各生产小组是否设有专业的安全员，督促工人遵守安全操作规程和各种安全制度，教育工人正确使用个人防护用品以及及时报告安全生产中的不安全情况；企业单位的职工是否自觉遵守安全生产规章制度，不进行违章作业且能随时制止他人违章作业。

7）查整改。对被检查单位上一次查出的问题，按当时登记项目、整改措施和期限进行复查，检查是否进行了整改及整改的效果。如果没有整改或整改不力的，要重新提出要求，限期整改。对隐瞒事故隐患的，应根据不同情况进行查封或拆除。整改工作要采取"三定"工作方法，即定整改项目、定完成时间、定整改负责人，确保彻底解决问题。

3. 安全检查的标准

安全检查标准参见《建筑施工安全检查标准》。

思 考 题

1. 简述桥梁施工安全事故原因的种类。
2. 工程安全生产危险因素识别方法有哪些？
3. 简述作业条件危险性评价法。

第 11 章　桥梁施工安全与防护

建筑施工现场条件复杂，危险因素繁多，因此极易造成各种灾害事故。根据《企业职工伤亡事故分类》标准，事故类别可分为 20 类，即物体打击、车辆伤害、机械伤害、起重伤害、触电、淹溺、灼烫、火灾、高处坠落、坍塌、冒顶片帮、透水、放炮、瓦斯爆炸、火药爆炸、锅炉爆炸、容器爆炸、其他爆炸、中毒和窒息、其他伤害。在上述事故的类型中，建筑行业以高处坠落、施工坍塌、物体打击、机具伤害和触电这五大伤害为主。但交通部公路科学研究院研究国内了桥梁施工事故，从各个方面得到了我国桥梁施工事故发生分布的特点，与其他建筑行业略有不同，在施工管理的过程中，应根据专业特点，特别注意这些事故的安全防护。

11.1　我国桥梁施工事故特点

11.1.1　桥梁施工事故的分布特点

1. 事故发生的类型

从事故发生的类型上来讲，统计分布如图 11-1 所示，按频率分布，结果显示：

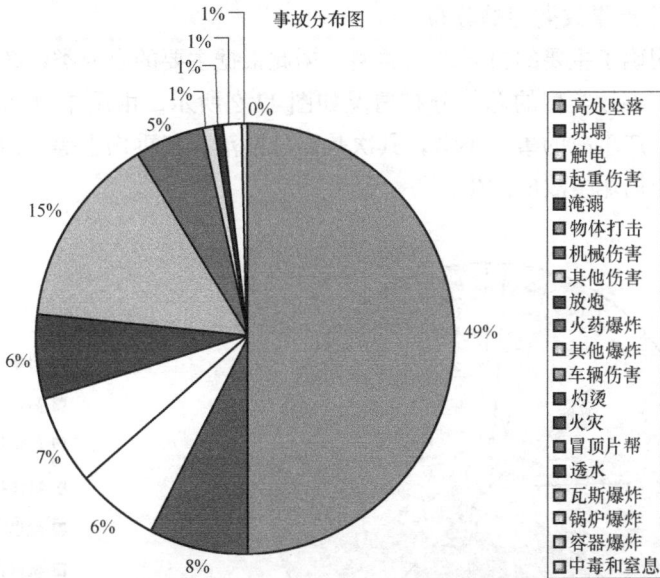

图 11-1　各类桥梁事故统计分布图

（1）高处坠落事故所发生的比例最大，占 49%，说明了高处坠落事故是极易发生并且经常被施工管理人所忽视的一个方面。该类事故易发生在模板工程、脚手架工程、支架及龙门架工程、吊装工程、混凝土预制、混凝土搅拌、桩基工程、基坑开挖、梁板临边工程、现场拆除工程以及临时工程中，该类事故造成的后果可大可小，也是可能造成重大事故的事故类型。

（2）**物体打击**占15％，易发生在脚手架工程、基坑开挖工程中，统计结果显示物体打击也是可能引起3人以上重大安全事故的事故类型。

（3）在所有发生各类桥梁安全生产事故中，坍塌事故发生的比例虽然只占8％，但是可造成的人员伤亡及财产损失是最大的，该类事故易发生在桥梁施工过程中支架及龙门架工程、桩基工程、模板工程、基坑开挖、梁板临边工程中，该类事故类型是可能造成重大安全生产事故的典型事故。

（4）起重事故占7％，易发生在吊装工程、梁板临边工程及桩基钢筋笼架设工程中，统计结果显示，起重事故也是可能引起3人以上重大安全事故的事故类型。

（5）淹溺事故占6％，易发生在吊装工程、便道便桥施工、桩基工程、梁板临边工程中，统计结果显示，该类事故也是可能引起3人以上重大安全事故的事故类型。

（6）机械伤害事故占5％，易发生在吊装工程、混凝土预制中，统计结果显示机械伤害事故也是可能引起3人以上重大安全事故的事故类型。

（7）其余事故如触电、机械伤害、放炮、火药爆炸、车辆、灼烫、火灾、透水、容器爆炸、中毒等占12％，这些类别的事故发生于各项分享工程项目中，都可能造成重大安全事故，由这些事故发生的数量分布事件可以看出，在桥梁施工的每一个环节中都有可能因为操作不按照相应的规程执行而导致安全事故的发生，因此安全事故发生的隐患贯穿于整个项目的进程当中，并不是单独存在的，它们之间相互影响，相互制约伴随着项目的完成。

2. 重大安全生产事故类型的分布

由以上数据明确了主要的桥梁事故类型，据此根据主要的事故类型统计，可以得知可引发重大安全生产事故类型的总体分布情况如图11-2所示。由图中可知，坍塌是最容易引起重大的安全生产事故的事故类型，其次是高处坠落、起重伤害等，由此可知，在桥梁施工中应极力避免坍塌事故的发生。

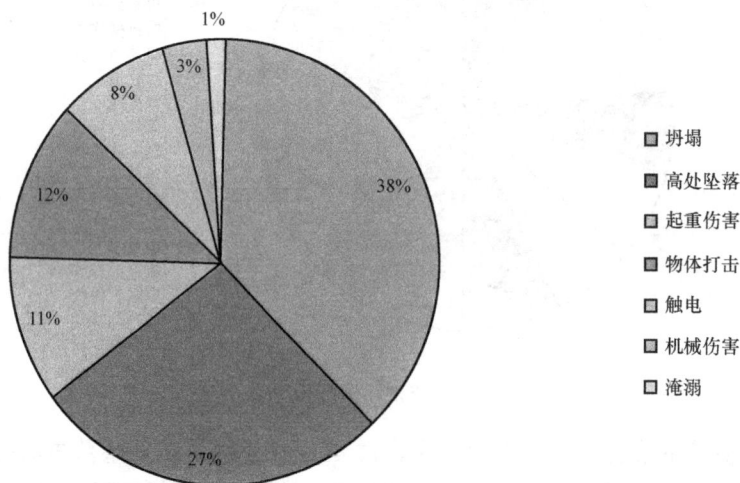

图11-2　导致重大安全生产事故的事故类型分布图

312

3. 较易诱发重大安全生产事故的桥型分布

从桥梁事故发生的总体数据来看，较易诱发重大安全生产事故的桥型分布也是具有一定特点的，其分布如图 11-3 所示。

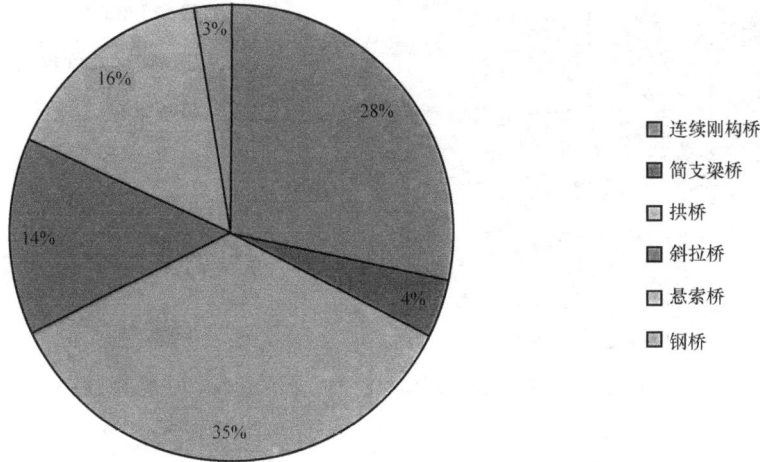

图 11-3　较易诱发重大安全生产事故的桥型分布图

（1）在发生各类安全生产事故的各种桥型中，拱桥发生事故的比例占了 36%，而且大部分事故是在拱桥主拱圈施工的过程中所发生的。这是由拱桥施工方法的多样性造成的，再由于拱桥施工多是高空作业，这就无形中增加了拱桥施工事故发生的概率，而这正与之前统计的高空坠落事件发生比例最大是不谋而合的。发生在拱桥施工上的事故均是可能造成重大安全生产事故的典型事故。

（2）其次发生事故桥型较多的是连续梁结构，这类结构因为桥梁众多，施工方法成熟，一般不易得到施工单位或桥梁建设单位的重视，因此这类桥梁也是施工安全事故的多发的桥梁类型。

（3）最后的是发生在斜拉桥和悬索桥这类大跨度桥梁施工过程中的事故，由于这类桥梁一般施工工艺复杂，施工机具众多，在施工过程中对施工人员的各项基本技能要求较高，因此，发生在这类桥梁上的安全事故也较多。

4. 坍塌和高处坠落事故的分布

由以上分析可知，坍塌事故引起的人员伤亡和财产损失是最大的，高处坠落事故是桥梁施工最易发生的事故，通过统计分析，得到坍塌事故和高处坠落事故在桥梁施工的各个环节中的分布图如图 11-4、图 11-5 所示。

由易引起重大安全生产事故和较易发生的安全事故在桥梁施工环节中的分布可知，坍塌事故和高处坠落事故都多发生在脚手架工程、模板与支架工程、拱架工程中，因此，脚手架工程、模板与支架工程、拱架工程是桥梁施工中的一个重大危险源，应该引起足够的重视。

11.1.2　我国桥梁施工事故发生规律及其特点

1. 事故发生的总体分布

（1）发生在拱桥施工过程中的事故较为频繁，连续梁桥和其他大跨度桥梁在施工过程

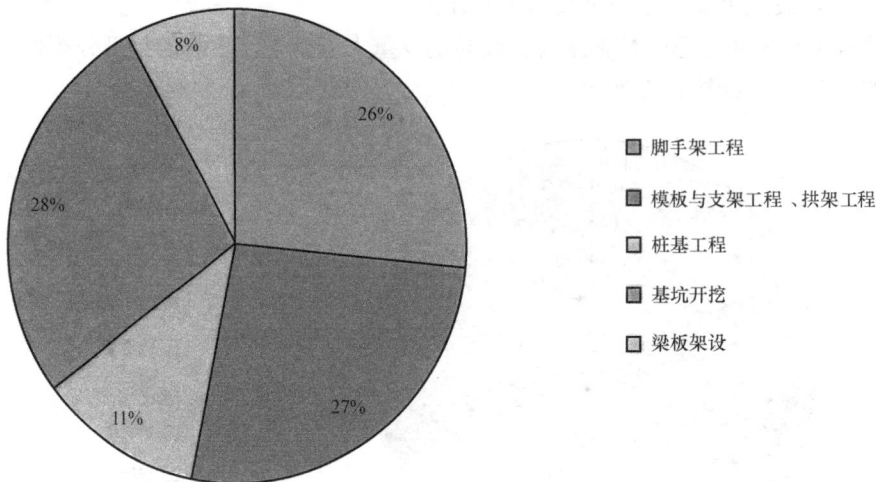

图 11-4　桥梁施工中坍塌事故发生所在的环节分布图

图例：
■ 脚手架工程
■ 模板与支架工程、拱架工程
□ 桩基工程
■ 基坑开挖
■ 梁板架设

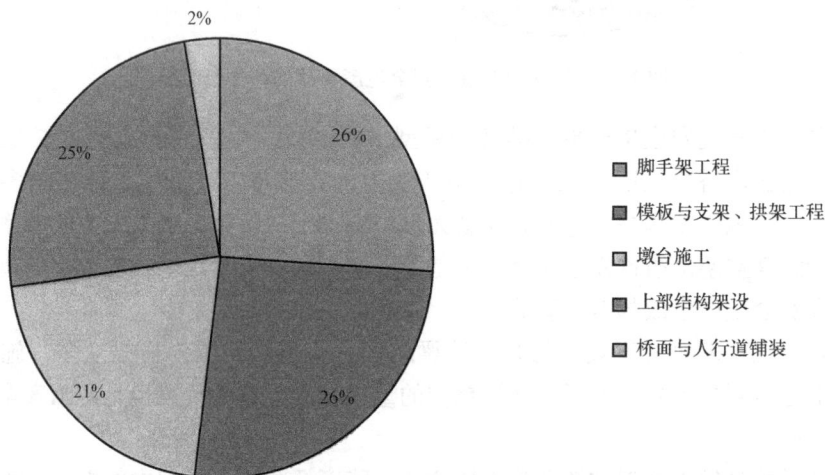

图 11-5　桥梁施工中高处坠落发生所在的环节分布图

图例：
■ 脚手架工程
■ 模板与支架、拱架工程
□ 墩台施工
■ 上部结构架设
■ 桥面与人行道铺装

中发生事故的概率也较大，都不容忽视。

（2）在施工过程中，高空作业发生事故的概率比较大，物体打击类事故的发生也较为频繁。

（3）在所有发生事故类型中，坍塌事故引起的经济损失、人员伤亡和社会影响最大，应该极力避免。

2. 事故发生的时间分布特点

（1）作业进场或新进施工人员中容易发生事故。

（2）临近下午下班前或作业收工前 1～2h 容易发生事故。

（3）休息期间容易发生事故。

（4）施工事故在天气及气候环境较好的情况下发生居多，据不完全统计，占到 70% 以上。

（5）在桥梁主体结构或主要结构快要竣工时易发生事故。

11.2 桥梁施工主要安全事故与防护

11.2.1 高处坠落与安全防护

根据《高处作业分级》规定，凡坠落高度在基准面 2m 以上（含 2m）有可能坠落的高处进行的作业，均称为高处作业。

高处作业可分为四个区域：2～5m、5～15m、15～30m、大于 30m 等，作业的高度越高，危险性越大。高处坠落指人从高处跌落下来所造成的事故。

1. 建筑施工高处作业的类型

建筑施工中的高处作业主要包括临边、洞口、攀登、悬空、交叉这五种基本类型，这些类型的高处作业场所是高处作业伤亡事故可能发生的主要地点，需特别重视。

（1）临边作业

施工作业中，工作面边沿无围护设施或围护设施高度低于 80cm 时的高处作业称为临边作业。其典型情况包括：

1）基坑周边、无防护的支架与料台等；

2）无防护桥面、墩台、塔柱周边；

3）无防护的人行道、梯道口；

4）井架、施工电梯、支架和脚手架等的通道两侧面；

5）各种垂直运输卸料平台的周边。

（2）洞口作业

建筑物在施工工程中，常会出现各种预留洞口、通道口等。凡深度在 2m 及 2m 以上的桩孔、人孔、沟槽与管道孔洞等边沿上的施工作业，称为洞口作业。

在孔与洞口边的高处作业必须设置防护设施。较小的洞口，应采用坚实的盖板盖严，盖板应能防止移位；较大的洞口除应在洞口采用安全网或盖板封严外，还应在洞口四周设置防护栏。墙面处的竖向洞口，除应在洞口设置防护栏外，竖向应每隔 10m 设一道平网。洞口防护，可避免作业人员高处坠落的危险，以及物体从这些洞口坠落，造成下面的人员发生物体打击事故。

（3）攀登作业

攀登作业是指借助建筑结构、登高用具或其他登高设施在攀登条件下进行的高处作业。

用于登高和攀登的设施应该在施工组织设计中确定，攀登用具必须牢固可靠。

梯子不得垫高使用。梯脚底部应坚实并应有防滑措施，上端应有固定措施。折梯使用时，应有可靠的拉撑措施。

作业人员应从规定的通道上下，不得任意利用升降机架体等施工设备进行攀登。

（4）悬空作业

悬空作业是指无立足点或无固定立足点的条件下进行高处作业。

施工过程中的构件吊装、吊篮作业、管道安装、模板支撑与拆卸、悬挑或悬空梁、特殊部位各项作业都属于悬空作业。由于是在不稳定的条件下施工作业，危险性很大。

（5）交叉作业

交叉作业是指在施工现场的上下不同层次，于空间贯通状态下同时进行的高处作业。

现场施工上部搭设脚手架、吊运物料、地面上的人员搬运材料、制作钢筋等都属于施工现场的交叉作业。交叉作业中，若高处作业不慎碰掉物料、失手掉下工具或吊运物体散落等都可能砸到下面的作业人员，而发生物体打击伤亡事故。

2. 高处坠落的原因

（1）从事高处作业的人员有不适于高处作业的疾病，如高血压病、心脏病、贫血病、癫痫病等，或酒后从事高处作业，易致使高处坠落。

（2）从事高处作业人员的情绪不好、注意力不集中等造成失误。

（3）高处作业时违反操作规程致使坠落。

（4）防护措施不当、安全装置失灵或质量不好等造成坠落。

3. 预防措施

（1）高处作业人员必须定期进行身体检查，凡患心脏病、高血压、贫血病、癫痫病、神经病或其他不适于高处作业的人员，严禁从事高处作业。

（2）高处作业的下方必须设置安全网。凡 4m 高以上的在施工工程，首层应设 3～6m 宽安全网；在施工层与首层之间每隔四层设一道 3m 宽的固定安全网；除此以外，在施工层处还要支一道 3m 宽安全网或立网，立网应高出建筑物 1m 以上。安全网的质量应符合国家标准《安全网》的要求。

（3）施工中搭设的脚手架必须坚固、可靠，并符合国家标准；每层要绑护身栏；施工层脚手板必须铺严，架子上不准留单跳板、探头板。

（4）凡楼梯口、电梯口（包括垃圾口）、预留洞口，必须设围栏或盖板、架网；正在施工的建筑物所有入口，必须搭设板棚或网席棚，棚宽应大于出入口，棚长应根据建筑物高度确定。

（5）在施工过程中尚未安装栏杆的阳台周边、无外架防护的屋面周边、框架工程楼层周边、跑道（或斜道）两侧边、卸料台的外侧边等，必须设置 1m 高的双层围栏或搭设安全网。

（6）凡在 2m 以上悬空作业人员或具有危险性的高处作业人员必须系好安全带，且安全带的质量应符合国家标准《安全带》的要求。

（7）不准在六级以上强风或大雨、雪、雾天从事露天高处作业。

（8）施工用梯子要坚固，踏步高 30～40cm，与地面角度为 60°～70°，底角要有防滑措施，顶棚捆扎牢固。梯子不得缺档，不得垫高使用。

（9）在高处作业人员的衣着要灵便，不准穿高跟鞋、拖鞋，不准攀爬脚手架或乘坐运料井字架吊篮上下。

4. 建筑施工高处作业安全防护用品使用常识

大量的事故都说明，正确佩戴安全帽、安全带及按规定架设安全网，可有效避免伤亡事故，特别是防止高处坠落和物体打击类事故，因而常称为"三宝"。

（1）安全帽。对人体头部受外力伤害（如物体打击）起防护作用的帽子。

（2）安全带。高处作业人员预防坠落伤亡的防护用品。

（3）安全网。用来防止人、物坠落或用来避免、减轻坠落及物体打击伤害的网具。

11.2.2 物体打击与防护

物体打击是指落下物对人体造成的伤害。防止物体打击首先应防止物体下落，同时采取一定措施，以防物体下落伤人。

预防物体打击的主要措施有以下几点：

(1) 进入现场的施工人员必须戴安全帽，并系好帽带，防止脱落。安全帽的质量应符合国家标准《安全帽》的要求。

(2) 每一施工层的脚手板必须铺严，脚手板与建筑物的间隙不得大于20cm，走道板要绑护身栏和挡脚板。

(3) 高处作业人员使用的工具应随手装入工具袋内，垂直交叉作业时应增设预防物体打击的隔离层。

(4) 任何人都不准从高处向对方抛投物件，应消除各种物品无意碰落或被风吹落的可能因素。

(5) 清理结构物内外的渣土、垃圾，必须搭设垃圾道或利用电梯井将渣土清出，严禁随意抛下。

(6) 吊运构件、大模板、钢筋及其他物件时，要严格遵守起重作业有关规定。

11.2.3 倒塌与安全防护

倒塌事故是指建筑物或构筑物在建造过程中或投入使用期间发生的倒塌并引起人员伤亡和财产损失的意外事件。

1. 倒塌的类型

(1) 基础发生沦陷或不均匀下沉，引起支架倒塌。可能的原因：提供的地质资料不准确或地基处理不好，不满足承载力要求。

(2) 地质构造变化，产生滑坡，结构随之倒塌。可能的原因：房屋地质为斜向突兀构造，在多种外在因素影响下，产生滑坡。

(3) 支架倾斜、失稳等引起坍塌。可能的原因：支架施工不满足要求，或者设计不合理，结构强度、刚度严重不足；地震及其他外力作用等。

2. 倒塌灾害的预防措施

防止倒塌的关键是提高支架的设计质量和施工质量，增强其强度和整体性，提高抗变形能力。

(1) 坚持基本建设程序，先勘察、设计，后施工，全面查清楚桥位地质情况。

(2) 抓好施工准备和施工阶段等一系列环节，严格按照制定的施工程序施工，特别对于拱桥施工，加载和卸载应精心控制。

(3) 搞好材料、构件的质量检验和存放保管工作，推广和普及全面质量管理。质量检验应达到国家有关规范规程的标准，其误差应不超过有关规范规定的允许值。

(4) 建立健全技术管理制度，严格遵守操作规程。

11.2.4 起重伤害的预防措施

(1) 作业前应根据作业特点编制专项施工方案，并对参加作业人员进行方案和安全技术交底。

(2) 作业时周边应置警戒区域，设置醒目的警示标志，防止无关人员进入；特别是危险处应设监护人员。

（3）起重吊装作业的大多数作业点都必须由专业技术人员作业，属于特种作业的人员必须按国家有关规定经专门安全作业培训，并取得特种作业操作资格证书后，方可上岗作业。

（4）作业人员应根据现场作业条件，选择安全的位置作业。在卷扬机与地滑轮穿越钢丝绳的区域，禁止人员站立和通行。

（5）吊装过程必须设有专人指挥，其他人员必须服从指挥，起重指挥不能兼作其他工种，并应确保起重司机清晰准确和听到指挥信号。

（6）作业过程必须遵守起重机"十不吊"原则。

（7）被吊物的捆绑要求按塔式起重机中被吊物捆绑作业要求捆绑。

（8）构件存放场地应该平整坚实，不准超高（一般不宜超过1.6m）。构件叠存放除设置垫木外，必要时要设置相应的支撑以提高其稳定性。禁止无关人员在堆放的构件中穿行，防止发生构件倒塌伤人事故。

（9）在露天有六级以上大风或大雨、大雪、大雾等天气时，应停止起重吊装作业。

（10）起重机作业时，起重臂和吊物下方严禁有人停留、工作或通过。重物吊运时，严禁人从上方通过。严禁用起重机载运人员。

（11）经常使用的起重工具应注意安全事项。

1）手动捯链操作人员应经培训合格，方可上岗作业，吊物时应挂牢后慢慢拉动捯链，不得斜向拽拉。当一人拉不动时，应查明原因，禁止多人一齐猛拉。

2）捯链操作人员应经培训合格，方可上岗作业，使用前检查自锁夹钳装置的可靠性，当夹紧钢丝绳后，应能往复运动，否则禁止使用。

3）千斤顶操作人员应经培训合格，方可上岗作业，千斤顶置于平整坚实的地面上，并垫木板或钢板，防止地面沉陷。顶部与光滑物接触面应垫硬木防止滑动。开始操作应逐渐顶升，注意防止顶歪，始终保持重物的平衡。

11.2.5 淹溺事故与防护

淹溺事故防护要做好水上作业安全防护措施：

水上操作要听从航道部门的指挥，遵守水上规定，注意航道航运动态；

水上作业配齐安全的脚手吊篮、吊索、安全带、救生圈以及上下安全梯子；

水上施工区域设置安全标志或警示牌，夜间设置警示灯；

随时掌握潮水涨落、风向、风速等情况，防止撞船；

水上高空作业，作业面做好临边的安全围护，不准施工材料、垃圾坠落到河道上，涉及大型吊装物的安装或拆除，请港监部门配合，临时封锁河道交通，确保水上安全。

使用施工船只制定上船规则，船上备有救生圈、手提喇叭以及明显水上安全标志。

11.2.6 机械工具伤害与防护

机械工具伤害是指施工现场使用中小型机械、手持电动工具等进行作业时，防护不完善或违章操作发生的工伤事故。防护措施主要有以下几点。

（1）各种机械设备的操作人员都必须经过专业与安全技术培训，经有关部门考核合格方准上岗。严禁无证人员操作。

（2）各种机械操作人员必须懂得所操作机械的性能、安全装置。熟悉安全操作规程，能排除一般故障和日常维护保养。

（3）工作时，操作人员必须穿戴好防护用品，集中思想、服从指挥、谨慎操作，不得擅离职守或将机械随意交给他人操作。

（4）交付现场使用的机械设备，必须性能良好，防护装置齐全，生产及安全所需备品配套，并经设备部门和现场负责人认可方能使用。

（5）起重机行驶与停置时，必须与结构、基坑、输电线保持规定的安全距离。

（6）机械设备进入作业点，单位工程负责人应向操作人员进行作业任务和安全技术措施的详细交底。

11.3 桥梁施工过程安全

11.3.1 土方工程作业安全

1. 土方工程作业的概念

（1）土方作业是基础施工的重要内容，是指通过人工或机械施工挖出基坑、基槽及土方回填的过程。

（2）基坑支护作业是指基础工程施工常因受场地的限制不能放坡而采用护壁桩、地下连续墙、设置土层锚杆等支撑基础边坡等保护措施。

（3）深基坑作业一般是指开挖深度大于 5m 或地质情况较复杂其深度不足 5m 的工程。

土方工程及基坑支护工程的典型事故是土方坍塌，基坑支护边坡失稳坍塌以及深基坑周边防护不严而发生高处坠落事故。

2. 土方作业的一般安全要求

（1）施工人员必须按安全技术交底要求进行挖掘作业。

（2）土方开挖前必须做好降（排）水，防止地表水、施工用水和生活废水侵入施工场地或冲刷边坡。

（3）挖土应从上而下逐层挖掘，土方开挖应遵循"开槽支撑，先撑后挖，分层挖掘，严禁掏（超）挖"的原则。

（4）坑（槽）沟必须设置人员上下通道或爬梯。严禁在坑壁上掏坑攀登上下。

（5）开挖坑（槽）沟深度超 1.5m 时，必须根据土质和深度进行放坡或加设可靠支撑。

（6）土方深度超过 2m 时，周边必须设两道防护栏杆，并且危险处夜间设红色警示灯。

（7）配合机械挖土、清底、平地修坡等作业时，不得在机械回转半径以内作业。

（8）作业时要随时注意检查边坡变化，发现有裂纹或部分塌方，必须采取果断措施将人员撤离，排除隐患，确保安全。

（9）坑（槽）沟边 1m 以内严禁堆土料，不准停放机械。

3. 基坑及边坡支护作业的基本安全要求

（1）深基坑施工前，作业人员必须按照施工组织设计及施工方案组织施工。

（2）深基坑施工前，必须掌握场地的工作环境，如了解建筑场地地下埋设物及其附近的地下管线的位置、深度等。

（3）雨期深基坑施工中必须注意排除地面雨水，防止倒流入基坑，同时注意雨水的渗入，土体强度降低，土压力加大造成基坑边坡坍塌事故。

（4）基坑内必须设置明沟和集水井，以排除暴雨突然而来的明水。

（5）严禁在边坡或基坑四周超载堆积材料、设备以及在高边坡危险地带搭建工棚。

4. 挖掘作业安全

（1）开挖边坡的稳定

边坡土体的类别、土体物理力学性质、开挖深度、边坡敞露时间、坡顶情况、地面水及地下水情况及开挖方法等，都将影响开挖边坡的稳定性。

1）保证边坡稳定的措施

① 放足边坡，规定开挖边坡的最陡坡度；

② 放置支撑；

③ 做好地面排水及降低地下水位；

④ 采取适当的施工开挖方法。

2）土方挖掘安全

边坡基坑、基槽、管沟开挖，边坡坡度大小应根据边坡土质情况，工程实际条件和施工方法等因素确定。

① 当地下水位低于基坑（槽）或管沟底面标高不超过以下数值时，可直立开挖不加支撑：在堆填的砂土和砾石土内 -1.0m；在黏质砂土和砂质黏土内 -1.25m；在黏土内 -1.50m；在特别密实的土内 -2.0m。

② 当地质条件良好，土质均匀且地下水位低于基坑（槽）底面标高时，挖方深度在 5m 以内不加支撑的边坡最陡坡度应符合规定。

③ 当基坑附近有主要建筑物时，基坑边坡的最陡坡度为 $1:1.0\sim1:1.5$。

（2）基坑支护

1）支护结构的选型应考虑结构的空间效应和基坑特点，选择有利于支护的结构形式或采用几种形式相结合。

2）当采用悬臂结构支护时，基坑深度不宜大于 6m。若超过 6m 时，可选用单支点和多支点的支护结构。地下水位低的地区能保证降水施工时，也可采用土钉支护。

3）寒冷地区基坑设计应考虑土体冻胀力的影响。

4）支撑安装必须按设计位置进行，施工过程严禁随意变更，并应切实使围檩与挡土桩墙结合紧密。挡土板或板桩与坑壁间的回填土应分层回填夯实。

5）支撑的安装和拆除顺序必须与设计工况相符合，并与土方开挖和主体工程的施工顺序相配合。分层开挖时，应先支撑后开挖；同层开挖时，应边开挖边支撑。支撑拆除前，应采取换撑措施，防止边坡卸载过快。

6）钢筋混凝土支撑其强度必须达到设计要求（或达到 75%）后，方可开挖支撑面以下土方；钢结构支撑必须严格检验材料和保证节点的施工质量，严禁在负荷状态下进行焊接。

7）应合理布置锚杆的间距与倾角，锚杆上下间距不宜小于 2.0m，水平间距不宜小于 1.5m；锚杆倾角宜为 $15°\sim25°$，且不应大于 45°。最上一道锚杆覆土厚度不得小于 4m。

8）锚杆的实际抗拔力除经计算外，还应按规定方法进行现场试验后确定。可采取提高锚杆抗力的二次压力灌浆工艺。

9）采用逆作法施工时，要求其外围结构必须有自防水功能。基坑上部机械挖土的深度，应按地下墙悬臂结构的应力值确定；基坑下部封闭施工，应采取通风措施；当采用电梯间作为垂直运输的井道时，对洞口楼板的加固方法应由工程设计确定。

10）逆作法施工时，应合理地解决支撑上部结构的单柱单桩与工程结构的梁柱交叉及节点构造，并在方案中预先设计，当采用坑内排水时必须保证封井质量。

（3）施工排水

为了保证施工正常进行，防止边坡塌方和地基承载力下降，必须做好地面截水及基坑排水工作。

1）地面截水

可利用挖除素土在边坡外筑堤截水，也可利用天然沟道或挖明沟将地面水引出施工现场。

排水沟和截水沟的纵向坡度应根据地形确定，一般为 2‰～3‰，横断面不小于 50cm×50cm，土质边坡坡度为 1：0.7～1：1.5。

2）基坑排水

基坑排水方法可分为明排水法和人工降低地下水位法两类。基坑排水工作，应持续到基础工程施工完毕进行回填后才能停止。

① 明排水法。明排水法是在基坑开挖过程中，在坑底设置集水井，并沿坑底的周围或中央开挖排水沟，使水流入集水井中，然后用水泵抽出坑外。

② 人工降低地下水位法（井点降低法）。人工降低地下水位法是指在基坑开挖前，预先在基坑四周埋没一定数量的滤水管（井），利用抽水设备从中抽水，使地下水位降低到坑底以下，使所挖的土始终保持干燥状态，防止了流砂的发生。

③ 人工降低地下水位的方法有：轻型井点法、喷射井点法、管井井点法、深井泵法、电渗井点法等，可根据土的渗透系数、需降低水位的深度以及设备条件等选用。各种井点降水方法在实际使用时，应做到连续抽水，不能时停时抽或中途停抽，井点降水时应经常观测对附近建筑物的影响，若沉陷过大，应及时采取防护措施。

（4）机械挖掘安全

土方挖掘作业方式分为正铲、反铲、拉铲、抓铲这四种挖掘机。

1）挖掘机作业安全

① 作业时挖掘机应处于水平位置，将行走机构制动住；

② 挖掘时斗的起落要平稳，当铲头未离开工作面时，挖土机不得做回转、行走等动作，禁止铲斗在装满料时悬空行走或变更斗臂的仰角；

③ 卸料时在不撞击汽车任何部分的情况下，铲斗要尽量低，不得高空卸料，运输车辆未停稳时不得装车；

④ 挖掘机回转时，应使用回转制动器制动，不得用转向离合器反转制动；

⑤ 工作面不得留有突出及松动的大石块，如发现有塌方危险，应立即处理或撤离至安全地带；

⑥ 操作人员必须暂时离开工作岗位时，必须将铲斗落地；

⑦ 反铲作业必须待臂杆停稳后再铲土。

2）液压挖掘机作业安全

① 轮胎或液压挖掘机作业前必须放下支腿;

② 检查液压传动的臂杆、油路、油缸、操作阀等应无漏油现象;

③ 在操作时应注意油缸的伸缩极限位置,防止极限块被撞击;

④ 在挖掘工程中需进行制动时,应将变速阀置于低速位置,以保证足够的制动力矩;

⑤ 在挖掘工程中,如发现挖掘力突然变化,应停机查明原因及时处理,严禁将分配阀压力自行提高;

⑥ 停放时应将铲斗和斗杆放在缩回位置上,斗支撑在地上,操作手柄拉回空挡位置。

3) 机械挖掘工程中预防坑槽边坡坍塌的措施

① 挖出的土应堆放在槽边 0.8m 以外,其高度不得超过 1.5m;

② 在挖土边坡上侧堆放材料以及移动机械时,应与挖方边缘保持一定距离,以保证边坡的稳定。一般情况下,载重车辆距槽边不少于 3m,振动较大的机械设备距槽边不少于 4m;

③ 当发现土层有较大裂缝开展或滑动时,应采取加固措施,排除险情。

11.3.2 支架、拱架及脚手架工程安全

1. 支架、拱架及脚手架类型

支架按其构造分为立柱式、梁式和梁柱式支架;按材料可分为木支架、钢支架、钢木混合支架和万能杆件拼装的支架等。

拱架按结构分为支柱式、撑架式、扇形、桁式、组合式等;按材料分为木拱架、钢拱架、竹拱架和土牛拱胎。

脚手架按搭设位置可分为外脚手架、里脚手架、悬挂脚手架;按构造形式可分为多立杆式脚手架,桥式脚手架,吊、挂、挑式脚手架,平台式脚手架等。

2. 基本安全要求

(1) 支架和拱架宜采用标准化、系列化、通用化的构件拼装。

无论使用何种材料的支架和拱架,均应进行施工图设计,并验算其强度和稳定性。

(2) 制作木支架、木拱架时,长杆件接头应尽量减少,两相邻立柱的连接接头应尽量分设在不同的水平面上。主要压力杆的纵向连接,应使用对接法,并用木夹板或铁夹板夹紧。次要构件的连接可用搭接法。

(3) 安装拱架前,对拱架立柱和拱架支承面应详细检查,准确调整拱架支承面和顶部标高,并复测跨度,确认无误后方可进行安装。各片拱架在同一节点处的标高应尽量一致,以便于拼装平连杆件。在风力较大的地区,应设置风缆。

(4) 支架和拱架应稳定、坚固,应能抵抗在施工过程中有可能发生的偶然冲撞和振动。安装时应注意以下几点:

1) 支架立柱必须安装在有足够承载力的地基上,立柱底端应设垫木来分布和传递压力,并保证浇筑混凝土后不发生超过允许的沉降量。

2) 船只或汽车通行孔的两边支架应加设护桩,夜间应用灯光标明行驶方向。施工中易受漂流物冲撞的河中支架应设坚固的防护设备。

(5) 支架应根据技术规范的要求进行预压,以收集支架、地基的变形数据。作为设置预拱度的依据,预拱度设置时要考虑张拉上拱的影响。预拱度一般按二次抛物线设置。

(6) 施工用的脚手架和便桥,不应与构造物的模板支架相接,以免施工振动时影响浇

筑混凝土质量。

(7) 支架的卸落设备可根据支架形式选择使用木楔、砂筒、千斤顶、U 形顶托等，卸落设备尤其要注意有足够的强度。构件的连接应尽量紧密，以减小支架变形，使沉降量符合预计值。

(8) 拱架或支架安装完毕后，应对其平面位置、顶部标高、节点联系及纵、横向稳定性进行全面检查，符合要求后方可进行下一步工序。

3. 脚手架工程的安全措施

脚手架搭设完成后，必须经过有关人员验收方可使用，在使用过程中，应随时注意检查，发现问题及时处理。

架子工作业时，必须戴安全帽，系安全带，穿胶鞋或软底鞋。所用材料要堆放平稳，工具应随手放入工具袋，上下传递物件不能抛扔。

脚手架的外侧、斜道和上料台，必须绑 1m 高的护身栏和 18cm 高的挡脚板或挂防护栏网，网的上下口应用麻绳或棕绳与大横杆绑牢，网与网应塔接锁住。

脚手架与 1～20kV 以下高压的架空输电线路的最近距离不小于 2m，同时应设有隔离防护措施。

钢制脚手架应有良好的防电、避雷装置，要有可靠的接地处理。

脚手架在使用时应随时注意清除架子上的杂物，禁止超荷载堆放材料，在架子上堆砖，只允许单行侧摆三层。雨雪、冰冻天施工，架子上要有防滑措施。

当脚手架上料平台荷载较大时，立杆与横杆连接处应另增加一个扣件或加强绑扎以备加固。拆除的脚手架杆或配件，应分类堆放并进行保养。

4. 脚手架安装验收

(1) 立杆、大横杆、小横杆三杆的交叉点称为主节点。主节点处立杆和大横杆的连接扣件与大横杆与小横杆的连接扣件的间距应小于 15cm。在脚手架使用期间，主节点处的大、小横杆，纵横向扫地杆及连墙件不能拆除。

(2) 大、小横杆、脚手板

大横杆宜设置在立杆内侧，其长度不能小于 3 跨，大于等于 6m 长。大横杆用对接扣件接长，也可采用搭接。对接、搭接应符合以下要求：大横杆的对接扣件应交错布置；两根相邻大横杆的接头不宜设置在同步或同跨内；不同步不同跨两相邻接头在水平方向错开的距离不应小于 500mm；各接头中心至最近主节点的距离不大于纵距的 1/3，搭接长度不小于 1m 应等间距设置 3 个旋转扣件固定，端部扣件盖板边缘至大横杆杆端部的距离不应小于 100mm；当使用冲压钢脚手板、木脚手板、竹串片脚手板时，大横杆应作为小横杆的支座，用直角扣件连接；当使用竹笆脚手板时，大横杆应采用直角扣件固定在小横杆上，并应等间距设置，间距不应大于 400mm。

小横杆的构造应符合以下要求：主节点处必须设置一根小横杆，用直角扣件扣接且严禁拆除。作业层上非主节点处的小横杆，宜根据支承脚手架的需要等间距设置，最大间距不应大于纵距的 1/2。

当使用冲压钢脚手板、木脚手板、竹串片脚手板时，双排脚手架的横向水平杆两端均采用直角扣件固定在大横杆上；使用竹笆脚手板时，双排脚手架的小横杆两端，应用直角扣件固定在立杆上。

脚手板的设置符合以下要求：作业层脚手板应铺满、铺稳；脚手板应设置在三根小横杆上。当脚手板长度小于2m时，可采用两根小横杆支承，但应将脚手板两端与其可靠固定，严防倾翻。此三种脚手板的铺设可采用对接平铺，亦可采用搭接铺设。脚手板对接平铺时，接头处必须设两根小横杆，脚手板外伸长应取13～15cm，两块脚手板外伸长度的和不应大于30cm，脚手板搭接铺设时，接头必须支在小横杆上，搭接长度应大于20cm，其伸出小横杆的长度不应小于10cm。

竹笆脚手板应按其主筋垂直于纵向水平杆方向铺设，且采用对接平铺，四个角应用钢丝固定在纵向水平杆（大横杆）上。

作业层端部脚手板探头长度应取15cm，其板长两端均应与支承杆可靠地固定。

（3）立杆。每根立杆底部应设置底座，座下再设垫板。脚手架必须设置纵向、横向扫地杆。纵向扫地杆应采用直角扣件固定在距离底座上不大于20cm处的立杆上。横向扫地杆亦应采用直角扣件固定在紧靠纵向扫地杆上。当立杆基础不在同一高度上时，必须将高处的纵向扫地杆向低处延长两跨与立杆固定，高低差不应大于1m。靠边坡上方的立杆轴线到边坡的距离不应小于50cm。脚手架底层步距不应大于2m。立杆必须与建筑物可靠连接。立杆接长除顶层顶步可采用搭接外，其余各层必须采用对接扣件连接。

对接、搭接应符合以下要求：立杆上的接扣件应交错布置，两根相邻立杆的接头不应设置在同步内，同步内隔一根立杆的两个相隔接头在高度方向错开的距离不宜小于50cm；各接头中心至主节点的距离不宜大于步距的1/3；搭接长度不应小于1m，应采用不小于2个旋转扣件固定，端部扣件盖板的边缘至杆端距离不应小于10cm。

（4）设置供操作人员上下使用的安全扶梯、爬梯或斜道。

（5）在脚手架上同时进行多层作业的情况下，各作业层之间应设置可靠的防护棚，以防止上层坠物伤及下层作业人员。

（6）搭设完毕后应进行检查验收，经检查合格后才准使用。

5. 拱架、支架的拆卸要求

（1）模板拆除应按设计的顺序进行，设计无规定时，应遵循先支后拆，后支先拆的顺序，拆时严禁抛扔。

（2）卸落支架和拱架应按拟订的卸落程序进行，分几个循环卸完，卸落量开始宜小，以后逐渐增大。在纵向应对称均衡卸落，在横向应同时一起卸落。在拟订卸落程序时应注意以下几点：

1）在卸落前应在卸架设备上画好每次卸落量的标记。

2）满布式拱架卸落时，可从拱顶向拱脚依次循环卸落；拱式拱架可在两支座处同时均匀卸落。

3）简支梁、连续梁宜从跨中向支座依次循环卸落；悬臂梁应先卸挂梁及悬臂的支架，再卸无铰跨内的支架。

4）多孔拱桥卸架时，若桥墩允许承受单孔施工荷载，可单孔卸落，否则应多孔同时卸落，或各连续孔分阶段卸落。

5）卸落拱架时，应设专人用仪器观测拱圈挠度和墩台变化情况，并详细记录。另设专人观察是否有裂缝现象。

6. 一般脚手架搭设和拆卸安全要求

（1）每项脚手架工程都要有经批准的施工方案。严格按照此方案搭设和拆除，作业前必须组织全体作业人员熟悉施工和作业要求，进行安全技术交底。班组长要带领作业人员对施工作业环境及所需工具、安全防护设施等进行检查，消除隐患后方可作业。

（2）脚手架要结合工程进度搭设，结构施工时脚手架高度要高出作业面一步，但不宜一次搭得过高。未完成的脚手架，作业人员离开作业岗位（休息或下班）时，不得留有未固定的构件，并保证架子稳定。

脚手架要经验收签字后方可使用。分段搭设时应分段验收。在使用过程中要定期检查，较长时间停用、台风或暴雨过后使用要进行检查加固。

（3）落地式脚手架基础必须坚实，若是回填土时，必须平整夯实。并做好排水措施，以防止地基沉陷引起架子沉降、变形、倒塌。当基础不能满足要求时，可采取挑、吊、撑等技术措施，将荷载分段卸到建筑物上。

（4）设计搭设高度较小时（15m 以下），可采用抛撑；当设计高度较大时，采用既抗拉又抗压的连墙点（根据规范用柔性或刚性连墙点）。

（5）施工作业层的脚手板要满铺、牢固，离墙间隙不大于 15cm，并不得出现探头板；在架子外侧四周设 1.2m 高的防护栏杆及 18cm 的挡脚板，且在作业层下装设安全平网；架体外排立杆内侧挂设密目式安全立网。

（6）脚手架出入口须设置规范的通道口防护棚；外侧临街或高层建筑脚手架，其外侧应设置双层安全防护棚。

（7）架子使用中，通常架上的均布荷载，不应超过规范规定。人员、材料不要太集中。

（8）在防雷保护范围之外，应按规定安装防雷保护装置。

（9）脚手架拆除时，应设警戒区和醒目标志，有专人负责警戒；架体上材料、杂物等应消除干净；架体若有松动或危险的部位，应予以先行加固，再进行拆除。

（10）拆除顺序应遵循"自上而下，后装的构件先拆，先装的后拆，一步一清"的原则，依次进行。不得上下同时拆除作业，严禁用踏步式、分段、分立面拆除法。

（11）拆下来的杆件、脚手板、安全网等应用运输设备运至地面，严禁从高处向下抛掷。

11.3.3 模板工程施工安全

钢筋混凝土、预应力混凝土构件在施工前，应按照构件的形状和规格安装坚固的模板，使它能够承受施工过程中的各种荷载，以确保混凝土浇筑作业的顺利进行。拆除模板作业应在混凝土达到设计或规定的强度以后。

大型桥梁的高度通常都有几十米上百米高，这种状况会造成作业人员因高处坠落发生伤亡，若作业中支模系统发生坍塌，就会造成其上作业人员群死群伤的重大事故，因此，施工作业中，除遵守模板工一般安全常识外，还必须重视支模高度的要求和施工方案作业，切实预防各类事故发生。

模板施工作业中的常见事故包括：配制模板时的触电和机械伤害、模板安装和拆除过程中的高处坠落和物体打击、混凝土浇筑施工过程中的模板坍塌等，作业中应严加预防。

1. 模板一般规定

（1）模板施工前应根据建筑物结构特点和混凝土施工工艺进行模板设计，并编制安全技术措施。

（2）模板及支架应具有足够的强度、刚度和稳定性，能可靠地承受新浇混凝土自重、侧压力和施工中产生的荷载及风荷载。

（3）模板工程所使用的材料，可以是钢材、木材和铝合金等，均应符合相关技术标准的规定。

2. 一般模板作业安全要求

（1）各种模板的支架应自成体系，严禁与脚手架进行连接。

（2）模板的支柱底部必须用木板垫牢。

安装模板应该按照施工方案规定的程序进行，本道工序模板未固定之前，不能进行下一道工序的施工。

模板的支柱必须支撑在牢靠处，底部用木板垫牢设置垫板，不准使用脆材料铺垫。立柱要直立，上下端固定牢靠，保证立柱不下沉，而且上下端都不移位。

可调底座、托座的调节螺杆伸出长度不宜超过20cm。超过20cm时，立杆或门架的承载力应进行修正计算。

（3）模板支架立柱在安装的同时，应加设水平支撑，立柱高度大于2m时，应设2道水平支撑，每增高1.5~2m时，再增设1道水平支撑。

（4）为保证模板的稳定性，除按照规定加设立柱外，还应在沿立柱的纵向及横向加设扫地杆、水平支撑和剪刀撑。纵向及横向水平支撑的步距不应大于1.8m。

（5）当采用多层支模时，上下各层立杆应保持在同一垂直线上。

（6）需进行二次支撑的模板，当安装二次支撑时，模板上不得有施工荷载。

（7）模板支架的安装应按照设计图进行，安装完毕浇筑混凝土前，经验收确认符合要求。

（8）严格控制模板上堆料及设备荷载，当采用小推车运输时，应搭设小推车运输通道，以免将荷载传递给建筑结构。

（9）对于较高支模作业时，要认真执行施工方案，确保支撑体系稳固可靠。支模作业初步完成后，要进行认真检查验收，确认无误才算完成。支模时，下方不应有人，禁止交叉作业，防止物体打击。

（10）混凝土浇筑中要指派专人对支模体系进行监护，发现异常情况，应立即停工，作业人员马上离开现场。险情排除后，经技术责任人检查同意，方可继续施工。

3. 模板拆除要求

（1）拆除模板必须经工地负责人批准。

模板拆除前，必须确认混凝土强度已经达到要求，经工地负责人批准，方可进行拆除。拆除模板时应按照规定的顺序进行，并有专人指挥。高处拆除的模板和支撑，不准乱放。

（2）禁止无关人员进入拆模现场。

模板拆除作业前，应在作业区周边设围挡和醒目标志，拆模现场要有专人负责监护，禁止无关人员进入拆模现场。禁止拆模人员在上下同一垂直面上作业，防止发生人员坠落和物体打击事故。拆下的模板应及时清理、分类堆放。

（3）模板拆除顺序应按设计方案的规定进行。当无规定时，应按照"先支的后拆，后支的先拆"的顺序，先拆非承重模板，后拆承重模板及支架。

拆除较大跨度梁下支柱时，应先从跨中开始，分别向两端拆除。

（4）当水平支撑超过2道以上时，应先拆除2道以上的水平支撑，最下面一道大横杆与立柱应同时拆除。

（5）不准采用大面积撬落的方法拆除钢模板。

拆除钢模板时不准采用大面积撬落的方法，防止伤人和损坏物料。

（6）不能留有悬空模板。

模板拆除作业后，不能留有悬空模板，防止突然落下伤人。

11.4　施工机械设备使用安全

在建筑施工中，必须使用安全设施齐全且符合施工现场要求的机械设备，机械设备在使用时不得保养、维修。出现故障时，应及时停机维修，严禁机械设备带病运行。

建筑施工机械的使用必须按"定人、定机"制度执行。操作人员必须经培训合格，方可上岗作业，其他人员不可擅自使用。机械使用前，必须对机械设备进行检查，各部位确认完好无损，并空载试运行，符合安全技术要求，方可使用。

11.4.1　垂直运输设备使用安全

塔式起重机、施工电梯、物料提升机等施工起重机械的操作（也称为司机）、指挥、司索等作业人员属特种作业，必须按国家有关规定经专门安全作业培训，取得特种作业操作资格证书，方可上岗作业。

施工起重机械（也称垂直运输设备）必须有相应的制造（生产）许可证企业生产，并有出厂合格证。其安装、拆除、加高及附墙施工作业，必须由相应作业资格的队伍作业，作业人员必须按国家有关规定经专门安全作业培训，取得特种作业操作资格证书，方可上岗作业。其他非专业人员不得上岗作业。

安装、拆卸、加高及附墙施工作业前，必须有经审批、审查的施工方案，并进行方案及安全技术交底。

1. 塔式起重机使用安全

（1）起重机"十不吊"

1）超载或被吊物重量不清不吊；

2）指挥信号不明确不吊；

3）捆绑、吊挂不牢或不平衡不吊；

4）被吊物上有人或浮置物不吊；

5）结构或零部件有影响安全的缺陷或损伤不吊；

6）斜拉歪吊和埋入地下物不吊；

7）单根钢丝不吊；

8）工作场地光线昏暗，无法看清场地、被吊物和指挥信号不吊；

9）重物棱角处与捆绑钢丝绳之间未加衬垫不吊；

10）易燃易爆物品不吊。

（2）塔式起重机吊运作业区域内严禁无关人员入内，起吊物下方不准站人。

（3）司机（操作）、指挥、司索等工种应按有关要求配备，其他人员不得作业。

（4）六级以上强风不准吊运物件。

（5）作业人员必须听从指挥人员的指挥，吊物起吊前作业人员应撤离。

（6）吊物捆绑的安全要求

1）吊运物件时，应清楚重量、吊运点及绑扎应牢固可靠。

2）吊运散件物时，应用铁制合格料斗，料斗上应设有专用的牢固的吊装点；料斗内装物高度不得超过料斗上口边，散粒状的轻浮易撒物盛装高度应低于上口边线 10cm。

吊运长条状物品（如钢筋、长条状木方等），所吊物件应选择两个均匀、平衡的吊点，绑扎牢固。

吊运有棱角、锐边的物品时，钢丝绳绑扎处应做好防护措施。

2. 施工电梯使用安全

施工电梯也称外用电梯，也有人称为（人、货两用）施工升机，是施工现场垂直运输人员和材料的主要机械设备。

（1）施工电梯投入使用前，应在首层搭设出口防护棚，并应符合有关高处作业规范。

（2）电梯在大雨、大雾、六级以上大风以及导轨架等结冰时，必须停止使用。并将梯笼降到底层，切断电源防护。暴风雨后，使用前应对电梯各安全装置进行一次检查，确认正常，方可启用。

（3）电梯底笼周围 2.5m 范围，应设置防护栏杆。

（4）电梯各出料口运输平台应平整牢固，还应安装牢固可靠的栏杆和安全门，使用时安全门应保持关闭。

（5）电梯使用应有明确的联络信号，禁止用敲打、呼叫等联络。

（6）乘坐电梯时，应先关好安全门，再关好梯笼门，方可启动电梯。

（7）梯笼内乘人或载物时，应使载荷均匀分布，不得偏重。严禁超载运行。

（8）等候电梯时，应站在建筑物内，不得聚集在通道平台上，也不得将头手伸出栏杆和安全门外。

（9）电梯每班首次载重运行时，当梯笼升离地 1～2m 时，应停机试验制动器的可靠性；当发现制动效果不良时，应调整或修复后方可投入使用。

（10）操作人员应根据指挥信号操作，作业前应鸣声示意。在电梯未切断总电源开关前，操作人员不得离开操作岗位。

（11）施工电梯发生故障的处理

当运行中发现有异常情况时，应立即停机并采取有效措施将梯笼降到底层，排除故障后方可继续运行；在运行中发现电器失控时，应立即按下急停按钮；在未排出故障前不得打开急停按钮；在运行中发现制动器失灵时，可将梯笼开至底层维修；或者让其下滑防坠安全器制动；在运行中发现故障时，不可惊慌，电梯的安全装置将提供可靠的保护；并且听从专用人员的安排，或等待修复，或按专业人员指挥撤离。

（12）作业后，应将梯笼降到底层，各控制开关拨到零位，切断电源，锁好开关箱，闭锁梯笼门和围护门。

3. 物料提升机使用安全

物料提升机有龙门架、井字架式的，也有的称为（货用）施工升降机，是施工现场物料垂直运输的主要机械设备。

（1）物料提升机用于运载物料，严禁载人上下；装卸料人员、维修人员必须在安全装置可靠或采取了可靠的措施后方可进入吊笼内作业。

（2）物料提升机进料口必须加装安全防护门，并按高处作业规范搭设防护棚，并设安全通道，防止从棚外进入架体中。

（3）物料提升机在运行时，严禁对设备进行保养、维修，任何人不得攀登架体和从架体内穿过。

（4）运载物料的要求

1）运送散料时，应使用料斗装载，并放置平稳；使用手推斗车装置于吊笼时，必须将手推斗车平稳并制动放置，注意车把手及车不能伸出吊笼。

2）运送长料时，物料不得超出吊笼；物料立放时，应捆绑牢固。

3）物料装载时，应均匀分布，不得偏重，严禁超载运行。

（5）物料提升机的架体应有附墙或缆风绳，并应牢固可靠，符合说明书和规范的要求。

（6）物料提升机的架体外侧应用小网眼安全网封闭，防止物料在运行时坠落。

（7）禁止在物料提升机架体上焊接、切割或者钻孔等作业致损伤架体的任何构件。

（8）出料口平台应牢固可靠，并应安装防护栏杆和安全门。运行时安全门应保持关闭。

（9）吊笼上应有安全门，防止物料坠落；并且安全门应与安全停靠装置连锁。安全停靠装置应灵敏可靠。

（10）楼层安全防护门应有电气或机械锁装置，在安全门未可靠关闭时，禁止吊笼运行。

（11）作业人员等待吊笼时，应在建筑物内或者平台内距安全门1m以上处等待。严禁将头手伸出栏杆或安全门。

（12）低架物料提升机应当设置安全停靠装置、断绳保护装置、上极限限位器、下极限限位器、吊笼安全门和信号装置；高架物料提升机除了应当设置低架物料提升机应当设置的安全保护装置外，还应该设置重量限制装置、缓冲器和通信装置。

11.4.2 起重吊装安全要求

1. 一般安全要求

（1）参加起重吊装的作业人员，包括司机、起重工、信号指挥、电焊工等均应属特种作业人员，必须是经专业培训、考核取得合格证并经体检确认方可进行高处作业的人员。

（2）起重吊装作业前应详细勘察现场，按照工程特点及作业环境编制专项施工方案，并经企业技术负责人审批，其内容应包括：工程概况、现场环境及措施、施工工艺、起重机械的选型依据、起重扒杆的设计计算、地锚设计、钢丝绳及索具的设计选用、地耐力及道路的要求、构件堆放就位图以及吊装过程中的各种防护措施等。

（3）起重机械进入现场后应经检查验收，重新组装的起重机械应按规定进行试运转，包括静载、动载试验，并对各种安全装置进行灵敏度、可靠度的测试。扒杆按方案组装后应经试吊检验，确认符合要求后方可使用。

（4）汽车式起重机除应按规定进行定期的维修保养外，还应每年定期进行运转试验，包括额定荷载、超载试验，检验其机械性能、结构变形及负荷能力，达不到规定时，应减载使用。

（5）起重吊装索具使用前应按施工方案设计要求进行逐件检验验收。

（6）起重机运行道路应进行检查，达不到承载力要求时应采取加固措施。

（7）起重吊装各种防护措施用料、脚手架的搭设以及危险作业区的围圈等准备工作应符合方案要求。

（8）起重吊装前应进行安全技术交底，内容包括吊装工艺、构件重量以及注意事项。

（9）当进行高处吊装作业或司机不能清楚地看到作业地点或信号时，应设置信号传递人员。

（10）起重吊装高处作业人员应佩戴工具袋，工具及零配件应装入工具袋，不得抛掷物品。

2. 索具设备

（1）起重吊装钢丝绳应符合下列规定：

1）计算钢丝绳允许拉力时，应根据不同的用途按钢丝绳安全系数表选用安全系数，见表 11-1 所列。

钢丝绳安全系数表 表 11-1

用　　途	安 全 系 数	用　　途	安 全 系 数
缆风绳	3.5	卷扬机起重	5～6
手动起重设备	4.5	吊索	6～7

2）钢丝绳的连接强度不得小于其破断拉力的 80%；当采用绳卡连接时，应按照钢丝绳直径选用绳卡规格及数量，绳卡压板应在钢丝绳长头一边，当采用编结连接时，编结长度不应小于钢丝绳直径的 15 倍，且不应小于 300mm。

3）钢丝绳出现磨损断丝时，应减载使用，当磨损断丝达到报废标准时，应及时更换合格钢丝绳。

（2）应根据构件的重量、长度及吊点合理制作吊索，工作中吊索的水平夹角宜在 45°～60°之间，不得小于 30°。

（3）吊具（铁扁担）的设计制作应有足够的强度及刚度，根据构件重量、形状吊点和吊装方法确定，吊具应使构件吊点合理，吊索受力均匀。

（4）应正确使用吊钩，严禁使用焊接钩、钢筋钩；当吊钩挂绳断面处磨损超过高度 10% 时应报废。

（5）应按照钢丝绳直径及工作类型选用滑车，滑车直径与钢丝绳直径比值不得小于 15。

（6）千斤顶使用应符合下列规定：

1）千斤顶底部应放平，并应在底部及顶部加垫木块。

2）不得超负荷使用，顶升高度不得超过活塞的标志线，或活塞总高度的 3/4。

3）顶升过程中应随构件的升高及时用枕木垫牢，应防止千斤顶顶斜或回油引起活塞突然下降。

4）多台千斤顶联合使用时，应采用同一型号千斤顶并应保持各千斤顶的同步性，每台千斤顶的起升能力不得小于计算承载力的 1.2 倍。

（7）捯链（手拉葫芦）使用应符合下列规定：

1）用前应空载检查，挂上重物后应慢慢拉动进行负荷检查，确认符合要求后方可继续使用。

2）拉链方向应与链轮一致，拉动速度应均匀，拉不动时应查明原因，不得采取增加人数强拉的方法。

3）起重中途停止时间较长时，应将手拉小链拴在链轮的大链上。

（8）手动捯链使用应符合下列规定：

1）手动捯链钢丝绳应选用钢芯钢丝绳，不得有扭结、接头。

2）不得采用加长扳手把柄的方法操作。

3）当使用牵拉重物的手动捯链用于载入的吊篮时，其载重能力必须降为额定载荷的 1/3，应加装自锁夹钳装置。

（9）绞磨使用应符合下列规定：

1）绞磨应与地锚连接牢固，受力后不得倾斜和悬空，起重钢丝绳在卷筒上卷绕不得少于 4 圈，工作时，应设专人拉紧卷筒后面绳头。

2）绞磨必须装设制动器，当绞磨暂时停止转动时应用制动器锁住，且推杠人员不得离开。

3）松弛起重绳时，必须采用推杠反方向旋转控制，严禁采用松后尾拉绳的方法。

（10）地锚埋设应符合下列规定：

1）地锚可按经验做法，亦可经设计确定，埋设的地面不得被水浸泡。

2）木质地锚应选用落叶松、杉木等坚实木料，严禁使用质脆或腐朽木料。埋设前应涂刷防腐油并在钢丝绳捆绑处加钢管和角钢保护。

3）重要地锚或旧有地锚使用前必须以试拉确认，可采用地面压铁的方法增加安全系数。

3.起重机吊装作业

（1）构件吊点的选择应符合下列规定：

1）采用一个吊点起吊时，吊点必须选择在构件重心以上，使吊点与构件重心的连线和构件的横截面垂直。

2）当采用多个吊点起吊时，应使各吊点吊索拉力的合力作用点位于构件的重心以上，使各吊索的汇交点（起重机的吊钩位置）与构件重心的连线和构件支座面相垂直。

（2）应根据建筑结构的跨度、吊装高度、构件重量以及作业条件和现有起重机类型起重量、起升高度、工作半径、起重臂长度等工作参数选择起重机。

（3）履带式起重机应符合下列规定：

1）起重机运到现场组装起重臂杆时，必须将臂杆放置在枕木架上进行螺栓连接和穿绕钢丝绳作业。

2）起重机应按照现行国家标准《起重机械安全规程 第 1 部分：总则》和该机说明书的规定安装幅度指示器、超高限位器、力矩限制器等安全装置。

3）起重机工作前应先空载运行检查，并检查各安全装置的灵敏可靠性。起吊重物时应离地面 200～300mm 停机，进行试吊检验，确认符合要求时，方可继续作业。

4）当起重机接近满负荷作业时，应避免起重臂杆与履带呈垂直方位。当起重机吊物做短距离行走时，吊重不得超过额定起重量的70％，且吊物必须位于行车的正前方，用拉绳保持吊物的相对稳定。

5）采用双机抬吊作业时，应选用起重性能相似的起重机进行，单机的起吊载荷不得超过额定载荷的80％。两机吊索在作业中均应保持竖直，必须同步吊起载荷和同步落位。

（4）汽车、轮胎式起重机应符合下列规定：

1）作业前应全部伸出支腿，并采用方木或铁板垫实，调核水平度，锁牢定位销。

2）起重机吊装作业时，汽车驾驶室内不得有人，垂物不得超越驾驶室上方且不得在车前区吊装。

3）起重机作业时，重物应垂直起吊，而不得侧拉，臂杆吊物回转时动作应缓慢进行。

4）起重机吊物下降时必须采用动力控制，下降停止前应减速，不得采用紧急制动。

5）当采用起重臂杆的副杆作业时，副杆由原来叠放位置转向调直后，必须确认副杆与主杆之间的连接定位销锁牢后，方可进行作业。

6）起重机的安全装置除应按规定装设力矩限制器、超高限位器等安全装置外，还应装设偏斜调整和显示装置。

7）起重机行驶时，严禁人员在底盘走台上站立或蹲坐，并不得堆放物件。

（5）起重吊装

起重吊装是指施工过程中，采用相应的机械设备和设施来完成结构吊装和设施安装，其作业属于危险作业，作业环境复杂，技术难度大。

1）作业前应根据作业特点编制专项施工方案，并对参加作业人员进行方案和安全技术交底。

2）作业时周边应置警戒区域，设置醒目的警示标志，防止无关人员进入；特别危险处应设监护人员。

3）起重吊装作业大多数作业点都必须由专业技术人员作业；属于特种作业的人员必须按国家有关规定经专门安全作业培训，取得特种作业操作资格证书，方可上岗作业。

4）作业人员应根据现场作业条件选择安全的位置作业。在卷扬机与地滑轮穿越钢丝绳的区域，禁止人员站立和通行。

5）吊装过程必须设有专人指挥，其他人员必须服从指挥。起重指挥不能兼作其他工种，并应确保起重司机清晰准确和听到指挥信号。

6）作业过程必须遵守前面所提及的起重机"十不吊"原则。

7）被吊物的捆绑要求，按第一节塔式起重机中被吊物捆绑作业要求。

8）构件存放场地应该平整坚实。构件叠放用方木垫平，必须稳固，不准超高（一般不宜超过1.6m）。构件存放除设置垫木外，必要时要设置相应的支撑，提高其稳定性。禁止无关人员在堆放的构件中穿行，防止发生构件倒塌挤人事故。

9）在露天有六级以上大风或大雨、大雪、大雾等天气时，应停止起重吊装作业。

10）起重机作业时，起重臂和吊物下方严禁有人停留、工作或通过。重物吊运时，严禁人从下方通过。严禁用起重机载运人员。

11.4.3 土方机械使用安全

1. 推土机安全使用要点

（1）推土机在Ⅲ、Ⅳ类土或多石土壤地带作业时，应先进行爆破或用松土器翻松散。在沼泽地带作业时，应使用有湿地专用履带板的推土机。

（2）不得用推土机推石灰、烟灰等粉尘物料和用做碾碎石块的工作。

（3）牵引其他机械设备时，应有专人负责指挥。钢丝绳的连接应牢固可靠。在坡道上或长距离牵引时，应采用牵引杆连接。

（4）填沟作业驶近边坡时，铲刀不得越出边缘。

（5）在深沟、基坑或陡坡地区作业时，应有专人指挥，其垂直边坡深度一般不超过2m，否则应放出安全边坡。

2. 铲运机的安全使用要点

（1）作业前应检查钢丝绳、轮胎气压、铲斗及卸土回位弹簧、拖杆方向接头、撑架和固定钢丝绳部分以及各部滑轮等；液压式铲运机铲斗与拖拉机连接的叉座与牵引连接块应锁定，液压管路连接应可靠，确认正常后，方可启动。

（2）开动前，应使铲斗离开地面，机械周围应无障碍物，确认安全后，方可开动。

（3）作业中严禁任何人上、下机械，传递物件，以及在铲斗内、拖把或机架上坐、立。

（4）多台铲运机联合作业时，各机之间前后距离不得小于10m（铲土时不得小于5m），左右距离不得小于2m。行驶中，应遵守下坡让上坡、空载让重载、支线让干线的原则。

（5）铲运机在上、下坡道时，应低速行驶，不得中途换挡，下坡时不得空挡滑行。行驶的横向坡度不得超过6°，坡道宽度应大于机身2m以上。

（6）在新填筑的土堤上作业时，离堤坡边缘不得小于1m，需要在斜坡横向作业时，应先将斜坡挖填，使机身保持平衡。

（7）在坡道上不得进行检修作业；在坡道上严禁转弯、倒车或停车。在坡上熄火时，应将铲斗落地、制动牢靠后再行动；下陡坡时，应将铲斗触地行驶，帮助制动。

3. 装载机安全使用要点

（1）机械启动必须先鸣笛，将铲斗提升离地面50cm左右。行驶中可用高速挡，但不得进行升降和翻转铲斗动作，作业时应使用低速挡，铲斗下方严禁有人，严禁用铲斗载人。

（2）装载机不得在倾斜的场地上作业，作业区内不得有障碍物及无关人员装卸作业。装卸应在平整场地进行。

（3）向汽车内卸料时，严禁将铲斗从驾驶室顶上越过，铲斗不得碰撞车厢，严禁车厢内有人，不得用铲斗运物料。

（4）在沟槽边卸料时，必须设专人指挥，装载机前轮应与沟槽边缘保持不少于2m的安全距离并设置挡木。

（5）作业后应将装载机开至安全地区，不得停在坑注积水处，必须将铲斗平放在地面上，将手柄放在空挡位置，拉好驻车制动器。关闭门窗加锁后，司机方可离开。

11.4.4　桩工机械施工安全

（1）打桩施工场地应按坡度不大于3%，地基承载力不小于8.5N/cm² 的要求进行平实，地下不得有障碍物。在基坑和围堰内打桩，应配备足够的排水设备。

（2）桩机周围应有明显标志或围栏，严禁闲人进入。作业时，操作人员应在距桩锤中心 5m 以外监视。

（3）安装时，应将桩锤运到桩架正前方 2m 以内，严禁远距离倾斜吊运。

（4）严禁吊运桩体、吊运桩锤、回转及行走同时进行。桩机在吊有重物情况下，严禁操作人员离开。

（5）作业中停机时间较长时，应将桩锤落下并支垫好。除蒸汽打桩机在短时间内可将桩锤担在机架上外，其他的桩机均不得悬吊桩锤进行检修。

（6）遇有大雨、雪、雾和六级以上强风等恶劣气候，应停止作业。当风速超过七级应将桩机顺风向停置，并增加缆风绳。

（7）雷电天气无避雷装置的桩机，应停止作业。

（8）作业后应将桩机停放在坚实平整的地面上，将桩锤落下，切断电源和电路开关，停机制动后方可离开。

（9）高压线下两侧 10m 以内不得安装打桩机。特殊情况必须采取安全技术措施，并经企业技术负责人批准同意，方可安装。

（10）起落机架时，应设专人指挥，拆装人员应相互配合，指挥旗语、哨声应准确、清楚。严禁任何人在机架下穿行或停留。

（11）打桩机作业时，严禁在垂直半径范围以内和桩锤、重物下穿行停留。

11.4.5 主要钢筋机械施工安全

钢筋机械可分为钢筋强化机械、钢筋加工机械、钢筋焊接机械、钢筋预应力机械。

1. 钢筋切断机安全要求

（1）机械未达到正常转速时，不得切料。切料时，应使用切刀的中下部位，紧握钢筋对准刃口迅速投入，操作者应站在固定刀片一侧用力压住钢筋，应防止钢筋末端弹出伤人。严禁用两手分在刀片两边握住钢筋俯身送料。

（2）不得剪切直径及强度超过机械铭牌规定的钢筋和烧红的钢。一次切断多根钢筋时，其总截面积应在规定范围内。

（3）切断短料时，手和切刀之间的距离应保持在 15cm 以上。如手握端小于 4cm 时，应采用套管或夹具将钢筋短头压住或夹牢。

（4）运转中严禁用手直接清除切刀附近的断头和杂物。钢筋摆动周围和切刀周围，不得停留非操作人员。

2. 钢筋弯曲机安全要求

（1）应按加工钢筋的直径和弯曲半径的要求，装好相应规格的芯轴、挡铁轴。芯轴直径应为钢筋直径的 2.5 倍。挡铁轴应有轴套，挡铁轴的直径和强度不得小于被弯钢筋的直径和强度。

（2）作业时，应将钢筋需弯曲一端插入在转盘固定销的间隙内，另一端紧靠机身固定销，并用手压紧；应检查机身固定销并安放在挡住钢筋的一侧，方可开动。

（3）作业中，严禁更换轴芯、销子和变换角度以及调整，也不得进行清扫和加油。

（4）对超过机械铭牌规定直径的钢筋严禁进行弯曲。不直的钢筋，不得在弯曲机上弯曲。

（5）在弯曲钢筋的作业半径内和机身不设固定销的一侧严禁站人。

（6）转盘换向时，应待停稳后进行。

（7）作业后，应及时清除转盘及插入座孔内的铁锈。

3. 钢筋调直机安全要求

（1）应按调直钢筋的直径，选用适当的调直块及传动速度。调直块的孔径应比钢筋直径大2~5mm，传动速度应根据钢筋直径选用，直径大的宜选用慢速，经调试合格，方可作业。

（2）在调直块未固定、防护罩未盖好前不得送料。作业中严禁打开各部防护罩并调整间隙。

（3）当钢筋送入后，手与轮应保持一定的距离，不得接近。

（4）送料前应将不直的钢筋端头切除。导向筒前应安装一根1m长的钢管，钢筋应穿过钢管再送入调直前端的导孔内。

4. 钢筋冷拉机安全要求

（1）卷扬机的位置应使操作人员能见到全部的冷拉场地，卷扬机与冷拉中线的距离不得少于5m。

（2）冷拉场地应在两端地锚外侧设置警戒区，并应安装防护栏及醒目的警示标志。严禁非作业人员在此停留。操作人员在作业时必须离开钢筋2m以外。

（3）卷扬机操作人员必须看到指挥人员发出的信号，并待所有的人员离开危险区后方可作业。冷拉应缓慢、均匀。当有停车信号或见到有人进入危险区时，应立即停拉，并稍稍放松卷扬机钢丝绳。

（4）夜间作业的照明设施，应装设在张拉危险区外。当需要装设在场地上空时，其高度就应超过5m。灯泡应加防护罩。

11.4.6 混凝土工程机械施工安全

1. 混凝土泵及泵车的安全使用要点

（1）混凝土泵应放在坚固平整的地面上，如必须在倾斜地面上停放时，可用轮胎制动器卡住车轮，倾斜度不得超过3°。

（2）料斗网格上不得堆满混凝土，要控制供料流量，及时清除超粒径的骨料及异物。

（3）搅拌轴卡住不转时，要暂停泵送，及时排除故障。

（4）供料中断时间一般不超过1h。停泵后应每隔10min做2~3个冲程反泵和正泵运动，再次投入泵送前应先搅拌。

（5）作业后如管路装有止流管，应插好止流插杆，防止垂直或向上倾斜管路中的混凝土倒流。

（6）在管路末端装上安全盖，其孔口应朝下。若管路末端已是垂直向下或装有90°弯管，可不装安全盖。

（7）洗泵时，应打开分配筏阀窗，开动料斗搅拌装置，做空载推送动作。同时在料斗和阀箱中冲水，直至料斗、阀箱、混凝土缸全部洗净，然后清洗泵的外部。

2. 混凝土（砂浆）搅拌机安全要求

（1）搅拌机的安装一定要平稳、牢固。长期固定使用时，应埋置地脚螺栓；在短期使用时，应在机座上铺设木枕或撑架找平牢固放置。

（2）料斗提升时，严禁在料斗下工作或穿行。清理料斗坑时，必须先切断电源，锁好电箱，并将料斗双保险钩挂牢或插上保险插销。

（3）运转时，严禁将头或手伸入料斗与机架之间查看，不得将工具或物件伸入搅拌筒内。

（4）运转中严禁保养维修。维修保养搅拌机，必须拉闸断电，锁好电箱挂好"有人工作严禁合闸"牌，并有专人监护。

3. 混凝土振捣器安全要求

混凝土振捣器常用的有插入式和平板式。

（1）振捣器应安装漏电保护装置，保护接零应牢固可靠。操作人员应穿戴绝缘胶鞋和绝缘手套。

（2）使用前，应检查各部位无损伤，并确认连接牢固，旋转方向正确

（3）电缆线应满足操作所需的长度。严禁用电缆线拖拉或吊挂振捣器。

振捣器不得在初凝的混凝土、地板、脚手架和干硬的地面上进行试振。在检修或作业间断时，应断开电源。

（4）作业时，振捣棒软管的弯曲半径不得小于50cm，并不得多于两个弯，操作时应将振捣棒垂直地沉入混凝土，不得用力硬插、斜推或让钢筋夹住棒头，也不得全部插入混凝土中，插入深度不应超过棒长的3/4，不宜触及钢筋、芯管及预埋件。

（5）作业停止需移动振捣器时，应先关闭电动机，再切断电源。不得用软管拖拉电动机。

（6）平板式振捣器工作时，应使平板与混凝土保持接触，待表面出浆，不再下沉后，即可缓慢移动；运转时，不得搁置在已凝或初凝的混凝土上。

（7）移动平板式振捣器应使用干燥绝缘的拉绳，不得用脚踢电动机。

4. 砂浆机安全操作要求

（1）砂浆机的传动皮带，进料口防护棚、开关箱及防护罩必须安全有效。

（2）砂浆机应使用单向开关，拌灰叶片不应松动和摩擦料筒。

（3）电源线必须架空，绝缘良好，机械外壳必须保护接地，接地电阻不大于4Ω。

11.4.7 其他中小型施工机械设备安全

施工现场机械设备必须按其控制的要求，配备符合规定的控制设备，严禁使用倒顺开关。在使用机械设备时，必须严格遵守安全操作规程，严禁违章作业；发现有故障，或者有异常响动，或者温度异常升高，都必须立即停机，经过专业人员维修，并检验合格后，方可重新投入使用。

操作人员应做到"调整、紧固、润滑、清洁、防腐"十字作业的要求，按有关要求对机械设备进行保养。操作人员在作业时，不得擅自离开工作岗位。下班时，应先将机械停止运行，然后断开电源，锁好电箱，方可离开。

1. 蛙式夯实机安全要求

（1）夯实作业时，应一人扶夯，一人传递电缆线，且必须戴绝缘手套和穿绝缘鞋。电缆线不得扭结或缠绕，且不得张拉过紧，应保持有3～4m的余量。移动时，应将电缆线移至夯机后方，不得隔机扔电缆线，当转向困难时，应停机调整。

（2）作业时，手握扶手应保持机身平衡，不得用力向后压，并应随时调整行进方向。转弯时不得用力过猛，不得急转弯。

（3）夯实填高土方时，应在边缘以内 10~15cm 夯实 2~3 遍后，再夯实边缘。

（4）在较大基坑作业时，不得在斜坡上夯行，应避免造成夯头后折。

（5）夯实房心土时，夯板应避开房心地下构筑物、钢筋混凝土基桩、机座及地下管道等。

（6）在建筑物内部作业时，夯板或偏心块不得打在墙壁上。

（7）多机作业时，平行间距不得小于 5m，前后间距不得小于 10m。

（8）夯机前进方向和夯机四周 1m 范围内，不得站立非操作人员。

2. 振动冲击夯安全要求

（1）内燃冲击夯启动后，内燃机应怠速运转 3~5min，然后逐渐加大油门待夯机跳动稳定后，方可作业。

（2）电动夯机在接通电源启动后，应检查电动机旋转方向，有错误时应倒换相联系线。

（3）作业时应正确掌握夯机，不得倾斜，手把不宜握得过紧，能控制夯机前进速度即可。

（4）正常作业时，不得使劲往下压手把，影响夯机跳起高度。在较松的填料上作业或上坡时，可将手把稍向下压，并应能增加夯机前进速度。

（5）电动冲击夯操作人员必须戴绝缘手套，穿绝缘鞋。作业时，电缆线不应拉得过紧，应经常检查线头安装，不得松动及引起漏电。严禁冒雨作业。

3. 潜水泵安全要求

（1）潜水泵宜先装在坚固的铁篮筐里再放入水中，亦可在水中将泵的四周设立坚固的防护围网。泵应直立于水中，水深不得大于 0.5m，不得在含有泥沙的水中使用。

（2）潜水泵放入水中或提出水面时，应先切断电源，严禁拉拽电缆或出水管。

（3）潜水泵应装设保护接零和漏电保护装置，工作时泵周围 30m 以内水面，不得有人、畜进入。

（4）应经常观察水位变化，叶轮中心至水平距离应在 0.5~3.0m 之间，泵体不得陷入污泥或露出水面。电缆不得与井壁、池壁相擦。

（5）每周应测定一次电动机定子绕组的绝缘电阻，其值应无下降。

4. 机动翻斗车安全操作要求

（1）在施工现场行驶时最高时速不得超过 15km/h。

（2）料斗必须安装预防意外自翻保险装置。

（3）各种制动与灯光必须齐全有效。

（4）方向器自由行程，必须调整到标准值且不大于 10°。

（5）卸料时应距坑边 1m 以上停车卸料，并设置挡墩。

5. 木工机械安全技术

（1）木工机械事故的原因

1）刀具的切割伤害。多方面的原因，使得操作者失去对木料的控制，而致使手触碰刀具受伤。

2）飞出物的打击伤害。该伤害是由于刀具本身缺陷或装卡缺陷，在木料加工受力或高速运转时，导致刀具损坏，例如，刀具崩齿、锯条断裂、刨刀片飞出等；废旧木料清理不干净，在加工时引起钉子或其他新结杂物崩甩以及木屑碎块飞出伤人。

3）木料的反弹侧倒冲击伤人。引起该伤害是由于木料的不规则外形，在锯切剖分后重心位置改变引起侧倒；由于木材的含水性或疤节引起夹锯又突然弹开；由于弯曲木料经加压处理校直后，在加工过程中弹性复原等多种原因，都有可能造成木材的反弹伤人。

（2）木工机械安全操作要求

木工平刨、电锯有必须符合要求的安全防护装置，严禁随意拆除。操作人员必须是经过培训合格的人员。严禁使用平刨和圆盘合用一台电动机的多功能机械。

11.5 其他施工技术与安全防护

11.5.1 施工用电安全和雷击安全防护

施工工地的外部条件是较恶劣的，例如存在风吹、雨淋、日晒、水溅、沙尘等均是不利条件，加之工地上机动车辆的运行和机械设备的应用等，极易发生对电气设备的撞击和振动，这些因素均易导致电气故障的发生。另外，工地的供电线路又属临时性线路，大部分为架空或明敷线路，这些因素多易造成电击事故。

1. 施工现场常见触电事故

（1）吊车及施工机械压、碰高压线路；

（2）工机具、材料触及带电体；

（3）小型及手持式电动工具漏电；

（4）跨步电压造成触电。水泵电机漏电或其胶质电缆线绝缘损坏，在潮湿或积水区域形成对人员的跨步电压触电；

（5）安全距离不足造成触电；

（6）管理制度不严或违章操作造成触电。

2. 安全用电组织措施

（1）建立临时用电施工组织设计和安全用电技术措施的编制、审批制度，并建立相应的技术档案。

（2）建立技术交底制度。向专业电工、各类用电人员介绍临时用电施工组织设计和安全用电技术措施的总体意图、技术内容和注意事项，并应在技术交底文字资料上履行交底人和被交底人的签字手续，注明交底日期。

（3）建立安全检测制度。从临时用电工程竣工开始，定期对临时用电工程进行检测，主要内容是接地电阻值、电气设备绝缘电附位、漏电保护器动作参数等，以监视临时用电工程是否安全可靠，并做好检测记录。

（4）建立电气维修制度。加强日常和定期维修工作，及时发现和消除隐患，并建立维修工作记录，记载维修时间、地点、设备、内容、技术措施、处理结果、维修人员、验收人员等。

（5）建立工程拆除制度。建筑工程竣工后，临时用电工程的拆除应有统一的组织和指挥，并须规定拆除时间、人员、程序、方法、注意事项和防护措施等。

（6）建立安全检查和评估制度。施工管理部门和企业要按照《建筑施工安全检查标准》（JGJ 59—2011）定期对现场用电安全情况进行检查评估。

（7）建立安全用电责任制。对临时用电工程各部位的操作、监护、维修分片、分块、分机落实到人，并辅以必要的奖惩。

（8）建立安全教育和培训制度。定期对专业电工和各类用电人员进行用电安全教育和培训，凡上岗人员必须持有劳动部门核发的上岗证书，严禁无证上岗。

3. 施工用电低压配电保护系统

低压配电系统中常采用工作接地、保护接地、保护接零、重复接地和漏电保护等措施进行系统保护。施工用电基本保护系统应符合以下规定：

施工用电应采用中性点直接接地的 380V/220V 三相四线制低压电力系统，其保护方式应符合下列规定：

（1）施工现场由专用变压器供电时，应将变压器低压侧中性点直接接地，并采用 TN-S 接零保护系统。

（2）施工现场由专用发电机供电时，必须将发电机的中性点直接接地，并采用 TN-S 接零保护系统，且应独立设置。

（3）施工现场直接由市电（电力部门变压器）等非专用变压器供电时，其基本接地、接零方式应与原有市电供电系统保持一致。在同一供电系统中，不得一部分设备做保护接零，另一部分做保护接地。

（4）在供电端为三相四线供电的接零保护（TN）系统中，应将进户处的中性线（N 线）重复接地，并同时由接地点另引出保护零线（PE 线），形成局部 TN-S 接零保护系统。

4. 建筑施工用电安全

（1）安全用电技术措施

1）保护接地

保护接地是指将电气设备不带电的金属外壳与接地极之间做可靠的电气连接。在施工现场用电工程中，电力变压器二次侧（低电压）中性点要直接接地，PE 线要重复接地，高大建筑机械和高架金属设施要做防雷接地，产生静电的设备要做防静电接地。

2）保护接零

在电源中性点直接接地的低压电力系统中，将用电设备的金属外壳与供电系统中的零线或专用零线直接做电气连接，称为保护接零。它的作用是当电气设备的金属外壳带电时，短路电流经零线而成闭合电路，使其变成单相短路故障，因零线的阻抗很小，所以短路电流很大，一般大于额定电流的几倍甚至几十倍，这样大的单相短将使保护装置迅速而准确的动作，切断事故电源，保证人身安全。

不管采用保护接地还是保护接零，必须注意，在同一系统中不允许对一部分设备采取接地，对另一部分采取接零。因为在同一系统中，如果有的设备采取接地，有的设备采取接零，则当采取接地的设备发生碰壳时，零线电位将升高，而使所有接零的设备外壳都带上危险的电压。

3）设置漏电保护器

① 施工现场的总配电箱和开关箱应至少设置两级漏电保护器，而且两级漏电保护器的额定漏电动作电流和额定漏电动作时间应作合理配合，使之具有分级保护的功能。

② 开关箱中必须设置漏电保护器，施工现场所有用电设备，除做保护接零外，必须

在设备负荷线的首端处安装漏电保护器。

③ 漏电保护器应装设在配电箱电源隔离开关的负荷侧和开关箱电源隔离开关的负荷侧。

④ 漏电保护器的选择应符合国标《剩余电流动作保护器的一般要求》，开关箱内的漏电保护器其额定漏电动作电流应不大于 30mA，额定漏电动作时间应小于 0.1s。使用潮湿和有腐蚀介质场所的漏电保护器应采用防溅型产品。其额定漏电动作电流应不大于 15mA，额定漏电动作时间应小于 0.1s。

4）安全电压

安全电压指不戴任何防护设备，接触时对人体各部位不造成任何损害的电压。我国国家标准《特制电压（ELV）限值》中规定，安全电压值的等级有 42V、36V、24V、12V、6V 五种。同时还规定：当电气设备采用了超过 24V 时，必须采取防直接接触带电体的保护措施。

对下列特殊场所应使用安全电压照明器。

① 隧道、人防工程、有高温、导电灰尘或灯具离地面高度低于 2m 等场所的照明，电源电压应不大于 36V。

② 在潮湿和易触及带电体场所的照明电源电压不得大于 24V。

③ 在特别潮湿的场所、导电良好的地面、锅炉或金属容器内工作的照明电源电压不得大于 12V。

（2）电气设备安全措施

1）电气设备的安全设置

① 配电系统应设置室内总配电屏和室外分配电箱或设置室外总配电箱和分配电箱，实行分级配电。

② 动力配电箱与照明配电箱宜分别设置，如合置在同一配电箱内，动力和照明线路应分路设置，照明线路接线宜接在动力开关的上侧。

③ 开关箱应由末级分配电箱配电。开关箱内应"一机一闸"，每台用电设备应有自己的开关箱，严禁用一个开关电器直接控制两台及以上的用电设备。

④ 总配电箱应设在靠近电源的地方，分配电箱应装设在用电设备或负荷相对集中的地区。分配电箱与开关箱的距离不得超过 30m，开关箱与其控制的固定式用电设备的水平距离不宜超过 3m。

⑤ 配电箱、开关箱应装在干燥、通风的常温场所。不得装设在有严重损伤作用的瓦斯、烟气、蒸汽、液体及其他有害介质中，也不得装设在易受外来固体物撞击、强烈振动、液体浸溅及热源烘烤的场所。配电箱、开关箱周围应有足够两人同时工作的空间，周围不得堆放任何有碍操作、维修的物品。

⑥ 配电箱、开关箱安装要端正、牢固。固定式配电箱、开关箱的中心与地面的垂直距离应大于 1.4～1.6m 之间，移动式分配电箱、开关箱的中心与地面的垂直距离为 0.8～1.6m。配电箱、开关箱采用冷轧钢板或阻燃绝缘材料制作，钢板的厚度应为 1.2～2.0mm，其中开关箱整体钢板厚度不小于 1.2mm，配电箱整体钢板厚度不小于 1.5mm，并给箱体做防腐处理。

⑦ 配电箱、开关箱中导线的进线口和出线口应设在箱体下底面，严禁设在箱体的上

顶面、侧面、后面或箱门处。

2）电气设备安装的安全要求

① 配电箱内的电器应首先安装在金属或非木质的绝缘电器安装板上，然后整体紧固在配电箱箱体内，金属板与配电箱体应做电气连接。

② 配电箱、开关箱内的各种电器应按规定的位置紧固在安装板上，不得歪斜和松动。并且电器设备之间、设备与板四周的距离应符合有关工艺标准的要求。

③ 配电箱、开关箱内的工作零线应通过接线端子板连接，应与保护零线接线端子板分设。

④ 配电箱、开关箱内的连接线应采用绝缘导线，导线的型号及截面应严格执行临电图纸的标示截面。各种仪表之间的连接线使用截面不小于 $2.5mm^2$ 的绝缘铜芯导线，导线接头不得松动，不得有外露带电部分。

⑤ 各种箱体的金属构架、金属箱体、金属电器安装板以及箱内电器的正常不带电的金属底座、外壳等必须做保护接零，保护线应经过接线端子板连接。

⑥ 配电箱后面的排线需排列整齐，绑扎成束，并用卡钉固定在盘板上，盘后引出及引入的导线应留出适当余度以便检修。

⑦ 导线剥削处不应伤线芯过长。导线头应牢固可靠，多股导线应牢固可靠，多股导线不应盘圈压解，应加装压线端子（有压线孔者除外），如必须穿孔用顶丝压接时，多股线应刷锡后再压接，不得减少导线股数。

3）电气设备的防护

① 在建工程不得在高低压线路下方施工，高低压线路下方不得搭设作业棚，建造生活设施，或堆放构件、架具、材料及其他杂物。

② 施工时各种架具的外侧边缘与外电架空线路的边线之间的安全操作距离不应小于表 11-2 中的数据。

在建工程（包括脚手架）的周边与架空线路的边线之间的最小安全距离　　表 11-2

外电线路电压等级(kV)	1	1~10	35~110	154~220	330~500
最小安全操作距离(m)	4	6	8	10	15

上下脚手架的斜道严禁搭设在有外电线路的一侧。旋转臂架式起重机的任何部位或被吊物边缘与 10kV 以下的架空线路边线最小水平距离不得小于 2m。

③ 施工现场的机动车道与外电架空线路交叉时，架空线路的最低点与路面的最小垂直距离应符合以下要求：外电线路电压为 1kV 以下时，最小垂直距离为 6m；外电线路电压为 1~35kV 时，最小垂直距离为 7m。

④ 对于达不到最小安全距离时，施工现场必须采取保护措施，可以增设屏障、遮栏、围栏或保护网，并要悬挂醒目的警告标志牌，在架设防护设施时应有电气工程技术人员或专职安全人员负责监护。

⑤ 对于既不能达到最小安全距离，又无法搭设防护措施的施工现场，施工单位必须与有关部门协商，采取停电、迁移外电线或改变工程位置等措施，否则不得施工。

4）电气设备的操作与维修人员必须符合以下要求：

施工现场内临时用电的施工和维修必须由经过培训后取得上岗证书的专业电工完成，

电工的等级应同工程的难易程度和技术复杂性相适应，初级电工不允许进行中、高级电工的作业。

各类用电人员应做到以下几点：掌握安全用电基本知识和所用设备的性能；使用设备前必须按规定穿戴和配备好相应的劳动防护用品；检查电气装置和保护设施是否完好。严禁设备带"病"运转；停用的设备必须拉闸断电，锁好开关箱；负责保护所用设备的负荷线、保护零线和开关箱，发现问题，及时报告解决；搬迁或移动用电设备，必须经电工切断电源并做妥善处理后进行。

5）电气设备的使用与维护

① 施工现场的所有配电箱、开关箱应每月进行一次检查和维修。检查、维修人员必须是专业电工，必须使用电工绝缘工具。

② 检查、维修配电箱、开关箱时应开关分闸断电，并悬挂停电标志牌，严禁带电作业。

③ 配电箱内盘面上应标明各回路的名称、用途，同时要作出分路标记。

④ 总配电箱及分配电箱门应配锁，配电箱和开关箱应指定专人负责。施工现场停止作业 1h 以上时，应将动力开关箱上锁。

⑤ 各种电气箱内不允许放置任何杂物，并应保持清洁。箱内不得挂接其他临时用电设备。

⑥ 熔断器的熔体更换时，严禁用不符合原规格的熔体代替。

（3）施工现场电线路的安全要求

1）施工现场的配电线路

① 现场中所有架空线路的导线必须采用绝缘铜线或绝缘铝线。导线架设在专用电线杆上。

② 架空线的导线截面最低不得小于下列截面：当架空线用铜芯绝缘线时，其导线截面不小于 $10mm^2$；当用铝芯绝缘线时，其截面不小于 $16mm^2$，跨越铁路、公路、河流、电力线路档距内的架空绝缘铝线最小截面不小于 $35mm^2$，绝缘铜线截面不小于 $16mm^2$。

③ 架空线路的导线接头。在一个档距内每一层架空线的接头数不得超过该层导线条数的 50%，且一根导线只允许有一个接头；线路在跨越铁路、公路、河流、电力线路档距内不得有接头。

④ 架空线路相序的排列。

TT 系统供电时，其相序排列为面向负荷从左向右为 L1、N、L2、L3。

TN-S 系统或 TN-C-S 系统供电时，和保护零线在同一横担架设时的相序排列为面向负荷从左至右为 L1、N、L2、L3、PE。TN-S 系统或 TN-C-S 系统供电时，动力线、照明线同杆架设上下两层横担，相序排列方法为上层横担，面向负荷从左至右为 L1、L2、L3；下层横担，面向负荷从左至右为 L1、(L2、L3)、N、PE。当照明线在两个横担上架设时，最下层横担面向负荷，最右边的导线为保护零线 PE。

⑤ 架空线路的档距（两电杆之间的距离）一般为 30m，最大不得大于 35m；线间距离应大于 0.3m。

⑥ 施工现场内架空线最大挠度点与地面距离不小于 4m，跨越机动车道时为 6m。

架空线路的其他要求参见《施工现场临时用电安全技术规范》。

2) 施工现场的电缆线路

① 电缆线路应采用穿管埋地或沿墙、电杆架空敷设，严禁沿地面明设。

② 电缆在室外直接埋地敷设的深度应不小于 0.7m，并应在电缆上下各均匀铺设不小于 50mm 厚的细砂，然后覆盖砖等硬质保护层。

③ 橡皮电缆沿墙或电杆敷设时应用绝缘子固定，严禁使用金属裸线做绑扎。固定点间的距离应保证橡皮电缆能承受自重所带的荷重。橡皮电缆的最大弧垂距地不得小于 2.5m。

④ 电缆的接头应牢固可靠，绝缘包扎后的接头不能降低原来绝缘强度，并不得承受张力。

5. 防雷的基本措施

施工场地内的高耸设施，若在相邻构筑物的防雷装置的保护范围以外且在表 11-3 规定范围以内时，应设置防雷措施。

防雷金属设施高度   表 11-3

地区年平均雷暴日 D(d)	金属设施高度 H(m)	地区年平均雷暴日 D(d)	金属设施高度 H(m)
$D \leqslant 15$	$H \leqslant 50$	$40 \leqslant D < 90$	$H \leqslant 20$
$15 < D < 40$	$H \leqslant 32$	$D \leqslant 90$ 及雷害特别严重地区	$H \leqslant 12$

根据不同保护对象，对直击雷、雷电感应、雷电侵入波均应采取适当的安全措施。

(1) 直击雷保护措施

1) 避雷针。避雷针用来保护桥塔、施工塔架、变电所的屋外配电装置等。在雷电先导电路向路面延伸过程中，由于受到避雷针挤扁电场的影响，会转向并击中避雷针，从而避免了被保护设备被击中的可能性。

2) 避雷线。避雷线也叫架空地线，它是沿线路架设在杆塔顶端，并具有良好接地的金属导线。避雷线是输电线路的主要防雷保护措施。

3) 避雷带、避雷网。是在结构物上沿周边易受雷击部位敷设的金属网格，主要用于保护高大的民用建筑。

(2) 雷电感应的防护措施

雷电感应也能产生很高的冲击电压，引起爆炸和火灾事故。因此，也要采取预防措施。

为了防止雷电感应产生的高压，应将建筑物内的金属设备、金属管道、结构钢筋予以接地。对于金属管道，平行管道相距不到 10cm 时，每 20～30m 用金属线跨接，交叉管道相距不到 10cm 时，也应用金属线跨接；管道与金属结构距离小于 10cm 时，也应用金属线跨接。

(3) 雷电侵入波的防火措施

雷电侵入波造成的雷害事故很多，特别是电气系统造成雷害事故的比例较大，所以要采用防护措施。

1) 阀型避雷器。阀型避雷器是保护发电、变电设备的最主要的基本元件，主要由放电间隙和非线性电阻两部分构成。当高辐值的雷电波侵入被保护装置时，避雷器间隙先行放电，从而限制了绝缘设备上的过电压值，起到保护作用。

2）保护间隙。保护间隙是一种简单而有效的过电压保护元件，它是由带电与接地的两个电极中间间隔一定数值的间隙距离构成。将它并连接在被保护的设备旁。

当雷电波袭来时，间隙先行击穿，把雷电流引入大地，从而避免了被保护设备因高幅值的过电压而击毁。

3）管形避雷器。管形避雷器实质上是一个具有熄弧能力的保护间隙。当雷电波侵入放电接地时，它能将工频电弧很快吹灭，不必靠断路器动作断弧，保证了供电的连续性。

11.5.2 电焊安全技术

电焊作业应符合下列安全规定：

（1）电焊机露天放置应有防雨设施。每台电焊机应有专用开关箱，使用断路器控制，一次侧应装设漏电保护器，二次侧应装设空载降压装置。电焊机外壳应与 PE 线相连接。

（2）电焊机二次侧进行接地（接零）时，应将二次线圈与工件相接的一端接地（接零），不得将二次线圈与焊钳相接的一端接地（接零）。

（3）一次侧电源线长度不应超过 5m，且不应拖地，与电焊机接线柱连接牢固，接线柱上部应有防护罩。

（4）焊接电缆应使用防水橡皮护套多股铜芯软电缆，中间不得有接头，电缆经过通道和易受损伤场所时必须采取保护措施，严禁使用脚手架、金属栏杆、钢筋等金属物搭接代替导线使用。

（5）焊钳必须采用合格产品，手柄有良好的绝缘和隔热性能，与电缆连接牢靠。严禁使用自制简易焊钳。

（6）焊工必须经培训合格持证操作，并按规定穿工作服、绝缘鞋、戴手套及面罩。

（7）焊接场所应通风良好，不得有易燃、易爆物，否则应予清除或采取防护措施。

（8）焊修其他机电设备时必须首先切断该机电设备的电源，并暂时拆除该机电设备的 PE 线后，方可进行焊修。

（9）下列作业情况应先切断电源：改变焊机接头；更换焊件、改接二次回路；焊机转移作业地点；焊机检修；暂停工作或下班时。

11.5.3 气焊与气割安全技术

气焊与气割设备和器具比较简单，便于移动，在建筑施工中得到广泛应用。应用气焊与气割的设备有氧气瓶、乙炔发生器（或乙炔瓶），器具有焊炬、减压器、氧气表、回火防止器、氧气胶管、乙炔胶管等。

1. 氧气瓶

氧气瓶应符合下列规定：

（1）氧气瓶应有防护圈和安全帽，瓶阀不得粘有油脂。场内搬运应采用专门抬架小推车，不得采用肩扛、高处滑下、地面滚动等方法搬运。

（2）严禁氧气瓶和其他可燃气瓶（如乙炔、液化石油等）同车运输和在一起存放。

（3）氧气瓶距明火应大于 10m，瓶内气体不得全部用尽，应留有 0.1MPa 以上的余压。

（4）夏季应防止暴晒，冬季当瓶阀、减压器、回火防止器发生冻结时可用热水解冻，严禁用火焰烘烤。

2. 乙炔瓶

乙炔瓶应符合下列规定：

(1) 气焊作业应使用乙炔瓶，不得使用浮筒式乙炔罐。

(2) 乙炔瓶存放和使用必须立放，严禁卧放。

(3) 乙炔瓶的环境温度不得超过 40℃，夏季应防止暴晒，冬季发生冻结时，应采用温水解冻。

3. 胶管

胶管应符合下列规定：

(1) 气焊、气割应使用专用胶管，不得通入其他气体和液体，两根胶管不得混用（氧气胶管为红色，乙炔胶管为黑色）。

(2) 胶管两端应卡紧，不得有漏气，出现折裂应及时更换，胶管应避免接触油脂。

(3) 操作中发生胶管燃烧时，应首先确定发生燃烧的是哪根胶管，然后折叠、切断气通路、关闭阀门。

4. 气焊设备安全装置

气焊设备安全装置应符合下列规定：

(1) 氧气瓶和乙炔瓶必须装有减压器，使用前应进行检查，不得有松动、漏气、油污等。工作结束时应先关闭瓶阀，放掉余气，表针回零位，卸表妥善保管。

(2) 乙炔瓶必须安装回火防止器。当使用水封式回火防止器时，必须经常检查水位，每天更换清水，检查泄压装置应保持灵活完好；当使用干式回火防止器时，应经常检查灭火管具并应防止堵塞气孔，当遇回火爆破后，应检查装置，属于开启式应进行复位，属于泄压模式应更换膜片。

5. 气焊设备在容器或管道上的焊补工作

气焊设备在容器或管道上的焊补工作应符合下列规定：

(1) 凡可以拆卸的，应进行拆卸，移到安全区域作业。

(2) 设备管理停工后，应用盲板截断与其相接的其他出入管道。

(3) 动火前，容器、管道必须彻底置换清洗。

(4) 采用置换清洗时，应不断地从设备管道内外的不同地点采取空气样品检验，置换后的结果，必须以化学分析报告为准。

(5) 动火焊补时，应打开设备管道所有入孔、清扫孔等孔盖。

(6) 进入设备管道内采用气焊作业时，点燃和熄灭焊枪均应在设备外部。

11.5.4 火灾与防火

施工现场物料较多，特别是存在能燃烧的物质、助燃的氧气或氧化剂以及能使可燃物质燃烧的着火源等危险因素，因此，需特别防范火灾的发生。

1. 建筑火灾的原因

由于建筑施工现场有以下几个特点，使之比一般厂矿企业更应注意防火工作。

(1) 临时用火多，地点变化频繁且环境复杂。

(2) 用电量大，临时用电线路纵横交错。

(3) 施工现场内易燃、可燃材料多。

(4) 施工人员流动性大，交叉作业多。

（5）施工现场缺少消防水源和通道。

施工现场起火火源主要表现在以下方面：

（1）电气线路短路或接触电阻过大引起易燃、可燃材料起火。

（2）熬炼沥青不慎起火。

（3）使用喷灯、电焊作业不慎引起火灾。

（4）焊割时溅出的高温火花及跌落的灼热物体，掉在易燃、可燃材料上引起火灾。

（5）因吸烟不慎、石灰受潮发热、木屑自燃起火等原因引起火灾。

2. 建筑施工现场防火

防火安全应贯彻"预防为主，消防结合"的消防方针。"预防为主"就是要把预防火灾的工作放在首要位置，建立健全防火组织，消除火灾隐患；"消防结合"就是在积极做好防火工作的同时，在思想上、组织上、物质上和技术上做好灭火战斗的准备。施工现场的消防设计，要根据其工程性质、特点、施工条件，采用分区防范，设置防火分隔物，防火间距、安全疏散通道及其他有关防火措施。

（1）明确分区、分类隔离。现场应划分为用火作业区、易燃易爆材料区、生活区、仓库区及暂设生活办公区、废品集中站等区域，各区域保持足够的安全距离。现场各种易燃、易爆物品和压缩气体应设专用仓库，分区、分类隔离存放。仓库禁止为易燃建筑。

存放生石灰的堆场附近不要堆放可燃物。

高压线下两侧水平距离 6m 以内，禁止支搭临时建筑和存放易燃、可燃材料。

气罐库如与厨房或其他房屋毗连，应设防火隔墙。

（2）设置防火距离。为防止火势蔓延，易燃、易爆物之间应保持一定的安全距离。

各种易燃建筑内安装电器应符合防火规定，暂设机棚内电器设备应与易燃墙壁保持 20cm 的距离。

（3）重点防范。对火灾危险性大，发生火灾后损失大、伤亡大的部位应重点防范。施工现场重点防范的对象有变电室，易燃、易爆等物的暂设棚，各种电器设备。重要部位用火要有专人看管，用火和焊接过程中应随时检查，操作完毕，对用火和焊接地点进行仔细检查后方能离开。

（4）消防通道。现场道路应通畅，有条件时宜采用环形道路，道路宽度不小于 3.5m。施工现场的消防水源，应保证消防车能驶入道路。

（5）足够的消防水源。消防设计中应敷设给水管道和消火栓。

（6）其他防护措施

1）施工现场应设有足够的消防水源及专用消防用水管网，配备消火栓。当消防水源不能满足灭火需要时，应在施工现场内修建消防蓄水池。施工现场还应建有消防车停靠道路。

2）施工现场要根据施工生产实际情况，配备一定数量的轻便消防器材。

3）在施工工程内禁止设仓库存放物品。

4）禁止在工程内使用液化石油气钢瓶、乙炔发生器作业。

5）施工现场要注意明火管理，使用电焊、气焊时要有专人看火。

6）施工现场内禁止吸烟。

346

11.6 建筑施工职业危害与防护

11.6.1 职业危害因素

在生产、劳动过程中，作业环境中存在着危及从业人员健康的危害因素，称为职业性危害因素。职业性危害因素可分为环境因素、职业因素及其他因素。

1. 环境因素

（1）物理因素是生产环境的主要构成要素。不良的物理因素，或异常的气象条件如高温、低温、噪声、振动、高低气压、非电离辐射（可见光、紫外线、红外线、射频辐射、激光等）、电离辐射（如 X 射线、γ 射线）等，这些都可以对人产生危害。

（2）化学因素。生产过程中使用和接触到的有毒原料、中间产品、成品及这些物质在生产过程中产生的废气、废水和废渣等都可能会对人体产生危害性，这些物质也称为生产性毒物。建筑施工生产毒物以粉尘、烟尘、雾汽、蒸汽或气体的形态遍布于生产作业场所的不同地点和空间，接触毒物可产生刺激和过敏反应，还可能引起中毒。

（3）生物因素。生产过程中使用的原料、辅料及在作业环境中都可存在有些致病微生物和寄生虫，如炭疽杆菌、霉菌、布氏杆菌、森林脑炎病毒、真菌等。

2. 与职业有关的因素

如劳动组织和作息制度的不合理，工作的紧张程度等；个人生活习惯的不良，过度饮酒、缺乏锻炼等；劳动负荷过重，长时间的单调作业、夜班作业，动作和体位的不合理等都会给人的身体带来影响。

3. 其他因素

社会经济因素的影响，如国家的经济发展速度、国民的文化教育程度、生态环境、管理水平等因素都会对企业的安全、卫生的投入和管理带来影响。另外，如职业卫生法制的健全、职业卫生服务和管理系统化，对于控制职业危害的发生和减少作业人员的职业伤害也是十分重要的。

11.6.2 职业病的概念及其分类

1. 职业病的概念

由职业性危害因素所引起的疾病称为职业病，由国家主管部门公布的职业病目录所列的职业病称法定职业病。由于预防工作的疏忽及技术局限性，使健康受到损害而引起的职业性病损，包括工伤、职业病（包括职业中毒）和工作有关疾病。

2. 分类

我国卫生部、劳动保障部于 2002 年 4 月 18 日颁布《职业病名单》（02 卫法监发 108 号《职业病名单》），新颁布的《职业病名单》分 10 类共 115 种，包括：（1）尘肺 13 种；（2）职业性放射性疾病 11 种；（3）职业中毒 56 种；（4）物理因素职业病 5 种；（5）职业性传染病 3 种；（6）职业性皮肤病 8 种；（7）职业性眼病 3 种；（8）职业性耳鼻喉疾病 3 种；（9）职业性肿瘤 8 种；（10）其他职业病 5 种，其中包括化学灼伤等工伤事故。为正确诊断，我国已对部分职业病制定了国家《职业病诊断标准》并公布实施。

11.6.3 主要职业危害、主要种类及预防措施

为了预防、控制和消除建筑施工中的职业病危害，防治职业病，保护劳动者健康，根

据《中华人民共和国职业病防治法》的规定：在职业病防治工作上坚持预防为主、防治结合的方针，实行分类管理、综合治理；建立、健全职业病防治责任制，加强对职业病防治的管理。在有职业危害的施工作业前后，均对劳动者进行职业健康检查，建立职业健康档案，同时加强职业病防治安全教育，采用有效的安全技术措施，提供符合职业病要求的职业防护设施和个人使用职业病防护用品，改善劳动条件，以确保劳动者的身体健康及安全。在建筑施工中，存在的职业病的主要种类、危害工种及预防措施如下。

1. 粉尘

在建筑施工中，材料的搬运使用、石材的加工、建筑物的拆除等均可产生大量的矿物性粉尘，长期吸入这样的粉尘可发生硅沉着肺病。施工现场粉尘主要是含游离的二氧化硅粉尘、水泥尘（硅酸盐）、石棉尘、木屑尘、电焊烟尘、金属粉尘引起的粉尘；主要受危害的工种有混凝土搅拌司机、水泥上料工、材料试验工、平刨机工、金属除锈工、石工、风钻工、电（气）焊等工种。预防措施如下：

（1）水泥除尘措施。在搅拌机拌筒出料口处安装活动胶皮护罩，挡住粉尘外扬；在拌筒上方安装吸尘罩，将拌筒进料口飞起的粉尘吸走；在地面料斗侧向安装吸尘罩将加料时扬起的粉尘吸走，通过风机将上述空气中吸走的粉尘先后送入旋风滤尘器再通过器内水浴将粉尘降落，被水冲入蓄集池。

（2）木屑除尘措施。在每台加工机械尘源上方或侧向安装吸尘罩，通过风机作用，将粉尘吸入输送管道，再送到蓄料仓内，到各作业点的粉尘浓度降至 $2mg/m^3$ 以下。

（3）金属除尘措施。用抽风机或通风机将粉尘抽至室外，净化处理后向空气排放。

2. 生产性毒物

建筑施工过程中常接触到多种有机溶剂，如防水施工中常常接触到苯、甲苯、二甲苯、苯乙烯、铅、锰、二氧化硫、亚硝酸盐等。喷漆作业常常接触到苯、苯系物外，还可接触到醋酸乙酯、氨类、甲苯二氰酸等。这些有机溶剂的沸点低、极易挥发，在使用过程中挥发到空气中的浓度可以达到很高，极易发生急性中毒和中毒死亡事故。主要受危害的工种有防水工、油漆工、喷漆工、电焊工、气焊工等工种。

主要预防措施如下：

（1）防铅毒措施允许浓度，铅烟 $0.03mg/m^3$，铅尘 $0.05mg/m^3$，超标者采取措施。采用抽风机或用鼓风机升压将铅尘、铅烟抽至室外，进行净化处理后向空中排放；以无毒、低毒物料代替铅丹，消除铅源。

（2）防锰毒措施。集中焊接场所，用抽风机将锰尘吸入管道，过滤净化后排放；分散焊接点，可设置移动式锰烟除尘器，随时将吸尘罩设在焊接作业人员上方，及时吸走焊接时产生的锰烟尘；现场焊接作业空间狭小，流动频繁，每次焊接作业时间短，难以设置移动排毒设备，焊接时应选择上风方向进行操作，以减少锰烟尘的危害。

（3）防苯毒措施。允许浓度，苯 $40mg/m^3$ 以下，甲苯和二甲苯为 $100mg/m^3$ 以下，超标者采取措施。喷漆，可采用密闭喷漆间，工人在喷漆间外操纵微机控制，用机械自动作业，以达到质量好对人无危害的目的；通风不良的地下室、污水池内涂刷各种防腐涂料等作业，必须根据场地大小，采取多台抽风机把苯等有害气体抽出室外，以防止发生急性苯中毒；施工现场油漆配料房，应改善自然通风条件，减少连续配料时间，防止苯中毒和铅中毒；涂刷冷沥青，凡在通风不良的场所和容器内涂刷冷沥青时，必须采取机械送氧及抽风措施，不断稀释空气中的毒物浓度。

3. 噪声

建筑施工中使用的机械工具及一些动力机械都可以产生较强的噪声和局部的振动，长期接触噪声可损害职工的听力，严重时可造成噪声性耳聋。施工现场噪声主要是来源于如钻孔机、电锯、振捣器、搅拌机、电动机、空压机、钢筋加工机械、木工加工机械等；主要受危害的工种有混凝土振动棒工、打桩机工、推土机工、平刨工等工种。

预防措施有在各种机械设备排气口安装消声器、在室内用多材料进行吸声或对发生的物体、场所与周围进行隔绝。

4. 振动

施工现场振动主要是有如钻孔机、电锯、振捣器、混凝土振动棒、风钻、打桩机、推土机、挖掘机等；主要受危害的工种有混凝土振动棒工、风钻工、打桩机司机、推土机司机、挖掘机司机等。预防措施如下：

在振源与需要防振的设备之间，安装具有弹性性能的隔振装置，使振源产生的大部分振动被隔振装置所吸收。

改革生产工艺，降低噪声。

有些手持振动工具的手柄，包扎泡沫塑料等隔振垫操作时戴好专用的防振手套，也可减少振动的危害。

防止职业病危害的综合措施：在思想上认识职业病对职工的危害，设置职业卫生专业人员，定期对职业危害场所进行测定，重视职业病危害工程技术工作，建立健全职业病管理制度宣传教育工作。根据危害的种类、性质、环境条件等发给作业人员有效的防护用品、用具；对从事粉尘、加强职业病、有针对性的有毒作业人员，在工地设置淋浴设施，定期对有害作业职工进行体检，发现有不适宜某种有害作业的疾病患者，及时调换工作岗位。建筑施工场要符合《建筑施工现场环境与卫生标准》。

思 考 题

1. 简述我国桥梁施工事故特点。
2. 我国桥梁施工事故有哪些规律？
3. 桥梁施工主要安全事故有哪些？

参 考 文 献

[1] 许克宾. 桥梁施工. 北京：中国建筑出版社，2005 年.

[2] 刘万桢. 城市桥梁施工. 北京：中国建筑出版社，2005 年.

[3] 魏红一. 桥梁施工及组织管理. 第二版. 北京：人民交通出版社，2008 年.

[4] 中铁大桥局集团有限公司. 大跨度桥梁设计与施工技术. 北京：人民交通出版社，2002 年.

[5] 范立础. 预应力混凝土连续梁. 北京：人民交通出版社，1988 年.

[6] 张瑞森. 无支架先拱后梁系杆拱桥施工技术 [J]. 铁道标准设计，2005 (7)，49～52.

[7] 徐新华等. 大跨度钢拱肋整体吊装施工 [J]. 城市道桥与防洪，2009 (10)，90-92.

[8] 张联燕等. 桥梁转体施工. 北京：人民交通出版社，2002 年.

[9] 王武勤. 大跨度桥梁施工技术. 北京：人民交通出版社，2002 年.

[10] 杨文渊. 桥梁施工工程师手册. 北京：人民交通出版社，2002 年.

[11] 周念先，杨共树. 预应力混凝土斜张桥. 北京：人民交通出版社，1989 年.

[12] 王武勤. 大跨度桥梁施工技术. 北京：人民交通出版社，2008 年.

[13] 王常才. 桥涵施工技术. 北京：人民交通出版社，2002 年.

[14] 周先雁，王解军. 桥梁工程. 北京：北京大学出版社，2008 年.

[15] 徐伟. 桥梁施工. 北京：人民交通出版社，2008 年.

[16] 中华人民共和国交通部标准. 公路桥涵施工技术规范 (JTJ 041—2011) 北京：人民交通出版社，2011 年.

[17] 刘仕林等. 现代斜拉桥. 北京：人民交通出版社，2002 年.

[18] 陈春宝. 桥梁工程. 北京：人民交通出版社，2002 年.

[19] 彭大文等. 桥梁工程. 北京：人民交通出版社，2007 年.

[20] 武明霞. 建筑安全技术与管理. 北京：机械工业出版社，北京 2006 年.

[21] 娄峰，何勇，邓良强. 我国桥梁施工事故分布及发生规律研究 [J]. 公路交通科技 (应用技术版)，2009 (11)：236-238.